U0921058

2021 北京广播影视年鉴

2021 BEIJING GUANGBO YINGSHI NIANJIAN

北京广播影视年鉴编辑委员会　编

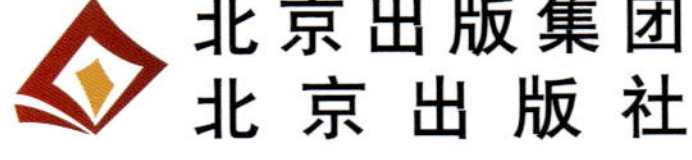

北京出版集团
北京出版社

图书在版编目（CIP）数据

2021北京广播影视年鉴 / 北京广播影视年鉴编辑委员会编. -- 北京 : 北京出版社, 2021.12
ISBN 978-7-200-16934-8

Ⅰ. ①2… Ⅱ. ①北… Ⅲ. ①广播事业—北京—2021—年鉴②电影事业—北京—2021—年鉴③电视事业—北京—2021—年鉴 Ⅳ. ①G229.271-54 ②J992-54

中国版本图书馆CIP数据核字（2021）第267002号

2021北京广播影视年鉴

2021 BEIJING GUANGBO YINGSHI NIANJIAN

北京广播影视年鉴编辑委员会　编

出　版	北京出版集团 北 京 出 版 社
地　址	北京北三环中路6号
邮　编	100120
网　址	www.bph.com.cn
总发行	北京出版集团
经　销	新华书店
印　刷	廊坊市佳艺印务有限公司
版印次	2021年12月第1版第1次印刷
开　本	787毫米×1092毫米　1/16
印　张	37.25
字　数	927千字
书　号	ISBN 978-7-200-16934-8
定　价	168.00元

如有印装质量问题，由本社负责调换
质量监督电话　010-58572234　010-58572393

编 辑 说 明

一、《北京广播影视年鉴》是一部综合性资料工具书和史料文献，由北京市广播电视局主持编纂，北京广播电视台、歌华传媒集团、北京市各区文化和旅游局及融媒体中心、部分社会影视机构等协助编纂。

二、本年鉴全面反映北京市广播影视的基本情况和发展变化，客观记录2020年全市广播电视业基本情况和发展变化。特殊事项，在前后年份上有所延伸。

三、本年鉴以马克思列宁主义、毛泽东思想、邓小平理论、“三个代表”重要思想、科学发展观和习近平新时代中国特色社会主义思想为指导，牢固树立政治意识、大局意识、核心意识、看齐意识。坚持实事求是的编辑方针，贯彻“贴近实际，贴近生活，贴近群众”的宣传原则，为广播影视从业人员、教学科研人员、决策管理人员以及社会各界了解和研究北京市广播影视提供可靠信息。

四、本年鉴自2005年起，每年编印一卷。2021年版为第十七卷，主要记述2020年的情况，全书共有18个栏目：专项纪事、概况、大事记、频率频道、节目栏目、电视剧、媒体融合与智慧广电、网络视听、技术、公共服务、产业发展、典型经验、获奖作品、组织机构、受众调查、书报刊出版、统计、附录。

五、本年鉴采用规范语体文，行文力求朴实、简洁、通畅，以记述文章体裁为主体。

六、本年鉴计量单位按照1984年2月27日公布的《中华人民共和国法定计量单位》执行。

七、本年鉴统计数字以统计部门公布的为准。统计部门缺遗的数字，以各单位的为准。

八、本年鉴稿件由各单位、各部门确定专人（特约编辑）撰写（特殊约稿除外），经各单位、各部门主要领导审核盖章后提交，最后由年鉴编委会总审。

本年鉴的编辑工作得到各撰稿单位、部门及各方面的热情关怀和大力支持，在此深表感谢。疏漏与不足之处，恳请批评指正。

北京市广播电视局史志办

2021年12月

编 辑 委 员 会

陈　工　北京歌华文化集团副总经理
杨　云　北京歌华有线电视网络股份有限公司办公室主任
张　平　北京电视艺术中心有限公司董事长
颜丙利　北京音像有限公司总经理
何公明　北广传媒数字电视有限公司董事长、总经理
罗晓军　北京北广传媒移动电视有限公司董事长兼总经理
刘国华　北京北广传媒影视股份有限公司董事长
罗艳红　北京北广传媒城市电视有限公司董事长兼总经理
赵文斌　北京北广传媒地铁电视有限公司党支部书记
何拥军　鼎视传媒股份有限公司党支部书记兼公司负责人
裴成虎　北京北广置业有限公司总经理
丁文辉　北京中广传播有限公司总经理
贾忠华　北京电视艺术家协会驻会副主席、秘书长
向旭东　北京市东城区文化和旅游局局长
靳　真　北京市西城区文化和旅游局局长
高春利　北京市朝阳区文化和旅游局局长
陈　静　北京市海淀区文化和旅游局局长
史文彬　北京市丰台区文化和旅游局书记
王亚迅　北京市石景山区文化和旅游局局长
青华伟　北京市门头沟区文化和旅游局书记
冀显江　北京市房山区文化和旅游局局长
李　燕　北京市大兴区文化和旅游局局长
王立生　北京市通州区文化和旅游局书记、副局长
申志红　北京市顺义区文化和旅游局书记、局长
孙立姝　北京市平谷区文化和旅游局书记、局长
夏占利　北京市怀柔区文化和旅游局局长
张海明　北京市昌平区文化和旅游局书记、局长
赵志政　北京市密云区文化和旅游局书记、局长
叶　东　北京市延庆区文化和旅游局书记、局长
赵雅娟　北京经济技术开发区工委宣传文化部部长
王继志　北京市东城区融媒体中心主任
周　翔　北京市西城区融媒体中心主任
孙　帅　北京市朝阳区融媒体中心主任
佟志伟　北京市海淀区融媒体中心书记、主任
乔晓鹏　北京市丰台区融媒体中心书记、主任
王国强　北京市石景山区融媒体中心书记
苏燕平　北京市门头沟区融媒体中心书记、主任
路建华　北京市房山区融媒体中心书记、主任
马宪颖　北京市大兴区融媒体中心书记、主任
焦善鸣　北京市通州区融媒体中心书记、主任
杨进军　北京市顺义区融媒体中心书记、主任
张长志　北京市平谷区融媒体中心书记、主任
刘晓梅　北京市昌平区融媒体中心书记、主任
刘　剑　北京市怀柔区融媒体中心主任
孙明朝　北京市密云区融媒体中心副书记、主任
胡玖梅　北京市延庆区融媒体中心党组书记、主任
王长田　北京光线传媒股份有限公司法人代表
王忠磊　北京华谊兄弟娱乐投资有限公司法人代表
刘燕铭　海润影视制作有限公司董事长
尤小刚　北京京都世纪文化发展有限公司董事长
丁　芯　北京鑫宝源影视投资有限公司总经理
王　辉　大唐辉煌传媒有限公司董事长
张晓武　北京东王文化发展有限公司董事长
庞新星　四达时代通讯网络技术有限公司董事长兼总裁
白月飞　北京东方飞云国际影视股份有限公司总经理

主编　副主编

主　　编： 张　苏　北京市广播电视局党组成员、副局长
执行主编： 段燕燕　北京新视听发展中心（音像资料馆）副主任
副 主 编： 石群峰　北京广播电视台研究室主任
王廷富　北京市广播电视局史志办高级编辑（特聘）

责任编辑与特约编辑

责任编辑：

王志坤　北京新视听发展中心（音像资料馆）资料研究科科长
冯　艳　北京新视听发展中心（音像资料馆）资料研究科编辑
马一鸣　北京新视听发展中心（音像资料馆）资料研究科编辑
钟立红　北京市广播电视局史志办特约编辑
刘书峰　北京市广播电视局史志办特约编辑

特约编辑：

赵小娜　北京市广播电视局办公室科员
罗大帅　北京市广播电视局政策法规处四级调研员
吴　彤　北京市广播电视局规划发展处三级调研员
陈媛媛　北京市广播电视局规划发展处一级主任科员
吉　芳　北京市广播电视局行政审批处一级主任科员
汪田诗　北京市广播电视局宣传管理处一级主任科员
葛军领　北京市广播电视局电视剧管理处三级调研员
刘嫱吟　北京市广播电视局传媒机构管理处四级调研员
陈胜波　北京市广播电视局网络视听节目管理处一级主任科员
姜　姝　北京市广播电视局媒体融合发展处二级主任科员
张　超　北京市广播电视局科技处（公共服务处）二级主任科员
刘　梅　北京市广播电视局财务处三级主任科员
郎志伟　北京市广播电视局人事处副处长
马玉梅　北京市广播电视局机关党委四级调研员
杨晓亮　北京市广播电视局机关纪委三级主任科员
李胜利　北京市广播电视局工会三级调研员
彭　煌　北京市纪委监察局驻北京市广播电视局纪检监察组监察员
梁　戈　北京市广播电视局综合事务中心七级管理岗（原七级职员）
马　丽　北京市广播电视监测中心科长
魏　冉　北京市视听节目监测中心八级管理岗（原八级职员）
冯　瑢　北京市广播电视局宣传中心干部
孟　叶　北京市广播影视协会干部
李　明　北京广播电视台研究室干部
胡　泊　北京广播电视台研究室干部
魏向东　北京广播电视台研究室干部
罗　青　北京广播电视台研究室干部
程　戈　北京广播电视台研究室干部
刘　敏　北京紫禁城影业公司办公室主任
田　玥　北京时间有限公司内容运营中心内容安全副主任
王莹莹　歌华传媒集团办公室干部
胡熙铭　北京广播电视报社办公室干部
孙　云　北京广播电视台服务中心办公室干部

孙树公　北京歌华文化集团宣传总监
钟　华　北京歌华有线电视网络股份有限公司办公室文秘主管
吕　妍　北京电视艺术中心有限公司办公室干部
郝振林　北京音像有限公司办公室主任
李　苗　北京瑞特影音贸易有限公司办公室干部
郑菁菁　北京北广传媒数字电视有限公司干部
岳文娟　北京北广传媒移动电视有限公司办公室干部
杨兴辰　北京北广传媒影视股份有限公司办公室副主任
袁　婧　北京北广传媒城市电视有限公司办公室干部
景　屹　北京北广传媒地铁电视公司办公室主任
宋倩倩　鼎视数字电视传媒有限公司办公室干部
张增东　北京北广置业有限公司办公室副主任
佟东旭　北京中广传播有限公司综合部经理
程　程　北京电视艺术家协会驻会副秘书长
刘晶伟　北京市东城区文化和旅游局干部
赵　臣　北京市西城区文化和旅游局干部
张鑫宇　北京市朝阳区文化和旅游局干部
戴　明　北京市海淀区文化和旅游局干部
李建峰　北京市丰台区文化和旅游局干部
刘　平　北京市石景山区文化和旅游局执法大队办公室主任
荣红旗　北京市门头沟区文化和旅游局干部
白　杨　北京市房山区文化和旅游局干部
冯丽娟　北京市大兴区文化和旅游局干部
邱　巍　北京市通州区文化和旅游局干部
周　莹　北京市顺义区文化和旅游局政工科
陈玉玲　北京市平谷区文化和旅游局科员
郭帅言　北京市怀柔区文化和旅游局科员
刘　燕　北京市昌平区文化和旅游局办公室副主任
高文满　北京市密云区文化和旅游局文化市场科科长
徐柏枝　北京市延庆区文化和旅游局市场科科长
付　宁　北京市委经济技术开发区工委宣传文化部干部
谢莒莎　北京市东城区融媒体中心干部
潘京华　北京市西城区融媒体中心干部
邱　阳　北京市朝阳区融媒体中心总编室干部
胡月萍　北京市海淀区融媒体中心办公室干部
孙敬尧　北京市丰台区融媒体中心办公室干部
谷　雨　北京市石景山区融媒体中心干部
高艳蕊　北京市门头沟区融媒体中心办公室干部
贾　颖　北京市房山区融媒体中心办公室副主任
柴　通　北京市大兴区融媒体中心办公室主任
张维颖　北京市通州区融媒体中心办公室干部
叶　平　北京市顺义区融媒体中心干部
贾晓静　北京市平谷区融媒体中心助理编辑
张洁琼　北京市昌平区融媒体中心干部
王少南　北京市怀柔区融媒体中心办公室干部
梁　爽　北京市密云区融媒体中心干部
胡　洋　北京市延庆区融媒体中心党建办公室主任
陈雪飞　北京光线传媒股份有限公司
韩潇和　华谊兄弟传媒股份有限公司
曹亚婧　海润影视制作有限公司
洪小军　北京京都世纪文化发展有限公司
齐　爽　北京鑫宝源影视投资有限公司
史京晶　北京东王文化发展有限公司
刘安琪　北京东方飞云国际影视股份有限公司
张　弢　大唐辉煌传媒有限公司宣传总监
范　佩　四达时代集团

2020北京市广播影视数字

机 构

市级广播电视台1座，市级广电新媒体有北京时间网络和客户端、听听调频客户端、北京IPTV平台、数字付费电视、公交移动电视、城市楼宇电视、地铁移动电视、手机电视、户外大屏幕电视以及数字多媒体广播等；区级广播电视台10座，电视站4个；全市持有广播影视节目制作经营许可证机构13872个；网络视听网站125家，50家重点未持证网络视听平台纳入备案制管理。

人 员

全市广播影视从业人员10.85万人。

覆 盖

广播综合人口覆盖率100%，电视综合人口覆盖率100%。

有线网络

有线广播电视网络干线总长21.74万公里，其中光缆7.64万公里，电缆14.1万公里；广播电视有线网传输模拟电视节目8套，数字电视节目186套，其中标清数字频道118套，高清电视节目66套，4K超高清电视节目2套，数字广播节目 11 套。有线广播电视实际用户 606.24 万户，高清交互数字电视用户 563.2 万户，其中 4K 超高清电视用户 170.9 万户。

资　产

全市广播影视总资产 5596.97 亿元。

创　收

广播电视创收 2910.07 亿元，其中广告收入 703.13 亿元，网络视听用户付费收入 260.82 亿元。

节　目

全年制作广播节目 11.29 万小时，制作电视节目 7.63 万小时，制作网络视频节目时间 13.29 万小时。

电视剧

全年制作电视剧 43 部，1802 集。

动画片

全年制作电视动画片 26 部，5544 分钟。

2020 年 8 月 31 日，中共中央政治局委员、北京市委书记蔡奇（右 2）到北京广播电视台在中国国际服务贸易交易会的展位参观北京广播电视台媒体融合发展项目成果展示

2020 年 9 月，全国政协副主席辜胜阻（前排左 2）到中国国际服务贸易交易会歌华传媒集团展区现场调研

↑ 2020 年 9 月 7 日，在中国国际服务贸易交易会上，中宣部副部长、中央广播电视总台台长慎海雄（前排左 1）调研北京新视听展

↑ 2020 年 11 月 19 日，首届中国（北京）国际视听大会在北京展览馆开幕。国家广播电视总局党组成员、副局长高建民出席并讲话

2020 年 10 月 24 日，国家广播电视总局党组成员、副局长高建民（右 1）巡查 2020 年全国广播电视编辑记者、播音员主持人资格考试北京地区考场

2020 年 9 月 8 日，国家广播电视总局党组成员、副局长朱咏雷出席中国广电媒体融合发展大会启动式并致辞

领 导 关 怀

2020 年 6 月 4 日，国家广播电视总局党组成员、副局长朱咏雷（前排左 6）一行到海淀区调研北京市 5G +8K 超高清视频产业发展情况

2020 年 11 月 8 日，国家广播电视总局党组成员、副局长孟冬出席 2020 第二届北京国际公益广告大会开幕式并致辞

↑2020 年 12 月 30 日，北京广播电视台举办冬奥纪实 4K 超高清频道开播仪式

↑2020 年 9 月 8 日，中国广电媒体融合发展大会在北京举行。北京市委常委、宣传部部长杜飞进出席大会启动式并致辞

↑2020 年 11 月 19 日，北京市副市长王红宣布首届中国（北京）国际视听大会开幕

↑20020 年 8 月 26 日，第十届北京国际电影节中国电影投融资峰会举办，文投控股与中影股份等进行战略合作签约。市委宣传部副部长、北京市电影局局长王杰群（后排右 2）、中国电影基金会理事长张丕民（后排中）等参加

↑2020 年 11 月 20 日，在首届中国（北京）国际视听大会“全球云视听展播季高峰论坛暨启动仪式”上，北京市广播电视局党组书记、局长杨烁致辞

↑2020 年 9 月 18 日，北京市广播电视局副局长杨培丽主持第四届北京纪实影像周“高新技术促进纪实影像内容繁荣”论坛

↑2020 年 10 月 29 日，北京市广播电视局党组成员、副局长张苏在第 27 届北京电视节目交易会中阿影视交流合作发展论坛上致辞

↑2020 年 2 月 5 日，北京市纪委市监委驻北京市广播电视局党组成员、纪检监察组组长邹立华（左）带队检查北京广播电视台疫情防控工作

↑2020 年 3 月 27 日，在北京市广播电视局与优酷信息技术（北京）有限公司举行的复工复产调研座谈会上，北京市广播电视局党组成员、副局长王志（左）代表局接受优酷公司赠送的锦旗

↑2020 年 9 月 5 日，在首届中国国际服务贸易交易会上，北京银行大兴支行与星光视听产业基地签署综合性金融服务合作协议。北京广播电视局党组成员、副局长孔建华（左 2）出席活动

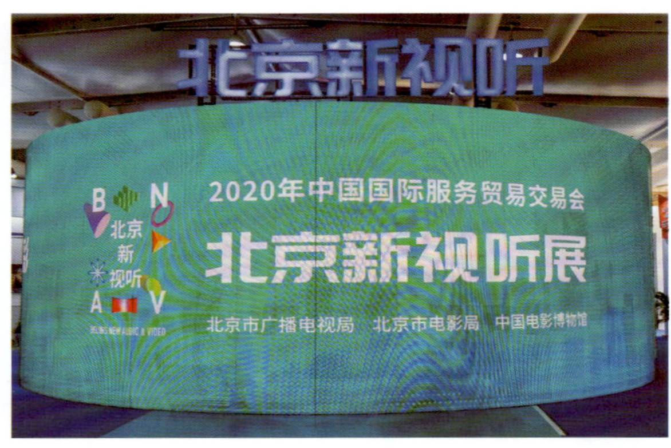

↑2020 年 9 月 4 日—9 日，北京市广播电视局等单位在中国国际服务贸易交易会上设置北京新视听展

↑2020 年 9 月，中国国际服务贸易会北京新视听展期间，北京市广播电视局二级巡视员董明（左 1）与京东集团签署战略合作框架协议

↑2020 年年底，位于中国（怀柔）影视产业示范区的北京电影学院新校区建设进入验收阶段。图为北京电影学院新院区全景

↑2020 年 11 月 19 日—22 日，北京市广播电视局在北京展览馆举办首届中国（北京）国际视听大会

↑2020 年 9 月 5 日，星光公司自主集成的 5G+4K/8K+IP+双屏超高清转播车亮相中国国际服务贸易交易会

2020 年 2 月 13 日，北京市广播电视局领导到歌华有线传输机房检查安全播出和疫情防控工作落实情况

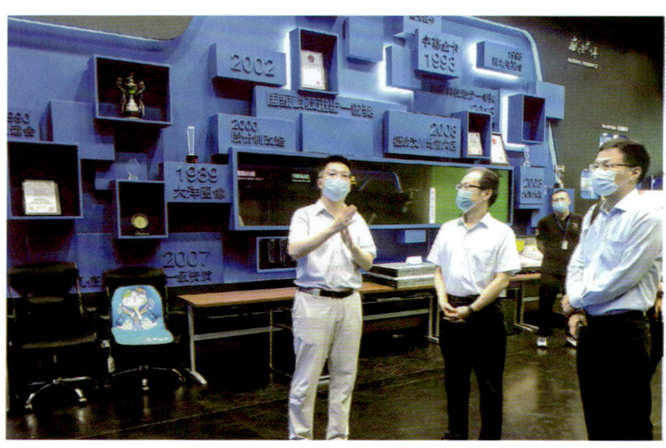

2020 年 7 月 17 日，北京市广播电视局领导到中科大洋公司调研 8K 超高清产业发展情况

2020 年 12 月 30 日，北京市广播电视局领导调研大兴星光视听产业基地建设情况，并指导基地演播室等疫情防控工作

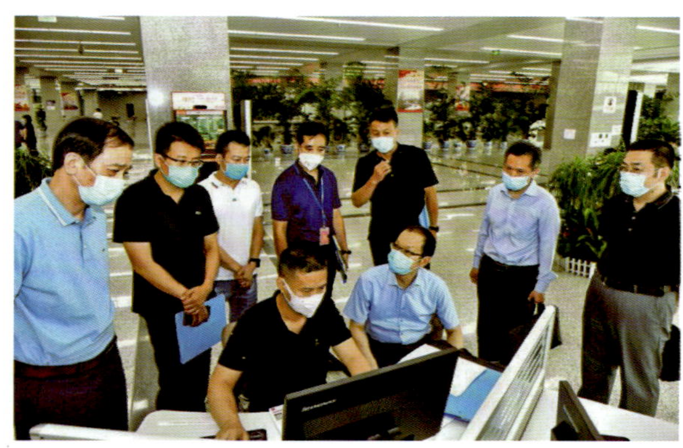

2020 年 7 月 31 日，北京市广播电视局领导及处室负责人到市政务服务中心窗口，以企业和群众身份体验办事流程，以部门工作人员身份体验工作流程

2020 年 3 月 20 日，北京市广播电视局领导到四达时代通讯网络技术有限公司调研疫情防控和复工复产情况

2020年8月20日，北京市广播电视局召开北京广播电视网络视听重点项目创作推进会

2020年9月15日，在网络电影《毛驴上树2倔驴搬家》首映仪式上，北京市广播电视局发布“中国榜样”系列网络电影片单

2020年1月8日，北京市广播电视局召开打击“黑广播”整治“灰广播”专项行动电视电话会议

2020年7月3日，2020年北京市广播电视网络视听发展基金电视剧项目（第一批）专项评审会召开

2020年11月13日，北京市广播电视局党组书记、局长杨烁带队赴浙江省，在网络综艺节目《奋斗吧主播》拍摄现场调研

↑2020 年 11 月 5 日，北京电视艺术家协会组织召开电视剧《幸福里的故事》创作研讨会

↑2020 年 8 月，北京市广播电视局牵头，会同相关单位，对服贸会 10 座接待酒店（含备选酒店）卫星电视接收情况进行逐一检查

↑2020 年 7 月 9 日，北京市广播电视局召开北京 5G+8K 新视听产业地图·2020 专家论证会

↑2020 年 8 月 5 日，北京电视艺术家协会组织召开电视剧《大漠魂》剧本研讨会

↑2020 年 10 月 9 日—10 日，北京市广播电视局组织开展 2020 年度广播电视播音、新闻、出版、数字编辑专业高级职称评审终评工作

2020年6月5日，北京网络视听节目服务协会换届大会暨第二届第一次会员大会召开

2020年1月春节前，北京市广播电视局领导到北京市广播电视监测中心进行安全检查

2020年9月，《北京志·广播电视志（1994—2010）》出版

2020年12月17日，《北京志·广播电视志（1994—2010）》修志工作总结会召开，国家广电总局，中央及市级广播电台、电视台等参编单位，有关专家和编辑人员参加会议

2020 年 9 月 15 日，第八届优秀国产纪录片及创作人才推优活动暨第四届北京纪实影像周启动式在北京广播电视台大剧院举行

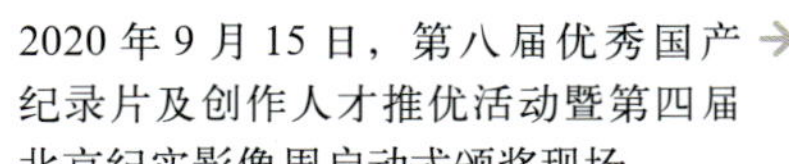
2020 年 9 月 15 日，第八届优秀国产纪录片及创作人才推优活动暨第四届北京纪实影像周启动式颁奖现场

2020 年 11 月 20 日—21 日，第六届“世界电视日”中国电视大会在北京国际饭店会议中心召开

2020 年 11 月 20 日，第六届“世界电视日”中国电视大会开幕现场

大 型 活 动

↑2020年9月4日—9日，在2020年中国国际服务贸易交易会·北京新视听展上，5G+8K超高清影院吸引众多观众参观

↑2020年9月，北京市广播电视局在服贸会北京新视听展设置“京影剧献”展区

↑2020年9月8日，在首届中国广电媒体融合发展大会启动式上，中国（京津冀）广播电视媒体融合发展创新中心成立并授牌

↑2020年9月8日，在中国广电媒体融合发展大会启动式上，北京、天津、河北三地广电局签署《京津冀新视听战略合作协议》

↑2020 年 10 月 27 日，北京市广播电视局与北京电影学院签署战略合作协议

↑2020 年 10 月 28 日，5G 时代影视产业的机遇与挑战论坛在第 27 届北京电视节目交易会（2020· 秋季）期间召开

↑2020 年 11 月 8 日，北京市广播电视局与国家广播电视总局广播电视规划院签署《战略合作框架协议》

↑2020 年 11 月 10 日，2020 第二届北京国际公益广告大会公益盛典在国家会议中心举办

←2020 年 11 月 20 日，首届中国（北京）国际视听大会“全球云视听展播季高峰论坛暨启动仪式”在北京展览馆举行

对 外 交 流

↑ 2020 年 10 月 29 日，中阿影视交流合作发展论坛在第 27 届北京电视节目交易会（2020 秋季）期间召开

↑ 2020 年 11 月 20 日，2020 北京优秀影视剧海外展播季・非洲活动举办

↑ 2020 年 11 月 20 日，由四达时代承接的“万村通”贝宁共和国项目交接仪式在贝阿克普罗米塞雷泰市瓦贡村举行

↑ 2020 年 2 月 3 日，四达时代通讯网络技术有限公司助力非洲防疫抗疫工作

第十届北京国际电影节

第十届北京国际电影节由北京市人民政府、中央广播电视总台主办，北京市电影局、北京市广播电视局、北京广播电视台、北京市怀柔区人民政府、北京控股集团有限公司承办，于2020年8月22日—29日举办。电影节围绕“梦圆·奋进”主题和北影节十周年，组织开展了启动式、北京展映、北京策划·主题论坛、北京市场、大学生电影节、电影+、特别节目等百余项活动，搭建“云上北影节”专区。来自全球800余家电影机构、1200名业内人士现场或“云端”参加，406家中外媒体的1492名记者注册。

↑2020年8月22日，第十届北京国际电影节启动式举办，电影人、影视企业领导、媒体记者等近百名各界人士参加

↑2020年8月22日—29日，第十届北京国际电影节“北京展映”举办。图为《掬水月在手》映前导赏活动

↑2020年8月23日，第十届北京国际电影节举办“十年·如影——十周年主题论坛”

↑2020年8月24日，第十届北京国际电影节“中外电影合作论坛暨影片创投会”举行

↑2020 年 8 月 26 日，第十届北京国际电影节中国电影投融资峰会举行

↑2020 年 8 月 26 日，第十届北京国际电影节举办“探寻电影之美高峰论坛——当下电影面临的机遇与挑战”

↑2020 年 8 月 28 日，第十届北京国际电影节北京市场签约仪式举办

↑2020 年 8 月 28 日，第十届北京国际电影节“游戏动漫电影单元展”之“电影人的电竞盛世”举办 jj 斗地主冠军杯明星赛

↑2020 年 8 月 29 日，第十届北京国际电影节特别节目《再相聚》播出

BRTV
北京广播电视台
BEIJING RADIO & TELEVISION STATION

北京广播电视台成立于2010年5月31日，是在原北京北广传媒集团、北京人民广播电台、北京电视台的基础上组建而成。

2020年，北京广播电视台拥有50个内设机构，以及北京广播电视报社和北京广播电视台服务中心两个直属单位。北京广播电视台拥有10套开路广播、11套电视节目。广播端全年播出7.7万小时，电视端全年播出13.9万小时。北京广播电视台电视端拥有10个国内播出频道，全部为高标清同播，其中，冬奥纪实频道采用4K超高清播出。1个面向亚欧美地区播出的国际频道。同时，北京广播电视台拥有“北京时间”“听听FM”新媒体客户端和北京IPTV等平台。

2020年，全台共开办电视新闻栏目9个、广播新闻栏目23个，日播出电视新闻6.95小时、广播新闻15.35小时，新媒体平台日均发布新闻信息1200条左右。

↑2020年8月22日，第十届北京国际电影节启动式在北京雁栖湖国际会展中心举办，市委副秘书长、市委宣传部副部长，北京广播电视台党组书记、台长余俊生主持

↑2020年5月18日，“北京广播电视台2020全国‘两会’重要保障期部署动员会”召开

↑2020年1月12日，北京广播电视台城市广播《市民对话一把手》栏目采访大兴区区长王有国（右）

↑2020年12月3日，在北京广播电视台广播资源推介会上，北京广播电视台与阿里巴巴签订《深化合作备忘录》

2020 年 1 月 27 日，北京广播电视台记者作为第一批采访人员，连夜随北京援鄂医疗队赶往武汉进行抗击疫情报道

2020 年 12 月 30 日，北京广播电视台冬奥纪实 4K 超高清频道开播

2020 年 1 月 25 日大年初一晚，北京广播电视台 2020 年春节联欢晚会在北京卫视、文艺频道播出

2020 年 9 月 29 日，北京广播电视台承办的 2020 年"文化中国·水立方杯"海外华人和港澳青少年中文歌曲大赛颁奖晚会在国家游泳中心举行

2020 年 12 月 29 日，由市委宣传部、首都文明办主办，北京广播电视台承办的 2020"北京榜样"颁奖晚会在北京广播电视台大剧院录制

↑2020年8月14日，以“北京，我的爱”为主题的2019“讲好中国故事”创意传播大赛北京颁奖典礼在北京广播大厦举行

↑2020年6月18日，北京广播电视台全面高清化播出播控中心机房启用

↑2020年5月12日，北京广播电视台文艺频道联合国家大剧院推出“致敬最美逆行者 为你歌唱——2020国际护士节主题音乐会”

↑2020年8月28日，由北京冬奥组委新闻宣传部和北京广播电视台联合主办的2019“我的冬奥梦”冬奥小记者国际营在北京广播大厦举行颁奖典礼

↑ 2020 年 2 月 19 日，北京广播电视台推出抗击疫情原创歌曲《武汉！武汉》

↑ 2020 年 12 月 4 日，北京广播电视报社领导班子成员和新媒体主创团队到河北广电报业融媒体参观学习

↑ 2020 年 12 月 3 日，“听听 FM”在北京广播电视台广播资源推介会上进行资源推荐

↑ 2020 年，北京新媒体集团北京 IPTV《众志成城 抗击疫情》专区页面

↑ 2020 年 10 月 29 日，“相约北京 2020 青少年迷你冬奥会”启动，“北京时间”为青少年搭建起冰雪运动平台

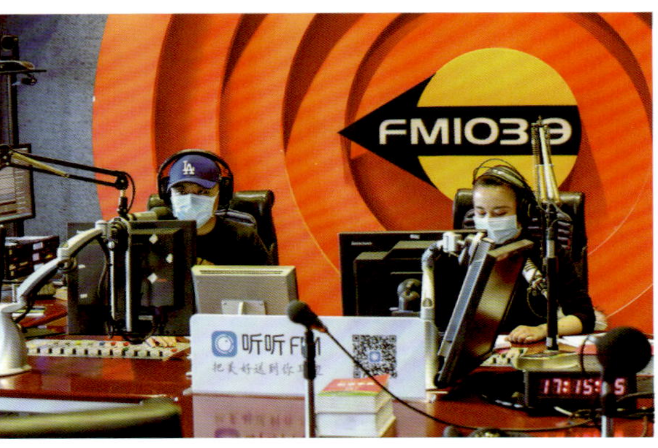

↑2020年2月8日，北京广播电视台策划推出“家国团圆 盛世有情”元宵节广播特别直播节目——《我们在一起》

↑2020年1月27日，《教育面对面》栏目录制“防控疫情蔓延 北京教育在行动”特别节目

↑2020年2月8日，北京广播电视台记者采访佑安医院感染科主任

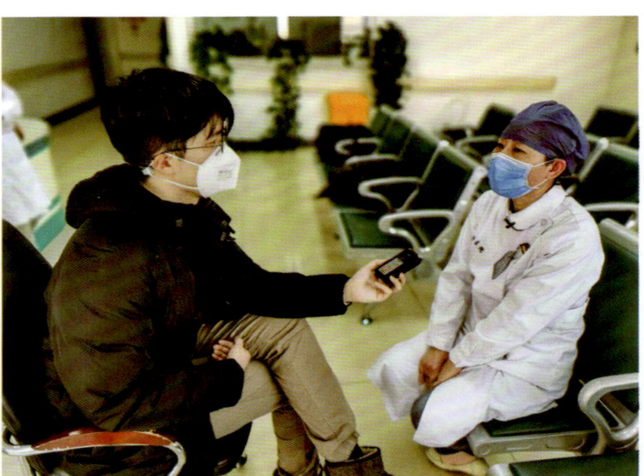

↑2020年2月8日，北京广播电视台新闻广播记者采访佑安医院医护人员

←2020年9月，在中国国际服务贸易交易会上，北京广播电视台“听听FM”和腾讯随行联合展出车载空间模型

市级广电

↑2020 年 9 月 20 日，北京广播电视台体育广播记者采访国家速滑馆经营有限责任公司常务副总经理

↑2020 年 11 月 5 日，北京广播电视台体育广播记者在首钢滑雪大跳台出发区采访大跳台负责人

←2020 年 5 月 4 日，北京广播电视台青年广播举办“以乐之名 把爱传递”全球华人青年音乐家接力音乐会

↑2020 年 5 月，北京广播电视台体育广播主持人采访参加“五月云诗会”的射击奥运冠军杨凌

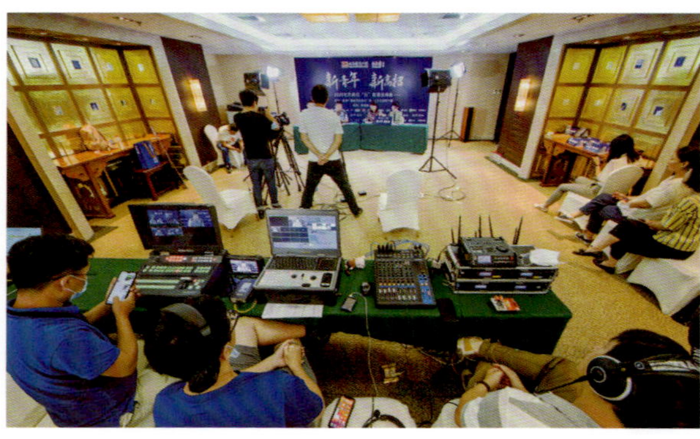

↑2020 年 7 月 19 日、25 日，北京广播电视台广电技术中心为 2020 北京高招“云”直播咨询会提供技术保障

↑2020年10月1日起，北京广播电视台新闻广播推出年度特别报道《康庄大道》

↑2020年7月7日，北京广播电视台集合城市广播、交通广播、新闻广播、网络媒体中心、“听听FM”等报道力量推出战“疫”北京新高考广播创新融媒报道节目

↑2020年8月，北京广播电视台新闻广播《康庄大道》内蒙古报道组在卓资县采访，北京老字号六必居用当地废弃的西蓝花花茎腌制酱菜扶贫

↑2020年8月，北京广播电视台记者在脱贫户温暖家中采访，实地感受温暖家的温暖日子

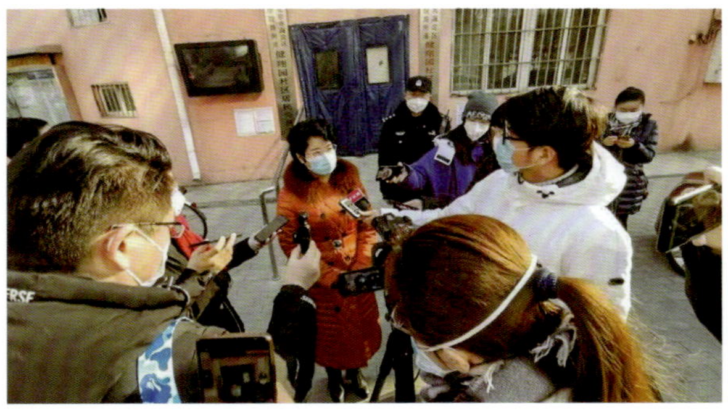

↑2020年2月，北京广播电视台新闻广播记者（白衣者）采访社区防控情况

↑2020年8月17日，北京广播电视台城市广播记者采访青海玉树州第三人民医院院长

↑2020 年 12 月 10 日，北京广播电视台音乐广播带领词曲作家深入城市副中心通州区参观红色党建基地和民间艺术非遗项目，并举行创作研讨会

↑北京广播电视台广播新媒体推出“抗击疫情　我们在一起”系列短视频

主办单位：
北京体育广播
北京市社会体育管理中心
北京市体育总会秘书处
北京市青年联合会
听听 FM 客户端

↑2020 年，北京广播电视台体育广播组织客厅挑战赛征集活动影像宣传海报

↑2020年12月8日，北京广播电视台动画频道中心和北京卡酷传媒有限公司召开一体化运营工作会

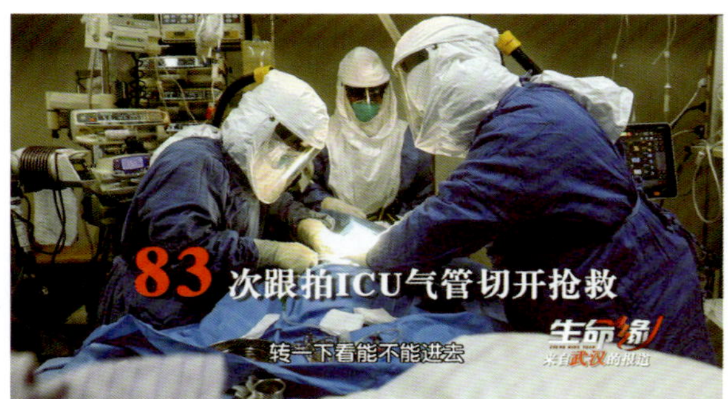

↑2020年，北京广播电视台《生命缘》疫情特别节目推出“来自武汉的报道”

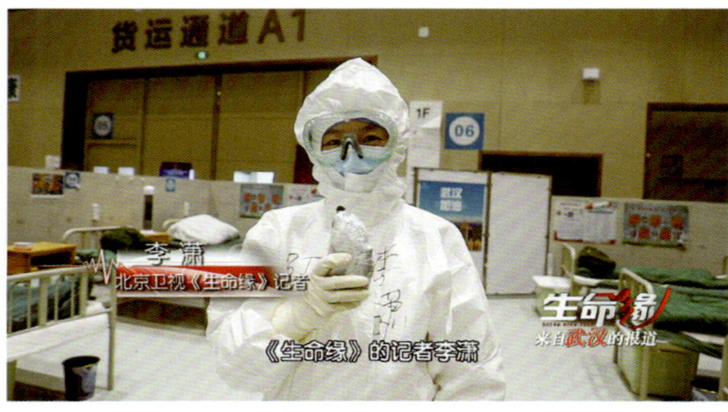

↑2020年，北京广播电视台《生命缘》总制片人、记者李潇在武汉光谷方舱医院采访

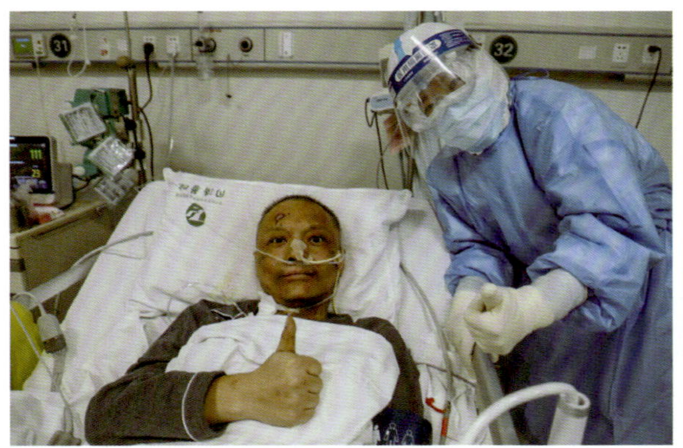

↑2020年3月7日，北京广播电视台《生命缘》总制片人、记者李潇独家采访武汉中心医院医生易凡的抢救过程

↑2020年4月6日，北京广播电视台《医者2020》总导演李向显采访武汉市金银潭医院院长张定宇（左）

↑2020 年 8 月 17 日，北京广播电视台《市民对话一把手·提案办理面对面》节目访谈市卫健委主任雷海潮

↑2020 年 6 月 1 日，北京广播电视台卡酷少儿卫视播出抗疫主题原创儿童舞台剧《非凡守护》

↑2020 年，北京广播电视台在北京新闻出版大厦转播北京市新冠肺炎疫情发布会。图为转播用的转播车

↑2020 年 1 月 1 日，第九届北京影响力颁奖晚会在北京广播电视台财经频道播出

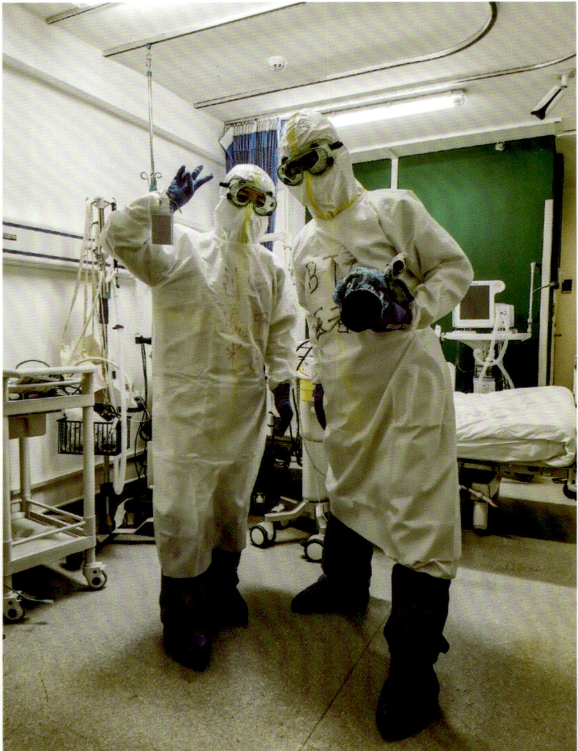

↑2020 年 3 月 27 日，北京广播电视台《医者 2020》栏目摄像肖庆峰（右）在小汤山定点医院隔离病房拍摄

2020年1月4日，北京广播电视台冬奥纪实频道开播全新艺术访谈节目《为奥运喝彩》。图为《为奥运喝彩》节目录制现场

2020年9月，北京广播电视台在中国国际服务贸易交易会现场策划推出系列助力脱贫攻坚直播带货公益主题活动

2020年9月21日，北京广播电视台主持人在演播室主持北京冬奥会倒计时500天特别节目

2020年6月21日，北京广播电视台科教频道与北京天文馆联合报道团队在北京天文馆直播日全食

2020年10月19日，《北京城市副中心新闻》专栏在北京广播电视台新闻频道开播

↑2020 年 10 月 17 日开始，北京广播电视台出品的 6 集抗美援朝纪录片《英雄》在北京卫视播出

↑2020 年 12 月 23 日，北京广播电视台冬奥纪实频道 4K 演播室进行开播前的全流程演练

↑2020 年 1 月 22 日，北京广播电视台《2020 卡酷动画春晚》播出

↑2020 年 7 月 3 日，北京卫视推出园林文化类户外综艺节目《我在颐和园等你》

歌华传媒

GMG 歌华传媒集团 GEHUA MEDIA GROUP

↑2020 年 9 月 21 日，北京市委常委、宣传部部长杜飞进出席 2020 北京国际设计周在张家湾举办的开幕式

↑2020 年 9 月 24 日，重大革命历史题材电视剧《香山叶正红》举办开机新闻发布会

↑2020 年 9 月 25 日，北京市委宣传部副部长、北京市电影局局长王杰群（后排左 3），歌华传媒集团党委副书记、总经理戴维（后排左 2）等审看电视剧《觉醒年代》样片

↑2020 年 3 月 26 日，北京市广播电视局党组书记、局长杨烁（左 3）带队到歌华有线丰台分公司检查疫情防控和复工复产情况

↑2020 年 9 月 8 日，歌华传媒集团党委副书记、总经理戴维参加第七届北京市文化融合发展项目合作推介会并发表主题演讲

↑2020年5月，驻市委宣传部纪检监察组与歌华传媒集团纪委联合对歌华有线播出安全工作进行监督检查

↑2020年8月25日，歌华传媒集团领导到北京电视艺术中心有限公司进行专题调研

↑2020年9月22日，歌华传媒集团负责同志到北京音像有限公司进行国庆前安全生产检查

↑2020年10月14日，歌华传媒集团负责人参加由北京市扶贫支援办主办的“大爱北京”——北京市献爱心助扶贫募捐活动

↑2020年9月，歌华传媒集团参展中国国际服务贸易交易会。图为媒体融合展区

↑2020年9月14日，歌华传媒集团所属歌华文化公司举办的“印记中国·2020——决战脱贫奔小康大众篆刻作品展”在中华世纪坛开幕

↑2020 年 10 月 22 日，北京北广传媒数字电视有限公司参加 2020 年有线数字付费频道业务培训班并进行交流

↑2020 年 11 月 20 日，北京北广传媒数字电视有限公司员工参加第六届“世界电视日”中国电视大会

↑2020 年，中华特产频道新开办栏目《风物东方》播出节目

北京北广传媒数字电视有限公司

Beijing All Media and Culture Digital TV Co.,Ltd

北京北广传媒数字电视有限公司成立于 2003 年 7 月，播出北京市付费数字电视频道 11 套，为 4 个外省付费频道提供代播服务，为 2 套有直播业务的付费频道提供应急垫播服务。为鼎视平台集成上星传输 8 套高清卫视、28 套付费标清频道、远端加密 3 套高清卫视频道和 2 套标清卫视频道提供技术服务。提供数字电视节目信息服务。

2020 年 3 月，“新娱乐”频道更名为“生态环境”频道，6 月 16 日正式开播，全天 24 小时滚动播出。2020 年 10 月，数字电视高清播出系统与鼎视节目集成平台高清化升级改造项目同步启动。截至年底，6 个上星付费电视频道覆盖全国有线电视用户 1.3 亿。

↑2020 年，北京数字付费电视四海钓鱼频道开播新栏目《路亚大本营》

北京北广传媒城市电视有限公司成立于2004年12月16日，是北京市属开发运营电视新媒体的专门机构之一，主营业务为楼宇电视联播网及户外大屏电视联播网。其中，楼宇电视平台终端安装数量6200屏；大屏联播网现有9处10块户外LED大屏，包括中汇大屏、富力大屏、天阶大屏、工美大屏、来福士大屏、春平大屏、望京大屏、丰联大屏、电子城大屏（2块），均运营稳定。

2020年，北京北广传媒城市电视有限公司以疫情防控为主线，唱好主旋律、打好主动仗，宣传报道体量大、内容精、形式多，确保新冠肺炎疫情防控与工作两不误、两促进。扩大城市电视公司户外大屏联播网布局，与枫蓝国际、丰台融媒体中心签署协议，网络接入后正式联网播出，将大屏联播网的覆盖范围由东城区、朝阳区延伸至丰台区、海淀区。

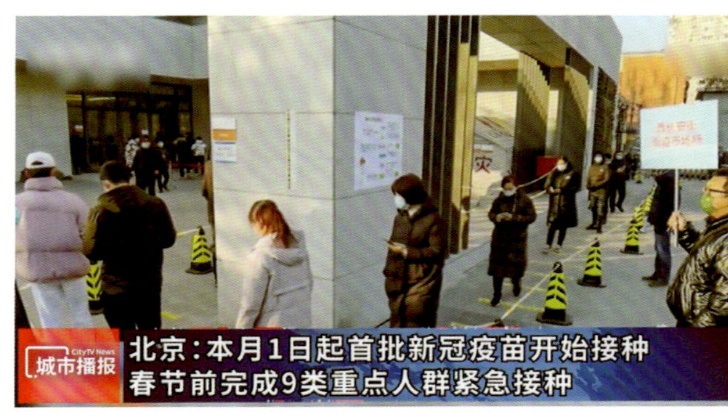

↑2020年，城市电视栏目《城市播报》播出

↑2020年5月22日，位于东直门来福士大厦的户外大屏幕电视在播放城市电视转播的第十三届全国人民代表大会第三次会议开幕式

2020年，城市电视通过楼宇电视联播网和户外大屏联播网两大自有媒体平台，开展疫情防控宣传工作→

↑2020年9月9日，在首届中国广电媒体融合发展大会上，北广传媒城市电视“户外LED统一播控平台”入选2020年度媒体融合创新技术与服务应用入库及推荐项目

↑2020 年，北京地铁电视新开播《督学之星》栏目

北京北广传媒地铁电视有限公司成立于 2007 年，是由北京北广传媒移动电视有限公司和北京市地铁运营有限公司共同发起并组建的有限责任公司。地铁电视节目播出时间与地铁运营时间同步，每天 17 小时，通过在北京市地铁运营有限公司具有运营权的地铁线路上的列车车厢、站台和站厅内的电视终端上接收、播放节目和广告。

2020 年，地铁电视公司所经营的地铁 1 号线、2 号线、13 号线、八通线 1 万多块电视终端，宣传解读新型冠状病毒疫情有关政策措施和预防知识，播出防范新型冠状病毒宣传片等 180 余条公益宣传片，引导乘客科学防护疫情，累计播出 106452 次、116307 分钟。全年 4 条地铁线累计播出公益宣传片（包含 MV 歌曲）257 个，播出 149606 次、177524 分钟。研发出新型车载机顶盒，初步实现国标、4G/5G 网络信号传输功能，完成实际上路试验。

↑2020 年 9 月 28 日，北京地铁电视新开播栏目《督学之星》。图为该栏目播出截图

↑2020 年，北京地铁电视播出《快乐生活一点通》栏目

↑2020 年，北京地铁电视播出《快乐生活一点通》节目

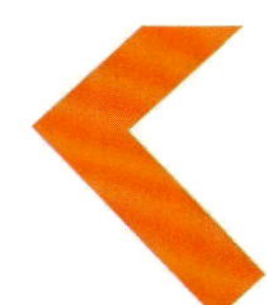

北京移动电视

2003年8月，北京北广传媒移动电视有限公司成立。2004年2月14日，经批准北京北广传媒移动电视有限公司在公交、地铁、轻轨、出租车等交通工具及其他公共场所试行开办移动电视节目，呼号为北京移动电视。

2020年，北京北广传媒移动电视有限公司依托自身媒体资源，打造“助力企业复工复产”大型公益行动，聚焦遭受疫情冲击最为严重的餐饮旅游、商超卖场等七大行业，以北京地区为核心市场的众多企业品牌，优选宣传时段，以可视化效果的“全屏竖图海报”形式提供公益刊播宣传。2020年，公司正式启动基于4G/5G智能车载移动电视播存一体机顶盒的研发，开发移动电视内容分区域分线路精准化播出、内容自动编排播出、广告经营智能分析以及广告自助下单投放等功能。

↑2020年，北京移动电视开播新栏目《我在这里建设北京》

↑2020年10月13日，北京移动电视直播北京市“共抗疫情 决胜小康”百姓宣讲调研汇讲活动

↑2020年10月，北京移动电视《百姓就业》栏目报道北京市丰台区举办2020首场“线下”招聘会

↑2020年10月14日，北京移动电视报道“大爱北京——北京扶贫协作先进事迹报告会”

2020年，有线电视注册用户累计606.24万户，注册率84.12%；完成高清交互推广用户20万户，高清交互用户推广累计达到563万户。采取市场化方式置换4K机顶盒23.16万台，累计86.73万台；累计推广、置换、销售4K机顶盒共170.87万台。家庭宽带在线用户数累计68.7万户。公司数字网内共传输187套电视节目，其中高清电视节目66套、4K超高清电视节目2套。完成2个5G核心网络建设，建设开通小汤山医院等6处5G基站，建设4.9G基站5座、700M基站4座。完成超高清8K机顶盒技术规范书、样机设计方案并制定传输接入网技术方案；搭建了8K传输实验系统；开展80Mbps大带宽8K直播传输功能验证工作。

↑2020年1月17日，北京歌华有线电视网络股份有限公司召开2020年工作会议

↑2020年3月14日，北京市政府副秘书长杨秀玲、北京市经济和信息化局副局长孔磊到北京歌华有线电视网络股份有限公司调研

↑2020年8月6日，中宣部新闻局副局长赵旭雯一行到北京歌华有线电视网络股份有限公司调研“北京云·融媒体”市级技术平台

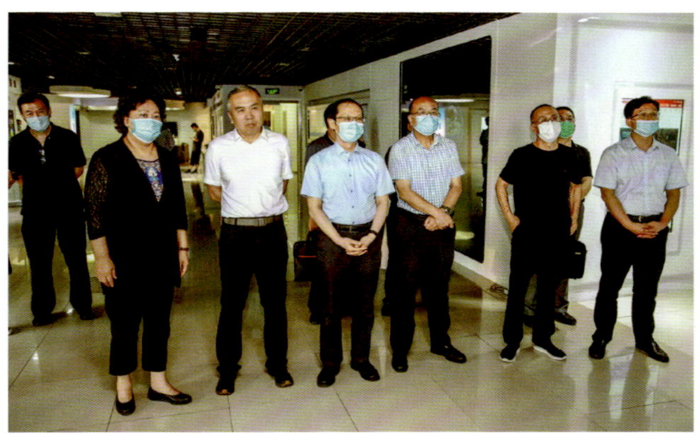

↑2020年8月6日，甘肃省委宣传部副部长，省广电局党组书记、局长彭鸿嘉到北京歌华有线电视网络股份有限公司调研“北京云·融媒体”市级技术平台

网络传输

← 2020 年 2 月 19 日，北京歌华传媒集团有限责任公司党委副书记、总经理戴维到北京歌华有限电视网络股份有限公司检查疫情防控工作

↑ 2020 年 3 月 12 日，北京市教育委员会主任刘宇辉一行到北京歌华传媒集团有限责任公司调研

↑ 2020 年 2 月 27 日，北京歌华传媒集团有限责任公司领导到歌华有线花园村营业厅和海淀分公司检查疫情防控工作

↑ 2020 年 12 月 22 日，北京歌华有线电视网络股份有限公司党委书记、董事长郭章鹏参加歌华有线党委理论中心组学习

↑ 2020 年 5 月 29 日，北京歌华有线电视网络股份有限公司与中国铁塔公司北京分公司进行洽谈磋商

←2020年2月27日，新华社、中新社、人民网等十余家媒体对“北京云空中课堂”在线教育和北京歌华有线电视网络股份有限公司客服公司全员居家办公模式进行集体采访

↑2020年2月，北京歌华有线电视网络股份有限公司员工为小汤山医院安装有线电视

↑2020年2月，北京歌华有线电视网络股份有限公司完成小汤山医院有线电视项目

↑2020年2月，北京歌华有线电视网络股份有限公司联合中国广电、华为在门头沟龙泉小学搭建5G在线实时教育平台

↑2020年2月，北京歌华有线电视网络股份有限公司在小汤山医院部署700M+4.9G广电5G网络

2020年1月27日，北京歌华有线电视网络股份有线公司正式上线“北京云空中课堂”

↑2020年2月23日，“歌华教育－北京云空中课堂”登陆学习强国平台

↑2020年2月，北京歌华有线电视网络股份有限公司高清交互平台“年华”专区上线

北京市抗击新冠肺炎疫情先进集体

中共北京市委
北京市人民政府
二〇二〇年九月

↑2020年9月29日，北京歌华有线电视网络股份有限公司党委荣获“北京市抗击新冠肺炎疫情先进集体”和“先进基层党组织”称号

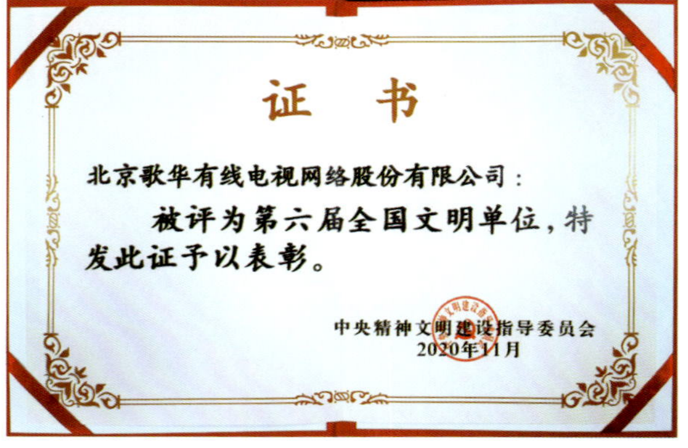

证　书

北京歌华有线电视网络股份有限公司：

被评为第六届全国文明单位，特发此证予以表彰。

中央精神文明建设指导委员会
2020年11月

↑2020年11月20日，北京歌华有线电视网络股份有限公司荣获全国文明单位称号

歌华集团
BEIJING GEHUA CULTURAL DEVELOPMENT GROUP
北京歌华文化发展集团

2020年，歌华文化集团在做好疫情防控的同时，努力做强“一核两翼”主营业务体系。2020北京国际设计周以“民生之维”为主题，推出5个单元16项主体活动，设立5个主会场23个分会场，举办各类活动386场，展览及活动面积约89万平方米。60多个国家和地区的上万名专业人士参与，现场观众超过190万人次，约1.54亿人次在线上关注设计周。

↑2020年5月11日，北京市委常委、宣传部部长杜飞进（右1）调研北京国际设计周永久会址，北京歌华传媒集团、北京歌华文化发展集团领导陪同调研

↑2020年9月21日，作为2020北京国际设计周活动，2022北京冬奥会和冬残奥会宣传海报征集活动启动

↑2020年9月27日，2020北京国际摄影周在中华世纪坛开幕

↑2020年8月24日，2020中美青年创客大赛举行线上颁奖仪式

歌华文化

←2020 年 7 月，中华世纪坛举办“初心 · 见证——红色文化主题展”

↑2020 年 8 月，“印记中国”学生篆刻大赛终评评审会在京举行

↑2020 年 8 月，北京国际光影艺术季在北京玉渊潭公园开幕

↑2020 年 9 月，歌华文化会展板块项目团队完成“第十五届北京文博会主展区”筹备布展工作

↑2020 年 9 月，北京国际设计周有限公司统筹搭建中国国际服务贸易交易会媒体融合展区

←2020 年 9 月，北京国际设计周经典设计奖终评工作会在京举行

↑2020 年 9 月，北京设计论坛在国家大剧院举办

↑2020 年 8 月 15 日，在中华世纪坛开设的大众篆刻体验中心正式运营

↑2020 年 9 月，2020 中国数独大会北京赛区初赛在中华世纪坛举办

↑2020 年 12 月，“拉斐尔的艺术：不可能的相遇”展览在中华世纪坛开幕

← 2020 年 9 月，北京城市建筑双年展在张家湾设计小镇举办

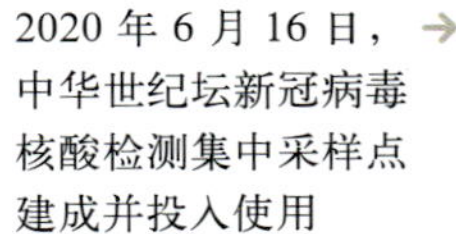
2020 年 6 月 16 日，→ 中华世纪坛新冠病毒核酸检测集中采样点建成并投入使用

← 截至 2020 年 7 月 7 日检测点撤出，中华世纪坛新冠病毒核酸检测集中采样点每日完成 1500 ～ 2000 人的检测任务，共检测 3 万余人

↑2020 年 1 月 16 日，“北京东城”官方微博直播探访天坛体育活动中心室内模拟滑雪馆

↑2020 年 2 月 6 日，东城区融媒体中心记者在雪中采访值守在抗疫一线的社区工作人员

↑2020 年 4 月 29 日，“北京东城”微博直播探访北京市珐琅厂

↑2020 年 6 月 8 日，“北京东城”微博对《“我们在一起”东城战“疫”图鉴》新书发布活动进行直播

↑2020 年 7 月 17 日，东城区融媒体中心记者拍摄“北京最美胡同”——东四胡同

↑2020 年 8 月 7 日，东城区融媒体中心记者体验采访隆福寺国潮市集和“360VR 沉浸影像展”

区融媒体

↑2020 年 8 月 20 日，西城区融媒体中心记者录制节目

↑2020 年 8 月 21 日，西城区融媒体中心记者在对口协作区县采访

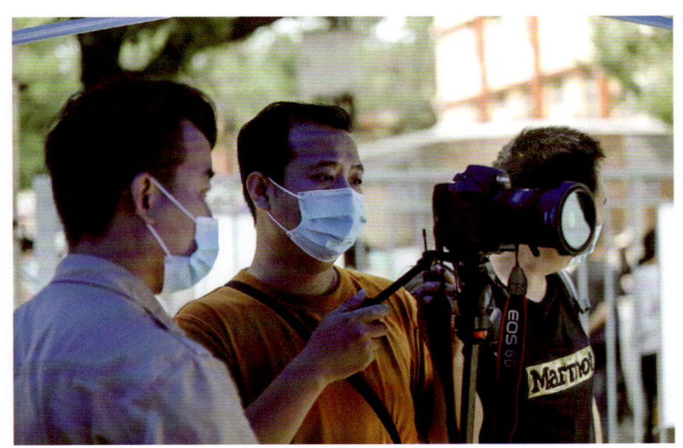

↑2020 年 6 月 26 日，西城区融媒体中心新媒体记者进行视频拍摄

↑2020 年 1 月 13 日，西城区融媒体中心记者参加 2020 年北京市两会媒体对接报道工作

↑2020 年 8 月 20 日，西城区融媒体中心记者参加视频录制

↑2020 年 8 月 21 日，西城区融媒体中心记者在对口协作区县采访扶贫工作

↑ 2020 年 1 月 25 日，大年初一清晨，朝阳区融媒体中心记者在东风乡采访春节期间坚守在一线的环卫工人

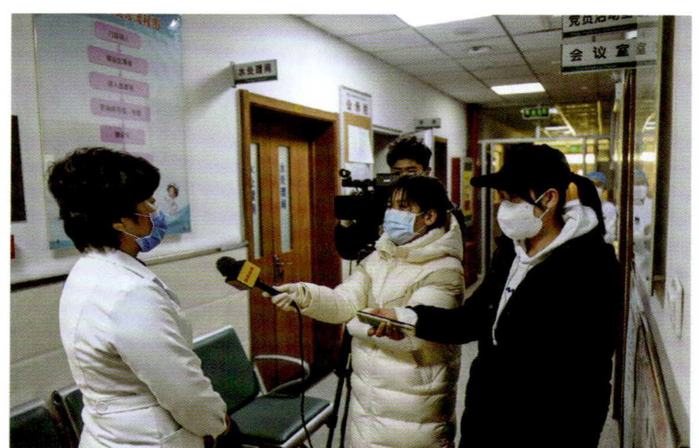

↑ 2020 年 2 月 11 日，朝阳区融媒体中心记者在崔各庄卫生服务中心进行采访

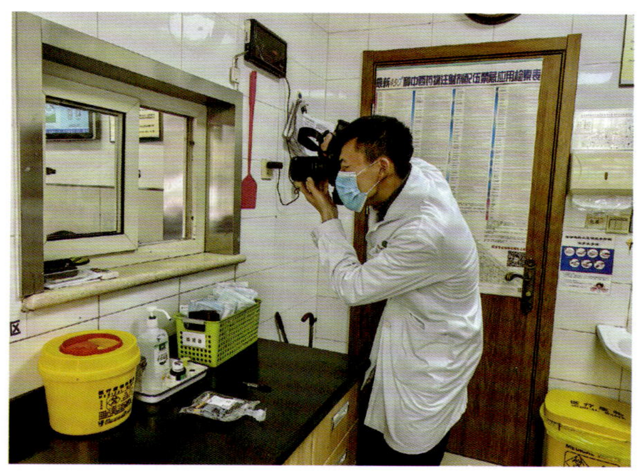

↑ 2020 年 3 月，朝阳区融媒体中心记者在左家庄社区卫生服务中心拍摄抗疫医护人员

↑ 2020 年 5 月 17 日，全国两会前，朝阳区融媒体中心安全播出科重启编码复用演练

↑ 2020 年 9 月 1 日，朝阳区融媒体中心安全播出科进行停机演练

← 2020 年 3 月 11 日，朝阳区融媒体中心技术人员对哈雷设备进行维护

区融媒体

↑2020 年 9 月 8 日，海淀融媒“海淀云”和“掌上海淀”客户端上线

↑2020 年 10 月 13 日，海淀区融媒体中心香山街道分中心成立

↑2020 年 4 月 21 日，海淀区委书记于军助阵“疫起同心才聚云端”活动

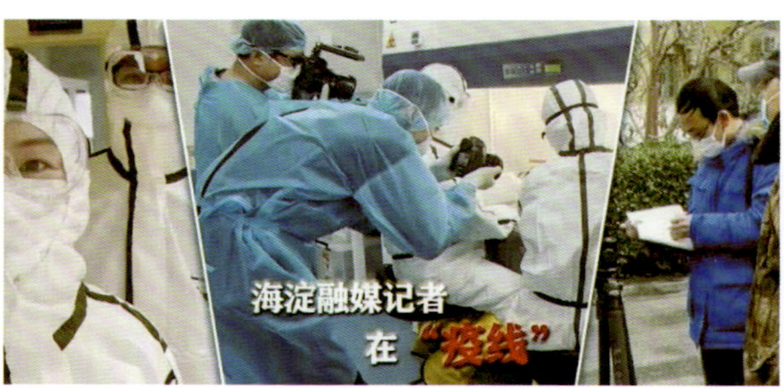

↑2020 年 3 月 10 日，海淀区融媒体中心记者在“疫线”

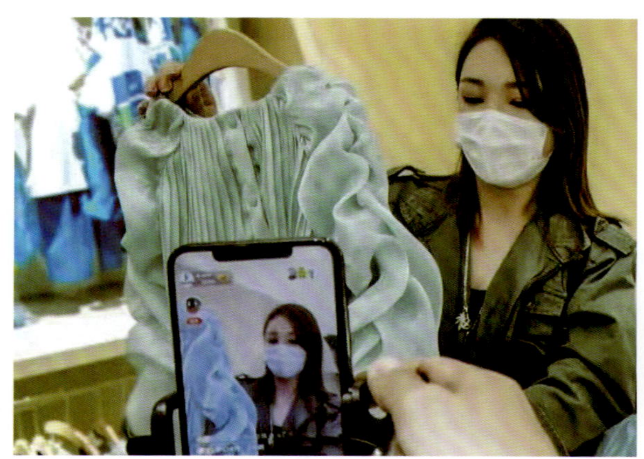

↑2020 年“五一”小长假期间，海淀区融媒体中心记者直播探店，带网友“逛街”为复商复市助阵

↑2020 年 11 月，海淀区融媒体中心在首届中国（北京）国际视听大会上被授予“北京市媒体融合先导单位”荣誉称号

↑2020 年 9 月 8 日，北京市委宣传部部长杜飞进（中），北京市广播电视局党组书记、局长杨烁（左 1）听取丰台区融媒体中心建设工作情况汇报

↑2020 年 9 月 8 日—9 日，丰台区融媒体中心参加中国广电媒体融合发展大会，现场组织驻区企业扶贫网络直播活动

↑2020 年 8 月 31 日—9 月 2 日，丰台区融媒体中心记者融合报道内蒙古赤峰市林西县采访

↑2020 年 9 月 9 日，北京市记协主席梅宁华等到东高地街道万源东里社区调研“社区新闻发声人”工作，与社区新闻发声人座谈交流

↑2020 年 4 月 16 日，北京歌华传媒集团总经理戴维一行到丰台区融媒体中心就“北京云”对接建设、丰台区融媒体发展情况进行调研

←2020 年 9 月 27 日，丰台区融媒体中心联合北京陈铎艺术创作室、北京汽车博物馆共同主办《最是人间好时节》中秋网络视听朗诵会

区融媒体

↑2020年2月22日，石景山区融媒体中心记者采访八角街道社区疫情防控情况

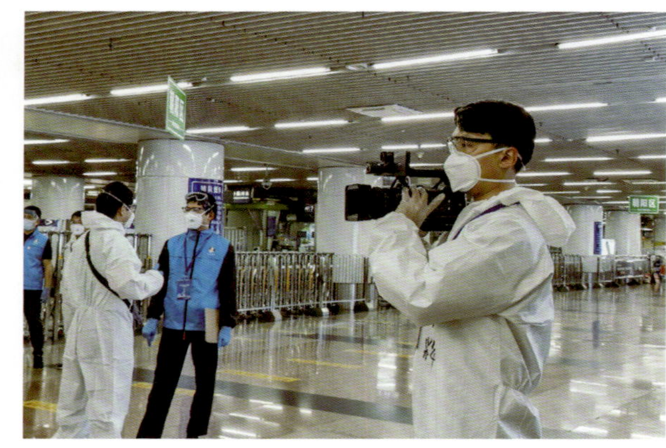

↑2020年3月27日，石景山区融媒体中心记者采访北京西站滞留湖北返京人员

↑2020年9月21日，石景山区融媒体中心记者采访大城子镇现代农业万亩番茄园区

↑2020年9月23日，石景山区融媒体中心记者采访八里罕镇扶贫车间建设情况

2020年2月1日，石景山区融媒体中心记者采访鲁谷街道社区疫情防控情况→

←2020年7月2日，石景山区融媒体中心记者采访京西大悦城重大项目推进情况

↑2020年12月15日，门头沟区融媒体中心《北京新闻》播出采访区委书记张力兵的新闻

↑2020年6月6日，门头沟区融媒体中心现场直播“嗨购门头沟5G”

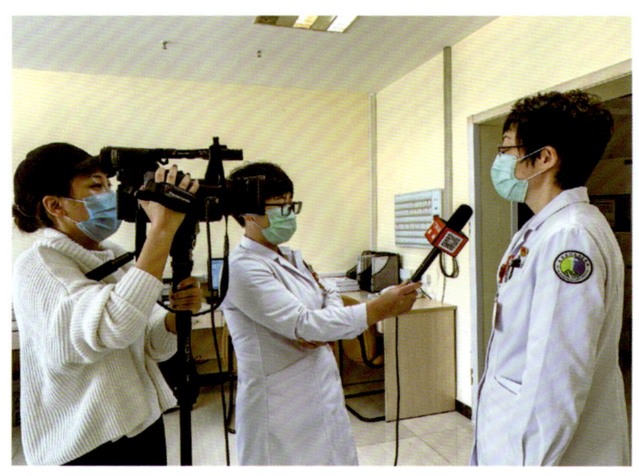

↑2020年4月29日，门头沟区融媒体中心记者在抗疫一线采访医护工作者

↑2020年12月18日，门头沟区融媒体中心工作人员户外推广“门头沟融媒”App

↑2020年12月3日，区委常委、区人大常委会主任张维刚（中）到门头沟区融媒体中心调研

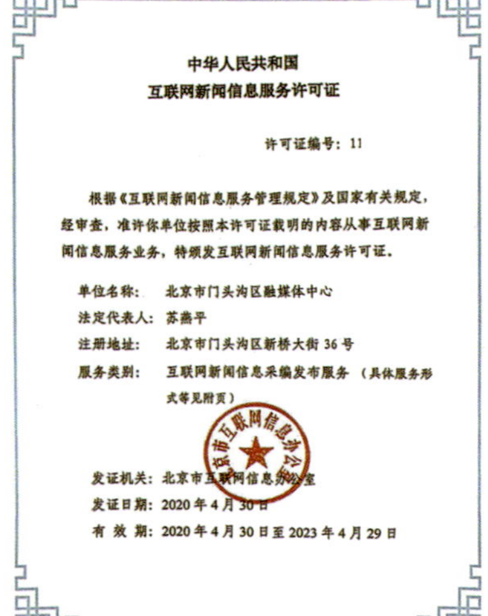

中华人民共和国
互联网新闻信息服务许可证

许可证编号：11

根据《互联网新闻信息服务管理规定》及国家有关规定，经审查，准许你单位按照本许可证载明的内容从事互联网新闻信息服务业务，特颁发互联网新闻信息服务许可证。

单位名称：北京市门头沟区融媒体中心
法定代表人：苏燕平
注册地址：北京市门头沟区新桥大街36号
服务类别：互联网新闻信息采编发布服务（具体服务形式等见附页）

发证机关：北京市互联网信息办公室
发证日期：2020年4月30日
有 效 期：2020年4月30日至2023年4月29日

←2020年4月30日，门头沟区融媒体中心取得互联网新闻信息服务许可证

区融媒体

↑2020 年 7 月 14 日，房山电视台《房山新闻》栏目推出《新起点的动员令》专栏

↑2020 年 4 月 8 日，房山区融媒体中心推出《生态宜人 美丽房山》专栏

↑2020 年 10 月 12 日，房山区融媒体中心推出《党建引领聚合力 垃圾分类齐参与》专栏

↑2020 年 10 月 20 日，房山区融媒体中心开展爱国主义专题教育，组织党员干部观看影片《夺冠》

↑2020 年 6 月 12 日，北京房山 App 开展“悦读新华 · 书香房山”直播活动

↑2020 年 3 月 24 日，“北京云空中课堂”入驻北京房山 App

2020 年 2 月 2 日，大兴区融媒体中心记者首次进入发热门诊进行采访报道

2020 年 2 月 14 日，“北京大兴”客户端“北京云空中课堂”板块上线

2020 年 11 月 21 日，大兴区融媒体中心与光明网联合举办全国第二届政务新媒体发展论坛

大興報 号外

北京市大兴区融媒体中心出版　2020 年 4 月 8 日　星期三　庚子年三月十六

习近平在参加首都义务植树活动时强调

牢固树立绿水青山就是金山银山理念 打造青山常在绿水长流空气常新美丽中国

李克强栗战书汪洋王沪宁赵乐际韩正王岐山参加

新华社北京 4 月 3 日电（记者吴晶 杨依军）中共中央总书记、国家主席、中央军委主席习近平 3 日上午在参加首都义务植树活动时强调，在全国疫情防控形势持续向好、复工复产不断推进的时刻，我们一起参加义务植树，既是以实际行动促进经济社会发展和生产生活秩序加快恢复，又是倡导尊重自然、爱护自然的生态文明理念，促进人与自然和谐共生。要牢固树立绿水青山就是金山银山的理念，加强生态保护和修复，扩大城乡绿色空间，为人民群众植树造林，努力打造青山常在、绿水长流、空气常新的美丽中国。

天朗气清，春意盎然，又到了植树造林的大好时节。上午 10 时 30 分许，党和国家领导人习近平、李克强、栗战书、汪洋、王沪宁、赵乐际、韩正、王岐山等集体乘车，来到位于北京市大兴区旧宫镇的植树点，同首都群众一起参加义务植树活动。

4 月 3 日，党和国家领导人习近平、李克强、栗战书、汪洋、王沪宁、赵乐际、韩正、王岐山等来到北京市大兴区旧宫镇参加首都义务植树活动。这是习近平同大家一起植树。　新华社记者 李学仁摄

这是一片面积约 320 亩的开阔地，原为小型服装企业聚集的工业大院。近年来，经过拆迁腾退和环境整治，这里正在规划构建以植物造景为主的城市森林公园，以满足群众游憩、休闲、健身和文化需求。

习近平一下车，就拿起铁锹走向植树地点。正在这里植树的干部群众看到总书记来了，纷纷向总书记热情问好。习近平向大家挥手致意，随后同北京市、国家林业和草原局负责同志以及首都干部群众一起忙碌起来。

挥锹铲土、培土围堰、提水浇灌……习近平接连种下油松、国槐、杏梅、元宝枫、西府海棠、金银木、红瑞木。在和煦的春风中，挺拔的树苗错落有致，鲜艳的花朵迎风招展，初绽的枝叶格外清新。植树现场一片繁忙景象。参加劳动的领导同志同大家一起培土浇水，气氛热烈。

植树期间，习近平同在场的干部群众亲切交谈。他说，中国自古以来就有植树造林的优良习惯。新中国成立以后，我们锲而不舍开展植树造林，取得显著成绩。特别是党的十八大以来，生态文明建设纳入“五位一体”总体布局，爱绿、植绿、护绿不仅成为全党全国各族人民的一致共识和自觉行动，而且正在世界上产生积极广泛影响。我们坚持全国动员、全民动手、全社会共同参与，发挥集中力量干大事的制度优势，深入开展大规模国土绿化行动，实现了森林资源连续增长，沙化荒漠化土地面积连续减少，为应对气候变化、推动全球生态治理作出了重要贡献。

习近平指出，社会主义是人民群众做主人，良好生态环境是全面建成小康社会的重要体现，是人民群众的共有财富。要坚持以人民为中心的发展思想，持之以恒开展国土绿化，因地制宜，科学规划，不刻意追求奇花异草、名贵树木，真正做到为人民种树，为群众造福。

习近平强调，中华民族生生不息，生态环境要有保证。开展全民义务植树是推进国土绿化的有效途径，是传播生态文明理念的重要载体。植树造林、保护森林，是每一位适龄公民应尽的法定义务。要坚持各级领导干部带头、全社会人人动手，鼓励和引导大家从自己做起、从现在做起，一起来为祖国大地绿起来、美起来尽一份力量。

习近平对参加植树的社区工作人员说，社区这次防疫工作功劳很大，接下来任务还很繁重。现在加快复工复产，但仍要坚持外防输入、内防反弹，日常防范传播等是社区的主要任务，要确保社区居民生命安全和身体健康。

在京中共中央政治局委员、中央书记处书记、国务委员等参加植树活动。

（转自 2020 年 4 月 4 日《北京日报》）

2020 年 4 月 8 日，习近平总书记到大兴参加首都义务植树活动，《大兴报》特推出号外一期

2020 年 5 月 12 日，大兴区融媒体中心全面完成高清改造工作

2020 年，大兴区融媒体中心《乌鱼来了》节目播报最新资讯，畅聊轻松话题

区 融 媒 体

↑2020 年 10 月 19 日，通州区融媒体中心直播北京城市广播副中心之声开播仪式

↑2020 年 9 月 28 日，通州区融媒体中心拍摄北京市通州区文化科技卫生“三下乡”——运河之子高占祥回乡汇报展

↑2020 年 4 月 8 日，通州区融媒体中心记者采访通州区新冠肺炎疫情患者接收点——牛堡屯卫生院

精彩片段

城市副中心网红打卡地——宋庄艺术区
12.7万次播放

首个共有产权房项目完成装修
9861次播放

环球影城主题公园重点交通道路网工程 完成桥梁主…
7326次播放

北京市学习宣传贯彻党的十九届五中全会精神宣讲团…
5739次播放

《财经》年会2021在城市副中心开幕 周小川白春礼…
6152次播放

↑2020 年，通州区融媒体中心的《网红打卡地》系列报道——宋庄艺术区在“北京时间”App 上的点击量近 13 万

↑2020 年 8 月 17 日，通州区融媒体中心记者参与 2020 年通州区优秀百姓宣讲视频评选活动

↑2020 年 11 月 26 日，通州区融媒体中心主持人主持 2020 年度通武廊文化交流季活动开幕式

↑2020 年 1 月 14 日，顺义区融媒体中心记者采访牛栏山镇志愿者参与疫情防控情况

↑2020 年 2 月 19 日，顺义区融媒体中心记者采访顺义区首个康复出院的新冠肺炎患者

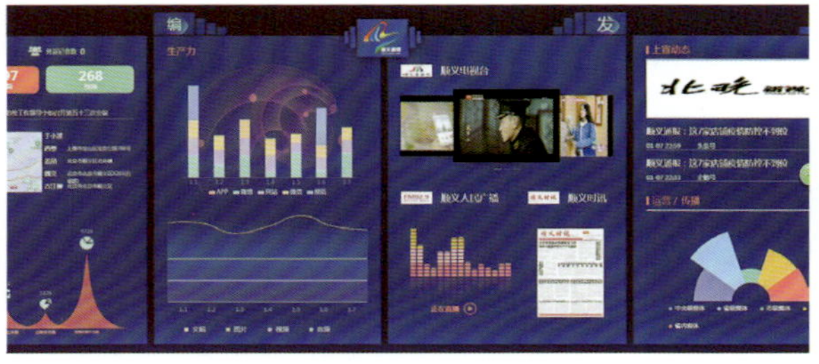

↑顺义区融媒体中心融媒指挥系统

↑2020 年 9 月 5 日，顺义区融媒体中心直播服贸会文化板块特别网红打卡地祥云小镇

↑2020 年 3 月 16 日，顺义区融媒体中心记者在新国展新冠肺炎集散点采访

←2020 年 12 月 12 日，顺义人民广播电台第七届听众节之时，区中医院周义山医生做客元直播间

区 融 媒 体

↑2020 年 1 月 20 日，平谷区融媒体中心记者在新冠肺炎疫情期间外采

↑2020 年 3 月 18 日，平谷区融媒体中心记者采访鱼子山山火情况

↑2020 年 4 月 17 日，平谷区融媒体中心在新冠肺炎疫情期间录制网课

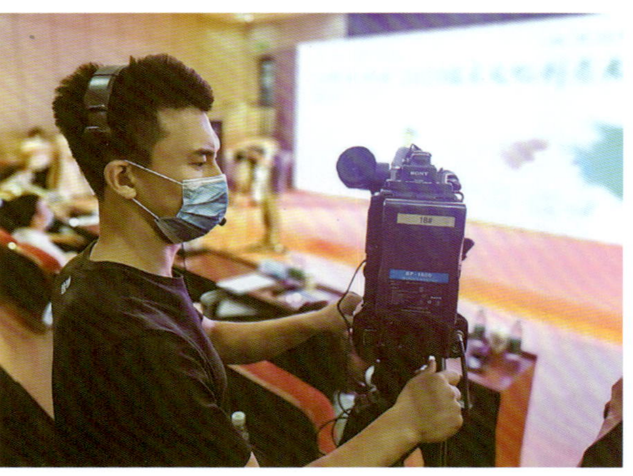

↑2020 年 8 月 10 日，平谷区融媒体中心进行歌华传媒杯 2020 北京文化创意大赛平谷赛场的录制

2020 年 1 月 10 日，平谷区融媒体中心主持人主持平谷区政法系统第二届“平安卫士”颁奖典礼→

↑2020 年 4 月 20 日，平谷区融媒体中心记者在新冠肺炎疫情解封后的景区进行采访

↑2020 年 5 月 4 日，怀柔区融媒体中心新媒体部记者直播调试现场

↑2020 年 1 月 2 日，怀柔区融媒体中心记者主持《行走科学城》节目

↑ 2020 年 8 月 8 日，怀柔区融媒体中心为对口帮扶的河北丰宁、怀安，内蒙古四子王旗、科左后旗四地的近 10 种特色产品进行“直播带货”

↑2020 年 6 月 13 日，怀柔区融媒体中心在中影怀柔基地高清演播室举办北京消费季“云上宠粉节”直播

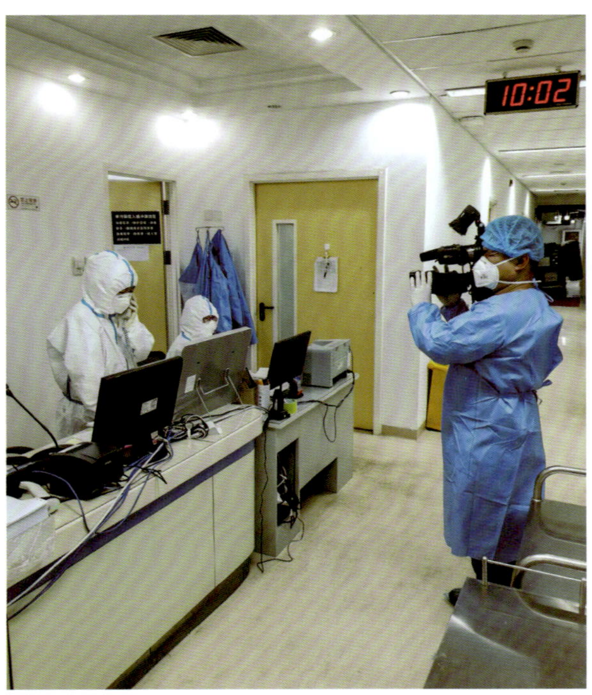

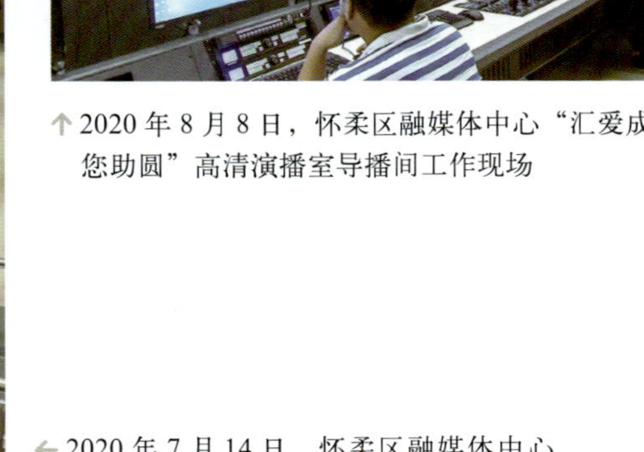

↑2020 年 8 月 8 日，怀柔区融媒体中心“汇爱成‘团’‘青’您助圆”高清演播室导播间工作现场

←2020 年 7 月 14 日，怀柔区融媒体中心记者采访怀柔医院的护士

区融媒体

↑2020 年 1 月 19 日，昌平区融媒体中心摄制 2020 年“福满京城 春贺神州”昌平区迎新春慰问演出（摄影：穆昊星）

↑2020 年 4 月 15 日，昌平区融媒体中心记者采访协和医院国家援鄂队回京（摄影：穆昊星）

↑2020 年 9 月 30 日，昌平区融媒体中心摄制 2020 年“居庸山月”中秋晚会

↑2020 年 10 月 22 日，昌平区融媒体中心播出第五届中国北京国际魔术大会开幕式

↑2020 年 10 月 24 日，昌平区融媒体中心播出昌平第十七届苹果文化节开幕

↑2020 年 11 月，昌平区人民广播电台主持人主持节目现场

↑2020 年 2 月 17 日，密云区融媒体中心《奉献有我》栏目开播

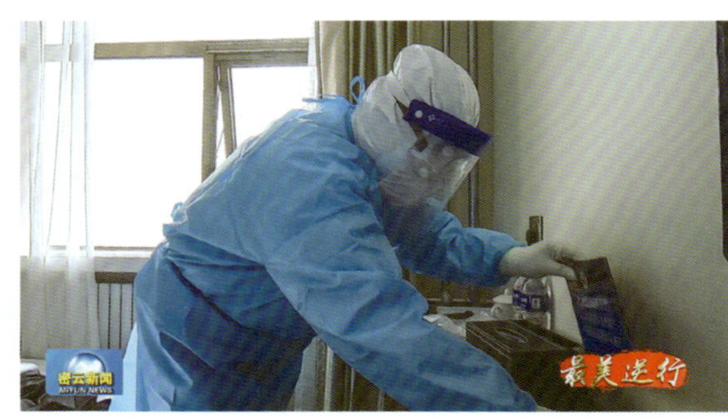

↑2020 年 2 月 24 日，密云区融媒体中心《最美逆行》栏目开播

↑2020 年 3 月 20 日，密云区委常委、宣传部部长葛俊凯（前排右 1）一行到密云区融媒体中心慰问职工

↑2020 年 5 月 18 日，密云区融媒体中心召开全国“两会”期间安全保卫工作部署会

↑2020 年 7 月 13 日，密云区融媒体中心《寻找最美保水人》栏目开播

↑2020 年 7 月 31 日，纪念密云水库建成 60 周年特别栏目——《足迹》开播

↑2020 年 1 月 22 日，“北京延庆”App 正式上线

↑2020 年 9 月 16 日，延庆区融媒体中心与兴和县融媒体中心开展战疫有我融媒体合作签约仪式

↑2020 年 2 月 2 日，疫情防控期间，延庆区融媒体中心记者使用无人机进行防控宣传

↑2020 年 12 月 22 日，延庆区融媒体中心获得中宣部、文旅部、广电总局颁发的第八届全国服务农民、服务基层文化建设先进集体称号

↑2020 年 5 月 24 日，疫情防控期间，延庆区融媒体中心领导带头到社区参加防疫路口值勤

2020 北京优秀电视剧

2020 年，北京市广播电视局统筹推进“新时代精品工程”，创新性发挥特殊形势下精品创作“北京模式”的效能，按照“找准选题、讲好故事、拍出精品”的思路，引导北京广播电视制作播出机构围绕重要宣传主题和任务，创作生产一批优秀电视剧、纪录片，建强精品方阵，打响北京品牌。

2020 年，北京市广播电视局推出的重点电视剧《冰糖炖雪梨》剧照

2020 年，北京市广播电视局推出的重点电视剧《枫叶红了》剧照

2020 年，北京市广播电视局推出的重点电视剧《吉他兄弟》海报

2020 年，北京市广播电视局推出的重点电视剧《了不起的儿科医生》剧照

2020年，北京市广播电视局推出的重点电视剧《燃烧》海报

北京卫视播出的38集电视剧《遍地书香》海报

北京天马映像影业有限公司出品的42集电视剧《三叉戟》海报

2020年，北京市广播电视局推出的重点电视剧《塞上风云记》海报

2020年，北京市广播电视局推出的重点电视剧《什刹海》剧照

2020 年，北京市广播电视局推出的重点电视剧《幸福里的故事》海报

北京卫视播出的 53 集电视剧《安家》海报

2020 年，北京市广播电视局推出的重点电视剧《战火熔炉》海报

2020 年，北京市广播电视局推出的重点电视剧《月是故乡明》剧照

北京华谊兄弟娱乐投资有限公司出品的 44 集电视剧《古董局中局之掠宝清单》剧照

和力辰光国际文化传媒（北京）股份有限公司、北京光线影业有限公司等出品的 70 集电视剧《新世界》海报

2020 年，北京卫视播出的 44 集电视剧《猎狐》剧照

企鹅影业出品的 48 集电视剧《燕云台》海报

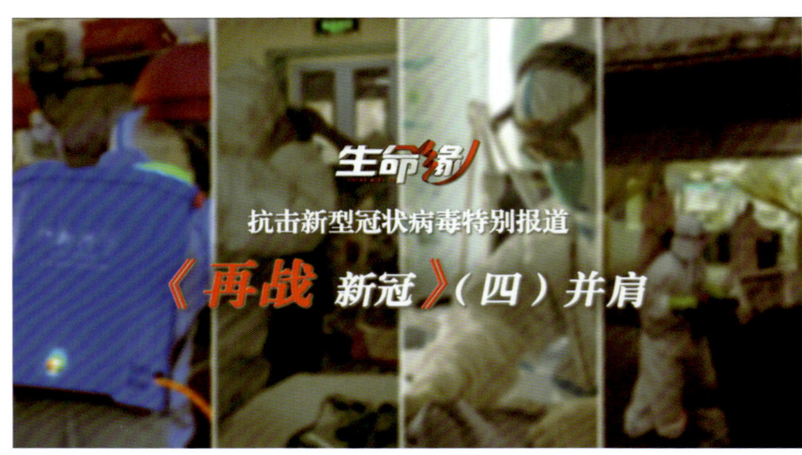

北京广播电视台出品的纪录片《生命缘——再战新冠之并肩》海报

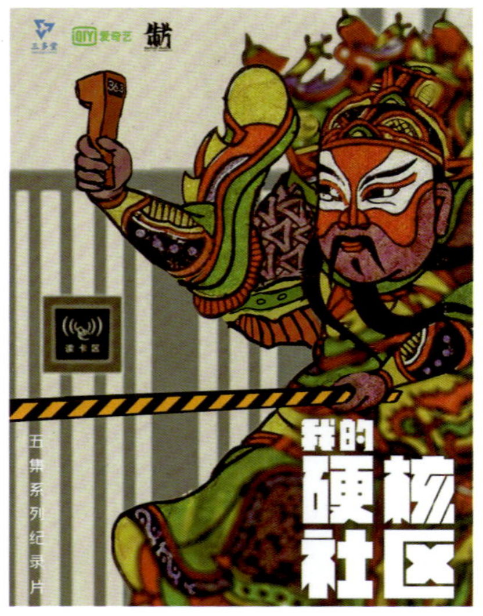

北京三多堂传媒股份有限公司、北京爱奇艺科技有限公司、双元禾力（北京）影视传媒有限公司联合出品的5集纪录片《我的硬核社区》海报

湖南卫视、芒果TV、北京伯璟文化传播有限公司联合出品的12集纪录片《中国（第一季）》海报

北京伯璟文化传播有限公司等联合出品的5集纪录片《王阳明》海报

东方良友影视传媒（北京）有限公司等出品的2集纪录片《广府春秋·如往如来》海报

↑百年巨匠（北京）文化传播有限公司出品的 12 集纪录片《百年巨匠》——京剧篇海报

↑优酷出品的 3 集纪录片《冬去春归 ·2020 疫情里的中国》海报

↑乐正传媒、爱奇艺、健康报、迈瑞医疗等联合出品的 10 集纪录片《中国医生》海报

←北京广播电视台冬奥纪实频道播出的纪录片《山里娃冰球队》海报

←北京泡泡海洋文化有限公司出品的 6 集纪录片《潜行中国》海报

电影

↑ 光线影业出品的电影《八佰》海报

↑ 北京爱奇艺科技有限公司出品的网络电影《我来自北京之扶兄弟一把》海报

↑ 光线影业出品的电影《姜子牙》海报

↑ 北京美视众乐影业有限公司出品的网络电影《辛弃疾 1162》海报

↑ 北京奇树有鱼文化传媒有限公司出品的网络电影《毛驴上树 2 倔驴搬家》海报

↑ 光线影业出品的电影《金刚川》海报

↑ 北京奇树有鱼文化传媒有限公司出品的网络电影《中国飞侠》海报

↑ 北京东方飞云国际影视股份有限公司出品的电影《海大鱼》海报

2020年6月12日，北京市广播电视局在北京会议中心召开党员大会

2020年6月12日，北京市广播电视局党员大会选举投票现场

2020年6月12日，北京市广播电视局党员大会选举产生中共北京市广播电视局机关委员会和机关纪律检查委员会

2020年10月23日，北京市广播电视局党员干部参观纪念中国人民志愿军抗美援朝出国作战70周年主题展览

2020年11月25日，北京市广播电视局举办专题党课宣讲十九届五中全会精神

队伍建设

↑2020 年 2 月 29 日，北京市广播电视局组织党员干部下沉社区，抗击新冠肺炎疫情

↑2020 年 7 月 1 日，北京市广播电视局领导到东城区建国门街道站东社区看望慰问抗疫一线的下沉干部

↑2020 年 10 月 30 日，北京市广播电视局监测中心、信息中心、审查中心党支部参观平西情报联络站

↑2020 年 10 月 21 日，北京市广播电视局后勤中心党支部参观中国人民抗日战争纪念馆

↑2020 年 8 月 7 日，北京市广播电视局财务处党支部到国家博物馆开展党日活动

↑2020 年 11 月 20 日，北京音像资料馆党支部赴中国电视大会参观学习

↑2020 年 8 月 31 日，北京市广播电视局退休党员参加北京市离退休干部秋季线上理论学习班

←2020 年 10 月 22 日，北京广播电视台组织发放防疫物资

↑2020 年 5 月 27 日，北京歌华文化发展集团有限公司党委理论学习中心组织第 5 次学习

↑2020 年 7 月 1 日，北京歌华有线电视网络股份有限公司（通州分公司）党支部组织“廉洁从业，爱岗敬业”主题党日活动

↑2020 年 11 月 24 日，鼎视传媒股份有限公司举行党日活动，参观纪念中国人民志愿军抗美援朝出国作战 70 周年展览

↑2020 年 6 月 30 日，北京北广传媒数字电视有限公司开展云党课学习

队伍建设

↑ 2020 年 10 月 19 日，朝阳区融媒体中心开展主题党日活动

↑ 2020 年 9 月 18 日，西城区融媒体中心党支部组织全体党员干部赴延庆大庄科参观学习，开展主题党日活动

↑ 2020 年 11 月 19 日，海淀区融媒体中心组织党员与积极分子参观京西山区中共第一党支部纪念馆

↑ 2020 年 11 月 24 日，通州区融媒体中心党组书记讲党课

↑ 2020 年 4 月 14 日，怀柔区融媒体中心召开全面从严治党工作会

↑ 2020 年 6 月 30 日，密云区融媒体中心举办年轻干部“学原文、悟原理、书心得”交流展示活动

↑2020 年 9 月 12 日，北京广播电视台举办第七届职工乒乓球比赛

↑2020 年 1 月 17 日，朝阳区融媒体中心工会举办主题为“融媒一家亲、共话新发展”活动

↑2020 年 11 月，北京广播电视台参加“中国记协 · 雪松杯”在京新闻单位羽毛球团体邀请赛

↑2020 年 11 月，大兴区融媒体中心举办“齐心跟党走，携手健康路”活动

↑2020 年 9 月 11 日，“平蓟三兴”青年人才演讲比赛中，平谷区融媒体中心主持人荆丹丹获得三等奖

↑2020 年 5 月 27 日，通州区融媒体中心开展垃圾分类竞赛活动

目 录

专项纪事

概　况

大事记

频率频道

节目栏目

电视剧

媒体融合与智慧广电

网络视听

技 术

公共服务

产业发展

典型经验

获奖作品

组织机构

受众调查

书报刊出版

统　计

附　录

索　引

专项纪事

首届中国（北京）国际视听大会召开

2020年11月19日至22日，首届中国（北京）国际视听大会在北京展览馆开幕。本届大会由国家广播电视总局、北京市人民政府指导，北京市广播电视局主办。大会以“视听改变生活，文化引领未来”为主题，将“云端”+“线下”形式有机融合，设置线上云展览平台，搭建视听产业馆电商平台支持数千种产品在线展示；线下展览由11个专业展区构成，吸引200家参展企业，展览面积达2万平方米，全景展示国内外视听领域产业链上下游发展与创新现状；举办30余场国际化专业论坛活动，近300名专家学者齐聚一堂，聚焦视听产业高质量发展，还专门开辟投资板块，路演项目总市值超过千亿元。

一、大会开幕式举办主旨演讲及多项签约、揭牌、授牌仪式

11月19日上午，国家广播电视总局党组成员、副局长高建民，北京市委常委、宣传部部长杜飞进，北京市副市长王红出席开幕式。北京市广播电视局党组书记、局长杨烁主持开幕式。参加大会开幕式的有来自国家广播电视总局各司局和直属单位代表、全国广播电视系统各省（区、市）代表团代表以及行业企业代表共1000余人。国家广播电视总局研修学院、北京市广播电视局、河北省广播电视局共同签署《京津冀新视听媒体融合学院战略合作协议》。随后，举行北京国际云转播科技有限公司揭牌仪式。公司成立后，将聚焦拓展融媒体、大传播的视频产业市场，基于5G、云计算、人工智能等新兴技术，采用“双中台+微服务”架构，实现转播设备云端化和人员服务远程化。开幕式还举行超高清电视技术研究和应用实验室、国家文化大数据体系区域中心授牌仪式。

中国（北京）国际视听大会开幕式暨北京新视听年度峰会，共设1个主会场和2个分会场。在北京新视听年度峰会上，中国公共关系协会文化大数据产业委员会副主任委员高书生、中国广电网络股份有限公司总经理吕建杰、清华大学教授欧洲科学院院士熊澄宇等嘉宾作了主题演讲。

二、大会举办展览与多场论坛

大会设置11个主题展区，包括视听冬奥展区、文化大数据展区、5G+8K超高清展区、广电5G与网络传输展区、新视听展区、视频AI展区、云计算/大数据展区、内容制作技术展区、智能终端与显示技术展区、AR/VR展区和数字音频展区。展览内容突出视听领域内容、技术、业态的创新应用，重点聚焦前沿科技、内容精品、应用场景等，全景展示视听产业链，体现视听领域高质量发展成果。大会展览“云端”与“线下”有机融合，京东集团推出云展览平台，官网3D展台对参展商免费开放，为企业提供长期在线展示，并同步连接京东视听体验馆。

参观大会展览的观众3.8万人次。线下展览意向成交额超过2亿元。线上京东视听体验馆自北京新视听展启动以来，截至11月21日，下单超过8万笔，销售额突破2000万元。视听中国投资人大会，参与路演项目总估值超过千亿元，促成创业企业与机构投资人达成投资和业务合作意向，撬动融资规模数百亿，现场签约2.8亿元。

大会举办多场论坛，包括北京新视听年

度峰会、智慧广电峰会、媒体融合峰会、5G高新视听峰会、冬奥5G+8K转播高峰论坛、交互技术与视听体验创新论坛、全国广播融合创新论坛、新视听区块链创新应用论坛、文化大数据产业论坛、2020中国文化计算大会、视听中国投资人大会、视听产业园区发展论坛等。在内容方面，大会设置了全球云视听展播季高峰论坛，版权生态高质量发展论坛，动画片、纪录片、电影、剧本创作、音频创新、内容制作等多个专业论坛。约300名专家学者在大会期间聚焦视听业高质量发展，交流新经验、新观点。同时，大会还举办了区域协作方面的京津冀媒体融合典型经验交流会和京津冀广播电视媒体融合发展创新中心年会。

三、闭幕式上举办多项发布、启动仪式和签约活动

11月22日下午，在大会闭幕式上，举行了京合数字视听投资联盟成立暨京新数字视听投资基金启动仪式。京合数字视听投资联盟是在国家广播电视总局广科院、北京市广播电视局指导下设立的数字视听领域投融资专业平台。联盟由阿里文娱、爱奇艺、百度、快手、喜马拉雅、新浪微博、光线传媒、华谊兄弟、一点资讯、信中利资本、中英电影基金、得到等15家单位共同发起。

闭幕式上举办的北京市推动智慧广电发展专项资金奖励项目发布仪式，为遴选出的10个“2020北京市智慧广电重大项目”和20个“2020北京市智慧广电重点项目”颁发奖杯和证书，30个项目获得北京市设立的3000万元智慧广电专项资金奖励，项目涵盖大数据、5G、4K/8K超高清、AI、VR/AR、IPTV、IC设计、融合媒体、视听场景应用等多个领域。

北京市广播电视局和北京市大兴区人民政府签署的关于共同推进中国（北京）星光视听产业基地发展的战略合作框架协议也在闭幕式上举行。根据协议，双方将在共建产业服务体系、制定优质企业政策、聚集视听产业人才、拓展视听产业市场等四方面开展合作，以加快中国（北京）星光视听产业基地建设，将基地建设成为全国高新视听示范基地。

（北京市广播电视局规划发展处）

首届中国广电媒体融合发展大会召开

2020年9月8日至9日，中国广电媒体融合发展大会在北京举行。本次大会由国家广播电视总局、北京市人民政府指导，北京市委宣传部、北京市广播电视局主办。大会以“共融·共生·共美好”为主题，设置10场活动，展现媒体融合的经验成果，探讨未来的发展方向。国家广播电视总局党组成员、副局长朱咏雷，中共北京市委常委、宣传部部长杜飞进出席大会启动式并致辞。来自全国26个省、自治区、直辖市的局台网领导和相关负责人，人民日报、新华社、中央广播电视总台等媒体人，专家学者和机构、企业代表等近500人到现场参加大会。大会同步进行网络直播。

一、全国首个突破地域的广电媒体融合发展创新中心成立

9月8日，在大会启动式上，北京、天津、河北三地广电局正式签署《京津冀新视听战略合作协议》。国家广电总局党组成员、副局长朱咏雷为中国（京津冀）广播电视媒体融合发展创新中心授牌。这是全国首个突破地域限制的广播电视媒体融合发展创新中心。9月8日下午，京津冀广电媒体融合协同发展推进会举行，创新中心三地依托单位和首批50余家共建单位参加会议，并举行创新中心共建单位授牌仪式。

二、发挥平台集聚效应，交流媒体融合发展经验

大会举办的10场活动包括启动式暨高端峰会、全国广播电视媒体融合典型案例交流会、京津冀广电媒体融合协同发展推进会、媒体融合创新技术应用与项目推介会、短视频MCN生态与媒体融合峰会、融媒体时代的内容创新峰会、媒体融合与国际传播能力建设峰会、媒体融合与社会治理研讨会、融媒体产业合作峰会、媒体+精准扶贫研讨会。会上110余位专家学者、领军人物发表演讲。清华大学熊澄宇教授、中国人民大学宋建武教授、中国教育电视台总编辑胡正荣教授等从广电媒体融合、全媒体体系建设、媒体融合抓手等方面分享见解观点。人民网、央视网、北京广播电视台、上海广播电视台、湖南广播电视台、湖北长江云新媒体集团等单位就主流媒体融合方面分享实践经验。华为、腾讯、科大讯飞、京东、微博、今日头条、快手、芒果TV等科技公司和互联网公司从技术应用、内容生产、推广运营等方面交流经验。北京市海淀区、丰台区、昌平区，天津市西青区，河北省香河县，浙江省安吉县、长兴县等区县融媒体中心介绍了如何打通舆论引导和社会治理“最后一公里”的经验。

三、引领行业方向，助推媒体融合发展

在大会上发布的《中国媒体融合发展报告》《中国电视媒体融合发展报告》《2020年国际文化科技趋势报告》《短视频用户价值研究报告2020》，既有精准扶贫、社会治理、产业合作等方面的探索，也有技术应用、内容创新、MCN短视频运营等方面的实践经验。在全国广播电视媒体融合典型案例交流会上，国家广播电视总局发布《广电媒体融合发展进行时——全国广播电视媒体融合先导单位、典型案例、成长项目（2019）》。在媒体融合创新技术应用与项目推介会上，北京市广播电视局发布2020年度媒体融合创新技术与服务应用遴选结果，40个优秀媒体融合创新技术与应用入库并在大会上推荐。

四、搭建“创新走廊”，展示媒体融合成果

大会以“创新走廊”形式，围绕“全程媒体、全息媒体、全员媒体、全效媒体”的主题，展示5G+超高清视频融媒制作、4K超高清一体化制播、融媒采编分发等最新应用及5G背包等用于融媒体直播的轻量化、小型化、专业化的影像设备等最新成果。现场还搭建直播间，丰台区融媒体中心、河北广播电视台MCN机构、京东和密云区融媒体中心、大兴区融媒体中心开展了电商带货、特产推介、服务推介等主题的现场直播，为现场参会人员提供融媒体直播+电商模式的直观呈现。

（北京市广播电视局媒体融合发展处）

第二届北京国际公益广告大会举行

由国家广播电视总局、北京市人民政府指导，北京市委宣传部、北京市广播电视局主办的2020第二届北京国际公益广告大会于2020年11月8日至10日在国家会议中心召开。大会以“线上＋线下”的方式举办。本届“线上”活动在光明网、爱奇艺、微博等设立优秀作品展播展映专区，开设公益广告慕课、微信小程序等；“线下”活动集开幕式、高峰论坛、公益盛典、大师盛宴、展览展示、创意征集、交流合作、人才培训等于一体，共计百余场活动。大会以“公益视界 向光前行”为主题，创意征集大赛收到来自中国、英国、新加坡、日本、巴基斯坦等国家的参赛作品共2912件，同比增长24.5%，三级评审等级作品共14件，优秀作品98件。

国家市场监管总局、国务院扶贫办、文化和旅游部、生态环境部等多部委和国家广电行业管理部门，中央广播电视总台及吉林、福建、河北、山东等20个省、12个地区的广播电视台、融媒体中心，北京市委网信办、应急局、卫健委、知识产权局、团市委、疾控中心等13个单位，4A广告公司、全国大学生广告艺术大赛组委会、广告主、公益组织等参与大会的相关活动。

11月8日，国家广播电视总局党组成员、副局长孟冬，市委常委、宣传部部长杜飞进出席大会开幕式并致辞；国际广告协会主席乔尔·埃德蒙·内蒂通过视频向大会“云致辞”。本次大会具有4个特点：

一是多领域创新。为建立促进公益广告事业发展的长效机制，大会首设北京国际公益广告研究院，打造公益广告的研究智库；首发公益广告视听数据，北京市广播电视局与广电总局广播电视规划院签署全面战略合作协议，合作发布年度公益广告视听大数据；首创央地融合公益广告传播平台，北京市广播电视局与“学习强国”学习平台合作，永久设立公益广告专栏，同时“学习强国”学习平台推出“第二届北京国际公益广告专项答题”，仅2天就有近65万党员干部参与答题；首次向全世界发布公益广告“北京倡议”；结合习近平总书记给密云水库守护者回信内容，联合北京广播电视台首映8K公益广告片，讴歌密云水库人为生态文明做贡献的精神；委托北京广播电视台策划推出以“微光成炬，点亮梦想”为主题的公益盛典，设立“感谢梦想、感谢时代、感谢大爱、感谢有你”四大篇章，以朗诵、歌舞、现场讲述等文艺晚会的形式反映防疫抗疫、生态环境建设、关爱助残、脱贫攻坚等内容，并发布创意征集大赛获奖情况。“公益盛典”活动在北京卫视、文艺频道播出的同时，实现与海外的直播“云连线”。

二是注重“国际性”。系列论坛围绕“公益助力大爱无疆”“逐梦冬奥”“新视听助力公益广告”“坚持文化自信”等主题，邀请国家广播电视总局广播电视规划研究院院长余英，国家市场监管总局副司长白京华，国际广告协会全球副主席、中国广告协会主席张国华，戛纳狮子国际创意节主席菲利普·托马斯，中央扶贫基金会秘书长郑文凯，中央广播电视总台公益广告部主任王佐元，奥运冠军李妮娜等百位演讲嘉宾通过主题论坛、圆桌对话、主旨演讲等方式，集中发布公益广告政策、开展公益广告机构交流研讨。“大师盛宴”以“公益有爱 同心筑梦”为主题，突出国际化元素，汇集国内外创意和公益领域的大师，包括杰尔集团大中华区集团主席周佩莲、东道品牌创意集团总裁谢萍、腾讯公益基金副秘书长傅剑锋、联合国儿童基金会资深儿童权利与商业专家伊达·玛格丽塔·海莉斯特、世界户外组织主席汤姆·葛达德、英国知名企业23红（23Red）广告创意公司创始人兼CEO简·阿斯彻等，深度对话聚焦国际公益广告发展趋势，谋划公益广告长远发展。

三是彰显“时代性”。开展“筑梦小康——公益助力脱贫攻坚”专题活动论坛，爱奇艺分享与市广电局联合主办的“光影助力成长计划·2020”影视教育普及项目，展映市广电局和北京广播电视台联合出品的《京和携手共建和谐和美和田》；中国扶贫基金会分享“百美村宿”“同伴妈妈”等扶贫项目；中国传媒大学专题展示定点帮扶单位内蒙古自治区兴安盟科尔沁右翼前旗量身定制特色扶贫方案，设立直播间，持续推进脱贫与乡村振兴有效衔接。

“优秀公益广告作品展映展示”突出“沉浸式体验”和互动参与性，分设“中国梦 时代颂”“战疫情 暖人心”“共命运 心连心”“地球蓝 生态绿”“创意作品”五大篇章，运用“实体＋多媒体”形式，融入5G+8K、大数据、AI机器人、无人驾驶车等新技术，首次牵手书香满中国、大广赛、“金印奖”等组委会，集合国内外优秀公益广告和公益短视频1302部。

建立京津冀作品联展专区，联展三地公益广告百余部，旨在进一步落实《京津冀新视听发展框架协议》。作为全球首个专业类的公益广告活动，将5G+8K+AI的新技术应用与公益广告深度融合，现场展示5G背包的编码、压缩和传输技术；将扶贫助农的理念落地，开启公益直播带货新模式。

四是集聚“融合性”。大会举办“公益广告联播发布活动”“企业社会责任与公益人才交流活动”“文化旅游公益广告活动”“法律公益援助分享会”“传统文化公益广告宣传研讨会”“重要嘉宾交流”等相关活动，有效汇聚国家部委、市委办局、公益组织、公益基金、广播电视媒体、网络视听平台、高校研究机构、行业组织等相关资源。以公益广告为载体，市知识产权局推出《包公普法》系列公益短视频；市疾控中心搭建“砥砺二十载 健康新时代”专区，调派“移动式车载P2+微生物检测实验室”检测车，以公益短视频、图片、实物等形式，立体化展示防疫抗疫的成果和疾控的公益风采；爱奇艺、快手科技、阿里巴巴、腾讯、bilibili、贝壳、有声阅读等分享优秀的公益传播活动、公益项目。

（北京市广播电视局传媒机构管理处）

第十届北京国际电影节举行

由北京市人民政府、中央广播电视总台主办，北京市电影局、北京市广播电视局、北京广播电视台、北京市怀柔区人民政府、北京控股集团有限公司承办的第十届北京国际电影节，于2020年8月22日至29日在北京举行。

为做好常态化疫情防控工作，第十届北京国际电影节主要活动场地为北京雁栖湖国际会展中心，不邀请境外人员参与，取消开幕式、闭幕式和评奖活动。这届电影节围绕“梦圆·奋进”主题和回顾北影节十周年发展，组织开展启动式、北京展映、北京策划·主题论坛、北京市场、大学生电影节、电影+、特别节目等百余项活动，搭建“云上北影节”专区，来自全球800余家电影机构、1200名业内人士现场或“云端”参加，406家中外媒体的1492名记者注册。

一、“启动式＋特别节目”《梦圆·奋进》拉开序幕

北京国际电影节开幕创新推出“启动式＋特别节目”模式，突出电影元素、人文情怀，讲述电影人在创作方面的思考与坚守，表达电影人对电影行业日益回暖、再度蓬勃发展的坚定信心。

启动式上，北京市委常委、宣传部部长，北影节组委会常务副主席杜飞进首先致辞，张艺谋、吴京、于冬、傅若清、曹寅、孙向辉、黄会林、陈道明代表中国电影行业，分别围绕“使命”“希望”“追求”“担当”“创新”“梦想”“传承”“初心”发表感言，中央广播电视总台党组成员、副台长，北影节组委会常务副主席阎晓明宣布第十届北京国际电影节启动。市委宣传部副部长，北京广播电视台党组书记、台长，北影节组委会副主席余俊生主持启动式。

在特别节目《梦圆·奋进》中，谢飞、张艺谋、贾樟柯、文牧野四代导演对话，吴京发表主题演讲《相信》，唐国强、海清、杜江回顾百年来中国电影历程；历任“天坛奖”国际评委会主席和华沙、洛迦诺、釜山等22个知名国际电影节的主席向中国人民、中国电影和北影节发来云端祝福。

二、“北京展映”多渠道文化惠民

为应对新冠疫情影响，创新展映模式，打通影院、线上、电视、露天、网络电视五大展映渠道，展映350余部影片，服务9000余万人次。

策展方面，特别设置“官方推荐”单元，专题展映从1000多部“天坛奖”报名影片中筛选出的《波斯语课》（俄罗斯/德国/白俄罗斯）、《鎏金的声音》（以色列）、《我和我的祖国》（中国）、《春江水暖》（中国）等15部中外优秀影片；“镜界”单元展映《工作与时日》《吉祥如意》《夜班》《鸟类变形记》等具有突破性和实验精神的影片，为观众提供观赏多种风格影片的机会。

渠道方面，在北京广播电视台北京卫视、影视、青年三个频道，循环播放20部中外影片，这既是《小小港湾》《多余的恩典》等10部国外影片首次在国内电视台播放，也是国内电影节首次开拓电视端展映渠道；“云上北影节”线上展映专区，专题推出近250部影片（含40余部新片），整体规模、新片规模均为国内电影节之最，并通过虚拟选座、线上主创交流、映前导赏等手段，营造与线下一样的仪式感、参与感。

三、“北京策划·主题论坛”和电影大师班开启互动交流新模式

组织“十年·如影——十周年主题论坛”“艺术电影论坛”“探寻电影之美高峰论坛”“中国电影产业发展高峰论坛”等10场主题论坛，邀请约90位中外嘉宾发表演讲、对话讨论。希德·甘尼斯、罗伯·明可夫、雷尼·哈林、岩井俊二、蒂姆·米勒、陆川、徐峥、张一白、陈思诚、文牧野、郭帆、姚晨、颜丙燕、梁静、王中磊、于冬、王长田、龚宇等现场参与。首次设置电影大师班，李安、关锦鹏、杰茜卡·豪丝娜以及美国电影协会高管分别担任主讲，分享创作历程、理念，对中国电影工业化和人才培养体系建设提出建议。境外嘉宾均以云连线形式与北京现场互动，开启场内场外、云端地面互动交流新模式。

四、“北京市场”助力复工复产

持续聚焦“展示·推介·交易·交流”主题，在“云上北影节”搭设专区，在国内电影节中首次采用3D+VR技术搭建全景展示系统，向全球电影机构免费提供价值300万元线上展位，吸引国内外机构近800家，实现项目签约金额330.89亿元，再创新高。

加大新人新作扶持力度，在剧本项目创投、WIP（制作中）项目基础上，首次开放具有国际合作潜质的非华语制作电影项目报名，面向中国市场展示推介；陈国富、咏梅、邓超担任项目创投终审评委，11个创投项目和6个WIP项目参加终审路演。

举办中国电影投融资峰会，发布《中国电影投融资报告（2020）》、“影视宣发贷”等内容；与中影股份、华夏电影举办2020年首场全国看片会，向全国院线经理推介《急先锋》等国内外57部重点影片。

五、大学生电影节全面融入

大学生电影节自2020年起全面融入北影节，提升北影节在青年人中的影响力。第27届大影节以“新时代 新主流 新形象”为主题，组织线上启动仪式、国际学术论坛、国际青年学者论坛、线上主题影展、电影大师班和跨界对话沙龙、“使命在肩 奋斗有我”原创短视频大赛等活动，谢飞、马基德·马基迪、曹保平、万玛才旦、弗雷德里克·怀斯曼、刘伟强等知名电影人线上线下参与其中。

六、北京国际电影节十年总结回顾

在北影节十年之际，以展览、论坛、著作等多种形式，回顾总结十年成果、经验。线上线下联动举办“十年奋进·梦圆初心”十周年特展，以时间发展为脉络，从影人、影奖、影片、影话、影业、影节、影事七大视角，展出约700张图像、110件实物；面向社会征集与北影节有关的照片素材，精选300张组成“十年·拾光”照片展，分为嘉宾、工作人员、影迷与志愿者三个系列；编写、出版《北京国际电影节蓝皮书》两卷，总结北影节发展历程和经验。

七、“电影+”板块跨界提升

打造“电影+”板块，联合电竞、戏曲、动画、科技等不同领域的社会力量，举办游戏动漫电影单元展、戏曲电影展、民族电影展、动画电影单元、科技单元、青少年科学影像单元等跨界融合活动，探索北影节破圈发展新路径。推广网红市郊铁路怀密线，首次在怀柔区精品民宿举办行业对话活动，以电影节为纽带，推介京郊特色民宿资源，打造“来影都过周末”文化旅游消费热点线路。

八、特别节目《再相聚》圆满收官

以特别节目《再相聚》收官，回顾北影节成果，致敬电影、电影工作者和影迷，向电影行业表达在疫情防控特殊时期共渡难关的决心，展望2020年中国电影发展。咏梅和陶虹，傅若清和唐季礼、陆川分别对话，《我和我的家乡》《夺冠》《一点就到家》《姜子牙》《极速超越》等影片主创宁浩、张一白、张冀、许宏宇等集中亮相。

（北京广播电视台）

第六届“世界电视日”中国电视大会召开

2020年11月20日至21日，第六届“世界电视日”中国电视大会在北京国际饭店会议中心举行。本次大会由国家广播电视总局、中国文学艺术界联合会、北京市人民政府指导，中国电视艺术家协会、北京市广播电视局主办，央视市场研究（CTR）、中国广视索福瑞媒介研究（CSM）、BIRTV组委会、北京广播电视台、歌华传媒集团、中国电视艺术家协会公益传播委员会共同协办。大会以“视界触手可及”为主题，除主旨峰会外，还设置了涵盖媒体融合、视觉人工智能、5G与高新视频、电视广告市场等在内的11场专题峰会，探索新时代电视行业发展成果，展望未来电视行业发展前沿趋势。全国各地的电视与网络视听、有线电视网络、节目制作公司及大视频领域等相关机构共3000余人参加大会。

一、嘉宾齐聚一堂 共话新时代广电视听发展大计

在11月20日上午主旨峰会上，国家广播电视总局党组成员、副局长孟冬，中国文学艺术界联合会党组成员胡孝汉，北京市政协副主席牛青山出席主旨峰会并致辞。欧洲广播联盟（EBU）、印度尼西亚共和国大使馆向大会开幕发来致辞视频。北京市广播电视局与海淀区、石景山区、通州区、延庆区现场共同签署《北京新视听示范应用试点战略合作框架协议》。来自国家广电总局广科院、中央广播电视总台、清华大学、中国人民大学、亚太广播联盟等单位和组织的相关专家学者、行业领袖、企业嘉宾齐聚一堂，精准聚焦特定领域，探索新时代电视行业发展成果，展望未来电视行业前沿趋势。开幕式上，还举行了首届广播电视和网络视听人工智能应用创新大赛启动仪式。

二、多角度关注前沿发展趋势 视听零距离活动亮点纷呈

在11月20日至21日举办的11场专题峰会上，来自全国各地局、台、网，新媒体公司，广播电视技术企业，广播电视网络视听与内容制作机构，高校以及国外广播电视机构的136位嘉宾参与主题演讲。演讲内容涉及公益传播与电视媒体的社会责任、5G+8K助力北京新视听创新发展、超高清视频测试的探索和实践、电视媒体价值与媒体融合创新、IPTV运营的聚合与发散、人工智能技术助力超高清视频标准化、创新推动应急广播高质量发展、音视频版权保护、媒体MCN的升级之路、电视媒体深度融合、城市广电加快推进媒体深度融合发展路径等行业热点话题。在“一带一路”广播电视科技发展论坛上，集中展现广电的科技力量聚焦各国发展战略对接点和行业发展的交汇点，为促进沿线国家和地区经济社会发展和文化交流做出重要贡献。嘉宾群体的深度和广度使大会能够惠及电视及相关产业尽可能多的从业人员，使其在参与大会的过程中感受到更多的价值。

北京广播电视台、清博大数据、央视无锡公司、博汇、蓝拓扑、新奥特、云转播公司、索福瑞、爱奇艺、数字电视工程国家实验室、人工智能应用广电总局重点实验室等机构在大会现场进行展示。此外，现场设置复古展览展示区、水雾视听设备、超高清显示屏、人工智能技术体验，充分展示新技术领域的创新应用，吸引大量观众驻足观赏。

大会期间，中国电视大会官网将提供网络高清直播服务，用户可以通过PC、手机、平板电脑等多种终端，“零距离”收看大会盛况，让更多老百姓了解广电科技发展成果，精心开设“新视听发展大讲堂”平台，打造永不落幕的“云上大会”，为行业增速发展提供永不枯竭的动力源泉。

本次大会受到《新闻联播》《新闻直播间》《学习强国专项答题》《北京新闻》以及人民网、新华网、光明网、中国新闻出版广电报、北京日报、北京青年报、环球时报、今日头条、凤凰网、搜狐、新浪、网易、腾讯、百度、爱奇艺、优酷、抖音、快手等广播电视、网络媒体的高度关注，这些媒体都进行了跟踪报道，国家广电智库、广电时评、广电视界等微信公众号也对大会予以关注。

（北京市广播电视局科技处）

第四届北京纪实影像周举办

2020年9月15日至22日，由国家广电总局宣传司、北京市委宣传部指导，北京市广播电视局主办，首都纪录片发展协会、北京歌华展览有限公司承办的第四届北京纪实影像周在北京世纪坛举办。本届北京纪实影像周以国家广电总局纪录片推优活动与纪实影像周为抓手，紧紧围绕全面建成小康社会、决战脱贫攻坚、北京冬奥会等主题，讲述中国故事，记录中国影像，弘扬中国精神，传递中国价值。本届纪实影像周参与的专家学者、媒体和社会各界代表总数达3000多人。通过启动式、政策和提案发布、论坛、展览、展映、培训、提案征集、特别活动、活动总结9大板块，集中展示全国特别是首都纪录片的发展成果，探索中国纪录片发展规律。

本届纪实影像周以“记录 · 美好生活”为主题，举办“1+5”场论坛（1场主题论坛，5场学术论坛），3场专业化培训，举办纪录片《密云水库保护》创作座谈会、《口述国图》研讨会，共邀请全国57位专家学者、行业代表及纪录片制片人、导演等老中青三代人，围绕相关主题进行深入研讨。本届纪实影像周秉承“跨界融合”的理念，专题探讨5G+8K的场景应用、在线直播、短视频等新领域，探索行业的有效表达方式、互动呈现、多元传播的行业发展方向。联合本市各区融媒体中心举办媒体融合平台视听内容生产研讨会，推动各区融媒体中心的精品生产。

9月15日，在第四届纪实影像周启动式上，国家广电总局第八届优秀国产纪录片及创作人才推优活动结果发布。

首都纪录片发展协会、爱奇艺、中视晨阳、亿品众合、东方良友等企业和机构进行4个项目的发布与签约，总成交额达2.56亿元。50部优秀纪录片在中华世纪坛影院、部分社区和网络专区展映，20个优秀项目现场提案，搭建创作人与投资方、播出机构的交流平台。共有274家媒体发布报道1657条，全网阅读总量6947万余次。

本届纪实影像周的关键词，一是“使命”，每逢重大的历史时刻，纪录片人从不缺位，总是为时代留影存志，为世界打开“中国之窗”，这是波澜壮阔的大时代赋予纪录片人的一份使命与责任。主题论坛围绕“大时代中纪录片人的使命”、学术论坛围绕“脱贫·小康：纪实影像中的时代记忆”、“纪录片的国际表达与传播”等进行研讨；二是“赋能”，本届纪实影像周发布的《关于支持北京纪录片业高质量发展的若干政策》（简称纪录片“京九条”），从纪录片题材规划、推荐评优、扶持奖励、推广展映、节展活动、交流合作、引导服务、保障机制、人才培育等9个方面赋能行业发展，推动首都纪实影像产业迈向新台阶；三是“创新”，伴随着信息时代的到来，影像技术、信息技术的进步为纪录片打开全新未来。4K、8K、VR、AR、5G、AI等新技术甚至“黑科技”日益走进大众生活，使纪录片拥有更多更好的呈现形式和传播方式；四是“联动”，本届纪实影像周通过官网预约、专题直播、线上展览、影厅展映、全民征集等活动，形成“人人关注、人人参与、人人推广”的纪录片发展新态势。

9月22日，在第四届纪实影像周总结会上，被誉为北京纪实影像周“孵化器”，以“记录美好生活”为主题的提案征集活动获奖名单公布，首都纪录片发展协会理事长陈大立为评选获奖者颁发荣誉奖杯。其中，获得一等奖的作品是《阿姨来了》《一路百年》；获得二等奖的作品是《荒野星球第三季——外高加索深处的AI LA》《在彩虹的另一端》；获得三等奖的作品是《海底星辰》《原地等待》。在总结会上，还发布了2020年优秀应急管理公益宣传影视作品征集活动评选结果。

（北京市广播电视局宣传管理处）

北京电视节目交易会举办

第26届北京电视节目交易会（2020·春季）于2020年4月26日至30日在线上平台举办。第26届春交会以“云端推介，推动电视剧平稳提质”为主题，紧紧围绕全面建成小康社会这一主线，举办开幕致辞、京榜剧献暨新剧发布、四大主题论坛、筹备剧目评优、主题展览、专项推介等活动。第26届春交会参会规模超过往年，线上系统参会近9000人，其中注册5946人，包含展商2615人，买家506人，专业观众494人，媒体81人，其他人员2250人，无注册近3000人，各项主体活动点击量累积500余万次。第26届春交会共有1185部作品线上参展，其中，电视剧755部，网络剧84部，电影、网络电影19部，纪录片、电视栏目59部，动画片52部，网络文学作品216部。第26届春交会京榜剧献暨新剧发布单元重点发布《有爱才有家》《三叉戟》《半路村长》《民警老林的幸福生活》《小大夫》等12部电视剧，并邀请主创人员以网络直播的方式进行推介；首次推出“筹备期电视剧项目推优活动”，经过初评、终评选出《香山叶正红》《国家情怀》《半路村长》《冰上无双》《运通天下》等20部优秀作品；设置三个主题展览，一个展区集中展示35部“脱贫攻坚题材重点电视剧片单”，如《一个都不能少》《好雨知时节》《枫叶红了》等，一个展区集中展示62部“北京新视听推荐片目·电视剧”，如《三叉戟》《香山叶正红》《暴风眼》《我的绿水青山》《运通天下》等，第三个展区展示30部“北京市网络文学作品重点片单”，如《为你放牧满天星》《未知术》《白纸阳光》等；青年制作人论坛、网络文学论坛、新挑战与新机遇——中国电视剧发展北京论坛、创作论坛——中国电视剧网络剧创作新趋势 4 场高水准的专业论坛集合行业内一线从业者和学术专家等顶尖力量开展思想交锋。第 26 届春交会还发布《中国电视 / 网络剧发展报告（2020）》《2019 中国电视剧（网络剧）产业调查报告》《2020 文娱行业发展趋势观察报告》，为中国电视剧实现高质量发展、精品化创作、工业化创作提供智力支持。

第 27 届北京电视节目交易会（2020· 秋季）（以下简称“第 27 届秋交会”）于 10 月 27 日至 30 日举办。第 27 届秋交会以“聚心 聚力 剧精彩”为主题，围绕全面建成小康社会、决战决胜脱贫攻坚战、庆祝中国共产党成立 100 周年，举办开幕式、新剧发布、七大主题论坛、主题展览、专项推介等活动。参展商约 370 家，超 1800 人。累计参展作品近 1100 部，其中，电视剧节目 630 余部，网络剧 90 部，电影、网络电影 18 部，纪录片、电视栏目 45 部，动画片 40 部，文学、网络文学作品 290 余部。大会注册买家近 100 家，约 350 人，活动邀请嘉宾、来宾、新闻记者超 200 人，专业观众 200 人，参会总人数约 2500 人。开幕式、新剧发布、新剧云推介的直播总观看量超过 173 万次，七大论坛视频总点击量超过 284 万次，展播剧目总点击量超过 5000 万次。第 27 届秋交会采用“线上 + 线下”双线并行的办会模式。线下举办开幕式，新剧发布活动，首都广播电视节目制作业协会创作规划指导委员会、产业发展促进委员会成立仪式，战略合作签约仪式，专项推介会，“初心榜”颁奖典礼、商务洽谈以及联合中国“网络文学 +”大会共同开辟的“IP 交易集市”。同时，还创新举办七大论坛。线上交易会官网在原有基础上进行版本迭代和系统升级，以直播、点播、展播相结合的方式全景式呈现秋交会的盛况。上线线上展播主题展、开幕式现场直播、“新剧发布”云推介直播间、“影视项目策划高级研修班”培训课程、七场行业论坛现场视频，以及线上专属商务洽谈室和所有参展剧目的图、文、视频等资料介绍，以满足行业内外所有热爱影视行业人士的参会需求。第 27 届秋交会设置“京榜剧献 · 辉煌十三五”主题展和“庆祝中国共产党成立 100 周年北京市重点电视剧片单”主题展，推出剧目《觉醒年代》《香山叶正红》《青年周恩来》《亲爱的麻洋街》《心想事成》《回家吃饭》《大海港》《大漠魂》《三棵树》《长辛店》《航天梦》《苍穹之约》《国家名片》《天下娘亲》《烽烟尽处》《走出美国》《精兵劲旅》《战火熔炉》《我们的新时代》等，致敬时代、致敬祖国、致敬人民已播出或制作的京产剧。发布《2020 中国电视剧风向标报告》《2020 中国综艺年度社会价值报告》《影视制作新技术方向与应用情况调查报告》。北京市广播电视局与北京电影学院签署战略合作协议携手为影视剧行业发展贡献力量。

（北京市广播电视局电视剧管理处）

《北京新闻》推出习近平总书记视察北京六周年特别报道

2020年2月24日，北京广播电视台《北京新闻》栏目推出《勠力同心建首善——习近平总书记2.26视察北京六周年特别报道》。

2014年2月25日—26日，习近平总书记视察北京并发表重要讲话，就建设首善之区提出要求；2019年，习近平总书记又先后4次视察北京，5次对北京发表重要讲话，体现了对首都工作的高度重视和巨大关怀，为北京在新时代谱写首都发展新的篇章进一步指明方向；2020年2月10日，在新冠肺炎疫情防控的关键时刻，习近平总书记到北京抗疫一线指挥抗击疫情，更加坚定了全市人民打赢疫情防控阻击战的决心和信心。六年来，全市广大党员、干部和群众时刻牢记习近平总书记嘱托，勠力同心，奋发有为，大力加强“四个中心”功能建设，提高“四个服务”水平，经济社会持续健康发展，人民群众获得感、幸福感明显增强。为了充分反映习近平总书记视察北京六年来北京改革发展取得的巨大成就，鼓舞全市人民努力建设现代化首都的坚定信心，北京广播电视台新闻频道中心推出《勠力同心建首善——习近平总书记2.26视察北京六周年特别报道》。

一、回顾过往、关照当下，与当前疫情防控紧密结合

《勠力同心建首善——习近平总书记2.26视察北京六周年特别报道》作为习近平总书记2.26视察北京六周年后的总结之作，题材意义重大。北京广播电视台领导对此高度重视。新闻频道中心组成专题小组提前策划、研究破题，潜心做好报道。《勠力同心建首善——习近平总书记2.26视察北京六周年特别报道》共分6集，主题聚焦北京城市新版总体规划落实、京津冀协同发展、全国科技创新中心建设、城市治理精细化、环境治理、全国文化中心建设等，每集时长约6分钟。第一集《牢记总书记嘱托 深入落实北京城市总体规划》里，记者回访当年2月26日习近平总书记曾经视察过的雨儿胡同，讲述社区居民如何全力以赴做好疫情防控工作。第二集《下好“一盘棋” 京津冀协同发展蓝图正变成实景》则以京津冀携手联防联控疫情为切入点展开主题。第三集《北京：科创突破 引领未来》讲述北京的高科技公司及时研发疫情防控系统平台并在湖北使用的故事。第四集《打造基层治理的“北京模式”》，讲述社区疫情防控的经验以及12345接诉即办在疫情防控中发挥的作用。第五集《携手碧水蓝天 铸就美好未来》介绍北京医疗废水的科学检测过程，确保达标排放的做法。第六集《依托首都文化资源 全面推进文化中心建设》则描述北京出台政策扶持中小微文化企业渡过疫情难关以及首都文艺工作者以抗击疫情为主题开展艺术创作。

二、研读材料、精心编辑，力求文字精准画面精美

特别报道政治性、政策性要求都很高，所有的节目必须精准表达。记者们围绕各集主题，认真学习习近平总书记历次视察北京的讲话精神，以及市委全会报告、市政府工

作报告等，认真领会精神，理清脉络体系，找准定位。在行文方面，也是力求严谨、规范，反复修改，字斟句酌。画面编辑上，节目中大量使用北京航拍画面、城市地标性建筑等，用专题编辑的精细手法来制作这一系列特别报道，呈现出与日常新闻不一样的效果。

三、加强评论、融媒覆盖，提炼核心主题多屏集中发力

为进一步加强评论，同时也为了加强特别报道的力度，每集片子都配发本台短评，以精练的语言，就本集主题进行点评。

除了《北京新闻》外，报道还在各档卫视新闻栏目《北京您早》《特别关注》进行重播。2020 年 2 月 24 日起，BTV 北京新闻和 BTV 新闻公众号以及“北京时间”网站和客户端，也陆续在新媒体端持续滚动推送相关图文及视频。如通过“北京新闻”公众号推送《下好“一盘棋” 京津冀协同发展蓝图正变成实景》《牢记总书记嘱托 深入落实北京城市总体规划》《战“疫”，“北京科技”起了重大作用！》等图文，平均阅读量超过 5000 次；并将《下好“一盘棋” 京津冀协同发展蓝图正变成实景》等相关视频分发到各视频平台。

（北京广播电视台）

北京广播电视台融媒体中心首次亮相北京两会

2020年1月10日至17日，北京两会召开。北京广播电视台融媒体中心报道团队，在广播、电视、网络、移动客户端等平台同时发力，全力报道两会盛况，展示代表委员风采。新闻新媒体团队作为融媒体中心的一支重要新媒体采编力量，在此次北京两会期间，在保证两会报道严谨准确的前提下，聚焦热点话题、创新制作手法，制作并推出一系列新媒体原创报道。

一、紧贴政府工作报告热点，倾力打造精品内容

北京广播电视台融媒体中心新闻新媒体团队提早策划，针对北京百姓关心、政府关切、两会聚焦的热点话题，制作融媒体系列报道“热点话北京”5条短视频。报道聚焦垃圾分类、中轴线、夜经济、胡同保护等 4 类话题，内容上紧扣政府工作报告，形式上紧贴年轻观众审美，运用特种拍摄手法和后期包装手段，以“大话题、小切口”为特点展开叙事，引发年轻人共鸣。截至 2020 年 1 月 18 日，5 条短视频全网播放量超过 1000 万次，5 篇相关图文共获得 10 万多次阅读量。其中，《北京人注意！谁再说北京冬天没有夜生活，就把这份指南甩给 TA！》《厉害了！北京这条 7.8 公里的线竟藏着这么多秘密》两篇图文，分别被北京市商务局、北京市规划与自然资源委员会官方公众号转载，并得到市委宣传部、相关委办局领导的关注和肯定。

二、聚焦代表委员，多种形式展现代表委员履职风采

北京广播电视台融媒体中心新闻新媒体团队还推出一系列全面反映代表委员依法履职的作品。系列报道手绘动画短视频《代表委员说两会》就是其中的代表作。视频中，代表委员变身为卡通形象，通过数据和举例，用接地气的语言，讲述两会代表委员履职的情况和热点话题。有关人大代表的两期报道，一期是“80 后”人大代表崔勇讲述自己如何履职，另一期是人大代表关注民生，切实帮助百姓提升生活品质，助推城市高质量发展。其中一期报道《一个80后市人大代表的履职月历！他的2019，原来是这样的！》全网播放量超过100万次。报道政协委员的两期节目之一是聂一菁委员说履职、说热点，第一期《快来看！1327件！北京政协的上千件提案里，有没有你关心的？》全网播放量超过50万次。

三、短视频、话题报道动态新闻，微博开屏推荐

两会期间，北京广播电视台融媒体中心新闻新媒体团队派出一个8人前方报道小组，全面做好两会的动态报道。一方面做好代表委员报到、小组讨论、新闻发布等常规视频新闻，另一方面宣传会议驻地垃圾分类、节能减排。制作并推送两会相关的动态短视频新闻100余条，其中短视频《北京市政协委员余京学：怀柔科学城要凝聚人气、构筑产学研用机制》全网播放量超过300万次。《北京市商务局副局长刘梅英：对于外籍人才不光要引进来还要留得住！》《保证提前供暖、推送垃圾分类，他们做了这些事》等十余条短视频全网播放量超过100万次。《市人大代表王爱平：垃圾减量应从源头设计》《看病还可以这样！精准预约就诊，移动支付，长期处方……》等40余条短视频全网播放量超过20万次。

此外，BTV新闻新媒体在会前就征集百姓关注的热点话题，开设“两会我有话说”话题，通过采访代表委员，解决百姓实际疑惑，话题阅读量超过1289万次；微博品牌话题“BTV两会话民生”阅读量超过2960万次。2020年1月14日，话题“BTV两会话民生”因关注度高，还得到微博手机客户端开屏推荐。

（北京广播电视台）

北京广播电视台推出元宵特别节目

2020年2月8日晚，《但愿人长久——2020北京广播电视台元宵特别节目》在北京卫视和文艺频道播出。上百位明星和普通百姓通过手机视频同唱一首歌；9位北京广播电视台主持人采取单独拍摄、远程联合主持的特殊方式串联起整台节目；众多在抗击新冠肺炎疫情一线的白衣战士与爱心群众讲述了感人故事，让电视机前的观众心潮澎湃、热泪盈眶。

面对新冠疫情，北京广播电视台领导要求文艺频道中心制作一台聚民心、暖人心、筑同心的元宵特别节目，为武汉加油，为祖国祈福。非常时期，不能现场录制，节目创作团队顶着时间紧、任务重、难度大的巨大压力，力求将节目制作成一台前所未有的全新形态的歌会。在两天时间内，组织近百名文艺界人士和五百多名观众，用手机录制演唱歌曲视频，然后再剪辑成MV的歌会框架，从一首MV到七首MV，再到最终的十首MV，以前所未有的“全民歌会”形式形成元宵节特别节目。这种节目样态、主持方式和节目制作方式，在中国电视史上尚属首次。

元宵特别节目《但愿人长久》从接受任务到2月8日元宵节播出，只有短短五天时间。主创人员在联系演唱歌星的同时，通过抖音App征集普通百姓演唱《爱的奉献》《国家》《夜空中最亮的星》《人在青山在》等歌曲的视频。最终，参与特别节目演唱的明星和普通观众加起来有近千人，而且每一首歌都有几十人甚至上百人一起唱。这些收集起来的演唱视频由导演一个一个地分好，交到制作员手中。视频拍摄的水平参差不齐，演唱者有孩子、有夫妻，还有一家三口，甚至一家五口，节奏、调子各不相同。从众多素材里提炼出合适的视频放进MV当中，而且要对上口型、跟上节奏、统一声调，还必须制作出抗击疫情的特色，体现出手机端全民共唱一首歌的形态，对制作团队提出更高的要求。主创团队24小时不停歇，每一首MV都由一组导演和视频制作员负责，音频分成好几个组，视频一出来画面，音频这边马上进行调试，合成出相对比较完整的MV。

经过创作团队的共同努力，《但愿人长久》特别节目终于得到完美的呈现，受到广大观众的好评。

（北京广播电视台）

北京广播电视台全方位开展抗击疫情报道

2020年，新型冠状病毒肺炎疫情发生后，北京广播电视台形成全媒体、全天候、全方位的抗击疫情立体报道格局。全台200多名记者深入全市疫情防控一线，12名记者奔赴武汉采访报道长达65天，新闻频道、新闻广播、交通广播、“听听FM”完成新冠病毒肺炎疫情防控新闻发布会现场直播及转播197场，确保政府权威声音第一时间传出、落地；紧急采制播出《接诉即办——抗击疫情特别报道》专栏120余期；全台全年累计推出相关专栏、特别节目70余个，播发报道15万篇，滚动播出公益广告500余部（条）约12万次，音频、视频话题总曝光量95.6亿次，微博话题阅读量近72亿次，收获全网热搜93个。《生命缘》集体荣获中共中央、国务院、中央军委联合授予的“全国抗击新冠肺炎疫情先进集体”称号。这是唯一受到国家级抗疫表彰的纪录片团队。

一、组织有力，反应迅速

2020年1月底，新冠肺炎疫情突发。北京广播电视台紧急调整播出编排和宣传基调，要求各广播频率、电视频道和各网络平台，及时回应公众关切的问题。1月22日起，各档新闻节目开始集中报道新型冠状病毒肺炎疫情防控情况。1月23日，北京卫视《生命缘》栏目派出第一批5人报道组，进驻北京地坛医院采访报道，他们是北京地区第一支进驻隔离病区采访报道的新闻队伍。1月25日（大年初一）凌晨，北京广播电视台春晚方案连夜调整，7名主持人朗诵《我们的力量》，传递北京市民对武汉疫情的担忧，表达众志成城战胜疫情的决心和希望。

4月4日清明节，全国举行哀悼活动。北京广播电视台总编室紧急部署各频道、频率及所属新媒体平台，迅速调整节目编排、网络首屏专栏等相关内容，营造缅怀英烈、致敬英雄的宣传氛围。这一天，北京广播电视台派出多路记者详尽报道首都各界哀悼缅怀活动，抢发当天清晨天安门广场降半旗仪式。新闻广播推出清明节特别策划“声音的追忆”《在武汉，向死而生》、录音述评《庚子清明 向死而生》等，为疫情逝者哀悼，为生者抒怀。

6月11日以后，北京市新冠疫情出现反弹。北京广播电视台快速启动北京市新冠肺炎疫情防控工作新闻发布会的现场直播，及时播发疫情最新消息和全市各项防控措施，展现首都以精细化管理开展疫情防控工作，构筑人民防线，提振抗疫信心；做好正面宣传和深度评论，强化首都“常态化”防控一刻不松的正确理念。《北京新闻》《整点快报》《主播在线》《北京您早》《特别关注》等新闻栏目从疫情信息更新、生活物资保障、市场质量监管、各区防控措施等角度报道疫情相关信息，播发专家分析、北京台评论，鼓舞信心，做好心理疏导和科普宣传。

二、权威发布，正面发声

北京广播电视台及时传达习近平总书记和党中央、国务院关于疫情防控的重要指示精神，权威发布国新办、中国疾控中心以及北京市政府、北京市卫健委、北京市疾控中心等部门召开的发布会，及时更新发布全国及北京市感染新冠肺炎患者情况，做到权威发布信息无盲点，助力打赢疫情防控阻击战。

2月10日，习近平总书记在京视察指导新冠肺炎疫情防控工作，2月23日，习近平总书记在统筹推进新冠肺炎疫情防控和经济社会发展工作部署会议上发表重要讲话；3月10日，习近平总书记赴湖北武汉考察疫情防控情况。对习近平总书记的重要活动和重要讲话，北京广播电视台都做了及时报道，在广大市民中引起热烈反响，对提振广大人民群众抗疫信心起了重要作用。

按照北京市的部署安排，北京广播电视台先后选派两批记者，跟随北京驰援湖北医疗队赴武汉采访。第一批记者于1月27日飞抵武汉，仅仅2个月，4位记者累计发稿600多篇。北京卫视《生命缘》派出20多名记者进入北京以及武汉多家定点医疗机构，深入隔离区跟随拍摄医护工作者的救治过程。中宣部新闻阅评员表扬《生命缘》栏目组“在重大公共卫生事件报道中再次生辉荧屏”。

2月24日起，北京广播电视台交通广播新增《1039防疫资讯》专栏，对最新权威信息做整理编辑、动态播发，全天8个整点时段播出；《一路畅通》下午版节目第一时段固定推出北京市疫情防控新闻发布会连线报道。从2月6日起，北京卫视《养生堂》与北京市疾控中心联合推出《新型冠状病毒防控指引十八讲》，国家广电总局宣传司部署全国各级电视台播出，收视多次位列同时段省级卫视第一，“学习强国”平台第一时间转发该内容予以支持。教育类民生节目《老师请回答》与北京市教委、北京市教工委合作，从2月17日起开播《老师请回答特别节目“空中课堂”》，为初高中学生居家学习和备考提供名师指导。北京卫视推出大型抗疫宣传特别节目《九问》，及时、准确、权威报道首都疫情情况。北京卫视推出三集抗疫特别节目《中国抗疫的国际价值》，以多元化的国际视角，将中国抗击疫情的胜利成果展现出来，为全人类共同应对突发性公共卫生问题提振了信心、凝聚了力量、总结了经验。针对西方部分媒体和政客将疫情政治化的言行，北京广播电视台积极报道政府权威部门的声音，用专家访谈、本台评论等方式，有效引导社会舆论。

从1月31日起，北京广播电视台新闻频道录制播出北京市政府疫情防控新闻发布会，新闻广播、交通广播、“听听FM”每天现场直播北京市疫情防控新闻发布会，将市委市政府的声音及时准确传递到千家万户，为全市疫情防控工作提供强有力的媒体支持。

三、文艺讴歌，凝心聚力

疫情发生后，北京广播电视台迅速组织力量创作抗疫主题文艺作品。大年初一的

《2020年北京广播电视台春节联欢晚会》临时增加诗朗诵环节《我们的力量》，第一次播出北京首位新冠肺炎康复者出院的画面，鼓舞人心，引起广泛热议。2月8日（正月十五），新闻、交通等10套广播频率和音频客户端“听听FM”联合推出“家国团圆 盛世有情”元宵节广播特别直播节目《我们在一起》，直播期间近7万人参与聊天室互动。北京卫视《但愿人长久——2020北京广播电视台元宵特别节目》，用10首主题歌曲的“千人在线大合唱”，传递战疫必胜的坚定信念。五一假期，北京广播电视台广播端推出五一国际劳动节广播特别节目“平凡英雄 光荣绽放”，通过记者、主持人以亲历者、目击者身份的讲述，记录2020年全民抗击新冠肺炎疫情的难忘瞬间，致敬特殊时期的最美劳动者。“北京劳动者之歌”短视频在北京市上万块户外大屏、移动电视、地铁电视、楼宇电视、北京卫视、BTV新闻频道等电视端和多个新媒体平台同步播放。卡酷少儿频道推出抗疫主题儿童舞台剧《非凡守护》，用孩子的视角，表达铭记历史，心怀感恩。

各频道、频率还推出抗疫主题的晚会、文艺专题、原创歌曲、诗朗诵、公益广告等，宣传一线守护者的感人事迹，歌颂普通民众的抗疫行动和抗疫决心。

四、矩阵宣传，全媒并进

“北京时间”用原创图文视频报道、转载、视频直播及融合报道的方式，聚焦防控新型冠状病毒肺炎疫情，并搭建“众志成城 防控疫情”特别专题，在“北京时间”电脑和手机两个客户端首页显著位置推荐。“北京时间”还将关于新型冠状病毒肺炎疫情的公益广告推送到中共中央宣传部“学习强国”北京平台。“北京时间”与各频道、频率开展融合报道，完成相关内容新媒体端转化6万余篇。

北京广播网和音频客户端“听听FM”线上展现有声语言魅力。北京广播网在首页通栏横幅推出网络专题“习总书记北京调研，指明战‘疫’方向”，集中深入宣传习近平总书记讲话精神和本市落实情况；发布“防控疫情 我们在一起”、防控疫情科普知识等视频，与全国新媒体平台共享推广。官方音频客户端“听听FM”在首屏推出专题“科学防疫 众志成城”，在焦点图及首页重要推荐位不间断推出各类有关专题报道，开辟专区实时直播市新闻办疫情发布会实况。各频道、频率推出独具特色的融媒体产品，营造融合传播的声势。

五、统筹疫情防控和经济社会发展宣传

北京市疫情防控进入常态化，经济社会秩序全面恢复。北京广播电视台新闻报道重点转入复工复产达产、六稳六保等，促进经济社会秩序有序恢复。

《北京新闻》电视端开办的“安全有序复产复工”专栏、《北京新闻》广播端开办的“聚焦城市副中心建设”专栏、交通广播《交通新闻》开办的“复工——我们在行动”专栏，不间断关注全市各行各业复产复工情况，派出记者实地探访，高密度报道相关举措和最新进展，提振信心。《接诉即办》《民有所呼 我有所应》《新时代新担当新作为》等专栏聚焦一线劳动者，结合疫情防控、复工复产复学，讲述基层党员干部的担当故事。

为了推动新消费，北京广播电视台推出“北京消费季”系列报道。6月6日的北京消费季直播带货活动，主持人春妮携手“央视boys”，共同创下13.9亿元的主持人直播带货纪录。6月10日，推出大型融媒体公益直播“京鄂交响曲”，助力湖北农产品销售，推介京郊优质农产品，促进经济复苏，实现社会效益、经济效益双丰收。

（北京广播电视台）

北京卫视《生命缘》深入疫情救治一线采访报道

自2020年1月23日（腊月二十九）起，北京卫视《生命缘》先后派出18人报道小组进驻北京地坛医院、北京佑安医院、北京302医院、北京市疾控中心和北京120急救中心，第一时间展开疫情防控一线报道。2月27日，又派出4人报道小组到此次疫情的核心区武汉，持续带来疫情最前方的采访报道。

从1月30日起，北京卫视每晚19:30黄金时间持续推出《生命缘》疫情防控特别节目，为全国观众带来疫情救治一线最鲜活、最及时、最感人的医患故事。截至3月24日，北京卫视共制作播出52期抗击新冠肺炎疫情特别报道、3期武汉特别报道，平均收视稳居省级卫视同时段前三名，视频点击量突破3亿次，腾讯新闻面向4亿多用户推送，节目同步登上“学习强国”平台，赢得权威媒体和社会各界的一致好评，体现出《生命缘》团队在疫情面前的快速反应和责任担当。

一、面对疫情，真实就是力量

面对疫情，《生命缘》记者深入新冠肺炎重症监护室等“高危区域”，记录感染者接受治疗和与疾病抗争的画面，如《病床上的“老男孩”》《武汉宝宝在北京》《病房里的歌声》《特殊病房里的临时家庭》《疫情下“温暖的家”》等，展现出医生与患者之间互相信赖、相濡以沫的真情实感，用真实的镜头破除人们心中的“藩篱”，让阳光和空气照射进来，使猜疑、误解、恐惧和谣言失去容身之地。

比如，《武汉宝宝在北京》节目记录了全国年龄最小的患者，一名年仅九个月大的宝宝奇奇，在医护人员的悉心呵护下逐渐康复，在出院前的例行检查中，奇奇竟然一眼就认出穿着厚厚防护服的护士长，伸出小手要抱抱。再比如，《病房里的歌声》节目记录了北京地坛医院一个病房内的三位患者，在医护人员的精心照顾下日渐好转，为减少跟医生护士的直接接触，他们一遍一遍练习着手语，给日夜守护他们的医护人员送上一份惊喜的手语版《感恩的心》。事实胜于雄辩，真实就是力量。《生命缘》用这些实实在在发生在北京疫情救治一线的生命故事，向全国观众传递出面对疫情的勇气和战疫必胜的信念，消弭了人们心中对于病毒的恐惧，将广大群众的温暖与力量凝聚到了一起。

二、面对生命，细节就是力量

在跟随医务工作者拍摄的过程中，《生命缘》记录下很多不为人知却又触动人心的细节。如《医生的除夕》《与病毒“赛跑”的人》《夜空中最亮的光》《“感急”的暖男医生》以及武汉特别报道《温度》等，充满对生命的敬畏和对人性的赞美，彰显了一线医务工作者恪尽职守、无私奉献的大无畏精神。

比如，《医生的除夕》节目记录下医务人员在接触过患者后，为避免交叉感染，用手背推动工作台的细节，一个手势的转变就是对安全最大的重视；刘景院主任冒着被感染的风险暴露耳朵给患者听诊的细节，一个本能的动作就是对使命最大的坚守；护士顾不上吃饭却转身为患者送饺子，一个暖心的举动就是对病人最大的关怀。再比如在武汉特别报道《温度》中，北京朝阳医院援鄂医疗队的唐子人医生，坚持从一碗粥、一个苹果做起，把陪伴和聊天加入“处方药”，用50天的温暖陪伴，给予120多名患者战胜疾病的信心和勇气。在《生命缘》的镜头里，细节总能给予观众治愈心灵、抚慰人心的力量，给予观众团结起来、共同抗疫的力量，这些细节让身处隔离区内外的他们与观众，变得不再陌生。

三、面对责任，平凡就是伟大

除了救治患者的生死时刻，《生命缘》也记录下很多医护人员真情流露的瞬间，如《守护医院的院感卫士》《画笔下的护士妈妈》及武汉特别报道《驰援》《重启》等，展现一线医护人员面对责任所体现出的平凡与伟大，他们用义无反顾的执着坚守和夜以继日的无悔付出，拓展生命的宽度，点亮暗夜里的微光。

比如，武汉特别报道《驰援》记录北京援鄂抗“疫”医疗队的14名医护人员，在面对病人检查结果不容乐观的情况下，彻夜鏖战为患者使用ECMO，在手术结束时，已连续工作超过16个小时的护士长苗苗双腿已经麻木得无法动弹，她在奔赴武汉之时跟两个女儿约定：“武汉樱花开了，妈妈就会回家。”虽然她眼含泪光，却依旧奋战在一线。再比如武汉特别报道《重启》中，为了避免空气对流产生病毒感染，医护人员每天都要穿着厚重的防护服，穿过五道隔离门，不仅“身负重甲”在生死线上挽救生命，更要细致温柔地疏解患者的心理压力，但面对镜头，北大人民医院呼吸内科的暴婧医生却说：“其实我们就是普通人，就觉得自己该干这事儿。”这些动人的瞬间，这些质朴的话语，展现了医务工作者的平凡一面，也正是这种生活中的平凡，才让他们在工作中的坚守，变得更加伟大。

正如《生命缘》这个节目的名字一样，在这场抗击新型冠状病毒肺炎疫情的战役中，《生命缘》团队以生命的名义勇敢逆行，用生命讲述生命故事，担负作为头部医疗纪实品牌的责任与使命，彰显北京广播电视台作为首都主流媒体的凝聚力和战斗力，成为疫情防控宣传报道中最坚固的堡垒。

（北京广播电视台）

歌华有线公司开通“空中课堂”在线教育

2020年，北京歌华有线电视网络股份有限公司面对新冠肺炎疫情暴发的严峻形势，充分发挥“北京云”全市媒体融合发展主平台作用，按照北京市教育部门“停课不停学”要求，推出“空中课堂”在线教育服务节目，受到广泛好评。

推出北京“空中课堂”在线教育。歌华有线公司于2020年1月27日起，通过歌华有线电视端、“北京云”融媒体移动端开设“空中课堂”。依托“北京云”强大的云端存储分发能力，将与北京市教委联合录制的“北京数字学校”和“名师驾到”课程推上云端服务器。推出北京云“空中课堂”，覆盖歌华有线高清交互平台、北京市17个区融媒体移动客户端App。在线课程超过1.3万节，其中同步课程超过8000节，微课程超过4000节，覆盖北京市小学到高中12个年级所有学科，免费为全市145万名中小学生、教师提供稳定、持续、安全的在线学习平台。

"空中课堂"驰援湖北，并在全国其他地方推广。疫情发生后，歌华有线第一时间驰援湖北，捐赠"空中课堂"优质课程资源，免费为学生提供在线学习平台，湖北省学习用户累计超过161万家庭用户。"歌华教育—北京云空中课堂"还先后在河南、福建、宁夏、黑龙江、重庆等省市有线电视网络公司平台上线，输送优质教育资源。教育部利用中国教育电视台开辟的《同上一堂课·直播课堂》节目中所采用的初中全部课程和部分高中课程也由北京云空中课堂提供。

在互联网平台传播"空中课堂"内容。歌华有线公司联合字节跳动、快手、阿里等互联网平台设置北京云"空中课堂"专区，实现在今日头条、抖音、西瓜视频和快手等平台上线发布。2月23日，"歌华教育—北京云空中课堂"正式登陆"学习强国"平台。

提供"空中课堂"12个开路频道直播学习服务。3月6日，歌华有线接到市教委来函商请提供12路开路频道，为小学到高中三年级12个年级开设专属频道，满足全市中小学生的大屏在线学习需求。为此，歌华有线先后上线播出"空中课堂"12个年级频道课程。截至4月19日，累计学习观看916.2万人次。同时，歌华有线网络还提供点播、回看服务，并利用"北京云"平台，实现12个年级课程全媒体终端覆盖。

北京云"空中课堂"通过融合大小屏终端实现全网全媒体覆盖，服务全国中小学生。据不完全统计，截至2020年4月19日，覆盖全国电视用户超过2505万户，课程累计学习观看人次2.3亿次。

歌华有线举全公司之力办好"空中课堂"在线教育服务。为了办好"空中课堂"，歌华有线公司以安全播出为第一要务，制定空中课堂播出服务保障方案，从传输技术、审播运营等多层面全力支撑"空中课堂"上线播出。坚持提供7×24小时96196客户咨询服务和覆盖全市的网格化运维保障服务。同时，加大"空中课堂"宣传推广，通过开机、回看点播贴片，歌华导视宣传片等方式进行宣传，此外，还利用北京歌华传媒集团下属的地铁、公交、楼宇电视共10万个电视终端每日播放宣传片20次。

（北京歌华有线电视网络股份有限公司）

北京广播电视台推出《重启大武汉·助鄂大联播》

2020年4月8日，北京广播电视台联合湖北广播电视台、上海文广集团、河北广播电视台、广东广播电视台等10家省级台，推出《重启大武汉·助鄂大联播》系列融媒体直播报道，通过各家媒体的电视、网络、广播进行融合报道。直播在"北京时间"、长江云、学习强国、人民日报客户端、人民网人民视频、央视频、新华社现场云、今日头条、抖音、新浪微博等数十家网站同步直播，全景回顾武汉抗击新冠肺炎疫情那段饱经磨难而精诚团结的岁月，为湖北经济复苏和农业发展做出媒体人的一份努力与贡献。全网观看量2700多万次。

一、融合传播·矩阵发布

《重启大武汉·助鄂大联播》采用"9+1"的报道模式，即9家省级台与湖北广播电视台进行接力直播，各家省级台充分发挥自身的融媒体平台传播优势，将以往的“电视联盟直播阵营”优化提升为“融媒体联盟矩阵传播阵营”。电视端方面，湖北经视频道、北京新闻频道、上海综合频道、天津新闻频道、深圳都市频道、陕西都市频道、河南民生频道、福建经视频道、河北经视频道、山东齐鲁频道进行每台1个小时的接力直播；移动端方面，湖北经视在线、“北京时间”、上海看看新闻网、山东齐鲁在线等10个新媒体平台同步进行直播。与此同时，直播信号分发到“央视新闻+”“今日头条”“百度直播”“哔哩哔哩”“花椒直播”等直播平台，实现平台播出最大化，资源共享最大化。

二、策划高效·制作精良

4月6日晚，新闻频道中心收到湖北经视负责人的联合报道意向，报请台领导同意后，清明节期间，迅速组织大型项目组，进入人员投入到对接、策划、制作等工作当中，当晚就完成了专题选题策划、宣传片制作等前期准备工作，第二天确定60分钟的演播室流程及串单，此次直播需完成多地与湖北当地的信号切换，为了保证信号连接的安全稳定，项目组在直播前夜仍在与湖北经视紧密沟通切换流程，保证衔接精确到秒，保证节目的安全播出。

三、直击现场·报道“重启”

4月8日0时，离汉离鄂通道解除管制，武汉重启，湖北苏醒。76天坚守英雄城市大武汉，千万英勇湖北人并肩战疫情，亿万中国同胞爱心助荆楚。4月8日全天，湖北经视联合北京广播电视台新闻频道中心等全国多家地面频道跨省接力并机推出《重启大武汉·助鄂大联播》报道，大屏小屏同步直播。4月8日9时—18时，合计9小时，分别由9个省级地面频道依次接力与湖北经视频道并机联播，在各频道共同播出一小时。北京广播电视台新闻频道的直播于4月8日9时59分开始，至10时59分结束，时长共计60分钟。由于准备时间较短，新闻频道中心提前策划，加班加点编辑制作新闻专题7个、抗疫MV一个。节目开始，实时连线武汉天河机场、汉口火车站等地记者，第一时间为北京观众带来湖北解除管制后的交通情况。

四、助力湖北·振兴经济

疫情防控期间，湖北当地很多优质的农产品出现滞销，湖北解封、离汉离鄂通道解除管制后，新闻频道中心在直播中播出4集专题节目，介绍湖北当地滞销产品和爱心助农商品，助推湖北经济的复苏。

五、创新报道·拓展渠道

新闻频道中心此次积极策划、前后制作多个专题节目，在手法、主题和内容上都进行创新。《北京医疗队驰援武汉大事记》，对疫情期间北京医疗队支援武汉65天的历程进行回顾；《仁心仁术诠释大医精诚》，反映在武汉期间医生与患者之间的感人故事；《首都企业用实际行动支援武汉》，记录北京企业在疫情期间实际的付出和支持。此次直播是新闻频道第一次尝试在电视端为爱心助农商品打开销售渠道，为今后拓展新闻报道渠道、开拓资源提供新思路，在融媒体营销上打开新思路、建立新模式。

（北京广播电视台）

北京广播电视台服贸会报道亮点频出

2020年9月4日至9日，2020中国国际服务贸易交易会在北京召开。北京广播电视台整合网络视听资源，推出大型融媒体现场直播《服贸会来了》、音视频现场直播《我在服贸会等你》、大型财经专题报道《来了！服贸会》、原创系列短视频《服贸在身边》、移动直播系列“云游服贸会”等20多个特别节目和专题专栏，播发广播、电视和新媒体相关报道2000余篇，现场音视频直播60多场，全网点击量上千万次，多元化、立体式呈现服贸会的亮点和看点，体现“全覆盖、多维度、高品质、融媒化”的报道特色。

一、新闻报道创新引领，跨界传播全景呈现

北京广播电视台各档新闻对服贸会“1+8+N”各项活动全面呈现，4场高峰论坛、100余场行业论坛、洽谈活动、境外国家和地区专题活动以及各省区市主题活动，都给予及时关注，全方位呈现服贸会盛况，突出展示服贸会“全球服务、互惠共享”的主题。

全景呈现有广度。广播端汇聚新闻、城市、交通、体育、外语、文艺、青年等7个频率的23档栏目，以及北京广播网新媒体矩阵、“听听FM”，20多名记者奔赴会展各个场馆，通过记者探访、嘉宾访谈、资讯播报、短视频等多种形式，重点关注综合活动、展览展示、推介交易、论坛会议等内容，详细推介“北京新视听展”和“媒体融合展”。《一路畅通》栏目分别设置“我最想去服贸会看什么？”“我最喜欢的博物馆文创”等多个互动话题，引导听众踊跃参与。体育广播在本届服贸会布展5支奥运火炬，9月5日至9日，《走进冬奥会》节目推出“点亮冬奥”系列节目，讲述冬奥火炬和它背后的故事。电视端新闻频道与新媒体“北京时间”共同推出6场大型融媒体现场直播《服贸会来了》，每天1小时同步播出，北京服务业扩大开放、文化繁荣与发展、数字贸易发展、冬奥会与冬季运动等6大主题逐一呈现。电视新闻栏目开设《服贸会来了》专栏，播发新闻报道260条次，第一时间推送图文视频300多条，播出总时长超过700分钟。

专业报道有深度。新闻广播《新闻天天谈》栏目，文艺广播《打开文化之门》《乐享生活》栏目，分别从服务贸易、经济发展、文化创新、休闲生活等不同角度推出专题。其中，新闻广播《新闻天天谈》于展会期间持续播出服贸会专题新闻访谈，邀请国际贸易专家、国企代表、区县代表等专业人士，点评本届展会的特色亮点，聚焦北京各区服务贸易优势领域，推介北京服贸特色，分析特殊时刻召开的服贸会给世界贸易和中国经济的独特影响。文艺广播的《打开文化之门》栏目围绕“文化创意”于9月8日推出服贸会专题，带领听众走进文物服务专区体验北京的文化魅力，游览“媒体融合展区”，在传统与时尚的碰撞中，体现“文化赋能小康，创意点亮生活”这一主题。融媒体现场直播《服贸会来了》下设7大板块，其中高端访谈板块《对话大咖》共采访知名专家学者20余位，滚动现场直播连线30余次，就当前中国经济、金融、新技术、文化等内容展开深入解读。新闻频道《这里是北京》推出新闻专栏系列《探班服贸会文创馆长说》，聚焦服贸会上的文物文创衍

生品，走入首都博物馆、孔庙和国子监博物馆等8家博物馆，邀请馆长讲述文物文创产品的设计理念。

二、新媒体端集中发力形成声势

北京广播电视台采用新闻报道、现场直播、专家访谈、直播连线、现场评论、新媒体图文视频、原创H5、网络直播等多种宣传方式，搭建起大屏小屏互为补充、线上线下相联通的融媒报道新格局。服贸会期间，网络媒体中心全面调动“听听FM”、北京广播网、“北京电台RBC”第一视频官方号等新媒体平台，设立“9月我在服贸会等你”“探营服贸会”“服贸会你是谁”“云上服贸”“2020服贸会”等话题或专题，推出首页焦点图，动态呈现服贸会的展陈亮点活动。5集大型财经专题报道《来了！服贸会》围绕服贸会金融服务展上的主题和项目，展开一系列独家访谈和高峰论坛，节目在北京卫视、财经频道播出，“北京时间”、今日头条、新浪微博、爱奇艺等新媒体平台同步网络直播。BTV新闻新媒体团队首创互动视频新闻《探营服贸会新闻中心》，介绍服贸会新闻中心的技术保障和特色亮点。“北京时间”搭建“2020年中国国际服务贸易交易会”特别专题，在网站两端首页显著位置推荐，采用原创报道、转载以及与北京广播电视台融合报道的方式，全方位、多角度呈现服贸会内容。截至2020年9月9日，“北京时间”共发布相关稿件245篇，全网总点击量为490.8万次；“北京时间”与北京广播电视台融合直播共19场，全网总点击量达到250万次。请钢琴家郎朗专门免费录制服贸会宣传推广视频和快手号北广生活时间宣传视频，截至2020年9月9日，快手播放量超过34.6万次，对扩大报道影响力起到重要作用。

多屏互补，做强“小屏”。北京广播电视台践行“移动优先”，原创短视频系列节目《服贸在身边》从8月中旬开始陆续在“北京时间”首发，并同步在各平台分发，全网播放量超过5000万次。“服贸在身边”互动话题在微博端阅读超过4000万次，在热搜、热点、开屏页推荐微博的3次话题，成为网络焦点话题。推出新媒体产品《主播说新闻》，主播走进服贸会，带领用户领略服贸会，带入感十足。新闻频道中心推出移动直播系列《云游服贸会》，6场直播分别从体育健康、中医、机器人服务、5G、“一带一路”沿线国家特色文化、文化专题等6个方面对展会进行深度体验报道，总计时长超过8小时，截至2020年9月9日，累计观看人数超过350万。其中，《云游服贸会：文化还可以这么有趣》还尝试采用了VR全景直播，为用户提供不同的观看视角。H5《您有一个来自服贸会的行李箱待查收！》《你收到一份服贸会的有声读物》，寓趣味于呈现，寓信息于交互，广受好评。同时，“小屏”跑在“大屏”前，一改过去先在电视端播出再转发移动端的习惯性做法，会上得到的最前沿、最核心的内容信息，一律以最强时效先在移动端首发，首次实现移动端新媒体作品的数量、时长双超电视端。

三、向世界展示服贸会的精彩

服贸会期间，外语广播制作广播端、新媒体端报道80余条，报道在京外国友人对服贸会的感受，向海外介绍服贸会盛况和历史意义，同时也报道欧洲主流媒体对北京服贸会的关注。播出平台方面，集合来自美、加、澳、俄等国的海外合作媒体播出资源，境外播出节目《今日北京》，探访服贸会中国疫苗产品展区、北京机器人企业展区。中央广播电视总台华语广播《全景中国》采纳播出服贸会新闻2条，俄罗斯卫星通讯社中文网“北京莫斯科双城之声”以北京服贸会为标题进行介绍。此外，先后向海外社交媒体推送服务业扩大开放、京津冀协同发展、数字经济等原创报道和短视频共31条。

宣传推广营造气氛。北京广播电视台总编室策划制作《点亮服贸会》《我在服贸会等你》等宣传片，及时在全台各频道高频次播出。截至2020年9月9日，累计播出服贸会宣传片超过3200次。北京卫视策划制作《牛爷带你逛服贸》系列宣传片，9月4日起在北京卫视和新媒体端同步播出，以“游览＋讲述”的方式全面展现本届服贸会的盛况。《电视先锋榜》探班北京广播电视台展台布置，聚焦直播带货、互动体验、广播直播间等特色展区，制作播出专题节目。文艺频道《每日文娱播报》《我看行》栏目策划播出系列专题特别节目“聚焦服贸会”，以主持人实地打卡与演播室互动的方式，对服贸会的综合展区和8个专题展进行全面报道。冬奥纪实频道报道服贸会上和冬奥、体育相关的新闻热点，让更多人了解服贸会上的冬奥文化、冰雪知识。

（北京广播电视台）

北京广播电视台脱贫攻坚报道温暖人心

2020年是脱贫攻坚决战决胜之年。北京广播电视台围绕脱贫攻坚和全面建成小康社会重大主题精心策划宣传报道，广播、电视和新媒体全面发力。截至2020年11月底，全台累计推出决战脱贫攻坚、决胜全面小康报道1700余篇，其中电视端共播出脱贫攻坚全面建成小康社会相关报道近350条，总时长达700多分钟；广播端推出相关广播音频节目700余篇，总时长超过4700分钟，同时在广播新媒体平台发布各类音视频和图文报道200余篇，总点击量超过1700万次；“北京时间”网站推出“决战脱贫攻坚·决胜全面小康”“走向我们的小康生活”“决战脱贫攻坚——携手奔小康首都在行动”等专题，共发布相关报道700余篇，总点击量817.2万次。

一、脱贫攻坚全面小康建成新闻报道

为给实现脱贫攻坚和全面建成小康社会营造良好的舆论氛围，北京广播电视台新闻广播推出年度大型主题报道《康庄大道》，集中展示北京对口援建内蒙古、青海和新疆和田的成果。此系列按照“广播大电影”的思路打造，每一篇章以一个电影名为题，聚焦一个主题，展现扶贫工作的某一侧面，记者深入西藏、青海、内蒙古和河北，走进“田间地头”“荒漠高原”，走到老百姓身边，记录北京扶贫干部最真实的声音，展现当地脱贫致富的新气象。在传统广播报道的同时，记者还拍摄了“我为扶贫代言”“我为家乡点赞”视频，通过当地扶贫干部和当地村民的切身感受，讲述贫困地区的发展变化。18名扶贫一线挂职干部的扶贫公益广告在新闻广播整点滚动播出，营造决胜之年的氛围。大型人物系列访谈《小康路上的我和你》，集中采访各行各业“为了实现全面小康”奋进拼搏的优秀劳动者，记录和感悟他们的经历，展现出伟大时代中鲜活而隽永的个体故事。

“扶贫·益起来——北京广播电视台精准扶贫大型融媒体新闻行动”，采用“扶贫地图”行进式报道+扶贫记者体验式报道+融媒推广式报道的形式综合呈现，围绕北京市对口支援7省（区）涌现的典型人物和生动故事展开报道。在北京市内，“扶贫·益起来”制作一系列反映北京国资系统51家市属国企对54个本市低收入村全方位、多领域、深层次的结对帮扶工作，推出由首农集团、国资公司、时尚集团、轨道公司、城建集团、首旅集团、北控集团、外企集团、公交集团、金隅集团等相关企业推动的北京市23个重点脱低项目的报道，全景展示北京市脱低工作的显著成绩。在京外，“扶贫·益起来”对北京市对口帮扶地区进行报道，拍摄大兴区对口支援乌兰察布察右前旗建设西瓜产业基地、怀柔区对口建设河北丰宁产业园等区县扶贫工作，以及首农集团、北控集团、国管中心、京能集团、同仁堂等国企对贫困地区的30多个项目进行的帮扶工作，生动展现北京市对口扶贫工作多年来所取得的成绩、涌现的先进干部和当地被帮扶对象的生活改善。

北京广播电视台在重点新闻栏目同步推出《决战决胜脱贫攻坚——携手奔小康 首都在行动》《走向我们的小康生活》专栏，形成跨平台联动宣传声势。《决战决胜脱贫攻坚——携手奔小康 首都在行动》系列报道用解剖麻雀和记者蹲点的形式，介绍北京市精准分类施策帮扶的成功做法和经验，聚焦全面脱贫与乡村振兴的有效衔接，探索形成长效机制的新经验和新做法。《走向我们的小康生活》专栏在电视端《北京新闻》《北京您早》《特别关注》，广播端《北京新闻》《主播在线》等栏目播出延庆山沟里的农民致富记等故事，聚焦“百姓眼中的小康”，集中展现北京全市上下共建美好家园、共享幸福生活的生动实践。

由多个部门和北京广播电视台共同主办的2020年“美丽乡村·筑梦有我”大型新闻公益行动分别根据“中国农民丰收节”“全面小康 一个不少”“全面小康 幸福生活”3个主题制作特别节目，梳理总结独具北京特色的脱低帮扶方式方法，展示首都“三农”领域在实现全面小康进程中的实践。

二、新媒体矩阵融入脱贫攻坚主题

北京广播电视台广播端在前期采访中采取“广播+视频拍摄”形式，推出融媒体系列报道《走进幸福村庄》，对北京远郊区“脱低”村庄、“脱低”人物、“脱低”故事和“脱低”帮扶企业进行立体化报道。制作团队综合运用移动视频直播、短视频、微纪录片3种不同的报道形式，把无人机航拍与跟踪式记录相结合，拓展节目视角，更全面、直观地呈现乡村变化。节目中的精彩内容还碎片化加工，在抖音、快手等短视频平台分发，助力当地农副产品销售及旅游资源推介。

“北京时间”除及时转载中央和市属媒体优质稿件外，还利用直播、图文、短视频等形式做好相关宣传，搭建《决战决胜脱贫攻坚》《走向我们的小康生活》两个专题，全方位、多角度地呈现全面建成小康社会伟大壮举。

北京广播电视台交通广播的“1039研选商城”在2020年6月10日进行的助力湖北复产复工的“京鄂交响曲”大型公益直播带货活动中，单场直播观看量超1800万次，成交额超35万元，其中助农商品“秭归伦晚脐橙”热销2700余单，成交额达到14万元。故事广播的“幸福家庭大讲堂”活动充分发挥其“互联网+健康服务”的优势，采取网络课堂形式，通过直播互动，为低收入家庭实现精准健康服务，并通过融媒体平台广泛传播，总点击量超过800万人次。

三、挖掘特色主题，关怀百姓冷暖

北京广播电视台交通广播推出特别策划“路路畅通奔小康”系列，记者深入京郊乡村，特别是一些偏远乡村，探访农村公路改善、物流快递和公交进村、火车在村头设站等举措，对偏远乡村农产品外销、乡村旅游发展所发挥的重要助力作用。城市广播《教育面对面》栏目以教育脱贫攻坚为主题，特别策划“师和远方”系列节目，展示北京地区教育对口支援偏远贫困地区的教师代表在扶贫工作一线的坚守精神和取得的成绩。体育广播推出脱贫攻坚系列报道《借力冬奥 携手小康》，聚焦冬奥赛区延庆当地居民借力冬奥契机，脱贫致富，不断提高生活水平，享受高质量小康生活的情况。文艺广播制作播出脱贫攻坚主题广播剧《山后梨花香》，节目改编来自平谷区金海湖镇茅山后村的佛见喜梨产业发展的真实故事，再现扶贫攻坚历程，展现城乡发展成果。外语广播原创扶贫题材广播剧《开往光明的列车》，以纪实的手法反映健康快车为国家扶贫战略所做的实实在在的工作，也探讨现代慈善事业和人们的慈善观念在中国近30年来的发展和进步，节目对海内外同步播出。

北京卫视制作《打赢脱贫攻坚战》之《“七仙女”唱出致富经》等节目，讲述贵州省黎平县盖宝村的扶贫第一书记吴玉圣组建“七仙女”团队，借助短视频平台与网络直播，将推广侗族文化与带动农产品销售相结合，带领当地群众脱贫致富的故事。冬奥纪实频道《奥运故事会》推出专题节目，以冬奥落户延庆，给当地百姓带来的增产增收等一系列政策红利作为突破口，着重讲述相关行业及其主人公的故事，展示延庆赛区所在地张山营镇谋求产业升级转型，以及延庆积极打造冰雪产业的一系列成果。卡酷少儿卫视推出脱贫攻坚主题少儿节目《绿水青山萌游记之童心绘梦》，节目组深入贵州荔波、西江，新疆和田和甘肃临夏西部脱贫攻坚第一线，通过“寻找地球上的绿宝石”“寻找沙漠新村”等趣味性主题，用孩子的视角讲述扶贫故事，展示脱贫成果。此外，北京卫视还在黄金时段品质剧场播出广电总局脱贫攻坚重点剧目《遍地书香》等优秀电视剧，用观众喜闻乐见的形式，以小见大地表现全国决战决胜脱贫攻坚、全面建成小康社会的伟大成就。

（北京广播电视台）

北京卫视《向前一步》栏目推出北京暴雨特别报道

2020年8月11日17时40分，北京市气象局发布年内首个暴雨黄色预警。北京卫视《向前一步》栏目快速响应，在预警后的两小时内就全员集结，组成17路、34人的报道团队。之后，又马上与市防汛指挥部沟通，通过对卫星云图的细致分析，对本次雨情的重点区域进行预判，划定全市41处预判的积水点和事故点。栏目的16路记者对这41处重点区域进行细致分工，同时特别留出一路记者作为机动应急组，留在台内随时等待调配。所有记者当晚都来不及回家，连夜完成与报道区域的对接工作，在第二天的早晨6点之前，17路记者全部到达指定报道点，等待大雨到来。

8月12日，北京迎来2020年入汛以来的最强降雨。驻守在市防汛指挥部的《向前一步》记者不断将最新的云图分析结果传达给各路记者，指挥16路记者及时调整报道计划，让新闻报道始终跑在大雨的前面。12日晚8时，北京市多个区域雨量到达高峰，留守台内的最后一路报道组果断出击，火速支援。晚上11点，市气象局突然升级发布暴雨橙色预警，又一轮雨势将至，海淀、昌平、石景山、丰台成为新的雨情重点区域。接到预警后，《向前一步》团队在10分钟内完成调配，所有记者再一次奔向新的报道点。从12日晚11时到13日凌晨3时，记者拍摄到3米积水、徒手清淤、车辆援救等场景，并记录到大批排水人员、基层干部、民警在暴雨中值守的感人画面。整个报道持续到13日凌晨6时，直到在房山报道的记者记录最后一个路段排水完成后，才开始返回台里，至此《向前一步》所有34位记者已经持续奋战24个小时。

为了赢得新闻报道的时效性，《向前一步》团队采用“双重拍摄”工作模式：一是由专业摄像进行常规拍摄；二是由各路记者用手机进行短视频拍摄，用手机拍摄的内容实时回传到台内，由后期团队迅速编辑，第一时间在“北京时间”平台上发布。8月13日凌晨6时前，《向前一步》就已经制作完成16条短视频，发布在“北京时间”上。与此同时，13日结束拍摄的所有记者又回到台内，来不及吃饭睡觉，马上开始当晚节目的编辑工作。团队迅速制定出22个故事的节目线，在制作部的大力支持下，补充人员同步推进，在13日晚上7时，22个段落相继编辑完成，分5部分发播。至此，《向前一步》记者连续工作已达38小时。值得一提的是，本次雨情报道，有近百家电视、网络媒体进入北京市防汛指挥部采访，而《向前一步》是唯一一家坚持拍摄到第二天清晨、报道最完整的团队。北京应急管理局副局长刘斌表示感谢，并协调北京地方政务官微“北京应急”转发《向前一步》制作的11条防汛短视频。

《向前一步》暴雨特别报道播出后，索福瑞35城收视排名同时段第三。抢发的短视频在“北京时间”、抖音、快手、微博、微视等五大平台上，取得2158万次的观看量（抖音播放量20.7万次，快手播放量1953.9万次，微博播放量超115.1万次，微视播放量63.8万次，北京时间号播放量4.7万次）。同时，话题词“大雨中的逆行者”登上微博热搜趋势，话题阅读量514万次。话题词“乘风破浪防汛人”话题阅读量23.9万次。

（北京广播电视台）

北京广播电视台推出《走进北京网红打卡地》系列报道

北京广播电视台从2020年9月27日起在北京卫视《北京新闻》《北京您早》《特别关注》等新闻栏目推出专栏《走进北京网红打卡地》系列报道。截至12月31日，已播出怀密线、大兴机场、五道营胡同、温榆河公园、城市绿心、望京小街、新首钢、八达岭红叶岭等56期节目，同时推出《走进北京网红打卡地》之“拔草行动”。通过多部门联动、线上线下融合推广等多种手段，实现“全域全市场、多端多场景”的覆盖，提升“北京网红打卡地”的影响力。

体验式报道展现北京网红地的时尚与内涵。《走进北京网红打卡地》系列报道，全部起用年轻主持人作为出镜体验记者，力争在短短几分钟时间里探寻网红地背后的城市发展内涵，用年轻化的视角打卡网红地，让视频呈现更有意义。

《走进北京网红打卡地》系列报道不仅打卡“新”，也讲述“老”。第一期“和平菓局”报道中，通过记者自己的视角，用冰糖葫芦、老北京桃酥、拉洋片，向观众展示纯粹、真实、鲜活的老北京生活。在五道营胡同报道中，不仅展现了老北京青砖灰瓦、四合院落承载的北京人乡愁，更表现了东西方文化在这里汇聚、融合、创新、发展。在望京小街报道中，通过表现传统与流行的碰撞，展示望京小街在更新实践中让老旧街区重新焕发活力。在首钢园报道中，记者和首钢老工人一起回忆老首钢这块淬火锻冶钢铁热土的辉煌，也一起感受新首钢融合时尚、体育、文化等众多元素变身网红打卡地的崭新变化。

“移动优先”融合推介北京网红打卡地。在《走进北京网红打卡地》系列报道中，“北京时间”客户端和“北京日报”客户端都开设专题，第一时间在手机端进行推送。从9月27日开始，北京广播电视台在《北京新闻》《特别关注》《北京您早》等重点新闻栏目中连续14天播出《走进北京网红打卡地》系列报道。此后每周保持4~5篇的报道力度。《走进北京网红打卡地》系列报道还在“北京时间”推出“北京最美网红打卡地”线上征集投票活动——“打卡最美北京，记录美好时代”，征集活动的优秀作品，在北京新闻微信公众号上以图文形式展示，并收入“打卡最美北京”话题页。

《走进北京网红打卡地》系列报道收到良好的宣传效果。中国记协公众号“传媒茶话会”推出文章《传统广电如何报道网红景点？这样的“打卡”体验报道让人耳目一新》。中国新闻出版广电报刊登文章《北京广播电视台国庆假期聚焦北京网红打卡地 记者行走式探访融媒双视角呈现》。北京日报刊登文章《大屏小屏多屏多渠道同时发力 北京广播电视台聚焦“北京网红打卡地”》；北京广播电视局“首都广播电视”公众号刊登文章《北京广播电视台“走进北京网红打卡地”：立足双节促进消费 整合多屏传播文化》。北京广播电视报刊登文章《传统广电如何报道网红景点？北京广播电视台有新招！》。

2020年12月12日，推出“‘12·12’北京网红冰雪嘉年华”主题活动，《北京您早》《特别关注》《都市晚高峰》《首都晚间报道》与“北京时间”、快手、微博等多家网络平台全天融媒体联动报道，电视网络同步直播，互动抽奖。活动单场网络直播总观看量119.4万次，点赞量8.1万次。

（北京广播电视台）

北京体育广播推出“五月云诗会·听见体育之美”融媒体活动

2020年，受新冠疫情影响，体育行业受到严重冲击。5月18日至6月7日，北京体育广播特别策划推出“五月云诗会·听见体育之美”融媒体推广活动，邀请体育界知名人士、诵读名家、听众等，朗诵自己喜爱的一首体育主题的诗歌作品，制作成3分钟左右的短视频上传到指定平台，汇总筛选听众参与作品后，通过广播、“听听FM”、微信、微博、抖音客户端等播出。截至6月7日24时，全平台视频总观看量近300万次。

5月18日，“五月云诗会·听见体育之美”融媒体推广活动视频节目上线，每日推出一位朗诵大家、奥运冠军或体育产业引领人的诵读视频供广大网友欣赏学习。北京体育广播官方微信公众号、微博首发，北京体育广播快手号、抖音号发布视频，“北京时间”“听听FM”都为活动建立专题页面，并给出网站、客户端首页位置推广此活动。

此外，由16位金牌领诵人云录制现代奥林匹克之父顾拜旦的名作《体育颂》，该作品制作精良，内容丰富，起到鼓舞人心的效果，在广播、新媒体多平台推广，并在北京广播电视台冬奥纪实频道重点时段播出。活动呈现三个特点：

一是体现出传统媒体创新设置话题的能力。面对疫情对体育行业、体育产业的巨大冲击，北京体育广播策划推出“五月云诗会·听见体育之美”融媒体推广活动，将体育与诗歌、体育与文学艺术相结合，通过“云诵读”“云录制”“云分享”等手段，讴歌体育精神，彰显体育力量，提振行业信心。奥运冠军杨凌、王丽平、张湘祥，冬奥会花样滑冰亚军张丹，中国女篮队长邵婷，北京首钢男篮外援艾派·尤度，万国体育CEO张涛，中奥科技体育总裁王奇，关键之道CEO张庆，朗诵名家虹云、梁言等近20位各界名家参与录制音视频体育诗歌作品。同时还收到听众以及网友的朗诵作品50余个，其中年龄最小的10岁，年龄最大的86岁。通过诵读体育诗歌活动达到“让声音传播美好，让诵读走进更多人的生活”的作用。

二是传统媒体与新媒体融合制作传播，“云录制”得到有效应用。“五月云诗会·听见体育之美”融媒体推广活动从策划、实施到推广，全程贯彻“网台共做、融媒传播”的指导思想，无论是邀约作品还是征集作品，都以适合广播和网络传播为导向。而在疫情影响下，采用“云录制”的形式，完成独立作品和合诵作品，再辅以后期的合成制作，推出一批制作精良、适合新媒体传播的音视频作品。

每一部作品包括体育诗歌作品诵读、朗诵者谈体会、记者手记三部分，其中朗诵者谈体会表达朗诵者对诗歌和体育的理解体会、对重振信心、展现朗诵者的思考和精神世界；而记者手记除了介绍朗诵者和诗歌作品背景外，更侧重对背后故事的发掘和展现，如朗诵者选择诗歌与其个人经历的结合等，对于受众了解作品、认识朗诵者发挥独特作用，也利于新媒体使用。

活动还通过广播和网络征集作品，按照相对固定的模式，由听众自己录制并上传作品，更有网友自己撰写体育诗歌并录制作品。

三是体现主流媒体服务公共领域、参与社会治理的媒体职责。作为体育专业媒体，体育广播策划“五月云诗会·听见体育之美”融媒体推广活动，利用全媒体传播工具，影响体育产业，提振行业信心。活动参与者来自体育主管部门、体育产业从业者、运动员等，既传递了体育界人士的心声，也推动了体育界复工复产。

（北京广播电视台）

北京广播电视台承办第八届北京惠民文化消费季

北京惠民文化消费季于2020年9月—12月举行。本届惠民文化消费季活动由市文资中心主办，北京广播电视台承办。本届文化消费季以“云享文化，京彩生活”为主题，遵循“创新升级、融合求变、提振信心、惠民惠企”的方针，围绕打开文化消费“新视角”、提升活动参与“人气值”、按下文化产业“复苏键”、注入高质量发展“新动能”四大目标创新开展。

四大行动十大板块带动文化消费复苏。推出“市场复苏助推”“文化品牌兴业”“文化创新推广”“消费智库献策”四大行动，打造“读好书、享影音、看展演、观赛事、玩科技、赏艺术、购文创、探市集、逛商圈、游京城”十大板块活动。据不完全统计，9月1日—11月15日，全市共计336个文化企事业单位举办惠民消费活动9526场次，直接带动消费2836万人次，消费总额54亿元，惠民金额超过1亿元。

全媒体推广文化消费网红打卡。以北京广播电视台为主阵地，搭建“北京时间”、京东、抖音等十余家新媒体直播矩阵，组建媒体联盟，开展平台化运营、融媒体推广。策划“设计北京”“艺术北京”“云游北京”“书香北京”“影视北京”五大主题品牌周，通过55场网络直播，全方位推介本市文创设计、艺术表演、阅读分享、非遗体验、文化旅游等各类文化消费活动。开展北京“文化新品、文化新企、文创新店、文创新星”推广活动，推出10条“胡同文化打卡线路”、10大“文化消费新地图打卡主题”、10大“文创上新打卡产品”等文化消费网红打卡系列。组织开展暖冬文化惠民月活动，策划“一起读书”“一起看电影”大型联动惠民周，推出剧院联盟特别票价、正能量主题特别惠民时段；联动40余家书店、出版社和线上图书平台推出“全民阅读惠”、24小时阅读直播行动等丰富的惠民措施，带动全民文化消费线上线下打卡。

数字化赋能文化企业文化惠民。结合产业和消费新格局、新形态、新模式，首次为中小文化企业提供直播带货的公共服务，配套推出“翼·计划”流量支持行动，对近百场文化消费直播提供千万级流量精准导入。为各类企业搭建数字化转型对接服务平台，促进文化和科技的融合发展。挖掘推广5G+8K直播、全景VR云服务、非遗数字化重建等新技术应用文化项目。探索将消费季成果转为长效化数字化服务产品，推出“京彩Culture+”小程序，实现品牌展示、直播服务、消费引流等综合功能，为北京市民提供持续的精品文化消费指南。

（北京广播电视台）

北京卫视推出世界艾滋病日特别节目

在2020年第33个“世界艾滋病日”到来之际，由中共北京市教育工委、北京市教委指导，北京广播电视台卫视节目中心制作播出特别节目《老师请回答》，于12月1日21:09在北京卫视播出，并于12月2日，在新华网客户端、央视频、百度视频、腾讯新闻、微博、今日头条、抖音、网易新闻、圆点直播等多家网络平台同步上线。艾滋病日特别节目《老师请回答》，紧扣2020年“携手防疫抗艾，共担健康责任”的主题，精心设计、打破常规，通过“云连线”、舞台剧、互动游戏、情境表演等多种方式，将防艾抗艾相关知识融入多种“趣味化教育”节目设计中，为广大青年群体带来一场别开生面的“艾滋病教育公开课”。

一、打造权威“名师团”　最温暖老师回答最迫切问题

《老师请回答》一个重要特点就是邀请最权威、最温暖的老师，回答最迫切的问题。因为疫情原因，在此次艾滋病特别节目中把“网课”形式融入节目设计，将青年群体最为关注的3个艾滋病相关问题以“云端”发问的形式提出，然后通过“云连线”方式，现场连线三位重量级嘉宾老师进行解答。此次参与“云连线”互动的三位重量级嘉宾均是防艾抗艾领域内的权威专家。世界卫生组织结核病/艾滋病防治亲善大使彭丽媛教授就是其中一位。彭教授针对同学们关心的艾滋病志愿服务的内容，鼓励青年朋友们要做自己健康的守护者、防艾知识的传播者、防艾工作的志愿者，勇于承担社会责任，用青年人的热情和知识，让更多人免受艾滋病毒的侵害。此外，中国疾病预防控制中心流行病学首席专家吴尊友、中国工程院院士尚红两位老师，也都以“云连线”的方式，在线回答同学们最关心的男生是不是更容易感染艾滋病、发生危险行为怎么办的问题。

针对“云连线”环节中提出的问题，《老师请回答》栏目组在前期策划中，提前一个月深入多所高校，以座谈会、问卷调查、街头采访等多种形式，广泛征集青年学生关心的众多艾滋病相关话题，并从上千个话题中按照提问频次解答青年学生最为关注的话题。

除了“云连线”的嘉宾老师，在节目录制现场的嘉宾也是各领域的专家。中国疾病预防控制中心、性病艾滋病预防控制中心主任韩孟杰，昆明医科大学公共卫生学院副教授焦锋等，通过道具演示、数据分析、案例讲解等多种形式，把权威的防艾知识，传播给广大观众。

二、多种互动方式“寓教于乐”　让防艾知识更加深入人心

相较于往年较为单纯的节目形式，2020年世界艾滋病日特别节目《老师请回答》邀请专业的先锋话剧团队，以患者的亲身经历为创作蓝本，结合患者真实故事，为节目量身打造舞台剧《不再孤单》，用生动的故事情节，让观众更为直观地了解患者的

患病过程。

在前期创作阶段，节目组带着编剧、主演多次与艾滋病患者小欧（化名）面对面交流，细致地了解并记录其心路历程和抗艾故事，并多次到北京地坛医院红丝带之家，亲访帮助小欧的医生及志愿者，从他们的讲述中了解更实际的对艾滋病患者进行治疗及心理帮扶的过程。最终，经过领导、节目组及创作团队合力和数十次的内容打磨修改，确定以患者小欧发现患病、经历痛苦挣扎试图放弃自己、后经朋友帮助鼓励加上红丝带之家和社会各界的关爱、对艾滋病重新认识并重拾生活信心为主线的四幕剧本内容。

为了充分体现《老师请回答》教育节目的特色，让枯燥的知识点容易被学生记住，《老师请回答》特别节目特意策划了“艾滋病传播危险行为大考验”“高危场景情境还原”等寓教于乐的互动环节。

为了进一步剖析危险行为容易发生患染艾滋病的后果，节目现场特意挑选三个可能性场景，进行现场“高危场景情境还原”。用这种情境还原的方式提升青少年对于艾滋病的防范意识，传播洁身自好才能远离艾滋病毒的理念。

三、创新节目内容 从“我该怎么治”到“我该怎么防”

《老师请回答》特别节目除样态创新、环节创新以外，还在节目内容上有了不一样的创新，在科普防艾知识的基础上，增加生活技能方面的内容。昆明医科大学公共卫生学院副教授焦锋告诉同学们，当面临可能发生艾滋病感染的危险情况时，我们应该怎么办？比如：如何学会拒绝、如何正确交友、如何安全谈恋爱等。

除此之外，红丝带健康大使马丽和沈腾也亲临节目现场，作为深受青年朋友喜爱的演员，这两位搭档以大家熟悉的幽默机智的“模拟教学”，结合三个高危场景，呈现自己在遇到“诱惑”时应如何拒绝，让原本枯燥的知识，变得更加轻松有趣，也将防艾知识传播得更远。

节目的最后，来自北京大学“青春红丝带志愿团”的30位青年志愿者，用他们加入红丝带志愿工作的亲身经历，自己作词、作曲，创作编排了展现志愿者风貌的节目《在一起》。用充满青春活力的歌舞，展现当代大学生对于防艾抗艾志愿活动的热情和能量，表达带动及号召所有人加入志愿者队伍的信心，把节目推向高潮。

（北京广播电视台）

北京广播电视台举办第二届“歌唱北京”原创歌曲征集活动

由北京广播电视台主办的第二届“歌唱北京”原创歌曲征集活动于2019年6月至2020年11月举行。活动的官网是北京时间网站（gechangbj.btime.com）。第二届“歌唱北京”原创歌曲征集活动年度总评选在北京广播大厦10层贵宾厅举行。由著名词作家、原战友文工团团长王晓岭，著名作曲家刘青领衔的9位专家评委组成的评审团，通过3次季度评选，从2123件（歌曲作品643首，歌词作品1480首）作品中选出64首优秀歌曲进行听评打分，最终选出20首优秀作品，其中包括10首获奖歌曲和10首推荐歌曲。

第二届“歌唱北京”原创歌曲征集活动期间，组织了4次共计70余位词、曲作家，音乐人参与歌曲创作采风研讨活动，包括：北京中轴线申遗主题创作研讨采风活动；以“科技创新文化创新”为主题，与微软共同进行的人工智能音乐创作专题研讨采风活动；以“建党百年”“脱贫攻坚”为主题赴房山参观“没有共产党就没有新中国”诞生地创作采风活动；以“新时代新北京”为主题进行的北京城市副中心采风活动。另外还与北京现代音乐研修学院联合举办歌唱北京“北音站”作品试听演唱会。

在“歌唱北京”歌曲征集活动中，对艺术水准较高、可进一步打造的作品，征集组与作者进行深入研讨、精心打磨，产生一批符合歌唱北京宗旨的重点作品。如《北京胡同我们的家》，作曲赵佳霖为体现歌词爱北京、唱北京的亲切感，在旋律上反复推敲，使人听后印象深刻，同时，演唱者周晓鸥、平安也积极参与创作，在编曲上又加入京胡、三弦等特色乐器，使歌曲愈发丰满。歌曲《一条中轴贯古今》是为北京中轴线申遗量身定做的，歌词作者宋青松为精益求精，与作曲家修骏对歌词反复修订，并重新录制，演唱者戴玉强也将北京的厚重历史以及面向未来的自信演绎得淋漓尽致。因创作《你笑起来真好看》《听我说谢谢你》而火起来的作者李凯稠，在征集组的邀请下，创作出童谣《我家住在运河边》，清澈的童声唱出浓浓的运河情，受到专家评委的一致肯定。著名词作家樊孝斌、王平久等为诉说对北京的深情，创作出《致北京》《北京，我心中的歌》这两首朴实无华却入脑入心的作品。此外，蔡国庆演唱的《红红的北京》、沙宝亮演唱的《跳动的北京》、韩磊演唱的《心中向往的地方》等反映新时代、新北京主题的作品，都是配合征集组、反复打磨精益求精的佳品力作。

2020年，新冠肺炎疫情暴发后，“歌唱北京”征集活动将抗击新冠疫情音乐作品纳入主题。疫情防控期间共联系、邀约103位词曲作家，收集优秀歌曲83首。其中由北京音乐广播首播的《武汉你好吗》，由北京广播电视台自主制作、出品的《武汉！武汉》《爱有力量》等歌曲，在“歌唱北京”宣传平台及全国音乐广播联盟的上百家音乐广播平台上推送，成为在全国广泛流传的作品。

“歌唱北京”活动期间，北京广播电视台音乐广播专题策划、全媒体宣传。从2020年1月28日起，北京音乐广播每天黄金时段展播“歌唱北京”抗击疫情投稿作品，2月2日起，开设日播专栏节目《我们在一起》，展播“歌唱北京”平台征集的抗“疫”歌曲。连线专访创作者，播出56期，采访舒楠、王平久、朱一龙、王一博等60多位文艺工作者。北京广播电视台音乐广播官方微博策划“用家乡话为武汉接力加油”话题线上活动。微博话题总阅读量1021.8万次，讨论数4.7万次，近千人发布原创视频。微信公众号发布文章137篇，浏览量12万次；发布微博172条，总浏览量948.5万次。发布抖音129条，浏览量1388万次；发布快手102条，浏览量2242.5万次。

《武汉！武汉》MV微博阅读量28万次，腾讯视频播放量1.1亿次，“北京时间”访问量超33.7万次，抖音平台播放量11.2万次，快手平台播放量1033万次。《爱有力量》阅读量8.5万次，腾讯视频播放量1.1亿次，“北京时间”播放量38.7万次。抖音平台播放量17.8万次，快手平台播放量382.7万次。

（北京广播电视台）

北京广播电视台冬奥纪实4K超高清频道开播

在距离2022年冬奥会开幕还有400天之际，伴随着2020年12月30日6时报时的钟声，冬奥纪实4K超高清频道的标识跃然荧屏之上，这是北京广播电视台第一个全流程4K超高清拍摄、制作、播出和传输的电视频道，同时也是国内第一个同播的4K超高清频道、第一个体育卫视频道。至此，冬奥纪实频道实现标清频道、高清频道、超高清频道三频同步播出。

12月30日上午，北京广播电视台冬奥纪实4K超高清频道开播仪式在北京广播电视台41层阳光大厅举行。国家广电总局党组成员、副局长孟冬，市委常委、宣传部部长杜飞进，以及国家广电总局传媒机构管理司司长袁同楠，冬奥组委副秘书长徐志军，市广电局党组书记、局长杨烁，北京冬奥组委新闻宣传部副部长吕钦，市体育局二级巡视员卢宏泽，市委副秘书长、市委宣传部副部长，北京广播电视台党组书记、台长余俊生等领导出席开播仪式，对冬奥纪实4K超高清频道的开播表示祝贺，并共同启动开播仪式主屏。

4K/8K超高清制播技术，是当今国际电视行业主流技术时代发展方向。国际奥委会已经宣布：2022年北京冬奥会、冬残奥会将采用4K超高清电视全程直播。从专业技术角度来讲，4K超高清电视具有更高的图像清晰度、更大的图像动态范围、更丰富的色域空间、更高的屏幕刷新帧率、更好的声音还原效果等五大显著优势。通俗来讲，如今冬奥纪实4K频道的清晰度是高清的4倍。

中国广播电视行业与世界同步，正处于4K技术快速普及时期。全球已有超过200个4K电视频道开播，涵盖欧美主要发达国家。目前，中国国内已有中央广播电视总台和广东、上海、广州、杭州等地方台开播4K电视频道。大数据显示：2019年中国国内4K超高清电视机在总体电视销量中的占比超过75%，北京市歌华有线4K机顶盒用户近130万户，这说明国内已具备普及4K电视广播的基础收视条件。

北京市委市政府和北京冬奥组委一直以来高度重视北京广播电视台“冬奥纪实4K超高清频道”建设工作。市委书记蔡奇2019年8月视察北京广播电视台时强调，要加快把“冬奥纪实频道”打造成围绕冬奥、服务体育、立足北京、辐射全国、具有国际视野的高水平上星频道。市长陈吉宁多次指示，要充分发挥北京人才和科技资源高度集聚优势，抓紧应用超高清等主流、先进的创新技术和传播手段，全方位、多角度地向世界展示北京冬奥风采。市委常委、宣传部部长杜飞进明确批示，4K超高清频道建设是大势所趋，要求北京广播电视台紧抓技术发展趋势，顺应冬奥转播要求，加快推进“冬奥纪实4K超高清频道”建设工作。北京市副市长、北京冬奥组委执行副主席张建东来台调研时也要求把“冬奥纪实频道”打造成为政治站位高、频道定位准、技术引领性强的改革创新型融媒体平台，进一步发挥好传播奥林匹克理念、普及冰雪运动、提升冬奥会关注度和影响力的主平台、主渠道、主力军作用。

为了筹办4K超高清频道，北京广播电视台成立工作专班，加快推进“冬奥纪实4K超高清频道”建设。筹备组对有关4K节目内容深入进行调研，包括各类体育赛事、各类纪实节目等，同时和国内主要电视台建立联络，互通节目资源。从 2020 年开始逐步进行有关技术和业务培训，推出全 4K 版栏目《我与冬奥的故事》。

北京广播电视台冬奥纪实 4K 超高清频道开播之前，冬奥纪实频道已于 2019 年 5 月 10 日开播，在全国 31 个省市自治区落地，覆盖人口突破 4.2 亿。冬奥纪实 4K 超高清频道开播之后，对于提升北京广播电视台品牌影响力、加快广电技术跨越升级、促进首都信息产业融合发展、助力成功举办北京冬奥，具有重要意义。

（北京广播电视台）

北京城市广播副中心之声和《北京城市副中心新闻》栏目开播

2020 年 10 月 19 日，北京广播电视台城市广播副中心之声和新闻频道《北京城市副中心新闻》栏目开播。开播仪式上，北京市委常委、宣传部部长杜飞进，北京市副市长、城市副中心党工委书记、管委会主任隋振江，北京市委副秘书长、市委宣传部副部长，北京广播电视台党组书记、台长余俊生，北京日报社党组书记、社长赵靖云出席并启动开播按钮。同时，北京日报推出《北京城市副中心报》试刊，北京日报和北京广播电视台所属新媒体同步联动，共同助力副中心报道的全媒体传播。

北京城市广播副中心之声通过 FM107.3 兆赫、AM1026 千赫双频播出，在早晚高峰时段播出新闻板块，推出总时长 40 分钟的《北京城市副中心新闻》，早间黄金时段 8 时至 9 时开设副中心专题访谈节目《运河之上》，365 天不间断播出，展现北京城市副中心京华风范、运河风韵、人文风采、时代风尚。频率以副中心新闻报道为龙头，以《市民对话一把手》等品牌栏目为重点，内容覆盖教育文化、健康养老等民生问题，对于副中心相关的重点题材，策划主题宣传或其他有声题材作品的创作。北京广播电视台统筹调配资源，加大人员、内容、技术等方面的投入，并与通州融媒体中心深化合作，设立北京广播电视台驻副中心广播记者站，加强采编力量，增加新闻节目比重，提高频率内容规划和运营水平，提升副中心广播传播力和影响力。

为了更好展现副中心所在地通州的历史内涵和文化底蕴，在开播仪式上成立北京城市广播副中心之声专家委员会，中国当代艺术家韩美林，北京建筑设计研究院副总经理、首席总建筑师邵韦平，《北上》作者、茅盾文学奖获得者、《人民文学》副总编徐则臣，北京市政协常委、副秘书长，民盟北京市委专职副主委，北京国际设计周、设计之都发起者，工业设计高级工程师宋慰祖，北京史研究会副会长、大运河（北京段）文化带专家组组长谭烈飞等十余位专家学者授聘为专家委员会成员，聚智共创精品节目内容，助力副中心之声用声音更好地记录新时代千年之城的创新活力。

在随后的“古城新声副中心”北京城市广播副中心之声开播特别节目中，副市长、城市副中心党工委书记、管委会主任隋振江，城市副中心党工委委员、管委会规划和自然资源局局长，通州区委常委、副区长郑皓做客节目，和听众、观众畅谈副中心的发展，与市民交流副中心规划和建设。通州历史专家、中国文物学会会员杨家毅也在访谈中对副中心如何营造传统文化与现代文明交相辉映的人文环境建言献策。

新开设的《北京城市副中心新闻》专栏，每周一至周五在北京广播电视台新闻频道晚间黄金时段播出10分钟左右的新闻。10月19日，首期《北京城市副中心新闻》专栏播送的副中心新闻节目中，既有北京广播电视台新闻中心记者采访拍摄的新闻，也有通州台记者采制的新闻，选题涵盖经济发展、运河文化、基础设施建设、环境执法检查等，真正实现了市、区两级媒体人员的合作发力，统筹各方资源，打破传统的报道模式，提高新闻报道质量。截至2020年年底，该节目播出54期，近300条新闻。另外，通州电视台的新闻节目也于10月19日起改版为《副中心新闻》。

开播仪式和特别节目除在北京城市广播副中心之声双频播出外，还在北京新闻广播、FM107.7MHz通州广播电台同步直播，北京广播微博、快手，一直播、网易新闻、第一视频、央视频，北京广播电视台音视频客户端“听听FM”“北京时间”，北京交通广播，城市广播微博、快手，通州区官方移动客户端融汇副中心进行视频直播。160余万人次观看视频，点赞50余万次。

（北京广播电视台）

北京广播电视台设立展区参展服贸会

2020年9月4日至9日，2020中国国际服务贸易交易会在北京召开，北京广播电视台参加本届服贸会线下线上展示。

线上部分在服贸会的官方网站展示两个专题页面，线下部分在6个不同区域对应展区主题搭建展位，分别在11号馆设立“北京新视听展”，突出服务冬奥主题展区；在13号馆设立“媒体融合展区”，突出融媒体发展成果；在22号馆设立“智能机器人展区”和“视听一体化广播直播间”。每天吸引数千观众驻足参观。在服贸会官网9月10日发布的优秀展区名单中，北京广播电视台在6000余家线下参展企业中被评选为“线下优秀展区”之一。

直播专场反响热烈。9月6日，2020年服贸会中国电子商务大会唯一直播定制专场——“国造国强 国潮国美”直播专场成功举办。这是受服贸会中国电子商务大会组委会委托，北京广播电视台“BTV妮选”团队承担的大型直播活动。本次直播活动在“BTV妮选”等多个平台账号同步直播，全渠道总曝光量突破3亿次，直播平台观看人次破千万，微博话题阅读量8398万次，销售额7544万元。本次直播活动实现直播电商的价值升级，引领民族品牌传播。特别是邀请中国女排总教练郎平以“美好生活助力官”的身份加盟，倡导新消费时代中的美好生活方式。此外，9月5日至8日，北京广播电视台在媒体融合展区相继推出“北京尖儿货——平谷大桃”、“北京尖儿货——时尚控股北京时装品牌”、“暖心 1039 消费扶贫三部曲”公益直播、“BTV 妮选”团队“品智生活 为爱而来”等 4 场网络直播带货专场，全网在线观看总量累计超过 1100 万次，活动引起现场观众的热烈围观和互动，助力三农，打通果农销售渠道，提升国企品牌知名度与影响力，取得良好的社会效益。其中，9 月 7 日“暖心 1039 消费扶贫三部曲”公益直播助力消费扶贫，直播商品主要来自北京消费扶贫双创中心的湖北厅、新疆厅、内蒙古厅的精准扶贫产品，公益带货直播在北京交通广播“1039 研选”快手号、“北京交通广播”微博 / 一直播号同步直播，累计 452.6 万多次的观看量，同时最高在线 13.6 万人。本次公益直播主题“消费扶贫三部曲”也登上微博热搜榜第三名，达到良好的传播效果。

“众志成城抗击疫情、齐心协力建成小康”两大主题融合宣传报道成果展引人注目。“融媒体展厅”内分为“抗疫情”和“奔小康”两个主题。“抗疫情”主题下，展出在疫情中奋战一线的北京广播电视台工作者的相关医疗防护用品，如北京佑安医院所有医生护士赠予《生命缘》节目的签名 T 恤、武汉同济医院赠予节目组的纪念相框、湖北省人民政府为《生命缘》记者颁发的纪念证书等珍贵的纪念展品，以及小汤山定点医院赠予《医者 2020》栏目组的抗疫先锋勋章、雷神山医院建筑方赠予《医者 2020》栏目组的 3D 模型微缩景观；“奔小康”主题下，《向前一步》《我的桃花源》等民生类节目也全面呈现其在推进京郊助农脱低、服务首都功能建设方面所做出的努力。

5G+AR 互联沉浸式体验演示区互动热烈。在北京新视听展区，利用 AR 沉浸式显示系统 +5G 通信技术，实现场内主持人和外景主持人在同一个画面上的实时对播，同时还可以与现场嘉宾实现“隔空握手”等互动体验。北京广播电视台还专门在国家速滑馆设置一个对播注入点，可以在对播时为在场领导和现场观众展示北京冬奥会标志性冰上运动类场馆——“冰丝带”的实时建设情况。莅临参观的各位领导以及观众在区域内与身处国家速滑馆的外景主持人实时握手互动，并在屏幕前的返送画面中看到自己和外景主持人一同身处“冰丝带”的现场。5G+AR 实时互联体验技术的应用，实现三维透视场景的无缝拼接，吸引领导和大批观众驻足参与，体验“人在画中游”的意境。

历届冬奥会吉祥物和冬奥火炬展陈展示冬奥文化。在北京新视听展区，冬奥吉祥物花车与历届火炬背景墙，成为本届展会的拍照打卡圣地。6 米多长的历届冬奥会吉祥物花车上陈列了 20 多组冬奥吉祥物摆件，让到场观众直观地感受冬奥发展的近百年的历史。同时还陈列 40 余件冬奥特许商品，其中不乏 9 月刚刚上新的商品，吸引很多观众驻足观看。

现场活动别开生面。服贸会首日，网络媒体中心、“听听 FM”策划并直播“有声力量——中国有声阅读年度排行榜”启动仪式和“流金岁月 诵读经典”活动。中广联合会会长范卫平，中国文联副主席、中国电视艺术家协会主席胡占凡，北京市委宣传部副部长王野霏等领导出席活动。著名演播艺术家李立宏、艾宝良、彭坤、苏扬等嘉宾深情演绎《胡同味道》《念奴娇 · 赤壁怀古》等多部经典作品。整场活动 2 个多小时，通过北京广播电视台客户端“听听 FM”、央视频、北京发布等多平台同步视频直播，观看量 150 余万次。“听听 FM”还在服贸会 14 号馆举办“小虎请你来挑战”活动，邀请“听听FM”出品的亲子 IP——儿童推理广播剧《小虎爱推理》的小粉丝及其家庭到服贸会现场参加活动，为系列儿童广播剧《小虎爱推理》进行推广。“北京时间”和“听听FM”两大新媒体客户端还同步开展扫码拉新活动。截至9月9日，“北京时间”现场下载并注册用户5271个。“听听FM”共计现场新增用户近6000个。

现场直播“我在服贸会等你”。9月5日至9日，北京广播电视台“视听一体化广播直播间”亮相服贸会“服务机器人·智能科技”专题展区的22号展馆，展示当下最新的广播传媒技术，推出18场音视频现场直播特别节目——“我在服贸会等你”。开展当日，北京市委书记蔡奇，市委常委、宣传部部长杜飞进在直播间外驻足观看现场直播。初步统计，服贸会举行期间，直播间访谈网络观看量436万次。

从9月5日9时首场直播准时开始，到9月9日16时30分最后一场直播结束，直播间以每天三四场音视频直播、一两次记者探馆直播的频次高效运转，音视频节目在新闻广播、交通广播、城市广播、体育广播以及北京广播网、“听听FM”、第一视频、北京电台微博、一直播、网易新闻等新媒体平台同步直播。先后有40余位各个行业的权威专家、名人大咖走进服贸会北京广播电视台广播直播间，参加“我在服贸会等你”现场直播。主持人与嘉宾、现场探馆记者一起，围绕8个行业专题展，完成18场现场直播，详细介绍本届服贸会的亮点、看点，同时进行阅读季相关内容的集中展示直播。故宫老唱片修复项目的负责人带来溥仪听过的黑胶唱片，现场播放110多年前著名京剧表演艺术大师、京剧谭派艺术的创立者谭鑫培先生的绝唱，令现场观众和观看直播的网友大饱耳福。

网络媒体中心展开现场探馆，推出原创小视频，带领网友实地体验有声阅读录制，揭秘传统媒体的最新玩法、老北京的民俗游戏等等；北广生活时间快手号利用现场直播节目的空档，于9月7日、8日下午进行2场直播带货，主播邀请服贸会游客现场体验带货产品的效果，吸引众多现场观众围观，网上2万多名网友观看，实现商业盈利。

（北京广播电视台）

北京电视艺术多部作品获“飞天奖”“星光奖”

2020年9月29日，第32届电视剧“飞天奖”、第26届电视文艺“星光奖”颁奖典礼在河北衡水落幕。北京市广播电视局推送的“飞天奖”作品《最美的青春》和《情满四合院》荣获优秀电视剧奖，何冰凭借《情满四合院》获得第32届电视剧飞天奖优秀男演员奖；《破冰行动》《启航》《奔腾年代》《归去来》《忽而，今夏》《河山》《勿忘初心》7部作品荣获优秀电视剧提名奖。在第26届电视文艺“星光奖”作品中，《我同祖国共成长——庆祝新中国成立70周年少儿晚会》荣获优秀少儿电视节目奖；《上新了·故宫》荣获优秀电视文艺栏目奖；《影响世界的中国植物》荣获优秀电视纪录片奖；《创意中国》《传承中国》被评为“星光奖”入围作品。

本届电视剧“飞天奖”获奖作品中，《最美的青春》此前就已于2019年荣获第十五届精神文明建设“五个一工程”奖，此次再次

获 “飞天奖”，体现该剧在价值引领和影视美学上都具有较高的造诣。该剧讲述的是20世纪60年代，以冯程、覃雪梅为代表的18个来自中国各地的大学生与承德围场林业部门的工人组成拓荒队伍，响应祖国号召植树造林的故事。该剧剧本创作历时7年，共集结不同年龄段的6位编剧，拍摄历经162天，辗转北京、天津、杭州、承德塞罕坝，以及内蒙古乌拉盖、多伦、克什克腾旗、乌丹8个地方取景，全部实景拍摄，最终播出36集。少而精的创作态度最终形成京产剧的精品，相对年轻化的叙事手法也改造了主旋律的传统模式。该剧在播出后还蝉联全国同时段收视率榜首，实现主旋律电视剧口碑与收视率双丰收。

电视剧《情满四合院》同样受到观众的青睐，获第29届中国电视金鹰奖的优秀电视剧奖和第24届上海电视节白玉兰奖的最佳中国电视剧提名奖，男主角何冰还凭借该剧获白玉兰奖的最佳男主角奖。《情满四合院》的北京风味在参选作品中特色突出，这次能够再次荣获“飞天奖”，印证京产剧达到品质和市场的双重认可。

本届电视文艺“星光奖”获奖作品中，《我同祖国共成长——庆祝新中国成立70周年少儿晚会》是庆祝新中国成立70周年之际唯一面向少年儿童的全国性大型晚会，来自全国各地的800余名少年儿童参与。排雷英雄杜富国、92岁志愿军老战士张文海、国家冰雪运动推广大使张培萌等榜样人物到场，用榜样故事润物无声地进行爱国主义教育。节目形式汇集舞蹈、戏曲、朗诵、情景剧、音乐剧、合唱独唱、小品等多种形式，注重群体与个体、南方与北方、题材与体裁的平衡，展现当代少年儿童的精神风貌。

《上新了·故宫》以前所未有的视角和年轻化的表达方式，把凝结着上下五千年文明精粹的故宫呈现给观众。节目首次进入故宫20%未开放区域进行实景拍摄，采用“实地探索+合理想象+应用实践”的创新形式，每期节目都是一场富有悬念的故宫主题探寻解密之旅。同时，通过历史复现、御猫说板块、动画特效与动画小片，带给观众多维而又有趣的视听文化体验。

《影响世界的中国植物》是中国第一部大规模拍摄植物的纪录片。此前这一题材大多以BBC、美国探索频道为主，这是中国纪录片人第一次把植物作为拍摄的主角，第一次使用4K影像、通过大规模植物生长延时、微观和显微摄影等特种拍摄，细微生动地展现植物生命的奥秘，讲述波澜壮阔的植物生存故事。影片播出后引发社会各界对植物话题的关注和热议，撬动人们对植物的关注和对生命的思考，填补了中国自然类纪录片的空白，具有开创性意义。

（摘自：首都广播电视）

概况

北京市广播电视局概况

北京市广播电视局是北京市政府的直属机构，成立于1979年9月，原称北京市广播事业局；1984年4月改称北京市广播电视局；2009年3月，增加电影管理职能，更名为北京市广播电影电视局；2014年1月，北京市新闻出版局和北京市广播电影电视局合并组建北京市新闻出版广电局；2018年11月，北京市新闻出版广电局进行机构改革，新闻出版和广播电视剥离，成立北京市广播电视局，负责北京市广播电视和网络视听行业管理工作。

2020年主要工作：

一、宣传管理

贯彻落实《中国共产党宣传工作条例》和《党委（组）意识形态责任制实施办法》，完善北京市广播电视局党组宣传思想工作领导小组架构机制。2019年，中宣部增设北京市广播电视局为舆情信息直报点以后，市广电局全面加强各类阵地的精准化管理和突发舆情应急处置，严把政治方向、舆论导向和价值取向关。为加强全媒体视听内容监管，新建立的网络视听新媒体综合监管平台投入使用，较好地发挥了广播电视节目监管系统效能。全年编发1097期《收听收看报告》，许多信息受到有关领导重视。

出台《北京市广播电视局关于进一步加强广播电视节目管理的通知》，加强节目播出编排调控管理。加强网络视听平台管理，贝壳找房等50家市级重点平台纳入备案制管理。建立京津冀日常协作共治机制，有效整治环京广播传输覆盖失范失序问题。严厉打击虚假违规广告，持续整治卫星地面接收设施、境外电视网络接收设备，持续开展“清风”行动，行业秩序进一步规范。强化应急值守，完成全国两会等重要节点服务保障工作。

二、精准扶贫

制定实施《北京市广播电视局关于全面建成小康社会宣传工作总体方案》，推出“最美扶贫路”等特别报道，开设《数说“脱贫攻坚”》等专题栏目。歌华有线高清交互平台推出“脱贫攻坚专题”，重点视听网站搭建“携手助农”等频道专区，深入宣传全面建成小康社会的成就和北京援建扶贫工作的成果。

加大脱贫攻坚主题作品规划储备力度。电视剧《枫叶红了》入选国家广电总局脱贫攻坚重点剧目，《月是故乡明》等3部作品在央视播出，网络电影《毛驴上树2倔驴搬家》及《我来自北京》系列影片陆续献礼播出。推介新疆和田农产品销售，介绍该地区农产品的短视频播放量超过700万次。《新留守青年》《我在扶贫一线》等短视频作品反响热烈。

打造扶贫电商品牌。定向捐赠新疆和田22部电视动画片、46部电视纪录片、240期广播电视节目共1596集版权。“北京云”与“和云”互联互通资源共享，“大美和田”栏目上线播出。利亚德智慧广电教室落地和田地区海淀学校，“爱奇艺光影计划”助力和田七县一市影视教育全覆盖。

三、疫情防控

全力打好新冠肺炎疫情宣传主动仗。持续报道中央和市委市政府决策部署，市区两级媒体累计开设专题专栏节目60余个，发布防控信息25万多条，300条防疫公益广告播出14亿余次，“北京健康 一起行动”网络视听专区浏览量突破12亿次，全市2000余个行政村应急广播“大喇叭”筑牢群防群治防疫宣传网。

行业纾困有温度有力量。发挥行业“服务管家”作用，制定发布优化政务服务、网络视听暖企8条、电视剧复工复产12条等5个政策文件，举办优惠政策线上培训。推出疫情防控8个工作指引20个版本，推动行业复工复产按下“快进键”。针对中小微企业提高首付款比例或一次性付款近1亿元项目款，提前退还保证金513.56万元。

内容供给不断档不缺位。加强大屏节目编播调控和内容排播，丰富广播电视和网络视听优质内容供给。调度网上内容生产，推出“歌华付费专区”“北京新视听专区”限时免费观看活动，五一“北京新视听”专区限时免费观看会员内容累计浏览量7.69亿次。

四、艺术生产

成立北京市广播电视局精品创作领导小组，召开重点项目推进会，发布“中国榜样”系列网络电影片单，坚持好主题、好故事、好团队、好创作、好作品、好收成的“六好”标准，落实“五找准五讲好”（从伟大信仰中找选题，讲好筚路蓝缕的革命故事；从历史事件中找选题，讲好可歌可泣的英雄故事；从举世成就中找选题，讲好自力更生的创业故事；从优越制度中找选题，讲好中国特色的发展故事；从美好生活中找选题，讲好追梦圆梦的奋斗故事，构建民族魂、家国梦、英雄传、奋斗史、人间情、北京味六大广播电视网络视听系列板块，努力打造北京出品）的要求，加强精品创作生产统筹规划。围绕决战决胜脱贫攻坚、建党100周年、2022年北京冬奥会及冬残奥会等重大主题，丰富项目储备，强化动态管理434个项目，实施跟踪服务和政策扶持。

修订完善北京广播电视网络视听发展基金章程，年度扶持项目152个。北京文投集团、北京国际信托有限公司等为精品创作提供融资支持。电视剧《我们的新时代》《温暖的土地》列入中宣部拟支持项目。《青年周恩来》等20部京产剧入选国家广电总局重点选题。《最美的青春》等2部作品获“飞天奖”，《上新了·故宫》等3部作品获“星光奖”，《破冰行动》获金鹰奖。《英雄》等2部纪录片获国家广电总局重大理论文献片立项，32部作品入选国家广电总局季度推优，30部公益广告入选全国优秀广播电视公益广告库，11个项目获国家广电总局扶持，数量均居各省市之首。

2020年，北京市制作机构出品获得发行许可的电视剧43部1802集（含总局终审5部218集）、获得发行许可的动画片26部448集5544分钟。北京市网络视听机构获批上线备案网络剧82部、网络电影215、网络动画片15部、网上境外影视剧发行许可证189部，其中电视剧41部653集、电影148部。《远方的山楂树》《三叉戟》等14部京产剧在央视及各大卫视上星播出；《我是余欢水》《隐秘的角落》等网络作品获得好评。

五、科技创新·智慧广电

5G+8K科技创新布局实现新突破。起草《5G+8K高新视频/超高清视频产业创新应用战略合作协议》，推动部市合作。发布北京市5G+视听创新应用10大典型场景，征集重点项目85个，推进典型场景在5G视听创新应用先导区落地。加快5G+8K超高清技术标准研究，4K/8K超高清电视应用创新实验室一期建成。组建冬奥云转播与体育新消费示范专班，推动北京国际云转播科技有限公司成立。

全媒体传播格局初具规模。举办全国首个广电媒体融合发展大会，成立全国首家跨区域广播电视媒体融合发展创新中心，签署《京津冀新视听战略合作协议》，北京云、津云、冀云深度合作。推进“北京云”平台二期建设，17家区级融媒体中心全部入云，实施媒体融合创新技术与服务应用遴选推广计划，启动北京媒体融合能力提升工程项目，融媒体 + 政务、融媒体 + 服务能力明显提升。

智慧广电创新实践实现新突破。全国有线电视网络整合和广电5G建设一体化发展取得阶段性成果。歌华有线公司以股权出资方式参与组建中国广电网络股份有限公司。在全国首设推动智慧广电发展专项资金，奖励推广创新项目30个，北京市推进智慧广电建设工作被国家广电总局评为全国智慧广电示范案例第一名。

六、公共服务 · 产业发展

制定广播电视网络视听公共服务年度36项重点任务清单。“京津冀之声”广播频率获总局批复。北京广播电视台存量频道100%高清化，北京卫视频道增加直播星传输，北京广播电视台“冬奥纪实”4K超高清频道播出。高清交互数字电视用户达563.13万户，其中4K用户超170万户。

产业发展实现新突破。广播电视和网络视听“十四五”规划首次列入市级专项规划。出台《关于支持北京纪录片业高质量发展的若干政策》。落实“五新”10项重点工作。北京广播电视台作为特殊管理股股东入股北京快手科技有限公司达成合作意向。筹建中国（北京）高新视听产业园，推进5G视听创新应用先导区、南城视听产业集群发展和京津冀视听走廊建设，指导支持中国（怀柔）影视产业示范区、中国（北京）星光视听产业基地发展。北京市提升广播电视网络视听业国际传播力奖励扶持专项资金年度扶持88个项目，“北京广播电视网络视听节目走出去服务体系”被商务部评为北京市服务业扩大开放综合试点第三批最佳实践案例，是本次唯一的文化领域案例。

坚持线上线下并举，科学谋划全年文化活动。第26届北京电视节目交易会云端推介剧目1185部，第27届北京电视节目交易会参展剧目800部。第四届北京纪实影像周签约总成交额2.56亿元创历史新高。在第15届文博会推出北京新视听展。第二届北京国际公益广告大会首创央地融合公益广告传播平台，发布“公益广告北京倡议”。第六届“世界电视日”中国电视大会创新推出“视听零距离”活动。创办全国首个广电媒体融合发展大会，推动京津冀媒体深度融合。创办中国（北京）国际视听大会，集中展示视听领域内容、技术、业态创新最新成果。

广播电视和网络视听全年总收入3071.57亿元，同比增长30.24%，占全国行业总收入的35.06%。

七、行政审批

营商环境持续优化，积极推进“两区”建设各项任务。《北京市网络视听节目管理条例（草案）》提请列为全市立法论证项目。优化政务审批服务，申请材料精简30%，办理时限压缩28%，57个入驻事项实现线上线下双渠道办理，46个事项实现“全程网办”，55个事项实现容缺受理。深化一网通办，启用全市首枚通过双重备案的电子印章。全年，各类事项受理5765件，公示和归集行政许可信息4298条。

截至12月月底，全市广播电视节目制作经营许可证持证机构13872家，占全国总数三分之一强。制定《北京市广播电视和网络视听行业领军人才、青年创新人才遴选与培养实施办法》，评选出领军人才92名、青年创新人才77名。规范做好广播电视编辑记者、播音员主持人执业资格管理和行业职称评审工作。

（北京市广播电视局办公室）

北京市广播电影电视局离退休人员管理服务中心概况

北京市广播电影电视局离退休人员管理服务中心成立于2000年11月，前身为北京市广播电视局老干部活动站。2009年3月31日，由北京市广播电视局离退休人员管理服务中心更名为北京市广播电影电视局离退休人员管理服务中心。主要职责：负责离退休人员的日常管理、服务工作，负责离退休人员政治学习和思想教育工作，负责离退休人员政治待遇和生活待遇的协调和落实，组织离退休人员开展各种文化、体育活动等。

2020年主要工作：

一、抓老干部新冠肺炎疫情防控工作

做好新冠疫情筛查和预防工作。坚持日报告和零报告制度，加强定期联系制度，先后9次对全体126名离退休干部的身体和心理状况进行详细了解，并转达各级组织对老同志的关心爱护。和离休干部定人、定时联系，协助解决疫情期间遇到的生活困难。中心专门就挂号、开药、就医等事项做出预先提醒，避免老同志出现无药可用的情况。投入18700余元采购口罩、消毒纸巾、免洗洗手液等防疫物资，确保老同志及时用上抗疫用品。先后就防疫重点发出20次工作提示，形成共同战“疫”的强大氛围。

二、加强离退休干部“三项建设”

疫情发生后，中心第一时间通过“广电离退之家”微信群向全体老同志转发习近平总书记关于疫情防控工作的相关部署和指示精神，及时向离退休党员干部传达中央、市委关于疫情防控工作等指示精神。组织老同志参加宣传系统“我看脱贫攻坚新成就”专题调研座谈会。认真落实老干部参加重大会议和活动、参观学习、通报情况等相关制度，为每位老干部订阅报纸、为每位支部书记订阅《支部生活》杂志。

离退休党总支适应疫情防控形势，迅速切换工作模式，通过微信群开展微党课、掌上主题党日等学习活动。党总支在疫情期间组织“发挥党员先锋模范作用，让党旗在‘战疫’一线高高飘扬”的党课，引导离退休干部党员提高政治站位，把“两个维护”体现到坚决贯彻落实党中央决策部署上。9月至10月，中心依托“北京老干部”App，先后组织三期理论学习班，引导老干部认真学习贯彻习近平新时代中国特色社会主义思想。以形式多样的活动，推进学习教育，引导老干部解放思想、更新观念。组织离退休干部参观首届“中国（北京）国际视听大会展览”，让老同志体验“十三五”以来首都广播视听网络事业产业发展的显著成果，展望“十四五”时期首都视听产业作为战略性新兴产业的蓝图和目标。加强组织建设。6月上旬，离退休党总支部召开党员大会，选举产生新一届支部委员会。全年为离退休党支部委员发放45000元工作补贴。

三、引导离退休干部发挥优势作用

在疫情防控的关键时刻，离退休党总支发挥党员的先锋模范作用。2月29日，离退休党总支号召大家为抗击疫情捐款。一天时间，80名共产党员和2名退休群众干部参与捐款，共计收到善款30450元，其中11人捐款1000元。局退休党员杨琳、胡跃军响应市委老干部局号召，主动参与到社区的疫情防控工作中，为防疫工作贡献力量。89岁高龄的离休干部高弼宇创作的书画作品参加市委老干部局组织的“丹青绘丹心”书画作品展，获得绘画组三等奖。复工复产期间，中心组织部分老同志参观朝阳循环经济产业园，向全体离退休干部发出“垃圾分类我践行”的号召，得到积极响应。截至2020年年底，共38名老同志主动在社区签署承诺书，20多名老同志参与“桶前值守”活动，助力垃圾分类推广工作。以“增添正能量、共筑中国梦”为主题开展活动，组织离退休党员参观“纪念中国人民志愿军抗美援朝出国作战70周年”主题展览。

四、全面“精准”提升服务质量

一是确保政策待遇全覆盖。元旦和春节期间，将慰问品送到126名离退休老同志手中，陪同局领导重点走访10名老同志，对32名家庭困难、身患疾病的老同志进行慰问。10月份开展“敬老月”活动，除电话慰问全体老同志外，走访慰问18名离退休干部。二是建立健全离休干部“一对一”精准服务机制。8月份，陪同杨烁探望离休干部林青，为其庆祝百岁生日。10月底前，为17名离休老同志建立信息档案，提供“定制化”精准服务，并与所在社区取得联系，介绍老干部情况，了解社区相关信息，力争做到精准了解对象、精准对接资源、精准提供服务。2020年，落实市委老干部局的要求，将全体离休干部的体检标准提高到局级领导体检标准。三是利用信息化手段推动老干部工作提质增效。持续向老同志推广“离退休老干部”微信公众号和“北京老干部”App并开展使用培训，逐步扩大老同志的使用率和覆盖面。

五、借势借力做好老干部工作

持续推动党建引领老干部工作向基层延伸试点工作。与18名老干部居住的5个区的6个试点街道建立工作联系机制，推进服务管理工作向基层延伸。在6月召开离退休党总支全体党员大会时，向老同志传达《北京市党建引领老干部工作向基层延伸试点工作实施方案》及北京市党建引领老干部工作向基层延伸试点工作会议精神，引导老同志减轻思想顾虑，鼓励大家及时到所居住社区报到，参与社区活动。引导有意愿、有特长、身体条件好的老同志在社区建设中发挥作用。

（北京市广播电影电视局离退休人员管理中心）

北京市广播电影电视局后勤服务中心概况

北京市广播电影电视局后勤服务中心成立于2006年8月，是正处级全额拨款事业单位，前身为北京市广播电视局机关后勤服务部。

主要职责：主要负责机关并指导所属单位安全保卫工作，负责机关及所属单位交通安全、能源管理、户籍管理、房管房改、局属产权房改造、绿化、印刷、医疗、爱卫、计划生育等行政事务性工作，承担机关及部分所属单位固定资产管理工作，承担机关及部分所属单位食堂、会议、办公设施、办公用品等后勤管理、保障和服务工作，承担机关及部分所属单位供水、供电、供暖、供冷、通信网络等技术保障工作，负责相关基本建设项目。承担北京市广播电视局交办的其他有关工作。

2020年主要工作：

一、疫情防控安全保卫

从年初新冠肺炎疫情突发蔓延到疫情防控常态化，后勤中心全面贯彻落实党中央、北京市委市政府、局党组关于疫情防控的有关要求，全力以赴做好北京市广播电视局疫情防控各项工作。一是第一时间启动办公区疫情防控应急预案。建立防控工作主体责任制，增设办公区入口查验岗位工作人员，加强办公区人员、车辆进出管理，全员实施体温检测、进门登记，努力把好关口，守住疫情防控安全底线。二是落实办公区日常清洁和预防性消毒工作。在保证办公区通风系统运转正常的基础上，加大对公共区域的清洁力度，对食堂、电梯、水房、卫生间等特殊场所，张贴提示语，增加消毒和巡查频次，公示消毒记录。三是全力保障好“北京市疫情新闻发布会”工作。在2020年新冠肺炎疫情防控工作中，北京市疫情防控新闻发布会在朝阳门办公区9层发布厅举行，中心共保障发布会197场，接待国内外媒体20余家，参加发布会往来车辆千余台，累计接待参会记者5000人次。

2020年，面对巨大的安保工作压力，中心加强安保督察检查力度，不断强化和细化重点时段和薄弱环节管控，实现全年办公区无安全事故、无疫情传播与扩散事件。

二、推进节约型机关建设

北京市广播电视局厉行节约、反对铺张浪费，落实“过紧日子”要求，建立领导组织机构，成立专班小组，将活动落实落小落细。一是制作和张贴提示标语和宣传牌500余幅，利用电子显示屏不间断滚动播出宣传视频，在局大数据网设立“节约型机关”专栏等进行宣传倡导节约。二是健全节约能源资源管理制度。推行绿色办公、无纸化办公，鼓励干部职工践行北京市所倡导的绿色出行模式——3公里步行，5公里骑自行车，10公里乘公共交通的“3510”等绿色低碳的生活和工作方式。三是推进“光盘行动”“垃圾分类”工作。制定并完善各项制度规定，向局广大干部职工和服务单位发出“倡议书”“承诺书”300余份，同时签订后勤中心对食堂、食堂负责人对所属员工责任书，层层压实监管责任。四是组织相关知识讲座，普及垃圾投放专业知识。北京市广播电视局在节约型机关建设中取得初步成效，同比打印纸使用量、厨余垃圾回收量均有近20%的减幅，局内办公区全面实行垃圾分类投放、规范回收管理。

三、公务用车管理

依据《党政机关公务用车管理办法》，按照要求严格落实“车八条”，做好重大节日期间的公务用车封存工作，分管局领导多次带队，驻局纪检组与机关纪委联合对公车封存情况进行检查。按照审计要求，做好单位职工车辆登记管理，固定公车使用加油站，车辆点火钥匙统一、专人保管。2020年，未发生任何违规使用公车和私车公养情况。为所有公车张贴“上车请系安全带，不得违规接打电话”等提示标识。中心定期开展道路交通安全教育，全年完成派车任务630余次，安全行车里程累计近10.5万公里，顺利完成全局各类公务用车保障任务。

四、房产物业管理

严格遵守《党政机关办公用房建设标准》要求，对机关处室和事业单位办公用房开展自查自纠活动。按全局职务、职级并行结果，及时调整核算发放全局人员全年物业、采暖和住房补贴，并做好下一年度预算。完成朝内办公区一期人员出入管理速通门安装、一层原政务大厅和八层贵宾室装修改造和二期监控机房系统大修改造。加强对办公区物业管理单位的日常监管，做好设备维修保养等物业保障工作。

五、固定资产管理

开展2020年度全局固定资产清查专项审计。完成全局1.4万余件资产盘点工作，梳理超过使用年限的办公设备400余件，推进解决未完成调拨手续的729件资产问题，落实其中229件至北京广播电视台调拨手续，推进评估报废资产工作。

六、医疗保障服务

完成2020年医疗费用的核对缴款工作，全局在职人员个人医疗扣款工作。为在职、离退休和医疗照顾人员办理变更医院、手工报销、新入职人员医疗增员等各项工作200人次。组织开展全局在职人员和离退休人员年度体检300余人次，协调体检机构为有困难的离退休老干部预约挂号。更新全局及三个事业单位医保数字证书等。

七、食堂管理

2020年，根据疫情防控情况，适时调整就餐方式，实行食材采购源头减量，严格落实驻局纪检组责任清单要求，严把食品安全关口，严格公务接待标准。全年食堂保障就餐8万人次，充值金额10余万元。积极筹措完成市扶贫办、财政局下达的年度扶贫任务。

（北京市广播电影电视局后勤服务中心）

北京市广播电影电视局信息中心概况

北京市广播电影电视局信息中心成立于2007年1月18日。主要职责：承担本市有线电视、共用天线以及地面接收卫星电视节目新建工程的检验检测工作，负责本系统信息化建设工作，承担北京市广播电视局机关电子政务、网络运行的技术保障工作。

2020年主要工作：

一、构建内网大数据平台

北京市广播电视局“局内监管服务大数据平台”立项于2017年，2020年5月正式上线投入使用。该系统具有局内文件上传和下达、信息的采写和播发、局内通知等功能，成为局内交流互通的重要平台。截至11月15日，共处理收发文2246件，呈批件1386件，发布局内信息7725条。

10月，上线有度即时通讯系统，解决移动交流工作信息的需求，实现音视频互通、文件移动传输、群办公、群会议、审批事项待办移动端提醒等功能。

进一步加大视频会议系统的建设和改造工作，完成朝阳门办公区611、613、711、713会议室改造工作，实现视频会议系统“1+3”模式改造，全年共保障视频会议近千次。

配合行政审批处对局行政审批系统进行优化改造，实现与市相关单位的数据共享；完成8个审批事项的电子证照制作，率先成为全市第一个电子证照应用单位；实现“好差评”系统的对接；持续做好办件汇聚工作，汇聚数据79585条，质检合格率100%；推进“双公示”数据共享工作，2020年共享数据4682条，合格率100%。完成的局信息系统“上云”“入链”“汇数”三项工作，名列全市

53个部门前列。

二、打造政务新媒体

2020年，局信息中心发挥《首都广播电视》公众号作用，综合运用视频、图文、一图解说、H5动画等多种形式，提升信息的可读性，丰富政务信息的传播力。配合局相关处室全面参与纪实影像周、世界电视日中国电视大会、北京电视节目交易会等活动的宣传工作。宣传效果凸显，部分指标增长5倍以上，点击率破亿次，影响人群突破3亿。截至2020年10月底，《首都广播电视》公众号累计吸引受众达到174万人。微博平台累计发布微博1352条，累计阅读量1673万次；微信平台累计发布文章2015篇，累计阅读量16万次；今日头条平台累计发布文章837篇，累计阅读量33万次。

做好北京市广播电视局官方网站日常运维，推动网站规范化管理。在全市前三季度的网站检查中均取得满分的好成绩。网站无障碍访问在原有功能基础上进行提升，在读屏专用、在线读屏、阅读读屏三个方面得到加强，使得网站可以更好地满足包括残疾人、老年人在内的各类障碍人群的需求。

三、创新管理制度

信息中心完善日常工作制度，整理、补充和编纂《局政务网站和政务新媒体管理制度》《监管服务大数据平台使用管理制度》《有度即时通讯系统使用管理规定》《局信息化建设绩效工作制度》《驻场人员管理工作制度》《信息中心例会工作制度》《数据分析报告采写和播发工作制度》等9项制度，为局信息化建设快速发展打下基础。

2020年，创新“三个例会”制度，促进信息化建设快速迭代。采取周例会、月例会和季度例会的层层递进工作模式，周周找问题，月月促提升，季度看成效的方式较好完成阶段性建设任务。

四、保障信息系统和网络安全

重要节点信息化保障工作。强化值班值守和日例会制度，启动7×24小时值班制度，并将驻场人员纳入管控值守的范围；制定针对性较强的应急预案，即《信息中心应对重大活动保障期间应急预案》，并按要求认真执行，确保两会期间局信息化系统运行安全、平稳、有序。除做好本中心新冠肺炎疫情防范工作外，严格要求驻场工作人员遵守北京市广播电视局新冠肺炎疫情防控相关要求，将对本部门的工作要求延伸至每一位驻场人员。

（北京市广播电影电视局信息中心）

北京市广播电视监测中心概况

北京市广播电视监测中心前身是成立于1991年10月30日的北京市广播电视监测台，是隶属于北京市广播电视局的事业单位。因机构改革，2001年5月起隶属于北京广播影视集团，2005年3月起又划归北京市广播电视局。2006年，北京市广播电视监测台更名为北京市广播电视监测中心，加挂北京市广播电视局信息网络视听节目传播监管中心（2009年更名为北京市广播电影电视局信息网络视听节目传播监管中心）和北京市广播电视安全播出调度中心的牌子，负责对北京市广播电视台等播出机构、有线电视网络的播出、传送及运行情况以及互联网传播视听节目进行监测等。对北京地区的广播电视频率覆盖和干扰进行测量；对北京地区非法广播电视无线电频率进行测量。

2020 年主要工作：

一、安全保障工作

坚持把做好疫情防控作为2020年最重要的工作，密切关注疫情形势变化，切实落实主体责任，制订并逐步完善疫情防控工作方案，明确责任要求，逐级逐项监督检查落实情况，确保防控措施落实落细。统筹做好疫情防控和业务工作，梳理细化工作要求，充分做好应急预案，完善各项操作细则和处置流程，结合实际及时调整广播电视监测、网络视听监听监看及运维工作模式，全力保障防疫物资配备，重点加强人员管理和信息核查，全方位无死角做好监测大厅、机房及办公区域消杀等防护工作，严格执行每日信息报送制度，切实保护人员生命安全和身体健康，保障广播电视安全播出和网络视听安全。

严格落实意识形态工作责任制和安全播出责任制，坚持领导干部靠前指挥，加强一线值班值守力量，完成春节、清明节、“五一”、全国两会、“十一”等重要保障期的广播电视和网络视听安全保障任务。截至 12 月底，广播电视安全播出保障主要工作：对 31 套（104 路）广播节目信号实时监测，共 89 万频时；24 个站点 170 套（768 路）电视节目信号实时监测，共 679 万频时；处理广播电视播出事故 378 起；发送广播电视安全播出预警短信共计 27705 条。对本市 125 家持证网站（含 6 家备案网站）、210 个微博账号、102 个微信公众号和 66 个 App 进行监看，共审核 63450 条节目，报送违规节目 1062 条；向北京市广播电视局融媒体管理处报送本市无证网站 113 家（企业主体备案网站 29 家，个人备案网站 14 家，提供虚假备案信息和查询不到备案信息的网站有 70 家），其中传播淫秽色情内容的网站 16 家。为提高广播电视和网络视听监测保障能力，中心加强对安全播出数据和事故分析能力的锻炼和培养，安全播出和网络视听监听监看报告质量不断提高。全年，共编印《广播电视安播报告》34 期，《网络视听节目监听监看报告》33 期，《网站专项任务报告》16 期，《宾馆饭店视频点播业务监看报告》12 期，编制《网络视听动态信息》65 期。

二、非法广播治理整顿

配合北京市广播电视局传媒机构管理处、科技管理处开展非法调频广播信号收听收测、取证等工作。2020 年根据两会保障及“扫黄打非”工作要求，加大黑广播收测收听取证力度，增加收听收测点和频次，全年开展收听收测工作 151 次，收听到疑似“黑广播”30 个，疑似失范失序调频广播频率 24 个，共报送非法调频广播收听报告 88 份。收到广电总局监管中心 573 台提供的非法调频广播情况 50 次、非法调频广播频率 24 个。收到各区文化和旅游局及各区融媒体中心每月报送的辖区内疑似非法调频广播频率 56 个。

三、提升监测监管水平

结合广播电视网络视听监测监管业务工作实际，中心组织工作人员学习习近平总书记关于媒体融合发展的有关论述和讲话。先后组织前往国家广电总局监管中心开展广播电视监测、网络视听新媒体监管业务调研，赴华为、中国科学院自动化研究所等单位参观学习，与歌华有线融媒体运营部就北京云融媒体监测监管工作进行技术交流。对云计算、大数据和人工智能等先进技术在广播电视监测监管领域的应用有了更加深入的了解，对进一步做好广播电视融合媒体智慧监管工作，提升监测监管智能化水平，起到积极的促进作用。

（北京市广播电视监测中心）

北京音像资料馆概况

北京音像资料馆正式成立于1987年12月，主要从事音像资料译制、收藏、观摩、制作等工作。2008年9月加挂“北京广播电视研究中心”的牌子。2009年9月，北京广播电视研究中心更名为“北京广播电影电视研究中心”。北京音像资料馆（北京广播电影电视研究中心）主要职责是承担本市广播电视方面的政策研究和重点课题的研究工作；承担有关音像资料的收集、整理、研究以及挖掘和补救工作。先后译制200余部国外影视资料片；与全国各广播影视音像系统交换影片300余部；收有150余部“50年公共版权”范畴的电影作品；特别收藏具有北京历史文化特色的老北京影像资料和专题片《这里是北京》155集，共7000余分钟。收集、制作并收藏1995年至2005年北京广播电影电视精品荟萃《声屏华彩》，共约3000小时。购置2套非线性编辑设备，1套数字录音设备，3套数字摄像设备，1套数字照相设备，1套光盘自动检索设备，1套媒资管理设备。馆藏资料库库容120余平方米，存储各种载体的音像资料3万余部集，7万余盘、册。其中，视频节目1.5万余部集，音频节目1.5万余盘。编印有《北京广播影视决策参考》月刊。

2020年主要工作：

一、刊物编印工作

2020年，《北京广播影视决策参考》（月刊）共刊发10期（其中1、2月，9、10月合刊），主题涉及首都广播电视和网络视听领域新冠肺炎疫情常态化中推进复工复产、全国“两会”宣传报道、“十四五”时期广播电视和网络视听发展规划编制、广电“战疫”进行时、首场线上“春交会”、应急广播建设、首届中国媒体融合大会、第四届纪实影像周等。强化栏目策划，每期精准聚焦一个业界焦点，包括行业热点、决策重点、工作亮点或发展痛点等内容。拓展原创稿源，刊发各类原创稿件60多篇。《北京广播影视发展研究文集》印刷和发行等工作全部完成。

二、资料工作

做好馆藏资料修复、媒资编目等工作。完成磁带出库、登记、修复等工作，共计527盘，时长约23040分钟。完成北京市广播电视局交办的各项会议、活动的拍摄工作。

三、史志年鉴工作

2020年，二轮《北京志 · 广播电视志》原定8至11个月的修改审校时间，因出版计划调整，压缩为3个月修改审校，又逢春节假期、新冠肺炎疫情突发的情况，史志办全体人员克服时间紧、任务重、办公条件不便等多方困难，利用电话、邮件、微信、快递、云会议等办公手段，全天候高强度工作，制定严密的倒排期表，合理安排工作流程，充分调动所有参编力量，协调出版社、市志办、排版公司、各参编单位、聘请的专家等，先后修改7稿，按时按质完成每一个节点的修改工作。全书正文共5篇26章96节，另有编纂说明、概述、大事记、附录、后记，共计约103万字，有前插照片55张、随文图178张。全书从广播、电视、新媒体、产业、管理等方面，客观真实、全面系统地记述1994年至2010年间北京地区国家级、市级、区县级广播电视领域的发展变化、重大改革举措、机构职能变迁、事业产业发展等情况。

二轮《北京志·广播电视志》历时11年完成，从初稿到样书，在初审、复审、终审和出版环节共经历16次大的修改。在资料收集整理、志稿撰写、修改校对过程中主要参与人员80人，还有其他参与人员70余人，征求专家及部门意见90余人次，组织召开专家审稿评议会30余次。在所有参与人员的共同努力下，终审稿得到包括专家在内的各方一致认可，于2020年9月底正式出版。

年鉴工作进展顺利。一是于6月底按时完成上报《中国广播电视年鉴》《中国新闻年鉴》《北京年鉴》等上级年鉴供稿任务。包括概况、受众调查、新媒体、科学技术等13个栏目、8万字左右的供稿内容。二是完成《2019北京广播影视年鉴》的出版发行工作，年鉴共19个栏目，近60万字，600幅图片。三是完成《2020北京广播影视年鉴》组稿、编辑工作，年底前完成校对及印刷出版工作。

党史等相关工作。完成市委党史研究室、市地方志办公室要求北京市广播电视局审核的《中国共产党北京执政纪事（2017—2019）》《北京新冠肺炎疫情防控大事记》等稿件的核校工作，补充北京市广播电视局相关内容2万余字。完成中广联合会《中国人民广播事业诞辰80周年》7000字约稿一篇。

（北京音像资料馆）

北京市广播影视作品审查中心概况

北京市广播影视作品审查中心成立于2006年，由原北京市电视节目供片中心改建而成。主要职责为承担组织北京地区新出品及引进的广播影视节目内容的审查、复审的相关工作，收集、加工、整理广播影视作品各类信息以及有关公益性宣传资料片，建立和维护影视作品数据档案库，承担北京市广播影视协会秘书处日常工作。

2020年主要工作情况：

一、作品审查情况

截至12月31日，组织初审北京地区出品电视剧42部1647集，复审138部次，其中协助广电总局上星审查49部次。所审查42部国产电视剧中，当代题材32部占76.2%，现代题材1部占2.4%，近代题材5部占11.9%，古代题材4部占9.5%。组织初审动画片29部809集4610分钟；复审14部次。组织初审网上引进境外电视剧42部704集，复审12部次。片源来自美国、意大利、日本、泰国和中国香港、中国台湾等4个国家和2个地区。组织初审网上引进境外电影167部，复审31部次。片源来自美国、日本、卢森堡、马来西亚、阿根廷、法国、意大利、加拿大、挪威、印度、英国、乌克兰、瑞典、印度尼西亚、哈萨克斯坦15个国家。

扩大内容审查范围，配合北京市广播电视局多次组织的大型会展，高效组织审查第四届北京纪实影像周展映片目共48部，2020中国服贸会北京新视听展5G+8K超高清系列片11部，中国（北京）国际视听大会展示视频和PPT内容46次，对有关问题提出修改意见，并在5个涉外专业论坛派员全程值守。

二、送审作品简要分析

送审国产剧、动画片题材多样，整体制

作水平明显提高。现实题材剧占主流，有7部佳作表现突出：当代农村题材剧《温暖的土地》《枫叶红了》《月是故乡明》，当代都市题材剧《舌尖上的心跳》《什刹海》，当代其他题材剧《大海港》，古代其他题材剧《血盟千年》。长篇剧目有所减少，初审45集（含）以上作品11部，占送审总量的28%。短篇剧目有所增加，35集（含）以下的剧目10部，占送审总量的26%。

网上境外影视剧坚持引进精品，生活剧和艺术片的质量尤为突出，引进包括《生活大爆炸》《我的天才女友》《外交秘闻》《博士的爱情方程式》《亲爱的医生》《罗马时间》等在内的优秀剧共19部。境外影视剧来自20多个国家和地区，题材涵盖都市、战争、古装、传奇、传记、涉案、科幻、悬幻、魔幻等。

三、审查工作管理措施

一手抓疫情防控，一手抓作品审查。按照介质云端化、工作网络化、审查智能化的既定目标，2月，转入在线审查新模式，制定居家审查管理制度，重塑云培训、云传送、云审查、云讨论、云办公的工作流程，经常在公休日和休息时间在线讨论，保证工作效率和运行安全，没有因为疫情耽误审查、延误时间或影响质量。

审查工作坚持正确的政治方向、价值取向和审美导向，删改不良内容，提高作品品味，完善艺术表现，服务行业发展。建立劣迹人员联防联控前置审核机制。会同北京市广播电视局宣传管理处、电视剧管理处、网管视听节目管理处和信息中心制定《关于加强北京广播电视和网络视听行业劣迹人员管理工作建立联防联控前置审核机制的实施方案》，审查关口前移，部门联动，信息共享，合作发力。

（北京市广播影视作品审查中心）

北京市广播影视协会概况

北京市广播影视协会前身为北京市广播电视学会，成立于1987年7月15日，是北京市地方广播电视学术社团组织，主管单位是北京市广播电视局。2013年6月25日，协会召开第六届会员大会，正式更名为北京市广播影视协会，业务主管单位为北京市广播电影电视局。由于机构改革，2014年，业务主管单位由北京市广播电影电视局更名为北京市新闻出版广电局，2019年业务主管单位由北京市新闻出版广电局更名为北京市广播电视局。2019年5月，协会被评为3A级社会组织。协会的业务范围：开展调查研究和广播影视学术研讨活动，编辑出版学术期刊、学术著述和研究报告；加强行业自律，规范行业行为，逐步建立行业倡导、协调、保障、约束和仲裁等机制；协同有关部门组织广播影视评优推奖活动，促进广播影视创优创新，多出精品，多出人才；协同有关部门进行从业人员培训，为打造政治强、业务精、纪律严、作风正的广播影视队伍服务；维护广播影视行业和从业人员的合法权益，反映广大广播影视从业人员的意见和要求；开展有关业务的社会咨询，开展同国内、国外有关团体的交流与合作；承办有关业务主管部门和团体委托的与本协会宗旨相关事宜。

2020 年完成主要工作：

一、发出防控疫情倡议书

协会向会员单位发出防控疫情倡议书，并被中宣部“学习强国”平台、中国广播电视社会组织联合会官网、北京市广播电视局“首都广播电视”公众号转载传播，得到全市广电系统单位的积极响应。同时，经请示北京市广播电视局研究同意，免收各会员单位 2019、2020 年度会员会费，帮助会员单位减负纾困，集中力量抗击新冠肺炎疫情和复工复产。

二、抗疫复工日报管理工作

自 2020 年 2 月 10 日起，北京市广播影视协会按照北京市广播电视局要求，承担全市广电系统有关单位抗疫复工日报告工作，并不断丰富和细化统计内容，切实做好疫情期间报告管理制度。

三、评选优秀节目

根据中国新闻奖、中国广播影视大奖、北京新闻奖、北京市广播影视奖的类别设置、评选标准和推选周期及办法，北京市广播影视协会完善 2019 年度北京市优秀广播电视节目评选办法。推选工作历时两个月，严格按照评奖程序和办法，在各会员单位推荐上来的 238 件作品中，经组织专家审听审看、讨论评议、投票表决和分级公示等程序，并报北京市广播电视局批准，评选出优秀节目 160 件，其中，北京广播电视台 95 件、歌华传媒集团下属公司 10 件、区融媒体中心 55 件。

四、开展各类奖项的推选工作

按时完成“第二十九届北京新闻奖”“第三十届中国新闻奖”的推选工作，其中由协会组织向第三十届中国新闻奖推荐的参评作品有 8 件，还有部分中国新闻奖参评作品，由市记协从北京市广播影视协会推荐到第三十届中国新闻奖的参评作品中选拔，2 件获得一等奖、3 件获得三等奖；向第二十九届北京新闻奖推荐参评作品 55 件，2 件获得组织策划奖、11 件获得一等奖、18 件获得二等奖、24 件获得三等奖。

五、《北京广播影视》月刊编印工作

按时编印 12 期《北京广播影视》协会学刊，围绕中心，服务大局，配合北京市广播电视局工作部署组织稿件，重点突出，图文并茂，成为全市广播影视行业交流经验、开展研究的园地。2 月号、3 月号《北京广播影视》学刊开设“抗击疫情众志成城”专栏，及时反映北京广播电视系统防控疫情的组织措施、宣传报道、安全播出和产业扶持等内容。

（北京市广播影视协会）

北京电视艺术家协会概况

北京电视艺术家协会（简称北京视协）前身是 1985 年 11 月成立的中国电视艺术家协会北京分会，是经北京市政府主管部门批准，由北京市文学艺术界联合会和北京市广播电视局联合发起成立的。2002 年更名为“北京影视艺术家协会”，2010 年 3 月更名为“北京电视艺术家协会”。北京电视艺术家协会是中共北京市委领导的，由北京电视艺术家、电视艺术工作者及相关机构自愿组成的专业性人民团体。协会积极履行“团结引导、联络协调、服务管理、自律维权”的基本职能，把电视艺术队伍建设和行业建设作为协会的主要工作任务，努力发挥行业建设主导作用。

2020年主要工作：

一、协会会议

2020年6月8日，北京电视艺术家协会第六届主席团第四次会议在北京爱奇艺科技有限公司召开。北京电视艺术家协会主席李春良主持会议，副主席于丹、刘家成、吴刚、果靖霖、侯鸿亮、郝金明、贾忠华、龚宇、智黎明出席会议。爱奇艺副总裁王兆楠列席会议。会上，主席团成员审议并同意北京视协网络视听节目服务行业分会换届，确定成立北京视协制片人工作委员会、演员工作委员会，审议通过顺义区影视家协会会长建议人选，同时审议申请加入北京视协、中国视协的个人及团体会员名单。

2020年9月28日，北京视协演员工作委员会成立大会暨第一届全体成员代表大会在北京会议中心召开，推选出第一届组织机构，吴刚担任会长。北京视协副主席张国立、郝金明、智黎明、刘燕铭等多位首都电视艺术家、演员代表齐聚，共同见证北京视协演员工作委员会成立。

二、品牌活动

2020年2月，协会开展多项活动，声援战斗在抗击新冠疫情第一线的工作人员，鼓舞全国人民抗击疫情的信心和决心。一是联合北京北广传媒移动电视，组织协会主席团成员、协会会员及首都影视艺术家、影视艺术工作者录制祝福短视频，并在北京广播电视台、北京移动电视循环播放。二是组织首届北京百位大学生主持新人云录制《“声”援武汉，唱响明天》的公益短片，并在北京广播电视台文艺频道播出。三是面向协会会员单位、个人会员开展抗击疫情文艺作品的征集，共征集作品93部。四是联合协会北京视协理事、儿童剧编剧、导演潘思齐，原创童话故事《雪立方》，并邀请北京视协青少年影视创作基地的学员参与故事“云”录制，在抖音等平台播放。《雪立方》以“小朋友自己给自己讲故事”的呈现形式，为有需要的家庭送去高质量的童话故事。

组织开展第30届中国电视金鹰奖北京地区推选工作。根据《第30届中国电视金鹰奖章程》和《北京市文联文艺评奖管理办法》，制定《北京视协第三十届中国电视金鹰奖作品推选原则》，2020年6月12日，采取无记名差额投票的办法，共推选出9部电视剧，2部网剧，5部电视综艺节目，3部网络综艺节目，5部电视纪录片，3部网络纪录片，4部电视动画片，3部网络动画片，上报至中国视协参加第30届中国电视金鹰奖的全国评选，其中《破冰行动》获得“优秀电视剧奖”。

开展第六届北京网络视听节目创新与人物推优活动。由北京市委网信办、北京市广播电视局指导，北京市文联、北京广播电视台、北京网络视听节目服务协会、首都互联网协会共同主办，北京视协、北京广播电视台文艺中心承办的“第六届北京网络视听节目创新与人物推优活动”完成作品征集，共征集到网络剧39部，网络纪录片41部，网络动漫33部，网络电影90部，网络节目（栏目）104个，融合新媒体作品19部，“同心抗疫”等特别策划主题作品27部，另外针对在校学生征集作品128部。12月10日，该活动进行终评，从初评入选的100部作品及40位贡献人物中，推选出1部“全面建成小康社会”特别奖作品，28部提名作品，其中6部优秀作品，16位贡献人物提名，其中4位优秀贡献人物。

9月16日至21日，北京视协组织160人次会员参与“北京视协2020电视文艺人才培训班”线上培训。参加培训班人员由电视行业新文艺组织、新文艺群体从业者，广播电视主持人及协会新入会会员等组成。受疫情限制，培训采用线上直播会议、师生连线解答的互动方式，授课内容涵盖影视行业政策法规、行业规范、专业课程、主持人必备的实战技巧、行业现状分析等。

11 月 24 日，北京视协率北京地区代表队 3 名选手参加中国视协“第十二届海峡两岸电视主持新人大赛”，开创北京地区 3 名选手同时进决赛的记录，最终，来自中国传媒大学的付饶摘得金奖，并获得唯一的钻石话筒，成为下一届海峡两岸电视主持新人大赛的决赛主持人。

12 月 21 日至 25 日，北京视协组织 49 名编剧会员参加“北京视协 2020 青年编剧研修班”，授课内容囊括编剧创作实践、作品审查政策、制片人视角的内容创作、“北京模式”精品创作、平台大数据分析、剧组实践等。

三、创作研究

2020 年 8 月 5 日，为纪念中国共产党诞辰 100 周年、北京援疆工作 23 周年，市文联、北京视协召开 30 集电视连续剧《大漠魂》剧本创作研讨会。该剧根据被新疆和田人民誉为“大漠水神”的王蔚的事迹改编，由北京援疆和田指挥部、北京市文联、新疆和田地委宣传部、北京电视艺术家协会和北京新陆地文化艺术中心联合摄制。

11 月 5 日，由市文学艺术界联合会、市广电局、西城区委主办，北京视协、西城区委宣传部承办的 42 集电视剧《幸福里的故事》创作研讨会举办。北京市文联作为联合摄制单位，全程参与策划、剧本研讨、开机拍摄、制作播出等环节。该剧用平民生活视角反映时代变迁和社会发展，讲述北京胡同里一群年轻人因高考成绩不同而各自走向不同人生的故事。

（北京电视艺术家协会）

北京广播电视台概况

北京广播电视台成立于 2010 年 5 月 31 日，是在原北京北广传媒集团、北京人民广播电台、北京电视台基础上组建而成的大型传媒机构，是市委、市政府直属事业单位。

2015 年 11 月 29 日，北京广播电视台启动新一轮改革，改革后北京广播电视台所属单位包括北京人民广播电台、北京电视台、北京广播电视报社、北京广播电视台服务中心和北京新媒体（集团）有限公司。2020 年深化改革后，北京广播电视台拥有 50 个内设机构，以及北京广播电视报社和北京广播电视台服务中心两个直属单位。

2020 年，北京广播电视台拥有 10 套开路广播（播出 14 个频率）、11 套电视节目（播出 22 个频道）。其中广播端全年播出 7.7 万小时，电视端全年播出 13.9 万小时。北京广播电视台电视端拥有 10 个国内播出频道，全部为高标清同播，其中，冬奥纪实频道采用 4K 超高清播出。还有 1 个面向亚欧美地区播出的国际频道。同时，北京广播电视台拥有“北京时间”“听听 FM”新媒体客户端和北京 IPTV 等平台。

2020 年，北京广播电视台推动全台内容生产、改革融合、广告经营和安全播出等工作取得新进展新成效。电视端全天市场份额29.46%，同比增长4.54%，晚间时段份额37.35%，同比增长11.56%；北京卫视在国家广电总局“中国视听大数据”晚间时段收视排名中位列第三，央视索福瑞35城收视排名全国第四，稳居省级卫视第一阵营；卡酷少儿卫视收视登顶全国5大卡通少儿专业卫视之首。广播端全年市场份额达72.858%，占据北京广播市场首位，收听率达3.288%，同比增长18.02%；交通广播2020年收听率达到1.686%，同比增长21.03%，市场份额为37.358%。

2020年主要工作：

一、新闻宣传

始终坚持新闻立台，推出《北京您早》《特别关注》《北京新闻》《都市晚高峰》《首都晚间报道》《北京城市副中心新闻》《新闻热线》《交通新闻热线》《整点快报》《主播在线》等多档具有广泛影响力的新闻节目，形成覆盖全时段、贯通全媒体的新闻传播体系。

2020年，全台共开办电视新闻栏目9个、广播新闻栏目23个，日播出电视新闻6.95小时、广播新闻15.35小时，新媒体平台日均发布新闻信息1200条左右，新闻内容的生产规模和传播能力在全国省级广电媒体中名列前茅。全力打好疫情防控宣传战，200多名记者深入疫情防控一线，推出相关专栏和特别节目70余个、报道13.2万篇，滚动播出公益广告500余条，录制播出市政府疫情防控新闻发布会197场，《养生堂》的“新型冠状病毒防控指引十八讲”按国家广播电视总局部署在全国各级电视台播出，《生命缘》作为唯一在武汉和北京隔离区蹲点式拍摄的纪录片团队获全国抗疫先进集体。同时，切实服务首都建设发展，认真做好“两区三平台”建设、冬奥会筹办、京津冀协同发展等工作的宣传报道，开播北京城市广播副中心之声，推动《向前一步》《接诉即办》《新闻热线》深度嵌入首都城市治理、助力实际问题解决，《向前一步》连续三年被写入市政府工作报告并列入全市折子工程。

二、精品生产

抓住内容建设根本，深挖首都资源，深耕优势领域，形成健康、文化、教育、冬奥等不同类型的节目矩阵。《养生堂》《我是大医生》《医者》《健康北京》等健康栏目不断引领全国康养医疗类节目创新发展，形成具有竞争力的强势内容IP。《上新了·故宫》《遇见天坛》《了不起的长城》《我在颐和园等你》不断开拓文化综艺节目的新样态，树立起“全国文化高地”的标杆。《一路畅通》《教育面对面》《打开文化之门》等广播节目突出伴随性、服务性，成为深受京城百姓喜爱的声音品牌。《2021 BRTV 环球跨年冰雪盛典》《走进冬奥组委》《奥林匹克价值观系列故事》等冬奥主题节目助力冬奥筹办，推动冬奥话题不断升温。推出8集电视节目《全面小康 全面解码》，展示全面建成小康社会的伟大历程和成就。反映抗美援朝内容的6集纪录片《英雄》受到中宣部、广电总局高度肯定，《记忆的力量·抗美援朝》入选年度中国电视剧选集。电视剧播出精品力作贯穿全年，在黄金时段表现优异的全国81部剧中，北京广播电视台占13部，进一步做实“大戏看北京”品牌。以优质内容为依托着力打造品牌活动，北京广播电视台春晚守正大气、团圆欢愉，连续七年蝉联省级卫视同时段收视冠军；第十届北京国际电影节市场签约额突破330亿元，整体规模、星光度、公众参与度、传播热度、美誉度逐年攀升，成为具有国际影响力的重要影节之一。

三、媒体融合

努力探索切合北京广播电视台实际的媒

体融合发展道路，在建强做优“北京时间”“听听FM”两个客户端的同时，推进信息内容、技术应用、平台终端、管理手段的共融互通。整合相关资源和力量组建了融媒体中心，搭建了以“新闻演播室+融合新闻云+指挥调度系统”为核心的媒体融合业务平台。实施“移动优先”战略，建立“移动端首发”工作机制，“北京时间”与新闻频道中心实现策、采、编、发、审等业务全流程一体运行，“听听FM”与各频率实现内容生产协调深度对接，同步上线近40档热门广播节目的短音频内容。2020年，全台各频道频率、栏目和主持人入驻“北京时间”和“听听FM”账号数达300余个，移动端原创和二次创作内容生产输出能力持续提升。“北京时间”形成集新闻、政务、服务于一体的功能架构，“接诉即办”业务为市民服务热线三大投诉端口之一，着力打造“时间直播”“时间视频”两大融媒品牌，“时间直播”矩阵参与单位近30家、各平台粉丝量超600万，“时间视频”微博粉丝量846万、全网总粉丝量超2000万。“听听FM”成为本地、垂直、互动特色突出的专业音频服务平台，原创儿童广播剧《小虎爱推理》在“听听FM”和喜马拉雅上线，总播放量近4000万次，依托热点广播节目开发的“互动聊天室”功能实现与47档直播节目的同步联动，“北广听友节”两周时间累计进场人数超过670万、用户转化率近10%。北京IPTV现有注册用户260万，2020年，IPTV户均直播收视时长99.85小时（月），同比增长20.81%；户均点播收视时长22.22小时（月），同比增长33.29%；开机率月平均值为56.4%，同比增长0.89%。

四、技术提升

持续升级完善安全播出技术保障体系，加强技术创新引领能力建设，网络安全、播出安全和智慧广电发展水平不断提升。2020年，电视频道总播出13.9万小时、直播8687小时，广播频率总计播出7.7万小时，累计停播率为0秒/百小时，完成元旦、春节、全国两会、国庆、十九届五中全会等一系列重大节点在内的31天重保期安全播出保障任务。加快制播技术系统更新步伐，实现全部频道高清化播出，推出全国首个4K超高清播出的省级上星频道冬奥纪实4K超高清频道，启动全国首个8K超高清电视试验频道的建设工作。同时，为了适应媒体融合发展要求，全台基础技术体系云化、IP化、IT化发展，“新闻云”“讯听云”等融合媒体指挥系统和融合媒体云平台先后建成并投入使用，促进制播安全和制播效率的同步提升。在2020年度全国广播和电视节目技术质量奖（金鹿奖和金帆奖）评选中，北京广播电视台获得5个一等奖、15个二等奖、11个三等奖。

五、产业发展

面对疫情带来的不利影响，各广告经营主体和频道频率通过一体化经营、节目定制生产、直播带货等措施，加强广告经营创收，稳住全台广告基本盘。重点布局大型晚会，加大客户开发力度，北京台春晚、跨年冰雪盛典广告收入创历史新高；首次引进苏宁和京东两大客户，拓展晚会定制、直播带货等经营创收新形式。京视电广公司与生活频道深耕一体化经营，形成内容植入、线下活动、融媒宣传、产业开发为一体的整合营销体系，拓展收入来源，降低对广告的依赖程度；首次全面承办第八届北京惠民文化消费季，在应对新冠肺炎疫情冲击和提振文化消费中发挥重要作用。京视体育公司与冬奥纪实频道实现中超项目版权费全额收回。原电台广告经营中心加强与各频率的对接，通过整合广播经营资源、开发专项广告产品、下沉市场到16个区、密切代理公司合作等方式，进一步挖潜市场资源，打开广告营收的新渠道。

举办北京卫视、卡酷少儿卫视、财经频道、广播端等广告资源推介会，开展广告招商工作。认真做好广告客户维护工作，确定41家重点广告客户作为走访对象，主动服务客户需求。各频道频率积极参与直播带货，北京卫视联合京东举办“‘颐’起热爱”直播活动，以“电视综艺＋电商直播”的方式探索媒体融合与多种经营；文艺频道打造直播账号“BTV妮选”，参与北京消费季、服贸会中国电子商务大会等多场直播带货活动，特别是消费季直播活动以13.9亿元的销售额创下主流媒体直播带货销售记录；交通广播、新闻广播和城市广播联合推出“京鄂交响曲”等多场公益直播带货活动，新闻频道、财经频道、生活频道和青年广播也尝试直播带货，取得良好效果。

深挖《养生堂》《我是大医生》IP价值，加强市场运作，推动优质内容产业化，新设立北京京视健康科技有限公司。加快培育体育产业，发挥冬奥纪实频道独特作用和资源优势。推进市场投资，参与奇安信科技集团IPO战略配售，参与对京东健康和快手的锚定投资。

（北京广播电视台）

北京新媒体（集团）有限公司概况

北京新媒体（集团）有限公司（以下简称北京新媒体集团）工商注册于2015年12月，是由北京市委宣传部、中央文改领导小组、北京市文改领导小组批准，剥离北京广播电视台新媒体业务板块，与北京市文化投资发展集团有限公司共同出资组建而成。北京新媒体集团于2016年4月12日挂牌成立，同时，北京新闻媒体有限公司、北京时间股份有限公司挂牌成立，北京时间网站和新闻客户端同步上线。北京时间网站是在北京网络广播电视台基础上全面升级开通的。2019年5月9日，北京新媒体集团下设北京时间股份有限公司更名为北京时间有限公司，同时股东变更为北京新媒体集团独资。2020年8月，北京新闻媒体有限公司注销，完成薪酬体系调整和人员分流工作目标。北京新媒体集团拥有北京时间网站、北京时间App和北京IPTV等新媒体平台。

2020年主要工作：

一、聚焦主题报道

防控新型冠状病毒肺炎报道。北京新媒体集团北京时间网站用原创图文视频报道、转载、视频直播及与电视端融合报道的方式，聚焦新型冠状病毒肺炎疫情，搭建“众志成城　防控疫情”特别专题。与北京广播电视台各频道进行融合报道，持续对《北京新闻》《养生堂》《生命缘》《我是大医生》《健康北京》等栏目关于疫情防控内容进行新媒体端的内容转化和传播。与BTV科教频道《健康北京》进行深度互动，搭建“众志成城　防控疫情”网络专题，开通“我要提问”问题征集模块，《健康北京》节目开辟固定环节，由节目邀请的各界专业人士回答网民关于疫情的相关问题，增强了节目的互动性；北京时间网站还推出电视课堂节目《老师请回答特别节目“空中课堂”》的网站频道，作为提供节目回看功能的三家平台之一，为备考学子和家长提供更加贴心的网络学习体验。北京时间网站和客户端对国务院联防联控发布会、北京新冠肺炎疫情防控发布会、国家专家组解读疫情、湖北当地疫情防控情况进行现场直播。截至2020年6月，共计直播417场，多平台累计直播播放量1.1亿次。北京时间每日在对北京市新冠肺炎疫情防控工作新闻发布会网络视频直播的基础上，还对发布会的重点内容以图文形式进行深度、快速报道，充分解读北京市关于疫情防控的政策、举措和成效，报道普通人的抗疫感人故事等。

北京新媒体集团北京时间网站通过直播、融合报道、转载、专题等多种方式宣传报道纪念中国人民抗日战争暨世界反法西斯胜利75周年活动，并以“铭记历史 缅怀英烈”为主题，搭建特别专题。北京时间共发布相关稿件103篇，总点击量155.8万次。北京时间搭建“喜迎国庆 月满中秋”特别专题，集纳优质稿件集中展示，北京时间共发布相关稿件136篇，总点击量268.7万次；同时，北京时间搭建“月满京城 情系中华——2020年中秋”专题，集中展示优质稿件，共发布中秋相关稿件75篇，总点击量61.4万次。

北京时间利用原创报道、转载以及与北京广播电视台融合报道的方式，全方位、多角度呈现服贸会内容。搭建“2020年中国国际服务贸易交易会”特别专题，集纳中央权威媒体及其他市属媒体优质稿件。发布原创图文稿件7篇，点击量为13.1万次。与北京广播电视台新闻频道对服贸会特别节目《服贸会来了》进行融合直播和“云游服贸会”探访直播等共19场，直播矩阵全网总点击量达到250万次；搭建“2020年中国国际服务贸易交易会”特别专题，设置“北京广播电视台参展情况”“直击服贸会”“专题展看点”“云游服贸会”“服贸在身边”“服务贸易引领美好生活”“走近服贸会”“历届回顾”等板块，并及时跟进展示北京广播电视台参展2020服贸会的进展。

二、深化网台融合

在内容方面，北京时间深化网台融合转化，对全台120余档栏目整期及碎片化内容拆条呈现，对各栏目宣传推广活动及时响应；积极拓展全台各频道、频率、主持人、编辑记者入驻时间号；打造北京时间头部网生原创内容，与全台相关频道策划首批18档节目，力争立足全台资源形成相应垂类品牌；在短视频方面，北京时间在北京市网信办的指导下，“新时代直播矩阵”和“北京时间直播矩阵”不断发展壮大，有效发挥北京时间的原创带动作用。截至2020年年底，参与“北京时间直播矩阵”直播的单位已近30家。“时间直播”品牌，结合台内频道、频率资源优势，拓展直播选题，创新直播样态，在各平台的粉丝数量已突破600万人；在短视频方面，“时间视频”矩阵在微博、头条、腾讯等平台累计粉丝超2000万人，全网累计播放量达到38亿次。在用户方面，与全台各频道、频率合作，通过栏目展示北京时间二维码、主持人口播等方式引导用户关注并下载北京时间；在互动方面，与部分栏目开展互动话题征集、网络直播及用户福利等合作。疫情防控期间，北京时间与科教频道《健康北京》节目深度互动，开通“我要提问”征集模块，收集用户提问近2000条，由节目邀请的各界专业人士回答网民关于疫情的相关问题，既增强节目互动性，也使节目更接地气，有效引导舆论，真正起到稳定人心的作用。北京时间与财经频道共同打造的“决战两点半”股市直播，关注度影响力不断攀升。北京时间与全市多家委办局开展多个政务项目合作，承办京杭对话之“京杭雅集”活动、与市文旅局合作推出“首届北京网红打卡地评选活动”、与市关工委等单位共同举办“相约北京·迷你冬奥会”，提高北京时间App下载量。

三、合作开源多样运营

2020年9月，北京新媒体集团与聚鲨环球精选联手打造媒体电商新平台——北京IPTV“聚鲨环球精选”媒体电商平台，升级媒体零售模式开创智慧便捷“客厅购物”。同时，推出“2020年度北京IPTV用户3亿元消费券大放送计划”，以让利模式加入到刺激消费提振后疫情经济复苏的行列，也为北京IPTV“聚鲨环球精选”频道的亮相添彩造势。北京IPTV用户只需打开电视，锁定“聚鲨环球精选”，扫描节目中的二维码，另外，联通手机用户还可以通过短信或者微博推文进行注册，就可以轻松分享总价值共计3亿元的消费礼金券，为北京百万IPTV用户带来超值购物实惠。启动“千县千品助力乡村振兴计划”，利用自身媒体传播、商品开发、品牌营销的优势，深度挖掘具有地域特色的乡村商品，孵化打造优质的乡村品牌，搭建乡村经济与城市消费的桥梁。以媒体电商新平台的资源优势助力乡村经济发展。

北京IPTV与全国20多个省份卫视频道开展业务合作，取得卫视频道授权，推动技术部门接收包括央视频道、省级卫视频道共计60路标清、34路高清频道信源，并向中央集成播控总平台进行信源传输，为全国IPTV直播业务提供信源服务支撑。因此，北京IPTV建设大数据智能分析平台，实现对多源异构的海量业务数据汇聚、整合、分析、挖掘，方便及时掌握更全面、准确的业务运营情况。北京IPTV数据分析平台包含100多项数据分析指标，400多个分析页面，提供实时数据与报表数据。用户可以针对自身需要进行多维度、精细化的行为分析。运营人员能在第一时间获取所有的离线数据。

[北京新媒体（集团）有限公司]

北京紫禁城影业有限责任公司概况

北京紫禁城影业有限责任公司成立于1997年，注册资本3200万元，是一家集影视策划、制作、营销为一体的专业影视制作公司。北京紫禁城影业公司的经营业绩一直稳居中国电影生产企业的前列，多部影片票房居当年年度票房冠亚军的地位，总票房超过50亿元，影片还行销到美国、法国、日本、韩国、中国香港、中国台湾等多个国家和地区。

北京紫禁城影业有限责任公司共摄制完成影片80余部，电视剧千余集。其中既有《狼图腾》《甲方乙方》《不见不散》《没完没了》《刮痧》《红色恋人》《赤壁》《倩女幽魂》《大海啸之鲨口逃生》《小时代》等商业大片，也有《金刚川》《离开雷锋的日子》《张思德》《生死牛玉儒》《背起爸爸上学》《法官妈妈》《紫日》《香巴拉信使》《山乡书记》《一个人的奥林匹克》《铁人》《第一书记》《杨善洲》《天河》《百团大战》《定军山》等主旋律影片，均取得社会效益和经济效益的双丰收；紫禁城影业公司摄制出品的《重案六组》《玉观音》《少年天子》《天下第一楼》《牟氏庄园》《人是铁饭是钢》《李春天的春天》《双城生活》《怪医文三块》《传奇大掌柜》《神机妙算刘伯温》等电视连续剧在中央电视台和各地电视台播出后，均创造了较高的收视率。紫禁城影业公司获得过“华表奖”、“五个一工程”奖、

“金鸡奖”、“百花奖”、“金鹰奖”、“百合奖”等多个国家级大奖以及开罗、莫斯科、东京、北京等国际电影节的大奖。

北京紫禁城影业有限责任公司拥有一支由一流专业人士组成的影视制作及发行队伍，并融入国际化的制片营销理念，建立了庞大的明星网络，让－雅克·阿诺、黄建新、冯小刚、叶伟信、叶大鹰、冯小宁、陈国星、胡玫、吕乐、尹力、夏刚、姚晓峰、陈道明、葛优、陈宝国、王志文、张国荣、倪大红、冯远征、张涵予、冯巩、陆毅、吕丽萍、斯琴高娃、徐帆、刘蓓、梅婷、徐静蕾、瞿颖、吴尊、古天乐、吴镇宇、刘亦菲、冯绍峰、杨幂、郭采洁等一大批国内外知名导演、演员都与紫禁城影业公司有过良好的合作。

2020 年，北京紫禁城影业有限责任公司在电影创作方面稳步发展。电视剧策划制作方面注重观察和研究市场变化，谨慎投资，在稳定的前提下抓好影视剧生产。

2020 年主要工作：

一、电影创作情况

北京紫禁城影业有限责任公司 2020 年参投中宣部打造的“中国人民志愿军抗美援朝出国作战 70 周年重点影片”《金刚川》，该片于抗美援朝出国作战 70 周年纪念日 10 月 25 日上映。电影《与雷锋有关的日子》充满诚意和深情地讲述新时代年轻人学雷锋的真情故事，该片于 2020 年 9 月底完成后期制作工作，10 月 26 日送北京市电影局审查。

电影《良宵》讲述一老一小一段忘年交相互温暖、相互照顾的温情故事。影片把关注点放在受艾滋病影响的孩子身上，讲述艾滋感染者希望得到周围人的理解和支持，以及他们对生命的热爱和能被平等对待的渴望。影片鼓励大众伸出友爱和关怀之手，对艾滋病患者、感染者和照顾者给予关怀与接纳，体现了紫禁城影业高度的社会责任感。该片于 2020 年 12 月 1 日世界艾滋病日举行新闻发布会。

电影《张人亚》（暂定名）是紫禁城影业公司为建党 100 周年献礼的影片。经过一年多的筹备，基本完成剧本创作。

紫禁城影业参与出品的商业电影《纯属虚构》拍摄完成，经北京市电影局审查通过，待修改后报国家电影局审核。

二、电视剧创作情况

16 集都市题材电视连续剧《生命缘》处于剧本创作阶段。35 集现实题材电视连续剧《画虫儿》完成人物小传、故事梗概、剧本大纲和分集大纲的创作。40 集当代都市题材电视连续剧《不见不散》处于剧本创作阶段，完成第一稿分集大纲。

（北京紫禁城影业有限责任公司）

北京广播电视报社概况

北京广播电视报社是市属广电系统的传媒机构。正式成立于 1988 年 9 月，原隶属于北京市广播电视局，2001 年 5 月起隶属北京广播影视集团，2010 年 5 月起隶属于北京广播电视台。

北京广播电视报社以报刊出版为主，后

向多元化扩展。2020年办有《北京广播电视报》、《北广人物》周刊、北广网。

《北京广播电视报》的前身是北京人民广播电台1953年4月12日创办的《广播周报》，后更名为《北京人民广播电台节目报》。1976年1月9日停刊。1979年9月14日复刊。1989年更名为《北京广播电视报》。

1988年9月为适应报纸经营管理体制的改革，成立北京广播电视报社，独立建制，性质为差额补贴事业单位，试行企业化管理。1989年1月，实行自办发行。当年发行量从邮局时最高的每期40万份，很快跃升到50万份、60万份和70万份。1990年至1993年每期分别递增到80万份、85万份和90万份。最高单期曾创115万份记录。1991年，报社被国家新闻出版署、中国报纸行业经营管理协会授予“全国报业经营管理先进集体”称号。

《北京电视》1995年由报社独家承办，1998年，由月刊改为周刊。

进入21世纪，报社紧紧围绕市场需求的变化，不断调整报刊内容，提高办报办刊质量，增强报刊的核心竞争力；同时顺应现代媒体发展趋势，努力探索报业经营发展的新途径、新方法。2016年上半年，《北京电视》更名为《北广人物》，原《北京电视》版面内容平移至《北广人物》，于4月7日正式出版。

2002年9月，《北京广播电视报 · 人物周刊》创办，广受读者的赞誉。

2005年，北京广播电视报社向立体媒体发展，取得数字电视《置业频道》的经营权并正式开播。同年还创建了北广报刊网，2018年更名为北广网。

2020年的主要工作：

一、经营创收

2020年，受新冠肺炎疫情及市场影响，报社主营业务收入比2019年同期减少169万元。2020年报社全年收入总计2126万元，支出总计2347万元，经营利润194万元。考虑投资损失为415万元，实际亏损221万元。

报社与5家北广家园线下服务中心签订战略合作协议。通过合作，使《北京广播电视报》《北广人物》周刊的发行市场份额得到提高，促进报社业务逐步向新的媒体形态转变。另外，利用《北广人物》周刊为北京市本地中小企业服务的《闯与创》专栏，对数家正能量、接地气的中小企业家进行报道，扩大刊物的销售数量。

2020年，报社新媒体中心探索微店销售模式，于5月10日开设微店App，探索报刊新的销售模式，共销售报刊近9.5万份。微店粉丝量达4.4万。

二、报刊出版

2020年，报社一报一刊在内容生产上，贯彻落实意识形态主体责任，积极推进媒体融合，配合北京广播电视台做好“抗疫”“抗美援朝出国作战70周年”“脱贫攻坚”等重大主题宣传报道及日常宣传服务工作，做好京城百姓收视指南、荧屏热点等方面的报道。新冠肺炎疫情暴发后，《北京广播电视报》刊发一系列抗疫特稿，连线北京广播电视台赴武汉采访记者颜葵，专访北京广播电视台新闻中心抗疫报道记者，讲述特殊时期的“接诉即办”，记录《生命缘》战疫报道团队等，全方位展现北京广播电视台在疫情期间的有力举措，取得良好的社会反响。《北广人物》周刊策划抗疫中的平凡身影系列报道，刊出多篇抗疫人物封面报道，用大幅版面重点报道抗击新冠肺炎疫情中医务人员、新闻工作者、社区工作者、城市管理者等群体的代表人物，积极宣传全国上下万众一心、众志成城汇聚成巨大合力，奋力打好、打赢这场人民战争的斗志、信心和决心，受到市委宣传部传媒监管处“月评报告”的高度评价。

三、新媒体传播

2020 年，报社新媒体中心在抓原创、配多图、抓短视频创作、完善新媒体生态的基础上，独家策划多篇报道，策划偶像明星专访，符合年轻受众需求，带动报社公众号、官方微博用户数急速增长。其中，《北广人物》周刊公众号《肖战：任尔东西南北风》阅读量达到 5.4 万，《肖战演唱歌曲专属天使》阅读量超 10 万次，并带动了其他文章阅读量成倍增长。北京广播电视报社公众号总用户数从 5000 余增长至 17 万余，急速增长近 30 倍。《北广人物》周刊公众号总用户数从 1.3 万余增长至 11 万余，增长近 8 倍，北京广播电视报社官方微博最高粉丝量超 33 万。

（北京广播电视报社）

北京广播电视台服务中心概况

北京广播电视台服务中心成立于 1990 年 10 月，原称北京广播电视服务中心、北京广播影视物业管理中心，2011 年变更为现名称。内设办公室、人事部、财务部、房屋产权管理部、后勤服务部、维修部、设备动力部、安全保卫消防部、职工食堂部八部一室，下属北京广视华融经贸中心、北京声屏苑培训中心两家企业。主要负责北京市广播电影电视局、北京广播电视台产权房屋管理及职工住房房改，建外和安乐林办公区、皂君庙办公区、歌华有线丰台总部基地办公区及职工宿舍区域的服务管理工作，集体户口管理，酒仙桥、铁营、礼士路、宿舍区物业管理，经营建外办公区餐厅、安乐林、804 电台办公区餐厅等；以上后勤服务管理区域共 10 处，中心所管的房屋面积约 25 万平方米，员工 260 余人。

2020 年完成下列工作：

一、后勤服务

完成与北京市广播电视局、北京广播电视台、北京人民广播电台、瑞特公司、歌华有线丰台总部基地、皂君庙办公区等单位的服务管理合同签订和代收代缴水、电、暖费用收取工作。组织北京广电系统所属单位到延庆绿化基地开展植树活动，完成年度绿化植树任务。完善宿舍区 700 多户居民的档案核查和居民信息更新工作。检查建外办公楼外墙面积 20000 多平方米，修补、更换外墙砖。汛期前维修宿舍区房屋 20 多处，防水维修 300 多平方米。清洗建外办公楼室内外玻璃 2 次，面积合计 44000 平方米。对建外东、西主楼大厅及楼道地面、安乐林办公楼大厅地面及楼梯台阶进行翻新结晶，面积达 800 平方米。

二、安全保障

确保各服务区域的供电、消防、通信、空调等系统正常运行，完成全年北京广播电视台的后勤保障任务，全年实现大型设备运行“零事故”。

三、就餐服务

坚持把健康膳食、科学配餐作为职工就餐服务重点，不断调剂花样品种，调整膳食结构，提高厨师技术水平，满足职工就餐需求。2020 年，中心投入资金对安乐林职工食堂就餐环境进行改善，加强技术力量，增加饭菜花色品种，提高整体服务质量，得到办公区各单位的好评。管理的5个职工食堂，全年就餐人数达16余万人次。

四、外围服务

完成皂君庙发电对接设施改造，重新铺设电缆；协助北京广播电视台技术部门完成皂君庙办公区发射塔检修及防腐工作；对歌华有线公司丰台总部基地办公区太阳能热水器进行大修；根据歌华有线公司有关部门的要求，在办公楼一层安装汽车充电桩，确保歌华大厦新能源汽车能及时充电。

五、经营接待

中心下属的延庆培训中心转变经营思路，以“安全稳定，多种方式经营”为指导思想，积极开发经营市场。对老化的设备设施进行修缮改造，提升培训中心硬件水平和经营接待能力。全年接待人数8900余人次。

（北京广播电视台服务中心）

北京歌华传媒集团有限责任公司概况

北京歌华传媒集团有限责任公司是经市委、市政府批准成立的市属一级企业，成立于2015年12月，由北京北广传媒集团有限公司和北京文创国际集团有限公司合并重组而成。

2020年主要工作：

一、统筹推进疫情防控和复工复产

集团党委扛起疫情防控政治责任，严格落实常态化防控举措，防疫领导小组多次专门部署，班子成员带队深入各单位督促检查，强化落实“四方责任”和“四早要求”，严格执行日报告、零报告制度，实现集团全员“零感染”。积极履行社会责任，调动媒体资源，全力开展抗疫宣传，累计播出时长逾40万分钟。开展“助力企业复工复产”公益行动，为京城百家企业减压纾困，一季度为中小微企业承租方减免租金515万元。服务保障防疫应急工程，承担全市多家医院的设施设备升级改造工作，建设防疫专线平台。“北京云”与人民网合作，做好疫情防控舆情报告，在全国率先开通“空中课堂”，提供高质量在线教育服务。歌华客服首创全员家庭办公模式，保障热线畅通。市领导两次对“北京云”及歌华有线的创新服务做出肯定批示。集团狠抓经营生产，召开一季度经营工作会、半年经营工作会，分析形势部署任务，做到疫情防控与生产经营两手抓、两不误。

二、全力保障重大活动筹办

完成服贸会两大核心展区的策展布展和文博会主视觉系统及延展设计、会务服务保障等多项工作。以“国际性、领先性、聚焦性”为文博会核心展区工作原则，精选71家国内外文化服务贸易领军企业参展，遴选经验丰富、业务过硬的精干力量布展策划，先后改动设计方案近百稿。会展期间为30余场会议、论坛提供配套会务保障，接待全国政协、国家广电总局、市委市政府、市委宣传部、市广电局等单位领导巡展，接待专业团体20余个、观展公众逾10万人次。完成3100平方米“媒体融合展厅”的展商组织、展区设计、展位搭建全流程工作，并完成“北京云”市级技术平台亮相展示。以服贸会为契机，积极展示集团在媒体融合、智慧广电等方面最新成果，并在第七届北京市文化融合发展项目合作推介会上与北京内外企业达成多项合作，意向签约总额达108亿元，为企业发展注入新动能。

三、推动影视内容提质升级

持续提升品牌活动影响力。北京国际设计周以“民生之维”为主题，举办展览、论坛及相关活动386场，吸引来自60多个国家和地区的上万名设计师、设计机构广泛参与，与青岛、苏州、珠海等地深度合作，实现“城市联动”，得到市领导批示表扬。北京国际摄影周结合“决胜脱贫奔小康”和“齐心抗疫”两大主题，构建“云展览”一体化服务体系，实现智慧化办展。中美创客大赛通过“线上+线下”方式，吸引5000余名中外选手参赛。打造文旅夜间精品项目——“北京国际光影艺术季”，累计接待游客6万余人，助力北京夜间经济发展，入选北京文化消费高峰论坛2020北京文化消费品牌榜“十大文化消费创意IP”榜，并进行品牌输出，落地安徽合肥，实现良好社会效益和经济效益。建设首都文创产品开发平台，与数十家中央在京及市属文化文物单位签署入驻协议，实现上线测试运营，与颐和园、天坛等单位合作开发文创产品50余款，构建首个城市主题文化素材库“文化北京”图库。

围绕脱贫攻坚、庆祝建党100周年等重大事件，策划、筹拍影视剧作品。完成献礼片《觉醒年代》摄制，在央视一套黄金时段播出。完成《温暖的土地》制作，开机拍摄《香山叶正红》《功勋》等重点剧目，启动《段氏双雄》剧本创作。完成全市警示教育大会《正义之剑》《迷局》两部警示教育片制作，与市委组织部联合策划制作《疫无情 人有爱》《共同战疫，首都国企在行动》等系列作品，制作《回声：北京向抗疫院士致敬》《北京战“疫”》等多个融媒体短视频，打造“京华慕课”融媒体内容品牌。影视公司、北艺公司、新新公司、城市电视、移动电视等集团所属内容制作单位获“飞天奖”“金天使奖”等专业奖项30余个。

四、“全国一网”整合和技术创新工作

集团积极参与国网整合工作，研究论证北京方案，做好中国有线电视“全国一网”股份公司出资组建方案谈判，抓好各阶段工作落实，严格按照时间节点完成股权交割，以歌华有线19.086%的股权出资，是全国唯一以上市公司控股权出资的发起人，在“全国一网”整合中起到表率作用。整合期间各项工作平稳有序，确保人心不散、队伍不乱、工作不断线。

强化用户服务，着力确保广电业务稳健发展。歌华有线新增注册用户7万户，累计突破600万户；完成高清交互推广20万户，完成4K超高清机顶盒置换23万台，“接诉即办”解决率和满意率均有大幅提升。移动电视开展“抢占户外移动电视宣传阵地”项目，完成1000辆公交新车32寸大屏安装，完成支持4G/5G数据传输智能车载移动电视播存一体机顶盒的相关研发，实现基于位置的信息管理和投放、内容自动编排播等功能。城市电视全力推进户外大屏联播网平台建设。数字电视加快付费频道的定位调整和高清化进度，开播“生态环境”频道。

（北京歌华传媒集团有限责任公司）

北京歌华文化发展集团有限公司概况

北京歌华文化发展集团成立于1997年12月，是北京市大型国有文化运营机构。2018年，歌华文化发展集团完成企业改制，更名为北京歌华文化发展集团有限公司。2020年，歌华文化在认真做好疫情防控的同时，做强“一核两翼”主营业务体系，完成经营收入和利润的预定目标。

2020年主要工作：

一、推进文化创意产业发展

完成服贸会（文博会）多项设计服务和展陈任务，展示全国文化中心建设丰硕成果。文化会展板块在文博会主展区创新展陈内容和形式，采用L型大屏幕、裸眼3D、媒体交互为主要特点的全国文化中心建设数字展示平台，全方位、立体化、数字化展示全国文化中心建设辉煌成就。按照“国际性、领先性、聚焦性”的原则，精选71家国内外文化服务贸易领军企业参展。设计周公司完成媒体融合展区、公园文创、北京礼物展区的设计统筹和展位搭建，承担文博会主视觉系统设计、会刊制作。设计公司完成东城展区的设计搭建。大型活动中心公司主打项目国际光影艺术季在新视听展区参展，同时为30场服贸会组织国际专场活动，约3370人次提供会务服务。

举办设计周品牌活动，推动创意设计公共服务平台的创建和落地。2020北京国际设计周以“民生之维”为主题，推出五个单元16项主体活动，设立5个主会场23个分会场，举办各类活动386场，展览及活动面积约89万平方米。60多个国家和地区的上万名专业人士参与，现场观众超过190万人次，约1.54亿人次在线上关注设计周。一是采用全新视觉形象和内容体系，打造亚洲设计风向标和国际一流城市创意活动；二是迅速响应国家重大关切，发挥设计力量弘扬和鼓舞全国人民众志成城抗击疫情的精神；三是助力脱贫攻坚，探索设计扶贫新模式；四是打造城市副中心文化创意和设计服务新高地，推动老城保护和城市更新，助力北京2022年冬奥会和冬残奥会；五是推动北京市文化文物单位文创产品开发平台的落地转化，赋予古都文化新的内涵与表现；六是充分利用互联网资源和高科技手段，打造永不落幕的线上设计周；七是推动设计与相关产业融合发展，促进消费升级；八是国际嘉宾克服疫情影响通过视频等形式发表致辞和主旨演讲，推动中外设计界的交流与互动。

北京国际摄影周2020围绕全国人民“决胜脱贫奔小康”和“齐心抗疫”两大主题，一是通过摄影展形成广场文化新亮点，推出凸显最美市民广场的“城市文化客厅”；二是以全新形态的2.5D云展览技术系统，构建“云展览”一体化服务体系，带动文化科技融合与影像艺术跨界发展新模式；三是建设高端国际摄影艺术交流平台，助力文化交流与文明互鉴；四是通过国家叙事、民生向善和国际交往的影像视角，形成影像叙事体系与传播体系。

弘扬优秀传统文化，持续举办“传统文化季”系列活动。中华世纪坛传统文化季活动中，三国志主题展览以独特视角重现三国时期历史风貌，展示三国文物考古研究新成果，是对中华优秀传统文化的基因和价值的深度解读与大力弘扬。我们的节日——传统节庆日活动，面向全市青少年开展一系列公共文化教育活动。中华家风文化主题展，通过家训、家书、传家宝及家风故事等内容载体，贯彻落实习近平总书记关于“注重家庭、注重家教、注重家风”的讲话精神。

二、文化与科技、旅游等产业融合

运用互联网和高科技手段，保障各活动项目顺利进行。2020 北京国际设计周注重线上化、场景化，将设计与艺术融入生活场景，开辟可实景浏览的线上展览平台。北京设计论坛开通在线视频直播，线上活动参与者达 640 余万人次，视频直播及短视频浏览量 1700 余万人次，收到较好传播效果。北京国际摄影周 2020 采用全新形态的 2.5D 云展览技术系统，实现“云策展”“云布展”“云观展”“云颁奖”等多项功能。三国志主题展开办全景式数字展厅和“云观展”视频直播，让更多公众深入了解文物背后的故事。

2020 年中美青年创客大赛总决赛转移到线上举办。13 个分赛区 75 支队伍 300 余名选手，通过视联网、互联网相结合的方式进行总决赛，采用自主研发拥有独立知识产权的通信网络技术开展线上评审，颁奖仪式通过 5G 网络进行高画质实时直播，中外嘉宾与创客团队在线互动，促进中美两国青年创客的深度交流。

推动文创开发平台落地，完善产业链条，推动设计服务的深层次高质量发展。设计周公司作为“北京市文化文物单位文创产品开发平台”运营企业，与近 40 家中央、市属和民营文化机构签订协议，合作开发文创产品。数十款文创产品陆续上市，销售额超过 2000 万元。为中央广播电视总台 2021 春节联欢晚会设计开发的“福牛春碗”订单达 20 万套，销售额超 6000 万元。上线运营北京文创 IP 开发授权平台，嵌套 DCI 数字作品在线版权登记系统，展示北京文化 IP 超过 1000 个。与苏州、义乌、深圳、顺德等地合作建立“北京文化 IP 授权与文创设计中心”，推动文创设计与加工制造无缝衔接。与电商平台合作，为文创产品提供主流销售渠道。

与“北京礼物”深度合作，遴选 50 位新生代设计师与“北京礼物”品牌签约，推动北京文创产品的开发。积极参与中宣部组织的中华文明基因库建设，与香山革命纪念馆合作采集红色文物数据，建立数据库，为红色文创提供基础素材。

推动文化科技深度融合，探索场景打造，为文化项目的市场化经营奠定基础。文化会展板块以世界艺术云图、初心见证主题展览、冬奥节拍三个品牌项目为基础，以产品化的思维模式，打造不同类型的微课堂产品。大型活动板块的北京国际光影艺术季“万物共生”户外光影艺术沉浸式体验展在北京合肥两地反响良好，从打造公园新文创、文化科技融合新消费、数字经济新体验、夜间经济新业态等多维度创新探索，开发自有 IP 品牌，实现良好的社会效益和经济效益。

（北京歌华文化发展集团有限公司）

北京歌华有线电视网络股份有限公司概况

北京歌华有线电视网络股份有限公司于1999年9月经北京市人民政府批准成立，2001年在上海证券交易所上市（股票代码600037），是国内有线网络首家上市公司、国内第一批三网融合广电试点企业、北京市第一批文化体制改革试点单位、北京市高新技术企业，2012年被中宣部等四部委评为全国文化体制改革工作先进单位，先后四次被评为全国文化企业30强，连续被评为纳税信用A级企业和上交所上市公司治理样板企业。截至2019年年底，公司拥有26个部门、15个分公司、9个控股子公司（含2个二级控股子公司），3600多名员工（含子公司）。

2020年主要工作：

2020年歌华有线公司以党建为引领，全力应对新冠肺炎疫情，严格落实各项防控措施，积极发挥宣传工作主渠道作用，打造“空中课堂”等产品；积极开拓市场业务，构建智慧家庭产品体系；加强科技支撑和技术引领，继续夯实网络平台建设，服务质量持续提升；开拓创新智慧城市项目，集客业务发展取得成效；积极筹备2022北京冬奥会有线电视专网建设，打造技术融合新亮点；加强降本提质增效，管理体制机制进一步优化。公司加快落实“智慧广电”建设各项任务，推进实现持续健康发展。

一、科学防控疫情，确保安全传输

公司党委团结带领全体干部员工克服疫情困难，坚守安全责任，完成2020年度安全传输任务，保证春节、两会、中国服贸会、十九届五中全会等重要保障期的安全传输工作，实现重要保障期安全传输零事故。

二、助力首都疫情防控宣传工作

充分利用高清交互平台宣传疫情防控，提高公共服务品质。落实总局关于做好新冠肺炎疫情宣传引导工作要求，上线“众志成城　抗击疫情”专区，为北京市疫情防控相关政策和措施的宣传引导工作提供有力支撑。疫情期间，推出“欠费不停机”服务，为欠费用户和暂停用户提供中央广播电视总台、北京广播电视台和各省卫视节目及数字电视节目180余套。推出“看吧”栏目付费专区限时免费活动。

服务“停课不停学”，精耕“空中课堂”精品教育资源。歌华有线于1月27日开通“空中课堂”大屏点播专区，为全国首家。按照市教委需求，歌华有线陆续开通12个年级直播频道。在抗击新冠肺炎疫情期间，歌华有线第一时间驰援湖北，捐赠空中课堂优质课程资源，推出免费在线学习平台，并且依托“北京云”，开设“空中课堂”移动端在线教育服务，提供“大屏＋小屏”“有线＋移动”的全新解决方案。

圆满完成小汤山医院和疫情专线建设任务。完成小汤山医院有线电视项目，按时保质保量完成876个终端的建设工作，并具备5G+医疗业务能力；为宣传、医疗等系统搭建疫情防控专线平台，共完成108条与疫情相关的数据专线建设。

三、散在网整合取得进展

有线电视用户发展情况。截至12月底，有线电视注册用户累计606.24万户；完成高清交互推广用户20万户，高清交互用户推广累计达到563万户。采取市场化方式置换4K

机顶盒，累计推广、置换、销售 4K 机顶盒共 170.87 万台。

家庭宽带业务开展情况。截至 12 月底，家庭宽带在线用户数累计 68.7 万户。通过营销策略的引导，用户分布继续向高带宽转型。

筹备建设广电特色智慧家庭产品体系。完成智能家居平台、App 的研发工作，初步构建了跨品牌、跨生态，互联互通的智能家居技术平台。智能家居平台获得 2020 广电物联网应用创新大赛三等奖。

四、“接诉即办”持续改进服务质量

“接诉即办”工作成绩不断提高。公司深入推进“吹哨报到”工作机制，加强重点诉求督办力度；疫情期间，客服公司及时实施全员家庭办公模式，保证 96196 热线畅通。同时，在提升网络品质、提高抢修效率、提升运维质量、做好系统监测等方面做了大量细致的工作，并在智能机器人建设、视频客服和线上支付等工作上不断创新突破。2020 年，公司接诉即办“三率”成绩逐步提高，在 42 家国有企业综合排名中保持在第 8~23 名之间，最好成绩为 99.97 分（前 7 名均为 100 分）。截至 12 月 31 日，96196 热线接通率 98.68%，用户满意度 99.62%，客服表扬总量 4139 件，同比增加 1000 余件。

五、探索创新融媒体运营工作

积极引进高清频道，优化频道资源配置。公司数字网内共传输 187 套电视节目，其中高清电视节目 66 套，4K 超高清电视节目 2 套。

围绕“主旋律”加强平台内容建设。聚焦决胜全面小康、决战脱贫攻坚，配合总局和各上级单位宣传要求，5 月上线“脱贫攻坚”专区。配合市政府政务宣传，相继上线“接诉即办”“北京城市副中心新闻”专栏。

不断加强优质节目和超高清建设。公司节目总量不断增加，节目类型逐渐丰富，节目质量也在稳步提升。积极探索免费点播高清化工作，推出“免费光影之旅”“课余时光”“暑期电影”等免费高清专区。精耕回看类节目，打造丰富立体的高清化回看服务。

大数据建设工作继续推进。公司完成重点时期节目收视数据监测和 EPG 保障工作；持续为国家广电总局规划院、北京市广电局提供数据支撑和保障，和广电总局规划院合作开发大数据综合评价系统。

探索创新“北京云”融媒体运营服务工作。公司充分发挥“北京云”宣传舆论引导主引擎作用，积极推进融媒体平台运营运维工作。

六、发展智慧城市集客业务

智慧城市集客业务典型项目得到肯定。公司“‘歌华生活圈’电视云服务”“街乡吹哨部门报到工作平台”两项目被国家广播电视总局评为智慧广电案例生态建设类先进案例，“街乡吹哨部门报到工作平台”“空中课堂在线教育服务平台”两个项目获评 2020 年北京市推动智慧广电发展专项资金奖励项目。

进一步推进新技术在智慧城市项目融合应用，构建智慧生态。公司以视联网技术为载体，搭建 5G+4K 监控试点，整合测温系统、AI 视频分析、智能门禁、智慧灯杆、平安社区、垃圾分类等智能应用，服务智慧城市建设。

积极推进歌华视联网项目。疫情防控期间，公司为北京市市医管局、朝阳医管局、东城医管局及相关医院提供歌华视联网服务，协助完成北京市范围内疫情防控期间的保障工作。

歌华生活圈项目不断拓展，积极开展智慧社区建设。年内新增歌华生活圈 10 个，累计上线项目应用 40 个。截至 12 月底，项目总点击量 1.1 亿次。

七、稳步推进网络建设

推进双向网络建设工作。公司完成 19 万户网络升级改造的工作任务，累计双向网络覆盖超过 679 万户。城区小 C 网建设成功试点并开展大规模推广建设。

加强科技支撑，技术引领发展。公司开展总体技术系统演进规划制定工作，形成覆盖云管端联运等各个层面的技术发展规划。推进终端产品形态向软终端演进。

积极开展5G网络建设探索工作。完成2个5G核心网络建设，建设开通小汤山医院等6处5G基站，建设4.9G基站5座，700M基站4座。在门头沟区龙泉小学搭建5G在线教育平台，开展5G通讯基站及核心网技术研究，参与制定北京三环内700MHz基站选址方案。开展冬奥“无线+有线”传输、低延时系统5G技术测试。配合中国广电完成“5G+8K”超清相关实验工作，歌华有线于“5.17”电信日完成北京—杭州“5G+8K”传输测试播出；完成北京男篮世界杯8K直播的演示环境搭建工作；联合中兴通讯完成中美创客大赛颁奖典礼“5G+8K”直播。

积极推进科技部项目。歌华有线完成科技冬奥8K项目。完成超高清8K机顶盒技术规范书、样机设计方案并制定传输接入网技术方案，搭建8K传输实验系统，开展80Mbps大带宽8K直播传输功能验证工作。歌华有线同轴宽带接入关键技术研究及规模应用示范项目取得阶段性成果，开展HINOC小规模试点工作。歌华有线为VR项目制定了业务承载技术方案。

八、重大项目建设服务首都发展新篇

高标准推进城市副中心有线电视建设保障工作。副中心通信楼土建工程全部完工，启动通信楼机房建设工作。完成通信楼机房区域、公共区域平面布置方案设计。全力做好副中心行政办公区驻场组维护保障工作。

完成与冬奥组委赞助协议签约工作。歌华有限公司正式成为北京2022冬奥会及冬残奥会官方有线电视供应商。确定冬奥技术新亮点，积极打造“无线CATV传输”和“本地低延时传输”视频服务。稳步推进冬奥有线电视专网建设工作。

（北京歌华有线电视网络股份有限公司）

北京电视艺术中心有限公司概况

北京电视艺术中心有限公司成立于1982年9月，2010年8月4日转企改制，更名为现用名，隶属北京歌华传媒集团有限责任公司，主要从事影视节目策划、制作、营销等业务。

截至2020年年底，北艺公司共制作生产电视剧203部，3470余集，译制片百余部千余集及一大批电影、专题片，其中多部优秀作品获“金鹰奖”、“飞天奖”、“五个一工程”奖，并取得全国大奖的四连冠佳绩。

2020年主要工作：

一、播出多部作品

北艺公司作为全资国企影视制作单位，一贯坚持正确舆论导向和弘扬社会主义核心价值观。首先，在电视剧播出方面，《破局1950》（原名《铁道卫士》）完成央八、爱奇艺及腾讯视频首播，二轮在山东卫视、广西卫视播出，同时在南京电视台、上海电视台影视剧频道、四川电视台影视剧频道、深圳电视台等地面台播出；《我爱北京天安门》在东方影视频道等四家地面频道播出；《杀尽豺狼》在云南等二十余家地面频道播出，签约广东卫视;《惊天大迷局》(原名《刀出鞘》)全网播出;《铁血军歌》在天津地面播出;《一起长大》在河南台播出;《渴望》在河北台、辽宁台播出;《结婚十年》在辽宁台播出。其次,北艺公司合作的项目有《功勋》《青年周恩来》及电影《雪落无声》。最后,公司自主研发多部储备影视剧作品,包括《金谷银山》《追梦人》及电影《最后的防线》。

二、多部作品获奖

北艺公司取得大量行业内成绩专项奖。新时代缉毒题材电视剧《不说再见》获2020年中美电视节年度金天使奖电视剧。《破局1950》获北京市广播电视局的"北京广播电视网络视听发展基金"2020年播出奖励。重大题材电视剧《青年周恩来》获国家广播电视总局和北京市广播电视局剧本创作扶持基金。合作项目《功勋》入选国家广电总局"第三批2018—2022年重点电视剧规划选题"。下属出版公司出版的4部早期京剧名家唱腔集入选北京市新闻出版局"2020年度北京典籍与经典老唱片数字化出版项目名单",并获得专项资金资助。

三、履行社会责任

2020年2月新冠疫情防控期间,国家广播电视总局紧急协调包括北艺参与出品的电视剧《破局1950》在内的15部优秀电视剧版权捐赠给湖北省各级电视台播出。2020年年底,北艺免费提供该剧版权用于制作《京榜剧献辉煌"十三五"优秀京产剧目选集》音像制品。

(北京电视艺术中心有限公司)

北京音像有限公司概况

北京音像有限公司原名北京音像公司,始建于1979年,原称北京市广播电视服务公司。1985年7月,北京市广播电视服务公司与北京音像出版社合并成立北京音像公司,2006年5月,在全国出版行业中率先完成转企改制,2018年12月经北京市国有文化资产监督管理办公室同意,北京音像公司由全民所有制企业改为国有一人有限公司,并更为现名,是具有音像制品出版发行、录音录像、节目复制、境外音像制品引进出版、影视节目制作、电视剧(乙级)拍摄、技术推广服务及专业承包等多种经营范围的国有企业。

公司自成立以来,始终以弘扬民族传统文化为宗旨,录制上万小时的节目,包括民族声乐、器乐、戏剧、曲艺、少儿节目、通俗歌曲、外语教学等;出版、发行上千品种的音像制品。其中,开山之作是中央电视台的《跟我学》和北京人民广播电台的外语教学节目辅助教学盒式录音带;拍摄《姊妹行》《军魂》《康熙大帝》《中方雇员》《警苑神掌》《美容院》《那个年代》《小井胡同》《都市名片》《独行侍卫》等多部电视连续剧和《成语故事》《星星点灯》《张灯结彩》等电视系列短剧以及《雍和宫》《智化寺音乐》《孙中山在北京》《侯宝林》等专题片,其中有些电视剧和专题片还远销海外;多次获得国家和北京市颁发的奖项。同时,北京音像公司还引进出版了来自于美国、加拿大、法国、俄罗斯、日本等国家的优秀音像制品。

北京音像公司重点录制了反映改革开放成果和百姓喜爱的影视流行系列歌曲《时光倒流二十年》《张勇吉他》系列专辑,赈灾公益歌曲《汇爱成川·点燃希望》《中国时尚民乐》专辑第一张，国庆60周年献礼作品，北京市出版工程项目《歌声回首六十年》经典歌曲专辑。同时，出版发行了由著名导演张艺谋执导的鸟巢版大型景观歌剧《图兰朵》DVD和电视连续剧《最后的王爷》《老师错了》《原谅》等，承接北京市广播电影电视局《影视精品》和《影院安全公益宣传片》项目制作。

2020年，承揽大型企业和机关团体宣传册、盘制作任务，出版物《歌声中的旗帜》《北京智化寺音乐》获北京宣传文化引导基金一般项目出版类资金资助，北京音像公司完成北京市新闻出版广电局《北京典籍与经典老唱片数字化出版》项目12集240段制作、北京音像资料馆《馆藏视频资料抢救》旧版修复、《东城资讯》栏目制作，公司承接移动电视公司的北京公交移动电视终端设备维护和城市电视视屏工程安装维修及仓储业务。

（北京音像有限公司）

北京瑞特影音贸易有限公司概况

北京瑞特影音贸易有限公司成立于1993年3月3日，是经北京市广播电视局批准并指定的北京地区唯一从事境外卫星电视节目代理业务的机构，于2018年12月完成国企改制工作，由全民所有制企业改为国有一人有限责任公司，股东是北京北广传媒集团有限公司，注册资本276.3万元。

北京瑞特影音贸易有限公司主要负责向北京市广播电视局批准的机构销售经广播电视总局批准的境外（包括香港、澳门）卫星电视节目及解码器，拥有HBO、CNN、AXN、凤凰电影等27套境外加扰卫星电视节目。北京瑞特公司承担的业务主要是境外卫星节目收视的服务和代理、境外电视接收系统工程等。截至2020年12月，北京瑞特公司拥有境外卫星节目收视用户450家左右，其中酒店用户230家，公寓用户及其他用户220家左右，2020年实现营业收入7557万元，利润额503万元。

2020年主要工作：

一、服务保障工作

应对疫情防控期间两会保障工作，拍摄《境外卫星电视接收系统故障排查说明》视频，以便接待酒店在不接触外界的情况下开展故障排查。工程部接到拍摄任务当即开展相应工作，于5月17日将《境外卫星电视接收系统故障排查说明》上传至公司网站、公众号及市广电局保障工作群，并第一时间通知保障任务酒店，通过视频及远程协助等方式协助酒店排查故障问题，方便酒店工程人员排查及修复。此举正值两会保障期，大大减少了疫情防控期间两会人员接触风险。顺利完成2020年全国两会驻地卫星信号保障工作。

2020年7月3日，瑞特公司在北京2022年冬奥会和冬残奥会电视服务保障协调会上，就境外电视保障工作与参会领导开展交流，并提出相关建议。2020年，除两会工作外，还完成了中国国际服务贸易交易会、全国抗击新冠肺炎疫情表彰大会接待酒店、“世界电视日”中国电视大会、中国（北京）国际视听大会的保障工作以及“五一”“十一”等国家重大活动、重要节日节点的境外卫星电视播出及外事接待保障工作。

二、抗击新冠疫情服务

按照市政府疫情防控下的工作要求，经与境外节目全国总代理中视卫星公司协商，向所有北京市酒店用户提供两个月免费收视期，争取让面临巨大经营困难的酒店与瑞特公司续约。

三、打击盗版

配合市安全局、市广电局以及文化执法大队进行执法检查，打击节目盗版和非法节目传播，有力维护首都文化安全和信息安全。

四、工程业务

截至12月底，瑞特公司工程部协同歌华有线工程公司维修处理不可控、无图像、无供电等故障摄像头3197个次，同时更换安装新摄像头60个；完成IP抢修909单；完成室内熔接任务247单。在2月疫情暴发期间，维护人员既承担地坛医院、朝阳医院等场所的室内熔接工作，为助力抗疫做出贡献，也为网络安全传输及重大活动维稳提供了有力保障。配合市广电局完成技术服务项目商务手续及卫星机房验收工作以及对腾讯、新浪等单位进行卫星电视前端系统验收工作。

（北京瑞特影音贸易有限公司）

北京北广传媒数字电视有限公司概况

北京北广传媒数字电视有限公司成立于2003年7月，注册资金7500万元。

作为数字电视节目集成商，公司开播付费频道11套。经营管理《四海钓鱼》《优优宝贝》《中华特产》《车迷》《环球旅游》《生态环境》6个具有全国播出资质的频道，运营《京视剧场》《爱家购物》《动感音乐》《弈坛春秋》《置业》5个面向北京地区播出的频道。其中，2020年3月，公司获批“新娱乐”变更为“生态环境”频道。6月16日公司全国有线数字付费电视“生态环境”频道正式开播，全天24小时滚动播出。截至2020年年底，公司自有的6个上星付费电视频道覆盖全国有线电视用户1.3亿。

数字电视公司运营维护北京数字电视节目播出平台。播出公司自有11套数字付费频道，为4个外省付费频道提供代播服务，为2套有直播业务的付费频道提供应急垫播服务。并为鼎视平台提供技术服务，鼎视平台集成上星传输8套高清卫视，28套付费标清频道，远端加密3套高清卫视频道和2套标清卫视频道。

数字电视公司提供数字电视节目信息服务。为北京地区广大数字电视用户提供翔实准确的节目信息服务，通过歌华有线电视网络上载播出的数字电视频道及有线广播节目信息共188套。

2020年，公司按照集团整体工作部署，严格落实疫情防控措施，严守内容导向关，确保安全播出无事故，大力推进付费频道优化调整，筹备并启动高清播出系统建设。同时加紧推动有线及数字电视板块的业务整合工作。

2020年主要工作：

一、安全播出无事故

2020年，在播出设备老旧、故障率增加的情况下，不断强化安全播出责任意识，梳理排查设备隐患，完善应急预案，加强应急演练，紧抓疫情防控不松懈，顺利完成全国两会、中国国际服务贸易交易会、抗美援朝

70 周年纪念活动、第十九届五中全会等重大活动保障任务，确保安全播出无事故。

节目部门加强与集团媒体管理部、市局监管部门的工作交流，建立节目编委会联审制度、新栏目会审制度和公益节目创作宣传等工作机制，严格遵守《有线数字付费频道管理暂行办法》，配合监管部门的节目监播工作，不断加大专业化、对象化节目的更新量，深入改进频道经营管理工作。2020 年 6 月，11 个专业频道顺利通过总局的节目内容审查，完成播出许可证的换证工作。

二、筹备并启动高清播出系统建设

2020 年，公司完成对行业内播出单位的实地调研、业务合作单位的技术需求交流，并结合实际与相关技术厂商充分讨论协商，形成《11+1 套付费频道高清播出系统项目方案》。2020 年 10 月，集团牵头组织，数字电视高清播出系统与鼎视节目集成平台高清化升级改造项目同步启动。

三、频道定位调整和高清化进度

2020 年 3 月，“生态环境”频道获得广电总局开办批准，并于 6 月 16 日正式开播。9 月，公司通过加大与各地省网的沟通合作，实现“中华特产”“生态环境”2 个新开播频道在甘肃、青海 2 省的入网，确保完成全年目标。

四、制作精品节目

响应广电总局号召，围绕脱贫攻坚，突出宣传精准扶贫、精准脱贫基本方略，依托频道专业属性，制作精品节目。带领“中华特产”频道制作的脱贫攻坚主题公益广告《绿水青山就是金山银山》获得 2020 年北京市广播电视公益广告扶持项目二类节目。

（北京北广传媒数字电视有限公司）

北京北广传媒移动电视有限公司概况

北京北广传媒移动电视有限公司是北京市属开发运营广播电视新媒体的专门机构之一，成立于 2003 年 8 月，由北京北广传媒集团有限公司、北京电视产业发展集团有限公司、北京广播集团有限公司、北京歌华有线网络电视股份有限公司和北京歌华投资中心有限公司共同发起组建。

2003 年 7 月 9 日，国家广电总局授予北京广播影视集团 48 频道的试验频率，开展地面数字电视试点。2004 年 2 月 14 日国家广电总局正式批复同意集团在公交、地铁、轻轨、出租车等交通工具及其他公共场所试行开办移动电视节目，呼号为：北京移动电视。北京移动电视成为经国家广电总局批准的北京地区唯一一家运营地面移动数字电视的机构。

公司采用世界先进的数字电视技术，利用北京 DS-48 和 DC-22 单频网发射两套无线数字信号，实现地面数字设备实时接收电视节目。在中央电视塔、京广中心、名人广场、491 发射台、建设一主三辅 4 个数字发射机站，形成有效覆盖北京市区六环内的数字单频网，日覆盖受众数百万人次。

公司积极挖掘广电系统内多种文化产业资源，形成完整的视听节目传输网络，充分发挥自身传播优势，努力成为政府管理的公共信息平台、城市管理的应急平台和百姓生活的资讯平台，服务政府公共管理，服务市民精彩生活。

2020 年主要工作：

2020 年，北广传媒移动电视有限公司坚持正确的舆论导向，自新冠肺炎疫情暴发以来，充分发挥户外媒体的宣传引导作用，助力企业复工复产。将疫情防控工作作为常态性工作常抓不懈，各项防护措施有效到位，确保员工及家属“零感染”。完成安全播出保障任务，积极推进技术迭代升级，夯实事业发展基础。

一、确保安全播出零事故

公司贯彻落实总局、市委宣传部以及集团各项宣传要求，准确把握舆论导向，确保 2020 年安全播出“零事故”。

二、助力企业复工复产

2020 年自新冠肺炎疫情暴发以来，公司充分发挥户外媒体的宣传引导作用。依托自身媒体资源，打造“助力企业复工复产”大型公益行动，聚焦遭受疫情冲击最为严重的餐饮旅游、商超卖场等七大行业，面向以北京地区为核心市场的众多企业品牌，优选宣传时段，以可视化效果最佳的“全屏竖图海报”形式提供公益刊播宣传。

三、迭代升级打造智能终端

2020 年，正式启动基于 4G/5G 智能车载移动电视播存一体机顶盒的相关研发，服务于移动电视内容分区域分线路精准化播出、内容自动编排播出、广告经营智能分析以及广告自助下单投放等功能，通过 2 年左右的时间完成北京市所有公交车的移动电视终端的升级改造。

四、履行社会责任

2020 年 6 月 29 日，公司与市侨联紧密合作，开展“亲情中华 · 为你讲故事”网上夏令营开营式全球网络直播活动。2020 年 8 月 11 日，由京津冀三地侨联、北京市人才服务中心等主办，移动电视承办的“创业中华 · 百企千岗 · 助创行动”启动仪式及首场云招聘活动在京举办，京津冀三地百家名企、千余个优质岗位汇聚直播间，三十余所高校大学生在线参与。该活动是落实中央提出的“六稳”“六保”任务要求，解决企业招聘难、学生就业难的一项实际举措。

（北京北广传媒移动电视有限公司）

北京北广传媒影视股份有限公司概况

北京北广传媒影视股份有限公司成立于 2003 年，是隶属于北京歌华传媒集团有限责任公司的国有股份制公司。公司业务以生产影视剧作品为主，注册资本 10400 万元。公司拥有丰富的影视策划、制作和营销经验，具备独特的媒体优势和较强的投资生产能力。多年来始终坚持牢牢把握正确的舆论导向，始终将社会效益放在第一位，坚守精品战略，注重节目品质，坚持生产内容积极向上、鼓舞人心、弘扬先进文化的影视作品。

北京北广传媒影视股份有限公司投资拍摄的电视剧达 30 部近千余集，其中多部剧目先后获全国“五个一工程”奖、“飞天奖”、“白玉兰奖”、“金鹰奖”等多项大奖。代表作品有《觉醒年代》《香山叶正红》《温暖的土地》《情满四合院》《风车》《鼓楼外》《五湖四海》《买房夫妻》《姥爷的抗战》《罗龙镇女人》《我的二哥二嫂》等。

北京北广传媒影视股份有限公司承制的重大革命历史题材电视剧《觉醒年代》被列为中宣部、国家广电总局“庆祝中国共产党成立100周年优秀电视剧展播”开篇剧目，2018年获“北京影视出版创作基金”及“北京宣传文化引导基金”扶持，2019年获中宣部“中央文化产业发展专项资金扶持”，并入选“庆祝新中国成立70周年优秀电视剧展播剧目”，2020年获北京市文化发展中心的“北京宣传文化引导基金”扶持，并入选国家广电总局第一批“2018—2022年重点电视剧规划选题”片单。

电视剧《香山叶正红》2019年获“北京广播电视网络视听发展基金”扶持，2020年获国家广电总局“电视剧引导扶持专项资金剧本扶持”。电视剧《温暖的土地》2020年获北京市文化产业发展专项扶持，获北京市广电局网络视听发展基金扶持，并与《香山叶正红》一同入选“2020—2022年北京市重点电视剧片单”。

电视剧《情满四合院》获第29届中国电视金鹰奖“优秀电视剧奖”，第32届电视飞天奖“优秀电视剧奖”。

（北京北广传媒影视股份有限公司概况）

北京北广传媒城市电视有限公司概况

北京北广传媒城市电视有限公司成立于2004年12月16日，是北京市属开发运营电视新媒体的专门机构之一，主要从事楼宇电视和户外大屏电视的经营管理。公司作为政府公共信息发布和城市应急预警平台，担负着政府政令、城市信息、城市预警等社会公共信息传播任务，旨在为大众提供完善、及时、权威的资讯服务。

公司作为北京市户外宣传阵地，主营业务为楼宇电视联播网及户外大屏电视联播网。其中楼宇电视平台终端安装数量不低于6200屏；大屏联播网现有9处10块户外LED大屏，包括中汇大屏、富力大屏、天阶大屏、工美大屏、来福士大屏、春平大屏、望京大屏、丰联大屏、电子城大屏（2块），均运营稳定。

2020年，公司以疫情防控为主线，唱好主旋律、打好主动仗，宣传报道体量大、内容精、形式多；以改革融合为创新平台，坚持守正创新，全力布局系统升级改造及多元化经营新格局，确保疫情防控与中心工作两不误、两促进。

2020年主要工作：

一、媒体传播

2020年，公司秉承“用心做内容，传播有担当”的理念，自觉履行正确引导责任，认真组织宣传报道，妥善引导社会热点，利用平台全媒体资源，促进优质内容宣传的规模化和精准化，着力提高媒体的传播力、引导力、影响力、公信力。

全方位、多角度做好新冠肺炎“防疫”主题宣传。紧扣疫情动态，精研疏导切口，将防疫宣传当成一件政治任务抓。紧密联系各级政府职能部门，响应并宣传疫情相关的政策及规定。

集中力量做好重大题材报道。在北京市两会、全国两会、中国共产党成立99周年等多个重大节点，集中力量做好宣传，注重实效，加强解读。

二、渠道建设

1. 聚焦重点精准发力，牢筑楼宇渠道意识形态宣传阵地。针对全市疫情防控的工作安排，公司及时调整渠道开发和设备维护的工作内容，聚焦重点精准发力。在疫情防控最严格的时期，许多点位的渠道客户不能正常复工，针对这一特殊情况，结合后台数据，按区域将全网点位分配到每个人，全员居家进行电话巡查，对客户情况进行了解和备注，对可维修的设备进行报修，暂时无法维修的进行登记。有效控制黑屏率，将其由最高峰的 30% 控制到 8% 以内，截至 12 月 31 日，楼宇终端全网数据达到 3271 点 6210 屏，积极推动楼宇渠道建设，超额完成目标任务。

2. 巩固和拓展户外大屏阵地，全力推进户外大屏联播网平台建设。进一步扩大户外大屏联播网的规模，持续推进全市户外大屏联播平台项目建设，公司以运营模式转型发展为切入点，以大屏联播网播控系统升级改造项目为依托，通过吸纳社会屏体接入户外大屏联播网，进一步巩固和拓展户外大屏阵地。最终与枫蓝国际、丰台融媒体中心达成合作，并完成协议签署，待网络接入后正式联网播出。进一步扩大城市电视公司户外大屏联播网宣传阵地的布局建设，将大屏联播网的覆盖范围由东城、朝阳延伸至丰台、海淀，也是公司大屏联播网接入社会屏体转型模式推广迈开的坚实一步。

三、安全播出

公司把确保安全作为头等大事，把安全的要求贯穿到制作、传输、播出、生产、管理各环节，从严从细从实抓好安全工作落实，实现全年安全播出“零事故”。

在内容安全方面，严格按照市委宣传部等上级单位的宣传精神开展宣传报道工作；严格执行四审制及重播重审制度；不断完善安全播出制度，并在日常编播工作中严格遵守执行，真正做到以制度管人、管事；定期开展内容安全大检查。

在播出安全方面，坚持做好日常安全播出管理，推动应急演练常态化、实战化，强化系统安全保障。

（北京北广传媒城市电视公司）

北京北广传媒地铁电视有限公司概况

北京北广传媒地铁电视有限公司成立于 2007 年，是由北京北广传媒移动电视有限公司和北京市地铁运营有限公司共同发起并组建的有限责任公司，注册资金 3000 万元。北京北广传媒地铁电视有限公司下设办公室、财务部、技术部、运营管理部、节目部和党群工作部 6 个部室。地铁电视有限公司以强大的交通运营和传媒资源为依托，努力把地铁电视打造成为政府公共信息平台、城市应急预警平台、乘客生活资讯平台和企业广告宣传平台。

地铁电视节目播出时间与地铁运营时间同步，达到 17 小时，主要是在北京市地铁运营有限公司具有运营权的地铁线路上的列车车厢、站台和站厅内的电视终端上接收、播放节目和广告。地铁电视公司在歌华大厦投资建设独立的节目制作传输中心，策划、制作、发布地铁电视节目并独家经营地铁电视广告业务。

面对突如其来的新冠疫情严重冲击，公司按照国家、北京市及地铁公司关于防疫工作的决策部署，针对疫情状况，及时调整工作重点，统筹推进疫情防控和公司经营活动，全面履行公司的经济、政治和社会责任，全力保障公司的正常运营，实现“十三五”圆满收官。

2020年主要工作：

一、防疫宣传报道，坚守宣传阵地

为应对新型冠状病毒疫情，按照市委市政府及地铁公司要求，落实主责主业，迅速部署相关宣传报道工作，加强宣传引导，担负起社会责任，不计成本停播所有节目和广告，把播放防疫宣传片作为最紧迫的任务放在首位。地铁电视公司所经营的1号线、2号线、13号线、八通线共一万多块电视终端，积极宣传解读有关政策措施和疫情预防知识，增强广大乘客的自我防病和群防意识。陆续播出防范新型冠状病毒宣传片、抗击肺炎共同战“疫”宣传片、抗击肺炎动漫宣传片、抗击肺炎个人卫生宣传片、抗击肺炎居家宣传片等一百八十余条防疫公益宣传片，加大科普宣传力度，积极引导乘客科学防护疫情。全年四条线累计播出公益宣传片（包含MV歌曲）257个、370版，共计播出149606次177524分钟。其中播出防疫公益宣传片180条，累计播出106452次116307分钟。INFO地铁防疫宣传字幕信息共计10条。

肩负防疫宣传责任的同时，公司还完成除夕夜中央电视台春节联欢晚会、大年初一北京电视台春节联欢晚会、4月4日全国性哀悼活动、十三届全国人民代表大会三次会议、全国政治协商会议十三届三次会议共5次重大事件活动的转播工作。

公司将播出防疫宣传片的情况拍摄并第一时间回传相关素材，所拍摄照片多次被央视新闻客户端发布的《这场战“疫”我们无畏风雨并肩上阵》《复工是场大考 迁徙是道难题 做好防护方能通关》《全国近400城市86万块屏“飘出”荆楚好味道 谢谢你为湖北拼单》等节目征用并被央视报道。中国广播电视社会组织联合会、人民网、中广联合会、浦江头条、首都广播电视等客户端发布相关文章，肯定地铁电视公司起到了重要的媒体宣传主渠道作用，公司员工获得“抗击新冠肺炎疫情先进个人”的称号。

在做好疫情防控工作的同时，公司还兼顾做好其他宣传报道工作。合作制作并播出的垃圾分类、物业管理条例宣传被北京市广播电视局评为公益宣传优秀作品，以及全面建成小康社会主题宣传被北京市广播电视局评为脱贫攻坚优秀作品。

二、完成5G传输前期试验工作

完成车载机顶盒的研发。因48频段在2021年6月后面临断频，无法继续使用的情况，为避免车载电视无信号情况出现，从2019年年底开始，公司一直积极从事研发新项目来解决断频带来的被动局面，经过前期与众多设备厂家沟通研讨、比选，历经数月，最终确定合作厂商，按照公司前期研究讨论的需求，进行技术改造试验，并研发出新型车载机顶盒，初步实现国标、4/5G网络信号传输功能。

完成车载机顶盒实际上路试验。经过与运营三分公司相关部门沟通协调，9月底完成13号线样车（4231车组）基于5G视频播出模式的改造工作。10月至11月完成试验列车的静、动态试验工作。12月1日组织专家对试验项目进行评审，评审结论是播控平台及接收终端功能完善、运行稳定、操作简单，达到预期效果。

三、实现全方位安全零事故

安全播出零事故。2020年对所有播出的节目、广告、宣传片和预警信息，实行三级审查，逐层审查全部播出内容，涉及意识形态的内容，党支部书记最后把关，践行党管媒体的原则，确保全年安全播出零事故。

安全生产零事故。针对运营系统和设备维护，在保证日常的安全巡视、巡检之外，还积极响应股东双方的安全部署，对所有机房设备做到周检和重大活动、节日前的全面检查，确保41个站及所有车载电视设备安全生产全年零事故。

加强安全培训，提升安全理念。为应对设备故障及火灾等突发事件，组织第三方巡检人员进行现场应急演练，提高相关人员应对突发事件的应急处置能力，同时还组织公司全员进行消火栓及灭火器的使用培训，增加员工的安全防范意识。

保证播出终端开机率。全年对1、2、13、八通各线路车载电视系统累计巡视车组6180列，巡查的总屏数达260488块，故障屏8125块，针对不同的设备故障，协调第三方公司和地铁运二、运三分公司的安质部及5个车辆段检修中心等单位，使故障屏得到及时有效的处理，保障开机率的稳定。总开机率97.63%，其中1号线96.10%、2号线95.72%、13号线99.68%、八通线97.63%。同时维修地铁1、2号线电视PIS系统故障共291站次，及时保障1、2号线区间信号覆盖的稳定性，站厅显示屏开机率达到99%。

（北京北广传媒地铁电视有限公司）

鼎视传媒股份有限公司概况

鼎视传媒股份有限公司原称鼎视数字电视传媒有限公司，为全国性数字付费电视节目集成运营机构，成立于2005年12月。2014年11月由有限公司整体变更为股份有限公司。鼎视传媒是国内领先的数字电视内容集成分发运营商，为数字电视内容供应商提供专业的技术服务和营销服务，主营业务包括传输加密业务、付费频道销售业务、电视购物频道发行业务。

2020年主要工作：

2020年，鼎视传媒股份有限公司继续巩固节目落地区域，共集成传输16套数字付费电视频道、12套高标清卫视频道、8套购物频道、代理发行4套购物频道。付费频道销售业务直接签约合作网络公司共计202家。累计数字电视用户总数为12188.42万户，占全国现有数字电视用户18746万户的65%，电视购物频道发行共计落地80个地区，累计机顶盒用户达到4156万户。

传输的26套数字标清节目有：《中华特产》《车迷》《优优宝贝》《环球旅游》《生态环境》《收藏天下》《百姓健康》《四海钓鱼》《证券资讯》《电子体育》《休闲指南》《家庭理财》《中国天气》《音像世界》《财富天下》《家政》16个数字付费频道。同时，还为《快乐购物》《央广购物》《优购物》《时尚购物》《风尚购物》《家有购物》《家家购物》《环球购物》8个数字电视购物频道提供集成传输及发行服务。传输的11套数字高标清卫视节目有：北京卫视、湖南卫视、金鹰纪实、深圳卫视、广东卫视、黑龙江卫视、湖北卫视、冬奥纪实、三沙卫视、厦门卫视、福建东南卫视、卡酷少儿。

2020年10月12日凌晨，鼎视传媒安全顺利完成BTV卡酷少儿高清频道集成上星工作，北京卫视高清频道、北京冬奥纪实高清频道与BTV卡酷少儿高清频道打包，以DVB−S2/8PSK方式在中星6A卫星上星传输。2020年11月11日凌晨，由鼎视传媒平台集成传输的远程加密频道三沙卫视成功加扰播出。

（鼎视传媒股份有限公司）

北京北广置业有限公司概况

北京北广置业有限公司成立于2006年12月15日，注册资本1000万元，是北京歌华传媒集团下属负责项目开发和经营管理等业务的企业。主要业务是在北京歌华传媒集团的领导下开展项目开发、物业管理、劳务派遣、项目投资和资产处置等业务。营业范围包括房地产开发、销售本企业开发的商品房、物业管理、机动车公共停车场服务、劳务派遣、房地产信息咨询、会议服务、广播电视节目制作、电影发行。主要负责北京影视城项目和其他物业的统一开发建设和经营管理，协调管理北京影视城项目其他公司北京现代电视艺术发展有限公司和北京东方艺苑物资仓储服务中心。

截至2020年年底，北京北广置业有限公司资产总额4185万元，2020年度营业收入931万元，利润397万元。北京北广置业有限公司致力于做好项目开发和经营，为歌华传媒集团主业发展做好物理空间等方面的服务，当好配角，提高政治站位，为北京市建设全国文化中心做贡献。2020年，公司克服不利局面，完成经营收入和利润指标，实现国有资产保值增值。

2020年主要工作：

一、出色完成社会效益指标

在公司现金流紧张的情况下完成农转工安置所需近500万元安置费用的筹措；为尚未退休的30多名农转工安排工作；积极做好沟通和服务工作，管理服务好包括退休职工在内的全体农转工，保持农转工群体的稳定，未出现上访事件。

做好北京影视城项目征地看护工作，按当地政府要求投入资金进行征地围墙绿网覆盖，按当地政府要求对节目制作中心院区南侧的土地进行平整，与中国电影博物馆协作对其露天影院附近土地进行平整。加强巡逻，做好阻止非法侵占征地工作。

做好安全和防疫工作，所管理的范围内实现安全零事故和人员疫情零感染。对地下管网老旧严重漏水实施抢修，消除安全隐患。协调解决节目制作中心院区空调排水和黑桥公园雨水开挖排水渠工作。做好征地未开发部分冬季防火和夏季防涝工作。

对征地上剩余的最后两块无手续建筑，协同当地政府、公安和中国电影博物馆进行拆除，完成征地无手续建设拆除收尾工作。

二、完成各项年度重点工作

在土地盘活方面，跟踪规划动态，及时向集团汇报，积极研究相关政策。置业公司在2019年向集团领导汇报北京影视城项目情况的基础上，及时搜集到朝阳分区规划关于北京影视城项目土地的信息，并整理材料及时向集团领导汇报，得到集团领导的重视，并随集团领导向市广电局领导汇报项目相关情况，得到市广电局领导的重视。置业公司持续对土地盘活政策进行研究，并整理相关政策报告给集团领导，供集团领导决策参考。

在加强对森润公司监管和支持方面，置业公司聘请会计师事务所协同融资方一起对森润公司财务进行严格监管，同时积极支持森润公司的验收、融资和销售工作，2020年红廷别墅项目的验收和融资工作取得了进展。

在理顺北京影视城项目相关公司管理关系方面，置业公司向集团领导汇报相关情况，集团党委会进行了研究。完成置业公司执行董事、法定代表人和监事变更工作，进行森润公司副董事长和监事的变更。

公司制定方案，采取措施加强对节目制作中心院区疫情防控工作管理。对院区地下漏水情况进行排查，解决了院区地下水管漏水问题，大幅节约工程费用和水资源。协调黑桥公园修建排水渠，解决空调排水问题。

完善公司薪酬体系和绩效考核体系，进一步规范薪酬管理，提升公司管理水平。另外制定或修改了多个规章制度，为更好地实现用制度管人管事奠定基础。

完成歌华大厦八层租赁和服务工作。完成协助集团为各承租单位减免房租工作。配合集团推进中北公司工作取得进展。部分完成公司退休人员社会化管理，党组织关系转入地方。

（北京北广置业有限公司）

北京中广传播有限公司概况

北京中广传播有限公司成立于2009年，2017年起推进媒体融合发展，基本实现从网络运维服务到媒体服务再到文创科技产品创作、生产、销售转变，初步建立起内容、技术、载体三位一体发展模式。

面对新冠肺炎疫情的严重冲击，北京中广积极应对“疫情防控”“北京地面数字电视及700兆频率迁移”“广电5G不同频段覆盖效果测试”等情况，公司收入突破历史纪录，实现盈利。

2020年开始，北京中广立足中国广电“新支撑、新功能、新场景”的定位，履行政府公共服务职能延伸与影视文化传播企业融合改革和发展核心主体的重要职责。具体业务工作方向调整为“老客户做新业务，新客户做老业务，新场景做新老业务”，以确保“三个主营业务”正常有序开展。

2020年主要工作：

一、移动多媒体广播（CMMB）中广传播集团北京地区运行维护

该业务收入采取开源节流的模式，配合集团保障台站安全播出，同时与“老客户”各台站联系，以争取运维成本与人员及其他支出成本平衡。主要工作有三方面，一是与集团领导、网络运行维护部、财务部、资产管理部、综合部保持密切沟通，每年确认运行维护台站的合同及履行安全播出的相关合同要求；二是与“老客户”台站、歌华有线等确保密切联系沟通，以确保成本与播出效果的平衡；三是积极争取与“老客户”台站及歌华有线等推进“新业务”，包括上半年做的无线700M频率迁移工作、北京地面数字电视单频网前端及传输等工作。

二、与中国移动、皓朗国际投资三方基础设施合作

按照“新客户做老业务”原则，在浙江杭州、湖南长沙、湖北武汉、福建福州等地正在开展试验站建设及与当地移动公司联合测试工作，其中浙江杭州完成浙江移动测试工作。正式开通并开始进行结算的社区融合媒体业务主要集中在北京、天津及上海，北京、天津、上海三市涉及社区数量284个，涉及建设机柜数量2246个，三地交付移动验收基站数量2734个，其他飞箱灯杆贴面等488个，合计为中国移动提供基站数量为2734处。该业务特点是“三步走”和“双梯度”。第一步为中国移动省公司搭建试验站，逐步获得省移动公司工程规划建设部门认同并开始洽谈合同。第二步框架合作合同签署，此项工作涉及合作伙伴，协调难度大、周期长、人员多、级别高。北京、天津、上海合同签署均向当地移动公司的总经理进行汇报。第三步移动提供需求，开始社区物业洽谈、合同签署、进场施工、工程验收、移交运维、确定应收款等工作。“双梯度”，就是“每一步”保持“双梯度”组合发展推进，第一步“实验站”和“合同签署”双梯度，北京、天津、上海十年累计合同额过亿元；第二步“合同签署”和“需求实施”双梯度；第三步“订单回款”和“二期框架合同”双梯度。2020年，北京中广在北京、天津、上海拥有284个社区合作伙伴客户，围绕这批新客户北京中广将开展非遗文化体验、青少年公共文化体验活动等各类文化活动走基层、进社区的拓展策略，从小处着眼为全国文化中心建设贡献力量。

三、开展公务用车车载电视安装

按照“老客户做新业务，新客户做老业务”原则，拓展工信部、全国人大、中央人民政府驻香港联络办公室北京办事处等“新客户”。在车载电视这个传统“老业务”上，拓展安全部、人民日报社、最高人民法院、公安部等客户。

（北京中广传播有限公司）

西城区融媒体中心概况

西城区融媒体中心（原西城区新闻中心）成立于1988年3月。1992年1月10日，《北京西城报》创刊。2004年，北京电视台公共频道《都市阳光 缤纷西城》栏目正式开播。2010年7月，区划调整，西城区和宣武区合并。2018年7月16日，在原区新闻中心基础上加挂北京市西城区融媒体中心牌子。2019年3月30日，根据市委、市政府批准的《北京市西城区机构改革方案》，在北京市西城区新闻中心（区融媒体中心）的基础上，组建北京市西城区融媒体中心（简称区融媒体中心），作为区政府直属相当正处级公益一类财政补助事业单位，归口区委宣传部领导。区融媒体中心内设12个科室，事业编制60名。2020年，西城区融媒体中心顺利完成融媒建设项目，并于9月入驻位于西城区太平桥大街107号的新办公区。

2020年主要工作：

西城区融媒体中心坚持移动优先，拓展宣传平台，提升宣传覆盖面和影响力。在守好传统媒体舆论阵地的同时，积极拓展互联网平台，现有“北京西城”微信公众号、北京日报北京号、“人民网·北京西城”、今日头条客户端、抖音、快手、微视、央视频、腾讯视频号、新华号、企鹅号、天天快报等12个新媒体平台账号，形成各平台共同发声，多渠道传播工作格局。全年“北京西城”新媒体全平台共发布8566篇（次），阅读播放量10.9亿次，点赞量5200万次。“北京西城”微信公众号一年来粉丝增长15万，现有粉丝超过34万。以短视频为突破口，策划制作短视频649部，实现深耕日播，传播西城声音，提升西城形象。全年抖音阅读量1.16亿次，粉丝从1.1万增长到58.6万；快手阅读量7.03亿次，粉丝从25个增加到156万。中心荣获新华网评选的“2020年最具影响力县级融媒号奖”，荣获北京日报客户端“北京号”颁发的“最具成长力”奖，荣获北京市突发事件应急委员会办公室和北京市安全生产委员会办公室联合颁发的“2020‘应急宣传进万家’工作优秀新闻报道单位”称号，“探寻IN西城”系列微视频作品荣获北京市广播电视局“文化传播优秀作品”奖，荣获北京广播电视台颁发的《走进北京网红打卡地》之“拔草行动VLOG挑战赛”“最美VLOG”奖，荣获快手评选的“2020年区域优秀传播力奖”，荣获抖音评选的“优质内容创作奖”，荣获光明网评选的“优秀短视频作品奖”。

《北京西城报》全年共出报143期，刊发稿件3400余篇。共开设包括“抗疫先锋”“让党旗在防控疫情斗争第一线高高飘扬”“坚决打赢疫情防控阻击战”“社区防疫访谈”“决胜全面小康 决战脱贫攻坚”“我的小康生活”“接诉即办”“‘十三五’成就巡礼”“推进垃圾分类 建设美好西城”“学习宣传贯彻五中全会精神”“展望‘十四五’ 奋进新征程”“西城光阴”“阅读阁”“文化汇”等20余个重点栏目。先后组织、协调、接待中央市属媒体对西城区重点工作、重要活动，如市级区级两会、疫情防控、复工复产、新总规落地、历史文化名城保护、优化营商环境 学习贯彻十九届五中全会精神、垃圾分类、物业条例实施、疏整促、街区更新、接诉即办、两区建设等65场次1000人次的集中采访报道。外宣报道累计4694篇条。

全年电视新闻报道总量达993条，其中中央电视台播发节目41条，北京电视台播发节目952条（含北京新闻79条，北京您早、特别关注、都市晚高峰、首都经济报道等369条，都市阳光504条）。

西城政府网《西城动态》和《西城动态图片信息》栏目全年发布新闻3000多条，其中翻译发布英语新闻180条、图片新闻239条，为首都之窗网站上《区县热点》栏目提供新闻信息600多条。编辑出版《西城文苑》《西城画苑》季刊。

（西城区融媒体中心）

东城区融媒体中心概况

东城区融媒体中心于2018年7月6日正式挂牌成立，2019年完成机构改革，是区政府直属相当正处级财政补助公益一类事业单位，归口区委宣传部领导。承担本区新闻采访和发布工作。区融媒体中心设10个内设机构，编制60人，实有47人。10月24日，区融媒体中心正式迁址北京市东城区东四北大街265号文化金融大厦，完成合并机构一个地址化办公。

2020年主要工作：

一、融媒系统建设

8月，启动“东城区融媒体中心演播室装修改造”项目及“东城区融媒体中心建设”项目工程建设，项目建设周期半年。“东城区融媒体中心演播室装修改造”项目占地面积387平方米，用于融媒体中心“中心厨房”、演播室及机房建设，由北京华建安邦建设工程有限公司承建，项目资金113万元。“东城区融媒体中心建设”项目包括融媒体中心“中心厨房”系统平台建设及演播室、采编大厅硬件设备配置，由成都索贝科技股份有限公司承建，项目资金976万元。项目系统基于云架构模式设计，构建支持多渠道素材来源、融媒体管理、融媒体生产的新闻采编播存管一体化服务体系。建成后，可实现“内容采集多样化”“节目生产便捷化”“新闻生产工具移动化”“发布渠道多元化”“指挥调度可视化”五方面基本功能。

二、全媒体宣传

2020年，北京广播电视台新闻频道共播出《都市阳光》366期，播出东城区新闻686条。自1月底新冠肺炎疫情发生以来，《都市阳光》栏目推出“抗击疫情 众志成城”专栏，记者深入医院、社区、商超等地，用镜头记录抗疫一线涌现的感人事迹。为适应媒体融合发展新趋势，2020年，《都市阳光》栏目策划推出“都市现场”和“都视窗”两个短视频专栏，全年共播出短视频作品50部。

2020年疫情防控期间，“美丽东城”网络电视平台推出《齐心战“疫”》《共迎花开》《防疫新形式》37集系列专题战疫节目，引起广泛关注。在讲好中国故事创意传播大赛的全国总决赛中，作品《老胡同的尘封档案》荣获北京赛区三等奖。在2020年度北京市区级融媒体中心收听收看优秀作品评选中，“讲好中国故事”系列视频被评为文化传播优秀作品。《我爱东城》微视频全年累计播发21期，其中《东四胡同博物馆》《三里河公园》先后被央视频、新华社、“学习强国”客户端转发，其中新华社客户端的浏览量分别达到35.6万次和34.9万次。《全面建成小康社会“百城千县万村调研行”之古都胡同里的小康生活》特别报道，浏览量100万次。《东城探秘》“跟我去寻访——探访东城区爱国主义基地”系列节目全年播出9期，其中《东城探秘——探访华侨历史博物馆》和《东城探秘——北京文博交流馆》在“北京东城”官方微博浏览量分别为35.1万次和33.1万次。

2020年，依托“1+18+N”全媒体平台，发挥媒体融合报道优势，开展各项新闻宣传工作，做大做强正面宣传，形成融媒体宣传合力。全年在各类媒体上发稿共29877篇，同比增长115%。在中央及市属媒体发稿6812篇，在区属媒体发稿23065篇。积极推进区级融媒体中心建设，建设与核心区地位相匹配的区级融媒体中心。

2020年，“北京东城”官方微博在新浪平台发布微博8132条，获得阅读量1.5亿次，累计粉丝超81.9万人。“北京东城”微信公众号累计推送内容2072条，阅读量达204万余次。“北京东城”抖音、快手、微视号累计发布视频531条，播放量超7441万次。年内开通并认证“北京东城”微信视频号。年初，在新浪微博、今日头条上线话题5个，累计阅读量16988.6万次。截至12月31日，“北京东城”App累计用户数140558人。2020年，新增用户数128789人，累计日活跃用户281611。发布图文信息共计8782条，视频1206部，直播235场，头版故事28条，开屏广告201条，抽奖活动37期，线上线下征集互动活动6场，上线“东城社工：防疫在行动”“文明东城 你我共建”“走向我们的小康生活”“王府井故事”“老字号 新生活”等专题41个。

2020年，《新东城报》全年共出刊100期，开设各类专栏50余个，同比增长1.5倍；刊载专栏报道342篇，同比增长76%；刊登专题类报道129篇。2020年，围绕新冠肺炎疫情防控工作，以防疫战疫、暖心服务、市场供应、复工复产、典型经验、突出人物等为主要内容，开设“记者走一线”“战‘疫’线”“东城社工”“复工复产促发展”等疫情防控工作专栏、专题15个，刊发各类稿件共计1.3万余篇。《新东城报》与“学习强国”、“北京日报——北京号”、“歌华北京云”、“北京东城”App、“北京东城”官微等新媒体平台互动，拓宽报纸承载容量，增强宣传报道力度和影响力。

（东城区融媒体中心）

朝阳区融媒体中心概况

朝阳区融媒体中心于2018年6月19日挂牌成立，2019年4月11日正式揭牌，前身是朝阳区广播电视新闻中心。建有“北京朝阳”客户端、微信、微博、报纸（朝阳报）、电视（朝阳有线）、“朝阳群众”抖音、快手和新闻网在内的全媒体平台，总人数168名，是北京市率先实行全员聘用制的区级广播电视新闻机构。中心下设办公室（保密科）、总编室、人事科、财务科、资料室、新闻科、电视采访科、电视摄像科、电视编辑科、电视技术保障科、报纸采访科、报纸编辑科。新媒体端粉丝数超过330万、内容浏览量超过8.7亿。

2020年主要工作：

一、机制驱动融合，形成“流程再造”

朝阳区将新闻外宣、媒体舆情监测与应对、突发事件新闻应急处置和新媒体建设等，与新闻宣传工作有关的内容“融合”在区融媒体中心，一体推进工作，有效推动了体制机制的建设和完善。

一是健全工作流程。“朝阳融媒”建有报纸、电视、新闻网、微博、微信、客户端、短视频的区级全媒体矩阵。打破原有工作流程，打破不同平台界限，优化顶层设计，形成“策、采、编、发、存、评”融媒体工作流程，以新闻会商调度会为工作中枢，充分发挥会商、统筹、调度作用，确定重点宣传方向、选题内容，明确新闻产品类型、人员安排，明确选题负责人，形成“流程再造”的“朝阳模式”，实现“一次采集、多种生成、多元传播”。

二是建立工作机制。围绕“策、采、编、发、存、评”工作流程，建立6项工作机制，即选题报送机制、总编辑协调机制、每日会商机制、分级审核机制、效果反馈机制、绩效分类管理机制，确保全流程工作顺利推进；优化N个分流程，新闻宣传、新闻发布、突发事件新闻应急联动处置和媒体舆情监测与处置等流程，各项工作闭环处置。

二、技术驱动融合，改革媒体供给侧

为解决分散办公带来的信息交流少、宣传策划联动不足等问题，着手建设“朝阳融媒”

的数据化信息系统。

一是建设技术平台。改造升级原有9个系统，研发上线指挥调度、稿件编辑、舆情大数据、新闻大数据云服务4个系统，构建由13个系统组成的“朝阳融媒”技术矩阵，贯穿融媒体生产全流程，具有选题汇聚、任务分发、内容制作、进度查询、平台发布、媒资管理、信息回传、现场连线、数据分析、舆情监测与预警等功能。

二是突出“移动端优先”。集中力量打造“北京朝阳”客户端，人力、财力、物力全部向移动端倾斜，新闻内容、新闻产品在移动端先发、快发。“北京朝阳”客户端有粉丝190万，2020年上半年发稿数量与2019年同比增长1.4倍、阅读量增长28倍、粉丝数增长9.4倍，平台的传播力、影响力显著提升。

三是拓展“新闻+”内容。融媒体中心从新闻宣传向综合服务平台拓展，不断丰富“新闻+政务”“新闻+服务”“新闻+舆情”“新闻+活动”等内容。“北京朝阳”App有政务服务和生活服务2128项，在“新闻+政务”方面，积极参与智慧政务建设，与区政府服务局、科信局、区民政局等部门对接，实现现有在线政务服务应接尽接，为用户提供“一站式”政务服务；在“新闻+服务”方面，整合区域资源，提供医疗、交通、教育、就业、法律、绿化、卫生、缴费、活动、场馆预约、出行、便民查询等生活服务类信息；在“新闻+舆情”方面，与区两办督查室、区监督中心等部门对接，在“北京朝阳”客户端、“北京朝阳”微博，开设“市民诉求中心”，通过“市民诉求→部门处理→信息反馈”的闭环处置流程，实现“民有所呼、我有所应”；在“新闻+活动”方面，第一，根据“每周有活动、每月有主题”的工作安排，在客户端、微信、微博等新媒体平台开展活动，满足新时代人民群众的精神文化需求；第二，开设新时代文明实践中心网上平台，与新时代文明实践中心互联互通，全区街道、社区级文明实践站（所）进驻，开展线上、线下实践活动。

三、渠道驱动融合，提升聚合影响力

区融媒体中心既要做内容生产的“生力军”，又是汇聚传递优秀内容的“中转站”，融通传播渠道，实现1+1+1 > 3的宣传效果。

一是立足自身平台，提升政务媒体“四力”。一方面，区融媒体中心立足平台建设，不断丰富完善平台建设，有效发挥主流舆论阵地和信息枢纽作用。在集中力量建设客户端的同时，2020年上半年，新闻播出量是上年同期1.7倍；《朝阳报》加大专刊特刊策划出刊力度，刊发版面同比增加1.08倍；“北京朝阳”微信发稿量是上年同期5倍、阅读量是上年同期20倍；“抖音”平台发布视频数量是上年同期1.9倍、浏览量超100万视频数量为4.8倍；2020年3月上线“快手”平台，浏览量超千万2条、超百万4条、超十万46条。疫情防控宣传期间，对接中央、市属有关媒体围绕朝阳区疫情防控工作宣传报道共计4700余篇次；中心各平台相关宣传报道1.3万篇次，新媒体端浏览量超过3.6亿，其中原创作品浏览量超千万2条、超百万50条；融媒体各分中心推送相关内容1.4万条/次。

二是融通媒体渠道，讲好朝阳故事。一方面，融通人民日报、新华社、中央电视台、人民网、北京日报等媒体渠道，传播“朝阳声音”。2020年疫情防控宣传，与央视新闻策划朝阳疾控90后党员奋战抗疫一线的“90后姑娘熬夜战疫胖了十几斤”报道，全网播放量1.6亿、百度热搜榜第一名；另一方面，入驻今日头条、企鹅号、抖音、快手等平台，提升新闻产品传播效果。“朝阳群众”抖音号坚持内容原创，平台作品分别获“2019年度中国融媒体创新产品”“2019年北京市法治动漫微视频作品”“2019全国区县融媒体中心优秀案例”“北京市2019年度优秀融媒短视频”等奖项。“朝阳群众”快手号2020年3月上线，推出的短视频《首批离汉进京的“朝阳群众”，欢迎回家》《给这位朝阳转运点90后小哥哥点赞！》浏览量分别超过4000万和3000万。

三是充分发挥分中心作用，打通新闻宣传“最后一公里”。朝阳区融媒体中心落实党管媒体原则，成立之初就在委办局、街乡建设分中心，形成“1+43+N”多层次多点架构（1即区融媒体中心，43即全区43个街乡，N即委办局），实现对区域街乡“全覆盖”“全管理”，打通新闻宣传“最后一公里”，实现新闻宣传内容“同频共振”，切实将党的声音层层放大，切实把党的部署层层落实。2020年，围绕疫情防控工作中的动态信息、典型事例、典型人物、基层党支部和党员发挥先锋模范作用等方面内容，策划宣传报道476次，共同转发各类公告、媒体报道等90余次，形成强大宣传合力。

四、效果驱动融合，提升人员“四力”

一是追求新闻精品。“朝阳融媒”围绕“新国展朝阳转运点转运工作”这一宣传内容，在新媒体端制作推送短视频、海报、图文等不同形式新媒体产品，新媒体端浏览量约3700万；报纸、电视刊发（播出）“困难，我们克服 温暖，送给需要的你”“归国留学生新国展朝阳转运点参加志愿服务——青春在战‘疫’中闪光”等有温度、有深度的报道内容，报道内容呈现第一波的“快”、第二波的“全”、第三波的“深”，同一宣传内容在不同平台的“差异化”传播。

二是人员能力重塑。制定中心人才培养方案和年度培训计划，加强人员“脚力、眼力、脑力、笔力”培训，为记者配备“采访包”，着力培育“一专多能”“全媒型”的融媒人才，引导现有人员自我转型、能力重塑，发挥“采访小组”的人员组合优势，让新闻产品“飞入寻常百姓家”。为做好朝阳区疾控中心抗击疫情的纪实报道，记者“蹲点”多日探访，从“集结”“流调”“交锋”“战斗”四个方面，对疾控中心工作人员的工作状态、精神面貌、科学方法等内容进行深入采访，形成“越是风险高的地方越是我们的战场”“朝阳疾控‘猎毒’三剑客”“面对疫情‘大考’朝阳疾控人努力答卷”等系列报道。

三是优化绩效管理。2020年4月，上线绩效考评系统，引入互联网思维，突出“移动端优先”，将首发时间、阅读量、点赞量、全网转发量等体现传播效果的指标作为绩效考核维度。同时，根据新闻报道类型进行加权，形成“基础稿酬+优稿优酬”的科学考核方式。

（朝阳区融媒体中心）

海淀区融媒体中心概况

海淀区新闻中心于2006年2月28日成立，在撤销原海淀区广电中心和原《海淀报》社建制的基础上由两个单位合并而成，是区委区政府所属相当正处级全额拨款事业单位。2018年7月21日海淀区融媒体中心正式挂牌运行。

2020年主要工作：

一、新闻舆论工作

2020年，海淀区融媒体中心策划重大主题宣传，“扶贫攻坚”系列刊播发新闻作品900余篇（条），“垃圾分类”系列刊播发新闻作品1000余篇（条），传统文化节日主题宣传特色鲜明。重点工作宣传浓墨重彩，中关村科学城北区建设、“接诉即办”、“扫黑除恶”专项斗争、优化营商环境、创建国家卫生区评估验收等报道精彩纷呈。重大活动报道有声有色，北京服贸会、中关村论坛、全国双创周、第四届中国“网络文学+”大会、北京国际游戏创新大会、“悦动海淀消费季”、中关村舞剧节、首届海淀社区消费节等报道人气爆棚。民生宣传传递温暖，“改善群众居住条件”“方便市民出行”“营造和谐宜居环境”“提高公共服务水平”“提升社区生活便利性”“促进社会保障”“确保群众生活安全”“美丽乡村建设”等报道，突出“办实事、暖民心”。

2020年全年，海淀区融媒体中心传播矩阵的发稿数量、访问量大幅提升，共发稿11万多篇，是上年同期的1.5倍，接近《北京日报》客户端同期发稿量的80%；访问量达100.3亿次，与上年同期相比增加70%。其中，播放量过千万短视频68条；共有564篇作品被“学习强国”采用，相当于2019年全年在“学习强国”北京平台上发稿总量（220篇）的近2.6倍；“海淀新闻”微博账号、“北京海淀”微信公众号、“海淀抖一抖”抖音号、“海淀第一手”快手号、海淀网、掌上海淀移动客户端等新媒体平台影响力持续上升，粉丝量、阅读量均实现近20%增长；“一报两刊”共出版报纸246期，开办各类专栏30个，其中刊发记者稿件5000余篇，400余万字；完成365期电视《海淀新闻》，播出新闻3600余条，在中央台及北京台播出新闻200条。《海淀24小时》《援藏路上》获得北京新闻奖，《中外文化的典范——五塔寺》获评2020年第三季度北京市广播电视创新创优节目；《扶贫路上的“拼命三娘”》获得北京市广播电视局2020年第三季度优秀广播电视作品奖。

二、发挥“四全媒体”优势，投身战“疫”报道

在2020年的战“疫”宣传报道中，海淀区融媒体中心围绕更好地引导群众和服务群众，发挥“四全媒体”优势，创新形式，融合传播，突出成效，打好主流舆论阵地保卫战。战“疫”报道中，有关频道、版面、新媒体联动，采取图文系列报道、大型专题、H5、短视频、动画、直播、微博话题、Vlog等多种形式，努力创作群众喜闻乐见的作品。到2020年9月中旬，共刊发关于疫情防控的新闻报道和抗疫信息23322条，总访问量超过16亿。其中，原创短视频《你“戴”起来真好看》播放量超过4600万。

三、融媒平台建设取得重大进展，迈入智媒时代

2020服贸会期间全新上线的“海淀云”“掌上海淀”智能客户端，通过综合应用大数据、区块链、人工智能技术，整合区域内的人、事、物信息，形成智慧全媒体生态体系。这是海淀区融媒体中心平台建设取得的最新成果，标志着中心全面迈入智媒时代，能力和水平进一步提升。作为全市首个区级智慧媒体生产平台，“海淀云”将为“掌上海淀”智能客户端提供强有力的内容生产支撑，更好发挥“掌上海淀”智能客户端全区为民、为企服务“总入口”的作用。同时，海淀区融媒体中心与中关村科学城城市大脑公司共建“智慧城市融媒实验室”、与中国电信共建“5G融媒实验室”、与科大讯飞共建“AI融媒实验室”，为客户端新应用场景开发提供技术支持。

四、海淀融媒首家街镇分中心挂牌成立

10月13日上午，香山街道融媒体中心（海淀融媒香山街道分中心）正式揭牌，海淀区融媒体中心与香山街道办事处签约，深入开展媒体融合合作。这是海淀区融媒体中心的第一家街镇分中心，是海淀区融媒体中心和街镇宣传工作深入融合的一次尝试，进一步整合和提升香山街道的宣传力量，为区融媒体中心当好社区信息枢纽，打通引导群众和服务群众“最后一公里”提供下沉平台。

五、创新业务形态，锤炼综合服务新本领

结合疫情防控和复工达产，把握新兴传播技术的风口，海淀区融媒体中心创新推出政务直播、“海淀融媒发布厅”等新的业务形态，探索会、展、节等新的经营方式，打造“你好，北区”等新的传播品牌，拓展综合服务新本领。共开展80多场网络直播，观看人数达2.3亿。其中，“才聚云端”系列云招聘12场直播，共有300多家中关村科学城领军企业参与，4500万人次网友观看，区委书记、区长等5位区领导亲自走进直播间为企业揽才，“云招聘”创新模式吸引了央视《新闻联播》《晚间新闻》《东方时空》《24小时》《第一时间》等中央及市属媒体报道，发挥了行业示范带动作用。上线“海淀融媒发布厅”，聚焦海淀区新政策、新项目、新科技、新产品、新经验，服务政府、企业、基层信息发布。精心策划“你好，北区”大型系列“场景＋体验＋互动”式宣传推介活动，共举办了6场，总访问量超过3600万。

（海淀区融媒体中心）

丰台区融媒体中心概况

丰台区融媒体中心的前身是丰台区广播站，成立于1957年2月，2001年11月更名为北京市丰台区广播电视中心。2019年7月5日，丰台区融媒体中心正式挂牌。

2020年主要工作：

一、融合报道突出重点，主题主线宣传成效显著

深入细致开展疫情防控宣传动员。落实“四方责任”，全员“下沉社区”，创建“零感染”单位。扎实推进全面抓防控、全力抗疫情、全效做宣传。创意载体，全息宣传。“北京丰台”客户端专门开设《疫情防控 我们必胜》专栏。与新华社互动合作，精心策划制作“抗疫群英谱”系列短视频，累计推送31部短视频。组织动员280多名社区新闻发声人和家人一起用手机记录居家防控、亲子互动、邻里互助各类微视频。每周两期编发《丰台报》疫情防控特刊，坚持出版30期，累计发行180万份，手递手送进2万多户群众家里，向4个街道乡镇集中隔离观察点派送，在全区300多处社区张贴，拓宽防疫宣传效果。《丰台新闻》采编播发121期、513条疫情防控专题报道，开设“融媒记者在疫线”专栏，增强疫情防控期间新闻宣传的时度效。阻击防控新发地疫情。6月15日，组建疫情防控宣传、短视频制作、市场影像留存、下沉社区4个工作专班。每日组织5人次驻守，30天全程拍摄50多个小时视频素材。制作完成《疫情期间餐饮、市场、食堂消毒指引》7部公共环境消毒指引宣传片，专题汇报影像视频1部。

多措并举助力丰台区申创国家卫生区。“北京丰台”客户端、《丰台报》、《丰台新闻》开设“创卫在行动”等7个专栏。开展“创建国家卫生区，共建文明新丰台——绽放丰台之美”主题公益活动，全区394个社区近2万居民参与活动。组织“清洁家园、健康生活”短视频优秀作品征集活动，征集作品500部，总播放量145.9万。

二、融媒产品突出亮点，创新创优内容技术形式

社区微直播体验再升级。明确了打造“小而美”的社区微直播这一产品定位。全年开展“丰台邀您来做客”“垃圾分类我先行”“京戏云剧场”“助残脱贫决胜小康”等系列网络直播，取得了很好的传播效果。百姓短视频孵化众多“网红”产品。坚持以短视频为突破口，以百姓视角制作接地气百姓短视频51部，总浏览量过1亿次。持续推出“快来看丰台”系列城市形象微视频和系列4K微纪录片，策划制作各具特色、传播力强的“云朗读”音频、快闪和公益广告等融媒体创新创优产品。创新实践“融媒云转播”“实景云党课”。首次联合打造新时代党员教育培训平台。运用云转播技术，呈现“5G场景+课堂实景”，首次推出场景式、情境式融媒云转播实景党课2场。

三、全员发动突出引导，建优建强融媒宣传队伍

推进全区“一三三”融媒体宣传工作体系建设。以丰台科技园区、丽泽金融商务区、宛平城地区三个融媒体分中心为重点，在全区基层单位，以及社区（村）规划建立300个左右“基层新闻采集点”。在方庄、东高地、宛平城等街道建立6个“社区新闻发声人”工作室，在北京汽车博物馆、丰台职业技术学校、“时代风帆”楼宇党支部设立融媒体创新工作室。赋能社区新闻发声人，讲好丰台故事，传播好丰台声音。初步建立起覆盖全区21个街乡镇的社区新闻发声人队伍，人数规模突破1000人。对来自全区350个社区（村）的近1000名社区群众进行培训，开展首批丰台社区新闻发声人骨干实操班培训，把指导、培养“新闻发声人”作为经常性工作。

四、全媒平台突出本地化，提高主流媒体传播力

以自身主流媒体为核心，聚力各大媒体平台，打造全媒体矩阵，总用户量突破500万。“客户端”创新运营，“三个中心”高效联动。创新“北京丰台”客户端推广运营，持续推进区域媒体一体化发展。新时代文明实践中心、融媒体中心和政务服务中心“三个中心”合力联动，有效推动“新闻+政务服务商务”功能聚合，截至年底，客户端下载量突破67万，占丰台区常住人口的1/3。

（丰台区融媒体中心）

石景山区融媒体中心概况

石景山区融媒体中心成立于1987年12月，前身为石景山广播电视局，2001年10月更名为石景山区广播电视中心。2018年6月6日，石景山区融媒体中心正式挂牌，包括石景山有线电视、石景山报编辑部、新媒体中心三个宣传平台。2019 年 3 月，石景山区编办正式批复融媒体中心“三定”方案。设总编室、采编中心、新媒体制作部、客户端运营部等 12 个内设机构和 1 个直属科级事业单位。10 月，《石景山报》编辑部、《石景山工作》编辑部、新媒体中心正式转隶区融媒体中心。

2020 年主要工作：

一、融媒体技术平台获评省部级科技创新优秀奖

开发建设了融媒体指挥运行信息系统。系统除具有线索云、选题报题、任务管理、即时通讯、移动采编、传播分析等基本功能外，还具有以下三个特点：一是打破传统媒体和新媒体之间的技术壁垒，实现传统媒体和新媒体资源共享；二是布设微运营管理模块，将区域内微信公众号纳入融媒体中心指挥运行平台，对其运营状况实行监测监控；三是布设绩效考核模块，实现量化考核与效果评价相结合，强化绩效考核的科学性、合理性和客观性。该项目被国家科学技术奖励工作办公室和中国广播电视设备工业协会评为科技创新优秀奖。

二、区融媒体中心、政务服务中心、新时代文明实践中心全面贯通

“北京石景山”App 在首页显著位置开设了文明实践中心、政务服务、便民服务、“12345”等功能入口，可为用户提供 1120 余项政务咨询查询服务和 650 项政务服务，其中主题服务 60 项、职能办理 50 项，以及 100 项便民服务和投诉问政服务，每月网上审批突破了万件，实现了网上办事、投诉问政、文明实践中心点单派单服务等功能。

三、“北京石景山”App 建设显著提升

2019 年年底，“北京石景山”App 上架运营后下载量仅有 1200 余。2020 年，结合统筹疫情防控和经济社会发展，组织开展“空中课堂”“创城有奖答题”“点赞石景山”等线上推广活动，大大增加了市民参与热情。同时，在App设立“网上12345”“百窗评价”“石时评”“投诉建议”“发个身边”等问政监督栏目，增加百姓问政功能，App 下载量以较快速度增长。下载量为 72110 人，占全区常住人口的 12.2%，十个月内增长 50 余倍；注册用户 44951 人，注册率为 62.3%；日活 2300，日活率 3.2%。

区委宣传部印发文件明确“北京石景山”App 为权威信息发布平台，实现了重大信息首发。开设了“石景山号”，九个街道全部入驻，开设《石景山报》《石景山工作》移动客户端频道。《石景山新闻》在“北京石景山”App 实现同步直播。

四、新媒体内容生产能力显著提高

2020 年，“北京石景山”App 发布各类稿件 4600 余篇，其中，原创稿件 3200 余篇，占发稿量的 69%。“北京石景山”微信公众号发布稿件 5100 余篇，其中，原创稿件 3200 余篇，占发稿量的 62.7%。微信阅读量最高近 5 万，微博阅读量最高 100 万，抖音播放量最高达 1247 万，点赞量最高达 73 万。

五、融媒宣传工作情况

截至 10 月底，石景山有线电视播发新闻 3506 条，电视栏目 140 余期，在央视和北京电视台播发新闻 200 余条，其中，“接诉即办 牵引首都基层治理创新一分钟”在央视头条播出，“北京冬奥社区建设真冰场”“石景山出台 15 条优惠政策 首批支持企业资金 3.86 亿元”等 8 条新闻，上《北京新闻》提要。《石景山报》出刊 92 期，新闻千余条；新媒体平台推送各类信息近万条。中心制作的《走向我们的小康生活系列》《同心抗“疫”》《战疫有我》系列公益广告分别获北京市扶贫项目电视作品三类及优秀奖，中心获北京市广电局公益广告扶持项目二类传播机构。

1. 聚焦打赢三大攻坚战、抓好“三件大事”，大力开展主题宣传

在各宣传平台同步推出“携手奔小康”记者走一线系列报道。摄制组4次深入条件艰苦的对接地区，聚焦支撑点，聚焦优势产业，开展扶贫宣传。电视播出专题节目10余期；报纸刊发相关报道10余条；《石景山工作》刊发稿件13篇；微信、微博、客户端开设《携手奔小康》《走向我们的幸福生活》《现场报道》专栏，累计发布扶贫信息120余篇。

“北京石景山”微信公众号、石景山有线电视同步开设“三大攻坚战”专栏，围绕防范化解金融风险、债券风险、生态环境风险、区内森林绿化、空气质量等多个方面开展宣传，电视播发相关新闻百余条、微信发布稿件40余篇。《石景山工作》刊登相关文章6篇。《石景山报》把环保和创森、创城工作有机结合，刊发环保相关报道20余条，专版4块。开设举案说法专刊专栏，与区金融办共同举办“守住钱袋子，护好幸福家”专栏，共刊登金融防范知识4期。石景山有线电视与区政法委合作《法制聚焦》栏目，将金融安全宣传与扫黑除恶、普法宣传等活动相结合，普及法律知识、推进法治建设。

2. 聚焦全区各项重点工作，主动出击，深度策划

围绕创建全国文明城区、服务保障冬奥、“街道吹哨，部门报到”、12345接诉即办等全区中心工作，发挥融媒体优势，开展多角度、立体化宣传。在石景山有线电视、石景山报、北京石景山微信公众号等平台开设《坚持高质量发展 高水平打造首都城市西大门》《创城为民 创城惠民》《民有所呼 我有所应》《垃圾分类、物业管理》《创建国家森林城市》《冬奥让城市更美好》《开启高端绿色发展新征程》等重点栏目，共计播发相关新闻近5000条。

3. 聚焦疫情防控，发挥融媒优势，助力防疫攻坚战

新冠肺炎疫情发生后，石景山区融媒体中心按照市委、区委的部署，举全中心之力、融全媒体之能持续开展疫情抗击、防控、统筹推进复工复产等全过程、全景式专题宣传报道。

《石景山新闻》开设《切实履行“四方责任”坚决打赢疫情防控阻击战》《战“疫”有我》《最美逆行者》《人大代表在行动》等主题专栏，并在《融媒资讯》板块每日发布抗击疫情、科学防护知识等相关资讯。《今日视点》栏目推出“抗疫”系列专题报道。累计播发相关新闻1000余条，《今日视点》30余期。《石景山报》开办“心手相连，打赢抗击疫情人民战争”专版、“来自抗疫一线的报道”专版，全景展现区抗疫战线的感人事迹，共刊发稿件300余篇。“北京石景山”微信公众号开设专栏《石景山战“疫”》发布信息700余条；抖音快手开设《众志成城 共战疫情》《石景山战“疫”》等专题，发布抖音200余条，其中，《北京石景山古城大街市民驻足 汽车鸣笛默哀》抖音播放量307万；微视频纪实创作的《直击现场：新国展入境旅客集散点 感受石景山的严谨与温度》《石景山区社会各界深切悼念抗击新冠肺炎疫情斗争牺牲烈士和逝世同胞》等作品阅读量达上百万，原创诗朗诵音配画作品《致敬终南山》抖音播放量55.5万。

（石景山区融媒体中心）

门头沟区融媒体中心概况

门头沟区融媒体中心的前身是门头沟广播站，成立于1958年7月，2002年5月更名为区广播电视中心。2018年6月30日，门头沟区融媒体中心正式挂牌。

2020年主要工作：

一、围绕重点工作形成宣传强势

2020年，门头沟区融媒体中心围绕疫情防控、创建全国文明城区迎检、打造“红色门头沟”党建品牌和“绿水青山门头沟”城市品牌、推进“三四三六”工程、脱贫攻坚、精品民宿、优化营商环境、“接诉即办”等重点工作，以动态报道、专题报道、政策解读等形式，开设专栏、专版，利用多媒体平台全方位、多角度进行宣传，以宣传工作助力打造“红色门头沟”和“绿水青山门头沟”两大品牌，助推“五个之城”创建。

面对2020年突如其来的新冠肺炎疫情，门头沟区融媒体中心成立疫情防控宣传工作领导小组和工作专班，紧紧围绕门头沟区贯彻落实“四方责任”联防联控措施成效，认真研究安排新闻宣传和舆论引导工作。积极响应，迅速行动，1月28日，在区级媒体中第一家并机直播北京电视台科教频道《众志成城 抗击疫情》特别节目，同时积极利用“一台一报两微一端”等多媒体宣传平台，开设“讲奉献 争第一 众志成城抗击疫情”“讲奉献争第一 坚决打赢抗击疫情阻击战”“战疫有我 统一战线的故事”等专栏专版，推送区疫情防控相关新闻3000余条，制作播出多条疫情防控公益广告，在全区营造了抗击疫情的正能量。在北京广播电视台、北京日报客户端、“学习强国”主平台、光明网、《前线》杂志、北京人民广播电台、首都广播电视等中央市属媒体刊播800余条稿件，全方位多角度对门头沟区疫情防控工作进展情况及时进行宣传报道。

二、融媒体中心建设持续推进

2020年，门头沟区融媒体中心建设整体提速，通过市委宣传部组织的验收评估，取得突破性进展。按照“新媒体优先、融媒体跟进、全媒体发布”的原则，充分利用“两微一端一抖一头”、“学习强国”北京平台、北京日报客户端、前线客户端、光明网客户端等新媒体平台，打造优势互补、聚合共振的主流媒体，成为全市17家融媒体中心第一家接入“北京云・融媒体”平台的区级融媒。

三、推进“三个中心”贯通建设

按照市委宣传部贯通“三个中心”建设现场推进会指示精神及区委宣传部贯通落实协调会的要求，门头沟融媒体中心积极主动对接区级相关部门，以“门头沟融媒”App为平台，接入新时代文明实践中心，开设“自主点单”“镇街分餐”“区级送单”“百姓点评”功能；接入政务服务中心掌上办事大厅，提供13个镇街、43家委办局、58类服务事项的办事查询功能；积极推进“接诉即办”网络平台工作，全面实现了新闻传播、网络问政、政务服务、新时代文明实践志愿服务供需对接等各项功能，充分利用互联互通平台，助力打通宣传群众、教育群众、服务群众的“最后一公里”。

四、不断创新宣传形式

充分发挥手机移动端宣传阵地优势，推广网络直播新的宣传形式。截至12月底累计通过“门头沟融媒”App推送26场直播，内容涉及滞销农产品推广、精品民宿推介、复工复产复游、法律知识、档案知识等各个方面，有效助力全区经济复苏，助力营造和谐、有序、稳定的发展氛围。6月6日，“门头沟融媒”App首次通过5G网络传输对“北京消费季·嗨购门头沟”活动启动仪式进行了全程直播。通过多机位、多角度、深层次、全方位的直播宣传报道，极大地调动了群众的参与热情，让更多人了解门头沟、关注门头沟。

（门头沟区融媒体中心）

房山区融媒体中心概况

房山区融媒体中心成立于2001年11月，前身是房山县广播站、房山县人民政府广播科、房山区广播电视局。拥有房山电视台、房山人民广播电台和房山广电传媒网等传媒机构。2018年7月12日，房山区融媒体中心揭牌成立。

2020年主要工作：

一、坚持党管媒体，提高政治站位，巩固壮大主流思想舆论

自新冠肺炎疫情发生以来，房山区融媒体中心第一时间全媒体联动，充分宣传报道中央、市委、区委对疫情防控工作的决策部署，准确传递中央声音，及时发布权威信息，主动回应社会关切。广播、电视、报纸、北京房山微信公众号联合推出《抗击疫情 众志成城》专题专栏节目，开辟《战“疫”群英谱》专题板块；制作《战疫有我 房山在行动》《爱在你我间》《一路有你》等公益广告、微视频；“北京房山”App设置北京新冠肺炎疫情动态板块和“北京云·空中课堂”板块，及时提供疫情信息，为百姓提供便捷服务。

做好重大主题主线宣传报道。推出《辉煌“十三五” 奋进奔小康》《高扬的旗帜》《新起点的动员令》等一系列专题报道，展现房山区转型发展的新思路、新举措、新成就，以及房山百姓享受改革发展所带来的幸福感、获得感、安全感，为实现“厚积薄发”提供良好舆论氛围。

聚焦全区重点工作。围绕中央环保督查工作，广播、电视、报纸、微信公众号联合推出《中央生态环保督察在北京》挂牌专栏；以党建引领垃圾分类为主题，策划推出《党建引领聚合力 垃圾分类齐参与》挂牌专栏、《垃圾分类我先行》专题报道，开设《齐心协力抓好两个“关键小事” 努力建设和谐宜居美丽家园》《垃圾分类知识问答》等专题板块，加大“两条例”宣传报道；围绕美丽乡村建设、生态文明建设、制止饮食浪费、平安房山、健康房山等主题，制作推出《奋进新时代 美丽新房山》《“创森”进行时》《生态宜人 美丽房山》《乡村振兴进行时》《文明餐桌，从我做起》等专题专栏报道；推出短视频《大美房山——遇见春天》宣传片、《春晓》等融创作品，以不同形式展现房山区转型发展的新亮点和良好态势。

利用融媒体优势，切实加强以弘扬社会主义核心价值观为主题的宣传报道，结合春节、端午节等传统节日，制作《劳动者风采》《我们的幸福生活》《山乡有爱 青春无悔》等系列节目、专题节目以及《粽情端午》等短视频，弘扬中华优秀传统文化，鼓励广大人民群众坚定文化自信，创造美好生活。

二、坚持融合发展，形成强大合力，扎实推进融媒体中心建设

加快业务流程再造。制定《房山区融媒体中心运行方案》，从工作目标、运行机制、职责任务、工作要求等几个方面，对全媒体业务流程进行严格的规范化、标准化。

加快移动平台建设。“北京房山”App方面，通过融合广播、电视、报纸、微视频等资源，实现了资源融通、宣传互融；通过与区新时代文明实践中心、区政务服务中心对接，实现了“三个中心”融合贯通，开通了“12345”网络问政通道和新时代文明实践网络互动平台，对接政务服务项目40多项，大大提升了融媒体中心的宣传服务能力；同时，通过App进行的《书香飘京城 阅读颂小康》《大美房山 遇见春天》《网络安全同担 网络生活共享》等直播活动受到广泛关注，App下载量大幅度提升。抖音、微博、微信方面，围绕疫情防控、垃圾分类、美丽房山、民生实事等主题制作了一系列优秀的短视频和图文节目，特别是以“厚积薄发在房山”为主题，与区委网信办联合发起了“网络名人房山行”活动，不断输出优质内容，提升宣传效果。

加快融媒体项目建设。中心以打造“中央厨房”为目标，确立了指挥调度系统、信息安全系统、运维管理系统等八项融媒体技术系统建设项目，各项目均建设完成。

加强融媒体制度建设。为推进融媒体中心工作稳步发展，实现制度管人、制度管事，建立长效稳定的发展机制，中心制定了多项融媒体建设相关制度，实施了《新媒体管理办法》《“北京房山”抖音制作、播出管理办法》《首席制管理办法》《产业经营管理办法》《岗位聘用资格管理办法》《绩效考核方案》等，使各项工作科学化、标准化、规范化、精细化。

三、坚持创新服务，提升宣传质量，深入推进品牌创建工作

创新宣传手段。中心将媒体融合与品牌创建相结合，坚持“移动优先”理念，以工匠精神打造融媒体精品力作。《战“疫”群英谱》《高扬的旗帜》《一图读懂房山区政府工作报告》等融媒体产品，创新报道方式，加强文字、图片、短视频的运用力度，能够满足广播、电视、网站、微博、微信、客户端等多媒体平台发布，大大提升了传播力和影响力。

多措并举，提升节目质量。中心实施首席制，设置了首席编辑、首席记者、首席评论员等7个专业岗位，发挥优秀人才示范引领作用。同时，进一步加强选题策划，主动设置议题；实施责编、组长、部室负责人、主管领导四级审核制度；加强节目评优等方式，提升节目质量。与区外媒体沟通对接，与“学习强国”、北京日报、今日头条、党报头条等媒体平台建立长期联系。

四、坚持技术升级，加强维护管理，确保安全播出

定期对广播、电视制作播出系统、媒资管理系统、转播站、发射塔等重点环节进行检查，及时排除隐患。疫情防控期间，中心及时对100多个村的广播设备进行维修维护，确保城乡数字广播信息平台能够稳定运行。同时，进一步提升网络安全意识，加强对网络安全系统的监管监测，确保重要时期和日常期间的安全播出和网络安全工作。

按照北京市广电局《北京市地面数字电视覆盖网发展规划方案》的要求，中心成立项目建设小组，在规定时间内完成了房山区地面数字电视项目建设，完成了模拟无线电视的关停工作。

（房山区融媒体中心）

大兴区融媒体中心概况

大兴区融媒体中心，成立于2001年10月。其前身是大兴区广播站、大兴县人民政府广播科、大兴县广播电视局，2018年6月12日，大兴融媒体中心正式挂牌成立。

2020年主要工作：

一、做好新形势下新闻宣传工作

健全完善机制，牢牢守住意识形态阵地。结合新形势新要求，不断健全完善意识形态工作机制和考核机制，明确领导小组职责分工，定期分析研判意识形态领域风险，专题听取工作落实情况汇报。不断强化理论学习，通过理论中心组、党支部、部门等形式，深入开展新理论、新政策、新知识的学习研讨百余次，确保学习教育全员化、常态化、深入化。不断强化阵地管理，研究制定《新闻监审制度》《传统媒体管理制度》《新媒体管理制度》《“新闻线索网格员”机制》等多项制度，切实把好政治关、内容关、入口关、过程关、宣传关、处置关和问责关，切实守牢广播、电视、报纸、新媒体等各类媒体舆论阵地。

围绕服务中心，有效提升舆论引导能力。一是围绕中心，分阶段、有重点、推精品开展新闻专题系列报道。先后策划开设“抗击疫情　众志成城”“党旗飘飘抗疫一线”“精神文明创建专题专栏”“优异成绩献给党　庆祝建党99周年”“践行新国门意识　展现新大兴形象”“红色平南故事”“大兴人的小康生活”等专题、专栏、专刊60余个，采制新闻消息万余篇。二是突出重点，围绕疫情防控、复工复产、脱贫攻坚、临空经济区建设、精神文明城区创建、垃圾分类、物业管理等策划推出《前方高能！有关大兴文创企业的利好消息，这个直播不得不看！》《厉害了！京冀首次线上联手，为北京大兴国际机场临空经济区“云招商”》《垃圾分类首单罚款9000元！再不分，罚单就要追上来啦！》等多个系列融媒产品。顺利完成“向前一步”专题拍摄，策划拍摄“走向我们的幸福生活”系列纪实专题片4集。三是加强合作，与大兴区经济协作办公室、内蒙古自治区锡林郭勒盟、光明网联合推出“脱贫攻坚　共向小康”系列融媒体宣传活动，为区扶贫攻坚工作的顺利开展营造了良好舆论氛围。

反映社情民意，不断强化媒体监督功能。充分发挥《融媒内刊》的社会监督作用，围绕垃圾分类、停车难、消防隐患等社会和人们关注的焦点、难点问题，深入开展媒体调查，真实反映社情民意，增加“落实与反馈”板块，进一步促进了内刊曝光问题的解决和整改，得到了区领导和各相关单位的肯定和支持。从第32期起，由周刊改版为日刊，开设生态环保督察专刊，通过不断完善板块设置、增加出刊量，有效推动了媒体监督参与社会问题治理关口前移、“未诉先办”的效果。自2019年10月22日创刊以来，累计出刊70余期，得到区领导批示80余次，有效推进了重难点工作落实。

强化合作共赢，树立新国门新大兴新形象。一是深化区域联动，与区内各单位镇街建立快速联系机制，将区内各类网站、新媒体统一纳入融媒发布渠道，并通过覆盖全区的新闻信息员队伍，有问题第一时间上报，有事件第一时间知晓，有线索第一时间到达，全媒体平台第一时间播发，形成全区上下全媒体化、多元多样的大传播格局。二是强化媒体合作，建立与人民日报、新华社、北京日报、北京电视台等中央、市级媒体平台及新媒体平台的联动机制，通过“北京新闻”“北京号”“学习强国”等渠道，及时推送大兴亮点特色信息，传播好大兴声音，讲好大兴故事。共向国家级、市级媒体供稿1400余条，《大兴6000余名党员走上防疫一线》《白血病患儿妈妈捐出960个口罩》《大兴就业“不打烊”线上指导不间断》等1000余条次信息被采用刊发，60余条视频新闻被央视媒体和市级媒体采用播发，“学习强国”签发259篇，原创公益广告片《千里江山》获市局优秀奖。三是扩大对外影响，积极参与2020年服贸会，设置中心展区，通过图片、文字、视频、小游戏、机器人等充分展示自身形象，五天共有约50万人次参观展区。现场开展视频直播五场，总观看人数超200万，北京日报、新华社等多家主流媒体进行宣传报道。

二、全力打响疫情防控宣传阻击战

提高站位，全力做好疫情防控工作。自1月20日大兴区发布北京市首例确诊新冠肺炎病例后，中心第一时间启动应急机制，成立防疫情领导小组，结合实际迅速研究部署疫情防控工作，落实好“四方责任”，切实做到全面动员，全面部署，全面防控。严格落实各项政策要求，研究制定内部防控措施，建立内部人员管理台账。强化教育引导，通过短信群发平台，每天向全员发送健康防控知识，提高自身防护水平，累计发送4万余条次。强化风险防范，集中购置配发防控物品，严格体温检测排查，及时对公车、食堂、机房等重点部位进行清洁消毒处理；为参与防控宣传的一线记者设置单独消毒室，对采访设备及时消毒，最大限度防范隐患问题，实现新冠病毒零感染。

强化引导，当好权威政策发布厅。一是迅速调整节目编排，加大疫情防控新闻及知识播出占比，同时增加全天健康提示类滚动字幕、公益广告、公益节目及相关知识信息的播出频次，累计播出12万余条次。二是开设专题专栏，各媒体平台推出战疫专题专栏，深入宣传中央、市区各项决策部署，随时发布疫情动态，及时回应社会关切，各平台累计发布信息1.6万余条。三是坚持正面引导，深入全区采访防控一线的医务人员、民警、基层党组织、共产党员和社区工作者等，挖掘先进事迹，讲述感人故事。《哪有什么岁月静好，只是有人在为我们负重前行！英雄一路走好！》《为了提升北京市核酸检测能力，大兴三天建成三组核酸检测实验室》等多条信息播放量超百万次。四是动员社会力量，以“‘艺’起战疫”为主题，广泛向社会征集并刊播书画、照片、视频、歌曲、快板等防疫抗疫作品200余个，进一步弘扬战疫正能量，鼓舞全民“战疫”士气。五是根据广电总局要求，下载更新纪录片、动画片、广局等节目29部，17800余分钟；购买、播出《少帅》《山河同在》《狐影》等电视剧15部，疫情防控期间循环播出，进一步丰富了人们的居家生活。

移动优先，形成全天候宣传态势。一是发挥新媒体优势，“两微一端”率先发声，“这里是大兴”微信号每日三发，“北京大兴”微博号和“北京大兴”App随时发布，三大平台日均发布信息80余条，总阅读量破亿。多条微信阅读量超10万，微博设置话题引导，日均阅读量频超百万次，一直位居全国及北京市政务排行榜前列，并两次跃升至全国政务排行榜第6名、北京市政务排行榜第1名，“北京大兴”微博号被评为“6月政务微博优秀案例”，获评全国“县级融媒 齐心抗疫”创新案例。二是研制“硬核”产品，策划制作《大兴区防疫工作者每天都是这样奋战的》《我们都是小勇士》《战“疫”有我，大兴在行动》《温馨提示！大兴区核酸检测采样及相关注意事项》等60余部有温度、有态度的融媒产品，它们很快成为网红“爆款”产品。20余部短视频作品在快手、抖音平台播放量累计突破3亿次，获赞超百万。从2019年12月至今，快手号粉丝量涨至120万人，增长30余倍。三是强化直播互动，围绕大兴区两会、第32届北京大兴西瓜节、“6.26”国际禁毒日、2020年服贸会等重点工作开展直播40余场，策划推出“大兴战‘疫’‘医’线故事”“云游大兴”“精准助农”等一系列直播产品，观看量频破百万。2月23日直播对话大兴防疫一线的医护人员，观看量超309万，点赞超58.5万次。

发挥优势，助力社会防疫体系建设。一是发挥自身优势，利用农村应急广播系统，录制疫情防控、招工招聘音频百余条，在全区400余个村、社区的大喇叭及便携音箱定时播报，打通疫情防控宣传“最后一公里”，总时长达8万多小时。自主制作完成《主持人说防控》、《主持人说复工》、安全生产提示等多部公益作品。二是及时发布各类防控消息，收集汇总全区700个村、社区电话，编写发布《扩！大兴区公布各属地联系电话请主动联系》信息，两小时阅读量超10万，为返京人员提供精准信息服务。三是围绕疫情防护、教育教学、复工复产、优化营商环境等重点工作和人们实际需求，拓展网上办事功能，创新搭建网络供需平台，广泛发布招工招聘信息，深入开展企业复工现状调查，为推动疫情防控期间全区经济社会有序发展贡献媒体力量。

全力做好疫情防控宣传工作，讲好大兴战疫故事，先后采制新闻千余条。中心先后选派30余名党员干部参与区防控专班、镇村防控一线工作，在机场转运、入户排查、核酸检测等各项疫情防控工作中贡献自身力量。新发地疫情暴发后，组织20余人参与大数据筛查。输送5名干部参与境外返京人员的隔离观察。

三、深化拓展平台，大力推进融媒中心建设提质增效

深化媒体融合，深度整合各类媒体资源。进一步打通各媒体平台，实现内部优质人力资源和新闻资源共享；整合一线部门的编辑、记者、主持人，成立“联合作战”小组，做到整体策划、功能互补、集中发力，形成全屏铺设、重点突出、点面结合、形式多样的全方位、立体化的宣传格局。实现电视台、电台节目线上同步直播，顺利完成《大兴报》数字报建设，6月正式在“北京大兴”客户端上线，标志着新媒体与传统媒体的全面融合，各平台总用户数超过600万。2020年以来，“北京大兴”App客户端共发布新闻6700余条，总阅读量超过600万次，App用户量达110万人；“北京大兴”微博平台粉丝量145.2万人；“这里是大兴”微信公众号粉丝量10.8万人；大兴融媒抖音号粉丝量97.3万人；“北京大兴”快手粉丝量120万人；蜻蜓FM986每天收听1.3万人次；喜马拉雅FM986每天收听量达2.6万人次。

加快平台建设，拓展“新闻+政务+服务”功能。加大新时代文明实践中心网络互动平台建设，深入推进“三个中心”贯通，大力推进中心建设提质增效，发布新时代文明实践项目2167个，点单人数超8万人。疫情防控期间，增加“大兴防疫”专区，实现了线上免费问诊、行程查询、防疫信息登记等功能；“健康大兴”实现了区内32家医院线上预约挂号，满足大兴百姓的就医需求；增加“空中课堂”，与大兴区教委共同录制的《大兴教育　共同战疫》16期，录制编辑《大兴名优教师电视公开课》160节，满足学生居家学习需求。围绕人们居家生活，与区商务局合作，推出《兴食记》之“名厨手把手”栏目17期。围绕企事业单位业务办理，与政务局合作，加大推广“网上办”“掌上办”等新型政务办理方式，拓展App政务服务范围，确保疫情防控期间政务服务不断档、业务办理方便快。围绕创城，开设“随手拍”板块，先后发布130余项内容。以“五进”（进公园、进社区、进农村、进剧院、进商场）活动为载体，组织开展以“网聚融媒兴能量 共筑大兴新国门”为主题的系列宣传推广活动20余场，有效提升群众对融媒体各平台的知晓率和参与率。9月21日起，在电视节目中增加手语翻译服务，方便特殊人群获取信息。

推进基础保障，助力中心事业有序开展。围绕演播室改造、高清系统改造、智能设备管理、电视塔维修、中心环境优化等重点工作，制定制度措施，建立工作台账，严格履行好相应手续程序，保证项目稳步推进。强化广播电视制播系统、技术平台、办公电脑设备、办公网和业务网的日常检查和维修维护，确保中心事业更好更快发展。严格落实安全责任，研究制定网络安全建设及防护加固可行性方案，强化安全管理员队伍建设，加强教育培训和应急演练，定期开展隐患排查，保障中心各项工作安全稳定运行。

（大兴区融媒体中心）

通州区融媒体中心概况

通州区融媒体中心于2018年7月18日挂牌成立。前身是通县广播站、通县人民政府广播科、通县广播电视局、通州区广播电视局、通州区广播电视中心，下辖通州人民广播电台、通州电视台和通州时讯。2019年3月25日，中共北京市通州区委办公室根据中共北京市委、北京市人民政府批准的《北京市通州区机构改革方案》，经报区委批准，将区融媒体中心设置为区政府直属相当正处级财政补助事业单位，归口区委宣传部领导，类别为公益一类。

2020年主要工作：

一、宣传工作情况

1.与市级媒体开展良性、深度合作，打造城市副中心媒体矩阵

市委书记蔡奇多次对《通州时讯》《北京城市副中心报》的改版工作做出指示批示，审定改版方案，提出更高质量办好报纸的要求。2020年，高质量完成了两次改版工作。10月19日，《通州时讯》升级改版为《北京城市副中心报》，《通州新闻》更名为《城市副中心新闻》。与此同时，北京电视台新闻频道全新开播《北京城市副中心新闻》专栏，北京城市广播更名为北京城市副中心广播。形成全域联动、协同作业、共同发声的城市副中心“媒体矩阵”。报纸升级改版后，每周一至周五都向市委市政府报送，供市级领导参阅。2020年11月市委十二届五次全会及两会期间，报纸还被市主要领导要求送至会场，供与会人员参阅。电视方面，据央视索福瑞统计数据显示，BTV《北京城市副中心新闻》栏目平均收视率为0.34%，与2020年第二、第三季度原时段收视率相比提高约20%。

在与市级媒体密切合作的过程中，建立选题会商和专线供稿机制，形成市区两级媒体垂直融合、横向协作、共融共享的内容生产体系。在人员配置上，北京日报社下沉3名业务骨干，北京广播电视台下沉5名业务骨干长期入驻，加强对基层编辑记者特别是宣传业务骨干人才的培养。共有24名一线采编人员服务于《北京城市副中心报》。北京电视台《北京城市副中心新闻》专栏中，由记者生产的新闻平均占比90%。为北京卫视多档新闻栏目提供稿件和素材，与《北京您早》栏目进行数次直播连线。

2. 媒体矩阵协同发力，城市副中心宣传效能持续增强

2020年，立足京津冀协同发展桥头堡这一战略定位，在报纸、电视和新媒体平台的首屏首页开设了“北京城市副中心生机勃发”“协同发展汇新篇”“努力打造改革开放的‘北京样板’”等多个专题专栏，全方位、立体化宣传城市副中心发展建设成果，营造城市副中心生机勃发的舆论氛围。围绕控规实施一周年、脱贫攻坚、全面建成小康社会、重点工程建设节点、美丽乡村建设、城市精细化管理等重点中心工作，开展了前期有策划、中期有谋划、后期成声势的宣传报道。在新闻宣传“提质”工作有效开展的前提下，2020年，以报纸、电视稿件为基础的新媒体稿件浏览量同比增长20%，全年在“学习强国”签发稿件520余篇，通过率达80%，居全市前列。

优化时政新闻报道工作，2019年10月成立时政要闻报道专班。专班成员迅速磨合，全年无休、“24小时”待命，准确及时报道了城市副中心党工委管委会、通州区委区政府的各项工作。全年共刊播时政新闻700余篇，得到城市副中心党工委及区领导的充分肯定。

2020年，加强对外沟通协作力度，与城市副中心管工委及各市级委办局建立联动机制，及时获取涉及城市副中心建设发展的第一手权威信息；加强与“北三县”联系沟通，建立由市级媒体、各宣传平台主创力量组成的策划团队，到廊坊、香河开展对接工作，深挖“京冀”协同发展重点选题。

2020年，组建直升机航拍团队，选取大运河、城市绿心、张家湾设计小镇、环球影城等地标性点位分阶段多次拍摄，综合展示城市副中心建设进展和成就，实现一次采集、多种产品、多媒体传播。完成一次航拍抖音试直播，形成的7个多小时航拍资料被央视新闻及市级媒体采用。服贸会期间，在展区设立“航拍副中心”VR体验区，参观者“身临其境”直观感受城市副中心的变化和成就。

3. 围绕重点中心工作，做好媒体宣传

一是全员快速反应、精准策划，做好疫情防控宣传工作。1月20日北京首次出现新冠肺炎感染病例的报道，仅隔几分钟，新媒体平台就予以转发。随后报纸、电视也快速反应，全天候、多时段开展疫情防控宣传引导工作。《通州新闻》平均增加1/3节目时长，所有新媒体平台每天增加内容更新频次，第一时间发布区疫情防控最新动态和权威信息。围绕市民普遍关注的农贸市场安全、生活必需品供应等热点问题，形成连续多日、多平台的系列报道。疫情防控重点时期，每天菜价信息在报纸和新媒体平台刊发，有效引导市民、防止市民产生恐慌情绪。6月11日，时隔56天，北京新发地再度出现新冠肺炎感染病例。当天制作了《致通州全区居民的一封信》宣传海报并在新媒体平台刊发，当晚即形成“刷屏”效果，通州各单位公众号、朋友圈纷纷转发，形成了移动媒介宣传的强势合力。

2020年，区融媒体中心共采写、制作疫

情防控相关新闻1万余篇，总阅读量超1010余万次；其中，在中央电视台播发1条，在北京电视台播发10条。105篇疫情防控原创稿件被“学习强国”App北京平台采用，2篇疫情防控稿件阅读量超10万。制作疫情防控宣传海报50张。两篇原创短视频浏览量分别达到681万次和984.2万次，点赞量分别超过22万次和66万次，成为爆款产品。疫情重点防控期间，安排13人分三批下沉到潞源街道参与基层疫情防控工作，得到潞源街道和所在社区的一致好评。

二是坚守舆论阵地，发挥枢纽功能，积极做好两会和十九届五中全会宣传报道。全国两会期间，利用官方微信公众号及融汇副中心App紧跟中央、市级主要媒体，积极做好大会程序性报道；阐释解读两会重要文件和重要政策，传递两会最强音；坚持副中心定位，全方位、多角度展现区各级部门两会服务保障工作，共发布两会相关稿件202条。十九届五中全会会议期间，积极营造良好舆论氛围，多角度、多侧面展现全区各基层单位对全会的收听收看情况及反响。不同平台利用不同形式解读“十四五”规划，展示“十三五”建设成就，共生产相关主题新闻84条。

三是首次参加服贸会布展，面向全国，宣传北京城市副中心。中国国际服务贸易交易会是我国对外开放的三大展会平台之一，中心历时两个多月，在为期5天的会展期间，搭建线上线下展台和三个展览展示区，全方位展现城市副中心的人文美景、政府服务、发展环境以及市场活力。设立“航拍副中心”VR体验区。开展了两场主题直播活动，在快手平台获得115万余人次的观看量，点赞量达6.4万余次，居参展各区县榜首。

2020年，宣传工作亮点信息9篇被刊载于区两办信息，1篇被市委宣传部《新闻阅评情况》头版刊载，2篇分别被《北京信息》《新闻系统快报》刊载。

4. 坚持“移动优先”，注重新媒体建设

2020年，融汇副中心客户端实现了新时代文明实践中心、区级融媒体中心和政务服务中心的贯通，为市民提供了移动化的便捷服务。开通看报功能，满足新媒体用户对《北京城市副中心报》的阅览需求。同步直播了14场网络直播活动，其中包括7场城市副中心新闻发布会、欢乐通州欢乐购、城市副中心党员桶前值守晨夕计划等，及时准确传递权威声音，服务中心工作。

通过深入挖掘本地新闻资源，新媒体持续推出“刷屏爆款”产品。对外链接更多平台，使城市副中心宣传频率更高、流量更大。《主播说新闻》系列短视频以“亲民”方式解读重点新闻内容，在通州发布抖音号、快手号的总浏览量达196万次，点赞6.2万余次。2020年11月北京电视台组织了“走进北京网红打卡地”挑战赛活动，制作的17个“打卡”短视频取得全市排名第三的成绩，最高点击量超15万。

2020年两会期间，北京通州发布公众号策划推出《小布帮打听》栏目，征集市民留言600余条并带至两会现场，帮助市民答疑解惑。作为城市副中心重要的官方新媒体发布平台，2020年，北京通州发布微信公众号继续保持良好态势。据清博大数据统计结果显示，2020年北京通州发布微信公众号总阅读量比2019年增加63.25%，全年点赞量增加24.27%，全年粉丝增长量超4万。这些粉丝不仅包括通州市民，还有20%左右来自河北、天津及其他各省市。至2020年年底，北京通州发布微信公众号连续18个月在北京17个区的官方微信月榜中排名首位，稿件总阅读量、头条阅读量、平均阅读量等重要指标均名列前茅，充分体现了城市副中心官方新媒体平台的权威性。

二、体制机制建设

成立编委会做好各平台新闻统筹工作。2020年4月，中心成立由北京日报社、北京广播电视台入驻团队及各宣传业务平台负责人组成的“编委会”，区委宣传部、区网信办负责人不定期参加。截至2020年年底，编委会共召开35次，形成会议纪要35篇，及时准确传达了市、区重点宣传工作精神，从创作生产的源头发力，统筹、调度、引导各平台持续生产展现城市副中心建设成果、反映百姓获得感的全媒体产品。编委会每周定期召开，有效促进了各平台宣传站位的迅速提升，强化了主题主线宣传意识，凝聚了宣传报道合力。

三、工程建设情况

1.“通州电视台高清化二期项目”试运行。该项目于2019年10月正式启动，包括高清制作、高清综合演播室及高清播出等系统的建设工作。其中高清综合演播室于2020年8月3日正式投入使用，高清制作系统于11月初正式投入使用，高清播出系统处于试运行阶段。新的媒体资源库进入试运行阶段。

2.“融媒体平台建设项目”试运行。该项目于2020年2月正式启动。基础装修基本完成，处于试运行阶段。平台可利用互联网技术实现节目构成元素的多样化；利用云平台，实现不同媒介资源的快速共享；利用信息技术，实现在移动环境下的快捷新闻生产和审查。

3.数字电视发射机采购及配套工程建设。2020年11月，中心电视数字化项目建设正式启动。数字发射机配套工程基本完工，数字电视发射机系统正在调试中。项目可实现无线模拟电视向地面数字电视的全面过渡，进一步提升区域内广播电视公共服务的质量和水平。

（通州区融媒体中心）

顺义区融媒体中心概况

顺义区融媒体中心于2018年6月23日成立，前身是顺义县广播站、顺义县人民政府广播科、顺义区广播电视局、顺义区广播电视中心。2019年7月10日，《北京市顺义区融媒体中心职能配置、内设机构和人员编制规定》获批。顺义区融媒体中心为区政府直属公益一类事业单位，正处级，全额拨款，归口区委宣传部领导。顺义区融媒体中心内设策划调度科、信息采集一科、信息采集二科、新闻编辑一科、新闻编辑二科、产品发布科、监测评价科、成果运用科等19个科室。

2020年主要工作：

一、高位谋划，舆论宣传持续增强

全年重大选题不断档。在年初制定的贯彻落实习近平新时代中国特色社会主义思想、提高“四个服务”水平、打好“三大攻坚战”、抓好“三件大事”、“十三五”规划收官等13项重大主题宣传的基础上，面对疫情防控、垃圾分类、北京消费季等新的使命任务，随时完善宣传重点。2020年1月23日至12月底发布防控疫情宣传报道8654条。全年开设《走向我们的小康生活》《创建全国文明城区，共建和谐美好家园》《决胜全面小康，决战脱贫攻坚》《依法治区》《优化营商环境顺义在行动》《民有所呼我有所应》等20余个栏目。1至12月份，中心电台、电视台、北京顺义App等新媒体平台共制作刊发新闻、专题、音视频节目48913条次。出报105期。《法治顺义》完成25期，《幸福一起来》完成10期。制作《战疫有我》《逆行而上显担当，众志成城守国门》《筑牢思想信念，激荡顺义力量》《顺义脊梁》《开放顺义》等专题片、总结片27部。

二、守好阵地，确保意识形态领域安全

狠抓意识形态工作责任制的落实，重大主题、重点工作宣传跟中央、市级主流媒体宣传口径一致。克服疫情影响，新闻宣传部门利用线上每周召开一次选题部署会，严格新闻及专题等节目审核，加强播出安全管理，强化保密教育，确保意识形态领域安全。

三、深入推进，媒体融合改革成果进一步拓展

中央厨房项目二期工程完成并进入试运行。依托中央厨房一期、二期工程，顺义融媒聚合运行平台初步建成，构建起了“统筹策划、一次采集、多种生成、多元传播、科学评价、有效应用”的全新业务模式。坚持移动优先，北京顺义App进一步调整和优化，2020年中心所有融媒产品均在北京顺义App及时发布。北京顺义App实现了与北京日报客户端有效对接，截至12月31日，顺义融媒产品在北京日报客户端推出1595条。北京顺义App围绕2020年服贸会、顺义区第六届青少年才艺大赛等开展直播活动，进一步提升了新媒体传播力和影响力。服贸会“精准扶贫”“科技抗疫”“复工复产”“文化贸易”“垃圾分类”5场直播活动累计吸引了1699.5万网友观看，全面展现了顺义区经济社会发展成就及顺义媒体融合发展改革成果。截至2020年12月底，北京顺义App客户下载量达到276096。

四、创新创优，优秀融媒产品竞相涌现

坚持内容为王，一批有高度、有深度、有力度、有温度的融媒产品竞相涌现。疫情防控期间，爆款融媒产品层出不穷。战疫原创歌曲《最想见到你》点击量突破3000万，《战“疫”情！顺义网友八幅原创画作来啦！》点击量达到225万，《党员张兴国挺身而出，请战驻守家乡抗疫第一线》阅读量217万，为疫情防控起到引导作用。顺义电视台《顺义新闻》推出的众志成城战疫情特别栏目《我想说》，受到市委宣传部及“学习强国”北京学习平台表扬，被称赞栏目开得好，非常有创意。截至12月底，顺义融媒产品在“学习强国”平台、光明网、新华网、北京日报客户端等推送2400多条。《高质量发展！北京顺义：腾飞的临空经济》在500多个全国区县融媒体产品中脱颖而出，获评光明网优秀作品提名奖。

（顺义区融媒体中心）

平谷区融媒体中心概况

平谷区融媒体中心成立于2002年，前身是平谷县广播站、平谷区广播电视局，拥有平谷人民广播电台和平谷电视台。2018年6月29日，平谷区融媒体中心在区广电中心正式挂牌。2020年，平谷区融媒体中心积极探索传统媒体与新兴媒体融合的具体应用，有效发挥各媒体间深度融合和聚合共振效应，紧紧围绕区委、区政府的中心工作和重大决策部署，突出价值引领，不断巩固壮大主流舆论，为全区各项事业发展提供有力的舆论保证。

2020年主要工作：

一、宣传工作

（一）传统媒体宣传紧扣中心工作，把握舆论导向

1.《平谷新闻》围绕重点工作，发挥舆论引导力。围绕区委、区政府中心工作及发展战略，围绕全区两会、疫情防控、“疏整促”、“垃圾分类”、“生态文明建设”、“美丽乡村建设”等全区重要会议、重点工作、重要活动和重要节日进行了全方位的宣传报道，2020年《平谷新闻》全年播发新闻5500条。

2. 专题栏目聚焦大事要事，加强精准发力。《热点进行时》《百姓身边》《名医会客厅》《美丽平谷》《警法在线》五档栏目共制作节目144期，累计播出720期次。拍摄制作短视频3个，在腾讯、公众号、网站等PC平台和移动端平台广泛传播，收到了良好的社会效果。2020年中心共制作专题片《众志成城 防控疫情》《黄草洼樱桃节》《夏各庄红薯节》等60部，同时完成实况录像12场。

3. 电台六大板块非常时期充分发挥广播优势。《农民与法》《农业科技》《善行至美》《卫生与健康》《美丽乡村》《柴老说平谷》《政策问答》七个板块，围绕百姓日常法律事件解析、农业科学技术、卫生健康知识普及、全区先进人物典型、美丽乡村建设、历史文化遗迹等进行宣传。2020年全年制作播出368期，播出总时长1288小时。其中制作播出疫情防控法律法规、防疫知识、抗疫先进典型、疫情防控政策、平谷原创防疫顺口溜等节目近70期，每天播出时长比平时多出30分钟，充分发挥了广播在疫情期间的特殊作用。

4.《平谷报》主题鲜明展现平谷新作为新气象。2020年《平谷报》全年出刊103期。一是全力做好疫情防控阻击战报道：开辟关于疫情防控专版153个。围绕疫情防控及时传达市委、市政府和区委、区政府防控决策部署，加大宣传预防新型肺炎知识力度，积极宣传防控措施落实和防控工作亮点，注重普及、持续宣传防控知识，及时回应群众关心社会关切；精心策划主题宣传，积极跟进复工复产复学复市复业的宣传。二是围绕全区重点工作做好主题宣传：开设“疏解整治促提升”“齐心协力抓好两个‘关键小事’努力建设和谐宜居美丽家园”“友善平谷”“优化营商环境”等专栏或专版，加大“疏整促”、垃圾分类、好人好事、凡人善举、优化营商环境等各项工作宣传力度，倡导市民积极参与城市建设，共同营造文明向善、优美舒适、整洁有序的城乡环境，全面宣传全区改革、发展、稳定等各项工作，助力宜居宜业宜游生态谷建设。三是借用市级平台做外宣初见成效：平谷区融媒体中心于2019年11月入驻北京日报客户端运营北京号（北京平谷官方发布），至今新媒体文章和视频共发布795篇，累计阅读量143.22万，平均日阅读量6000~7000，平均日推荐量75000左右。全年共发布文章440篇，《新京报》客户端推出平谷区相关文章共183篇。

（二）新兴媒体宣传工作创新模式，增加社会知晓力

1.“平谷融媒”微信公众号于5月19日由原“平广传媒”微信公众号更名而来，继续坚持正确政治方向和舆论导向，注重内容的把握和审核，扩大平谷新闻在新媒体环境下的传播力和影响力。2020年共碎片化推送平谷新闻1600余条，订阅数为1

万多人。

2.“幸福平谷”微信平台共有粉丝数104642人。累计阅读量2586215次，覆盖人群2193868人，分享转发80397次，留言4639条。

3.“平谷融媒中心”抖音号2020年共制作播出作品600条，获点赞15.5万次，粉丝7655人。播发内容包括：垃圾分类、平谷美景、平谷大桃、疫情防控、文明用餐、复工复产等。其中，疫情期间制作的《亲爱的市民朋友们，您有一封信，请查收！》得到广泛关注。

4.“平谷融媒”App于2019年底正式上线，2020年4月30日新媒体科利用平谷融媒App与快手平台合作进行了首次直播，主要介绍金海湖景区及民宿接待户的情况和特色，吸引更多市民走进金海湖、走进平谷，直播时间近2个小时，总浏览量达59万次。平谷融媒App全年共播发1.1万条。

（三）外宣工作提高站位、扩大视野，提升平谷影响力

中心高度重视外宣，宣传推介平谷，树立平谷对外良好形象。结合区内重要活动，进行精准报送。截至12月8日，在市级以上媒体播出新闻77余条，其中，央视新闻和新华社播出26条。

二、融媒体建设

为进一步推动平谷区融媒体中心媒体融合的创新发展，加速中心信息化建设进程，融媒体中心利用市级资金包装了平谷区融媒体资源库升级改造、新闻发布厅改造、平台等级保护建设、电台升级改造四个项目，并按照招投标采购程序进行公开招标，2020年5月21日，区融媒体中心与以上四个项目中标单位正式签订合同并启动建设，2020年11月6日四个项目全部验收完成。以上项目的改造将彻底升级新闻采、编、播流程，实现平谷新闻的快速反应和统一发声，进一步提升融媒体中心的影响力、公信力、传播力和引导力。

三、安全播出

完善广播电视安全播出应急预案，做到重要时期和敏感时段坚持领导带班制度和巡查制度；节假日值班工作坚持零报告制度；通过对高清电视播出网络培训学习和实践，熟练掌握《高清电视播出应急方案处理办法》，提高播出期间突发事件的应急处置能力。2020年无安全播出事故发生。

（平谷区融媒体中心）

昌平区融媒体中心概况

1957年4月昌平县广播站成立为标志，昌平媒体事业开始了60年的发展历程。1984年9月30日，京郊第一家电视台昌平电视台成立。1987年7月1日，昌平县广播站正式更名为昌平人民广播电台。1997年12月30日，昌平县广播电视局实行“三台并一、局台合一”的管理体制，并于2001年10月16日更名为昌平区广播电视中心。2017年7月31日，昌平区融媒体中心在合并区广电中心、新闻中心及网管办部分职能基础上正式挂牌成立。2020年，昌平区融媒体中心紧紧围绕昌平区工作大局，按照《昌平区2020年宣传思想文化工作要点》的目标要求，聚焦中心工作、突出民生导向、强化技术创新，持续推进区

属媒体的全方位深度融合，媒体传播力、影响力和感召力持续增强，为区域经济社会发展提供了强有力的舆论支撑。

2020年主要工作：

一、深化媒体改革，激发融媒发展活力

一是优化多元生产模式。打造“昌平号”、开通“镇街”板块，聚合全区GGC信息库，完成昌平区政府、街道等91家单位入驻昌平号，发布权威信息10万篇；上线“全民开播”，丰富UGC场景建设，征集各类主题优秀创意视频800余条。建成了融媒体中心，引导把关行政企事业单位和普通群众广泛参与的区域正向舆论生产传播生态。二是深化“三个中心”融合。优化“北京昌平”App运营，提升网上12345平台办结效率，完善舆情应对体系，平均每天接到群众问政60多条，累计解决群众难题超2万余件。统筹政务服务、新时代文明志愿服务项目，整合完善服务大项55类。创建志愿服务项目1200余项，完成线上点单、线下派单活动8200余次，提供志愿服务4万余人次，服务群众36余万人次。“北京昌平”App被广电总局评为“2019年度全国广播电视媒体融合成长项目”。三是强化平台技术支撑。完成“北京昌平”App新时代文明实践互动平台二期优化工作，完善对接平台，同步手机、电脑端“点单”“接单”功能。加快融媒体汇聚平台建设，完成对子系统业务流程的迭代测试和对汇聚平台系统安全等级保护的测评，对接“北京云”，建成北京首个区级子平台。

二、聚焦主责主业，建强基层主流舆论阵地

围绕全媒体看区两会、疫情防控等主题完成大型融媒宣传27个，统筹安排新闻采访3100余组，累计采制新闻8000余条，推送新闻信息39000余条，电视《昌平新闻》先后推出“防控疫情　众志成城”等20个主题系列报道，打造《真情故事》《法治昌平》《走进三农》等栏目616期，《昌平报》推出专版155个，电台《乐享时光》直播话题254期。紧扣昌平热点、百姓关切主动谋划，设置议题，做强时评，推出防疫引导、复工复产、垃圾分类等多个评论系列，评论稿累计47篇。聚焦用户需求，策划制作创意短视频40余部。创新线上线下活动，开展昌平两会、回天百姓春晚、“居庸山月”中秋诗歌晚会、国家扶贫日专场等直播30场、转播228场。推出“一起过节吧”、“好书我推荐”、新时代文明实践垃圾分类主题推动日活动等8场线上线下活动。疫情防控期间，准确把握舆论引导重点，先后推出抗疫宣传、复工复产等多个系列产品，开设“疫情防控曝光台”，及时发布辟谣信息65条，深入一线采访1700余人次。融媒体产品总阅读量超5亿。浏览量超1000万的作品10个，超100万的作品86个，超10万的作品435个。电视专题《“北京妈妈”和她的天山孩子》获2019年北京新闻奖一等奖、广播专题《明陵守望者——胡汉生》获2019年北京新闻奖三等奖，《北京昌平101岁老人的房模故事》《奥运宝宝话变迁》获北京市委宣传部、北京市广播电视局“我爱我的祖国”微视频、摄影作品大赛三等奖。公益广告作品《小糖豆想妈妈》先后被北京市广播电视局评为优秀公益广告电视三类，获北京市文联抗疫主题评选“优秀作品”。同时，借助中央、市级媒体，互联网商业平台共发布外宣稿件8200条，其中国家级媒体刊播2727条，市级媒体刊播3402条，今日头条客户端推送1270条，“学习强国”推送801条，极大地提升了昌平的知名度和美誉度。

三、严格科学管控，夯实安全发展基础

一方面完善制度保障，推进规范运行。

优化“一主五辅”全媒体运行机制，更新融媒体管理体系，并通过质量体系认证。细化内控工作流程，优化岗位职责，完成了中心内部控制体系的升级。持续推进安全生产、网络安全、安全播出规范化运行，加强技术等级保护建设、安全教育培训、日常巡检和应急演练。先后组织安全大检查8次，开展安全教育13次，应急演练20次，提升了安全运行水平。另一方面优化绩效考核，激发管理效能。推行“事企分开、并轨运行”，建立跨平台孵化、跨专业生产、跨行业运营的项目制绩效考核体系。领导班子组织相关会议40多次，研究完善考核指标和实施细则，制定《各部门2019年绩效二次分配方案》《融媒体中心2020年绩效考核办法》等方案。同步研究制定积分制绩效考核方案，梳理各部门产品清单114个，流程图23个，形成配套方案5个，推进绩效考核产品化、标准化和可量化。

（昌平区融媒体中心）

怀柔区融媒体中心概况

怀柔区融媒体中心（简称区融媒体中心），前身是怀柔县广播站、怀柔人民政府广播科、怀柔县广播电视局、怀柔县广播电视中心、怀柔区广播电视中心。2018年6月，加挂北京市怀柔区融媒体中心牌子，《怀柔报》编辑部纳入区广电中心。2019年3月11日，组建区融媒体中心，作为区政府直属事业单位，归口区委宣传部领导。内设24个科级部室。

区融媒体中心拥有怀柔人民广播电台和怀柔电视台、怀柔报、“怀柔融媒”移动客户端等媒体。电视台有两个频道。其中，怀柔一频道（HRTV1）为自办节目，每天播出18小时；怀柔二频道（HRTV2）节目纳入北京电视台新闻频道播出，每晚首播1.5小时，次日重播两次。怀柔广播电台平原播出频率FM101.3兆赫，山区频率FM93.1兆赫。全天播音15个小时。2020年，《怀柔报》共刊发92期。每期报纸印发2.8万份，每周一、周四出刊，每期开设4~8个版面，前四版为新闻版，后四版为专刊及专版。

2020年主要工作：

一、加强舆论引导，突出疫情防控

一是抓实抓细，加强典型报道。第一，开设“众志成城 抗击疫情”和“凡人微光”专栏，采写了《戴彬彬“四不两直”检查我区疫情防控工作 压紧压实“四方责任”》《我区569名机关干部下沉一线防控疫情》《怀柔第一书记战“疫”当先锋担使命》等新闻，两台发布新闻稿件近千条。第二，安排记者亲临转运、隔离一线，策划推出63期《凡人微光》Vlog，全方位记录奋战在一线的疾控、医护、基层社区等工作人员的感人瞬间。受到央视频、北京日报、北京时间、前线杂志等各级媒体的关注和肯定，北京电视台采用Vlog视频制作了短片《社区防疫一线工作者——守一方平安的中坚力量》。同时，制作播出《怀柔，别来无恙》《怀柔的最美逆行》《战“疫”有我 怀柔在行动》3集微视频。第三，加强防疫知识普及，在新闻中及新闻后播放倡议书和制作《预防新型冠状病毒这九点你必须知道》《家庭居家消毒措施》等防控提示150余条。在新闻后播出各类疫情通知、通告、公益广告等20余条，时长累计1800分钟。第四，怀柔融媒新媒体视频平台内容推送同步跟进，截至12月底，“怀柔融媒”微信公众号推送疫情防控信息1200余条，点击量近100万次。北京怀柔App、怀柔融媒网站累计推送疫情防控信息1900余条。头条号、央视频、北京号、抖音号等10家媒介累计推送疫情防控信息5000余条。其中，短视频《北京怀柔的最美逆行》在怀柔融媒微信公众号的点击播放量为4.2万人次，在“学习强国”平台的播放频次40816人次。

二是发挥优势，助力复工复产。策划推出系列节目《战“疫”助农——怀北红肖梨》，联合怀北镇政府、红肖梨合作社、电商平台，共同帮助梨农解决销售问题，通过媒体推介宣传等多方共同努力，河防口村红肖梨销售约40万斤。6月13日，在中影怀柔基地高清演播室举办北京消费季“云上宠粉节”直播节目，助力消费复苏。通过直播带货的形式对区酒店、民宿、景区门票、果脯、特色小吃进行线上销售，2个小时直播累计观看人数20.92万人，销售额达17.65万元。8月8日，与团区委合办为对口帮扶的河北丰宁、怀安，内蒙古四子王旗、科左后旗4地的近10种特色产品“直播带货”。

二、抓好怀柔科学城建设宣传报道

一是开展怀柔科学城宣传报道。以“100·365”科学行动计划为主线，推出系列访谈新闻节目《一把手谈科学城》，镇乡街道党（工）委书记，区直单位行政正职做客演播室，结合本部门工作实际，畅谈如何高效助力推动怀柔科学城建设，共制作播出13期。先后制播《聚焦怀柔科学城》《行走怀柔科学城》《筑梦怀柔科学城》三系列，开设《每日科技名词》《科学一百年 奋斗每一天 全力建设怀柔科学城》《每日科技名词》等专栏，多角度和宽领域地对世界科学城、怀柔科学城建设进行动态报道、深度报道，营造“全民关注科学城、人人都是建设者”的浓厚氛围。

二是突出特色全面提升怀柔科学城对外影响力。围绕“怀柔就是科学城、科学城就是怀柔”开展对外宣传，加强市级以上媒体平台的战略合作，深化与中央、市属媒体和有较强影响力的网络社交平台的对接，增加怀柔科学城在重点主流媒体的报道热度，《怀柔区综合性国家科学中心科创企业集中入驻》等主题新闻宣传作品，及时宣传了怀柔科学城各项目复工建设和新科研项目落地签约情况，以及怀柔区在疫情防控期间服务保障科学城建设的各项工作措施，进一步对外提升怀柔城市品牌形象。

三、推进怀柔区融媒体中心建设

一是持续抓好节目内容建设。重点加强怀柔科学城统领“1+3”融合发展的形势下，新闻宣传内容的设计整合，紧紧围绕创建全国文明城区、抓好垃圾分类、优化提升“1+3”发展格局等中心工作、重点任务，先后推出《相约科普》《抓好垃圾分类和物业管理 提高城市精细化管理水平》《创建全国文明城区》等41个专栏。

二是坚持黄金时段播出公益广告。2020年，制播各类公益广告近300余条，全年累计播出时长33000分钟。公益广告与商业广告播放占比符合国家广电总局规定要求，黄金时段播放公益广告每天均不少于4条次。

三是坚持全方位全媒体发力。加强对“怀柔融媒”新闻客户端、微信公众号、抖音号等网络传播平台的开发利用，完成每日App、网站的新闻拆条、内容填充、日常系统维护、系统优化，增强使用体验等工作。2020年，“北京怀柔”客户端内容平台共制作35个专题，怀柔融媒公众号共发布内容4280条，总阅读量近300万，怀柔融媒传播矩阵累计发布信息 19740 篇。

四是做实做好“新闻＋政务＋服务”。完善移动客户端“新闻+”的功能开发，完成“北京怀柔”手机客户端建设项目的方案设计，该项目完成了区级融媒体中心与新时代文明实践中心的对接贯通、与政务服务中心的对接贯通，与怀柔 12345 市民热线系统对接贯通，并为与市级技术平台对接留好接口。“北京怀柔”移动客户端对接了政务服务部门 44 个，包括全区 16 个镇街、28 个委办局，对接服务功能 28 个，“新闻＋政务＋服务”平台进入试运行阶段。“北京怀柔”手机客户端建设大力推行共享科技、公有云和互联网科技，采用云架构，全部使用公有云资源。此项技术的应用在北京广电行业处于领先地位。

截至 2020 年年底，通过自主建设和与中央、市级媒体战略合作，构建了“北京怀柔”移动客户端、“怀柔融媒”微信公众号、怀柔融媒网、怀柔手机报、栗子视频为主，覆盖人民号、今日头条号、抖音号、大鱼号、快手号等平台的全媒体传播矩阵，怀柔区融媒体中心内容容量覆盖面传播力影响力大幅增强。所有平台均由新媒体部工作人员负责运维，信息来源主要依托怀柔区融媒体中心内部资源共享。

五是加快推进媒体技术改造。按照市广电局关于加快地面数字化改造的要求，投资 56.7 万元加快推进区融媒体中心电视信号模拟发射机升级数字发射机项目。制定完善《项目管理制度》，规范和管理广电项目的实施。投资 107 万元完成前端摄像摄录设备及周边设备的招标采购。完成移动 200 兆宽带和联通黄金 200 兆的系统接入，完成杨宋演播室和本中心机房的光纤链路的联通，为中心网络新闻业务增加了带宽和冗余备份。改变新媒体系统、杨宋演播室传输系统网络架构，重新组建业务网，为新媒体平台“直播带货”等网络新闻宣传任务提供技术支撑，满足多讯道、多机位、有线无线共用，5G、4G 并用，多渠道推送需求。

六是严守安全播出底线。投资 23 万元用于改造办公楼摄像监控和门禁系统。更换红楼机房和旦子山发射站的 UPS 电池，保障了播出安全。2020 年，共完成电视节目播出 12504 小时，其中开路发射 5466 小时，电台播出发射 5354 小时。完成了春节，全国和市、区两会等重要保障期的安全播出工作和日常重要时段重要节目的转播工作，没有出现重大安全播出事故。

（怀柔区融媒体中心）

密云区融媒体中心概况

密云区融媒体中心（简称区融媒体中心），成立于 2001 年，前身是密云县广播站、密云县人民政府广播科、密云县广播电视局、北京市密云区广播电视中心。2019 年 3 月 31 日，按机构改革要求，密云区委区政府将区广播电视中心（区融媒体中心）的职责，以及区域公共媒体相关机构的职责整合，组建区融媒体中心，作为区政府直属公益一类事业单位，归口区委宣传部领导，不再保留区广播电视中心。截至 2020 年 12 月 31 日，密云区融媒体中心共有在编职工 114 人。

2020 年，密云区融媒体中心深入贯彻落实习近平总书记对北京重要讲话精神和习近平总书记给建设和守护密云水库的乡亲们回信的重要精神，充分发挥宣传主阵地作用，加强舆论引导，传播密云好声音，加快推进媒体融合发展取得新进展。年内，密云一套高标清、密云二套标清电视节目累计播出 5812 小时 55 分钟，调频广播节目累计播出 5715 小时 42 分钟；上载电视剧 20 部共 746 集；“宜居密云”微信公众号共发布微信信息 2143 条，App 信息 6085 条，微博博文 1368 条，今日头条号信息 1309 条，北京号信息 3596 条，短视频信息 276 条，平均阅读量超过 19.9 万次 / 条，获赞量 1032 次 / 条；《密云报》共出版 52 期。

2020 年主要工作：

一、新冠肺炎疫情防控报道

密云区融媒体中心深入一线，全方位宣传报道全区防控举措、疫情动态、科普辟谣、战疫信心，把党和政府的声音第一时间传播到千家万户。报道呈现聚焦党组织生动实践、疫情速报实现强传播、复工复产报道转向快、疫情辟谣报道反应快、网红短视频借船出海、以媒纾困传播效果好、互动产品提升参与度、图片评论栏目脑洞深、密云报连推战疫特刊、防疫科普广播村村响十大亮点，营造全民防控的社会氛围，发挥正面舆论引导作用。开设了党旗飘扬、战疫榜样、权威发布、志愿行动、奉献有我、最美逆行、一图一论等栏目。“我的战疫生活”短视频征集活动，共征集市民作品 150 余幅，互动参与量超过 60.8 万人次。短视频《密云籍援鄂战士们，密云父老迎接你们凯旋》，连线国家援鄂医疗队采访密云籍最美逆行者，被北京日报客户端、今日头条、腾讯网、首都广播电视客户端等转载刊登，展现了密云人民众志成城抗击疫情的决心和信心。

二、主题宣传报道

2020 年，《密云新闻》结合密云区重点工程、重大项目、民生工程、折子工程，围绕“保水、护山、守规、兴城”，推出了“蜂盛蜜匀”“森林防火人人有责”“节水护水”“基本无违建区创建”“扫黑除恶专项行动”“安全应急进行时”“垃圾分类”等节目，重点报道了水库环境综合治理、精准扶贫、旅游、清洁空气行动计划等。策划播出了访谈类电视专题栏目“话说密云”。通过专家访谈、记者现场走访等多种形式，走进“一座城、两条河、四座山”，挖掘生态密云历史文化、展示生态密云辉煌与美丽。用老百姓听得懂的话解读政策，讲好全面建成小康社会的故事，讲好密云形象密云品牌的故事。

三、密云水库建成 60 周年报道

密云区融媒体中心落实习近平总书记给建设和守护密云水库的乡亲们回信的重要精神，深入挖掘在密云水库建设、移民、保水、富民、宣传等方面做出过突出贡献的人物和事迹，开播《足迹》专题片，“密云水库生态慢直播”等内容，通过全媒体平台立体传播，取得良好传播效果。重点报道了“牢记嘱托 · 接续奋斗”群众主题文化活动，通过官方微博视频直播，首次实施多机位现场导播切换，累计观看用户数超过 31 万。《密云报》推出了密云水库建成 60 年特刊。刊登了习近平给建设和守护密云水库的乡亲们回信全文，并重点呈现了密云区百姓对回信的热烈反响。以极具创意的形式展现 60 年来密云水库的时空变迁，四个人物专版呈现了 60 位“最美保水人”的人物事迹，以三维地形剖面图 + 大事记时间轴 + 地理标注形式呈现密云水库 60 年建设发展历程，将密云水库建成 60 年的宣传工作推向新的高潮。

四、对外宣传

密云区融媒体中心挖掘典型事例，上送新闻稿件的质量不断提高。共有近 200 条新闻报道在中央电视台、北京电视台新闻频道的各档栏目中播出。新闻节目《“摆桌子、听民意”，服务居民接地气》和播音作品《密云新闻》分别被北京市广播影视协会评为2019年度北京市优秀广播类新闻作品奖和优秀广播播音主持节目。在北京市广播电视局2020年度北京市区级融媒体中心收听收看优秀作品评选中，宜居密云App《在线访谈》被评为融合传播优秀作品；“密云水库建成60周年”特别策划被评为特色宣传优秀报道。“学习强国”学习平台播发稿件400余篇，得到了许多市民的转发关注，更好地向外界宣传密云、推广密云。

五、技术建设和安全播出工作

密云区融媒体中心强化技审环节，做细做实区两会、春节、全国两会、国庆各敏感节点的服务保障工作，加强对广播电视节目制作系统、播出系统、发射系统的检查和维护工作。优化软硬件建设，于2020年10月份完成了融媒体中心外立面维修改造工程建设；信息系统等级保护、电台节目制作、播出系统升级改造、地面电视数字化改造三项工程均已立项实施，进行了项目建设的实地勘察、设计等前期工作，对调整全媒体融合管理系统、区应急广播前端、业务网搭建等工作，进行了初步整理和规划，为顺利完成安全播出各项任务提供有力的技术保障和技术支持。

（密云区融媒体中心）

延庆区融媒体中心概况

延庆区融媒体中心是延庆区政府直属事业单位，机构规格相当正处级，归口区委宣传部领导。前身是延庆县广播站，始建于1958年。1979年发展为县广播事业管理局。1987年更名为县广播电视局。2001年延庆县机构改革，延庆县广播电视中心正式挂牌。2015年11月县广播电视中心和县新闻中心整合，加挂新闻中心牌子。12月延庆撤县设区，延庆县广播电视中心更名为北京市延庆区广播电视中心（延庆电视台、北京市延庆区新闻中心）。2018年3月延庆启动融媒体改革，6月16日，完成融媒体中心组建工作并揭牌运营。2019年3月，将延庆区广播电视中心（融媒体中心）的职责以及区域公共媒体相关机构的职责整合，组建延庆区融媒体中心，不再保留延庆区广播电视中心。3月20日，延庆区融媒体中心正式挂牌。

2020年4月30日，区委编委会批复了融媒体中心最新版的“三定”方案，进一步整合原广电中心15个科室，更加突出融媒体中心的特色，设置了2室8部：办公室、总编室、策划部、融合发展部、外宣通联部、融媒采访部、音视频制作部、图文制作部、新媒体部、技术保障部。11月，融媒体中心完成内部机构设置与融媒体策采编发流程的契合配套，进一步理顺完善管理体制机制，开启延庆媒体融合全面发展阶段。

2020年主要工作：

一、做好新闻宣传和舆论引导工作

年内，中心围绕新冠肺炎疫情防控、创建国家文明城市、冬奥会筹办、创建双拥模范城、“七有五性”、“接诉即办”等全区重点工作积极开展对内对外宣传。2020年，电视《延庆新闻》共播出365期，开设专栏

56 个；《延庆报》共刊发 155 期，专版 278 个，专栏 100 个，增刊 49 期；广播共播出 365 期，开设专栏 25 个；北京延庆 App 上线共开设专栏 46 个，2020 年年底下载量突破 6.5 万人次，占区常住人口的 18.79%，累计发布各类资讯 5.1 万条。

在新冠疫情防控工作中，中心第一时间全媒联动，及时转发中央、市委、区委防控指示精神、重点报道区委每日调度会和领导调研工作指示，宣传普及疫情防控知识，深入挖掘典型，大力报道各单位部门和街乡党员带头冲锋一线的典型事例及开展疫情防控值守等情况。2020 年，各融媒平台发布抗疫新闻 1.4 万余条，外宣刊发 3000 余条，累计播放公益广告片 1971 次，底飞字幕滚动播出 380余次，在延庆“小可抖”抖音和快手发布《延庆姑娘驰援武汉》等多篇融媒产品阅读量超过 10 万，短视频最高点击量达 596.9 万。《延庆报》开设“抗击疫情，众志成城”“复工达产，推进发展”“抗疫先锋”等专栏，全年刊发稿件 691 篇，专版 113 个，设计并刊发公益广告 15 版。《延庆新闻》开设“抗击疫情 众志成城”“安全有序 复工复产”等专栏，播出新闻 672 条，播出预防新冠肺炎小片 11 条；新闻结尾循环播放“四方责任”“善待野生动物”“抗击疫情心理关爱热线”等公益广告 300 余次。延庆广播播发相关新闻 230 条，新媒体发布相关报道 1803 条，北京延庆 App 在疫情防控期间开设《战“疫”》《北京新冠肺炎疫情动态》《战“疫”日记》《防疫指南》专栏发布相关动态，及时引导舆论。疫情暴发伊始，中心推出 6 辆流动宣传大篷车，30 天走遍全区 376 个行政村，发放宣传材料 8.5 万份；启用无人机喊话，对公园聚集等场所的聚集群众发布通告 1200 次、劝阻 300 余次；推出“延延提示”“老村长喊话”等延庆特色十足的宣传产品，让防疫宣传直达民心。

在创城工作期间，中心各媒体平台积极做好相关宣传报道工作，营造良好的舆论氛围。共播发相关新闻 3600 余条次。其中，《延庆报》开设专栏“全民共创文明城，携手奋进新时代”“曝光台”“微评论”等，及时报道全区各界组织参与的创城工作进展，共刊发 501 篇，专版 94 个，设计公益广告 26 版。《延庆新闻》开设“共走文明路 共创文明城”“聚焦五大行动 记录第一现场”“聚力创城不松劲 文明脚步不停歇”“文明延庆扬帆起航”专栏，共播出相关新闻 370 条；结尾循环播放创城宣传小片 30 次。延庆广播播发相关新闻 370 条次。新媒体发布相关报道 2359 条，开设文明红黑榜、文明风采、延庆创城人人受益等专题，发掘创城中的典型案例、人物，曝光不文明行为。中心联合区创城办定期走进延庆区“三街一镇”，随机抽取 2~3 个社区实地拍摄，发现亮点、督查问题。北京延庆 App 开设“亮出最美延庆范儿 全民共创文明城”“贯彻落实四个条例 全民共创文明城区”“创城永远在路上”“垃圾分类宝典”等专栏。在此期间，中心还完成创城网上材料申报工作，向人文环境指挥部、市场环境指挥部、未成年人思想道德建设指挥部以及区委等相关部门提交涉及中心工作任务的 28 项、32 小项内容，报送图片资料 760 余张，图片说明材料 60 余份。

在服务保障冬奥会筹办工作方面，中心全媒体平台共发布相关新闻 2193 条。其中，《延庆报》开设“飞向 2022，相约北京延庆”等专栏，宣传报道市委市政府、区委区政府关于筹办工作重大决策、重要部署，报道相关赛事，报道区级组织相关活动和培训等，共刊发相关报道 178 篇，专版 21 个，设计公益广告 2 版。《延庆新闻》开设“飞向 2022 相约北京延庆”“文明延庆与冬奥同行”

等专栏，共播出相关新闻 133 条。延庆电台同步播发相关新闻 133 条，新媒体发布相关内容 1749 条，北京延庆 App 开设了“飞向 2022 相约北京延庆”等专栏。

在围绕“七有”“五性”宣传方面，中心各媒体平台共播发相关新闻 2181 条次。其中，《延庆报》开设“聚焦‘七有’‘五性’办好民生实事”“走向我们的小康生活”等专栏，刊发相关稿件 25 篇。《延庆新闻》播出《我区生活必需品供应充足 价格稳定》等新闻 44 条。新媒体发布相关报道 2112 条，内容包括重点民生工程建设情况、对口帮扶、老有所养、就业保障等。北京延庆 App 开设“办大事 促发展 惠民生”“人力社保直通车”“高考加油”“决战全面小康 决胜脱贫攻坚”“全面建成小康社会”“百城千县万村调研行”专栏发布相关报道。

在创建全国健康促进区宣传方面，中心各平台共播发相关新闻 428 条次。《延庆报》联合区爱卫办开设《为您服务》“创建全国健康促进区，爱国卫生延庆在行动”板块，共刊发 3 期，稿件 4 篇。《延庆新闻》共播出《刘斌堡乡以爱国卫生运动促美丽乡村换新颜》等新闻 39 条，并在新闻片头播出“大力开展爱国卫生运动 共创全国健康促进区”字幕 7 次。新媒体发布相关报道 414 条，微信常设“琚丽说药”栏目。北京延庆 App 曾开设“防疫有我 爱卫同行”“创建全国健康促进区 爱国卫生延庆在行动”专栏发布相关报道。同时，延庆电视台开办了《中医话健康》《卫生新视野》两档健康类节目。广播电台开办了《生活导航》定期推送防疫常识。

在创建双拥模范城宣传方面，中心全媒体平台共播发相关新闻 273 条次。其中，《延庆报》开设“创建全国双拥模范城市 奏响军民团结时代凯歌”专栏，刊发相关消息 17 篇。《延庆新闻》开设“创建全国双拥模范城市 奏响军民团结时代凯歌”专栏，播出《军民共建鱼水情深 助力创城文明风尚》等新闻 16 条。延庆广播播发相关新闻 16 条。新媒体发布相关报道 224 条。

此外，中心各媒体平台围绕“接诉即办”播发相关新闻 367 条次。围绕“街乡吹哨、部门报到”发送新闻 402 条次。围绕扫黄打非和版权保护发送新闻 139 条次。

二、坚持移动优先，建设延庆 App

中心高效运营“两微一端一抖”，入驻新华号、央视频、北京日报客户端、今日头条、快手等传播平台，统筹传统媒体与新兴媒体的融合发展。

北京延庆 App 采用“新闻 + 政务 + 服务”模式，积极整合区融媒体中心、区新时代文明实践中心、区政务服务中心资源，实现“三个中心”贯通。同时，增加网上 12345、“你说我办”等栏目，与区城管指挥中心形成为群众分忧解难的合力，努力打通教育群众、宣传群众、服务群众的“最后一公里”。App 政务服务板块可以实现居住证办理等 20 项民生服务功能；旅游服务板块中推出美丽延庆、一部手机游延庆等栏目；便民服务板块开辟了空中课堂、小客车摇号、疫情关注、预约挂号等功能，为群众提供更多便利。自 2020 年 1 月 22 日北京延庆 App 正式上线以来，有 18 个乡镇、79 个部门和单位以及“延庆在线”“延庆”“北方民宿联盟”等 67 个社会媒体以“延庆号”形式集体入驻，实现区级媒体网上全覆盖。北京延庆 App 下载量突破 6.5 万人次，占区常住人口的 18.79%。日活数为 13267 人次，达下载总量的 12%。累计发布各类资讯 5.1 万条。

三、深化融媒体改革取得实效

年内，中心和延广融媒公司资产划分和人员转隶工作如期完成，构建起了“宣传部保方向、管大局，融媒体中心抓落实、防风险，企业抓生产、搞经营”分工明确、职责清晰的良性互动的宣传格局。中心制定出台了《延庆区融媒体中心绩效考核办法》，延庆区融媒体中心和延广融媒文化发展有限公司联合制发了《延庆区融媒体中心采编业务奖惩管理办法》。

2020年中心和延广融媒公司分开改革以来，融媒生产力激增，全平台播发各类融媒体作品47900篇(条)，其中传统媒体27535条，新媒体20365条，是2019年全年的7.6倍。开展区内区外融合宣传，融媒体中心在中央市级媒体和网络平台刊发作品10682条次。其中《人民日报》发布65条、新华社65条、中央电视台178条、《北京日报》257条、北京电视台345条、北京新闻广播117条、外宣网络6420条。

四、年度获奖情况

2020年度，中心获“第六届全国文明单位”，在第八届全国“双服务”先进集体评选工作中获基层广播电视传输覆盖机构先进集体称号，获“北京市抗击新冠肺炎疫情先进集体”，获“首都绿化美化先进单位”。

2020年，中心报送的案例《记者当好“五大员”，北京延庆区畅通疫情宣传“最后一公里”》，在“县级融媒 齐心抗疫”创新案例征集活动中，获评“基层信息枢纽创新做法”优秀案例；报送的“凝心聚神讲好延庆故事 备战‘冬奥’助力深度融合”项目被评为2020年北京市广播电视媒体融合典型案例；报送的“北京市延庆区媒体融合业务支撑平台”项目被评为2020年北京市广播电视媒体融合成长项目；报送的《献礼建党100周年 红心向党代代相传》，获2020年北京市广播电视公益广告扶持项目广播作品三类。

（延庆区融媒体中心）

北京经济技术开发区融媒体中心概况

北京经开区融媒体中心前身是经开区管委会新闻中心，原为副处级事业单位，2018年3月挂牌融媒体中心。2019年经开区启动大部制机构改革，将内设机构由60个缩减至23个，原新闻中心撤编，经过工委专题研究，决定由经开区工委宣传文化部指导，注册成立尚亦城（北京）科技文化集团有限公司（以下简称“尚亦城集团”），全面负责融媒体中心的建设和运营工作，努力打造具有影响力的集全程、全息、全员、全效基本特征为一身的“四全媒体”，为北京乃至全国区县融媒体中心发展提供“新样本”。

2020年主要工作：

一、宣传报道情况

《亦城时报》共出刊124期，刊发752个版面、4169条消息、1663幅照片、260个专版，推出《危机中育新机变局中开新局》《“六稳”“六保”亦庄实践》《亦城战疫党旗飘扬》《走向我们的小康生活》等新专栏10余个。《亦庄新闻》制作播出237期、1570多条新闻，平均每期时长约为18分钟，总时长超过4200分钟，开设“稳亦心促发展”“戮力同心建新城”“数说‘十三五’”等新专题10多个，网络视频总点击量为2352万次。经开区官网更新各类新闻6200多条，制作发布“防控疫情——北京经开区在行动”“北京亦庄创新发布”“中央生态环保督导在北京”等网络专题 3 个，上传各类信息近 1300 条。“北京亦庄”微博号在新浪微博平台共发布原创微博 2796 条，内容发布总阅读量达 6200 万次。“北京亦庄”微信公众号实现一日三推，发布图文信息 2611 条，总阅读量近 723 万次，总粉丝数为 13 万人。“尚亦城”App 推出新闻、视频、小亦、服务、家园五大板块，发布各类图文信息 16893 篇，“战疫亦有我”等视频内容 2422 条，App 下载量超过 27.6 万次，日活跃量约 5.5 万。

二、融媒改革推进情况

再造流程，打造“全程媒体”。北京经开区构建高效指挥系统、执行机构和运转机制。打破条块分割、各自为战的局面，将人员统一归纳至尚亦城集团管理，按照“一体策划、一次采集、多元生成、多端传播”的内容生产流程，创新性地提出内容生产—融媒实验室—新视听创新中心的“兵团作战”模式，构建起统筹内宣、外宣、网宣于一体的现代传播体系，并通过搭建融合内容融合生产的新闻信息统筹平台，使整个媒体矩阵在“策采编审发馈”六大功能上得以协同化作业、常态化调控。

构建平台，打造“全员媒体”。北京经开区融媒体中心践行“人人都是自媒体”理念，组建融媒联盟推动开放生产。通过建立覆盖全域范围、覆盖重点企业的融媒联盟、开放探索“亦城号”矩阵、培养本地媒体工坊三个方面积极推动平台全方位开放生产。截至 2020 年年底，尚亦城客户端开放生产的内容约占总量的 70%，两微 30% 的内容来自联盟成员供稿。

重筑矩阵，打造“全息媒体”。北京经开区融媒体中心建设“1+6+N”融媒星云传播矩阵，实现信息跨越空间的全天候滚动。构建以尚亦城 App 为核心，《亦城时报》、“北京亦庄”两微、亦庄新闻、北京经开区官网，学习强国号、头条号、抖音号、快手号等组网号等为支撑，职能部门、街道、企业 N 家自媒体为延伸的“1+6+N”融媒星云传播矩阵。对上，与中央及市属媒体实现全面联动，与央视新闻实现重大选题共享；对下，延伸构建融媒运转的“神经末梢”，实现融媒联盟成员内容上传和分享一键抵达，打通央、市、区、企/社一体化传播通道。

提升服务，打造“全效媒体”。北京经开区立足数据资源，以用户思维对标消费需求，实现有效供给。打造尚亦城 App2.0 版，为个人和企业用户提供“双版本入口”，个人版通过新闻页、社交页、家园页；企业版通过设置服务管家、企业中心、产业咨询 3 个板块增强本地归属感的企业服务功能，同时还利用区块链技术为亦城人打造唯一官方线上身份——E-PASS 卡，实现亦城数字生活一路畅通。

（北京经济技术开发区融媒体中心）

大事记

2020 年北京市广播影视大事记

1 月

2019 年 12 月 31 日晚至 2020 年 1 月 1 日凌晨　由北京市文化和旅游局与北京冬奥组委文化活动部共同主办的 2020 北京新年倒计时活动暨第四届北京冰雪文化旅游节在首钢园举行。北京广播电视台为此次新年倒计时活动提供全球公共转播信号，并协助央视进行活动现场新闻连线。北京广播电视台新闻频道、冬奥纪实频道、“北京时间”共同对 2020 北京新年倒计时活动进行全程直播。

1 月 1 日　由北京电视艺术中心有限公司报批立项、联合出品的 46 集抗美援朝反特题材电视连续剧《破局 1950》，作为中央广播电视总台央视开年大戏在央视电视剧频道黄金时段开播。

1 月 2 日　北京市广播电视局党组书记、局长杨烁到电视剧《嗨，什刹海》拍摄现场调研，并座谈京味题材电视剧创作。局党组成员、副局长张苏，北京电影学院副院长扈强，维乐嘉禾（北京）影业文化有限公司董事长张巍，猫眼娱乐总裁顾思斌以及剧组主创人员参加调研活动。

1 月 2 日　北京北广传媒移动电视有限公司在第 14 届中国传媒大会上获“金长城传媒奖 ·2019 中国最具影响力移动新媒体”大奖。

1 月 4 日　“北京时间”举办“温暖之夜——2019 美好时间年度暖视频揭晓活动”。活动为获奖视频颁奖，现场启动 2020“温暖的力量”暖视频征集活动。2019 暖视频征集活动以“美好时间”为主题，全网征集作品 1.6 万条，阅读播放量近 55 亿次。“北京时间”、今日头条、爱奇艺等 14 家网站同步直播。北京广播电视台和中央网信办、应急管理部、国务院国资委新闻中心、公安部宣传局、国家卫生健康委宣传司、市委网信办、北京新媒体集团相关负责人出席，各合作媒体以及来自全国各地近百位视频主人公、拍摄者、传播者参加。

1 月 4 日　北京广播电视台北京卫视开播长城文化体验类栏目《了不起的长城》。

1 月 4 日　北京广播电视台冬奥纪实频道开播全新艺术访谈节目《为奥运喝彩》。该节目承载传播中国文化与奥运精神的使命，汇聚国内顶级艺术家，讲述艺术故事，畅聊奥运情缘。

1 月 6 日　北京广播电视台卡酷少儿卫视原创并制作的季播节目《绿水青山萌游记》获第四届指尖移动影响力高峰论坛发布的“2019 指尖综艺榜——最具影响力创新综艺”奖项。该节目是以习近平总书记提出的“绿水青山就是金山银山”为主题的儿童旅行综艺秀，共 8 期，每期 25 分钟。

1 月 7 日　国家广电总局发布 2019 年度国家广播电视和网络视听产业发展项目库入库项目名单，在全国各省（区、市）、总局直属机构和中央有关单位中，遴选确定入库产业项目 308 个，北京市广播电视局推荐入库项目达 35 个，占全国入库项目总数的 11.4%，占比超过九分之一。

1 月 7 日（当地时间）　四达时代通讯

网络技术有限公司喀麦隆子公司在杜阿拉召开新闻发布会，宣布在喀麦隆正式开展数字电视运营服务。喀麦隆滨海大区区长伊瓦哈·迪布阿先生为喀麦隆子公司开业剪彩。自2007年四达时代集团以卢旺达为第一站进入非洲广播电视市场以来，已在非洲30多个国家注册公司并开展数字电视运营服务。

1月8日　北京市广播电视局召开打击“黑广播”整治“灰广播”专项行动电视电话会议，部署落实《北京市广播电视局打击“黑广播”和整治广播传输覆盖失范失序问题专项行动方案》，副局长杨培丽出席会议并提出要求，各区文化和旅游局、北京广播电视台主管领导、各区融媒体中心主任，以及局传媒机构管理处、科技处、宣传管理处和广播电视监测中心相关人员参加会议。

1月10日　北京广播电视台融媒体中心两会报道团队对北京市两会进行报道，并在市政协会议驻地搭建三个演播室，承担委员访谈、广播直播、手机App下载互动等多种方式的传播。三个演播室统一设计、统一风格、统一施工，全方位展示北京广播电视台融媒体中心的整体形象。首次应用“5G+边缘计算”技术助力北京市两会新闻报道制作，搭建新闻外延编辑系统，采用当下5G热点技术将前方现场编辑站点和台内新闻制作云打通，实现会场新闻素材现场采编，提升新闻采编效率。

1月13日　北京广播电视台体育广播中心、交通广播中心联合北京冬奥组委以及多家媒体推出“送冬奥祝福 带吉祥回家”活动。活动在新媒体获得的阅读浏览总量达到350万次，收到祝福线索283条，向社会发放100份北京冬奥会和冬残奥会吉祥物，交通广播《一路畅通》、体育广播《雄鸡唱晓》和《金戈铁马》等栏目通过设置互动话题，广泛征集听众最想祝福的人，节目活动留言超过3000条。

1月13日　北京歌华有线电视网络股份有限公司与华为公司签署5G技术应用发展合作协议。双方将充分发挥各自优势，在5G网络规划建设及应用领域开展合作。

1月14日　北京电视艺术中心有限公司筹拍电影《最后的防线》，经北京市文化发展中心评审，获北京宣传文化引导基金一般项目资助扶持。

1月15日　北京广播电视台主持人带着文艺小分队走进怀柔杨宋镇梭草村，用丰富的歌曲、相声等文艺节目为村民送上新春的祝福。这是北京广播电视台一年一度的“广播三下乡”活动，也是北京广播电视台推进农村精神文明建设的重要品牌活动，已经连续14年走进京郊农村，为村民朋友们送文艺、送年货、送祝福。

1月17日　北京市广播电视局召开首届“走出去”工作专题会，总结2019年优秀影视剧海外展播和国外节展情况，部署2020年“走出去”工作。北京市广播电视局党组书记、局长杨烁要求继续打造“北京优秀影视剧海外展播季”“视听中国·北京视听之夜”“组团联展”三大品牌，进一步传播中国精神、中国价值、中国力量和北京声音。

1月21日　北京广播电视台春节特别节目“广播过大年·幸福满家园”红火开场，主持人刘思伽、郭炜、刘佳、嘉佳为听众和观众送上新春祝福！4小时音视频直播，40多位普通人真切地讲述自己幸福的2019、自己和北京的故事；歌手在演播室完全无修音现场演唱，既彰显实力，也凸显出对听众的一片真情。

1月22日　北京广播电视台卡酷少儿卫视打造的国内首部冰雪主题晚会《2020卡酷少儿动画春晚》在全国播出，原创鼠年贺岁代言人“酷小鼠”带孩子们开启一场京味儿十足、新奇有趣的贺岁盛宴。

1月23日　北京广播电视台北京卫视《生命缘》栏目派出第一批5人报道组，进驻北京地坛医院采访报道，成为北京地区第一支进驻新冠隔离病区采访报道的新闻队伍。

1月24日　北京广播电视台冬奥纪实频道先后推出《一米空间微运动》和《新冠病毒防控医学小贴士》两个微视频系列节目，"北京时间"首页、"众志成城防控疫情"专题以及优酷体育频道同步开设专区发布推广。

1月24日　北京歌华传媒集团有限责任公司党委副书记、总经理戴维先后到北京歌华有线电视网络股份有限公司总前端机房、左家庄机房以及通州分公司检查工作，重点检查机房安全传输保障工作，并就新冠肺炎疫情防控工作提出要求。歌华传媒集团纪委书记夏晗，副总经理罗晓军；歌华传媒集团副总经理，歌华有线党委书记、董事长郭章鹏参加。

1月25日　北京广播电视台紧急调整北京春晚方案，增加抗疫节目。7名主持人朗诵《我们的力量》，传递北京市民对受新冠肺炎疫情影响的武汉人民的牵挂，表达众志成城战胜新冠肺炎疫情的决心。当晚19:30，《2020年北京广播电视台春节联欢晚会》在北京卫视播出。

1月27日　北京广播电视台科教频道《健康北京》栏目开通特别节目"众志成城 防控疫情"，邀请市政府相关部门负责人、专家、学者等，就新冠肺炎疫情发展情况、政府部门举措、科学防护方法等话题，进行权威信息发布和解读。

1月27日　北京歌华有线电视网络股份有限公司配合北京市教委，指导安排学生在家学习和生活，在市教委宣布延期开学不到24小时，正式上线"空中课堂"内容，助力首都中小学生停课不停学。

1月28日　北京市广播电视局成立北京市安全播出新冠肺炎疫情防控应急工作小组，编制北京市安全播出新冠肺炎疫情防控应急联络表，制定并下发《北京市安全播出疫情防控工作方案》《北京市安全播出疫情防控应急预案》，要求全体成员单位切实履行属地责任、部门责任、单位责任、个人责任，做好疫情防控工作。每日18:00，统计含北京市广播电视台、歌华传媒集团等市级安全播出单位11家、区融媒体14家、IPTV分发单位3家、区域有线电视网单位5家、重点网络视听单位37家，共计70家单位当日安全播出情况、新冠肺炎疫情防控情况。

1月28日　北京市广播电视局与北京市疾控中心建立合作联动机制，由北京市疾控中心提供新冠肺炎防治视频和图文信息等宣传内容，北京市广播电视局组织协调爱奇艺等16家北京市重点网络视听平台，搭建上线"北京健康一起行动"科普防疫专区，聚合推送防疫信息。

1月28日　北京广播电视台"听听FM"联合湖北之声合作推出"湖北之声方舱广播"，为方舱医院患者和医护人员提供心理干预、音乐疗愈等内容。

1月30日起　北京广播电视台北京卫视以日播的形式持续推出《生命缘》抗击新型冠状病毒特别报道，播出纪录片93篇，其中82篇来自北京、11篇来自武汉。新媒体阅读量达15亿次，视频点击量6.8亿次。人民日报、央视网、中国日报、半月谈、光明网等800多个微博大V自主转发，覆盖粉丝超过10亿人。

1月31日　北京广播电视台开始录播北京市疫情防控新闻发布会，截至4月30日共录播84场，在新闻频道、影视频道、生活频道、财经频道以及新闻广播播出；2月25日起新闻广播、交通广播、"听听FM"每天现场直播市疫情防控发布会，截至4月30日共直播67场，将市委市政府的声音及时准确传递到千家万户。2月26日起，新闻广播转播国新办疫情防控工作新闻发布会，截至4月30日共转播15场。

1月　在国家广电总局组织开展的首批国家广播电视和网络视听产业发展项目入库评审遴选中，北京歌华传媒集团有限责任公司所属单位报的“北京云”市区两级融媒体平台、超高清内容生产传输综合业务平台、超高清内容集成平台、北京冬奥会接待酒店超高清融媒体、北京户外电子媒体联播管理平台等5个项目通过评审。

1月　北京广播电视台广播新媒体推出120期“抗击疫情 我们在一起”系列短视频，真实记录北京援鄂医疗队的工作瞬间，网络总播放量超过4000万次，赞评量超过30万次。

1月　“北京时间”网站策划的“四十年四十人——我与改革开放共成长”节目，被全国政协办公厅评为第二十三届全国政协好新闻二等奖。

2月

2月1日　北京广播电视台联合北京市教委在城市广播《教育面对面》栏目中推出特别节目“空中云课堂”，共播出24期，满足全市中小学延迟开学“停课不停学”需求。

2月2日　北京广播电视台新闻频道中心和卫视频道中心联合北京疾病预防控制中心，制作新型冠状病毒防控指引宣传片，在《北京新闻》播出第一集，之后共播出19集。

2月3日起　北京广播电视台联合北京市教委制作《老师请回答》新冠肺炎疫情防控特别节目，共播出30期。全网视频播放量达到3亿次，微博相关话题阅读量达到20亿次，多次登上微博热搜和抖音热搜。《老师请回答》还全面登陆各大互联网平台，并在“学习强国”、北京市教委公众号等平台播出，同时提供给有需求的学校网络学习平台。北京有56所高校学生通过该节目学习思政课，16个区教委和燕山地区教委辖区的中小学自愿收看，有360万大中小学生通过各种渠道收看，占北京市总人口的五分之一。

2月5日　北京市纪委市监委驻北京市广播电视局局党组成员、纪检监察组组长邹立华带队检查北京广播电视台新冠肺炎疫情防控工作。

2月5日　北京歌华有线电视网络股份有限公司客服公司启动全员家庭办公模式，确保96196电话热线畅通，并保障近500名员工健康安全，当天人工受理1.19万通电话，接通率97.49%。2月27日，新华社、中新社、人民网、北京广播电视台等十余家媒体对“北京云·空中课堂”在线教育和歌华有线客服公司全员居家办公模式进行集体采访。

2月7日　北京市广播电视局在全国率先推出《关于应对新型冠状病毒感染的肺炎疫情支持网络视听企业保经营稳发展的若干措施》，包括线上提交备案审核材料，压缩备案审核工作时间，帮扶受新冠肺炎疫情影响的重点题材节目制作单位，为创作生产反映防疫抗疫的视听作品开通绿色通道，调整优秀网络视听节目申报要求，优化网络视听平台备案制服务，通过直播形式开展多层次专业培训，进一步发挥网络视听协会作用等8个方面的措施，支持网络视听节目服务机构和广播电视节目制作经营机构保经营、稳发展。

2月8日　元宵节当晚，央视新闻新媒体直播6小时元宵亮灯特别活动《家中闲坐灯火可亲》。直播中，联动全国数十座城市地标建筑，同时举行元宵“亮灯”活动。北京北广传媒城市电视有限公司利用大屏播控系统，调整播出内容，通过世贸天阶的大屏，远程配合央视直播，将元宵节当夜的首都地标媒体和返岗人员防疫提示带给全国各地200余万在线观众。央视新闻以《这场战“疫”我们“屏屏”相连 心心相印》为题，在客户端报道北京城市电视与央视此次的合作。

2月10日　北京市广播电视局在首都之窗网站和局网站发布《北京市广播电视局贯彻落实京政办发〔2020〕5号和7号文的实施细则》，从优化政务审批服务、减轻中小微企业负担、加大金融支持力度、服务企业正常生产经营、视听园区优先扶持政策等方面提出具体实施措施，帮助行业企业渡过难关，推进行业企业健康稳定发展。

2月10日　中共中央总书记、国家主席、中央军委主席习近平在北京调研指导新型冠状病毒肺炎疫情防控工作，北京北广传媒城市电视有限公司第一时间自制习近平总书记北京调研讲话金句海报10张，并高频次在城市电视公司旗下8处9块户外大屏及6000多台楼宇电视终端进行滚动播出，全天播出近600次，传播“一定会胜利”的信心。

2月10日　国家广电总局宣传司部署全国各级电视台播出北京卫视新冠肺炎疫情防控特别节目《养生堂——新型冠状病毒防控指引十八讲》，节目收视率持续位列同时段全国第一，“学习强国”平台第一时间转发该内容。国家广电总局还紧急调配北京卫视《本色》《养生堂》《老师请回答》3档电视节目，供全国电视台播出。

2月13日　北京市广播电视局党组书记、局长杨烁到北京歌华有线电视网络股份有限公司机房检查安全播出、疫情防控和安全传输应急保障工作落实情况，听取歌华有线公司关于安全播出和疫情防控工作安排、防控物资储备、人员安全和环境防控、机房值班值守及安全传输应急保障等情况的汇报。北京市广播电视局副局长杨培丽，办公室、科技处等部门有关负责人，歌华有线党委书记、董事长郭章鹏参加。

2月16日　作为全国首档市民与公共领域对话节目，北京广播电视台《向前一步》深入多个社区和单位，实地探访基层一线联防联控体系的先进经验，展现党员干部冲锋在前、吃苦在前的责任担当。在无法面对面沟通解决问题的特殊时期，《向前一步》运用“云录制”，报道12345市民热线和“接诉即办”工作，在节目中直面蔬菜价格、快递取件难、返京人群复工等问题，让广大电视观众关心的民生事能够继续在《向前一步》对话平台上得以展现。

2月17日　北京歌华有线电视网络股份有限公司与北京市教委合作推出“歌华教育——北京云·空中课堂”，助力全市中小学生线上“开学”。依托“北京云”空中课堂资源同步登陆全市17个区融媒体和新京报、千龙网、今日头条、抖音、西瓜视频和快手等平台。

2月17日　北京歌华有线电视网络股份有限公司与北京快手科技有限公司签署合作协议，推进双方在内容版权、长短视频、“教育点播+直播”等业务领域的深入合作。

2月19日　北京市广播影视作品审查中心开始网上办公，重塑工作流程，转入云审查、云传送、云讨论、云培训、云办公的新模式，确保作品导向、审查质量等没有因新冠肺炎疫情耽误审查、拖延时间或影响质量。

2月19日　北京广播电视台融媒体中心在《北京您早》《特别关注》栏目推出《接诉即办——防控疫情特别节目》，以纪录片形式呈现基层工作者无怨无悔的付出。

2月20日　北京歌华有线电视网络股份公司联合中国广电、华为公司利用广电5G技术，在北京市门头沟区龙泉小学完成5G在线实时教育平台的建设，开通广电5G网络，实现校区5G+WiFi6覆盖，校方可通过5G在线教育平台开展教育教学活动。

2月21日　北京节目制作公司出品的《手术两百年》《从〈中国〉到中国》《影响世

界的中国植物》入选国家广播电视总局公布的2019年优秀国产纪录片集锦片目，占全国26部的12%。北京市广播电视局对这3部纪录片给予2019年度北京广播电视网络视听发展基金扶持。其中，《手术两百年》是中国第一部全景展现人类与疾病抗争的科学纪录片，节目组历时3年，前往英国、美国、德国、法国、意大利、匈牙利、土耳其、印度等国家拍摄重要的医学博物馆、医院和医疗研究机构，采访50多位国际顶级专家后，呈现人类手术发展历程及对未来的期望。

2月26日　北京歌华传媒集团有限责任公司党委副书记、总经理戴维先后到歌华有线小汤山营业厅、小汤山医院改扩建施工现场和歌华有线志新桥办公区检查指导工作。在小汤山医院，戴维同志与医院领导、医院（改扩建）项目负责人等就医院有线电视及5G网络的建设、使用等情况进行深入交流。在办公区听取歌华有线公司人员关于“北京云·空中课堂”、“北京云”融媒体H5应用、“年华”专区等业务的情况汇报。歌华传媒集团副总经理，歌华有线党委书记、董事长郭章鹏参加。

2月　北京歌华有线电视网络股份有限公司第一时间驰援湖北，捐赠空中课堂优质课程资源，免费为学生提供在线学习内容，覆盖湖北省500余万IPTV用户，并在湖北省广电网络上线，保障湖北省中小学生“停课不停教、不停学”，携手打赢新冠肺炎疫情防控阻击战。此外，空中课堂资源先后在河南、福建、宁夏、黑龙江、重庆等省、自治区、直辖市有线电视网络公司平台上线，惠及全国中小学生。

2月　北京歌华有线电视网络股份有限公司高清交互平台“年华”专区上线“防疫专区”“健康生活”“家庭娱乐”三个板块，助力抗击新冠肺炎疫情并更好地满足中老年用户收视需要。

2月　北京市委宣传部组织开展“2019年度北京市文化精品工程重点项目”评审，歌华传媒集团旗下北京北广传媒影视股份有限公司出品的《香山叶正红》和《温暖的土地》两部电视剧作品入选。

2月　歌华传媒集团旗下北京国际设计周公司联合140余家单位，共同发起“科学、同心、生命——‘我们在一起’”2020抗击新冠肺炎全球招贴设计公益征集活动。

2月　北京星光拓诚文化产业集团有限公司完成的“4K/8K+5G”定点IP超高清视听节目制作协同系统、“4K/8K+5G+AI”移动IP超高清视听节目制作智慧协同系统应用于北京卫视春晚节目制作。

2月　北京电视艺术家协会为声援战斗在抗击新冠肺炎疫情第一线的工作人员，鼓舞全国人民抗击新冠肺炎疫情的信心和决心，组织首届北京百位大学生主持新人云录制“‘声’援武汉，唱响明天”公益短片，并在北京广播电视台文艺频道播出。

2月　北京电视艺术家协会联合北京视协理事、儿童剧编剧、导演潘思齐，原创童话故事《雪立方》，并邀请北京视协青少年影视创作基地的学员参与《雪立方》“云”录制，在抖音等平台播放。

3月

3月3日　北京市委宣传部副部长赵卫东参加歌华传媒集团项目研究专题会，听取北京北广传媒影视股份有限公司关于电视剧《觉醒年代》《咱们俩复婚吧》《鼓楼外》《香山叶正红》的进展情况。

3月10日　北京市委常委、市教工委书记王宁给北京广播电视台写信，感谢北京卫视《老师请回答》栏目组多年来对北京教育系统的大力支持。特别是抗击新冠肺炎疫情期间，北京卫视策划推出国内首档教育话题类节目，深受广大教育工作者和学生及家长的好评，为首都教育发展做出突出贡献。

3月11日 北京市广播电视局党组书记、局长杨烁到怀柔区杨宋镇调研中国（怀柔）影视产业示范区新冠肺炎疫情防控和复工复产情况，实地察看和了解北京电影学院怀柔新校区建设复工后新冠肺炎疫情防控和现场施工人员管理情况，强调为有效应对新冠肺炎疫情给影视产业带来的冲击和影响，要紧紧抓住新冠肺炎疫情防控期间政策出台时机、充分发挥政策红利，推进园区企业持续健康发展。

3月11日 《北京市广播电视局关于应对新冠肺炎疫情影响 推进电视剧行业有序复工复产的通知》发布，针对疫情期间北京市电视剧行业制定资金支持，缓解电视剧企业资金压力；加强政策引导，营造良好发展环境；优化审批流程，为影视企业复工复产提供服务保障；进一步发挥协会职能，助力产业发展等推进北京市电视剧行业有序复工复产的具体政策、措施、办法。

3月16日 为满足防疫期间北京全市中小学生“停课不停学”的民生需求，北京市广播电视局协调北京歌华传媒集团有限责任公司，在歌华有线电视网中临时率先开通歌华有线“空中课堂”12个年级频道（频道号：501~512)，覆盖中小学12个年级145万学生，满足全市中小学生通过电视机大屏在线学习的需求。

3月16日 北京广播电视台青年广播中心联合中国教育电视台、北京团市委等部门，推出系列融媒体公开课《上课啦》，邀请名校名师和专家，为学生群体提供《疫情期间如何保持心理健康》《初三中考数学复习串讲》等丰富多彩的课程，满足青少年在新冠肺炎疫情期间的知识需求。

3月20日 北京市广播电视局在全国率先制定推出《新冠肺炎疫情期间视听产业园区演播室复工防控指引》，并由北京市疾病预防控制中心归口发布，指导全市视听产业园区科学有效落实各项防控措施，稳妥有序复工复产。

3月20日 北京市广播电视局党组成员、副局长王志带队到四达时代通讯网络技术有限公司调研新冠肺炎疫情防控和复工复产情况。

3月26日 北京广播电视台召开领导干部大会，北京市委常委、宣传部部长杜飞进出席并讲话。市委组织部副部长张彤军宣读市委市政府决定：市委副秘书长、宣传部副部长余俊生任北京广播电视台党组书记、台长；原党组书记、台长李春良调市政协工作。

3月26日 为进一步做好新冠肺炎疫情防控，推动广播电视行业平稳发展，北京广播电视局举办首场视听优惠政策线上培训。北京市视听行业相关单位、中国（北京）星光视听产业基地、中国（怀柔）影视产业示范区、中国（北京）国际视听产业园（筹）等350多家企业报名参加。

3月26日 北京市广播电视局党组书记、局长杨烁到歌华有线丰台分公司检查疫情防控和复工复产情况。北京市广播电视局副局长杨培丽，北京歌华传媒集团有限责任公司党委副书记、总经理戴维，歌华传媒集团副总经理，歌华有线党委书记、董事长郭章鹏分别就疫情防控、返岗复工等工作提出具体要求。

3月27日 北京市广播电视局制定《新冠肺炎疫情期间在京剧组复工防控指引（1.0版）》，加强新冠肺炎疫情期间北京市广播电视网络视听行业监管，确保电视剧、网络剧、网络电影在京剧组复工安全，并由市疾控中心归口发布，指导在京剧组进一步做好新冠肺炎疫情防控工作。

3月27日　北京市广播电视局与优酷举行复工复产调研座谈会。会上，北京市广播电视局党组书记、局长杨烁与阿里文娱优酷总编辑张丽娜，阿里文娱优酷党委书记、副总编辑杨伟光一行座谈交流，听取疫情防控期间优酷发展情况和主要诉求，并针对该公司复工复产中遇到的问题进行了现场调度。局党组成员、副局长王志主持会议，办公室、网络视听节目管理处负责人及有关人员参加。张丽娜还向杨烁局长转交阿里文娱总裁兼优酷总裁樊路远的感谢信，并向北京市广播电视局赠送锦旗。

3月31日　北京广播电视台融媒体中心推出"白衣执甲·英雄归来"——北京市支援湖北医疗队离汉返京特别报道，采取动态消息、人物专访、专题报道、直播连线、网络直播、图文推送、MV短片等多种报道形式，盘点医疗队65天的工作成绩，真切传达北京武汉两地情、医患情、战友情，用新闻人的视角生动诠释生命缘。

3月　北京市广播电视局召开视听优惠政策线上培训，就基金扶持、审批业务、各类评优评奖政策进行专门解读和答疑，对350余家企业和机构进行集中指导。累计举办4场线上培训，约2500家机构参加。同时，对广播电视各项业务办理和基金申报开通咨询热线，安排专人予以指导和解答，对重点电视纪录片、电视动画片基金申报进行全程指导，并协调多方资金支持。

3月　歌华传媒集团旗下新新公司摄制的，集中展现首都广大基层党组织和党员在新肺炎疫情防控工作中典型事迹和经验做法的系列专题片《疫无情 人有爱》，在北京长城网、北京长城网微信公众号、北京长城抖音号同步上线播出，每日1集，共13集。

3月　为进一步践行党中央和北京市委、市政府关于新型冠状病毒感染肺炎疫情的防控要求，北京北广传媒城市电视有限公司通过楼宇电视联播网和户外大屏联播网两大自有媒体平台，开展疫情防控宣传工作。

4月

4月2日　北京市委常委、宣传部部长杜飞进主持召开专题会，听取北京歌华传媒集团有限责任公司关于"北京云"项目建设情况汇报。杜部长充分肯定"北京云"前期建设、对接工作成效及疫情期间对宣传舆论组织、"空中课堂"线上教育服务的支撑作用。他强调，"北京云"项目建设是北京市贯彻落实习近平总书记重要指示精神和中央决策部署，推进媒体融合发展的有力举措，要持续推进"北京云"平台进一步优化完善，并部署"北京云"项目下一阶段工作重点。市委宣传部常务副部长赵卫东；市委副秘书长、宣传部副部长余俊生；市广播电视局党组书记、局长杨烁；歌华传媒集团党委副书记、总经理戴维；歌华传媒集团副总经理，歌华有线党委书记、董事长郭章鹏等参加会议。

4月2日　北京市广播电视局以视频会议形式，召开2020年第一季度优秀纪录片网络评审研讨会，并向国家广播电视总局推荐40部优秀纪录片。首都纪录片发展协会理事长、中国广播电视艺术家协会纪录片学术委员会副主任陈大立，知名纪录片制作人、纪录片《大国崛起》总导演周艳，以及北京市各区融媒体中心的代表参会。

4月8日　北京市有线电视网络整合发展领导小组办公室召开第一次工作会议，听取歌华传媒集团汇报"全国一网"股份公司发起人方案，研究北京市有线电视网络整合相关工作。歌华传媒集团领导戴维、郭章鹏、余兢以及有关负责人参会。

4月8日零点　武汉市解除离汉离鄂通道管控措施。北京广播电视台及时连线报道武汉火车站、机场、高速路口的实时情况，追踪第一批离汉返京人员从北京西站转运分流到专车送回社区居家隔离的全过程。同时，联合湖北、上海、河北、广东等9家省级台，推出“重启大武汉·助鄂大联播”系列融媒体直播报道，打通电视、网络、广播三大传播通道，并在“北京时间”、“学习强国”、人民日报客户端、人民网人民视频、央视频、新华社现场云、今日头条、抖音等数十家网络平台同步分发，全网观看量2700多万次。

4月9日　北京市委宣传部、市政府新闻办联合多部门召开《中共北京市委关于新时代繁荣兴盛首都文化的意见》和《北京市推进全国文化中心建设中长期规划(2019年—2035年)》新闻发布会，北京市广播电视局党组书记、局长杨烁出席，并就推动广播电视业发展，推出更多优秀网络视听和影视作品回答记者提问。杨烁表示，听广播、看电视、看网络视听节目是人民群众主要的文化活动之一，彰显广播电视和网络视听在全国文化中心建设中的地位和作用，北京正在建设成为国际影视之都和全球视听产业中心。

4月9日　为贯彻落实习近平总书记关于“大家想看电影，就看网上的吧”的指示，北京市广播电视局召开网络视听内容创作生产调度会，发布2020年北京市广播电视局优秀网络视听节目种子库名单，聚焦决胜全面小康、决战脱贫攻坚、庆祝中国共产党成立100周年、北京冬奥会和冬残奥会、抗击新冠肺炎疫情等题材的90部优质网络视听节目被列入名单中。

4月10日　北京市广播电视局针对北京地区广播电视制作播出机构众多、人员密集、工种复杂、流动性大的特点，按照市、区主管部门的要求，实行精准复工管理，为实现北京市各广播电视制作播出机构科学稳妥复工复产，制定《新冠肺炎疫情期间北京市广播电视制作播出机构复工防控指引(1.0版)》。

4月10日　中兴通讯中国区总裁林炳一行到北京歌华有线电视网络股份有限公司调研交流。双方就5G行业发展趋势、运营商共建共享等内容交流研讨，并就进一步开展合作达成初步意向。中兴通讯中国区副总裁、新业务拓展部总经理刘乐值，北京分公司总经理朱和平，歌华有线党委书记、董事长郭章鹏等参加。

4月14日　北京广播电视台新闻频道推出“春满京华日·馨香伴君归”——北京援鄂医疗队解除隔离休养特别报道，节目覆盖《北京您早》《特别关注》《北京新闻》《都市晚高峰》《首都晚间报道》5档主要新闻栏目，并在央视频、“央视新闻+”、今日头条、百度、爱奇艺、“北青—北京头条”、一直播、优酷、第一视频等24家网站进行同步直播。通过解除隔离休养准备、工作总结会现场、医疗队员返家等多个角度展现医疗队员离家79天后返家的感人瞬间。

4月16日　北京歌华有线电视网络股份有限公司与市城管委合作推出的“北京市垃圾分类宝典”小程序，在市城管委官方微信公众号上线。

4月21日　北京市委宣传部常务副部长赵卫东，在北京歌华传媒集团主持召开专题会，研究落实中宣部关于重大革命历史题材电视剧《觉醒年代》的修改意见，并提出要求，强调要坚定信心、克服困难，做好该剧的修改。市委宣传部、市广电局有关同志，戴维、罗晓军和影视公司有关负责人参加会议。

4月21日　北京市民热线服务中心副主任兼信息宣传处处长王宁等一行三人，到北京北广传媒移动电视有限公司交流并送感谢信，感谢移动电视在新冠肺炎疫情防控期间与其共同策划制作播出“12345抗疫微视频”，该视频在客户端播出后，点击量很快过百万次，得到北京市政务服务局党组高度认可。

4月21日　北京北广传媒移动电视有限公司收到中央广播电视总台新闻新媒体中心感谢信，感谢移动电视在新冠肺炎疫情防范科普宣传片、海报以及“谢谢你为湖北拼单”媒体公益行动相关宣传推广工作中的鼎力相助。

4月22日　北京市广播电视局推送的广播新闻节目《开往未来的列车》和电视新闻节目《爱，让心跳不止》被列入国家广播电视总局公布的2019年度第四季度新闻推优作品名单中。

4月24日　北京市委常委、宣传部部长杜飞进，主持召开北京市有线电视网络整合发展领导小组专题会，进一步研究“全国一网”股份公司发起人方案，梳理具体问题。市委宣传部常务副部长赵卫东，市广电局党组书记、局长杨烁，市文资中心主任刘绍坚，以及歌华传媒集团领导戴维、郭章鹏、余兢等参会。

4月25日　北京卫视播出《这是我们！这是光！》抗疫晚会，通过现场连线云录制以及文艺表演的方式，宣传新冠肺炎抗疫一线守护者的感人事迹，歌颂普通民众的抗疫行动和抗疫决心。

4月26日　第26届北京电视节目交易会（2020·春季）正式开幕。本次交易会作为2020年影视行业首场盛会，以“云端推介，推动电视剧平稳提质”为主题，首创线上办会，既为新冠肺炎疫情期间受影响的影视行业注入新动力，也是北京电视节目交易会在举办模式上的一次创新。2020春交会参展项目共1185个，其中电视剧755部，网络剧84部，电影19部，纪录片、电视栏目59部，动画片52部，网络文学作品216部。注册2730人，其中展商1917人，买家399人，专业观众333人，媒体81人。4月30日，第26届北京电视节目交易会（2020·春季）落幕。

第26届北京电视节目线上云交易会（2020·春季）线上主题展和参展节目界面

4月27日　北京市广播电视局与北京文投集团战略合作签约仪式在北京举办。北京市广播电视局党组书记、局长杨烁，北京文投集团董事长周茂非出席并致辞。此次签约仪式标志着双方全面战略合作的正式展开，双方在内容创作、平台搭建、渠道开拓、文创园区和文化产业扶持领域开展深度合作，全面助力北京市全国文化中心建设。

4月29日　北京北广传媒影视股份有限公司出品的反映新中国沧桑巨变的电视剧《香山叶正红》，入选第26届北京电视节目交易会“筹备期电视剧项目推优活动”优秀剧目。

4月29日　作为第26届北京电视节目交易会活动的一部分，北京市广播电视局与北京国际信托有限公司，在新闻出版大厦举行共建影视剧精品项目库签约仪式。北京市广播电视局党组书记、局长杨烁，北京国际信托有限公司董事长周瑞明出席并致辞。北京市广播电视局党组成员、副局长张苏和北京国际信托有限公司总经理何晓峰，代表合作双方共同签订《影视剧精品项目库协议》。

4月29日　“欢迎抗疫一线记者回家”仪式在北京广播电视台国贸办公区主楼一层大厅举行。市委副秘书长、宣传部副部长，北京广播电视台党组书记、台长余俊生，北京广播电视台党组成员、副总编辑徐滔及相关部门百余人一同参与，迎接30余位参与抗击新冠肺炎疫情一线报道的记者“回家”。

4月　北京北广移动电视有限公司共收到北京市归国华侨联合会、京东方科技集团股份有限公司、北京市市民热线服务中心、中央广播电视总台新闻新媒体中心4家单位的感谢信，对移动电视的新冠肺炎抗疫宣传工作表示赞扬。

5月

5月1日至5日　小长假期间，北京市广播电视局组织爱奇艺等四家重点网络视听平台联合打造“北京新视听”专区，聚合播出近年北京市视听平台自制采购的各类优秀节目268部（档），共5111集。专区累计浏览量7.69亿次，节目点击量1.86亿次。

5月2日　北京广播电视台文艺频道中心、环球网、抖音三大平台携手联动，共同打造“环球共楚声”湖北公益直播活动。北京广播电视台主持人春妮与主持人杨子祯，恩施市副市长徐贵尧，艺人李一桐、王耀庆、贾冰以及多位抖音达人，以“直播带货”的形式，推广受疫情影响、面临滞销困境的各类湖北农产品，加快推动湖北农副产品销售和复工复产，为湖北经济发展助力。

5月4日　由北京广播电视台和共青团中央宣传部联合出品的《耳边的青年网络公开课》音频节目，在共青团中央、共青团北京市委新媒体渠道以及北京广播电视台官方音频客户端“听听FM”以云端“音频公开课”形式同步上线。节目围绕“全面建成小康社会”“重读《新青年》，倾听爱国心”“21世纪中国的马克思主义”等八个主题，结合年轻人关心、关注的热点、重点话题举行讲座。全国近50家电台单位同步播出。

5月5日　北京卫视《档案》推出特别节目《中国抗疫的国际价值》，独家解读中国抗疫的国际影响和世界贡献，讲述中国抗疫的战略思考和国际价值，以多元化国际视角，将中国抗击疫情的胜利成果展现出来，为全人类共同应对突发性公共卫生问题提振信心、总结经验。

5月6日　北京市委宣传部就重大革命历史题材电视剧《觉醒年代》召开专题会议，市委常委、宣传部长杜飞进主持，研究电视剧《觉醒年代》修改方案。市委宣传部常务副部长赵卫东、副部长王杰群；北京市广播电视局党组书记、局长杨烁，副局长张苏；北京歌华传媒集团有限责任公司总经理戴维；北京北广传媒影视股份有限公司负责人及主创人员参会。

5月7日　为全面贯彻落实党中央、国务院和北京市委、市政府决策部署，结合北京市新冠疫情应急响应由一级调整至二级的具体情况，北京市广播电视局修订推出《新冠肺炎疫情期间视听产业园区演播室复工防控指引（2.0版）》，由北京市疾病预防控制中心正式发布，指导全市视听产业园区稳妥有序复工复产。

5月16日　北京广播电视台生活频道中心《医者2020》抗击新冠肺炎人物影像志首播，多位重磅“逆行者”现身其中，如带领中医抗疫的中国中医科学院院长、中国工程院院士黄璐琦，作为国家卫健委高级别组专家、参与建议武汉封城的中疾控首席流行病学专家曾光，置于风暴之眼向死而生的武汉市金银潭医院院长张定宇，布下北京重要防控力量的北京佑安医院院长金荣华，堪称武汉“战疫”压舱石的雷神山医院副院长袁玉峰，万众瞩目的北京中日友好医院副院长、瑞德西韦临床试验中国负责人曹彬等，深度还原疫情中的历史时刻、双城故事。微博端“医者”话题阅读量超过1.3亿。

5月17日　第30个全国助残日，北京歌华有线网络股份有限公司与中国传媒大学、朝阳区新时代文明实践中心、东方嘉影电视院线传媒股份公司，联合发起光明影院“云上光明”系列助残主题活动。北京市盲人协会副主席曹军，十九大代表、羽毛球奥运冠军赵芸蕾，中国传媒大学电视学院党委副书记秦瑜明参会。

5月20日　北京广播电视台新闻广播中心《北京新闻》记者打通技术关口，从网络视频中提取录音和文字，完成录音报道《全国政协十三届三次会议举行发布会回应社会关切》《十三届全国人大三次会议北京团代表陆续报到》《来自北京市的全国政协委员热议政府工作报告》，集纳多位代表委员现场声音，展现北京团的风采。

5月20日　北京广播电视台卡酷少儿卫视推出《穿越吧少年》特别节目“红色穿越之旅”，通过“革命纪念馆实景拍摄+动画演示+情景剧”方式，以主人公少年“小强”从历史课穿越到解放战争时期为主要线索，以辽沈战役纪念馆、淮海战役纪念馆、平津战役纪念馆、香山革命纪念馆的历史文物和革命故事为核心内容，讲述革命先驱为建立新中国不怕牺牲、浴血奋战的英雄事迹。

5月22日　第九届北京市文学艺术奖表彰座谈会召开，北京广播电视台广播剧《中共中央在香山》《你是我的眼》等25部作品获奖。北京市委常委、宣传部部长杜飞进出席并讲话。

5月22日　贵州省委常委、宣传部部长卢雍政一行到中华世纪坛调研，参观中华世纪坛艺术馆及“三国志”文化主题特展。

5月22日　在十三届全国人大三次会议开幕之际，北广传媒移动电视携手新华社推出全新新闻栏目《新华之声》。全国两会期间，该栏目特别策划制作《新华之声·两会特别节目》，首播当日便将上午开幕会重要内容呈现给观众，体现时效性的同时也展现出较高的制作水准。

5月22日　由北京北广传媒影视股份有限公司、艺照天下（北京）影视传媒有限公司出品的电视剧《情满四合院》，获第九届北京市文学艺术奖。

5月28日　第十三届全国人大三次会议在人民大会堂举行闭幕会。闭幕会后，国务院总理李克强在人民大会堂三楼金色大厅出席记者会并回答中外记者提问。北京北广传媒城市电视公司通过旗下6处7块户外大屏及6000余台楼宇电视，对大会闭幕会、总理答记者问环节进行全程完整户外转播工作。

5月30日　因突发新冠肺炎疫情，开学延期，校园无法开放，北京广播电视台城市广播《教育面对面》发挥多年积累的资源优势，策划“名嘴带你探名校”视频直播活动，受到大中小学校欢迎。首场“名嘴带你探名校”网络云直播，通过《教育面对面》和“听听FM”同步直播，两小时观看量近60万次。

5月　北京市广播电视局创新运用新媒体方式做好全国两会驻地境外卫星电视服务保障，组织开展联合检查，并针对宾馆饭店卫星电视接收设施常见问题，指导北京瑞特影音贸易有限公司专门拍摄制作《境外卫星电视接收系统故障排查说明》短视频，用于指导一线维护保障人员及时发现并排除故障。

5月　北京新媒体集团采编制作的现场直播“大兴机场首航！现场亲测登记速度 刷脸走遍‘凤凰’”获第二十九届北京新闻奖二等奖；系列报道“同心圆·中国梦——父辈的1949系列短视频”获第二十九届北京新闻奖三等奖。

6 月

6 月 1 日　北京广播电视台卡酷少儿卫视推出全国首部抗疫主题原创儿童舞台剧《非凡守护》，于“六一”儿童节 18:30 在卡酷少儿卫视首播。《非凡守护》将抗疫过程中温暖动人的点滴瞬间和众志成城的团结精神融入舞台故事，引导青少年树立积极向上的价值观和人生观。北京市委常委、宣传部部长杜飞进批示：“应时不应付，专门又专业，值得肯定。希望不断打磨，力争成为抗疫领域的儿童剧精品。”

6 月 5 日　北京网络视听节目服务协会举行换届暨第二届第一次会员大会，选举产生新一届协会会长、常务副会长、副会长、监事长和秘书长。爱奇艺创始人、CEO 龚宇当选协会会长，北京青年报网际传播技术有限公司总编辑刘林当选协会监事长，资深媒体人及著名财经评论员、网络视听与融合媒体行业专家包冉当选协会秘书长。北京市广播电视局党组书记、局长杨烁指出，大会选举产生新一届领导班子，是“北京新视听”发展历程中的一件大事，也是全行业的盛事。

6 月 8 日　北京电视艺术家协会第六届主席团第四次会议在北京爱奇艺科技有限公司召开。会上，主席团成员审议并同意北京视协网络视听节目服务行业分会换届，确定成立北京视协制片人工作委员会、演员工作委员会，审议通过顺义区影视家协会会长建议人选，同时审议申请加入北京视协、中国视协的个人及团体会员名单。

6 月 10 日　北京广播电视台推出大型融媒体公益直播——“京鄂交响曲”，组织多个广播频率、网络媒体中心，依托技术中心和北广购物部门，通过广播片花、广播直播、移动视频直播、短视频等融媒体传播形式，助力湖北农产品销售，推介京郊优质农产品。

6 月 10 日　北京市委常委、宣传部部长杜飞进主持专题会，审看北京广播电视台电视专题片《向前一步》和电视纪录片《医者 2020》抗击新冠肺炎人物影像志，并对下一步工作提出要求。市委副秘书长、宣传部副部长，北京广播电视台党组书记、台长余俊生；市委宣传部副部长徐和建；北京广播电视台党组成员、副总编辑徐滔；北京广播电视台相关部门负责人参会。

6 月 18 日　北京广播电视台全面高清化新播出系统正式启用，科教、财经、生活、青年、卡酷少儿、国际等 6 个标清频道上线新系统播出。

6 月 23 日　国家广电总局公布“第三批 2018—2022 年重点电视剧规划选题”，《我们的新时代》《青年周恩来》《香山叶正红》《公民》《八零九零》等 20 部京产剧入选，全国占比第一。

6 月 23 日　北京歌华传媒集团有限责任公司旗下影视公司出品的重大革命历史题材电视剧《香山叶正红》，入选国家广电总局第三批“2018—2022 年重点电视剧规划选题”。

6 月 23 日　北京电视艺术中心有限公司、浙江科地影业有限公司联合出品的电视剧《我爱北京天安门》，在天津电视台文艺频道播出，该剧已于 6 月 14 日在东方影视频道播出。

6 月 28 日　北京市广播电视局政务服务 H5 办事指南正式上线，对办理量最大的事项（广播电视节目制作经营单位设立审批）试点推出 H5 版本办事指南，通过一图读懂、动态导办、交互式页面跳转等形式，打造集互动性、趣味性、知识性于一体的指尖办事指南，无缝衔接网上办事全流程。

6 月 29 日　北京市广播电视局广电 + 科技扶贫项目——“大美和田”，在新疆和田开机拍摄。“大美和田”通过高科技全景影像技术，展示和田地区丰富的旅游资源，通过此项目积极促进新技术在扶贫、公共服务、智慧广电等方面的成果转化及应用场景建设。

6月30日　北京歌华有线网络股份有限公司与北京冬奥组委签约，正式成为北京2022年冬奥会和冬残奥会官方有线电视服务供应商。

6月30日　北广传媒移动电视重磅打造“助力企业复工复产”品牌支援公益行动圆满落幕。在近一个半月强力宣传期内，公益行动陆续赢得餐饮旅游、商超卖场、装修装饰、教育培训、食品饮料、房产租售、服装服饰等七大行业近百家企业青睐。为使活动宣传实现最佳效果，移动电视调集旗下优质资源进行强力覆盖，涵盖北京市六环内约600条公交线路、超7000辆公交车、14000块屏幕，日均播出约150分钟，总计播出约6272分钟，总受众推及达2.6亿人次。

6月　北京市广播电视局为帮助中小微企业渡过疫情难关，自春节伊始就采取多种措施进行帮扶。一是梳理项目，出台关于提前返还涉及中小微企业委托服务项目履约保证金的相关办法；二是在预算执行中根据财政局的相关通知精神提高对中小微企业的首付款比例；三是在保证资金安全的前提下采取减免收取履约保证金、加急办理汇款等措施。上半年，向48家广播电视行业中小微企业支付了4400余万元项目款，提前退还27家中小微企业保证金450余万元，最大限度帮助中小微企业降低疫情影响。

7月

7月1日—2日　北京歌华传媒集团有限责任公司各户外媒体开展“时代楷模——感人瞬间”宣传活动，在公交电视、地铁电视、楼宇电视、户外大屏展播反映全国优秀共产党员廖俊波、张富清、杜富国、黄文秀等人先进事迹短片6部，累计播出98次，总时长近600分钟，为庆祝建党99周年营造浓厚氛围。

7月3日　北京市广播电视局党组成员、副局长张苏主持召开2020年北京广播电视网络视听发展基金电视剧项目（第一批）专项评审会。国家广播电视总局电视剧司司长高长力、《人民日报》文艺部主任袁新文、《中国电视》执行主编李跃森、中国文联电视艺术中心理论研究部主任赵彤、《光明日报》文艺部执行主任邓凯等参加评审。与会专家严格按照评选规则，对参选作品进行集中评议和投票打分，确定电视剧项目（第一批）名次排序结果。

7月3日　北京瑞特影音贸易有限公司执行董事何公明带领市场部相关人员，到新闻出版大厦参加北京2022年冬奥会和冬残奥会电视服务保障协调会，一是向冬奥组委会提供平台及非平台节目的报价情况，建议奥组委就非平台节目接收工作与广电总局积极沟通，以便公司寻找节目源；二是建议成立北京、河北奥组委保障工作组。

7月10日　北京北广传媒移动电视有限公司收到来自北京市归国华侨联合会的感谢信，信中市侨联对移动电视在其主办的“亲情中华 北京情丝”2020网上夏令营所提供的现场直播技术服务、视频制作和宣传等各项工作，表示衷心感谢。与此同时，移动电视的专业服务和有序组织还受到来自8个国家800余名老师和营员的一致好评。

7月14日　“北京广播电视网络视听节目走出去服务体系”，被商务部评为北京市服务业扩大开放综合试点第三批最佳实践案例，作为好经验好做法向全国推广。本批案例共7个，北京广电局“一带一路”开放合作平台建设，是本次推广中唯一一个文化领域案例。

7月15日　北京市广播电视局重点推荐的广播节目《中共中央在香山》、电视节目《本色》，获评总局2019年度广播电视创新创优节目；《思想的田野（第一季）》获评总局创新创优特别节目。

7月15日　北京广播电视台音频客户端“听听FM”正式入驻腾讯随行，成为首家入驻腾讯车联网生态广电媒体。“听听FM”车载小程序可为用户提供广播直播、广播节目回放、精品有声书等优质内容，同时还可实现最近收听、历史回放、断点继播等收听功能。

7月28日　北京市广播电视局副局长张苏一行到北京歌华传媒集团有限责任公司调研，观看《觉醒年代》《温暖的土地》《不说再见》等影视剧宣传片，听取集团影视剧制作发行有关工作汇报，围绕北京全国文化中心和影视之都建设，结合集团当前实际与未来发展进行座谈交流。

7月29日　北京市广播电视局重点扶持的首部冬奥冰雪主题三维电视动画片《2022去北京》项目启动暨创意研讨会在北京广播电视台召开。《2022去北京》是由国家广播电视总局宣传司和北京市广播电视局指导、北京广播电视台与北京市文化投资发展集团等共同出品、北京广播电视台卡酷少儿卫视制作的原创冬奥冰雪主题动画系列片。该片以北京冬奥会、北京冬残奥会吉祥物冰墩墩、雪容融为主要角色，用亲近和浅显易懂的方式，讲述充满热血、奋斗、梦想、友谊的故事，向观众们普及奥运文化和冰雪运动知识，将中华文化元素、现代国际风格、冰雪运动特色、主办城市文化有机融为一体，让历史和现代交相呼应。

7月31日　北京广播电视台冬奥纪实频道策划制作的《我的冬奥》节目正式开播，该节目是一档以介绍冬奥特许产品为主题的体育收藏互动节目。

7月31日　转换角色“来找茬”线上线下“大体检”——北京市广播电视局开展首次政务服务体验活动。活动由局党组书记、局长杨烁带领，部分局领导及处室负责人参加，深入到市政务服务中心窗口，以企业和群众身份体验办事流程，以部门工作人员身份进窗口体验工作流程，查找出20多个问题，对进一步做好政务服务工作有很大促进。

7月　北京市广播电视系统6个单位和5名个人，获国家广电总局2019年度基层统计工作通报表扬。优秀集体有北京歌华传媒集团有限责任公司财务部、北京市顺义区融媒体中心财务科、优酷信息技术（北京）有限公司、北京新片场传媒股份有限公司、北京慈文影视制作有限公司、北京新浪互联信息服务有限公司，优秀个人有陶胜茹（北京快手科技有限公司）、高营（北京二十一世纪威克传媒股份有限公司）、李雅君（北京三多堂传媒股份有限公司）、王敬霞（北京鑫宝源影视投资有限公司）、吴琼（北京百度网讯科技有限公司）。

7月　北京广播电视台“听听FM”客户端和文艺广播《诵读小站》上线，播出“听见经典·追声”系列节目。作为国内首档具有前瞻实验性质的短音频产品，“听见经典·追声”系列节目遴选20部经典作品，充分运用虚拟环绕立体声技术，突出虚拟环绕立体声还原场景的功能，以微广播剧和诵读的形式，再现《霸王别姬》《三顾茅庐》《玄武门之变》《楚辞·渔父》《周亚夫军细柳》等中国古代历史故事、历史事件瞬间，以及《岳阳楼记》《醉翁亭记》《桃花源记》《滕王阁序》《木兰诗》《春江花月夜》《背影》等名篇。

8月

8月1日　北京广播电视台多个频道频率推出一系列特别节目庆祝八一建军节，书香北京系列评选活动暑期“云上阅读”公开课，邀请军事科普专家解读“向海图强航母梦”等主题内容，向中国人民解放军建军93周年献礼。

8月1日—5日　北京歌华传媒集团有限责任公司户外媒体板块各单位近5万块媒体终端高频次播出“庆祝中国人民解放军建军93周年——感人瞬间”系列宣传视频和海报，营造首都拥军爱军氛围。

8月3日　市委副秘书长、宣传部副部长，北京广播电视台党组书记、台长余俊生，应邀出席第26届上海电视节中国电视产业高峰论坛并做主题演讲，与来自中央广播电视总台、上海广播电视台、湖南广播电视台、腾讯公司、华策影视集团负责人围绕“同心奔小康·记录新时代”主题，就中国电视产业发展进行研讨交流。余俊生在演讲中深入分析广电业面临的形势、挑战和机遇，系统阐述了首都媒体影响力的价值内涵，介绍改革发展的思路。

8月5日　北京视协为纪念中国共产党100周年诞辰和北京援疆工作23周年，召开三十集电视连续剧《大漠魂》剧本创作研讨会。该剧根据被新疆和田群众誉为“大漠水神”的王蔚的事迹改编，由北京援疆和田指挥部、北京市文联、新疆和田地委宣传部、北京电视艺术家协会和北京新陆地文化艺术中心联合摄制。

8月6日　甘肃省委宣传部副部长，甘肃省广电局党组书记、局长彭鸿嘉，带队到北京歌华传媒集团有限责任公司调研交流。北京市广播电视局局长杨烁主持座谈，双方围绕“全国一网”整合、智慧广电发展和融媒体平台建设等进行交流。

8月6日　中宣部新闻局副局长赵旭雯一行到北京歌华传媒集团有限责任公司调研，观看“北京云·融媒体”市级技术平台业务功能展示，对北京云平台建设成绩予以肯定，同时提出要充分把握媒体融合发展机遇，将北京云平台努力打造成开放式的技术服务平台，以互联网技术为支撑，积极探索长期运营发展模式，为集团转型发展和公共文化服务提供更大支持。

8月8日　北京广播电视台承办的北京冬奥组委合作伙伴俱乐部大会暨轮值主席单位换届活动在国贸办公区举行。北京市副市长、北京冬奥组委执行副主席张建东出席并向新一届北京冬奥组委合作伙伴俱乐部轮值主席单位中国联通集团、中国石化集团代表授牌；北京冬奥组委专职副主席、秘书长韩子荣出席会议并致辞。市委副秘书长、宣传部副部长，北京广播电视台党组书记、台长余俊生出席会议并致欢迎辞。

8月8日　北京广播电视台体育广播与国家体育总局冬季运动管理中心共同制作的《冰雪知识微课堂》节目正式上线播出。该节目为一档广播短音频节目，邀请国家体育总局冬季运动管理中心冬奥项目国家队运动员讲解冬奥项目知识，分享比赛的真实感受，在微信、微博等新媒体平台同步推送音频产品600期，节目在全国近20家省级和地市级广播电台同步播出。

8月8日　北京消费季“炫·彩生活月”活动启动，北京广播电视台文艺频道中心整合各方资源，调配骨干团队，圆满完成现场启动仪式、直播带货活动、“首届北京网红打卡地评选活动”启动仪式暨文旅系列活动发布会，并与国家大剧院进行全球首次“5G+8K”线上音乐会同步直播，制作消费季“炫·彩生活月”主题宣传片，确保各项目的顺利推进。

8月12日　北京出现2020年入汛以来最强降雨，北京广播电视台交通广播中心启动突发天气报道预案，派出防汛、排水、交管、高速、公交、民航等各相关口线记者及突发报道记者，实时报道现场情况并发回现场图片、视频供新媒体同步传播。采制“北京迎来今年入汛最强降雨，全市超过15万人备勤防汛”“北京公路防汛启动最高级别应急响应，城市副中心公路泵站实现全自动运行”“北京交通全力应对入汛最强降雨，公交地铁加大运力投入”等大雨录音消息。

8月14日　由国务院新闻办公室、中国外文局指导，北京市人民政府新闻办公室、当代中国与世界研究院、中国互联网新闻中心主办，北京广播电视台承办的2019“讲好中国故事”创意传播大赛北京颁奖典礼在北京广播大厦举行。活动以“北京，我的爱”为主题，围绕中国梦的故事、北京人的故事、北京文化的故事、北京城市故事和北京企业品牌故事，共征集到997部视频作品。中宣部副部长蒋建国，北京市委常委、宣传部部长杜飞进，中国外文局局长杜占元出席典礼，并为获奖作者颁奖。

8月18日　北京广播电视台卫视频道中心与市文旅局联合推出全国首档大型文旅探访体验节目《我的桃花源》。节目采用电视节目与新媒体直播相结合的方式，通过北京广播电视台十位主持人和嘉宾共同推介门头沟、房山、延庆、顺义、昌平、大兴、密云、平谷、通州、怀柔的形式，对京郊旅游线路及区域特色进行深度展现，对各区网红产品进行直播带货，打造具有首都特色的旅游扶贫协作新模式。

8月20日　北京市政协主席吉林到北京广播电视台国贸办公区演播厅视察《市民对话一把手·提案办理面对面》节目播出情况，看望节目编播人员。市政协副主席程红；市政协秘书长严力强；市政府副秘书长、市政务服务管理局局长王军；市委副秘书长、宣传部副部长，北京广播电视台党组书记、台长余俊生等陪同视察。

8月20日　北京市广播电视局组织召开北京广播电视网络视听重点项目创作推进会，北京北广传媒影视股份有限公司受邀携电视剧《觉醒年代》《香山叶正红》参会，《觉醒年代》中李大钊的扮演者张桐、《香山叶正红》导演巴特尔作为重点项目代表先后发言。

8月22日　由北京市人民政府、中央广播电视总台主办，北京市电影局、北京市广播电视局、北京广播电视台等承办的第十届北京国际电影节，在北京怀柔雁栖湖国际会展中心举行启动式。中央广播电视总台党组成员、副台长阎晓明宣布电影节启动。北京市委常委、宣传部部长杜飞进表示，第十届北京国际电影节格外珍贵和来之不易，这不仅是半年多来中国疫情防控取得巨大成功的有力证明，是我们对广大影迷热切期盼的郑重回应，同时也传递我们对光影艺术始终不变的执着追求。

8月24日　2020中美青年创客大赛颁奖仪式在歌华大厦举行。北京市委宣传部、教育部国际合作与交流司、教育部留学服务中心、市文资中心有关领导和美国驻华使馆公使衔新闻文化参赞等参加。

8月25日　文化和旅游部产业发展司司长高政率队到北京国际光影艺术季（玉渊潭站）参观调研，对“万物共生”主题户外光影艺术沉浸式体验展充分肯定，认为活动是数字艺术应用与城市公园夜游的完美结合，是歌华业务体系的又一次创新实践，是助力首都夜间经济增长的积极举措，他表示要把北京国际光影艺术季项目作为重点案例予以推广宣传。

8月25日　由北京电视艺术中心有限公司、安徽艺创文化传播有限公司联合摄制的电影《雪落无声》，在安徽蚌埠开机，该片根据公安特警、全国英模张劼的真实故事改编。

8月26日　由北京市广播电视局、天津市文化和旅游局（天津市广播电视局、天津市文物局）、河北省广播电视局，共同发起并设立的中国（京津冀）广播电视媒体融合发展创新中心专家评审会，在北京歌华大厦举行。北京市广播电视局副局长孔建华以及北京、河北、天津三地依托单位和部分共建单位代表参加会议。

8月26日　北京市广播电视局荣获2019年北京市法治动漫微视频作品征集展映活动优秀组织奖。其中，北京局报送的7件作品分获一、二、三等奖：北京电视台《拒绝高空抛物 做文明好市民》获动漫类一等奖，平谷区融媒体中心《宪法伴我成长》获宪法主题公益广告类微视频一等奖，北京电视台《普法在身边：一分钱没抢到还算抢劫罪吗？》获其他法治主题微视频二等奖，怀柔区融媒体中心《我与宪法》获宪法主题讲述类微视频三等奖，辰光远宏影视传媒有限公司《我与宪法》获宪法主题讲述类微视频三等奖，朝阳区融媒体中心《十大恶势力有哪些》获动漫类三等奖，朝阳区融媒体中心《什么是“聚众打砸抢”？》获动漫类三等奖。

8月28日　以“跨越2020 圆梦2022”为主题的2019“我的冬奥梦”冬奥小记者国际营颁奖典礼在北京广播大厦举行。北京冬奥组委媒体运行部部长徐济成，北京冬奥组委新闻宣传部副部长吕钦，北京广播电视台党组成员、副总编辑李秀磊出席并为获奖者颁奖。

8月28日　北京广播电视局首批7类政务电子证照正式上线，包括广播电视节目制作经营许可证、电视剧制作许可证（乙种）、国产电视剧发行许可证、接收卫星传送的境外电视节目许可证、接收卫星传送的境内电视节目许可证（甲种）、北京市卫星地面接收设施安装许可证和广播电视视频点播业务许可证（乙种）。新华网、新华社客户端同步进行宣传报道，截至31日10点20分，访问量已突破10万次。

8月28日　第十届北京国际电影节北京市场签约仪式在北京广播电视台举行，21个重点项目、46家企业现场签约，总金额达330.89亿元人民币，同比增长约7%，再次突破纪录。本届北京市场签约项目涵盖电影产业链各个环节，包括公司年度电影投资制作项目、影院院线建设项目、影视基地及文化地产建设项目、电影资金投融资项目、青年影人培养计划等。

8月31日　中共中央政治局委员、北京市委书记蔡奇到北京广播电视台位于服贸会13号馆的“媒体融合展区”展位，依次参观北京广播电视台在推进媒体融合发展主题中相应项目的成果展示，逐一了解北京广播电视台在“众志成城抗击疫情”“齐心协力建成小康”两个重大主题上的融合宣传报道成果，“听听FM”车载系统和“北京时间”App等项目的成果展示，在现场观看北京广播电视台自制的“炫彩北京”超高清（8K）节目宣传片以及“BTV妮选”直播带货现场互动平台，充分肯定北京广播电视台在媒体融合方面的成效。

8月　国家广电总局公布2019年度优秀国产动画片及创作人才扶持项目评审结果，北京市广播电视局获6大类9个奖项，位列全国第一，局宣传管理处获评优秀组织机构。北京局推荐的《大运河奇缘》《无敌小鹿之安全成长（第三季）》《狐狸之声》《毛毛镇》获评年度优秀动画片，《洛宝贝（第一、二、三季）》获评优秀国际传播作品，王雷荣获年度优秀编剧称号，爱奇艺和卡酷少儿频道分别获评优秀制作机构和优秀播出机构。

9月

9月1日　北京广播电视台北京新媒体（集团）有限公司与聚鲨环球精选合作联手打造的北京IPTV媒体电商平台正式上线，并同步启动“千县千品助力乡村振兴计划”和“北京IPTV用户电视购物3亿消费券大放送计划”，为乡间地头的优质农副产品搭起直通京城的绿色通道，为提振消费贡献力量。

9月4日—9日　歌华文化发展集团高标准完成第十五届文博会多项设计服务和展陈制作任务，以“国际性、领先性、聚焦性”原则，精选71家国内外文化服务贸易领军企业参展，展区共计接待公众近10万余人次，专业团体近20个，线上线下新闻媒体报道百余条，获社会各方好评。

9月7日　中宣部副部长、中央广播电视总台台长慎海雄调研北京新视听展，实地了解北京广播电视台8K超高清节目制播、优酷虚拟拍摄、中国电影博物馆AI影像修复等技术，并对北京市影视精品创作成绩给予充分肯定。北京市委宣传部常务副部长赵卫东，北京市广播电视局党组书记、局长杨烁等陪同调研。

9月7日　北京北广传媒影视股份有限公司制作的重大革命历史题材电视剧《觉醒年代》和反映新农村建设题材的电视剧《温暖的土地》，亮相2020年中国国际服务贸易交易会文化贸易专题——北京文博会影视精品展区。

9月8日至9日　“中国广电媒体融合发展大会”在北京举办。大会以“共融·共生·共美好”为主题，共设置十场活动：启动式暨高端峰会、全国广播电视媒体融合典型案例交流会、京津冀广电媒体融合协同发展推进会、媒体融合创新技术应用与项目推介会、短视频MCN生态与媒体融合峰会、融媒体时代的内容创新峰会、媒体融合与国际传播能力建设峰会、媒体融合与社会治理研讨会、融媒体产业合作峰会、媒体+精准扶贫研讨会。大会以全程媒体、全息媒体、全员媒体、全效媒体为主线，以5G、人工智能、云计算、大数据、虚拟增强现实等技术手段为引领，以“创新走廊”形式打造媒体融合展，回顾媒体融合发展历程，见证媒体融合发展最新成果。大会由国家广电总局、北京市政府指导，市委宣传部、市广电局主办，北京广播电视台参与协办。国家广电总局副局长朱咏雷，市委常委、宣传部部长杜飞进分别致辞。北京市广播电视局党组书记、局长杨烁主持开幕式。

9月8日　中国广电媒体融合发展大会启动式暨高峰论坛在北京国际饭店举行。中国教育电视台总编辑胡正荣；人民网监事会主席唐维红；央视网副总经理魏星；上海广播电视台党委书记王建军；北京市委副秘书长、宣传部副部长，北京广播电视台党组书记、台长余俊生在高峰论坛上做交流发言。

9月8日　由北京市广播电视局、天津市文化和旅游局、河北省广播电视局联合创建的中国（京津冀）广播电视媒体融合发展创新中心正式成立。创新中心与京津冀主要媒体、网络平台和科技企业、高校和研究机构、相关重点实验室及投资基金等五十余家单位进行合作共建，从理论研究、模式探索、技术应用、项目孵化、区域协同五大方面进行突破，发挥京津冀协同发展的优势，积极推动京津冀媒体融合向纵深发展，切实做强做大主流舆论，全力构建全媒体传播格局。

9月8日　北京市广播电视局与北京银行签署总额300亿元的战略合作协议，推进视听领域新基建、新场景、新消费、新开放、新服务，打造北京经济新增长点。协议约定，双方充分发挥各自领域的资源和优势，搭建北京视听产业的投融资平台，促进北京视听产业发展，实现共赢。

9月8日　北京市广播电视局与京东集团签署战略合作框架协议，双方在视听产业园区、视听节展活动、直播电商、视听产品营销、精准扶贫等领域展开多方位合作，京东集团三年投入百亿规模资源打造直播生态产业圈，北京市广播电视局全面支持京东加快推进“视听云平台”建设，支持京东落户北京视听产业园区参与北京新视听公共服务示范项目建设和中国（北京）国际视听大会、中国服贸会北京新视听展、中国广电媒体融合大会、北京国际公益广告大会等北京视听节展活动，鼓励创办京新视听“京东视听节”“北京新视听专区”等。

9月8日　北京广播电视台《生命缘》栏目组获全国抗击新冠肺炎疫情先进集体称号，是唯一受到国家级抗疫表彰的新闻纪录片团队。自2020年1月起，《生命缘》团队坚守抗疫一线7个月，是唯一一个在武汉和北京隔离区里蹲点式拍摄的栏目组，先后完成79篇新闻报道、11篇来自武汉的深度特写和10部北京新发地疫情纪录片，全国收视稳定在同时段节目的第一名，报道所引发的话题在全网累计阅读量超40亿次，视频播放量超10亿次，各平台热搜累计60个。

9月8日　在北京新视听展启动式上，北京市广播电视局发布北京市“5G+8K”新视听产业地图（2020）。产业地图系统梳理产业内容链、技术链、服务链、基础支撑等领域头部机构，生动展示京津冀区域行业相关资源，并通过数据占比情况，分析北京在新视听机构数量、新视听生产力、新视听科研投入方面的优势，为优化行业发展环境、促进产业协同发展提供有力支撑。

9月10日　在第36个教师节到来之际，北京广播电视台交通广播《徐徐道来话北京》、文艺广播《打开文化之门》、科教频道《记忆》等多个频道频率品牌栏目播出教师节特别节目，其中城市广播《教育面对面》联合市教委推出公益宣传片花以及《师和远方》特别节目，采访参与青海玉树、四川大凉山、西藏拉萨支教的北京教师，展现北京在教育领域对口支援的成果。

9月15日至22日　第四届北京纪实影像周举办。本届纪实影像周以“记录·美好生活”为主题，内容包括启动式、政策起草说明及提案发布会、论坛、培训、展映、提案、展览、特别活动、活动总结会等九大部分，共举办1场政策及提案发布会，推出1场线上主题展览、3次行业培训活动、3个特别活动、6场学术论坛，达成5项市场签约合作项目，推动20部优秀纪录片提案作品交流交易，展映50部优秀纪录片。

9月15日　第八届优秀国产纪录片及创作人才推优活动暨第四届纪实影像周启动式在北京广播电视台大剧院举行。国家广电总局党组成员、副局长高建民，市委常委、宣传部部长杜飞进出席并致辞。影像周共有12类89项国产纪录片、人才、机构入选优秀国产纪录片及创作人才推优活动，北京广播电视台制作的《共和国·1949——中共中央在香山》获评优秀理论文献片，《绿水青山》获评优秀纪录长片，《档案》获评优秀纪录片栏目。

9月20日　北京北广传媒影视公司在“影

响中国传媒”全国广播影视推介调查活动中，荣获“2019—2020 年度影响力机构”奖，公司投资拍摄的电视剧《温暖的土地》获“2019—2020 年度最具影响力电视剧”奖。

9 月 21 日　由中共北京市委宣传部、北京市广播电视局组织策划，北京北广传媒影视股份有限公司、腾讯影业、北京广播电视台、北京日报社参与制作的重大革命历史题材剧《香山叶正红》，在北京香山革命纪念馆举办开机新闻发布会。市委常委、宣传部部长杜飞进，北京市广播电视局党组书记、局长杨烁，歌华传媒集团总经理戴维，电视剧出品方，主创代表及 30 余家媒体记者出席。

9 月 22 日　北京市广播电视局、北京市应急管理局联合举办的 2020 年优秀应急管理公益影视作品获奖名单在第四届纪实影像周揭晓，30 件作品、5 个传播平台、22 家单位获奖。

9 月 22 日　北京广播电视台冬奥纪实频道与北京冬奥组委联合制作的《我与冬奥的故事》正式上线播出。节目以 5~10 分钟的短视频方式呈现，通过宣讲团成员的冰雪奇缘解读冬奥会重要意义、传达北京冬奥会愿景和理念、为大众普及冬奥知识、讲述冬奥故事。

9 月 23 日　北京广播电视台北京卫视“春暖花开 京艳 2021”资源推介会举行，北京卫视重磅发布了文化、综艺、冬奥、康养、纪录片、大剧等多个优质内容矩阵。

9 月 26 日　北京北广传媒影视股份有限公司出品的电视剧《情满四合院》，获“新时代电视文艺精品荣誉评说大会”荣誉作品奖。

9 月 27 日　北京广播电视台新闻频道中心《北京新闻》《北京您早》《特别关注》等新闻栏目推出“走进北京网红打卡地”系列报道，共播出 75 期，并在中秋国庆双节期间推出节日特别报道《打卡最美北京》。报道精心设计宣传主题，对新首钢、冰雪运动、城市绿心、怀密线、四合院改造、科技运动、国潮咖啡等多个主题进行探访，以拍摄 Vlog 的主客观双视角行走式，挖掘“网红”打卡地背后的北京人故事和城市发展内涵，将节日气氛与发展成就有机融合、自然呈现，网上网下互动，多角度、多方位展现新时代北京人的家国情怀。通过多部门联动、线上线下融合推广等多种手段，实现“全域全市场、多端多场景”覆盖，提升“北京网红打卡地”影响力，将“北京网红打卡地”打造成促进消费、推荐北京的年度特色品牌活动，收到良好的社会宣传效果，有力激发了北京消费新动能。

9 月 27 日　北京歌华文化发展集团 2020 北京国际摄影周在中华世纪坛开幕。摄影周围绕“决胜脱贫奔小康”和“齐心抗疫”两大主题，打造公共文化服务新模式，通过摄影展凸显市民广场的“城市文化客厅”，形成广场文化新亮点，带动文化科技融合与影像艺术跨界发展新模式，搭建国际摄影周节双向交流推介平台。

9 月 28 日　由北京市人民政府侨务办公室、北京市人民政府新闻办公室主办，北京广播电视台青年频道中心承办的 2020 年“文化中国 · 水立方杯”海外华人和港澳青少年中文歌曲大赛颁奖晚会，在国家游泳中心水立方举行。

9 月 28 日　北京视协演员工作委员会成立大会暨第一届全体成员代表大会在北京会议中心召开，推选出第一届组织机构，吴刚任会长。

9 月 28 日　北京北广传媒影视股份有限公司出品的电视剧《情满四合院》荣获中国广播影视大奖——第 32 届电视“飞天奖”优秀电视剧奖，该剧主演何冰获“飞天奖”优秀男演员奖，导演刘家成、编剧王之理、主演郝蕾获“飞天奖”提名奖。

9月29日　北京歌华有线网络股份有限公司党委获“北京市抗击新冠肺炎疫情先进集体”和“先进基层党组织”称号，金明源获“北京市抗击新冠肺炎疫情先进个人”称号。

9月30日　“大美和田”正式在歌华有线高清交互数字电视平台“歌华生活圈”上线。这是一档介绍新疆和田地域文化、风光景色和物产美食的电视服务产品。“大美和田”作为北京市广播电视局向新疆和田地区开展“对口支援”和“精准扶贫”工作的创新举措，促进了新疆和田文化旅游资源的深度挖掘和广泛传播，也为培育和田地区特色消费新模式、促进当地产业发展做出贡献。

9月　由北京电视艺术中心音像出版社有限公司出版的《早期京剧名家郭仲衡唱腔集》《早期京剧名家王凤卿唱腔集》《早期京剧名家罗筱宝唱腔集》《早期京剧名家汪笑侬唱腔集》四个选题，获中共北京市委宣传部“北京典籍与经典老唱片数字化出版项目”扶持项目（老唱片类）基金的支持。

10月

10月1日　北京广播电视台新闻广播推出年度特别报道《康庄大道》，按照“广播大电影”思路，每一篇章以一个电影名为题，聚焦一个主题，展现首都特色扶贫工作的某一侧面，共分为《一个都不能少》（聚焦产业扶贫和消费扶贫）、《医路有我》（聚焦医疗扶贫）、《筑梦》（聚焦教育扶贫）、《白昼流星》（扶贫人物故事）、《在路上》（从脱贫攻坚到美丽乡村，脱贫不是终点而是新的起点），深入西藏、青海、内蒙古和河北，用5个篇章20余篇特稿记录脱贫群众和北京扶贫干部最真实的声音，展现当地脱贫致富的新气象。

10月1日　歌华传媒集团旗下歌华文化公司在2020北京国际光影艺术季（玉渊潭站）举办“一起快闪吧”国庆中秋特别活动。

10月1日　北京北广传媒城市电视有限公司主办的“超级月亮慢直播”活动，亮相北京CBD商圈世贸天阶户外大屏，通过5G信号将高清月面图像回传至城市电视公司运营的“户外LED大屏统一播控平台”进行户外分发至天阶大屏，使传输信号比往年更加清晰稳定。超清月面细节“裸眼”可见，城市中进行“近距离”沉浸式赏月体验。“超级月亮慢直播”在北广传媒城市电视公司官方微信公众号进行线上同步直播，与观众朋友“云端”相聚，共话国庆中秋。

10月1日至6日　北京广播电视台新闻频道《这里是北京》推出6集纪录片《长城抢险》，每集时长20分钟。全景展示北京首次采用“长城抢险加固”这一方式对长城古迹的抢救式保护，用镜头记录下山巅之上人与自然的角力和永不言败的工匠精神。

10月10日　歌华传媒集团官网（www.gehua.com）正式上线。

10月12日　北京鼎视数字电视传媒有限公司安全顺利完成BTV卡酷少儿高清频道集成上星工作，北京卫视高清频道、北京纪实高清频道与BTV卡酷少儿高清频道打包，以DVB-S2/8PSK方式在中星6A卫星上星传输。

10月14日　歌华传媒集团在“大爱北京”助力扶贫捐赠活动中捐赠价值1.1亿元扶贫宣传媒体资源。

10月15日　由北京广播电视台、故宫博物院出品，华传文化承制的全国首档聚焦故宫博物院的文化创新类真人秀节目《上新了·故宫（第三季）》新闻发布会在故宫博物院敬胜斋举行，文化和旅游部党组成员、故宫博物院院长王旭东，市委副秘书长、宣传部副部长，北京广播电视台党组书记、台长余俊生出席并讲话。

10 月 15 日　为进一步丰富视障人士精神文化生活，助力文化精准扶贫，在第三十七届国际盲人节来临之际，北京歌华有线网络股份有限公司高清交互平台上线“光明影院”专区，首批播映 30 部无障碍电影，每周更新 2 部。

10 月 16 日至 19 日　北京歌华文化发展集团承办的中国数独大会举行，来自全国 17 个赛区的 300 多名选手参赛。

10 月 17 日　为纪念中国人民志愿军抗美援朝出国作战 70 周年，北京广播电视台北京卫视推出 6 集电视纪录片《英雄》，通过讲述英雄故事，全面、深入、真实地呈现抗美援朝战争，展示传颂抗美援朝精神。

10 月 17 日　由国家广播电视总局、北京市广播电视局指导，优酷出品的致敬脱贫攻坚决战之年特别节目《追光者：脱贫攻坚人物志》在优酷上线。节目共 50 集。摄制组深入 18 个省、自治区、直辖市，通过一张张生动鲜活的中国面孔，绘制了一张脱贫攻坚大地图。

10 月 19 日　国家广播电视总局公布 2019 年度及 2020 年第一季度优秀网络视听作品评审结果，全国共 113 部节目入选，北京市广播电视局推荐的 20 部作品入选 2019 年度优秀网络视听作品，10 部作品入选 2020 年第一季度优秀网络视听作品，数量位居全国首位。

10 月 21 日　北京市广播电视局实地踏勘密云水库保水、蓄水和生态保护情况，召开密云水库主题精品创作现场推进会。北京市水务局、密云区相关负责同志及密云水库主题纪录片、公益广告、电视剧创作团队参会。各单位分别从作品的主题思想、创作形式、呈现内容、合作机制等方面进行深度研讨交流，对拍摄需求、环境保护、项目合作等事宜进行有效对接。

10 月 24 日至 25 日　2020 年北京地区全国广播电视编辑记者、播音员主持人资格考试举行，全市共设置 5 个考点，现场确认考生 2701 人，其中编辑记者 2028 人、播音员主持人 673 人，总人数约占全国十分之一强。

10 月 27 日　北京歌华传媒集团北京国际摄影周主题展“‘诗与远方 · 一带一路’世界自然遗产摄影展”暨“2020 丝路国家青少年国际摄影竞赛获奖作品展”在中华世纪坛开幕。

10 月 27 日至 30 日　第 27 届北京电视节目秋季交易会在北京会议中心举行。本届秋交会通过“线上 + 线下”的方式促进交流交易，在线下举办新剧发布、战略合作签约仪式、专项推介会等活动，设置以不同角度展望行业未来的七场主题论坛，在线上推出“新剧发布”云推介直播间和“影视项目策划高级研修班”培训课程，满足不同参会者的需求。秋交会以“聚心 聚力 剧精彩”为主题，紧紧围绕全面建成小康社会、决战决胜脱贫攻坚、庆祝中国共产党成立 100 周年等主线，聚焦“重大革命、重大历史、重大现实”三个“重大题材”，坚持“四个聚焦”的创作导向，聚焦新时代史诗般的伟大实践，把反映新时代作为重中之重；聚焦党史、新中国史、改革开放史、社会主义发展史，构筑新时代电视剧精神高地；聚焦群众生产生活，讲好中国人民的故事；聚焦经济社会发展新趋势新变革、人民群众新期待，积极开展题材创新，共同推动中国电视剧高质量发展。本次秋交会累计参展节目 800 余部（首次参展节目近 300 部），其中，电视剧节目 630 余部，网络剧 90 部，电影、网络大电影 18 部，纪录片、栏目 45 部，动画片 40 部，另有文学、网络文学作品 290 余部。注册展商约 370 家，大会注册买家近 100 家，参会总人数约 2500 名。

第 27 届北京电视节目交易会（2020·秋季）在北京会议中心举行

10 月 30 日　北广传媒移动电视与北京市工会干部学院（北京市总工会职工大学）签订框架合作协议，成为“融媒体传播专业”职工教育培训示范点。

10 月　“北京时间”新闻客户端策划的“守望共和国”，被全国政法优秀新闻作品评选办公室评为 2019 年全国政法优秀新闻作品三等奖。

10 月　为纪念中国人民志愿军抗美援朝出国作战 70 周年，歌华传媒集团所属移动电视、地铁电视和城市电视，集中开展系列宣传活动，共播出宣传视频 336 分钟。

10 月　北京北广传媒城市电视有限公司荣获北京市广播电视局颁发的“北京市广播电视公益广告扶持项目三类传播机构”及“北京市广播电视公益广告扶持项目电视作品三类”奖项。

11 月

11 月 8 日　以“公益视界 向光前行”为主题的 2020 第二届北京国际公益广告大会，在国家会议中心开幕。国家广播电视总局党组成员、副局长孟冬，中共北京市委常委、宣传部部长杜飞进出席并致辞，国际广告协会乔尔·埃德蒙·内蒂主席通过视频向大会发表致辞。开幕式由北京市广播电视局党组书记、局长杨烁主持。来自政府、企业、公益组织、院校、媒体机构的代表和专家共 400 余人参与活动。

11 月 9 日　歌华传媒集团旗下北京北广传媒影视股份有限公司摄制出品的电视剧《温暖的土地》和北京电视艺术有限公司出品的电视剧《不说再见》，在洛杉矶第十六届中美电影节、中美电视节上荣获年度“金天使”电视剧奖。

11 月 11 日　国家广电总局智慧广电建设和高新技术高级研修班在杭州举办。北京市智慧广电建设工作被评为全国智慧广电示范案例第一名，并受邀在研修班进行经验介绍。为发展智慧广电，北京市综合运用规划指导、政策支持、资金奖励、平台认定、学术研讨、展览展示等多种方式，打出了一系列政策组合拳，有力推动智慧广电发展。

11月 11 日　由鼎视传媒平台集成传输的远程加密频道三沙卫视成功加扰播出。

11 月 12 日至 15 日　北京市广播电视局党组书记、局长杨烁带队赴电视剧《我们的新时代》《香山叶正红》和网络综艺节目《奋斗吧主播》等剧目拍摄现场调研，考察横店影视城、美视众乐等影视机构。

11 月 14 日至 15 日　北京市委副秘书长、宣传部副部长，北京广播电视台党组书记、台长余俊生出席在厦门市举办的第 27 届中国国际广告节和北京广播电视台动画频道中心“童心同行 酷享京彩”品牌推介会，会见合作客户代表，并与央视市场研究（CTR）、中国广视索福瑞媒介研究（CSM）等市场研究机构专家进行座谈。

11 月 18 日　北京广播电视台科教、财经、生活、青年频道完成高标清同播，北京广播电视台电视频道实现全面高清化播出。

11 月 18 日　经国家广播电视总局、北京市广播电视局批复，北京广播电视台停播古典音乐广播、通俗音乐广播、教学广播、长书广播、戏曲曲艺广播、欢乐时光广播、怀旧金曲广播七套广播节目。

11 月 19 日至 22 日　首届中国（北京）国际视听大会在北京展览馆举办。大会由国家广播电视总局、北京市人民政府指导，北京市广播电视局主办，以“视听改变生活，文化引领未来”为主题，将“云端”+“线下”形式有机融合，会期 4 天时间，设置线上云展览平台，支持数千种产品在线展示，搭建视听产业馆电商平台；线下展览由 11 个专业展区构成，吸引 200 家参展企业，展览面积达 2 万平方米，全景展示国内外视听领域产业链上下游发展与创新现状；举办 30 余场国际化专业论坛活动，近 300 名专家学者齐聚一堂，聚焦视听产业高质量发展，还专门开辟投资板块，路演项目总市值超过千亿元，是在视听行业发展新阶段、高起点创办的高端平台。

在首届中国（北京）国际视听大会闭幕式上，2020 年北京市推动智慧广电发展专项资金重大奖励项目举办发布仪式

11 月 20 日至 21 日　第六届“世界电视日”中国电视大会在北京国际饭店会议中心举办。大会以“视界触手可及”为主题，由国家广播电视总局、中国文学艺术界联合会、北京市人民政府指导，中国电视艺术家协会、北京市广播电视局联合主办，央视市场研究、中国广视索福瑞媒介研究、BIRTV 组委会、北京广播电视台、歌华传媒集团、中国电视艺术家协会全媒体公益委员会协办，中国电视艺术家协会媒体融合推进委员会、中广互联共同承办。

第六届“世界电视日”中国电视大会在北京国际饭店会议中心举办

11 月 20 日　北京广播电视台《爱上大运河》大型跨省融媒体新闻行动项目，在首届中国（北京）国际视听大会“2020 年京津冀媒体融合典型案例发布仪式”上被评为“2020 年北京市广播电视媒体融合典型案例”。

11 月 20 日　中央文明委发布《中央文明委关于表彰第六届全国文明城市、文明村镇、文明单位和第二届全国文明家庭、文明校园及新一届全国未成年人思想道德建设工作先进的决定》，北京歌华有线网络股份有限公司荣获全国文明单位称号。

11 月 24 日　北京视协 3 名选手参加中国视协“第十二届海峡两岸电视主持新人大赛”，开创北京地区三选手同时挺进决赛的纪录。来自中国传媒大学的付饶摘得金奖并获唯一的钻石话筒，成为下一届海峡两岸电视主持新人大赛的决赛主持人。

11 月 30 日　北京广播电视台举行健康科普类节目《活过 100 岁》样片审片会。国务院副秘书长丁向阳出席并讲话，国家卫生健康委副主任于学军主持审片会。国家卫生健康委、国务院办公厅、中国教育电视台有关部门负责人围绕创作思路、节目模式、呈现方式、表达形式等方面提出意见和建议。

11月30日　国家广电总局主办的2020年（第25届）全国广播电视技术能手竞赛决赛颁奖仪式在北京举行。北京歌华有线网络股份有限公司陈国栋等三名同志分获有线网络专业和网络安全专业奖项。

11月　北京歌华有线网络股份有限公司“‘歌华生活圈’承载用户身边服务的电视云”和“基于智慧广电服务街乡吹哨部门报到工作平台”两个项目，被国家广电总局评为智慧广电案例生态建设类先进案例。

11月　歌华传媒集团荣膺光明日报社和经济日报社联合发布的第十二届“全国文化企业30强”名单提名企业。

12月

12月1日　北京广播电视台北京卫视推出“携手防疫抗艾、共担健康责任——2020年抗击艾滋病日”主题活动暨《老师请回答》“世界艾滋病日”特别节目。节目通过真实案例、现场访谈、情景演绎、舞台剧等形式传播预防艾滋病相关知识，并与世界卫生组织结核病和艾滋病防治亲善大使彭丽媛，中国疾病预防控制中心、中国工程院院士尚红和流行病学首席专家吴尊友进行现场连线。

12月2日　北京北广传媒影视股份有限公司联合出品的重大革命历史题材电视剧《香山叶正红》，入选国家广电总局“2020年度电视剧引导扶持专项资金剧本扶持项目”。

12月3日　北京广播电视台“此声有你胜在北京”广播资源推介会在北京广播大厦举行。北京市委副秘书长、宣传部副部长，北京广播电视台党组书记、台长余俊生出席并讲话，党组成员、副总编辑边建与阿里巴巴集团副总裁常扬签署《合作备忘录》，党组成员、副总编辑李秀磊介绍2021年广播端重大主题宣传和活动，各专业广播和广播新媒体中心、“听听FM”负责人分别介绍节目资源。

12月6日至11日　第四届全国有线广播电视机线员职业技能竞赛在京举行。北京歌华有线网络股份有限公司荣获优秀组织奖、歌华有线工程管理公司荣获支持单位奖，密云分公司付保强荣获个人三等奖。

12月9日　网络电影《中国飞侠》在北京举行首映仪式。北京市广播电视局党组书记、局长杨烁，国家广电总局网络视听节目管理司宣传处处长范洁等出席。作为首部聚焦“外卖小哥”群体的现实题材网络电影，《中国飞侠》被列入国家广电总局网络视听精品工程扶持项目和北京广播电视网络视听发展基金扶持项目。

12月10日　由北京市委网信办、北京市广播电视局指导，北京市文联、北京广播电视台、北京网络视听节目服务协会、首都互联网协会主办，北京视协、北京广播电视台文艺中心承办的“第六届北京网络视听节目创新与人物推优活动”完成作品征集，推选出1部“全面建成小康社会”特别奖作品，28部提名作品。

12月11日　由北京市纪委监委、市委宣传部联合主办，北京广播电视台承办的《决战决胜 监督同行——2020“清风北京·廉洁颂”》主题教育活动，在北京广播电视台演播楼录制。中央纪委国家监委宣传部部长王建新，市委常委、宣传部部长杜飞进，市委常委、市纪委书记、市监察委主任陈雍出席录制活动，市委副秘书长、宣传部副部长，北京广播电视台党组书记、台长余俊生陪同出席。

12月13日　北京歌华文化发展集团举办的活动“拉斐尔的艺术·不可能的相遇”在中华世纪坛开启，展览通过高清拍摄和仿真原大输出技术，将36幅散落在世界各地的拉斐尔作品齐聚一堂。今年是中意建交50周年，适逢文艺复兴巨匠拉斐尔逝世500周年，“拉斐尔的艺术·不可能的相遇”作为官方文化艺术活动，表达了对世界艺术大师的敬意。

12月14日　北广传媒影视股份有限公司出品的电视剧《风车》获中国广播电视社会组织联合会颁发的“2020淘剧淘年度收视贡献电视剧奖”。

12月17日　北京广播电视台与沈阳广播电视台签署战略合作协议。北京广播电视台党组成员、副台长李小明，副总编辑关金出席签署仪式。双方将以战略合作为纽带，共同促进京沈两地文化事业、产业繁荣发展。

12月18日　北广传媒影视股份有限公司在2020年度广播影视业创新年会暨“创新榜”优秀广播影视推介活动中，获“经营创新示范单位”称号，公司出品的电视剧《温暖的土地》被评为“最受观众青睐电视剧”。

12月25日　北京市委副书记、市长陈吉宁与北京广播电视台卫视频道中心《向前一步》栏目组嘉宾、主创人员座谈。陈吉宁指出，《向前一步》栏目在政府与市民之间架起了沟通的桥梁，有效地推动市委、市政府关心，社会关注，与人民群众切身利益息息相关的城市治理难题的解决，为首都“疏解整治促提升”工作的顺利开展，发挥了积极促进和推动作用，是一档社会关注度高、百姓口碑好的节目，市政府将《向前一步》的制作播出情况纳入今后每季度的全市“疏解整治促提升”专题调度会议议题，将《向前一步》报道的基层城市治理的好做法好经验在全市推广。

12月26日　为纪念毛泽东诞辰127周年，北京广播电视台交通广播《航空在线》节目联合中国民航博物馆、红丹丹视障文化服务中心，特别策划《听见，毛主席的专机》节目。在中国民航博物馆毛主席生前搭乘的4208号专机内，交通广播采取音、视频同步播出的方式为收音机前的听众朋友，尤其是视力有障碍的朋友，和广大网友，讲述毛主席专机的故事。

12月29日　中央政治局委员、国务院副总理孙春兰审看北京广播电视台推出的《活过100岁》节目样片，对节目创意、内容和形式充分肯定，明确《活过100岁》节目将作为“健康中国行动”指定科普节目和“健康中国战略”的重要宣传平台，她强调节目要更加精致，给受众更多的信息量。

12月29日　由北京市委宣传部、首都文明办主办，北京广播电视台承办的2020“北京榜样”颁奖晚会在北京广播电视台大剧院录制。市委常委、宣传部部长杜飞进，中宣部、中央文明办、中央军委政治工作部群众工作局有关领导，以及北京市委宣传部负责同志一起出席活动。

12月30日　北京广播电视台冬奥纪实4K超高清频道正式上星开播。这是国内首个上星播出的省级4K超高清频道，也是国内唯一的标清、高清和超高清同播频道。该频道覆盖北京市，并同步通过中星6C卫星上星播出，覆盖全国，为观众提供新闻报道、体育赛事、纪录片等丰富的4K节目内容。

12月31日　《拉萨日报》第8版整版刊登《北京歌华传媒集团 拉萨净土数字经济产业集团 深化京藏两地交往交流交融 筑牢民族共同体意识》专题报道。

12月31日　由国家体育总局、北京市人民政府、北京2022年冬奥会和冬残奥会组织委员会联合主办，北京广播电视台北京卫视、冬奥纪实频道，天津卫视，河北卫视，黑龙江卫视，吉林卫视，辽宁卫视，内蒙古卫视，新疆卫视联合播出《2021迎冬奥相约北京BRTV环球跨年冰雪盛典》。

12 月　北京歌华传媒集团北艺公司摄制的电视剧《破局 1950》入选北京市广播电视局“京榜剧献辉煌‘十三五’优秀京产剧目选集”。

2020 年　北京市广播电视局荣获北京市法治动漫微视频作品征集活动“优秀组织奖”。北京市广播电视局报送的 11 项作品，有 5 项分获一、三等奖。

2020 年区融媒体中心大事记

1 月

1 月 3 日　朝阳区融媒体中心推出“两会直播间”网络访谈节目，每期 10 分钟，围绕文化、国际化、绿化主攻方向，加快推进区域高质量发展，邀请代表、委员走进直播间，进行深度访谈，做好权威解读，讲好朝阳故事，传递两会好声音，展示代表委员履职风采。每场直播在线观看人数超过 10 万人。

1 月 8 日　青海省玉树市党政代表团到密云区融媒体中心调研。

1 月 8 日　延庆区融媒体中心 2020 年新开播《长耳朵听故事》广播栏目。该栏目宗旨是与孩子同行，相依相随，亦师亦友；和家庭做伴，传递快乐，播撒亲情。

1 月 9 日　丰台区融媒体中心在北京市第十二届全民健身体育节组委会组织的“北京市第十二届全民健身体育节”媒体报道表彰中，获“优秀报道奖”。

1 月 15 日　由顺义区融媒体中心承办的顺义区第二十二届春联征集大赛落幕。大赛收到作品 924 幅，最终评选出 20 幅优秀春联，10 幅最佳春联。

1 月 21 日　顺义区融媒体中心《幸福一起来》栏目推出 3 集春节特别节目《回望幸福》。

1 月 22 日　通州区融媒体中心全体员工整体搬入新华东街 256 号，结束原广电中心、通州报社三处办公的局面，实现业务整合、人员整合、办公整合。

1 月 22 日　延庆区融媒体中心“北京延庆 App”正式上线。

1 月 24 日　顺义区融媒体中心采用资讯插播、专栏、专题、短音频、特别节目、公益广告、系列节目、专题展播等不同形式开通《众志成城　抗击疫情》应急直播广播，开设有专题、专栏 17 个，为抗击新冠疫情贡献媒体的力量。

1 月 26 日至 2 月 1 日　延庆区融媒体中心、区卫健委和延广融媒公司启动“大篷车”，深入延庆全区 376 个行政村和 31 个社区循环普及新冠肺炎疫情防护知识，积极开展疫情防控工作。

1 月 27 日　北京出现疫情，大兴区融媒体中心立即行动，将原定播出的春节特别节目改为日播新闻节目，并开始播出关于新冠肺炎疫情新闻报道。

1 月 28 日　门头沟区融媒体中心高清频道开始并机直播北京广播电视台科教频道《众志成城　抗击疫情》特别节目，成为北京市首家并机直播该节目的区级媒体。

1 月 29 日　昌平区融媒体中心开展防控新型冠状病毒肺炎创意作品征集活动。

1 月 30 日　怀柔区融媒体中心“怀柔融媒”公众号开始每日多次推送宣传报道怀柔区疫情防控工作。推送条数由原来的平均每天 5 条，增至平均每天 12 条。

1 月　朝阳区融媒体中心《朝阳新闻》开设“朝阳群众战疫情”“一线战疫”等板块，对全区各单位、各街乡疫情防控工作的做法进行宣传报道。

1 月　由朝阳区融媒体中心与北京广播

电视台合作拍摄的3集宣传纪录片《筑梦朝阳》在北京广播电视台科教频道及冬奥纪实频道播出。

1月　海淀区融媒体中心首次应用“5G+8K”技术直播“海淀智造”前沿科技，创新两会报道形式。

1月　大兴区融媒体中心北京大兴官方发布在《北京日报》“北京号”正式上线。

1月　顺义区融媒体中心《顺义新闻》电视栏目开设“战疫日志”“战疫有我”专栏。截至1月月底，共制作播出260余条新闻，为全区打赢疫情防控阻击战发挥积极作用。

1月　平谷区融媒体中心“北京平谷官方发布”账号荣获北京日报社颁发的2020年度最具成长力奖。

1月　昌平区融媒体中心荣获“金长城传媒奖——2019中国最具影响力市县融媒体中心”奖项。

2月

2月5日　丰台区融媒体中心融媒体系统建设通过市委宣传部验收。

2月5日　门头沟区融媒体中心融媒体平台通过市委宣传部建设评估验收。

2月10日　平谷融媒App正式上线“空中课堂”内容，在线课程总量近万节，内容覆盖小学、初中、高中12个年级的数学、语文、英语、物理等全部学科，保障学生疫情防控期间学习进度不受影响。

2月14日　大兴区融媒体中心记者对大兴治愈的首例新冠肺炎患者出院情况进行采访报道。

2月中旬　顺义区融媒体中心《顺义新闻》电视栏目新开“面对疫情我想说”专栏。新冠肺炎疫情暴发以来，由于电视新闻的特殊性，很多报道不能够直接采访，《顺义新闻》创新性地开辟“面对疫情我想说”专栏，向广大市民朋友征集所感所想。观众自己录制发送给融媒体中心，把想说的话通过荧屏传递给全区百姓。参与的人有医生、护士、警察、教师、学生、社会志愿者等等，大家都以自己的方式传递着战胜疫情的正能量，收到较好的社会反响。节目同时在北京广播电视台、“学习强国”等媒体进行传播。

2月16日　“通州区延期开学课程资源”网络平台在通州区融媒体中心的“融汇副中心”移动客户端上线运行，保障北京副中心的中小学生停课不停学。

2月17日　密云区融媒体中心《密云新闻》电视栏目《奉献有我》板块开播。

2月20日　丰台区融媒体中心全程策划并联合区疾控中心、丰台街道共同推出“丰台融媒快直播社区防疫新举措”微直播，在快手平台、北京丰台客户端正式开播。通过网络直播的方式带领大家实地察看丰益花园社区的疫情防控工作，并在线为网友关心的防护、消毒等问题进行解答。58分钟的直播节目，吸引全国168万余网友在线观看，收获近24万次点赞。此次直播被快手平台推出的“首都抗疫快行动，妙手回春暖京城”系列收录为首场直播。

2月24日　密云区融媒体中心《密云新闻》电视栏目增加《最美逆行》板块开播。

2月　朝阳区融媒体中心围绕疫情防控，就习近平总书记在北京调研新冠肺炎防疫工作来到朝阳区安贞街道安华里社区，朝阳机关系统1600余名党员干部一线防控疫情实现社区（村）全覆盖，四套班子领导联系督导全区43个街乡内容，东湖街道携手辖区餐饮企业开设临时便民菜摊，香河园设立“移动办公桌”，安贞街道动员辖区300余名在职党员和居民党员主动参与社区防疫，朝阳区向外籍人士印发8万份《致在京外籍人士的公开信》，朝阳区发起“一米”行动等内容，对接《人民日报》、中央电视台、《北京日报》、北京广播电视台等中央、市属重点媒体进行采访报道。

2月　朝阳区融媒体中心制作并推送“疫情期间，切勿扎堆聚集”“坚决打赢疫情防控阻击战——致敬所有医务工作者”“返岗工作，这些事你要知道”等30条短视频，在“朝阳群众”抖音平台疫情防控短视频浏览量破千万次。

2月　北京房山App正式登录华为、苹果、oppo、小米、腾讯应用宝、360手机助手等应用商城，市民可通过手机应用商店搜索“北京房山”下载安装。

2月　怀柔区融媒体中心开设“众志成城 抗击疫情”和“凡人微光”专栏，采写《我区569名机关干部下沉一线防控疫情》《怀柔第一书记战“疫”当先锋担使命》等新闻，广播电视累计发布新闻稿件近千条。同时，制播《怀柔，别来无恙》《怀柔的最美逆行》《战疫有我 怀柔在行动》3集微视频同步向各大新媒体平台推送。

3月

3月2日　顺义区融媒体中心《战疫有我 顺义在行动》微视频在北京日报北京号上刊发。

3月5日　丰台区委宣传部联合丰台区团区委和丰台区融媒体中心组织开展丰台区2020年学雷锋志愿服务活动，在“北京丰台”客户端、“北京丰台”公众号、快手“丰台发布”等新媒体平台进行“丰台处处有雷锋”主题发布直播，广泛宣传丰台区在疫情防控等各项工作中涌现出的志愿服务先进典型，营造无私奉献、文明和谐的社会风尚。

3月10日　平谷区融媒体中心开始专题节目进行连线采访，确保专题节目正常播出。

3月11日　朝阳区融媒体中心开设《声传朝阳——抗疫歌曲展播》电视专栏，展播《回家那一刻》《心在一起》《希望的力量》《一起去爱》《和英雄在一起》等15部新冠肺炎抗疫歌曲MV。

3月12日　丰台区融媒体中心联合丰台区投资促进中心开展“疫情期间丰台区优化营商环境专题访谈”直播活动，在线“云招商”解读丰台区最新优惠政策和具体服务举措，丰富政府和企业互动形式。

3月17日　由丰台区新冠肺炎疫情防控工作领导小组指导组指导，丰台区融媒体中心联合丰台区卫健委、中关村科技园区丰台园管委会、丰台区疾控中心，共同推出“上班复工啦！丰台区疾控专家来教你”“直击生产一线，复工复产微直播”系列活动，实时记录复工复产动态。本次直播持续一个小时，热度峰值达6000余人次，吸引到30余万名网友在线观看。

3月20日　朝阳区融媒体中心快手平台“朝阳群众”正式上线。在该平台上发布的《给这位朝阳转运点90后小哥哥点赞！》短视频，点击量突破3000万次；《朝阳群众在战疫！春天已来，中国加油》点击量超100万次；《你以为新国展转运点的朝阳小哥哥是什么样子的？》《回国了！心里踏实了！》点击量突破50万次。

3月24日　房山区融媒体中心北京房山App上线由歌华有线公司与北京市教委联合推出的“北京云空中课堂”内容。“空中课堂”利用“互联网+教育”方式，为全区中小学生提供优质的网上教学资源，确保疫情期间“停课不停学、离校不离教”。

3月26日　丰台区融媒体中心“北京丰台”客户端与中央广播电视总台“云听”平台合作，推出抗疫情联合特惠主题活动“抗

疫有礼　丰台有你”。下载推广“北京丰台”客户端，领取“云听”90天会员，即可享有2000多部有声读物、150多万小时精品节目随心听的权限。两大优质平台联手，在提供权威、及时疫情信息的同时，更以精品声音产品丰富和满足广大人民群众的“抗疫”生活。

3月　海淀区融媒体中心运营的海淀网、“掌上海淀”移动客户端、“海淀新闻”微博、“北京海淀”微信取得北京市互联网信息办公室颁发的互联网新闻信息服务许可证。

3月　昌平区融媒体中心“北京昌平”App入选“2019年度全国广播电视媒体融合成长项目”。

3月　怀柔区融媒体中心以“疫情日记”为主线，安排记者亲临转运、隔离一线，策划推出63期《凡人微光》Vlog（视频博客），全方位记录奋战在抗疫一线的疾控、医护、基层社区等工作人员的感人瞬间。中国人民大学家书博物馆张丁馆长将怀柔融媒发出的国展怀柔转运点相关报道作为抗疫日记，收录家书博物馆内。

4月

4月1日　通州区融媒体中心的融汇副中心客户端“通州12345”平台上线试运行，成为全市范围内率先开通手机客户端的区级12345接诉即办平台，形成“接诉即办”流程的在线提交、回复、回访的完整网络闭环，促进投诉举报问题的高效解决，解决市民诉求处理“最后一公里”难题。

4月1日　昌平区融媒体中心“北京昌平”App上线新板块《全民开播》。

4月4日　由北京市广播电视局组织开展的2019年度北京市广播电视科技奖评选结果公布，其中，房山区融媒体报送的广播类节目《见证》荣获广播节目技术质量优秀作品一等奖，《长走片花》《依法纳税　明天会更好》荣获二等奖，《房山新闻》《六人游温馨关怀》荣获三等奖。电视节目《房山新闻》《美丽房山》《文化纪事》，高清录制《2018年平安之星文艺晚会》，短片《石板上的诗意乡情》荣获电视节目技术质量优秀作品三等奖。

4月10日　门头沟区融媒体中心领导带队到涧沟村捐赠防疫物资。

4月10日　北京房山App推出“大美房山——遇见春天”作品征集活动。用户可在北京房山App上传原创摄影作品，将生活中的春光美景进行记录与分享，供大家在网上游览赏花，开启一番别样的“赏花”之旅。

4月14日　丰台区融媒体中心开展“人间四月天，带您‘云赏花’”世界花卉大观园游园赏花网络直播活动，为市民提供春日美景的同时，推进落实区《等级旅游景区有序恢复开放实施方案》工作，1小时的网络直播，吸引6.4万余人参与交流互动。

4月20日　门头沟区融媒体中心开通“门头沟融媒”微博官方账号，至此，区融媒中心形成“两微一端”新媒体宣传矩阵。

4月20日　通州融媒体中心编委会制度在中心党组会上通过并正式开始实施。

4月23日　丰台区融媒体中心开展“书香中国　全面小康”2020年度世界读书日主题活动丰台区分会场网络直播。在常态化疫情防控中为全民阅读创造良好氛围和机会，1个多小时的网络直播，18.6万余人参与互动。

4月26日　丰台区爱国卫生运动行动领导小组联合丰台区融媒体中心，在“北京丰台”客户端开展为期7天的“防疫有我，爱卫先行”——丰台区2020年爱国卫生月线上竞赛答题活动落下帷幕。此次活动以线上趣味竞答方式，向辖区居民普及爱国卫生科普知识，助力居民健康水平提高。同时，开启“北京丰台”客户端创新推广模式新尝试，在为期7天的活动里，“北京丰台”客户端下载量净增长7000多个用户，下载总量突破11万次。

4月29日　昌平区融媒体中心《昌平报》，创刊20周年。

4月29日　丰台区融媒体中心参加北京市广播电视局“四力”主题教育送专家下基层活动。在北京市广电局指导下，北京广播电视台与丰台区融媒体中心合作首次使用8K高清摄像机在北京园博园、王佐镇城市花海取景拍摄生态文明主题公益广告。

4月29日　北京房山App开展“4.29首都网络安全日”直播活动。活动以“齐心抗疫、净网护网”为主题，邀请房山区公安分局、区政务服务管理局、区经信局相关负责人做客直播间，并以短片、知识问答形式，为网民普及互联网安全知识，提高互联网风险防范意识。

4月30日　门头沟区融媒体中心取得北京市互联网信息办公室颁发的“互联网新闻信息服务许可证”。

4月30日　丰台区融媒体中心与北京时间、快手联合开展“妙笔生花看丰台”一天三场系列网络直播活动。以“五一小长假，丰台邀您来做客！妙笔生花看丰台，为您呈现最美丰台”为主题，引导群众在本地就近出游，助力疫情防控常态化下区域景区复苏和出游消费的增长。三场系列网络直播活动，45万人参与互动，1.2万人点赞。

4月　朝阳区融媒体中心每日收集一报一台两微一端的社会类、文化类、经济类稿件，稿件类型包含文字、图片、视频等，向学习强国App供稿共计162条，平台采纳107条，通过率66%。

4月　海淀区融媒体中心启动“疫起同心，才聚云端”2020中关村科学城百家领军企业云招聘专项活动，活动共12场。快手、今日头条、微博一直播、央视频、知乎等互联网平台视频进行直播，总观看量近1000万人次。

4月　石景山区融媒体中心按照市委、区委的部署，举全中心之力、融全媒体之能持续开展疫情防控、统筹推进复工复产等全过程、全景式专题宣传报道。

4月　石景山区融媒体中心《石景山新闻》开设《切实履行“四方责任”　坚决打赢疫情防控阻击战》《战“疫”有我》《最美逆行者》《人大代表在行动》等专栏，并在《融媒资讯》板块每日发布抗击疫情、科学防护知识等相关资讯。《今日视点》栏目推出“抗疫”系列专题报道，累计播发相关新闻1000余条；“北京石景山”微信公众号开设专栏《石景山战“疫”》，发布信息700余条；在抖音、快手开设“众志成城　共战疫情”“石景山战‘疫’”等专题，发布信息200余条，其中，《北京石景山古城大街市民驻足　汽车鸣笛默哀》抖音播放量307万次；微视频纪实创作的《直击现场　新国展入境旅客集散点　感受石景山的严谨与温度》《石景山区社会各界深切悼念抗击新冠肺炎疫情斗争牺牲烈士和逝世同胞》等作品阅读量达上百万次，原创诗朗诵音配画作品《致敬钟南山》抖音播放量55.5万次。

5月

5月6日　《通州时讯》第一次改版，定位大力宣传副中心形象，及时传递副中心权威声音，同时重点策划推出反映副中心各个领域所取得成就的《北京城市副中心生机勃发》和《齐心协力抓好两件关键小事　努力建设和谐宜居之都示范区》等系列报道。

5月8日　为纪念第73个世界红十字日，丰台区融媒体中心联合区红十字会采取线上、线下相结合的方式，在“北京丰台”客户端开展“助力疫情防控 红十字救在身边”网络直播和红十字日线上知识竞答主题宣传活动，普及红十字运动知识、自救互救知识和新冠肺炎疫情防控知识，1个多小时的直播，43.4万人参与互动，5.1万人点赞。

5月9日　朝阳区融媒体中心围绕朝阳区“五一”消费市场显活力，商超100%复工，重点企业营业额恢复70%，朝阳区首个由街乡完成备案的物业项目——朝阳家园物业管理有限公司在属地东风乡完成三印小区物业项目备案等内容，对接人民网、北京日报、北京电视台、北京青年报等媒体采访报道。

5月19日　房山区融媒体中心指挥调度中心投入试运行，该项目包含信息汇聚、实时热点、舆情监测、新闻调度、媒体发布等新闻生产平台，指挥调度中心的启用，标志着媒体平台由相加变为相融，由简单融合走向深度融合。

5月22日　丰台区融媒体中心设立消费扶贫直播活动分会场，助力在湖北十堰挂职的北京干部团队在线带货直播推介郧府香油、竹溪贡米等十堰扶贫农产品，将“十堰好味道”推介给北京市民，帮助滞销农副产品打开销路，扩大十堰农副产品在北京的知名度和品牌影响力。

5月28日　平谷融媒App与快手合作进行网上直播，向观众全方位展示金海湖樱桃以及特色旅游的独特魅力，带动金海湖地区特色产品，提高区域特产知名度，直播1个小时，总浏览量达43万次。

5月28日　丰台区融媒体中心创新垃圾分类宣传教育内容和形式，与丰台区委农村工作委员会在抖音“丰台发布”账号联合开展以“美好人居环境大家享 引领垃圾分类新时尚”为主题的“行政和自然村”垃圾分类宣传微视频征集、评比、展示活动。共有35部行政和自然村垃圾分类宣传微视频作品入围展示，3万余人浏览互动。这是丰台区融媒体中心为深入推进丰台区生活垃圾分类工作，进行选题分类、报道分众、宣传精确的一次重要尝试。

5月　通州区融媒体中心《小强听说》《看通州·记者视点》栏目，分别于10日、11日全新改版为《对话副中心》《聚焦副中心》。

5月　朝阳区融媒体中心围绕2020全国两会、打赢疫情防控阻击战、《北京市生活垃圾管理条例》、《北京市物业管理条例》、《北京市街道办事处条例》、《北京市文明行为促进条例》等内容，各新媒体平台共计推送内容2277条，其中“北京朝阳”客户端发布1164条，“北京朝阳”政务微信公众号推送146条，“北京朝阳”微博账号推送945条，“朝阳群众”快手账号推送22条。各新媒体平台总阅读量近5000万。其中阅读量超百万的内容共11条；阅读量超10万的内容共7条。

5月　“怀柔融媒”微信公众号与歌华有限公司合作，开辟“空中课堂”专栏，推出“名师驾到”“北京数字学校同步课堂”等5个频道，做到停课不停学，将线上教学落到实处。

6月

6月4日　北京海艺广告公司以其上级单位通州区融媒体中心名义，向北京市通州区人民政府申请变更北京海艺广告公司名称为“北京市通州区融媒体文化中心”。

6月6日　丰台区融媒体中心与丰台区商务局联合开展“北京消费季之约‘惠’丰台”网络直播活动，开启“约‘惠’丰台·感受‘丰’范”北京消费季丰台区主题消费狂欢节。

6月6日　“门头沟融媒”App首次通

过5G网络传输对“北京消费季·嗨购门头沟”活动启动仪式进行全程直播。

6月9日　房山融媒网完成升级建设，正式上线运行。房山融媒网是房山区融媒体中心推动传统媒体与新媒体融合发展的新趋势，在原有房山广电传媒网基础上，融入北京房山App技术框架，建设成为与北京房山App信息、资源、技术互联互通的全新融媒网站，实现网络、手机客户端一键双发，方便不同用户浏览。

6月12日　“北京房山”App开展“悦读新华·书香房山”主题直播活动，推广全民阅读，传播历史文化知识，丰富大众文化生活，为书香北京、书香房山建设添新彩。

6月12日　由光明网、北京师范大学新媒体传播研究中心、光明天翼5G融媒实验室主办，中国新闻培训网协办的2019全国优秀融媒体作品征集推选活动揭晓仪式在线上线下同步举办。朝阳区融媒体中心作品《朝阳群众看过来》，荣获2019全国区县融媒体中心优秀案例奖。

6月13日　怀柔区融媒体中心在中影怀柔基地高清演播室举办北京消费季“云上宠粉节”直播节目。通过直播带货的形式对怀柔区酒店、民宿、景区门票、果脯、特色小吃进行线上销售，2个小时直播累计观看人数20.92万人，销售额达17.65万元。

6月15日　北京市通州区市场监督管理局批准北京海艺广告公司更名为北京市通州区融媒体文化中心，并颁发营业执照。

6月15日　丰台区融媒体中心党组书记、主任乔晓鹏，带队到新发地市场进行疫情防控融合宣传，部署现场办公，统筹调配一线采编力量，重点对丰台启动战时机制。党员干部闻令而动，各相关部门紧急部署，连夜奋战，第一时间科学合理处置，制订强而有力的防控措施，加大宣传报道力度。

6月30日　海淀区融媒体中心上线北京市首个区级“融媒+”线上线下融合发布平台“海淀融媒发布厅”。

6月　朝阳区融媒体中心区记者、主编张世玉入选“2020朝阳榜样”月度人物榜。

6月　朝阳区融媒体中心围绕“走向我们的小康生活”主题报道，就“CBD区域绿化环境提升成果”“农村地区5年拆除腾退各类建筑3000余万平方米，新增绿化1600余万平方米，累计实现绿化1亿平方米”“朝阳区扶贫支援”“三里屯商圈全面启动升级改造”“营商环境发展建设”等内容，对接北京日报、北京商报、北京电视台重点采访报道。

6月　通州区融媒体中心融媒采访部王鹏威在北京市第三届“我是环保明星”评选活动中，被评为“环保先锋”。

6月　通州区融媒体中心完成《通州纪检监察这一年·2019》《两面“忠”心》专题片拍摄制作工作。

7月

7月7日　丰台区融媒体中心在卢沟桥、中国人民抗日战争纪念馆开展“纪念全民族抗战爆发83周年”直播活动。通过快手“北京丰台”账号等平台进行全网直播，邀请时代楷模郑福来老人和中国人民抗日战争纪念馆讲解员讲解抗战史，讲述抗战精神。90分钟直播活动，30余万网友参与互动，5万网友点赞。

7月7日　丰台区融媒体中心推出融合报道做好纪念全民族抗战爆发83周年主题宣传。（1）推出新华社通稿《勿忘国耻　实干兴邦——写在全民族抗战爆发83周年之际》；（2）制作短视频《89岁老人提醒！一定要牢记抗战历史》；（3）制作6部“牢记历史　珍爱和平”系列微视频，组织开展“纪念全民族抗战爆发83周年”网络直播活动。当晚，“北京丰台”客户端联合“北京时间”客户端、“北京日报”客户端，一同直播“和平颂”——纪念全民族抗战爆发83周年主题交响合唱音乐会。

7月13日　密云区融媒体中心《寻找最美保水人》栏目开播。

7月31日　密云区融媒体中心纪念密云水库建成60周年特别栏目——《足迹》开播。

7月31日　昌平区融媒体中心《昌平报》全新改版，从四开八版的小报改为对开四版的大报，每周一、三、五出版发行，每期4~8个版，设有时政、评论、综合、警法、热线、副刊等版面，内容定位和栏目设置更具严谨性。

7月　朝阳区融媒体中心围绕“六稳”“六保”工作，就朝阳区上线中小微企业金融综合服务平台、引导金融机构上线117种融资贷款产品、高碑店乡疫情期间推出“一减二免三缓四留”的减租降费政策等内容，对接人民网、北京日报、新京报进行采访报道。

7月　怀柔电视台无线数字频道开始建设，8月建成。

7月　顺义电视台《顺义新闻》开设“走向我们的小康生活”专栏。2020年是全面建成小康社会目标实现之年，是全面打赢脱贫攻坚战收官之年。《顺义新闻》推出“走向我们的小康生活”系列报道，讲述顺义百姓拥抱小康的生动故事，展现发生在自己身边的可喜变化。

8月

8月3日　在北京市退役军人事务局评选表彰中，丰台区融媒体中心赵智和获“北京市退役军人工作先进个人”称号。

8月6日　丰台区政协、丰台区城管委和丰台区融媒体中心共同推出《委员对话一把手·提案办理面对面》融媒网络直播特别节目，邀请有关部门一把手聚焦“加强垃圾分类，促进生活垃圾减量”“丰台区如何展开垃圾分类治理，实施效果究竟怎么样”进行认真交流，并同步在快手“丰台发布”账号、北京时间“直播丰台”栏目、“北京丰台”客户端等平台全网推送。18分钟的网络直播，13.76万人观看并参与互动。

8月6日　房山电视台《房山新闻》栏目推出《高温下的劳动者》系列报道，聚焦城市运行、市场供应、供电、供水等相关单位一线工作者，宣传报道烈日高温下，坚守在各行各业一线的劳动者。

8月8日　怀柔区融媒体中心与团区委合办，为对口帮扶的河北丰宁、怀安，内蒙古四子王旗、科左后旗四地的近10种特色产品“直播带货”。

8月12日　“海淀融媒发布厅”发布海淀“水务大脑”水旱灾害防御系统。

8月13日　房山电视台《房山新闻》栏目、房山报、北京房山微信公众号统一挂牌《“创森”进行时》系列报道，通过新闻报道、专题专刊、新媒体推送等形式，对全区关于生态文明建设重要部署、重大举措、重大活动，以及生态文明建设过程中涌现的先进典型事例进行报道，深入宣传“绿水青山就是金山银山”的发展理念，引导广大市民自觉履行保护生态的责任和义务。

8月27日　海淀区融媒体中心主办中关村北斗和空间信息服务产业高峰论坛直播活动，该活动是海淀融媒主办的“你好，北区”系列之一，首次实现与北京日报客户端并机直播。

8月　朝阳区融媒体中心围绕“三化”建设，就望京小街开街，营造国际化+文化现代商业街区、麦子店街道第十届国际社区文化艺术节启动、亮马河国际风情水岸全线贯通等内容，邀请人民日报、新华社、中央电视台、北京日报、北京电视台等近40家中央、市属媒体进行采访报道。《朝阳报》策划亮马河专题系列报道，连续4期，从生态、惠民、夜景、人文四个方面对亮马河景观提升建设成果和人文底蕴进行深度报道。

9月

9月2日至9月9日　朝阳区融媒体中心围绕朝阳区“文化、国际化、大尺度绿化”发展定位，结合2020年中国国际服务贸易交易会相关活动，采取“4+10+1+N”宣传模式，通过新闻发布会、集中采访、直播、短视频、海报、长图等多元传播方式，在中央、市属媒体、专业类媒体以及朝阳区融媒体各平台传播，形成网上网下一体、内宣外宣联动的宣传舆论格局。

9月4日至9日　门头沟区融媒体中心参加中国国际服务贸易交易会。

9月4日至9日　延庆区融媒体中心圆满完成服贸会媒体融合展参展任务，展示主题为“美丽延庆 冰雪夏都 融神聚力 服务未来”。

9月5日　昌平区融媒体中心在2020年中国国际服务贸易交易会，以“小康路上，昌平好货来一波”为主题首次跨界直播带货，向全国网友集中展示昌平优质特色农产品。

9月7日　密云区融媒体中心召开第二届十二次区委全会精神传达会。

9月8日　“北京大兴”微博账号在全国政务微博外宣榜中排名第二位。

9月8日　丰台区融媒体中心以“区级融媒体中心基层舆论引导能力建设的探索实践”为主题，在中国广电媒体融合发展大会“京津冀广电媒体融合区域协同发展推进会”上做主旨发言，围绕如何利用京津冀三地资源，形成区级融媒体区域协同机制，与天津市西青区融媒体中心、河北省香河县融媒体中心共同进行深入探讨。

9月8日　通州区融媒体中心在2020年服贸会现场开展了“一座绿色的城”“爱上大运河”两场直播活动，多形式、宽领域、大容量、全方位展现了城市副中心水城共融、蓝绿交织、文化传承的城市特色；两场直播在快手平台总观看量超115万人次。

9月8日　昌平区融媒体中心参加中国广电媒体融合发展大会——全国广播电视媒体融合典型案例交流会，以“守正创新 融合转型——加快推进综合服务型媒体建设”为主题，分享媒体改革经验。

9月11日　在平蓟三兴青年人才演讲比赛中，平谷融媒体中心主持人荆丹丹获得三等奖。

9月13日　房山电视台《房山新闻》栏目、《今日关注》栏目统一挂牌播出《高扬的旗帜》系列报道，对房山区先进基层党组织和优秀党员进行宣传报道，以先进典型为标杆，诠释“守初心、担使命”的价值内涵，引导广大党员以先进为榜样，永葆共产党人的政治本色。

9月18日　延庆区融媒体中心精品文旅节目《玩转妫川》开播，擦亮全域旅游示范区金名片。

9月21日　“北京昌平”App后台完成向华为云的迁移，并开始使用该平台。

9月22日至25日　丰台区融媒体中心联合新华社北京分社组织召开丰台区社区新闻发声人培训会，各委办局街乡镇宣传干部，全区350个社区的宣传委员、社区干部、社区群众1000余人参加培训。

9月25日　房山区委宣传部联合区融媒体中心开展“我眼中的大美房山”随手拍活动，

“北京房山”App和“北京房山”微信公众号开设专栏对精选作品进行展播，房山电视台《房山新闻》栏目专门设置“我眼中的大美房山”随手拍照片展播板块对作品进行展播。

9月27日　丰台区融媒体中心举办“情满丰台·月下共吟”——《最是人间好时节》中秋网络视听朗诵会，延展融媒体中心与央广网、北京陈铎艺术创作室共同发起“云朗读”线上公益活动。

9月27日　密云区融媒体中心召开“国庆”“中秋”期间安全服务保障工作部署会。

9月　朝阳区融媒体中心推出朝阳形象宣传片《朝阳 朝阳》。

9月　门头沟区融媒体中心电视新闻部记者闫吉被评为北京市抗击新冠肺炎疫情先进个人。

9月　昌平区融媒体中心制作的《当危险来临之暴雨中行车，汽车涉水怎么办？》在2020年优秀应急管理公益宣传影视作品征集活动中，获优秀奖。

9月　海淀区融媒体中心首次以参展商、策展商等多种身份亮相服贸会，以新闻报道和直播等形式展示海淀区参展服贸会。助力区文旅局获得北京旅游博览会组委会颁发的最佳组织奖、最佳人气奖、最佳创意奖、文旅融合创新奖。

9月“海淀云”上线，“掌上海淀”智能移动客户端上线，开通网络问政功能，成为全区“接诉即办”网络入口。同时，“智慧城市融媒实验室”“5G融媒实验室”“AI融媒实验室”三大实验室揭牌。

9月　顺义区融媒体中心参展2020年中国国际服务贸易交易会“媒体融合展区”。围绕“精准扶贫”“科技抗疫”“复工复产”“文化贸易”“垃圾分类”5大主题，推出5场直播活动。在服贸会官网、光明网、一直播、北京顺义App、快手号等平台全方位展示后，吸引了1699.5万人次网友观看。

9月　延庆电视台首档手语新闻《一周新闻综述》节目正式开播，助力无障碍示范区建设，满足区2538名听障者收视需求，有效助力区无障碍示范区建设，受到听障群众的广泛好评。

9月　延庆区融媒体中心获北京市抗击新冠肺炎疫情先进集体称号。

10月

10月12日　顺义区融媒体中心《法治顺义》栏目推出10集系列报道《解读民法典》。

10月14日　房山区融媒体中心开展“奋进新时代 美丽新房山”记者在行动主题活动，组织党员干部、编辑记者共70余人走进区重大园区和重点项目，参观周口店遗址博物馆和琉璃河中粮健康科技园。

10月16日　《北京信息》刊登通州区融媒体中心《城市副中心媒体优化提升工作有序推进，副中心新闻报道媒体集群逐步形成》信息。

10月16日　昌平区融媒体中心组织开展结对帮扶地区扶贫产品网络带货直播活动，总观看量达13.3万人次。

10月16日　海淀区融媒体中心承办国家级重大活动2020两岸青年交流合作北京峰会。

10月19日　《房山报》推出《辉煌“十三五” 奋进奔小康》系列报道，重点围绕我区经济建设、政治建设、文化建设、社会建设、生态文明建设等重点领域，充分展现区转型发展的新思路、新举措、新成就，以及房山百姓享受改革发展红利带来的幸福感、获得感、安全感。

10月19日　通州区融媒体中心《通州

时讯》更名为《北京城市副中心报》并试刊，通州电视台《通州新闻》栏目更名《副中心新闻》，形成副中心新闻报道媒体集群。

10 月 20 日至 21 日　丰台区融媒体中心与保定日报社联合采访组一行 12 人走进保定市涞源县，携手开展采访报道活动，全媒体、多角度讲述涞源脱贫攻坚故事。

10 月 23 日至 29 日　丰台区融媒体中心完成 2020（第四届）中国戏曲文化周融合宣传工作，“丰台发布”微信公众号、“北京丰台”微博账号等 5 个平台连续进行网络直播。在“北京丰台”客户端、北京时间、快手和抖音直播 12 场次，点击率 58.83 万次。“北京丰台”客户端、北京日报客户端、百度和今日头条“北京丰台”账号、“北京丰台”微信公众号发布“2020 中国戏曲文化周来了，中国戏曲文化周主场活动圆满落幕”等 33 篇新闻。《丰台新闻》《丰台报》开设“戏曲文化多元共融 舞台内外深度对话”“5G 直播 名角争艳 沉浸体验 打造戏曲生态园”专刊专版专栏，刊播新闻 19 篇。制作“中国戏曲文化周开锣喽”等微视频 10 条，浏览量 10.76 万人次。

10 月 26 日　大兴区融媒体中心、光明网联合 10 余家媒体采访团共同走进察右前旗、苏尼特右旗，对京蒙援建进行报道。

10 月 30 日　丰台区融媒体中心宛平分中心挂牌成立。丰台区融媒体中心已成立中关村科技园区丰台园、丽泽金融商务区、宛平城 3 个融媒体分中心。

10 月 30 日　平谷融媒体中心完成调研报告《新媒体平台在抗击疫情工作中发挥作用情况调研》。

10 月　朝阳区融媒体中心各平台围绕国庆中秋节庆氛围营造，就 2020 年北京朝阳国际文化旅游节在朝阳公园礼花广场正式开幕、朝阳区多地开启“家国情怀”主题灯光秀、2020 年北京朝阳国际文化旅游节闭幕、世界旅游文化小姐大赛北京赛区总决赛在朝阳公园礼花广场举行等内容进行报道。

10 月　昌平区融媒体中心作品在“县级融媒齐心抗疫”创新案例征集活动中，获评基层信息枢纽创新做法优秀案例。

11 月

11 月 2 日　“通州电视台高清化二期项目”高清制作系统正式投入使用。

11 月 5 日　丰台区融媒体中心举办的首批“丰台社区新闻发声人骨干培训实操班”开班。培训班邀请新华社北京分社摄影部总监李欣进行新闻摄影技术手把手、面对面实地授课，来自东高地、宛平、卢沟桥、东铁匠营、长辛店 5 个街道社区的新闻发声人骨干 10 余人参加培训。

11 月 6 日　房山区召开庆祝第 21 个记者节大会，总结一年来全区新闻舆论工作，并对在新冠疫情防控、推动复工达产、生态文明建设、党建引领垃圾分类等宣传工作中做出贡献的新闻工作者进行表彰。

11 月 6 日　平谷融媒体中心融媒体资源库升级改造、融媒体新闻发布厅改造、融媒体平台等级保护建设、融媒体电台升级改造四个项目验收完成。

11 月 6 日　密云区融媒体中心举办庆祝第 21 个记者节活动。

11 月 6 日　平谷区融媒体中心融媒体资源库升级改造、融媒体新闻发布厅改造、融媒体平台等级保护建设、融媒体电台升级改造四个项目验收完成。

11 月 13 日　北京市广播电视局党组成员、副局长孔建华到房山区融媒体中心调研，实地查看播出机房、电视及电台编辑制作机房、演播厅、指挥调度中心，对融媒体中心工作表示肯定，并强调要不断加大在“北京房山”App、抖音、微博、微信的推广力度，高质量推进媒体融合向纵深发展。

11月17日　在人民日报全国党媒信息公共平台、人民日报媒体技术股份有限公司、人民日报新闻战线杂志社、中国人民大学新闻学院共同组织的“县级融媒　齐心抗疫”创新案例征集活动中，延庆区融媒体中心报送的《记者当好“五大员”，北京延庆区畅通疫情宣传“最后一公里”》，获评“基层信息枢纽创新做法”优秀案例。

11月19日　在首届中国（北京）国际视听大会“京津冀媒体融合典型案例交流会”上，“丰台区融媒体中心与新华社北京分社‘中央媒体＋区级融媒体中心PGC合作’模式探索初见成效”项目，被评为2020年北京市广播电视媒体融合典型案例。

11月19日　房山电视台《房山新闻》推出《辉煌“十三五”　奋进奔小康》挂牌专栏，以“数说‘十三五’　百姓谈变化”为核心，运用全媒体方式、大众化语言、艺术化形式制作新闻产品，实现内容、平台、技术的有机融合，节目播出后，宣传效果良好。

11月19日　昌平区融媒体中心邀请中国教育电视台总编辑、教授、博士生导师胡正荣博士为各平台编辑记者进行业务培训。

11月21日　大兴区融媒体中心与光明网联合召开全国政务新媒体发展论坛，光明网进行全方位同步直播，累积点击浏览量达361万人次。

11月22日　《光明日报》刊发重点稿件《北京丰台有这样一群社区新闻发声人》，对丰台区融媒体中心此项工作重头报道，《光明日报》总编辑张政对丰台融媒体此项工作给予充分肯定。

11月26日　怀柔区融媒体中心周训玖被中共北京市怀柔区委区直机关工委评为“新冠肺炎疫情防控宣传工作先进个人”。

11月27日　延庆区融媒体中心在中央宣传部、文化和旅游部、国家广电总局开展的第八届全国服务农民、服务基层文化建设先进集体评选表彰工作中，荣获“基层广播电视传输覆盖机构先进集体”称号。

11月　朝阳区融媒体中心围绕文化建设，对接北京电视台《走进北京网红打卡地》栏目，协调对文创产业园西店记忆、长楹天街、三里屯商圈等进行采访报道。

11月　通州区融媒体中心被评为“2020年北京市媒体融合先导单位”。

11月　门头沟区融媒体中心电视新闻部记者耿伟被评为“首都拥军优属拥政爱民模范个人”。

11月　为确保电视播出安全，根据市广电局要求，顺义区融媒体中心对供电线路进行改造，对UPS不间断电源进行更换和加强。

11月　昌平区融媒体中心“北京昌平”App项目被评为“2020年北京市广播电视媒体融合典型案例”。

11月　昌平区融媒体中心获“全国文明单位”称号。

11月　全国宣传干部学院组织编写的《宣传思想文化工作案例选编（2020年）》《北京市海淀区：深化探索守正创新　全力推进媒体融合》入选媒体融合板块。

11月　在首届中国（北京）国际视听大会上，海淀区融媒体中心获“媒体融合先导单位”“广播电视媒体融合典型案例”两个奖项。

11月　延庆区融媒体中心被中央精神文明建设指导委员会评为“第六届全国文明单位”。

12 月

12 月 3 日　门头沟区委常委、区人大常委会党组书记张维刚到门头沟区融媒体中心调研。

12 月 4 日至 5 日　丰台区融媒体中心副主任卢劼赴江西省分宜县参加中国新闻出版研究院会同江西省委宣传部举办的“首届全国县级融媒体中心舆论引导能力建设年会”，以“县级融媒体中心加快深度融合增强舆论引导能力”为题发表主旨演讲，分享丰台区融媒体中心建设和舆论引导实践经验。

12 月 10 日　北京日报社一行到延庆区开展考察活动，参观延庆区融媒体中心新址，慰问新媒体部的一线记者并召开座谈会。

12 月 11 日　在 2020 年北京应急先锋榜样人物颁奖典礼中，大兴区融媒体中心荣获“优秀新闻报道单位”和“优秀新闻报道个人”两项荣誉称号。

12 月 12 日　顺义人民广播电台举办第七届听众节“活力生长、听见顺义”，北京顺义官方快手号“云参观”累计观看人数 138069 人，点赞量 77.2 万次；“云分享”观看人数 7 万人，点赞量 15.9 万次；“云直播”观看人数 2.3 万人，点赞量 1.5 万次。

12 月 14 日　平谷区融媒体中心进行新入职员工培训。

12 月 17 日　朝阳区融媒体中心围绕疫情防控下促经济社会发展，就朝阳区扎实指导楼宇防疫管理工作，文创产业聚集区、商业写字楼复苏明显等内容，对接中央电视台进行采访报道；就朝阳区重点商圈表现抢眼，SKP 商圈发展喜人等内容，邀请新华社、中央电视台、中国日报、北京日报、北京电视台等 20 余家媒体进行采访报道。

12 月 26 日　昌平区融媒体中心“融媒体汇聚平台系统”正式上线运行。

12 月 27 日　“通州电视台高清化二期项目”通过专家组验收。

12 月 29 日　按照国家广电总局要求，旦子山发射台、汤河口南山无线覆盖转播站两地怀柔电视台地面无线模拟电视信号永久关闭。

12 月 31 日　大兴区融媒体中心“北京大兴”快手号荣获“2020 快手区域优秀传播力奖”。

12 月　朝阳区融媒体中心“朝阳群众”抖音平台获“2020 年北京市广播电视媒体融合成长项目”荣誉。

12 月　通州区融媒体中心被评为“应急宣传进万家”优秀新闻报道单位。

12 月　房山区融媒体中心制作的电视节目、公益宣传片、短视频等在多个评选中荣获佳绩：电视专题片《大山深处　千里救助》在中国广播电视社会组织联合会主办的微视频评选中荣获“2020 年微视频短片展映活动短片类年度突出作品”，电视节目《健康手指操》在 2020 年“健康北京”科普作品征集大赛中荣获“广播电视专题节目类优秀作品奖”，公益宣传片《北京市房山区石楼镇》在第十四届小康电视节目评选中获评电视节目工程优秀作品。

12 月　房山电视台《房山新闻》栏目推出成就性系列报道《新时代　新征程　新篇章》，重点报道各乡镇（街道）、委办局和重点功能园区 2020 年取得的各项成绩。

12 月　昌平区融媒体中心地面电视无线数字化改造项目启动，完成数字发射机和发射天线的更换工作，实现数字信号无线开路发射。

12 月　顺义区融媒体中心“中央厨房”二期项目顺利完成。项目增加并完善了“融媒报道指挥系统”“移动融媒平台”“互联网热点监测及信息聚合系统”“传播效果评估系统”等，为媒体深度融合提供了技术支撑。

12月　昌平区融媒体中心推进“北京昌平”App升级和定制化开发项目，完成“北京昌平”App后台系统升级改造和活动功能定制化开发以及初验工作。

2020年　顺义区融媒体中心向“学习强国”北京学习平台推送优秀融媒稿件500余篇，被刊发采用的信息达376篇，累计阅读量突破1000万，在北京市所有区级融媒体中心中，优秀融媒作品登载数量位居前列。

2020年　大兴区融媒体中心通过开展“走向我们的小康生活”系列全媒体宣传项目，全面展示大兴区在全面建成小康社会工作中的生动实践和积极成果，打造出“直播带货·融媒公益扶贫”、微视频等多个爆款融媒产品。

频率频道

2020年北京市广电机构频率频道设置情况

北京广播电视台（广播端）频率一览表

频率名称	开办时间	播出时间	主要栏目设置	2020年新增节目栏目
新闻广播 FM100.6 AM828	1993年 3月1日	00:00— 24:00	《北京新闻》《新闻晨报》《新闻热线》 《整点快报》《主播在线》《财富新动力》 《假日节拍》《编辑部的故事》 《生态北京》《话里话外》 《新闻天天谈》《警法在线》 《健康北京》《有声周刊》《周末赛场》 《乐享下午茶》《主播的朋友圈》 《大城小事》《周末活力派》 《新闻2020》《北京的声音》 《照亮新闻深处》《成长日记》 《智能时代》《夹叙夹议》《声音档案》	《有声周刊》
城市广播副中心之声 FM107.3 AM1026	2020年 10月19日	06:00— 24:00	《北京城市副中心新闻》《运河之上》 《京城帮帮团》《老年之友》 《听见北京》《记忆的唱片》 《健康加油站》《教育面对面》 《健康投资家》《今夜私语时》 《空气质量播报》	无
故事广播 FM95.4 AM603	2009年 1月1日	06:00— 24:00	《长书天地》《光影留声》 《读书俱乐部》《阳光茶园》	无
体育广播 FM102.5	2019年 1月1日	00:00— 24:00	《雄鸡唱晓》《金戈铁马》《相约冬奥》 《体坛夜话》《1025动生活》 《超级体验团》《奥运有范儿》 《激情赛场》《走进冬奥会》 《冬奥加速度》《冰雪知识微课堂》 《午间活力派》《体坛传记文学》	无
音乐广播 FM97.4	1993年 1月23日	00:00— 24:00	《六点活力派》《早安音乐秀》 《汽车音乐汇》《正午有星光》 《永恒的魅力》《古典也流行》 《你的故事我的歌》《娱乐最王牌》 《中国歌曲排行榜》《男左女右》 《午夜情歌》《带你出发》 《全球华语歌曲排行榜》《节奏驾到》 《974 Live Show》《国家大剧院》 《乐海星歌》《特别创意》 《空中不夜城》	无

（续表）

频率名称	开办时间	播出时间	主要栏目设置	2020年新增节目栏目
文艺广播 FM87.6	1994年 4月1日	00:00— 24:00	《空中笑林》《我们出发吧》 《娱乐72变》《打开文化之门》 《乐享生活》《小说连播》《评书连播》 《娱乐不限量》《我们的歌》 《开心茶馆》《住在876》 《吃喝玩乐大搜索》《今天真有戏》 《演艺群英会》《听听糖耳朵》 《诵读小站》《今晚我们说电影》 《广播剧场》《话说天下》 《午夜拍案惊奇》《876资讯》 《艺海说宝》《876影院》 《影视非常道》《周末文艺荟》 《京声京视》《环球旅行家》 《我爱听音乐》《戏迷乐》	无
交通广播 FM103.9	1993年 12月18日	00:00— 24:00	《长书连播》《徐徐道来话北京》 《警法时空》《一起午餐吧》 《欢乐正前方》《有我陪着你》 《音乐旅途》《1039听天下》 《1039新闻早报》《交通新闻》 《交通新闻热线》《今日交通》 《一路畅通》《欢乐正前方》《汽车天下》 《1039慧旅行》《航空在线》 《1039交通服务热线》《音乐来了》 《联E会》《行走天下》 《新闻晚知道》《1039都市调查组》 《蓝调北京》《八九不离食》 《梦想行动派》《声音纪录片》 《爱车公众号》	无
外语广播 FM92.3 （2020年9月2日外语广播AM中波调频取消）	2004年 9月17日	06:00— 24:00	《环球三十分》《环球剧场》 《英语PK台》《感受北京》 《今日北京》《全景中国》 《海外连线》《脉动中国》 《北京2022》	无
青年广播 FM98.2 AM927	2017年 6月26日	06:00— 24:00	《活力MUSI客》《青年说》 《我是体验官》《982KTV》 《青梅煮酒》《982直播夜》 《晚安北京》	无

（续表）

频率名称	开办时间	播出时间	主要栏目设置	2020年新增节目栏目
动听调频FM94.5	2015年5月18日	00:00—24:00	Wake Up & Drive（快乐出发中） On Air with Ryan Seacrest（都市最时尚） High Tea Refill（都市下午茶） Metro U−Turn（都市快节奏）8+（今晚秀生活） Metro Night Mix（都市夜调频） Weekend Brunch（周末早午餐） The iHeartRadio Countdown（欧美排行榜） Weekend Go!（周末放轻松） X FUN（吃货俱乐部） The RemixTop30 Countdown（时尚舞曲秀）	无

北京广播电视台（电视端）频道一览表

频道名称	开办时间	播出时间	主要节目栏目设置	2020年新增节目栏目
BTV北京卫视	1979年5月16日开播。2012年1月1日起标识变更为“BTV北京卫视”	06:00—次日06:00	《光阴》《养生堂》《档案》 《生命缘》《我是大医生》 《大戏看北京》《暖暖的新家》 《暖暖的味道》《生命的礼物》 《上新了·故宫》《向前一步》 《老师请回答》《为你喝彩》 《养生堂——新型冠状病毒防控指引十八讲》 《生命缘疫情防控特别节目》 《生命缘——来自武汉的报道》 《生命缘 再战新冠》 《音乐大师课》《跨界歌王》 《北京卫视特别节目——九问》 《我的桃花源》《了不起的长城》 《我在颐和园等你》《婆婆和妈妈》 《职场是个技术活》	《北京卫视特别节目——九问》 《我的桃花源》 《了不起的长城》 《我在颐和园等你》 《婆婆和妈妈》 《职场是个技术活》
BTV文艺	1988年12月30日开播	06:00—次日02:00左右	《笑动剧场》《我看行》 《每日文娱播报》《我爱书画》 《我爱我家》《影视风云》 《星夜故事》《加油吧孩子》 《春妮的周末时光》《周末喜乐汇》 《文化之约》《欢天戏地》 《文化京津冀》	无
BTV科教	1999年12月27日开播，其前身为1993年11月1日开播的以教学节目为主的二十七频道	06:00—次日02:00左右	《现场说法》《法治进行时》 《第三调解室》《法治中国60分》 《TV律师帮帮忙》《记忆》 《警法目录》《庭审纪实》 《非常向上》《最北京》 《创新北京》《健康北京》 《律师请就位》《气象观天下》	《律师请就位》 《气象观天下》

（续表）

频道名称	开办时间	播出时间	主要节目栏目设置	2020年新增节目栏目
BTV影视	1992年5月4日开播	06:00—次日06:00	6:00—8:00早剧场，13:00—16:50家和剧场，17:00—18:40英雄剧场，18:55—22:20首都剧场，1:00—6:00星光剧场	无
BTV财经	2001年7月1日开播	06:00—次日02:30左右	《首都经济报道》《天下财经》《理财精编》《大家收藏》《诚信北京》《数说北京》《京津冀大格局》《税收天地》《说画》《拍宝》《财富剧场》《超级京彩》《超级京彩之京彩十分》《财经有约探秘》《财经有约至味》《财经有约纪录》《财经有约回望》	《财经有约探秘》《财经有约至味》《财经有约纪录》《财经有约回望》
BTV生活	1996年11月8日	06:00—次日02:00左右	《生活这一刻》《全民健康学院》《美食地图》（10月1日起更名为《京城美食地图》）《欢乐二打一》《食全食美》《生活+全能改造》《生活+家装攻略》《生活+特别定制》《第一房产》《四海漫游》《我爱我车》《成长加油站》《医者》《迷尚北京》《一起出发吧》《美食地图生活好物》《生活特供》《快乐生活一点通》《选择》《生活广角》《医者2020——抗击新冠肺炎人物志》（5月16日—6月20日每周六播出）《生活特供特别节目银发少年》（2月24日起播出）《食全食美之有品生活》（4月13日起播出）《生活这一刻特别节目：垃圾分类我们一起来》（5月1日起隔周播出）《我和北京城》（12月18日）《踏蹴冰雪梦》（12月4日）	《医者2020——抗击新冠肺炎人物志》（5月16日—6月20日每周六播出）《生活特供特别节目银发少年》（2月24日起播出）《食全食美之有品生活》（4月13日起播出）《生活这一刻特别节目：垃圾分类我们一起来》（5月1日起隔周播出）《我和北京城》（12月18日）《踏蹴冰雪梦》（12月4日）
BTV青年	前身为2002年1月1日开播的BTV青少频道。2012年1月1日起调整为青年频道，频道标识变更为“BTV青年”	06:00—次日02:00左右	《评书大会》《戏里戏外》《青年下午茶》《青春快乐季》	无
BTV新闻	前身为2003年1月1日开播的BTV公共频道。于2011年1月1日推出BTV公共·新闻频道。2012年1月1日起调整为新闻频道，频道标识变更为“BTV新闻”	06:00—次日02:00左右	《北京您早》《特别关注》《北京新闻》《都市晚高峰》《红绿灯》《首都晚间报道》《这里是北京》《新时代新担当新作为》《新闻手语》《美丽乡村》《北京议事厅》	无

（续表）

频道名称	开办时间	播出时间	主要节目栏目设置	2020年新增节目栏目
BTV卡酷少儿	2004年9月10日开播动画频道。2007年1月1日更名为卡酷动画卫视。2012年1月1日调整为卡酷少儿频道，频道标识变更为“BTV卡酷少儿”	06:00—次日06:00	开设《卡酷幼儿园》《卡酷大玩家》《剧星派》《穿越吧少年》《七色光》《妈妈育上娃》《卡酷动物园》《闪天下》八档自制少儿节目；设置《可可剧场》《派派牛剧场》《卡小酷剧场》《二酷剧场》四档动画剧场	无
BTV冬奥纪实	2019年5月10日零时起上星播出，BTV体育频道同步停止播出	06:00—次日06:00	《天天体育》《足球一百分》《2022》《健身圈》《奥运故事会》《来吧！投体育》《双奥之城》《为奥运喝彩》《我与奥运》《探索》	《为奥运喝彩》
长城平台北京电视台频道（国际频道）	2004年10月1日	每天首播7.22小时，其他时间滚动播出	《养生堂》《我是大医生》《暖暖的味道》《美食地图》《每日文娱播报》《新闻50+》《北京评书大会》《戏里戏外》《档案》《记忆》《这里是北京》《四海漫游》《迷尚北京》《最北京》《生命缘》《上新了故宫第三季》《第十届喜剧幽默大赛》《解码中华地标》《BRTV春节联欢晚会》《2021跨年冰雪盛典》《北京榜样最美警察揭晓仪式》《暖暖的新家》《2020文化中国水立方杯大赛精编》	《上新了故宫第三季》《第十届喜剧幽默大赛》《解码中华地标》《BRTV春节联欢晚会》《2021跨年冰雪盛典》《北京榜样最美警察揭晓仪式》《暖暖的新家》《2020文化中国水立方杯大赛精编》

注：1.《电视先锋榜》各频道播出

2.《BTV 电视购物》BTV 财经播出

北京北广传媒数字电视有限公司频道一览表

频率名称	开办时间	播出时间	主要节目栏目设置	2020年新增节目栏目
中华特产	2019年10月16日	00:00—24:00	《特产档案》《造物志》《走进原产地》《唇齿留乡》《倾国倾城》《风物东方》	《风物东方》
环球旅游	2005年4月8日	00:00—24:00	《寰旅天下》《侣行》《和明星去旅行》《雅获跑世界》《小导游大世界》	无
车迷	2003年11月1日	00:00—24:00	《庞大车世界》《环球车讯》《车迷会》《酷车驾到》《摩托范儿》《养护宝典》《车迷演播室》《车语》《岩谈》	无

（续表）

频率名称	开办时间	播出时间	主要节目栏目设置	2020年新增节目栏目
四海钓鱼	2004年1月1日	00:00—24:00	《钓赛进行时》《去钓鱼》《展会最前线》《黑坑江湖》《海钓玩家》《回顾》《路亚大本营》《我的7日江湖 第三季》	《回顾》《路亚大本营》《我的7日江湖第三季》
优优宝贝	2004年1月1日	00:00—24:00	《全球育儿资讯》《婴幼养生》《育儿专家热线》《明星妈妈》《成长指标》《产科病房》《健康风向标》《明星爸爸》	无
弈坛春秋	2005年3月18日	00:00—24:00	《围棋名局精解》	无
置业	2005年7月8日	00:00—24:00	《购房团》《中华墨迹》《海外地产》《置业法眼》《艺术与收藏》《乐享空间》《海外建筑欣赏》	无
爱家购物	2003年9月1日	00:00—24:00	电视购物类节目	无
生态环境	2020年6月16日	00:00—24:00	《生态环境大讲堂》《绿水青山中国行》	《生态环境大讲堂》《绿水青山中国行》
京视剧场	2003年9月1日	00:00—24:00	电视剧	无
动感音乐	2003年9月1日	00:00—24:00	《高温派对》《华语至尊地带》《谁比我原创》	无
戏曲广播	2003年11月1日	00:00—24:00	《评书联播》《梨园金曲》	无
爵士音乐广播	2003年11月1日	00:00—24:00	《爵士经典》《爵士列车》	无

北京北广传媒移动电视有限公司频道一览表

频道名称	开办时间	播出时间	主要节目栏目设置	2020年新增节目栏目
北京移动电视	2004年5月28日	05:58—23:00	《我在这里建设北京》《京藏彩虹》《众志成城战“疫”记》《移动播报》《冬奥建设有我》《3分钟美食》《今天提示》《我的工会我的家》《教育新闻》《96310纪事》《演艺罗盘》《华夏微电影》《百姓就业》《一路同行》《新华之声》《税法小贴士》《国家大剧院》《身边的好学校》《玩票》《游在北京》《天天百视通》《城市播报》《华夏微电影》《科普大运河》《大城小事》《奇趣自然》《优酷》	《我在这里建设北京》《京藏彩虹》《众志成城战“疫”记》《冬奥建设有我》《优酷》《新华之声》《税法小贴士》

北京北广传媒城市电视有限公司频道一览表

频道名称	开办时间	播出时间	主要节目栏目设置	2020年新增节目栏目
城市电视	2005年8月1日	07:00–22:00	《城市播报》《城事发布》《96310城管纪事》《绿动北京》《益起前行》《大城小事》《词说》《城市视觉志》《我的工会我的家》《演艺罗盘》《装个文化人》《保利剧院》《光影大视界》《城市天气站》《高光点》《城市一刻》《星期吧》《新时代青年说》《城市再出发》《城市战疫》《城市整点报时》《政府公报》《解码四中全会》《防骗宝典》《学习进行时》《向着幸福出发》《城市院线》	《城市再出发》《城市战疫》《城市整点报时》《政府公报》《解码四中全会》《防骗宝典》《学习进行时》《向着幸福出发》《城市院线》

北京北广传媒地铁电视有限公司频道一览表

频道名称	开办时间	播出时间	主要节目栏目设置	2020年新增节目栏目
地铁电视	2010年8月10日	06:00–23:00	《播报新闻》1分钟版（一）《播报新闻》1分钟版（二）《播报新闻》3分钟版（一）《播报新闻》3分钟版（二）《地铁文化地图》《国家大剧院》《人文风情》《生活一点通》《百姓就业》《大城小事》《身边的好学校》《京城美食秀》《医学微视频》《玩票》《奇趣自然》《督学之星》《科普大运河》《税法小贴士》等	《科普大运河》《督学之星》《税法小贴士》等

2020 年北京市各区融媒体中心频率频道设置情况

朝阳区融媒体中心频道一览表

频道名称	开办时间	播出时间	主要节目栏目设置	2020年新增节目栏目
BTV新闻频道朝阳时段	2003年1月	首播 19:30–21:00 重播次日 07:30–09:00 12:30–14:00	《朝阳新闻》《话说朝阳群众》《全面健身总动员》《安全视界》《走进朝阳教育》《同在蓝天下》《加油！朝阳少年》《健康朝阳》《与法同行》《聚焦人力社保》《开放的朝阳》	无

海淀区融媒体中心频道一览表

频道名称	开办时间	播出时间	主要节目栏目设置	2020年新增节目栏目
BTV新闻频道海淀时段	2003年1月	首播 19:30—21:00 重播次日 07:30—09:00 12:30—14:00	《海淀新闻》《文明风尚汇》《创新中关村·核心区》《海淀风物志》《城管视点》《火线》《海淀1时间》《海淀教育》《警方在线》《文明海淀》	无
海淀数字频道	2009年6月	07:30— 23:30	《海淀新闻》《文明风尚汇》《创新中关村·核心区》《海淀风物志》《城管视点》《火线》《海淀1时间》《海淀教育》《警方在线》《文明海淀》	无

丰台区融媒体中心频道一览表

频道名称	开办时间	播出时间	主要节目栏目设置	2020年新增节目栏目
BTV新闻频道丰台时段	2003年1月	首播 19:30—21:00 重播次日 07:30—09:00 12:30—14:00	《丰台新闻》	无
803丰台数字频道	2007年11月	首播 19:30—23:46 重播次日 06:30—19:30	《丰台新闻》	无

石景山区融媒体中心频道一览表

频道名称	开办时间	播出时间	主要节目栏目设置	2020年新增节目栏目
数字804频道	2016年12月1日	06:59—23:30	《石景山新闻》《今日视点》《法制聚焦》	无

门头沟区融媒体中心频道一览表

频道名称	开办时间	播出时间	主要节目栏目设置	2020年新增节目栏目
BTV新闻频道门头沟时段	2002年12月20日	首播 19:30—21:00 重播次日 07:30—09:00 12:30—14:00	《门头沟新闻》《门头沟视点》《信息高速路》《市场监管直通车》	无

房山区融媒体中心频率频道一览表

频率频道名称	开办时间	播出时间	主要节目栏目设置	2020年新增节目栏目
BTV新闻频道房山时段	2003年1月	07:30—09:00 12:30—14:00 19:30—21:00	《房山新闻》《今日关注》《法治与生活》《创意房山》《FunHill面对面》《文化纪事》《美丽房山》《学通房山》《都市生活》	无
房山人民广播电台FM107	1989年9月	06:00—24:00	《房山新闻》《Fun Hill时间》《生活广场》《美丽房山》	无
房山人民广播电台FM96.9	2010年7月	06:00—24:00	《房山新闻》《Fun Hill时间》《生活广场》《美丽房山》	无

大兴区融媒体中心频率频道一览表

频率频道名称	开办时间	播出时间	主要节目栏目设置	2020年新增节目栏目
大兴人民广播电台FM98.6	1995年1月	06:25—24:00	《这里是大兴》《乌鱼来了》《音乐随心听》《音乐密码》等	无
BTV新闻频道大兴时段	2003年1月	首播 19:30—21:00 重播次日 07:30—09:00 12:30—14:00	《大兴新闻》《言之有礼》	无

通州区融媒体中心频率频道一览表

频率频道名称	开办时间	播出时间	主要节目栏目设置	2020年新增节目栏目
BTV新闻频道通州时段	2003年1月	首播 19:30—21:00 重播次日 07:30—09:00 12:30—14:00	《副中心新闻》《身边》《融汇副中心》系列专题之《健康你我他》《民政民生》《最美潞城》《文明通州》《古镇风韵》《最美的她》《大市政新市容》《大家看法》《新华心 新新华》	无
高清综合频道	2003年1月	首播 19:30—21:00重播次日 08:00—09:30 12:00—13:30	《副中心新闻》《身边》《融汇副中心》系列专题之《健康你我他》《民政民生》《最美潞城》《文明通州》《古镇风韵》《最美的她》《大市政新市容》《大家看法》《新华心 新新华》	无

（续表）

频率频道名称	开办时间	播出时间	主要节目栏目设置	2020年新增节目栏目
FM107.7通州广播电视台	2018年	06:00—06:30 06:30—07:00 07:00—07:30 07:30—09:00 09:00—10:00 10:00—11:00 11:00—12:00 12:00—13:00 13:00—15:00 15:00—17:00 17:00—18:00 18:00—19:00 19:00—19:30 19:30—20:00	《就听好歌不听话》 《新闻与报纸摘要（转播北京新闻台）》 《北京新闻（转播北京新闻台）》 《早安1077》 《少儿故事连播》 《就听好歌不听话》 《少儿故事连播》 《红领巾好声音》 《少儿故事优选》 《少儿故事连播（重播）》 《北京城市副中心新闻》 《少儿故事连播（重播）》 《家装那点事儿》	无

顺义区融媒体中心频率频道一览表

频率频道名称	开办时间	播出时间	主要节目栏目设置	2020年新增节目栏目
BTV新闻频道顺义时段	2003年1月1日	首播 19:30—21:00 重播次日 07:30—09:00 12:30—14:00	《顺义新闻》《情暖顺义》 《健康有约》《纪录片》 《法制顺义》《幸福一起来》	无
顺义人民广播电台FM92.9	1998年1月20日	06:25—23:30	《新闻60分》《顺义新闻》 《越来越动听》《传奇》 《越聊越开心》《大家帮助大家》	无
顺义电视台一套	1994年9月2日	10:10—23:00	《顺义新闻》《情暖顺义》 《健康有约》《幸福一起来》等	无

平谷区融媒体中心频率频道一览表

频率频道名称	开办时间	播出时间	主要节目栏目设置	2020年新增节目栏目
BTV新闻频道平谷时段	2003年1月1日	首播 19:30—21:00 重播次日 07:30—09:00 12:30—14:00	《平谷新闻》《警法在线》 《美丽平谷》《百姓身边》 《热点进行时》《名医会客厅》 《电视剧》	无
平谷人民广播电台FM89.2	1992年3月11日	06:30—08:20 11:00—12:00 18:30—19:30	《平谷新闻》《天气预报》 《公益广告》《评书联播》 《老柴说平谷》《政策问答》 《善行至美》《农民与法》 《农业科技》《卫生与健康》 《美丽乡村》	无

怀柔区融媒体中心频率频道一览表

频率频道名称	开办时间	播出时间	主要节目栏目设置	2020年新增节目栏目
BTV 新闻频道 怀柔时段	2003年1月	首播 19:30—21:00 重播次日 07:30—09:00 12:30—14:00	《怀柔新闻》《生活大观园》	无
怀柔人民广播电台 FM101.3	1996年11月	06:29—16:00 16:59—22:30	《怀柔新闻》《空中书场》《音乐无限》《健康伴你行》《天气预报》《恋上怀柔》《消费生活新主张》《首尚学习圈》《成长》《科普园地》《健康伴你行》《科普生活》《筑梦科学城》《生活百事通》《经典诵读》《市场监管之声》《文学草堂》《请您欣赏》《天气预报》《行走怀柔》《请您欣赏》《奶妈奶爸总动员》《FM 剧场》《丽人榜样》《警法在线》《保林叔叔讲故事》《营养最时尚》《幽默集装箱》《广告》《品读时分》《梦想旅行日志》《音乐导航》《历史聊斋》《相声大会》《军史纵横》《读史有学问》《汽车立体声》《金色年华》《乐享生活》《话说天下》《故事酒吧》《天下档案》《悦读时间》《今夜私语时》《远誉快车道》	《营养最时尚》《幽默集装箱》《筑梦科学城》《经典诵读》《FM 剧场》《警法在线》
怀柔一频道（HRTV1）(高标清同播)	2009年5月	06:00—24:00	《怀柔新闻》《生活大观园》	无

昌平区融媒体中心频率频道一览表

频率频道名称	开办时间	播出时间	主要节目栏目设置	2020年新增节目栏目
昌平人民广播电台 FM103.1	1987年7月	06:30—15:30 17:00—21:30	《昌平新闻》《与法同行》《昌平政法》《民法一典通》《龙泉流出的故事》《乐享时光》《健康生活》等	《民法一典通》《龙泉流出的故事》
综合频道	2009年9月27日	7:30—9:30 12:30—14:30 19:30—21:30	《昌平新闻》《真情故事》《法治昌平》《古今昌平》《视角》《走进三农》《花开未来》《相约》《时空关注》《迷你党课》等	《迷你党课》

密云区融媒体中心频率频道一览表

频率频道名称	开办时间	播出时间	主要节目栏目设置	2020年新增节目栏目
密云一套数字频道	1997年2月	首播 19:30—23:00 重播次日 07:00—11:00 12:30—18:00	《密云新闻》《事事关心》 《檀州大舞台》《教育专线》 《就业直通车》《科普开讲啦》 《法润密云》《市场监管在身边》 《密云文化旅游队伍电视系列培训》等	《密云文化旅游队伍电视系列培训》
歌华有线901（密云一套高清）903（密云一套标清）	2016年11月	首播 19:30—23:00 重播次日 07:00—11:00 12:30—18:00	《密云新闻》《事事关心》 《檀州大舞台》《教育专线》 《就业直通车》《科普开讲啦》 《法润密云》《市场监管在身边》 《密云文化旅游队伍电视系列培训》等	《密云文化旅游队伍电视系列培训》
IPTV网络电视	2019年6月	首播 19:30—23:00 重播次日 07:00—11:00 12:30—18:00	《密云新闻》《事事关心》 《檀州大舞台》《教育专线》 《就业直通车》《科普开讲啦》 《法润密云》《市场监管在身边》 《密云文化旅游队伍电视系列培训》等	《密云文化旅游队伍电视系列培训》
密云区人民广播电台FM94.1兆赫	1989年	06:28—22:05	《密云新闻》《今日密云》 《法治传真》《我的社区我的家》 《教育园地》《密云经济在线》 《三农有约》《工会在身边》 《音乐随身听》《评书联播》 《广播剧场》《我爱国粹》 《科普五分钟》等	无

延庆区融媒体中心频率频道一览表

频率频道名称	开办时间	播出时间	主要节目栏目设置	2020年新增节目栏目
BTV新闻频道延庆时段	2003年1月	首播 19:30—21:00 重播次日 07:30—09:00 12:30—14:00	《延庆新闻》《最美冬奥城》 《聚焦时分》《一周新闻综述》 《印象妫川》《追寻红色印记》 《玩转妫川》《延庆人说延庆事》	《一周新闻综述》 《玩转妫川》 《延庆人说延庆事》
延庆人民广播电台FM 92.8	1997年1月	06:30—22:10	《延庆新闻》《冬奥连着我和你》 《生活导航》《美丽延庆新农村》 《快乐调频928》《佳作欣赏》 《市场监管进万家》 《大东说消费》《长耳朵听故事》 《名家讲坛》《百家书场》 《广播剧场》《小说连播》 《远誉快车道》	《冬奥连着我和你》

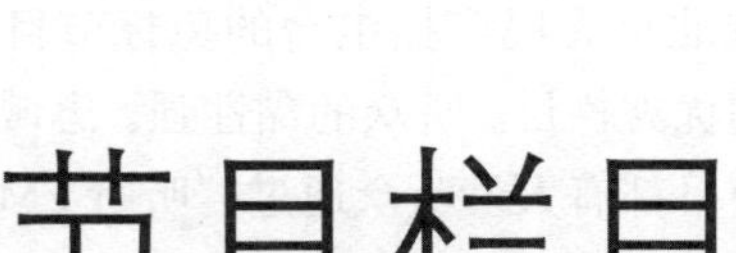
节目栏目

北京广播电视台

《大城小事》 新闻谈话类节目。北京广播电视台新闻广播每周一至周五 16:20—18:00 播出，每期时长 100 分钟。这是一档以民生新闻为主的新闻谈话类节目，每期选取 10 条以上的新闻进行讲述和恰当的评论，并设置互动话题通过“听听 FM”客户端以及微信公众号和听众进行互动。节目注重实效性，选题广泛，从众多的“小事”中观察“大城”的各种色彩，折射出和谐社会中人们的一种善良心态。《大城小事》最鲜明的特点之一就是用京味儿说北京城发生的大事小情，从中看到最真实可爱的北京。开播 11 年来，多次被评为北京人民广播电台优秀栏目，多次入选北京人民广播电台的免标节目和听众喜爱的优秀栏目。听众的黏性强、忠诚度高。每期节目都有大量听众通过“听听 FM”客户端聊天室和大城小事公众号互动，聊天室热度 80 多万。节目所反映的民生问题直击社会热点，产生良好的社会效益和舆论影响。主创人员：李凯、徐冉、王戈、刘继彤、尚远、左美哲、贺琳、于菲。

《交通新闻热线》 民生调查类节目。北京广播电视台交通广播每周一至周五 7:20 播出，每期 10 分钟。节目以“服务听众，为听众排忧解难”为宗旨，努力办成一个汇聚社情民意的平台、一座沟通政府决策和百姓需求的桥梁、一条联系党群关系的纽带。2020 年，节目报道的“公厕周边停车难”问题引起交管部门重视，仅用一周时间就在城区公厕周边增设了首批 92 处路侧限时停车区；京礼高速开通 8 个月进京方向不能通车，报道 4 天后开放通行。18 年来，该节目帮助市民解决出行问题 8000 余个，涵盖交通交管、公交地铁、铁路民航等多个领域。2020 年，《交通新闻热线》荣获第三十届中国新闻奖“新闻名专栏”一等奖，栏目以 5.438% 的收听率和 38.965% 的市场占有率在北京广播市场上始终占据领先位置。全媒体时代下，节目打造了“1039 调查团”新媒体品牌，截至 2020 年 12 月底，全平台粉丝量已超过 4 万人，图文阅读量近 300 万次，视频总播放量近 3000 万。主创人员：程艳、王敏、朱来生、王楠、李天一、赵明聪、王承丙、苏婉、陈常松、翟瀚。

《问北京》 舆论监督类节目。北京新闻广播“问北京”微信公众号每日编发，一日至少两次。该节目致力于为百姓办事，为政府分忧，架设市民与政府的沟通桥梁，是依托北京广播电视台新闻广播的舆论监督类栏目《新闻热线》创办的新媒体“品牌”。“问北京”节目以报道京城百姓身边事为主，内容包括民生新闻、突发事件和独家舆论监督调查报道，是最先纳入北京市督查督办机制的三大舆论监督媒体之一，定位准确，个性鲜明。“问北京”微信公众号的阅读量最高达 50 万，在腾讯内容开放平台，推荐量达上百万次，最高达到 500 多万次。主创人员：刘芳、李独伊、张钰、姚天宇、任晨光、于川梓、王梦宇、张晶晶。

《1039 交通服务热线》 生活服务资讯类节目。北京广播电视台交通广播每天 13:30—15:00 播出，每期时长 90 分钟。该节目是北京交通广播的标志性节目，将生冷的专业汽车知识幻化成平实的知识点，将近期热点话题转化成贴心的提醒，将百姓生活梳理在主持人的话语间，开播20年来深得广大司机和听众的认可。《1039交通服务热线》市场占有率一直稳居交通台前列，常年保持40%左右。连续十几年节目内广告年度创收1000万元以上，时段创收逾2000万元。在全国交通广播领域一直是节目质量与经营创收的典范，曾荣获全国“最具影响力”交通广播节目。两位主持人皆荣获全国播音主持“金话筒”奖，连续获得北京广播影视奖播音主持奖。主创人员：林贺、王为、高傲、王竹一、庄兵。

《主播在线》 新闻资讯类节目。北京广播电视台新闻广播每天7:30播出，每期时长90分钟。这是一档广播类早间新闻和资讯服务性节目，以“新闻正在发生，我们就在路上”为节目宗旨，强调快速反应与深度报道，注重新闻评论与观察思考，以贴近百姓视角并创新报道的方式对新闻进行解读。节目报道的新闻涵盖国内、国际，财经、科技、旅游、文化等多领域。节目每天播出的自采人物专栏《百姓生活故事》深入人心，市级大型品牌活动“北京榜样”正是以此人物专栏为基础发起并创办的。节目下设《夹叙夹议》子栏目，是北京广播电视台唯一一档广播新闻评论栏目。《主播在线》自2018年创办以来，收听率和市场份额稳居北京地区同时段新闻类节目第一名，并且持续上升。节目开设的新媒体微信公众号阅读量高，在“听听FM”的在线收听率、回听率高，被喜马拉雅、蜻蜓等新媒体App置顶推荐。节目组先后获得北京市优秀广播电视节目、北京市广电局季度评优节目等奖项。主创人员：李锐、孙畅、于浩、李玲、康利坡、钱冰冰、赵奕阳、成强、华宇、翟煊。

《咱身边的民法典》 广播剧。北京广播电视台文艺广播2020年8月24日起每天22:30播出，每期25分钟，共80集。该剧由北京广播电视台文艺广播、北京广播电视台官方客户端“听听FM”联合制作，讲述了法院退休职工、普法达人艾大爷，在幸福里社区普及民法典“知识点”、用民法典新规给社区居民解决问题的故事。该剧聚焦“高空抛物”“遗嘱继承”“名誉权”“知识产权”等民法典热门条款，塑造了一批古道热肠的北京社区居民形象，有普法达人“艾大爷”、机灵调皮的“蒙子”、抠门儿房东米大妈、财迷老头儿二金牙、不靠谱的二婚游民老巩、北漂女青年小艾、社区网红马冬梅等。该剧网络收听人数超过40万，并在全国两会期间受到人大代表吕卉的提名点赞。主创人员：策划/监制：郝卫群。制作人/导演：徐然。编剧：钱岳、徐然、葛文婕。演播：艾宝良、应宁、阿达、晏积瑄、小邸、王大磊、周健、叶蓬、小曾、于浩、云中三月等。录音制作：马笑宇。法律顾问：王成凯。新媒体宣传：刘安地、靳诗羽。

《早安音乐秀》 综艺娱乐类栏目。北京广播电视台音乐广播每周一至周五7:00—9:00播出，每期时长120分钟。节目定位为“娱乐互动性的音乐节目”，架构主要为“强互动+音乐娱乐性”，节目中的板块有《音乐早餐》《早安快跑》《早安热流行》，分别从饮食、健身等几个纬度向听众传递生活态度和方式。听众对象主要是北京地区早高峰的上班族，以车上人群为主，同时兼顾移动端人群听众。节目强调互动性、音乐性、娱乐性。主持人多才多艺，主持风格轻松幽默，贴近“80后”“90后”的上班族群体。节目在北京同时段音乐类广播的收听率及市场份额长期位居第一。每周四“K歌BATTLE”采用音视频共做方式，粉丝互动性强、忠诚度高，平均每期观看量超过2万。节目公众号“早安音乐秀的后花园”现有用户数量4万多。主创人员：郭鹏、王静娱、左浩浔。

《我们出发吧》 新闻资讯类节目。北京广播电视台文艺广播每天7:30播出，每期时长90分钟。该节目每天在早高峰时段为听众带来交通、民生、文化娱乐、旅游等时效性和贴近性强的新闻资讯。特色在于节目中把脉社会热点、引领舆论导向的互动话题，例如："新疆棉"事件突发后，设定话题为"我最爱的国货精品"；女足惊险出线后，设定话题为"让你激动骄傲到热泪盈眶的瞬间"。许多听众通过节目微博、微信以及客户端留言的方式深度参与讨论。《我们出发吧》节目的互动量在北京广播电视台客户端"听听FM"聊天室上百个栏目中一直处于前五位，每月进入聊天室参与互动的听众人数都稳定在2万至3万，是北京广播市场早高峰时段的热门节目，市场占有率常年处于前三名。主创人员：关晓松、高磊、大帅（范学帅）、苗珊（苗珊珊）。

《读书俱乐部》 文化访谈类节目。北京广播电视台故事广播每天11:00播出，每期时长48分钟。该节目在北京广播电视台设置与播出由来已久，是北京上空最早的读书访谈类节目，到2020年已经播出了20年，共采访作者5000余位，地面活动累计1000余场。栏目凝聚了出版机构、作家、阅读推广人、读者，已经成为爱书听众的经典栏目和风向标。"探访特色书店系列""重温经典名家系列""收藏家"等系列深受喜爱。《读书俱乐部》连续八年被评为北京电台十大名牌栏目、两次被评为北京电台荣誉栏目，荣获2016"知识中国"知识传播奖、大学生读书节最佳媒体奖等。节目在北京广播网和"听听FM"上被点击上亿次。节目制作人宏玖被市委宣传部评为出版人才、北京市阅读季十大金牌阅读推广人。节目主创是文津奖等国家图书奖的评委。主创人员：宏玖、湘麓、刘莎。

《教育面对面·"携手闯关 未来可期"——空中云课堂》 专题服务类节目。北京广播电视台城市广播副中心之声2020年1月27日—7月31日每天17:30–19:00播出，每期时长90分钟，共177集。北京广播电视台城市广播副中心之声独家携手北京市教委与教育考试院官方合作，在宣布全市中小学春季学期延期开学后，即刻推出了该系列音视频共做节目。其间，节目在2月24日启动2020年北京中高招直播咨询。市教工委副书记、市教委新闻发言人李奕先后四次来到节目中，独家回应社会关于居家学习、中高考准备工作等热点问题，700余万人次在"听听FM"、快手等平台在线观看收听，相关报道话题连续五次登上新浪微博热搜榜前十位，话题阅读量突破2.5亿人次。此外，还有1000余位次名师专家、招生一把手等为中小学生提供居家复习备考、心理建设、升学规划等服务。该系列节目通过线上广播直播及网络音视频直播方式呈现，网络在线收听收看累计突破1800万人次。在"听听FM"广播端节目回听次数排名单月第一。主创人员：张铮、杨江红、姚迪、秦天、澹台瑞芳。

《接诉即办》 专题服务类栏目。2020年2月19日开播，在北京广播电视台北京卫视、新闻频道《北京您早》栏目中定期播出，时长10分钟。节目在新冠肺炎疫情发生之初，推出疫情防控特别节目，围绕12345市民热线和接诉即办工作机制，深入防控一线，展示北京各基层党组织、党员干部、志愿者开展的防控工作。节目进入常态化后，聚焦百姓关心的热点问题，对有关部门解决问题的过程进行报道。《北京您早》收视率和市场份额一直位列全国卫视35城同时段第一，《接诉即办》节目在《北京您早》栏目中处于收视高点，多次受到北京市各级领导表扬，备受各部门和首都百姓关注。主创人员：艾冬云、张庆、丁晓阳、林力、田海燕、宋英杰、李晓颖、崔倩、关杉。

《走进北京网红打卡地》 新闻资讯类节目。2020年9月27日，北京广播电视台在《北京新闻》《北京您早》《特别关注》等新闻栏目推出《走进北京网红打卡地》系列报道，节目播出后取得了良好反响，在推荐北京、拉动消费等方面产生了积极的社会效益和经济效益。同时通过多部门联动推出《走进北京网红打卡地》之“拔草行动”，联合快手推出北京网红打卡地“拔草行动”Vlog挑战赛，联合微博推出相关话题等。线上宣推活动总点击阅读量超3亿，相关话题接连登上微博同城热搜前5名。主创人员：张庆、徐京玲、王毅、张晓鲁、李光军、马迟、田刚、王金春、肖宬、李苑、李丹、邓力等。

《红绿灯》 新闻资讯类节目。北京广播电视台新闻频道每天21:10首播，每期时长45分钟。该节目融合报道北京大交通的方方面面资讯和信息数据，坚持以人为本、绿色出行的理念，将智慧交通、文明交通理念贯穿在栏目内容中，扩大宣传和解读北京城市交通治理的政策，以共建、共治、共享为抓手，全方位引导市民了解北京市委市政府创建北京现代交通体系的施政方针，打造出一档具备北京市民广泛认知并喜爱的交通出行融媒体电视专栏节目，并在此基础上，逐渐形成融交通资讯、交通出行服务、现代交通理念推广的新型融媒体发布平台。《红绿灯》栏目在全国交通电视媒体行业中具有龙头示范地位，在北京地区一直拥有较高的收视率和占有率，具有显著的品牌优势和广泛的社会认知度，形成了忠实稳定的受众群。主创人员：张耀、朱岩、邹超、陈晶磊、张馨予、郭建、赵焱、何羿鬵、张琪、王娟、张新蕾、陈凌、宋晨、赵昊、朱炜、赵文龙、施涛、张春明、吴重柳、闫博、王磊、张默、西欧。

《养生堂》 健康养生类节目。北京广播电视台北京卫视频道每天17:25播出，每期时长60分钟。作为中国电视健康第一品牌，《养生堂》始终以权威性、科学性、服务性深受全国观众的喜爱，对推进健康中国、提升国民健康素养，起到了积极作用。节目自开播以来共邀请医学专家上千人、累计制作3000余期节目，2020年栏目累计收看人次接近7亿，同时还通过各大新媒体平台扩大传播范围，很多海外华人每天通过网络收看《养生堂》。2020年新冠肺炎疫情防控期间，节目迅速抓准大众在防疫抗疫方面的核心痛点与诉求，节目选题系统性覆盖疫情防控知识的方方面面，围绕各类生活场景、不同年龄人群多角度多维度传播防控知识，国家广电总局部署统筹全国各级电视台同步播出。主创人员：田天、王泓、华剑雄、刘哲、孙晔、王骞、王旻、李思莹、张梦寒、里文艳、郝媛、王晶晶、高媛、张洺瑞、邢蔚晨、周奕娇、牛俊恒、李桉楠、李媛媛、刘蜜、贾冰、沈晗、苏梦、王牧云、李雯雯、甄理、李宁、李琛、段霁芸、张志恒、段铮、李率南、赵敏、张镇、吴天、魏紫光、李贞。

《老师请回答》 文化教育纪实类节目。北京广播电视台北京卫视频道每周二21:08播出，时长35分钟。该节目是北京卫视推出的全国首档家庭教育公开课，邀请教育专家、老师，通过聚焦教育的热点、难点、焦点问题，解疑释惑，将教育真谛分享给全体观众，促进形成家庭教育、学校教育、社会教育的工作合力，引导培育未成年人树立正确的世界观、价值观、人生观。在2020年新冠肺炎疫情防控期间，《老师请回答》节目快速响应、主动作为、策划创新、特殊编排，推出了《老师请回答》疫情防控特别节目，成为疫情防控期间唯一一档面对中小学生的教育节目。2020年《老师请回答》共播出52期，在电视端和新媒体端取得双丰收，不仅电视端收视率始终稳定在全国同时段栏目的前三名，在新媒体方面也取得了不俗的战绩。全网视频播放量超 3 亿，微博相关话题累计阅读量超 20 亿。多次登上微博热搜，多条短视频霸榜抖音热搜。主创人员：邵晶、王迪、闫一可、季楠、王凯、沈思然、吴迪、王潇彤、冯胜男。

《英雄》 纪录片。北京广播电视台北京卫视频道 2020 年 10 月 17 日至 20 日 21:50 播出，共 6 集，每集时长 50 分钟。《英雄》聚焦抗美援朝战争中为祖国英勇献身和无私奉献的中华儿女，通过战斗英雄、后勤军人、医护人员、随军翻译、文艺兵等英雄人物的事迹，全面塑造抗美援朝战争中的英雄群像，讴歌血脉里的民族精神。该片充分挖掘影视资料，全景、真实、权威展现历史，特别是细节，是一部极具历史资料价值的国家和民族的影像档案，播出后引起强烈的社会反响，首播美誉度 84.93，荣登美兰德纪录片融合传播指数榜第一名。在新媒体平台，微博话题总阅读量为 5534.1 万，全网视频播放量 4672.8 万，节目相关话题阅读量 5982.3 万；抖音总播放量 3046.7 万、腾讯总播放量 1184.1 万。主创人员：吕军、胡杰、韩飞、赵宇、胡晗廷、宋晨阳、彭晶等。

《我与冬奥的故事》 专题类节目。北京广播电视台冬奥纪实频道每天循环播出，每个故事 8~10 分钟。节目来源于北京冬奥宣讲团。该宣讲团是为深入贯彻落实习近平总书记对北京冬奥会筹办工作的指示精神，进一步做好北京冬奥会宣传推广工作，由北京冬奥组委、北京市委宣传部、北京市委讲师团在 2017 年 7 月组建的。宣讲团成员来自全国不同地区、不同行业，有着各不相同的经历：既有身残志坚的残奥会冠军，也有一心喜爱冰雪运动、希望为国争光的志愿者；既有把奥林匹克精神深深融入工程建设的铁路工人，也有获得世界冠军的滑雪健将。他们以自己的故事，动员广大群众关注冬奥、支持冬奥、参与冬奥。《我与冬奥的故事》全程以 4K 超高清录制和制作，是北京广播电视台首次使用台内 4K 设备进行录制和制作。主创人员：林蒙、段静欢、王奕奕、张娟、李京海、勇毅方、冯熙雯。

《首都经济报道》 新闻资讯类节目。北京广播电视台财经频道每周一至周五 19:00 首播，每期时长 30 分钟。该节目是以报道首都经济发展为主要内容的大型经济资讯节目，重点关注百姓身边的新闻，透视新闻背后的经济，紧抓首都经济发展的热点、焦点、难点、亮点，反映首都经济的变化和成就。栏目以贴近首都市场、服务北京市民为宗旨，以金融政策解读、金融信息发布以及日常经济新闻为主要内容，致力打造具有价值引领力、广泛影响力、精准传播力的专业财经资讯品牌节目。作为一档拥有 20 余年历史的老牌财经资讯节目，《首都经济报道》一直拥有自己的品牌价值和影响力，两微一端有超 5 万稳定粉丝量，每个月微信阅读量近 20 万人次。2020 年疫情防控期间策划报道的《战疫情 稳经济》及下半年的《论道 金融街》《聚焦中关村论坛》等特别报道在业内受到广泛认可和好评。主创人员：李玲、范红军、邱红英、王娟、梁祁、卢迪、张颖、谢静、白熠、金峥、于成莹。

《京城美食地图》 专题服务类节目。北京广播电视台生活频道每周一至周四 20:43 播出，每期时长 45 分钟。这是一档美食调查类节目，旨在调查美食背后的真相，每期以美食侦探的视角推介美食，以真诚的态度、真实的调查、“真探”的形式，还大众以美食火爆口味独特的真相。节目不但让爱吃的人更会吃，也更“惠”吃。主持人感性评论、真诚推荐，采取送福利、秒杀、打折优惠券以及演播室直播秒杀尖货美食等方式，送出大量优惠福利，真正做到利民惠民，在观众中获得广泛好评。《京城美食地图》节目在微信端拥有超50万粉丝、在微博端拥有超100万粉丝，多种板块令观众可以从电视端和移动端多个渠道获取信息，感受到“美味看得到，实惠吃得到，休闲享得到”的多重体验，餐厅和商家们收获的是营业额的大幅度提升。主创人员：李威、姜瑾、张虓、郑浩、张婷、刘杨、汪洋、徐艺菲、刘梦遥、路增辉、杨凯翔。

《非凡守护》 优秀剧目。北京广播电视台卡酷少儿卫视2020年6月1日18:30首播，节目时长80分钟，“北京时间”和腾讯视频同步直播。这是全国首部抗疫主题原创儿童舞台剧，以信念、智慧、勇敢、团结为关键词，通过“真人＋人偶、现实＋梦境、写实＋童话”的表达方式，将2020年抗击新冠肺炎疫情过程中温暖动人的点滴瞬间和众志成城的团结精神融入舞台故事中，致敬在疫情中“逆行”的人们，彰显民族凝聚力，引导青少年树立积极向上的价值观和人生观。节目首播在全国35城核心受众中收视份额达3.42%，在所有省级卫视中排名第2位。出品人：余俊生。监制：秦新春、史月光。总导演：王沛珊。导演：张敏、刘婷、周沛、杨婉娟。编剧：朱业。主要演员：赵舒婷（彩虹姐姐）、修亚明（亚明哥哥）、刘一男（瘦不了）。后期：李骁、张天鹏。

北京广播电视台名牌栏目一览表

栏目名称	播出时间	播出频率频道
北京新闻	每天7:00—7:25	新闻广播FM100.6、AM828
一路畅通	每天7:30—9:30，17:00—19:00	交通广播FM103.9
雄鸡唱晓	每天7:00—8:30	体育广播FM102.5
中国歌曲排行榜	每天19:00—21:00	音乐广播FM97.4
空中笑林	每天6:30—7:30	文艺广播FM87.6
生命缘	第一季度每周三21:18	BTV北京卫视
向前一步	第一季度至第四季度每周日21:05	BTV北京卫视
北京新闻	每天18:30—18:55	BTV北京卫视、BTV新闻
医者	每周六19:43	BTV生活
双奥之城	每周四、周五21:55	BTV冬奥纪实

北京北广传媒数字电视有限公司

《生态环境大讲堂》 专题服务类节目。2020年开播，时长45分钟。是一档寓教于乐，普及生态环境知识专题讲座类节目。栏目旨在在轻松的氛围中培养观众的环境保护意识。选择观众最感兴趣、最新鲜、最吸引人的选题，围绕生态环境概念，进行自然环境和社会环境解读，真正服务于生态文明建设，推动国家绿色发展，为实现中华民族的伟大复兴补齐生态环境短板。

《绿水青山中国行》 专题服务类节目。2020年开播，时长25分钟。是一档生态环境纪实类节目，节目将环境保护话题带进生活的方方面面，同时集趣味性、生活化于一体，为观众讲述生态文明体系建设中的“中国故事”，阐述绿水青山就是金山银山的重要思想，提升大众认识生态、保护生态的重要性，从而表现生活、生产、生态的良性互动，从侧面为中国生态文明体系建设进程做注脚，达到“环保健康靠过来，观众自然看进去 ”的节目效果。

《湖库突击队》第三季 专题服务类节目。节目在北京北广传媒数字电视有限公司“四海钓鱼”频道播出，时长25分钟。《湖库突击队》以真人秀纪录片的形式呈现，轻松、幽默、享受野钓生活是节目的主题。以休闲钓鱼人的主视角带入，从钓鱼环境，到钓具饵料，再到钓法钓技，让更多的普通钓鱼人产生共鸣。通过不断和野钓达人学习以及对不同水域的不断探索尝试，在学习野钓知识的同时，普及野钓活动，分享野钓乐趣。《湖库突击队》全网播放量数百万，在各大短视频平台都拥有各年龄段忠实粉丝。主编：刘彤。编导：陈家旭。摄像：于浩洋、秦越、胡明洋。包装：陈家旭。

《回顾》 专题服务类节目。北京北广传媒数字电视有限公司“四海钓鱼”频道播出，时长25分钟。《回顾》采用演播室主持人串联+VCR的录播制作模式，对频道近十年来各个类型的节目进行盘点与精编。针对频道栏目的多样性特点，盘点采用一档栏目紧扣一个主题的思想，对相关钓技钓法、垂钓故事进行归纳与点评。《回顾》节目是帮助广大钓友梳理钓鱼技巧和知识的最佳选择，不仅是对资源的再利用，更是对原始节目的梳理、归纳、总结、提升。主编：林琳。编导：郭巍、刘莉、海龙。摄像：张浩。包装：陈家旭。

《路亚大本营》 专题服务类栏目。北京北广传媒数字电视有限公司“四海钓鱼”频道播出，时长30分钟。《路亚大本营》是一档以路亚钓为主题内容的栏目。栏目包括三个板块：资讯、讲堂、游钓。其中，路亚资讯主要介绍国内各大路亚赛事及与路亚相关的活动、展会等；路亚讲堂则主要面向国内初级路亚钓手，邀请路亚高手做客演播室，分享各自的路亚经验；路亚游钓板块主要展示国内路亚钓手游钓四方的精彩经历。本栏目是钓鱼界为数不多的专门针对路亚人群的钓鱼节目，受到路亚爱好者的认可和支持。编导：郭巍。剪辑：郭巍。

《寰行迹》 专题服务类节目。北京北广传媒数字电视有限公司“环球旅游”频道2019年5月上午10:45开播，时长15分钟。《寰行迹》是环球旅游频道的自制优秀节目，更新至第49期，主要内容围绕旅行出游，介绍各大景区景点，品味地区特色美食，展现祖国风土人情。节目有北京篇和西安篇，反馈良好。《寰行迹》还在新媒体平台有诸多探索，与百度百家号联合推出优质节目，百度话题“寰行迹”上线不到一个月有近250万的阅读量，近万条的互动评论。主创人员：韩嫣楚、夏立君、张晓聪、杨开宇、原鹤洋。

《唇齿留乡》 专题服务类节目。北京北广传媒数字电视有限公司“中华特产”频道，时长30分钟。本节目通过走访原产地，寻找当地特色食材，探访当地正宗餐厅的方式，从产地、生长、制作、民俗民风、历史文化的角度解读地方特色美食。该节目无论是在频道电视大屏播放，还是频道新媒体矩阵转发，都有较高的传播率。

北京北广传媒移动电视有限公司

《习近平总书记系列金句》 专题服务类节目。节目创办于2020年，北广传媒移动电视每日6:00—23:00播出。主要突出习近平总书记在各大会议或者场合关于民生方面的金句，以简洁明了的风格进行宣传。主创人员：梁自珍、杨帆、于雪颖。

《我在这里建设北京》 专题服务类节目。北广传媒移动电视每日6:00—23:00播出，时长5分钟/期。《我在这里建设北京》通过采访在北京工作、学习、生活的典型代表，生动展现在北京生活、工作及学习公众的情况，讲述他们克服挫折的经历，对北京这座城市的感情，对这座城市经济、文明发展的奉献和付出以及对未来的期许，等等。栏目通过一期期人物的生动展现，源源不断地向受众传递正能量，弘扬真善美。主创人员：梁自珍、杨帆、隗炜、孙宇。

《众志成城战“疫”记》 专题服务类节目。北广传媒移动电视每日6:00—23:00播出，时长3分钟/期。宣传在2020年突如其来的新冠肺炎疫情中，无数英雄勇赴险境、为人民筑起守护生命安全的稳固长城的感人事迹。系列人物专题片讲述平凡人的不平凡，展现各条战线中不畏艰险、勇往直前的抗“疫”精神。主创人员：梁自珍、杨帆、孙宇。

《移动播报》 新闻资讯类节目。北广传媒移动电视每日6:00—23:00播出，时长3分钟，每周1期。节目秉承北广移动电视“服务政府公共管理，服务市民精彩生活”的宗旨。《移动播报》以本市的民生类新闻为主，既突出服务性，更强调可视性。主创人员：梁自珍、杨帆、于淼。

《百姓就业》 专题服务类栏目。北广传媒移动电视每日6:00—23:00播出，时长5分钟/期。栏目由移动电视与北京市人力资源和社会保障局合作打造，分为四大节目形式和一个固定板块，即新闻专题、人物专题、互动类节目、职介活动特别节目以及服务信息类板块《招聘信息》，内容兼具服务性、可视性及实用性。节目采用四种形式轮换播出、招聘信息固定播出的方式，从不同角度、不同方面为百姓提供服务。主创人员：梁自珍、杨帆、于淼。

北京北广传媒城市电视有限公司

《城市播报》 新闻资讯类节目。在北广传媒城市电视、移动电视、地铁电视播出，时长3分钟/期、1分钟/期。节目以“好看、实用、服务”为特色，结合新媒体户外播出的特点，选取每日各类新闻资源中的重大新闻事件、重要资讯信息，第一时间发布，随时更新，全天高频次滚动播出。在内容编排上，每条新闻都控制在15秒左右，适合户外短暂收视。主创人员：马磊、王阳、吕善雅。

《城事发布》 新闻资讯类栏目。栏目由北广传媒城市电视2019年首播，时长1分钟/期。该栏目是城市电视公司自主策划制作的首档“全屏”政务信息栏目，栏目形式为快讯播报或新政详解，同时兼顾“横”“竖”两种版式，在城市电视公司楼宇电视联播网和户外大屏联播网播放，不仅将平台终端视觉最大化呈现，也打通了户外媒体内容与互联网和移动端的共通共融。主创人员：巫菁菁、王阳、马磊。

《演艺罗盘》 生活服务类节目。由北广传媒城市电视、移动电视播出，时长2分钟/期。该节目是城市电视公司与北京市文化和旅游局联合推出的唯一一档专门介绍文化演艺资讯的新媒体节目。节目以公益性为宗旨，围绕北京文化市场，将首都丰富多样的文化演艺信息详细、全面地介绍给广大观众。设立演艺速递、演艺聚焦、演艺天天看三大板块，从不同侧重点介绍演艺市场上各类演出动态、内容、团体、票务信息等。主创人员：巫菁菁、张振南。

《我的工会我的家》 专题服务类节目。北广传媒城市电视、移动电视播出，时长2分钟/期。该栏目是由北京市总工会和城市电视公司制作播出的一档职工服务资讯栏目。通过工运动态、专题报道、帮服信息等板块，对各区县工会、总公司工会开展的活动和不同时期的工作重点进行全面报道，同时提供招聘信息、法律援助、工会维权、生活保障等内容，服务广大工会会员和首都百姓。主创人员：巫菁菁、张振南。

《大城小事》 新闻专题类栏目。在北广传媒城市电视、移动电视、地铁电视播出，时长2分钟/期。城市电视公司和北京市城市管理委员会倾力打造，从城市管理角度出发，内容包含垃圾分类、低碳环保、城市生活服务等各类一手资讯，让市民朋友关注、了解有关部门对城市管理和环境建设的工作动态。主创人员：巫菁菁、王颖。

《学习进行时》 新闻专题类节目。由北广传媒城市电视播出，时长1分钟/期。2020年初起，制作相关图片及口号，播出习近平总书记在不同场合讲话中蕴含真理力量、思想力量、智慧力量、人格力量的“金句”。5月起将此专题汇总为《学习进行时》栏目，重点宣传习近平总书记关于决战决胜脱贫攻坚、全面建成小康社会的指示和重要讲话，定期更新播出。主创人员：杨洋春子等。

《向着幸福出发》 专题类节目。北广传媒城市电视播出，时长1~2分钟/期。该栏目由中国扶贫基金会、北京扶贫支援办作为指导单位，为活动提供官方支持背书。城市电视公司携手地铁通成公司共同刊播“向着幸福出发”——脱贫攻坚·共奔小康优秀影像征集的作品，合力打造户外全传播。主创人员：郭北溟、巫菁菁、杨洋春子等。

北京城市电视名牌栏目一览表

栏目名称	首播时间	栏目时长	播出频道
城市播报	2010年	3分钟、1分钟	北广传媒城市电视、移动电视、地铁电视
演艺罗盘	2009年	2分钟	北广传媒城市电视、移动电视
我的工会我的家	2009年	2分钟	北广传媒城市电视、移动电视
城事发布	2019年	1分钟	北广传媒城市电视
大城小事	2019年	2分钟	北广传媒城市电视、移动电视、地铁电视

北京北广传媒地铁电视有限公司

《督学之星》 专题服务栏目。2020年9月28日开办，时长3分钟。该栏目是一档教育类人物专题公益性节目，每期栏目介绍一位优秀督学，以每位督学对学校的实际教育督学工作为出发点，介绍方法经验，探索新的督学模式，推动教育事业发展。主创人员：王钦沛、陈园园。

《地铁文化地图》 专题服务类栏目。2019年2月1日开办，时长3分钟、1分钟。该栏目是一档以短视频形式呈现的公益类节目，主要从北京的胡同、最美地名、老字号、城门和建筑入手进行制作，该栏目由中国传媒大学新闻传播学部电视学院负责拍摄及制作，地铁电视审查并提供播出平台的方式进行共同制作播出。该栏目全面展示北京的地标性建筑、著名景点、著名城门街道等等，为乘坐地铁出行的游客提供较全面、较清晰的信息，从而让人快速了解北京的历史脉络和文化精神，增强对北京城市文化的感知，塑造城市形象。该栏目的播出让地铁电视成为文化传播的重要平台，丰富地铁电视节目内容，打造地铁文化出行地图，传播北京文化，展现北京风采，呼应地铁电视平台服务理念，提升地铁电视品牌价值。主创人员：王钦沛、陈园园。

《四面谈（新媒体空间艺术展）》 专题服务类栏目。2019年3月1日开办，时长2分钟。该节目主要介绍6位国内外当代艺术家及其作品，以视频的形式呈现。该栏目为响应中央“五位一体”总体部署和首都“四个中心”的城市战略定位，通过公共文化服务，更好地推动社会文化事业快速发展，共同发

挥双方在文化传播和社会教育方面的功能，满足公众的精神文化需求。主创人员：王钦沛、陈园园。

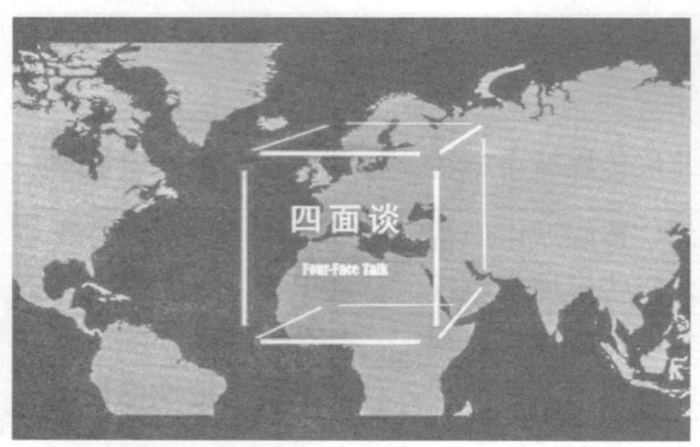

《百姓就业》 专题服务类栏目。2019年5月16日开办，时长5分钟。作为一档生活服务类节目，该栏目主要提供就业岗位需求情况介绍，服务市民及外来打工者，为百姓就业指导方向。主创人员：陈园园。

《国家大剧院》 专题服务类栏目。2010年12月开办，时长5分钟。该栏目是一档以介绍国家大剧院演出信息为主的资讯节目。节目中详细介绍国家大剧院上演歌剧、音乐会、舞蹈、戏剧戏曲等门类的高雅艺术精品的信息查询、在线选座、购票方式等资讯信息。主创人员：陈园园、白天怡。

《身边的好学校》 专题服务类栏目。2014年5月5日开办，时长3分钟。该栏目是一档和市委办局合作推出的教育类节目，每周一期。这档节目主要宣传好的学习资源，介绍身边好的中小学校，给公众提供教育类资讯。主创人员：白天怡、陈园园。

《京城美食秀》 专题服务类栏目。2017年5月1日开办，时长5分钟。该栏目紧密围绕都市生活群体日常美食消费，提供全面的资讯服务。都市生活的群体常用的出行方式是公交车和地铁，但上班族为了赶时间一般都会乘坐地铁出行。生活中吃是不可或缺的，这档栏目就是给出行的人群提供日常的美食服务。主创人员：王钦沛、陈园园。

《医学微视》 专题服务类栏目。2017年5月9日开办，时长2分钟。该栏目是一档配合宣传卫健委宣传司发布的《全民健康素养促进活动》文件精神，在中华医学会科学普及分会指导下，由中国医学科学院健康科普中心监制而实施制作的生活服务类栏目。该栏目以“让人们多了解一点医学知识，健康就多一分保障”为宗旨，与大众共享医学专家们多年积累的宝贵经验和知识。主创人员：王钦沛、陈园园。

《快乐生活一点通》 专题服务类栏目。2011年5月16日开办，时长5分钟。百姓生活中的小发明、小窍门，通过快乐家庭的日常生活一一展现，使观众在轻松诙谐的家庭气氛中，学到简单实用的生活窍门。一个个奇思妙想，让生活充满幸福快乐；一个个新法窍门，让生活变得趣味无穷。新的生活方式、快乐的生活感受，尽在《快乐生活一点通》。主创人员：吕阳、王钦沛。

《奇趣自然》 综艺益智类栏目。2018

年4月1日开办，时长5分钟。节目展现自然妙趣，带大家领略生命神奇。是一档自然动物类专题栏目，荟萃全球优秀自然类纪录片，网罗天下生灵生存百态。主创人员：王钦沛、吕阳。

朝阳区融媒体中心

《同在蓝天下》 专题服务类栏目。在数字801频道播出，时长10分钟。朝阳区残疾人联合会和朝阳区融媒体中心共同合作推出，让残疾人及时了解党的方针政策，让百姓了解残疾人的喜怒哀乐，宣传残疾人自强不息的精神和事迹，呼吁社会关爱残疾人，积极引导更多的残疾人平等参与到社会生活中。主创人员：潘婷。

《聚焦人力社保》 专题服务类栏目。在数字801频道播出，时长10分钟。由朝阳区广播电视新闻中心与朝阳区人力资源和社会保障局联合主办。借助这一平台，区人力资源和社会保障局充分发挥区域宣传媒体的传播优势，向全区百姓宣传人力资源和社会保障政策、法规和工作。主创人员：田爽。

《安全视界》 专题服务类栏目。在数字801频道，时长10分钟。《安全视界》充分发挥新闻媒体对安全生产的支持、宣传和监督作用，把服务群众和教育群众相结合，传播安全知识，提升市民安全综合素质。同时，聚焦全区安全生产动态，普及安全生产政策法规，推广安全生产管理经验，形成安全生产齐抓共管的合力，共同呵护生命安全。主创人员：高鹏飞。

《与法同行》 专题服务类栏目。在数字801频道播出，时长8分钟。由朝阳区依法治区领导小组办公室与朝阳区融媒体中心合办，是一档兼具新闻性、知识性、教育性和服务性的法制类电视节目。栏目从维护广大人民群众根本利益和着力解决群众关注的生产生活问题出发，采取便于群众接受的喜闻乐见的宣传形式，坚持法制宣传与法律服务相结合，寓宣传于服务之中，注重提高市民依法认识、分析、解决问题的能力。主创人员：许盛业。

海淀区融媒体中心

《海淀新闻》 新闻资讯类节目。BTV新闻频道海淀时段、海淀数字频道每晚19:30播出，时长15分钟。《海淀新闻》是海淀区融媒体中心的主打电视新闻栏目，多年来始终坚持把握正确的舆论导向，围绕区委、区政府的中心工作，宣传全区经济和各项社会事业的发展与成就，及时报道老百姓关心的热点问题，每天源源不断的新闻作品为其带来了良好的社会声誉。主创人员：任晓娟、吴艳瑛、刘伟曦、梁雯等。

《创新中关村·核心区》 专题服务类栏目。BTV 新闻频道海淀时段、海淀有线电视 802 频道每周三晚 20:00 播出，时长 15 分钟。该栏目全面反映、深度报道和权威发布核心区及海淀的建设成就、最新资讯，不断满足广大电视观众对核心区及海淀园建设资讯的需求，为核心区及海淀的建设发展营造良好的社会舆论环境，进一步提升核心区和海淀园在北京乃至全国的辐射力、影响面和关注度。主创人员：范杰、尹婷、刘仁、王柯心、韩金廷、李夺。

《文明风尚汇》 专题服务类栏目。在 BTV 新闻频道海淀时段、海淀数字频道每周一、三、五晚 19:50 播出，19:45 在有线电视 802 频道播出，时长 10 分钟/期。《文明风尚汇》栏目为一档展示海淀区文明创建成果进展、宣教文明知识的社会教育类专题节目，设有“今日来播报”“点赞正能量”“欢欢来发现”“热点微话题”四个板块，倡导知礼守信的文化氛围，提高市民文明素质，传递文明风尚。主创人员：范杰、尹婷、刘仁、肖威、闫春蕊、邓嘉文、刘兆毓、任雨馨。

《海淀风物志》 专题服务类栏目。在 BTV 新闻频道海淀时段、海淀数字频道每周二 20:00 播出，时长 15 分钟 / 期，每周二晚 8 点在海淀有线电视 802 频道播出，时长 10 分钟 / 期。该栏目记者深度走访海淀区革命和文化圣地，捕捉和感触那些模糊的历史痕迹、饱览峥嵘岁月留下的丰厚精神遗产。通过记录式拍摄，体验海淀民俗风物，传递海淀风土人情，向观众科普当期主题民俗的基本知识或者述说百姓的身边故事，得到社会广泛关注。主创人员：范杰、尹婷、刘仁、朱家齐、曹洋锦、陈安琪、王冀蒙、罗英西。

《海淀百姓故事》 专题服务类栏目。在海淀有线电视 802 频道、海淀数字频道每周二晚 20:10 播出，时长 5 分钟 / 期。该栏目讲述海淀老百姓自己的故事，致力于记录不同阶层的典型人物故事以及个体命运，以贴近、真实、严谨的手法来观察海淀的社会变迁，以求做到贴近大众，贴近生活，记录时代。主创人员：范杰、尹婷、刘仁、刘畅、谢春阳、闫子琦等。

丰台区融媒体中心

《丰台新闻》 新闻资讯类栏目。1986 年 12 月开播，BTV 新闻频道及丰台有线 803 数字频道，周一至周六 19:42 首播，时长 10 分钟。该栏目旨在发现丰台之美、展现丰台变化，关注丰台热点，围绕丰台区委区政府重点工作，及时发布丰台时政、经济、社会、文化、民生等最新资讯，聚焦群众身边事，讲述百姓故事。主创人员：乔晓鹏、王慧平、葛毅、木星、毕迎春、李梦、齐科、牛金明。

石景山区融媒体中心

《法治聚焦》 专题服务类节目。节目于2000年开办，在石景山电视台数字804频道每周日晚7:50播出，时长15分钟。栏目主要报道石景山区法治领域热点事件，以独特的新闻视角、第一时间的现场报道以及真实、鲜活的法治案例独树一帜，第一时间发布法治信息，解读法治案件。

《石景山新闻》 新闻资讯类栏目。节目于1992年4月开办，在石景山电视台数字804频道每天晚7:30播出，时长20分钟。栏目是广大百姓了解石景山的窗口，以宣传城市形象，回应百姓关切，及时发布政府重大声音，随时了解百姓民生新闻为服务宗旨，为广大受众提供石景山最新鲜的新闻资讯。2019年10月1日《石景山新闻》改版，从原来的12分钟增加到20分钟，加上《今日视点》10分钟专题新闻栏目，打造“新闻半小时”。实现了新闻男女主播对播，并利用融媒体改造后的背景大屏，实景、多机位拍摄，节目包装制作升级。

《今日视点》 新闻资讯类节目，节目在2019年10月1日首播，每周一至周六在石景山电视台数字804频道19:50播出，时长10分钟。栏目主要深入报道石景山区最新鲜的新闻资讯，让广大受众更加深入地了解石景山的资讯。

门头沟区融媒体中心

《走向我们的小康生活》 新闻资讯类节目。在BTV公共频道（新闻频道）每周三晚7:35开始的《门头沟新闻》里定期播出，时长3~5分钟/期，共播出16期。报道选取地区

富有代表性的人物和事例，以典型人物个人故事讲述作为主线，以小见大、以点及面、由表及里，涵盖践行“两山”理论、精准帮扶、卫生医疗、交通出行、居住条件、文化生活等多个方面，多角度、全方位展示门头沟区日新月异的变化和人民生活的日益幸福。系列报道通过《门头沟新闻》、“门头沟融媒”App、“门头沟融媒”微信公众号等多个区内平台进行播发，引起强烈的社会反响，并被“学习强国”App、“北京日报”App等多个中央、市属主流媒体转载刊发，总播放量超20万次。主创人员：蓝盛斓、王正、耿伟、康金洁、闫吉、马燊、何依锋、陈凯、谢琪锦、杨铮、张欣皓、屈媛、高佳帅、刘鹏、杨爽、安振宇、张修钰、郭映虹、姚宝良。

《门头沟·视点》 专题服务类栏目。BTV公共频道（新闻频道）门头沟时段，每周一19:45左右首播，每日三次重播（整周重播），时长10~15分钟。《门头沟·视点》以“看成就、听民声、谈发展”为宗旨，是一档围绕区委区政府中心工作，及时关注全区阶段性重点工作和区委区政府推出的关系百姓民生的重大举措和取得成效的专题栏目。栏目对所关注的重点工作及时

跟进、及时报道，形成了快、准、深的栏目风格。栏目通过记者现场调查、跟踪报道、嵌入式体验等灵活多样的方法采编制作。全区百姓可以通过该栏目及时了解区委区政府的方针政策，架起了百姓与政府之间沟通的桥梁，在区内有一定的受众群体。导演：胡金旺。编辑：蔡森。记者：赵云鹏、安振宇。主持人：孟佳、高晴。

《身边的故事》 专题服务类节目。节目在BTV公共频道（新闻频道）门头沟时段

每周五 20:40 首播，次日 7:50、12:40 重播，时长 10 分钟 / 期。节目以“走基层”的形式，坚持正面宣传为主，培育知荣辱、讲正气、做奉献、促和谐的良好社会风尚。记者深入基层，精采细编，以门头沟各行各业的人物为主人公，记录全区奋斗在产业发展、城乡统筹、生态环境、社会事业等方面一线工作的人物和故事。节目采用纪实手法，有感人的故事、有鲜活的人物、有生动的语言、有难忘的场景，通过他们在各自岗位上的所做所想，呈现出普通劳动者为实现“中国梦”的实干精神，以小故事凸显大主题，弘扬正能量，取得了良好的社会效益。主创人员：高蕾、段云朝、陈喆、李超、杜潇羽、刘畅。

房山区融媒体中心

一、广播栏目

《房山新闻》 新闻资讯类节目。FM 107 每周一至周五 18:00 播出，时长 15 分钟。全面、广泛、深入地报道发生在房山区的时政、经济、科教、文化、体育、社会等各个领域，广大群众普遍关心、关注的社会热点、难点问题以及与群众生活息息相关的时政要闻及民生新闻，反映房山市民的幸福生活。该节目做弘扬主旋律、传播正能量的内容，强调权威观点，为房山地区的经济社会发展和建设做好宣传报道工作。

《FunHill 时间》 专题服务类节目。在 FM 107 每周一至周四 18:15 播出，时长 10 分钟。栏目以记者自采为主，采取录音报道等形式，突出广播节目特色，围绕房山区内热点新闻及为公众所瞩目的热点人物确定选题，深入挖掘新闻事件和新闻人物背后的故事，通过典型引领，讴歌正气。节目立足房山地区发展实际，积极宣传房山区内热点工作，深入挖掘报道区内各条生产战线上的典型事迹、新闻人物，反映房山广大市民心声，将权威性、指导性与贴近性、服务性相结合，立足房山，服务听众。

《美丽房山》 专题服务类节目。FM 107 每周二上午 10:00–11:00 播出，时长 60 分钟。节目弘扬房山文化，宣传房山，推介房山，展现房山悠久的历史文化和人文资源，讲述老百姓自己的故事，故事性强。节目把触角伸入社会的方方面面、各行各业，通过一个个平凡的故事，以小见大，展示新时期房山的发展变化，做到真正的“让老百姓自己讲自己的故事”。

二、电视栏目

《房山新闻》 新闻资讯类节目。房山电视台有线、无线频道 19:36 首播，时长 15 分钟。《房山新闻》全面、广泛、深入地报道发生在房山区的时政、经济、社会、科教、文化、体育等各个领域，广大群众普遍关心、关注的社会热点、难点问题以及与群众生活息息相关的时政要闻及民生新闻。其中，时政新闻强调权威观点，为房山地区的经济社会发展和建设做好宣传报道工作；经济新闻强调宏观举措；科教新闻强调最新成果；文化新闻强调高雅品位；社会新闻强调客观报道。政令与政策、改革与发展、区情与世象是节目的主要报道内容，节目内容与地区经济社会发展相结合，坚持正确舆论导向，是本节目的播出宗旨与原则。2020 年《房山新闻》先后推出《抗击疫情 众志成城》《战“疫”群英谱》《生态宜人 美丽房山》《“创森”进行时》《高扬的旗帜》《党建引领聚合力 垃圾分类齐参与》《辉煌“十三五” 奋进奔小康》《新时代 新征程 新篇章》等栏目，得到全区认可和好评。

《今日关注》 新闻资讯类栏目。在房山电视台有线、无线频道 19:58 播出，时长 20 分钟。《今日关注》是一档多板块、突出热点、形式新颖的融服务信息、民生话题于一体的新闻资讯类栏目。节目重点报道全区发展建设中的热点、焦点、动态，说百姓话，服务市民生活，让观众用最短的时间了解周围的世界，以时尚、文明的气息，讲“好故事”、讲好房山“故事”，实时策划、动态跟踪，推动房山建设步伐。《今日关注》栏目富有超强的故事性、趣味性、实用性以及浓郁的风土人情，是深受房山老百姓喜爱的一档民生类新闻节目。栏目拥有固定的受众人群，这些热心观众积极向栏目组提供有价值的新闻线索，参与到节目中来。

《都市生活》 生活服务类节目。在房山电视台有线、无线频道每周二、四 19:58 播出，时长 10 分钟。栏目以面向都市民众、服务都市生活、凸显都市风采为定位，把时尚与消费以及健康生活理念有机地结合在一起，贴近百姓，服务百姓，是百姓的消费指南和生活好帮手。节目形式灵活多样，内容涉及教育、科技、商业、建筑、旅游、饮食、流行时尚、娱乐健身、养生技巧等方方面面，让观众多角度地感受现代都市生活的点点滴滴。栏目开播 10 年，累计播出了 1000 多期，时长超过 10000 多分钟。栏目受众群体广泛，得到社会各界广泛认可，区域主流媒体生活服务的品牌形象已经确立。

大兴区融媒体中心

一、广播栏目

《这里是大兴》 新闻资讯类节目。每天 7:00—7:30、12:00—12:30、19:30—20:00 播出，大兴地区五个公园和几十个村庄有线广播转播本节目，时长 30 分钟。节目报道身边人、身边事，记录区域历史，传播地方文明，呈现新鲜立体的全景大兴，打造有深度、有温度的广播新闻。主创人员：房晓鹏、靳石萌、袁媛、刘丽侠、杨景然、于蕾、杨颖、相阳、曹蕾、苏浩、贾悦、曹译文、张鋆。

《音乐随心听》 综艺益智类节目，周一到周日 11:00—12:00 播出，时长 1 小时。节目以“在繁忙的都市中，给你的耳朵做 SPA”为标语，每天都有新鲜的音乐主题以及精彩纷呈的音乐资讯，为听众带来高品质的听觉享受。主创人员：张婷婷。

《乌鱼来了》 综艺益智类节目，周一到周日 8:00—9:00 播出，时长 60 分钟。播报最新资讯，畅聊轻松话题，在和受众互动过程中交流思想，传播正能量，使受众在上班路上保持愉悦的好心情。主创人员：袁媛、吴晋昊、于思淼、苏浩。

二、电视栏目

《大兴新闻》 电视新闻栏目。1995 年

1月开播，BTV大兴时段周一至周日19:35–19:55播出，时长20分钟。该栏目以时政新闻为主要内容，通过时政新闻的“民本化”处理，突出“我们跟您最近”的节目理念，追求新闻报道更贴近、更迅捷、更生动之效果。栏目重要新闻报道配发“新闻背景”“新闻链接”“记者感言”等附加内容，满足受众对资讯的深层次、多样化需求，使时政新闻更具震撼力和影响力。主创人员：马宪颖、王娇、汪俊涛、王纲、米雪梅、玉亮、赵建然及采访部全体人员。

《言之有理》 专题服务类栏目。2020年12月开播，作为大兴区委宣传部、区融媒体中心联合打造的大兴区首档社会民生问政调解类栏目，节目旨在为大兴区城乡居民与各镇街、各部门之间搭建心平气和的沟通平台，是一档推动公共政策制定、宣讲和落实的对话节目。首期节目在宣传部、住建委、城管委、环卫中心和高米店街道等的支持下，围绕“垃圾分类”中出现的问题展开讨论。主创人员：马宪颖、王娇、麻强、张莉、李鹏。

通州区融媒体中心

《副中心新闻》 新闻资讯类栏目。在公共频道通州时段周一至周日19:35首播，20:45重播，次日8:40、13:45重播，时长20分钟。栏目以“宣传党和政府的声音，权威发布政策资讯，悉心关注百姓冷暖”为节目宗旨，是北京城市副中心唯一的日播新闻栏目，也是地区收视率最高、影响力最大的电视新闻节目。《副中心新闻》关注北京城市副中心的政治、经济、文化、民生等全方位的时事热点事件。以城市副中心的视角，形成独特的城市副中心报道角度，服务北京市委市政府中心工作，宣传北京城市副中心的建设发展，第一时间传递最新、最快、最权威的新闻资讯。栏目在北京电视台新闻中心指导下进行策划和采编，进一步加大对城市副中心重大事件新闻和民生新闻的比重，开设《城市副中心生机勃发》《优化营商环境》《我爱副中心》等专栏，同时主动适应融媒体改革的要求，不断创新新闻节目形式，丰富节目内容，提升新闻节目质量。主创人员：通州区融媒体融媒采访部全体人员。

顺义区融媒体中心

一、广播栏目

《顺义新闻》 新闻资讯类栏目。顺义人民广播电台FM92.9每日18:00首播，时长15分钟。顺义本土新闻类节目，内容围绕顺义区委、区政府中心工作，围绕顺义区贯彻落实全国及北京市重大会议工作，围绕与顺义区百姓生活密切相关的内容进行新闻宣传报道。节目突出广播特点，用通俗的语言，生动的音响为听众提供鲜活的新闻。节目在当地影响较为广泛，受到有车一族的欢迎。主创人员：刘连茹、路致远、赵福艳、丁越、张坤、陈婕、邹一婧。

《民法典百问百答》 专题服务类栏目。顺义人民广播电台 FM92.9 于 10 月 9 日起每天 16:55 播出，时长 5 分钟，共计 101 集。《民法典百问百答》由顺义区融媒体中心与顺义区司法局联合制作，分别制作了常规版和精华版，针对民法典 101 个法条进行详细的以案释法，分别通过顺义人民广播电台和顺义普法公众号进行融合传播。节目主创：张雨欣。

《名医坐诊》 专题服务类节目。顺义人民广播电台 FM92.9 每周一 16:30 播出，时长 30 分钟。《名医坐诊》是由顺义区融媒体中心联合顺义区卫生健康委联合开办的以普及健康知识、推进慢病防治为主要目的的健康科普栏目，栏目定期邀请区内外知名专家就市民常见病、多发病进行知识普及和问题解答，每周一期。主创人员：尹伟、张悦、焦英杰、闫云霞、张雨欣。

二、电视栏目

《顺义新闻》 新闻资讯类栏目。1994 年开播，顺义一套、顺义二套每晚 19:30 播出，时长 15 分钟。《顺义新闻》始终立足顺义发展，充分发挥喉舌功能，正确引导社会舆论，记录顺义变化，讴歌发展成就，凝聚党心民心，架起政府与群众沟通的桥梁。随着顺义经济社会各项事业的发展，顺义新闻更加注重从百姓视角解读新闻事件和大政方针，更加关注人民群众生活，突出贴近性。拥有《我的故事》《信息直通车》《新闻资讯》等长期栏目以及《多彩新春》《新春暖流》《新年展望》《优化营商环境》《创建全国文明城区》《创城我参与》《战疫日志》《走向小康生活》等临时性专栏，为宣传顺义发展起到助推作用，也使《顺义新闻》成为顺义电视台最受群众关注的品牌栏目。主创人员：付涛、朱明福、郑彧淼、陈哲、白燕燕。

《幸福一起来》 专题服务类节目。2019 年 7 月开播，顺义一套每周二 19:55 播出，时长 20 分钟。《幸福一起来》是顺义区融媒体中心 2019 年全新开办的首档走基层形式的公共领域对话栏目，以“共建好家园、共享好生活”为口号，以倡导社会治理“共建、共治、共享”为目标，旨在传递“美好的家园需要全社会共同参与”。共制作播出 25 期，对社会基层治理工作起到了舆论引导和积极的促进作用，成为具有地域特色的品牌栏目。主创人员：孙艳洁、孙丽琼、李东华、李朔峥、刘峥、季笑然、张晓凯。

《法治顺义》 专题服务类栏目。2019 年 7 月 9 日开办，顺义一套每周一晚 19:55 首播，周四重播，每期时长 10 分钟，开播以来共制作播出 27 期，访谈嘉宾 30 余位，就社会治理过程中遇到的热点、难点话题和重要节点关注度高的话题，以案普法，以案析法，旨在构建好政府与百姓之间的桥梁，成为公民公开课堂。主创人员：孙艳洁、孙丽琼、张立丽、熊威、季笑然、张晓凯。

平谷区融媒体中心

一、广播栏目

《柴老说平谷》 专题服务类栏目。每周播出两期，节目时长10分钟，共播出417期。该节目以平谷悠久历史文化内容为引导，以推广平谷历史文化知识为主体，以让广大听众深刻了解平谷历史文化为目的。节目内容由柴福善老师通过“自然的故事、人文的故事、历史的故事、现实的故事”汇成平谷故事，全方位展示平谷历史的浩瀚与鲜活。2020年播出内容包括《清康熙十八年平谷·三河大地震》《新年特辑》《补讲平谷八景之“鼓顶朝云”内容》《补讲丫髻山内容》《我国古塔与平谷文峰塔》《康熙二子及园寝》《且由墓志话查家》《平谷的村落》《新年特辑》《平谷历史概述》等。主创人员：付博、张晓创。

《美丽乡村》 专题服务类栏目。2018年11月开播，每周播出一期，时长10分钟。《美丽乡村》以推进生态人居、生态环境、生态经济和生态文化建设，创建宜居、宜业、宜游的“美丽乡村”为主题，秉持“共建美丽乡村，共享美好生活”的栏目宗旨，通过主持人跟随采访，真听真看真感受，展示全区乡村生态美景、环境、人文发展，以及疫情防控下的村庄发展经验，休闲农业，推介最有特色的乡村旅游资源，全景式描绘新乡村画卷，让听众足不出户就能领略平谷乡村的自然之美、人文之美。专题《大兴庄镇良庄子村“最美庭院”另辟蹊径创建美丽乡村》于2020年获北京市新闻专题类奖。主创人员：任虹俐、崔俊。

《农民与法》 专题类栏目。2018年11月12日开始播出，节目时长10分钟。该栏目以案例的形式宣传法律法规，普及法律知识，欲做到人人学法、懂法、用法，方便百姓用法律武器来维护自己的合法权益。内容包括未成年人保护法、妇女维权、老年人的监护权、垃圾分类等各种案例。主创人员：王晓明。

二、电视栏目

《平谷新闻》 新闻资讯类栏目。PGTV-1频道每晚19:30、PGTV-2频道每晚20:00播出，时长15分钟。《平谷新闻》以平谷地区本土新闻信息权威发布为基础，着眼于经济社会发展对新闻信息服务的要求，及时、准确传递区委、区政府的相关决策和公共信息；关注民生，突出反映社情民意；展现平谷紧扣“三区一口岸”功能定位，坚持生态立区，推动绿色发展的形象，满足本区人民享受优质新闻信息服务的需要。节目具有较强的可视性，是平谷人民最喜欢看的电视节目之一。2020年《平谷新闻》共播出新闻5500条，在市级以上电视媒体播出77条，其中央视新闻和新华社播出26条。主创人员：李肖英、李东亮、王建、张云辉等。

《警法在线》 专题服务类栏目。每周播出一期，每期时长15分钟。2020年《警法在线》栏目强化政治担当，在做好常规法治宣传的基础上，大力宣传依法防控，及时传递政府声音，正确引导舆论。疫情防控期间制作《勇战疫情 我们在行动》、《以案说法 疫情防控典型案例》系列和《传染病防治法》系列等节目，并打破常规栏目从周播节目变为三天播出一期，同时在警法在线、平谷官话、幸福平谷、政法部门等公众号同时发布，形成高密度、线上线下、集群集束传播效果。主创人员：李晓燕、孙晓光、于海生。

《百姓身边》 专题服务类栏目。每期15分钟，两周一期。节目主旨为讲述百姓身边的故事，贴近百姓生活，讲述平凡人的闪光点。2020年栏目制作播出了《科学防控 抗击疫情》《幸得有你 山河无恙》《科技助力防控疫情》《疫情期间如何缓解身体不适》等7期节目，报道平谷普通百姓抗击新冠肺炎疫情的故事。8月份平谷区22万亩大桃陆续成熟上市，栏目邀请5个“平谷桃王”与果农们和观众分享他们种桃卖桃的故事；编辑制作10个“平谷榜样”和5个“首都劳动奖章”人物故事专题片，榜样人物事迹突出，示范作用显著，彰显时代特点。主创人员：张春艳、杨金旭。

昌平区融媒体中心

一、广播节目

《乐享时光》 综艺益智类节目。昌平区人民广播电台2015年12月开播，在FM103.1兆赫每周一至周五上午10:00—10:30播出。《乐享时光》寓意分享快乐的时光，是一档时尚轻松的话题聊天类节目。节目立足于昌平地区百姓的实际生活，以服务昌平百姓为宗旨，涵盖气象服务信息、本市和本地最新资讯、轻松话题互动、精彩音乐分享等多项内容，听众可以线上收听节目，并与主持人进行话题的实时互动。主创人员：吴红学、吴彩彬、翁雷鸣、王勤。

《民法一典通》 专题服务类栏目。昌平区人民广播电台于2020年7月开播，FM103.1兆赫，每周一上午8:20—8:30播出，时长10分钟/期。该栏目包含《“案”理来说》《有问有答》两个节目板块，节目邀请法律专家结合百姓身边的案例，对民法典进行解析，其中“有问有答”板块更注重与听众、网民的互动性，听众可进入“昌平1031”微信公众号“民法问答”专栏下“有问有答”板块进行法律咨询。主创人员：王勤。

《龙泉流出的故事》 专题服务类栏目。昌平区人民广播电台于2020年9月开播，在FM103.1兆赫每周五上午8:20—8:30播出，每期时长10分钟。主播以《龙泉流出的故事》书籍内容为主体，运用青年人喜闻乐见的有声书播讲形式，对人物形象进行雕刻塑造，将龙山、凤山、白浮泉、白虎涧等多处区内历史文化胜地地名的由来以及流传至今的神话传说，以生动、活泼的形式传递给广大听众，让历史文化更加有温度、接地气，以此呼吁更多的人保护历史、传承文化。节目一经播出，反响强烈，在昌平掀起了听书热潮。主创人员：何嘉伟。

二、电视节目

《昌平新闻》 新闻资讯类栏目。栏目于1987年开播，在北京电视台BTV公共·新闻频道昌平时段周一至周日19:30首播，次日7:30、12:30重播，每期时长15分钟。该栏目以“宣传党和政府的声音，权威发布政策资讯，悉心关注百姓冷暖”为节目宗旨，播发内容涵盖政治、经济、科技、社会、文化、体育等。开播以来，节目搭建了政府与百姓沟通的桥梁，实时发布地区动态新闻，全面展现经济社会发展建设成果，以客观、生动、丰富的纪实手段记录了昌平地区30多年来发生的变化，备受社会各界的广泛认可和支持。节目进一步加大本土新闻和民生新闻的比重，开设了《来自基层的报道》《一线见闻》《我家门口看变化》等专栏，同时主动适应融媒体改革的要求，不断创新节目形式，丰富节目内容，提升新闻节目质量。主创人员：昌平电视台新闻部全体人员。

《真情故事》 专题服务类栏目。2008年开播，在昌平电视台综合频道每周一19:50播出，时长10分钟。栏目贴近百姓、贴近生活，弘扬主旋律。以人物为主线，讲述人与人、人与社会之间的真情故事。展现普通人的内心情感，捕捉他们身上闪耀的人性光辉和生命活力，显示平淡中的伟大，琐碎中的崇高，展示人性的真、善、美，倡导积极文明的生活方式和精神风貌。栏目开播以来深受观众喜爱，是昌平电视台一档品牌栏目。其中《我最幸福——马翠清》获第八届女性题材优秀电视作品一等奖，《"嗑"出来的创意》获第九届女性题材优秀电视作品二等奖，《有一种希望叫行动》获第二十八届（2018年度）北京新闻奖电视专题二等奖，《用爱温暖天山学子的心》获第二十九届（2019年度）北京新闻奖一等奖、北京市广播影视协会2019年度优秀广播电视节目、第二届全国电视公益节目推选活动好公益专题。主创人员：王忆萱、宋超、李康、王亚琦。

《古今昌平》 优秀剧目。2008年开播，昌平电视台综合频道每周三晚7:50播出，时长10分钟。《古今昌平》探寻人文古迹，留住文化根脉，传承历史文明，记录今日昌平。栏目对昌平6000年来，特别是建县2000多年的历史和文化，进行分系列、多层次梳理，让受众认识昌平、了解昌平、爱上昌平。栏目制作播出《探秘十三陵》(122集)、《文物·往事》（60集）等10个系列400多期。其中《探秘十三陵》系列被译成英文版，成为"昌平礼物"，并在中国教育电视台《首都纪录》栏目中播出。2013年被昌平区政府纳入昌平历史文脉梳理体系，并获全国电视十大名专栏奖。2018年，栏目获得北京影视出版创作基金重点奖励项目，《古今昌平——大运河探源》系列在"学习强国"App北京平台刊登。《古今昌平》栏目被评选为第十三届纪录片创优评析栏目类三等栏目。2020年制作播出的《古今昌平——大运河探源（第二季）》被北京市广播电视局评为2020年第四季度广播电视创新创优节目。主创人员：朱玉婷、袁玥、李康、陈泽冲、王亚琦。

三、新媒体节目

《打赢疫情防控攻坚战》 新闻资讯类栏目。"北京昌平"App于2020年1月24日第一时间在头条频道开设新闻资讯类栏目《打赢疫情防控攻坚战》，共设"最新动态""昌平防控""防控知识""助力战'疫'""媒体评论""回天战'疫' 守护家园""我的抗'疫'故事"、"战'疫'有我 昌平在行动"8个子栏目，实时发布疫情动态、确诊数据、防控知识、防控举措等相关内容，不仅包括区、市乃至全国疫情动态，还有"昌平这家医院的微信群，让人瞬间热血沸腾"、"我的抗疫故事|没考过第一，却成了昌平首例"、回天系列等大量原创策划，共发布3131条视频。2020年10月20日，北京昌平App获评"县级融媒 齐心抗疫"创新案例C类。主创人员：魏妍娜、王艳蕊、韩洁静等。

《走向我们的小康生活》 新闻资讯类栏目。"北京昌平"App头条频道2020年6月开设《走向我们的小康生活》专栏，共开设脱贫攻坚·人物、劳动最光荣扶贫靠奋斗、扶贫攻坚走一线、扶贫攻坚进行时、"加油

脱贫攻坚”主题纪录片等7个子栏目。2020年是决胜全面建成小康社会、决战脱贫攻坚之年，《走向我们的小康生活》专栏聚焦“脱贫攻坚”这一主题，深入挖掘获“全国脱贫攻坚先进个人”的昌平中医医院骨科大夫戚学政，昌平挂职干部、将昌平草莓引进尚义的张春清等人物事迹，推出《来！和昌平对口支援地的村民，打个视频电话！》《H5 | 昌平走“亲”记》等融媒体产品，其中《喜看昌平扶贫成效》系列海报图，获得第一届“京彩”网络正能量精品评选活动网络正能量图片作品。主创人员：魏妍娜、王艳蕊、韩洁静等。

《春韵昌平》 系列短视频。2020年初，融媒体制作中心精心策划制作了系列微视频，在全媒体平台播出。由于疫情的影响，虽然春天已到，但人们仍然很少外出，很难欣赏到外面的美景。《春韵昌平》特别制作播出了30个系列短片，包含昌平著名景点的风景，以及街边小路美景，从不同的角度为观众展示昌平的美丽景色。

昌平区融媒体中心品牌栏目一览表

栏目名称	首播时间	播出频率频道
昌平新闻	每天8:00—8:15	FM103.1
乐享时光	每周一至周五10:00—10:30	FM103.1
与法同行	每周三、周四8:20—8:30	FM103.1
昌平政法	每周二8:20—8:30	FM103.1
民法一典通	每周一8:20—8:30	FM103.1
龙泉流出的故事	每周五8:20—8:30	FM103.1
昌平新闻	每日晚7:30	北京电视台BTV公共·新闻频道昌平时段
真情故事	每周一晚7:50	昌平电视台综合频道
古今昌平	每周三晚7:50	昌平电视台综合频道
视角	每周四晚7:50	昌平电视台综合频道

怀柔区融媒体中心

一、广播栏目

《奶爸奶妈总动员》 综艺益智类节目。2016年1月1日开播，怀柔人民广播电台FM101.3频率每周一至周日播出，时长25分钟。节目以“服务奶爸奶妈、关注宝宝成长”为理念，通过《温馨小贴士》《早教课堂》《宝贝食谱》《宝贝一家亲》《宝贝信箱》《亲子故事》等实用的小栏目传播孕期保健、饮食营养、早期教育等方面的知识，为幼儿的健康成长保驾护航。主创人员：吴晶晶。

《悦读时间》 专题服务类节目。2020年1月1日开播，怀柔人民广播电台FM101.3频率每周一至周日播出，时长25分钟。节目邀请业内诵读爱好者为听众阅读知名作家的优秀散文、随笔，围绕当代人碎片化阅读的特点，向听众推荐适合在乘车途中、休闲时光及睡前阅读的优秀文学作品，以及文化出版行业资讯，引导听众培养阅读习惯，让受众得到心灵的陶冶。主创人员：李晓红。

二、电视栏目

《创城进行时》 新闻资讯类栏目。2015年初开播，北京电视台BTV新闻频道怀柔时段每周播出，时长5分钟，与区文明办合办，原名为《创建全国文明城区》。该栏目以怀柔区创建全国文明城区为主线，集中播出全区各镇乡、各单位开展创城工作的动态报道，内容涵盖创城志愿服务、文明养犬、“光盘行动、文明餐桌”、“我们的节日”等主题活动。2019年7月，为进一步提升市民文明素质和城市文明程度，坚持以正确舆论导向开展监督报道，及时回应百姓关切，相继设立了《曝光台》《立行立改》《创城大家谈》等子栏目，被曝光的问题100%得到解决，实现了“舆论监督揭露问题、相关部门正面回应、采取措施改进工作”的良性循环。主创人员：崔丹、贾贤。

《科学一百年 奋斗每一天 全力建设怀柔科学城》 新闻资讯类栏目。2017年4月开播。北京电视台BTV新闻频道怀柔时段每周播出。原名为《聚焦怀柔科学城》，时长3~5分钟。该栏目围绕怀柔科学城建设工作，瞄准大科学装置、研究平台、各科研院所建设进展及运行情况进行动态报道。2019年，为进一步提升市民的科学素养，增设《筑梦科学城》《行走科学城》《世界科学城》等子栏目，对比世界前沿科技，详细报道怀柔科学城的建设、教育、医疗等科学城配套设施建设情况，落实怀柔区委提出的“科学+城”要求，推动城市形态更新、功能发展。2020年，累计播出新闻资讯100余条。主创人员：崔丹、贾贤。

密云区融媒体中心

一、广播栏目

《法治传真》 法制类栏目。节目于FM94.1播出，播出时间为每周五18:15，时长15分钟。节目通过析法、释法、普法、用法，给出说法，提高百姓法律素质和用法水平，其内容共分设三个板块：一是法治资讯，简明扼要地表述密云区政法系统发布的最新措施、新成就；二是法律帮帮帮，针对听众需要解决的法律问题或需要帮办的事，搭建沟通桥梁，促进问题的解决；三是案件故事，从法律的角度对一些与生活息息相关的具有故事性、关注度和法律含量的典型案件进行讲述，予以阐释。《法治传真》一直深受本地区市民的关注，为广大听众知法、学法、用法提供了贴心服务。栏目主创人员：吕亚红。

《法治传真》主创人员吕亚红录制节目现场

《我的社区我的家》 社教类栏目。节目于2008年开播，在FM94.1兆赫每周三下午18:15播出，时长15分钟。专题节目宣传密云各街道、基层社区管理部门和居委会的工作，关注民生，反映社情，通达民意，促进和谐社区、和谐家园建设。开设了《社区新闻》《爱心服务》《和谐家园》《社区文化》《社区里的故事》5个子栏目。《我的社区我的家》紧紧围绕"社区"两个字，营造温馨、和谐、共享的社区氛围，使其成为社区居民家庭生活、文化生活不可或缺的精神食粮，深受广大农民朋友的欢迎。栏目主创人员：张爱红、齐晓迎。

《我的社区我的家》主创人员张爱红（左一）、齐晓迎（左二）在录制节目

《密云经济在线》 经济类栏目。节目在FM94.1每周二18:15首播，周三重播，播出时长15分钟。节目做好经济类别的信息报道，从受众的需求特点出发，服务于政府及各职能部门需要，提高经济类节目的专业性权威性，更好地服务于地方经济发展。设置《财经资讯》《理财路上》《创业之路》《谈经论道》4个子栏目，深受广大听众欢迎和喜爱。主创人员：王立伟。

《密云经济在线》主创人员王立伟在录制节目

二、电视栏目

《密云新闻》 新闻资讯类栏目，每日19:38在密云电视台一套首播，当晚22:00重播，第二天分三个时间段重播，时长15分钟。节目内容包括时政、经济、生态、社会、文化等。栏目由多个部门通力协作共同完成，时政部、联合采访部、要闻部记者负责新闻采集制作，播音部负责节目播音主持，技术部负责灯光和设备调试，包装制作部负责整期新闻编辑制作。

编辑人员在制作《密云新闻》节目

《寻找最美保水人》 专题服务类节目。2020年9月1日是密云水库建成60周年纪念日，密云融媒体中心推出"寻找最美保水人"系列报道，深入挖掘在密云水库建设、移民、保水、富民、宣传等方面做出过突出贡献的人物事迹，传承和弘扬密云水库精神。报道寻访30位水库建设者、保护者和奉献者，通过保水人之口讲述密云水库的历史记忆，呈现他们现今的工作生活状态，讲述他们多年来守护祖国绿水青山的感人事迹。在系列报道过程中，密云融媒体中心持续保持融媒体采访密度，电视台、"宜居密云"微信公

众号先后播出发布《陈天立："保水"又"富民"的探索之路》《15年保水人王荣臣看水库发展变迁》《寄居奋斗的碱厂村移民》等报道30篇。《密云报》发布最美保水人专栏《李荣华：见到毛主席感到无比高兴和自豪》《王敬魁：文字里流淌着密云水库的建设岁月》等4篇报道。由密云区融媒体中心承担的深度改编稿件《60年前的建设者们，人们不曾忘记——八旬老报人忆密云水库建设故事》在7月29日于《北京日报》发布。

《寻找最美保水人》栏目截图

《足迹》 专题服务类栏目。从2020年7月31日起，密云区融媒体中心每周二、周四、周五在密云电视台播出，时长20分钟，共29期。是为纪念密云水库建成60周年而推出的特别栏目。节目以亲历者口述的形式，全面回顾总结60年来密云水库从建设移民到保水富民的光辉历史。《足迹》展示了在密云水库建设、移民、保水、富民等方面出现的典型人物事迹，进一步传承和弘扬了密云水库精神。每期两个人物，以时间轴为主线，聚焦建设水库、移民、护水、富民主题，结合主持人出镜串场，缀以新老视频资料、图片，采用开放式结尾等全媒体形式，真情讲述60年前水库建设者们的工地经历、水库移民的生活历程以及保水护水的生态文明之路，鲜活地展现了一段可触摸、可感知、可追忆的峥嵘岁月。节目先后被澎湃网、光明网、农民日报网等知名媒体播发。

编辑人员在制作《足迹》节目

三、新媒体栏目

《密云交通违法整治执法直播》 新闻资讯类节目。由密云区融媒体中心于2020年9月25日晚在公安部门实施交通违法整治执法时同步进行网络视频直播，时长90分钟。此次直播由北京市公安局密云分局、密云区融媒体中心联合策划。直播采用"直播间+现场直播点位"形式，由移动导播台切换画面，执法宣传实时高效。在北京市公安局密云分局交通指挥中心设置网络直播间，密云分局交通支队创新执法思路，支队队长和密云融媒主持人直播间内实时观看、讲解现场情况，体现了"宣传教育为主、处罚纠正为辅"的执法思路。摄像记者移动拍摄，信号采用5G传输。在宜居密云客户端、宜居密云微博及一直播平台、平安密云抖音平台的观看量合计超过28万人次，宣传效果显著。直播中，网友踊跃留言，创新外部监督，密云交警与直播间互动，以案释法，倡导文明驾驶、安全驾驶，形成积极舆论氛围，使每一位观众都成为"执法记录仪"。直播执法过程将执法晒在“阳光”下，促进基层执法部门提升执法能力和相关意识，增强了对执法本身的外部监督。密云区融媒体中心、公安分局负责人共同实时监审直播内容，应对突发情况。直播期间，共查处6起酒后驾驶机动车违法行为。除直播外，密云区融媒体中心还利用密云电视台、“宜居密云”微信公众号等融媒体平台侧面报道，播发《昨夜，密云交警夜查“直播”你围观了吗？》等新闻，促进“开车不喝酒，喝酒不开车”成为社会共识。主创人员：杨理光、刘志伟、刘思祺、郑宇、蔡东樾、李享。

《密云交通违法整治执法直播》栏目截图

《密云水库生态慢直播》 专题服务类节目。2020年9月5日至9日，在密云水库潮河主坝、白河主坝、内湖、库中岛、第三溢洪道设置5个拍摄点位，北京市密云区融媒体中心运用5G实时传输画面，每天直播至少8个小时。2020年9月1日是密云水库建成60周年纪念日，北京市密云区融媒体中心聚焦水库主题，突出生态特色，特别策划“密云水库生态慢直播”。慢直播是一种新的直播形式，没有主播讲解，没有背景音乐，视角基本固定，通过长时间直播为观众带来伴随式体验。直播过程中，大体量呈现密云水库生态美景。用镜头记录了笼罩在山头的薄雾、微风拂过的水面、翻滚的云团，还捕捉到各种动物捕食、嬉戏的精彩瞬间。为了缓解观众疲劳，慢直播过程中还插播了记者探访内容，多路记者在库中岛、云蒙山风景区、邑仕庄园、潮河主坝、白河主坝、蜜蜂大世界等地出镜，为观众讲解修建密云水库的历史故事，以及在保护密云水库带来的优质生态环境下，密云旅游业、农业、蜂产业发展取得的成绩。直播除在“宜居密云”官方微博、一直播平台和微信公众号同步呈现，还在中国国际服务贸易博览会密云区融媒体中心展台现场播放，观看量合计60万人次。主创人员：杨理光、刘志伟、蔡东樾、郑宇、刘思祺、穆蕊。

《密云水库生态慢直播》栏目截图

密云区融媒体中心名牌栏目一览表

编号	栏目名称	首播时间	播出频率频道
1	音乐随身听	每天13:15	FM94.1兆赫
2	三农有约	每周四18:15	FM94.1兆赫
3	密云经济在线	每周二18:15	FM94.1兆赫

（续表）

编号	栏目名称	首播时间	播出频率频道
4	法治传真	每周五18:15	FM94.1兆赫
5	今日密云	每周一18:15	FM94.1兆赫
6	密云新闻	每天19:38	密云一套
7	法润密云	隔周周六20:10	密云一套
8	事事关心	隔周周三20:10	密云一套
9	檀州大舞台	月末周二20:10	密云一套
10	教育专线	隔周周六20:10	密云一套

延庆区融媒体中心

一、广播节目

《延庆新闻》 新闻资讯类节目。首播时间是晚间18:00，重播时间为当晚21:00、次日7:20、10:30、11:30，时长10分钟，日播节目。节目以宣传党的路线方针政策，迅速准确及时报道全区物质文明、精神文明、政治文明和生态文明情况为主，充分发挥广播特色，在报道中采取文字、现场报道、录音报道、专题报道等不同形式，增强宣传效果，及时准确传达区委区政府的声音，当好桥梁和纽带。

《冬奥连着我和你》 专题服务类节目。节目于周一晚19:30首播，次日7:50、11:20重播，时长9分钟。设置《冬奥资讯》《冬奥知多少》《我与冬奥》三个板块。节目围绕北京市延庆区服务保障冬奥会筹办举办，及时宣传权威的冬奥资讯、介绍趣味的冬奥知识，使听众感知冬奥会为生活带来的变化。节目充分发挥广播宣传优势，通过主播富有特色的嗓音，巧妙配合音乐，给听众带来全新的听觉体验。《冬奥连着我和你》的开播与融媒体中心的其他平台节目共同形成全区冬奥宣传矩阵，有声势、有节奏地全面做好冬奥会、冬残奥会的宣传工作。

《生活导航》 专题服务类节目。《生活导航》于延庆人民广播电台周一、周四晚18:10首播，当晚20:40，次日7:30、11:40、16:00重播，节目时长18分30秒。节目始终秉承服务的宗旨，本着快捷、实用、大信息量的原则，融知识性、生活性、参与性为一体，为听众朋友们提供生活资讯、健康指南、疑问解答、二手商品买卖信息等全方位的生活服务。节目以现场报道、短信互动、嘉宾访谈等多种形式，拉近与听众的距离，吸引听众参与，成为听众生活的好帮手。《生活导航》以时尚、轻松的节目定位，“全心全意”的节目宗旨，有的放矢的服务，赢得了不同受众群体的喜爱，成为延庆人民广播电台的品牌节目，收听率较高。

二、电视节目

《延庆新闻》 新闻资讯类节目。在延庆电视台一套每日20:00首播，21:00、22:00和次日7:20、10:30、11:30重播，平均时长18分钟。栏目围绕延庆中心工作，及时宣传党的路线方针政策，报道延庆经济建设、政治建设、文化建设、社会建设、生态文明建设，架起党和政府与延庆百姓沟通的桥梁和纽带。特殊时期增加新闻时长。主创人员：制片人刘杨、杨竣翔，责任编辑赵倩女、肖克、余梦蓉，主持人杨竣翔、滕薇、彭晨、于谨歌、渠晨、周雯露，后期高亚男、王婧、王琳。

《聚焦时分》 新闻资讯类节目。2017年10月15日开播，每周六《延庆新闻》后播出，第一周首播，第二周重播，并在北京延庆、延庆融媒、你好延庆等新媒体平台刊播。重点围绕群众诉求，聆听真实声音，助推问题解决，关注办理结果，看“接诉即办”背后的民生故事。先后推出了《尚书苑小区：给爱车“安家” 让居民安心》《“村民说事”解民忧 “未诉先办”聚民心》《农民工遭遇欠薪，如何合法、有效维权》等民生实事节目。节目播出后受到广大市民的关注和好评。主创人员：主持人彭晨，编导彭晨、肖克，摄像苏浩、夏子豪，后期郄美强。

《印象妫川》 专题服务类节目。2017年5月19日开播，每周五《延庆新闻》后播出，第一周首播，第二周重播，并在北京延庆、延庆融媒等新媒体平台刊播。截至2021年5月10日，累计播出78集。其中特别节目29集，常规节目49集。融媒体中心充分发挥媒体优势，挖掘延庆历史、文化、生态等资源，整合采编力量，开办“行走妫川”品牌栏目《印象妫川》，旨在以专题节目视角打开一扇展示延庆、记录延庆的新窗口，让受众有一种“看得见山望得见水留得住乡愁”的感受。节目根据宣传重点，先后推出《老屋蝶变》《妫川工匠》《妫川农耕我的有机之路》《共走小康路——幸福的味道》《让非遗“火”起来》等多个主打系列节目，受到广大市民的关注和好评。主创人员：摄像王世奇、张延，后期曹海娇，编导张思琦、许小蕊、张宏民等。

延庆区融媒体中心名牌栏目一览表

栏目名称	首播时间	播出频率频道
延庆新闻	每晚20:00	BTV新闻延庆时段
最美冬奥城	每周四晚20:19	BTV新闻延庆时段
聚焦时分	每周六晚20:19	BTV新闻延庆时段
延庆新闻	每晚18:00	FM92.8
冬奥连着我和你	每周一晚19:30	FM92.8
生活导航	每周一晚18:10	FM92.8

电视剧

2020 年北京电视剧制作发行情况综述

2020 年，北京市电视剧创作生产坚持以人民为中心的创作导向，充分发挥首都地缘、人才、资源优势，电视剧质量显著提高，涌现出一批思想精深、艺术精湛、制作精良的精品力作。

一、基本情况

2020 年，北京市属持有广播电视节目制作许可证的机构有 13872 个，其中持有电视剧制作许可证（甲种）的单位有 5 家。北京地区制作机构申请备案公示剧目有 648 部（次），经北京市广播电视局初审上报的有 365 部，经国家广电总局审核备案公示的有 192 部，占全国备案公示总数的 28%。

2020 年，办理电视剧电子政务平台开户业务 189 批次，受理制作机构变更业务 22 批次。特殊题材开具协审函 27 批次、转立项开具接收函 5 批次。受理境外人员参与电视剧拍摄制作申请 32 批 71 人次，其中中国香港和中国台湾的从业人员 48 人，外国从业人员 23 人。北京市属制作机构取得电视剧制作许可证（乙种）的电视剧 59 部（当代题材 43 部，近代题材 11 部，古代题材 5 部）共 2084 集；取得发行许可证的电视剧 43 部 1802 集（含总局终审 5 部 218 集）。在取得发行许可证的 43 部剧中，当代题材 29 部，占 67%，其中，当代都市题材 18 部，当代农村题材 6 部，当代涉案题材 5 部；近代题材 7 部，占 16%，其中，近代革命题材 4 部，近代传奇题材 2 部，近代其他题材 1 部；古代题材 7 部，占 16%，其中，古代传奇题材 3 部，古代神话题材 2 部，古代武打题材 1 部，古代其他题材 1 部。

二、组织相关活动推进剧目生产

面对新冠肺炎疫情暴发的严峻形势，北京市广播电视局贯彻中央和市委市政府决策部署，统筹推进疫情防控和经济社会发展，全面落实“北京文化 28 条”，先后出台网络视听暖企 8 条、电视剧复工复产 12 条等 5 个文件，制定演播室、在京剧组、安全播出等 9 个工作指引，积极为影视企业纾困解难，引导北京影视行业有序复工复产。

4 月 26 日至 30 日，第 26 届北京电视节目交易会（2020· 春季，以下简称“本届春交会”）在线上平台举办。本届春交会以“云端推介，推动电视剧平稳提质”为主题，围绕全面建成小康社会这一主线，与时代同步，创新办会模式，举办开幕式、京榜剧献暨新剧发布、四大主题论坛、剧目评优、主题展览、专项推介等活动。本届春交会共有 1185 部作品线上参展，其中，电视剧 755 部（仅筹备期电视剧便达到 260 余部），网络剧 84 部，电影、网络电影 19 部，纪录片、电视栏目 59 部，动画片 52 部，网络文学作品 216 部。

10 月 27 日至 30 日，第 27 届北京电视节目交易会（2020· 秋季，以下简称“本届秋交会”）在北京会议中心举办。本届秋交会主题为“聚心 聚力 剧精彩”，围绕全面建成小康社会、决战决胜脱贫攻坚战、庆祝中国共产党成立 100 周年，举办开幕式、新剧发布、七大主题论坛、主题展览、专项推介等活动。本届秋交会累计参展作品超 1100 部，其中，电视剧 630 余部，网络剧 90 部，电影、网络电影 18 部，纪录片、栏目 45 部，动画片 40 部，文学、网络文学作品 290 余部。

三、推进精品创作生产

为了深化精品生产"北京模式"，加强精品创作生产统筹规划，提高精品创作生产组织化程度，2020年成立北京市广播电视局精品创作领导小组，制定《北京市广播电视局精品创作领导小组工作方案》，明确指导思想、工作目标、组织机构、工作职责、运行机制和工作要求。领导小组充分发挥统筹协调作用，加强顶层设计，在政策支持、资金扶持、题材规划、内容创作、审查播出、宣传推介、舆情管控、重大活动等方面加强部门联动和协调配合。

立足精品创作"北京模式"，按照"好主题、好故事；好团队、好创作；好作品、好收成"的六好标准，对标把握各重大时间节点，抓紧时间、抓牢团队、抓好创作、抓准扶持，北京制作机构生产出一批深受观众喜爱的京产电视剧，并热播荧屏。《破局1950》《远方的山楂树》《有你才有家》《塞上风云记》《枫叶红了》《什刹海》《月是故乡明》《吉他兄弟》8部北京出产的电视剧在央视第一套、第八套黄金时段首播；《燃烧》《幸福里的故事》在北京卫视、东方卫视首播；《冰糖炖雪梨》在浙江卫视、江苏卫视首播；《三叉戟》在浙江卫视和江苏卫视首播；《越过山丘》在江苏卫视独播；《怪你过分美丽》在爱奇艺独播；《全世界最好的你》在优酷独播。

做好电视剧第32届飞天奖作品初评推荐工作。启动参评剧目申报工作后，共收到参评剧目34部。经专家评委会评审，共推荐33部作品参加飞天奖评奖。评奖结果是《最美的青春》和《情满四合院》荣获优秀电视剧奖；《破冰行动》《启航》《奔腾年代》《归去来》《忽而，今夏》《河山》《勿忘初心》7部作品获优秀电视剧提名奖。

在第九届北京市文学艺术奖电视剧类、广播剧类和音乐作品3个专项评审推荐工作中，共征集参评作品112部，其中电视剧类（包括电视动画片、电视纪录片）49部、广播剧11部、音乐作品52部。《最美的青春》《启航》《破冰行动》《情满四合院》获得第九届北京市文学艺术奖优秀电视剧奖，《深海利剑》获得提名。

此外，《我们的新时代》《青年周恩来》《香山叶正红》《八零九零》等20部北京出产电视剧入选国家广电总局"第三批2018—2022年重点电视剧规划选题"，数量全国占比第一，前后三批规划选题名单中的北京产电视剧数量均排在首位。从完成情况看，第一批14部已完成8部，第二批17部已完成12部。

（北京市广播电视局电视剧管理处）

2020年北京电视动画片、纪录片制作发行情况综述

2020年，北京市广播电视局统筹推进"新时代精品工程"，按照"找准选题、讲好故事、拍出精品"的思路，引导北京广播电视制作播出机构围绕重要宣传主题和任务，创作生产一批优秀的电视纪录片、电视动画片等。全年，北京市制作机构备案的电视动画片共有50部2428集16638分钟，引进电视动画片1部，取得电视动画片发行许可证的有26部448集5544分钟。获得国家广电总局季度推优的电视动画片共5部，分别为《三国演义》

《无敌鹿战队（第一季上）》《宇宙护卫队 3》《叮叮咚咚毛毛镇》《幸福路上》。

一、持续深化“北京模式”

不断完善电视纪录片、电视动画片精品创作的“北京模式”。2020 年，北京市广播电视局面向行业发布《北京电视纪录片、电视动画片、广播电视节目精品创作指引》，指导各制作机构把握节点、统筹规划、有序推进。从广电总局推优片目、北京广播电视网络视听发展基金扶持项目、各类评优评奖作品及 3 个精品项目库中遴选出 150 部优秀作品片目，通过新视听专区向社会发布。在抗击新冠疫情特殊形势下，指导北京影视动画协会成员单位创作抗击新冠疫情主题动画短片 20 余个，指导首都纪录片发展协会与中视晨阳签订 500 万元设备租赁补贴战略合作协议，为 100 家纪录片制作机构免费提供拍摄器材。及时组织召开“纪录战疫你我同行：抗击疫情纪录片专家研讨会和提案推荐大会”网络策划会，创新工作模式，做好项目策划、推荐、制作跟踪服务，第一时间推荐 10 部抗击疫情优秀纪录片提案，帮助企业共克时艰、共渡难关、有序发展。为更好地推动北京纪录片持续健康发展，制定并发布《关于支持北京纪录片业高质量发展的若干政策》。

二、加大作品规划储备

2020 年年初，围绕全面建成小康社会、决胜脱贫攻坚、建党百年、北京冬奥会等重大主题，面向社会征集、丰富项目储备，持续更新广播电视节目、电视动画片、电视纪录片“3+2 项目库”，共有 252 部作品的新项目纳入“3 个精品项目库”（纪录片，种子库 33 部、项目库 34 部、片单库 80 部；动画片，种子库 66 部、片单库 17 部；广播电视节目 22 部），26 部抗疫作品项目纳入“抗疫精品专项库”，9 部区融媒体中心作品纳入“区融媒体中心精品专项库”。对入库作品采取跟踪式指导、管家式服务、台账式管理等手段，开辟绿色通道，优先考虑重点作品的基金扶持和推优评奖。发挥北京纪实影像周平台孵化作用，从征集的优秀纪录片提案中遴选出 20 个紧扣主题主线，多角度展示新中国站起来、富起来、强起来的光辉历程提案作品进行现场提案，搭建创作人与投资方、播出机构的交流合作平台。组织召开纪录片《密云水库——习总书记回信一周年》座谈会、推进会，围绕密云水库专题纪录片的主题策划、创作生产、宣传推广进行深入研讨，确立创作方向、总体思路、合作机制，并纳入北京市广播电视局督办项目每月进行跟踪指导，确保项目按计划有序推进。

三、深耕精品创作生产

坚持以人民为中心的创作导向，加强质量管理，着力抓好主题精品创作生产。《大运之河》《百年历程》等 41 部电视纪录片选题被列为 2020 年北京市文化精品工程重点项目影视类备选项目；《生命缘》等 31 部纪录片被列入重大题材项目选题申报目录。建党百年题材纪录片《播“火”——马克思主义在中国的早期传播》、抗美援朝题材纪录片《英雄》获国家广电总局重大理论文献影视片创作立项，并被市委宣传部列为专项扶持项目；建党百年题材纪录片《红色记忆：365 个党史瞬间》向国家广电总局申报重大理论文献影视片立项。持续推进《一路百年》《黄河安澜》《百福记》等建党百年、脱贫攻坚题材纪录片，《好伙伴》《幸福路上》等扶贫题材动画片，《冰雪礼赞三部曲》《2022 去北京》《西游记的故事之冬奥奇遇》《2022 冬奥有我》等冬奥会题材纪录片、动画片，以及北京题材纪录片《公园 · 北京》《紫禁城》《大运 · 华夏》、动画片《北京地名故事》等文艺作品的创作播出，着力打造思想精深、艺术精湛、制作精良的新时代精品。

四、精心组织推优和评选

在国家广电总局2019年度优秀国产动画片及创作人才扶持项目评审中，北京5部动画片、1名编辑、2家机构获奖；在国家广电总局2019年度优秀国产纪录片及创作人才扶持项目评审中，北京获10大类14个奖项，均位列省级第一。组织第26届电视文艺星光奖和第九届北京市文学艺术奖广播剧、音乐作品专项评审，其中，《影响世界的中国植物》获得“星光奖”优秀电视纪录片奖，广播剧《中共中央在香山》《你是我的眼》被评为第九届北京市文学艺术奖广播剧专项获奖作品。遴选国家广电总局“记录新时代”纪录片创作传播工程相关选题18部。北京市广播电视局宣传管理处荣获2019年度总局优秀国产纪录片、动画片、广播电视节目及创作人才扶持活动优秀组织机构称号。开展北京广播电视网络视听发展基金评审工作，经过征集、初审、复审等环节，最终评选出优秀电视纪录片、电视动画片、广播电视节目作品扶持项目57个，其中电视纪录片24部、电视动画片11部、广播电视节目22部，扶持资金共1400万元。

（北京市广播电视局宣传管理处）

北京市电视剧和动画片发行许可情况一览表

2020年北京市国产电视剧发行许可情况一览表

序号	剧名	集数	长度（分钟）	题材	制作单位	发行许可证号	发证日期
1	新神雕侠侣	50	45	古代武打	北京盛夏星空影视传媒股份有限公司	（京）剧审字〔2020〕第001号	2020-01-13
2	有你才有家	50	45	当代都市	海润影视制作有限公司	（京）剧审字〔2020〕第002号	2020-01-13
3	梦回朝歌	45	45	古代神话	华夏视听环球传媒（北京）股份有限公司	（京）剧审字〔2020〕第003号	2020-01-13
4	秀才点兵	39	45	近代革命	北京二十一世纪威克传媒股份有限公司	（京）剧审字〔2020〕第004号	2020-01-13
5	末代厨娘	45	42	近代传奇	北京橙信传媒有限公司	（京）剧审字〔2020〕第005号	2020-03-04
6	烽火硝烟里的青春	45	30	近代革命	允德世纪文化传媒（北京）有限公司	（京）剧审字〔2020〕第006号	2020-03-24
7	刘公案之刘墉下山东	45	52	古代传奇	华语万映文化传媒（北京）有限公司	（京）剧审字〔2020〕第007号	2020-03-24

（续表）

序号	剧名	集数	长度（分钟）	题材	制作单位	发行许可证号	发证日期
8	舌尖上的心跳	45	40	当代都市	北京华谊兄弟娱乐投资有限公司	（京）剧审字〔2020〕第008号	2020-03-26
9	藤科动物也凶猛	45	47	当代都市	北京环亚美视传媒有限公司	（京）剧审字〔2020〕第009号	2020-03-26
10	温暖的土地	45	37	当代农村	北京北广传媒影视股份有限公司	（京）剧审字〔2020〕第010号	2020-04-10
11	枫叶红了	45	36	当代农村	北京新家华赫文化传媒有限公司	（京）剧审字〔2020〕第011号	2020-04-14
12	青春须早为	51	45	当代都市	北京烈火影业有限公司	（京）剧审字〔2020〕第012号	2020-06-08
13	小大夫	42	45	当代都市	北京爱奇艺科技有限公司	（京）剧审字〔2020〕第013号	2020-06-08
14	烽火太行	50	45	近代革命	北京佰艺天承文化传媒有限公司	（京）剧审字〔2020〕第014号	2020-06-09
15	塞上风云记	40	45	近代传奇	北京苹果时代文化传播有限责任公司	（京）剧审字〔2020〕第015号	2020-06-11
16	将夜之光明之战	43	45	古代神话	北京金色池塘传媒股份有限公司	（京）剧审字〔2020〕第016号	2020-06-11
17	六尺巷新故事	36	45	当代农村	北京东方吉祥哈达文化发展有限公司	（京）剧审字〔2020〕第017号	2020-06-29
18	倩女幽魂	60	45	古代传奇	北京世纪伙伴文化传媒有限公司	（京）剧审字〔2020〕第018号	2020-06-29
19	月是故乡明	45	45	当代农村	北京华映万像文化传媒有限责任公司	（京）剧审字〔2020〕第019号	2020-06-29
20	什刹海	42	45	当代都市	维乐嘉禾（北京）影业文化有限公司	（京）剧审字〔2020〕第020号	2020-07-07
21	将军家的小娘子	30	43	古代传奇	北京时代光影文化传媒股份有限公司	（京）剧审字〔2020〕第021号	2020-07-07
22	义无反顾	40	45	当代都市	北京完美影视传媒有限责任公司	（京）剧审字〔2020〕第022号	2020-08-21
23	幸福里的故事	42	45	当代都市	北京幸福影视有限公司	（京）剧审字〔2020〕第023号	2020-08-24

（续表）

序号	剧名	集数	长度（分钟）	题材	制作单位	发行许可证号	发证日期
24	青春创世纪	49	45	当代都市	北京天浩盛世影业有限公司	（京）剧审字〔2020〕第024号	2020-09-04
25	半暖时光	42	45	当代都市	北京新力量影视文化有限公司	（京）剧审字〔2020〕第025号	2020-09-22
26	小风暴之时间的玫瑰	40	45	当代都市	光芒影业有限公司	（京）剧审字〔2020〕第026号	2020-09-25
27	战火熔炉	13	45	当代都市	北京响巢投资有限公司	（京）剧审字〔2020〕第027号	2020-10-22
28	创想季	39	45	当代都市	北京唐声汉影文化传播有限公司	（京）剧审字〔2020〕第028号	2020-10-30
29	我的单板女孩	18	45	当代都市	北京鸿浩影视文化有限责任公司	（京）剧审字〔2020〕第029号	2020-07-05
30	好好说话	40	43	当代都市	北京左城右隅影视文化传媒有限公司	（京）剧审字〔2020〕第030号	2020-11-17
31	万物生	40	45	当代农村	龙虎风云（北京）影视文化传媒有限公司	（京）剧审字〔2020〕第031号	2020-11-27
32	了不起的女孩	36	45	当代都市	北京爱奇艺科技有限公司	（京）剧审字〔2020〕第032号	2020-11-27
33	长江人家	40	41	当代农村	北京天沐文化传媒有限公司	（京）剧审字〔2020〕第033号	2020-11-27
34	生活万岁	38	40	当代都市	北京爱奇艺科技有限公司	（京）剧审字〔2020〕第034号	2020-11-30
35	烽烟尽处	39	45	近代革命	北京金色池塘传媒股份有限公司	（京）剧审字〔2020〕第035号	2020-12-25
36	八零九零	40	45	当代都市	响想时代娱乐文化传媒（北京）有限公司	（京）剧审字〔2020〕第036号	2020-12-30
37	血盟千年	44	45	古代其他	北京东王文化发展有限公司	（京）剧审字〔2020〕第037号	2020-12-31
38	古董局中局之掠宝清单	46	45	近代其他	北京华谊兄弟娱乐投资有限公司	（京）剧审字〔2020〕第038号	2020-12-31
39	不说再见	47	45	当代涉案	北京电视艺术中心有限公司	（广剧）剧审字〔2020〕第002号	2020-01-17
40	燃烧	51	45	当代涉案	北京春秋风云影视策划有限公司	（广剧）剧审字〔2020〕第009号	2020-04-16

（续表）

序号	剧名	集数	长度（分钟）	题材	制作单位	发行许可证号	发证日期
41	三叉戟	42	45	当代涉案	北京天马映像影业有限公司	（广剧）剧审字〔2020〕第012号	2020-05-28
42	雾中系铃人	38	45	当代涉案	北京三景观颐影视文化传媒有限公司	（广剧）剧审字〔2020〕第018号	2020-09-08
43	初的相遇，最后的别离	40	45	当代涉案	北京唐德国际文化传媒有限公司	（广剧）剧审字〔2020〕第019号	2020-09-11

注：合计43部1802集（含总局终审5部218集）

（北京市广播电视局电视剧管理处）

2020年北京市国产电视动画片发行许可情况一览表

	片名	集数	分钟/集	制作机构	许可证号	发证时间
1	酷杰的科学之旅——疯狂的植物	15	6	中科数创（北京）数字传媒有限公司	（京）动审字〔2020〕第001号	2020-01-01
2	酷杰的科学之旅——乌头花开	15	6	中科数创（北京）数字传媒有限公司	（京）动审字〔2020〕第002号	2020-01-17
3	三国演义	32	46	北京银河长兴影视文化传播股份有限公司	（京）动审字〔2020〕第003号	2020-03-02
4	鹿精灵之瓷瓶山的秘密（1~26集）	26	13	梦东方电影有限公司	（京）动审字〔2020〕第004号	2020-03-16
5	鹿精灵之瓷瓶山的秘密（27~52集）	26	13	梦东方电影有限公司	（京）动审字〔2020〕第005号	2020-03-16
6	泰极熊历险记	12	4	北京妙音动漫文化有限公司	（京）动审字〔2020〕第006号	2020-03-19
7	食物王国	26	8	北京梦想故事会文化传媒有限公司	（京）动审字〔2020〕第007号	2020-04-21
8	酷杰的科学之旅——寻找中国龙	15	6	中科数创（北京）数字传媒有限公司	（京）动审字〔2020〕第008号	2020-05-08
9	守护繁星	26	11	中润星（北京）文化传媒有限公司	（京）动审字〔2020〕第009号	2020-05-13
10	无敌鹿战队 第一季（上）	20	12	北京爱奇艺科技有限公司	（京）动审字〔2020〕第010号	2020-05-19
11	喵喵遇见汪1	26	7	北京百世师影视传媒有限责任公司	（京）动审字〔2020〕第011号	2020-06-03
12	喵喵遇见汪2	26	7	北京杰外动漫文化股份有限公司	（京）动审字〔2020〕第012号	2020-06-03

（续表）

	片名	集数	分钟/集	制作机构	许可证号	发证时间
13	酷杰的科学之旅——流感病毒	8	10	中科数创（北京）数字传媒有限公司	（京）动审字〔2020〕第013号	2020–06–30
14	超级守法特攻队	20	6	北京卷柏影视传媒有限公司	（京）动审字〔2020〕第014号	2020–07–09
15	酷杰的科学之旅——超侠小特工	8	10	中科数创（北京）数字传媒有限公司	（京）动审字〔2020〕第015号	2020–07–10
16	宇宙护卫队3	26	13	完美鲲鹏（北京）动漫科技有限公司	（京）动审字〔2020〕第016号	2020–07–22
17	京剧猫之脚踏实地（上）	26	13	北京璀璨星空文化发展有限公司	（京）动审字〔2020〕第017号	2020–07–27
18	无敌鹿战队 第一季（下）	20	12	北京爱奇艺科技有限公司	（京）动审字〔2020〕第018号	2020–09–23
19	幸福路上——打走蛩蛩怪	1	7	北京广播电视台	（京）动审字〔2020〕第019号	2020–12–02
20	幸福路上——幸福终点线	1	7	北京广播电视台	（京）动审字〔2020〕第020号	2020–12–02
21	幸福路上——鹰之子	1	5	优酷信息技术（北京）有限公司	（京）动审字〔2020〕第021号	2020–12–23
22	幸福路上——让梦回家	1	5	优酷信息技术（北京）有限公司	（京）动审字〔2020〕第022号	2020–12–23
23	叮叮咚咚毛毛镇	26	2	北京空速动漫文化有限公司	（京）动审字〔2020〕第023号	2020–12–23
24	嘟当曼（第4季）	26	13	北京爱奇艺科技有限公司	（京）动审字〔2020〕第024号	2020–12–23
25	厨神小当家2	12	25	北京杰外动漫文化股份有限公司	（京）动审字〔2020〕第025号	2020–12–23
26	酷杰的科学之旅——神秘的极光	7	10	中科数创（北京）数字传媒有限公司	（京）动审字〔2020〕第026号	2020–12–31

注：合计26部448集5544分钟。

（北京市广播电视局宣传管理处）

2020 年北京市出品重点影视剧、动画片、纪录片介绍

一、影视剧

《什刹海》 当代都市题材电视剧《什刹海》由维乐嘉禾（北京）影业文化有限公司制作，华夏视听、维乐嘉禾影业、猫眼娱乐出品。该剧以北京什刹海胡同里庄为天一家三代人的生活、工作与学习为主线，讲述了一家人现代而琐碎，充满烟火气息的生活日常故事。该剧是一部充满家国情怀，饱含文化风情，把握时代脉搏，绽放时代精神的现实主义作品。制片人：赵倩。编剧：付宁。导演：付宁。领衔主演：刘佩琦、连奕名、曹翠芬、张龄心、关晓彤、张晞临、刘敏、闫龙飞。友情出演：吴磊、牛莉。该剧于 2020 年 7 月 10 日在中央广播电视总台综合频道首播（37 集），并在爱奇艺、腾讯视频和优酷等平台同步上线播出（42 集）。该剧入选国家广电总局"2020 中国电视剧选集"并获得传媒内参第五届"指尖榜"2020 年度最具影响力电视剧作品奖。

电视剧《什刹海》海报

《幸福里的故事》 42 集当代都市题材电视剧《幸福里的故事》由北京幸福影视有限公司制作，中国国际电视总公司、上海尚世影业有限公司、北京金融街资本运营中心、北京金融街投资（集团）有限公司、北京天桥盛世投资集团有限责任公司、北京燕塞旅游投资公司、北京幸福影视有限公司等联合出品。该剧讲述李墙、陈瓦儿等年轻人在北京金融街的"幸福里"胡同 40 年的生活故事。实景展现北京风貌，剧情嵌入非遗、文保、养老、社区医疗、全民奔小康等热点，表现"小人物"不懈努力改变命运追求理想和美好生活的时代精神。制片人：朵梅（总制片人）、李旸、高超、周志鹃、高颖、周晓鸥。总编剧：董强。编剧：张慧敏、王黎、张靓、朱鱼、武洋、张瀚予。导演：杨亚洲、杨博。主演：李晨、王晓晨。该剧于 2020 年 10 月 9 日在北京卫视、广东卫视首播，并在爱奇艺、腾讯视频、优酷视频同步上线播出。该剧入选

电视剧《幸福里的故事》海报

国家广播电视总局“2020中国电视剧选集”、京榜剧献辉煌“十三五”优秀京产剧目选集、国家广播电视总局第三批2018—2022年重点电视剧规划选题名单。

《枫叶红了》 34集当代农村题材电视剧《枫叶红了》由北京新家华赫文化传媒有限公司制作，中央电视台、内蒙古自治区党委宣传部、北京新家华赫文化传媒有限公司出品。该剧通过一个边远贫困山村在脱贫攻坚决胜阶段三年间发生的故事，表现出改革开放四十年来中国在脱贫攻坚工作中取得的巨大成就。从一个小的切入点，反映年轻一代基层农村干部，在党的路线方针指引下，一步步成熟壮大起来，以他们的聪明才智，为新时代的农村工作做出巨大贡献。制片人：尹成奎。编剧：苏磊、李铁英。导演：哈斯朝鲁。主演：孙茜、孟浩强。该剧于2020年8月5日于中央广播电视总台综合频道首播。

电视剧《枫叶红了》剧照

《了不起的儿科医生》 44集当代其他题材电视剧《了不起的儿科医生》由北京长江文化股份有限公司制作，上海咚咚锵影视文化发展有限公司、北京长江文化股份有限公司、腾讯影业文化传播有限公司、芒果超媒股份有限公司、湖南芒果娱乐有限公司、北京睿博星辰文化传媒有限公司、北京建元影视文化传媒有限公司、中国人口宣教中心、中国医师协会儿科医师分会出品。该剧讲述焦佳人因为童年时被儿科医生谷立峰救过一命，从此立下当儿科医生的毕生志愿，并通过不懈的努力向着自己的目标不断前进，以自己坚强的毅力和一颗医者之心，在同事和师长的帮助下，迅速成长起来的故事。制片人：江薇、陈菲、董乘嘉。编剧：王欢、翁海鑫。导演：杨磊。主演：陈晓、王子文、贾青、于小伟。该剧于2020年11月30日在北京卫视、深圳卫视首播，并在优酷视频、芒果TV上线播出。该剧荣获2018年北京影视出版创作基金优秀电视剧剧本扶持、2019年度北京影视出版创作基金优秀电视剧前期拍摄和宣传扶持，入选“新中国成立70周年”展播剧目片单，被评为2020年好看视频“年度十大影响力剧集”。

电视剧《了不起的儿科医生》剧照

《三叉戟》 42集当代涉案电视剧《三叉戟》由北京天马映像影业有限公司制作，天马映像影业、完美影视、慈文传媒、瞳盟影视、幸福蓝海影视出品。该剧展现的是20年前叱咤风云的三个警察“老炮”被警界荣称为“三叉戟”，如今已到快退休的年纪，却不料误打误撞办了一起洗钱大案，冻结了巨额赃款。金融巨骗为解冻资产，不惜雇佣黑道势力动用极端手段，“三叉戟”开始面对20年前的昔日对手并被多方势力挑战。面对新型犯罪，“三叉戟”用传统的警察手段进行对抗，但在对手巨大的利诱下，三人之间的关系也开始变得微妙。但在警察职责面前，他们最终齐心合力，一举击破金融犯罪集团，同时也将幕后的腐败黑手绳之以法。总制片人：马珂、杨蓓、方芳。制片人：孟晓亮、周平。编剧：沈嵘、吕铮。导演：刘海波。主演：陈建斌、董勇、郝平、何杜娟、胡可、陶红、赵子琪。该片于 2020 年 5 月 31 日在浙江卫视、江苏卫视首播，爱奇艺、优酷、腾讯同步播出。该剧于 2020 年 11 月荣获中国电视艺术创新峰会组委会颁发的首届中国电视创新影响力推优（2019—2020 年度）榜单之“创新影响力电视剧”、“创新影响力导演”（刘海波）、“创新影响力制片人”（马珂）荣誉；2020 年 12 月荣获第 29 届华鼎奖，中国百强电视剧“最佳电视剧”、“最佳制片人”（马珂）荣誉。

电视剧《三叉戟》剧照

《月是故乡明》 34 集当代农村题材电视剧《月是故乡明》由北京华映万像文化传媒有限责任公司制作出品。该剧以事业有成的女企业家张锦绣为主要人物展开，讲述了她返乡创业，带领全村人民打响脱贫攻坚战的故事。张锦绣毅然决然地留下来建设美丽家乡，探寻家乡脱贫致富的道路。在政府的大力支持下，秉持以农兴农、绿色生产的指导方针，带领全村人民打响了一场集精准扶贫、脱贫攻坚、建设经济、传承文化、保护生态的决胜全面建成小康之战。制片人：王茜华、刘飞虎。总编剧：沈行。编剧：红红、刘洁妮。导演：沈行。主演：王茜华、荆浩、王往、冯国庆、黄品沅、王挺。该片于 2020 年 9 月 19 日在中央广播电视总台电视剧频道首播，并在爱奇艺、腾讯和优酷网络视听平台同步上线播出。

电视剧《月是故乡明》剧照

《冰糖炖雪梨》 40 集当代都市题材电视剧《冰糖炖雪梨》由北京完美影视传媒有限责任公司制作，完美世界影视、幸福蓝海、优酷、鲲池影业、浩瀚星盘出品。该剧讲述小学里胆小怯懦的小男孩黎语冰一直被“大王同桌”棠雪欺负，他们唯一的共同之处是都有一个滑冰的梦想。数年后，他们在“霖大”校园重逢，腹黑的黎语冰设计让棠雪成为自己的小助理，百般刁难。但就在这场报复行动中，黎语冰逐渐被棠雪身上不服输的精神吸引，而棠雪也在黎语冰的帮助下，重拾短道速滑梦想，两个人碰撞出爱的火花。在克服了情敌误会、父母阻挠和比赛挫折之后，两个相爱的人最终携手并进，一起向着梦想前进。制片人：刘宁。编剧：马佳。导演：朱锐斌。主演：吴倩、张新成。该剧于 2020 年 3 月 19 日在江苏卫视、浙江卫视、优酷首轮播出。该剧获鹰眼匠心榜 2020 最具潜力匠心剧（非古装类）、微博 2020 最具影响力电视剧、2020 指尖榜“年度最具影响力电视剧作品”等奖项。

电视剧《冰糖炖雪梨》剧照

《吉他兄弟》 43集当代农村题材电视剧《吉他兄弟》由允升文化传媒（北京）有限公司制作，中共贵州省委宣传部、允升文化传媒（北京）有限公司等出品。该剧讲述了吉他兄弟方清明、方清华从贵州省遵义市正安县凤竹村老家跑到广州吉他厂打工谋生，在经历了从白手起家的打工仔到吉他厂老板的成长转变后，最终决心回乡创业，打造民族吉他品牌的传奇故事。该剧以正安县真人真事为创作原型，折射出当代创业者勇于创新、锲而不舍的创业精神。总制片人：范冰心。编剧：吕品品。导演：李舒。主演：应昊茗、高梓淇、王汀、杨菲洋。特别出演：刘牧、徐百卉。友情出演：王茜华。该剧于2020年10月18日在中央广播电视总台央视8套、央视1套以及全网播出。该剧被评为第五届“指尖移动影响力论坛”2020年度最具影响力电视剧作品，入选2020—2022年北京市重点电视剧片单。

电视剧《吉他兄弟》剧照

《燃烧》 51集当代涉案电视剧《燃烧》由北京春秋风云影视策划有限公司、公安部宣传局、山东省公安厅等制作，腾讯影业、北京春秋风云影视策划有限公司、完美世界影业、青岛市广播电视台出品。该剧讲述出身警察世家的民警高风，通过处理一起抛尸案，发现一桩多年前与爷爷和父亲都有关联的悬疑大案的故事。总制片人：尹廉和、陈英杰、苗萌。制片人：侯怡、张乔、王小盟、方旭。编剧：陈育新。导演：陈育新。主演：经超、张佳宁、奚美娟、谭凯、刘敏涛、林籽。该剧于2020年5月28日在东方卫视、北京卫视、腾讯、爱奇艺、哔哩哔哩播出。

电视剧《燃烧》海报

《塞上风云记》 48集近代传奇电视剧《塞上风云记》由北京苹果时代文化传播有限责任公司制作，中央广播电视总台、张家口度创文化传播有限公司等出品。该剧讲述清光绪年间，有着“北方丝绸之路”的张库大道盛极一时，是张家口到库伦，并延伸到俄罗斯的贸易运销路线。张家口巨商之子吕俊杰在惊逢家变之后，在这条道路上展开他传奇的一生，用生命守护着它的繁荣和稳定。历经变迁，在“一带一路”的倡议下，张库大道重新焕发生命力，成为造福中国与邻国之间贸易发展的重要通道。制片人：薛越、赵杰、王森海、佟健峰。编剧：马军骧。剧本改编：刘雪飞。导演：林峰。领衔主演：韩栋、徐梵溪。联合主演：张宁江、马秋子、王雨、阚宇、杨钧丞。特别出演：刘佩琦、李光复、萨日娜、李立群（中国台湾）、温玉娟、臧金生、杜玉明、周明汕。

该剧于2020年6月12日在中央广播电视总台电视剧频道首播，优酷、爱奇艺、腾讯同步上线播出。该剧台网联动深度合作，播出期间，“塞上风云记”的话题搜索量为1.5亿次，超话阅读量为971.9万次，衍生话题16个。该剧发行至越南、韩国、日本等地。

《战火熔炉》 13集当代军旅题材电视剧《战火熔炉》由北京响巢投资有限公司等制作，中央广播电视总台、优酷信息技术（北京）有限公司、阿里巴巴影业（北京）有限公司出品。该剧讲述的是国民党军连长赵和在南宁战役中被俘，在他准备领了遣散路费回家之际，四连连长唐大成却将他当作“解放战士”从俘虏营中领了出来，带到了朝鲜战场，对于四连的陈天放、苗全禄、王保全等老兵而言，赵和就是他们曾经的敌人。一场远在异国他乡的战争，改变了所有人的命运。在云山，在长津湖，在临津江……异国他乡，战火纷飞，战场的那边和这边，都是赵和的敌人，他必须背负着过往和现在，在这场战争中艰难地活下去。在枪林弹雨中，赵和与四连一起成长，赵和逐渐认识到这支队伍是一支多么伟大的军队，而四连的战士们也逐渐接纳了赵和。停战协议生效的子夜，在和平最终到来之际，赵和与四连战士们在战线前见证了历史。总制片人：王浩、敦淇、刘文武、王平。编剧兼导演：董哲。主演：付辛博、董琦。该剧于2020年10月24日在优酷视频平台上线播出。

电视剧《战火熔炉》海报

《有你才有家》 50集当代都市电视剧《有你才有家》由海润影视制作有限公司制作，中央广播电视总台、海润影视制作有限公司、上海亮眉侠文化传媒有限公司、上海斐儿文化传播有限公司、上海新海润文化发展有限公司出品。该剧讲述毕生坚守传统技艺的老木匠江万祥与儿女们冲突不断，在长女江英华的协助下，一家人于亲情羁绊中抚平创伤、共同成长的故事。制片人：郭江喜、吴宁。编剧：万海、禄芳。导演：任程伟。主演：任程伟、练练、解子腾、简莉纹、刘锐。该剧于2020年4月27日在中央广播电视总台电视剧频道首播，并在芒果TV、央视网同步播出。

《古董局中局之掠宝清单》 44集剧情、爱情、悬疑电视剧《古董局中局之掠宝清单》由北京华谊兄弟娱乐投资有限公司制作出品（2020年12月取得电视剧发行许可证）。该剧以马伯庸同名长篇小说为蓝本，讲述了古董行业爱国学者许一城与宗室后人海兰珠，五脉小辈药来、刘一鸣、黄克武，以及好友付贵一起，周旋于老朝奉、日本侵略者、军阀等各大势力之间，展开惊心动魄的鉴宝、护宝，阻止国宝外流的故事。导演、总编剧：韩青。编剧：秋风清、武雨泽、李科峰、廖宇嘉。主演：屈楚萧、陈钰琪。播出平台是腾讯视频，播放量3亿次。

《古董局中局之掠宝清单》剧照

《妙先生》 《妙先生》是光线影业、北京彩条屋科技有限公司、杭州路行动画、霍尔果斯彩条屋影业有限公司联合出品的动画电影。该片以善恶抉择为核心，打造了一个杀好人救坏人的离奇世界。传说，彼岸花能实现所有愿望，但真相是彼岸花寄居在最纯净的灵魂心中，却会激发周围人的恶念，彼岸花会让宿主周围的人陷入无穷的贪欲而堕落，带来灾难，只有宿主心甘情愿一死才可解救。丁果和他的师父，走上了消灭彼岸花、拯救世人的道路，而每一次的拯救，都意味着要有一个同伴做出牺牲。制片人：王长田。编剧：三弦、不思凡。导演：李凌霄。该电影于2020年7月31日上映。

《八佰》 《八佰》是华谊兄弟、北京七印象、腾讯影业、光线影业、华夏电影、阿里影业、上海电影集团、中英文创、完美影视等联合出品的电影。该电影讲述的是1937年淞沪会战末期，中日双方激战已持续3个月，上海濒临沦陷。第88师262旅524团团副谢晋元率420余人，孤军坚守最后的防线，留守上海四行仓库。与租界一河之隔，造就了罕见的被围观的战争。为壮声势，实际人数四百人而对外号称八百人。“八百壮士”奉命留守上海闸北，在苏州河畔的四行仓库鏖战4天，直至10月30日才获令撤往英租界。制片人：王中磊、梁静。编剧：管虎、葛瑞、赵冬苓、张小北、李修文、赵宁宇、老晃。导演：管虎。主要演员：王千源、张译、姜武、黄志忠。该片于2020年8月21日上映。

《荞麦疯长》 《荞麦疯长》是井树文化、光线影业、七印象、海峡西岸、中视央影、东阳大玩家、华瑞影业、堃娱文化、北京蓝媒联合出品的电影。影片讲述的是20世纪90年代的小城市里，三个陌生青年开启了一段异乡漂泊之路。云荞向往过上电影般的生活，走进大城市开始闯荡，但出生平凡小镇的她，只能用艳丽的黄色西服畅想电影中绚烂的霓虹世界；李麦，期待看得见希望的未来，向往站上最广阔的世界舞台尽情舞蹈，在现实和尊严中苦苦挣扎的她，希望逐渐变得可触却不可及；吴风要在平凡的日子里背水一战，背负着沉重的过往，向往的仅仅是默默守护心爱的姑娘，与好兄弟能够在大城市中闯荡一番，过上普通人的生活。三个陌生人在异乡，因为那些微弱的关联，成为他人在困境中涅槃的一丝光明和机会，在不知道的地方互相鼓励，互相温暖。制片人：陈正道、藤井树、孙永焕、管虎。编剧兼导演：徐展雄。主要演员：马思纯、钟楚曦、黄景瑜。该片于2020年8月25日上映。

《我的女友是机器人》 《我的女友是机器人》是宁洋影业、北京天悦东方、光线影业、古然德文化传媒、天津汉裕影业、长春思婉影视等联合出品的电影。该电影讲述的是对生活毫无激情的导游方元在生日当天，邂逅了陌生的潇洒女孩，两人机缘巧合度过了开心的庆生夜。一年后的生日当天，方元再次遇到了和当初“潇洒女孩”长相一模一样的机器人初一，两人亦开始了朝夕相处且啼笑皆非的生活，初一也逐渐融入了和巴哥等一群朋友的生活。方元对初一逐渐暗生情愫，而初一似乎还没有理解方元的心意。制片人：王丹丹。编剧：金璐。导演：王韦程。主要演员：辛芷蕾、包贝尔。该片于2020年9月11日上映。

《姜子牙》 《姜子牙》是光线影业、彩条屋影业、中传合道、可可豆动画等联合出品的动画电影。影片反映的是昆仑弟子姜子牙率领众神战胜狐妖，推翻残暴的商王朝，赢得封神大战的胜利，即将受封为众神之长。在巅峰时刻，他因一时之过被贬下凡间，失去神力，被世人唾弃。为重回昆仑，姜子牙踏上旅途。在战后的废墟之上，他重新找到自我，也发现当年一切的真相。制片人：高薇华、王竞。编剧：谢茜颖。导演：程腾、李炜、王昕、李夏。该片2020年10月1日上映。

《金刚川》 《金刚川》是中影股份、七印象、郭凡文化传媒、自由酷鲸影业、华夏电影、华谊兄弟、光线传媒等联合出品的电影，讲述的是1953年抗美援朝战争进入最终阶段，志愿军战士要在第一时间赶往金城参加最后一场大型战役，如果没能及时赶到，对战况的影响可想而知。志愿军战士要通过一条名为金刚川的川流，才能继续赶往金城。志愿军工兵连修建了一条木桥，可供战士们通过。但是，美军也知道只要阻止志愿军通过金刚川，自己就能在金城大战中占据更大的优势，于是配备了延时炸弹、燃烧弹以及多发子弹的轰炸机、战斗机不断轰炸木桥与志愿军战士们，而让美军惊讶的是，每次把桥炸烂，志愿军战士们都能在短短几个小时内重新修复木桥。制片人：傅若清、梁静。编剧：管虎。导演：管虎、郭凡、路阳、田羽生。主要演员：张译、吴京、李九霄、魏晨、邓超。该片于2020年10月23日上映。

《如果声音不记得》 《如果声音不记得》是光线影业、最世文化、五光十色联合出品的电影。该片讲述的是拥有控制声音的超能力的男主角辛唐，在给父母扫墓时遇到同校民歌系的女孩吉择。吉择在墓地的出格行为令辛唐非常反感，辛唐的冷漠反应也让吉择很不喜欢。阴差阳错下，互相看不顺眼的两个人被意外地绑定在了一起。在被迫相处的过程中，辛唐意识到自己对吉择的感情，吉择也慢慢敞开心扉。然而正当爱情甜蜜时，吉择黑暗的过往被揭开，同时辛唐超能力的秘密也被吉择察觉，这段感情又陷入危机，两个人的命运注定被带向不平凡的远方。制片人：郭敬明。编剧：郭敬明、落落。导演：落落。主要演员：张若楠、孙晨竣、王彦霖。该片于2020年12月4日上映。

二、电视动画片

《宇宙护卫队3》 26集童话题材电视动画片《宇宙护卫队3》由完美鲲鹏（北京）动漫科技有限公司制作，讲述的是在茫茫宇宙中，有一支维护正义与和平的力量——宇宙护卫队。而其中正直勇敢的老虎风暴队长，天生的行动派猴子闪电、知识渊博头脑聪明的兔子彩虹，还有天真乐观的机械专家小猪流星都是宇宙护卫队成员，4人组成地球小分队，守护美丽的地球和地球上的居民们。每当地球上的动物们遇到困难时，只要大声呼喊“宇宙护卫队”，他们就会收到消息，第一时间赶到现场，使用神奇装备，实施救援，化解危机。在《宇宙护卫队3》中，4位护卫队员配合得更加默契，他们在任务中相互协作，发挥各自特长，不仅帮动物们解决问题，还向动物们学习本领，一起成长。制片人：贺迪。编剧：刘彭、金璐、李冠萱、彭惠、李林霏、彭可欣、糖猫不甜、鹿想工作室、王晓莉等。导演：贺迪、邱尧。该剧于2020年9月30日首播。播出电视媒体有北京卡酷少儿、浙江卫视、江西卫视、安徽卫视、厦门卫视、中国教育电视台、宁夏少儿、山西少儿、海南青少、内蒙古少儿、河北少儿、甘肃少儿、广西公共、新疆少儿、黑龙江少儿、山东少儿、济南少儿、大连少儿、成都少儿、宁波少儿等频道。播出新媒体有优酷、腾讯视频、爱奇艺、芒果TV，TT端的小米、华为、创维、TCL、康佳、长虹、海信、乐视、苏宁（PPTV）、家视天下、风行，全国30个省、直辖市、自治区IPTV全部覆盖（除西藏）。该片被列入国家广电总局2020年第三季度优秀国产动画片名单。

《叮叮咚咚毛毛镇》 26集童话题材电视动画片《叮叮咚咚毛毛镇》由北京空速动漫文化有限公司、北京君舍文化传媒有限公司制作，中国传媒大学出品。该电视动画片是针对3~6岁的学龄前儿童的动画儿歌，是“毛毛镇”系列儿童动画的衍生内容之一。《叮叮咚咚毛毛镇》以毛毛镇世界的场景为主，还原小朋友的生活情境。以叮咚为引导，将孩子们生活中有趣的细节以儿歌加动画的形式呈现，引领小朋友们养成良好的生活习惯，形象地帮助他们认识自然界及社会生活，是小朋友们初识世界的媒介。26首儿歌全部为原创作品，曲调欢快、旋律动听，符合孩子的年龄喜好。作品旨在让孩子感受音乐的同时，寓教于“乐”，滋养儿童的精神世界。歌词选题覆盖学龄前儿童相关和感兴趣的各个方面，内容积极向上、童趣活泼、视角独到。制片人：钟丽芳。编剧：王雷。导演：王漪。该剧于2020年12月21日在中央广播电视总台少儿、卡酷少儿、金鹰卡通、嘉佳卡通、上海炫动频道首播，爱奇艺、优酷、腾讯、咪咕同步上线播出。

《无敌鹿战队（第一季）》 40集儿童电视动画片《无敌鹿战队（第一季）》由北京爱奇艺科技有限公司制作出品，该片讲述4只活泼可爱、热情善良的小鹿，通过知识和神奇的自然力量，团结协作，帮助森林里的动物和城市中的居民解决困难、化解危机的故事。四只小鹿居住在美丽的“中央森林”，他们平日里喜欢搞发明、烹饪美食，也会来到城市中探寻各种有趣的新鲜事物。在故事中，森林中小伙伴们遇到了很多棘手的麻烦，而生活在城市里的人类也时不时会遭遇人为或自然的各种危机，此时小鹿们对自然能量的运用已经十分娴熟，他们利用自己的智慧和力量一次次帮大家解决各种问题，在帮助他人的过程中也获得自身的成长。制片人：杨晓轩。编剧：李子勃。导演：王志刚、卢德响。该剧于2020年7月15日在网络媒体爱奇艺独播，并在北京卡酷少儿、湖南金鹰、嘉佳卡通、江苏优漫、上海炫动等30多个电视频道以及海外的尼克国际儿童频道播出。该片获国家广播电视总局优秀动漫选题扶持、2020年第五届玉猴奖年度十佳新锐动漫IP、国家广播电视总局推荐2020年第二季度优秀国产电视动画片等奖项及北京广播电视网络视听发展基金扶持奖励。

《幸福路上》 2集现实题材电视动画片《幸福路上》（包括《幸福路上——打走蛩蛩怪》《幸福路上——幸福终点线》）由北京广播电视台卡酷少儿卫视频道制作。该电视动画片用儿童视角发现现实生活的变化，以小切口展现脱贫攻坚取得的决定性成就。《幸福终点线》讲述幸福小学的老师和同学通过直播带货帮助小贵一家打开桃子销路的故事，以校园生活和师生情、同学情为背景，具有很强的贴近性。《打走蛩蛩怪》在片中设计了一个名叫“蛩蛩怪”的怪物，“蛩”音同“穷”，古代意指作物的天敌“蝗虫”，巧妙地将儿童熟悉的生活体验与脱贫主题联系在一起，打走“蛩蛩怪”更深层次的含义是通过不断完善农村基建赶走“贫穷”。制片人：冯焕斌。编剧：朱业。导演：朱业。该剧于2020年12月30日在卡酷少儿卫视频道首播，入选国家广播电视总局爱国主义题材纪录片、动画片推荐片目。

三、电视纪录片

《生命缘——再战新冠之并肩》 1集抗疫题材纪录片《生命缘——再战新冠之并肩》由北京广播电视台制作出品，是以新发地聚集性疫病为开端的北京新冠疫情再次暴发后进行采编制作的。该纪录片以再战新冠状态下并肩战斗在各个环节上的人物为独家视角，展现从政府到医护人员到社区工作者再到患者和普通市民，大家众志成城、并肩鼓励、绝不松懈、再战必胜的信念和坚守。疫情如大考，考验着北京这座城市的管理能力，也考验着每一个人。通过该片，人们感受到整座城市携手并肩、众志成城、共战疫情的奉献精神，更真切了解到国家及北京市政府对于此次疫情的防控力度和救治决心，传递了北京再战新冠、再战必胜的信心。制片人：徐滔、邵晶、李潇、刘琥。编剧：李晓东、杨彦君。导演：杨懿丁、郭洪泷、赖一锐、李占威、何倩、张萃妍、王轩。该纪录片于2020年6月28日21:00在北京广播电视台北京卫视播出。

纪录片《生命缘——再战新冠之并肩》截屏

《我的硬核社区》 5集抗疫题材纪录片《我的硬核社区》由北京三多堂传媒股份有限公司制作，北京三多堂传媒股份有限公司、北京爱奇艺科技有限公司、双元禾力（北京）影视传媒有限公司出品，是疫情期间唯一一部以社区抗疫为主题的系列纪录片。它选取北京常营万象新天社区、北京昌平史家桥村、武汉九峰派出所、武汉关南派出所、山西平遥县香乐乡等5个基层单位为拍摄对象，用将近2个月时间进行纪实跟拍，展现基层一线工作者的真实工作状态，呈现出不同类型社区在疫情期间的生动故事，丰富地呈现了具有中国特色的国家治理的微观样貌。制片人：高晓蒙。编剧：蔡傲健男、王龙飞、徐澎、张亮、焦晓静、陈诚。导演：李宁。该纪录片于2020年5月2日在爱奇艺网首播。

《中国（第一季）》 12集人文历史纪录片《中国（第一季）》由北京伯璟文化传播有限公司制作，湖南卫视、芒果TV、北京伯璟文化传播有限公司出品。该纪录片聚焦从春秋到盛唐的中国历史故事，挖掘对今日中国影响深远的人和事，溯五千年，泱泱中华，何以《中国》？讲中国故事，传中国之声，展中华文明演进的伟大历程。制片人：李东珅。编剧：邓建永。导演：李东珅、周艳。主演：何炅、汪涵等。该纪录片于2020年12月7日在湖南卫视、芒果TV首播，并被评为国家广电总局2020年度第四季度推优作品，获得2020年度“湖南广播电视奖”一等奖、2020年度“湖南广播电视奖新媒体优秀作品”一等奖。

纪录片《中国（第一季）》海报

《广府春秋·如往如来》 2集纪录片《广府春秋·如往如来》由中央新闻纪录电影制片厂（集团）、东方良友影视传媒（北京）有限公司、广州环球瑞都文化传播有限公司制作，广州市文化广电旅游局联合出品，该片透过当下正在行进的广府海外华人华侨个体人物的命运轨迹，探寻广府移民及广大华人走向世界的海外移民历史。大历史的回望解析，注解当下正在行进的真实生活；朴素的乡音乡情，透射百多年的努力与坚持。活着的历史，有温度的传承。见华人，见世界。制片人：吴青松、任天华、刘静。导演：崔真、李心毅。该纪录片于2020年11月5日在中央广播电视总台纪录频道国际版（CGTN-Documentary）全球首播。

《广府春秋·如往如来》海报

《百年巨匠——京剧篇》 12集人物传记纪录片《百年巨匠——京剧篇》由百年巨匠（北京）文化传播有限公司制作出品。该纪录片是《百年巨匠》第一季的一部分，主要讲述京剧旦角行当中四大艺术流派的创始人。他们的优秀艺术，给人们留下不可磨灭的印象。王瑶卿给四大名旦每人一个字的评价，能够反映出他们的特色：梅兰芳——“样”、尚小云——“棒”、程砚秋——“唱”、荀慧生——“浪”。该片入选国家广播电视总局2020年第四季度推荐优秀国产纪录片名录。制片人：杨京岛。编剧：郭长虹。导演：周兵。该纪录片于2020年7月在中央广播电视总台国际频道（CCTV-4）首播。

纪录片《百年巨匠——京剧篇》海报

《山里娃冰球队》 1集生活纪录片《山里娃冰球队》由北京广播电视台冬奥纪实频道制作出品。该纪录片介绍了距离北京城中心100公里的延庆大山深处，有一所珍珠泉小学，这里的45个学生都是来自周围18个自然村的山区家庭，不少孩子的经济条件很差，但是即便偏远不富裕，这里却诞生了一支队龄2年多的冰球队。打冰球是一项比较昂贵的运动，场地、装备、教练等必要条件都花费不菲，对山区小学来说样样都是难题。为此，学校因地制宜，利用山区温度低、冬季冰期长的自然条件将天然河道打造成免费冰场，多方协助集资为孩子免费提供15套入门级冰球装备，北师大退休体育老师义务当教练……一步一步将冰球队拉了起来，让山区孩子享受到了和城里孩子一样的冰上运动乐趣。这其中有曲折、有艰难，但最重要的是让农村孩子收获了受益终身的快乐。打冰球、组建冰球队，这对于贫困山区的孩子来说本应是个奢侈的梦，但是这个梦却在很多人的呵护下成了现实，甚至烙进了他们的人生。制片人：钱丹丹。摄像：马勇杰。导演：

齐芳。该纪录片于2020年7月23日在北京广播电视台冬奥纪实频道首播。

纪录片《山里娃冰球队》海报

《中国医生》 9集医疗人文纪录片《中国医生》由北京乐正文化传播有限公司制作，乐正传媒、爱奇艺、健康报、迈瑞医疗出品。该纪录片是国内首部以医护群体为主角的大型医疗纪录片。该片将镜头对准全国各地六家大型三甲医院，选取具有代表性的科室及医护人员，聚焦普通人与医院最常发生交集的场景，通过跟踪拍摄一个个有温情、有责任、有矛盾也有希望的医患故事，多视角呈现了医生这一职业的不同方面，解读医疗系统在国民生命进程中扮演的重要角色，真实地展示了中国医生在救死扶伤道路上的悲欢离合。制片人：张健珍、杨海涛。导演：张健珍。该纪录片于2020年1月27日在爱奇艺播出。

纪录片《中国医生》海报

《冬去春归·2020疫情里的中国》 3集抗疫题材纪录片《冬去春归·2020疫情里的中国》由优酷制作出品。该片是首部由互联网公司深入抗疫一线拍摄出品的纪录片。在抗击新冠肺炎疫情这场没有硝烟的战斗中，将镜头聚焦在每一位温暖坚守、默默努力的普通身边人，用影像去记录真实的故事与众志成城的决心。从守护一线的医护人员到不打烊的热干面店主，从等待新生命的家庭到护送"逆行者"的民航机组，在他们的身上我们看到希望，看到坚持，看到爱。制片人：张伟、屈楚、黄林霏。导演：康成业、曹俊龙。

纪录片《冬去春归·2020疫情里的中国》海报

该纪录片于2020年3月8日在优酷上线播出。该片荣获2020年中国广州（国际）纪录片节“中国故事优秀纪录短片”大奖，2020年“金丝带”优秀抗疫节目奖，中美电视电影节（Chinese American TV Festival）“爱与希望”——抗疫防疫专题优秀作品，2020中国同心战疫纪实影像优秀作品等。同时，该片入选国家广电总局2020年第一季度优秀网络视听作品推选活动优秀作品名录、2020年“弘扬社会主义核心价值观 共筑中国梦”主题原创网络视听优秀节目，并被国家广电总局列为重点外宣项目。已被翻译成英语、俄语、葡萄牙语等多种语言，在全球140多个国家陆续播出。2020年10月被收录到国家图书馆馆藏。

《潜行中国》 6集探索类系列纪录片《潜行中国》由北京泡泡海洋文化有限公司制作出品，记述摄影家PAUPAU和四位技术潜水专家组成的探索团队历时三年，跨越中国24个省、市，深入河流、山川、湖泊、水库、洞穴和海洋，去探索和记录水下自然地貌、生物、人文古迹，发掘鲜为人知的水下故事，开启一段独特的水下探险之旅。制片人：谢令。编剧：周芳。导演：周芳。主演：刘毅、韩颋、王言、宋刚。该片于2020年1月20日在爱奇艺上线播出。

纪录片《潜行中国》海报

（北京市广播电视局电视剧管理处、北京市广播电视局宣传管理处、北京华谊兄弟娱乐投资有限公司、北京光线传媒有限公司）

媒体融合与智慧广电

北京市媒体融合与智慧广电发展情况综述

2020 年，北京市广播电视局认真贯彻落实中央和北京市关于加快推进媒体深度融合的各项部署，积极构建以内容建设为根本、先进技术为支撑、创新管理为保障的全媒体传播体系，广播电视媒体深度融合初现成效。

一、总体情况

坚持以首都发展为统领，紧扣首都城市功能定位，抓住“一会、一云、一矩阵、一中心”，推进各区三个中心贯通、三地协同发展，推动广播电视主力军全面挺进主战场，初步形成具有首都特色的全媒体传播体系。

二、政策措施

2020 年，在国家广电总局的支持下，京津冀三地联合成立中国（京津冀）广播电视媒体融合发展创新中心，三地广电局签署《京津冀新视听战略合作协议》，北京云、津云、冀云“三朵云”签署合作协议，在创新中心框架下依托总局研修学院成立京津冀新视听媒体融合学院，组织三地媒体融合项目征集，举办京津冀典型案例交流会，京津冀媒体融合协同发展迈出新步伐。

2020 年 12 月，制定发布《北京市广播电视媒体融合发展扶持资金管理办法（试行）》，用于支持北京市媒体融合领域在融合发展模式探索、技术研发应用推广、媒体融合内容制作等方面具有典型性、示范性和引领性的单位和项目。

三、主要做法

一是打造交流平台。2020 年，由国家广播电视总局、北京市人民政府指导，中共北京市委宣传部、北京市广播电视局主办的首届中国广电媒体融合发展大会举办，搭建了全国媒体融合交流新平台。会议为期 2 天，共设置 10 场活动，分别是：启动式暨高端峰会、全国广播电视媒体融合典型案例交流会、京津冀广电媒体融合协同发展推进会、媒体融合创新技术应用与项目推介会、短视频 MCN 生态与媒体融合峰会、融媒体时代的内容创新峰会、媒体融合与国际传播能力建设峰会、媒体融合与社会治理研讨会、融媒体产业合作峰会、“媒体 +”精准扶贫研讨会。全国 26 个省、自治区、直辖市的局台网领导和相关负责人共 500 人参加现场会议。

2020 年 9 月 8 日，京津冀融媒体省级平台合作签约仪式在首届中国广电媒体融合发展大会启动式上举行

二是坚持技术赋能。开展“媒体融合创新技术与服务应用遴选推广计划”，面向全国征集媒体融合创新技术应用和“媒体 + 服务”创新应用项目。2020 年，全国共有 63 家单位申报项目近百项，最终评出入库项目 40 个，优秀项目 20 个，其中“AI 合成主播”等 4 个项目已经与 8 家区融媒体中心对接落地，并予以一定的资金补助。开展北京媒体融合能力提升工程，依据各区融媒体中心的

技术和业务需求，选取共性的技术方向和业务模式进行研究，并在一至两个融媒体中心做落地示范。2020年，以丰台区、昌平区为试点，重点帮助区融媒体中心在社区服务、文化实践中心贯通等方面拓展功能、提升能力，取得良好效果。

三是开展评优评先。开展北京市广播电视媒体融合典型案例、优秀短视频等项目的征集评选工作，不断打造媒体融合北京经验、北京品牌。2020年，评选出北京市媒体融合先导单位4家、典型案例10个、成长项目5个，优秀短视频17个，并对评选出的优秀项目予以资金奖励。其中北京广播电视台大型融媒体行动“壮丽七十年 我们都知道”被评为2020年度全国广播电视媒体融合典型案例。

四是智慧广电创新实践实现新突破，网络整合取得阶段性成果。北京歌华有线电视网络股份有限公司以股权出资方式参与组建中国广电网络股份有限公司。北京市在全国首设推动智慧广电发展专项资金，为贯彻落实《北京市智慧广电发展行动方案（2019年—2022年）》，推进北京市智慧广电建设和发展，市广电局组织开展2020年北京市推动智慧广电发展专项资金奖励项目申报、评审工作，奖励推广创新项目30个。这30个项目获得北京市设立的3000万元智慧广电专项资金奖励，内容涵盖大数据、5G、4K/8K超高清、AI、VR/AR、IPTV、IC设计、融合媒体、视听场景应用等多个领域。北京市推进智慧广电建设工作被国家广电总局评为全国智慧广电示范案例第一名。

五是指导歌华有线公司开展智慧乡村信息服务。北京歌华有线电视网络股份公司开展“智慧乡村”应用服务建设，围绕北京“美丽智慧乡村”建设，积极开展面向农民生产、生活的公共信息传播服务。精心打造“密云便民服务频道”，触达密云区20个乡镇街道、327个行政村和49个社区，成为密云区委区政府公共服务信息传播和乡村综合治理的重要途径和手段；支持怀柔区建立覆盖全区行政村的“三务公开”电视云平台，村民通过家中电视机可了解本村支部建设、村里发展和账务收支情况；支持北京市农研中心和各区农业农村局，提供覆盖辖区村民的“智慧乡村”电视云服务，内容充分体现辖区村党建、“三务公开”和“精准扶贫”工作特色；分别与密云、延庆等8个郊区文旅局合作开展电视文化云传播服务，构建具有区域人文特色的区属电视文化云服务平台，实现政府公共文化服务进村入户。

（北京市广播电视局媒体融合发展处、科技处）

北京广播电视台媒体融合发展情况

2020年，北京广播电视台所属“北京时间”网站和客户端深化网台融合转化，打造“北京时间”头部网生原创内容，与全台相关频道策划首批18档节目。“北京时间”直播矩阵不断发展壮大，截至2020年年底，参与“北京时间”直播矩阵直播的单位已近30家，在各平台的粉丝数量已突破600万；在短视频方面，“时间视频”矩阵在微博、头条、腾讯等平台累计粉丝超2000万，全网累计播放量达到38亿次。疫情防控期间，

2020 年 9 月，在中国国际服务贸易交易会上，“听听 FM”和腾讯随行联合展出车载空间模型

“北京时间”与科教频道《健康北京》节目深度互动，开通“我要提问”征集模块，收集用户提问近 2000 条，由节目邀请的各界专业人士回答网民关于疫情的相关问题，增强节目互动性。

由“听听 FM”出品的广播、电视、新媒体深度融合节目《耳边的青年网络公开课》第一季，于 2020 年 5 月 4 日上线，节目相关微博话题总阅读量 1644.2 万次，微信相关内容阅读总量 45 万次，专辑收听总量 54.5 万次。2020 年 10 月，北京广播电视台官方音频客户端“听听 FM”与阿里云计算有限公司签署《车联网车载合作协议》，布局物联网领域。

2020 年，北京 IPTV 不断推进专业知识的发展，自主开发的智能大屏操作系统 UiOS 获得国家专利知识产权局颁发的发明创造专利许可证，北京 IPTV 大数据项目被北京市广播电视局评为“2020 年北京市推动智慧广电发展专项重点奖励项目”，北京 IPTV 智能运营管理平台等 3 款系统软件取得软件著作权登记证书。

（北京广播电视台）

海淀区融媒体发展情况

2020 年，海淀区融媒体中心把服务疫情防控、复工达产作为主要任务，探索舆论引导新方法，拓展综合服务新本领，再造融合发展新流程，创造力、凝聚力、战斗力进一步增强，逐步形成了“海淀模式”。在首届中国（北京）国际视听大会上，海淀融媒荣获“媒体融合先导单位”“广播电视媒体融合典型案例”两个奖项，荣获北京新闻奖、北京市广播影视协会优秀电视新闻等重要奖项。

在2020年的疫情防控“大战大考”中，海淀融媒用户量和访问量都是近几年来增长最快的。传播矩阵用户量超过1300万，其中，“海淀融媒”“海淀抖一抖”两个抖音号粉丝量均突破300万。2020年3月，海淀网、“掌上海淀”移动客户端、“海淀新闻”微博、“北京海淀”微信公众号取得互联网新闻信息服务许可。传播矩阵全年共发稿12万多篇，访问量达108.3亿次，同比增长70%；共有564篇作品被“学习强国”采纳；共开展98场网络直播，总观看人次达2.9亿次。中国记协微信公众号发布文章《战“疫”第一考，县级融媒打几分》，推荐海淀融媒抗疫宣传做法。

2020年，海淀融媒坚持移动优先战略，发力线下和线上融合、宣传和服务融合、内容和技术融合，运用品牌塑造、产品集成、技术驱动“三驾马车”，跑出加速度，形成鲜明特色。

一是塑造品牌，形成品位声势。海淀区融媒体中心承办国家级活动2020年两岸青年交流合作北京峰会。举办开幕式、在京台青分享会、京台青年带货三场活动，并首次实现线上直播，几十家网络平台参与，累计1160万网友在线观看。中国国民党前主席洪秀柱等通过视频致辞。国务院台办副主任龙明彪在开幕式现场致辞。2020年服贸会上，海淀区融媒体中心身兼多职，既是融媒体，也是参展商，还是策展商，承办多项活动，品牌效应显著。海淀融媒还利用脱贫攻坚收官之年契机，精心拍摄海淀区首部扶贫纪录片《海淀扶贫印迹》，定格历史瞬间。

二是产品集成，创新“新闻+政务服务商务”。2020年4月和5月，推出“才聚云端”系列云招聘12场直播，共有300多家中关村科学城领军企业参与，区委书记、区长等5位区领导走进直播间，4500万人次网友观看，吸引央视《新闻联播》等媒体报道。针对海淀区国际科技创新中心核心区、“三城一区”领头羊的特点，海淀融媒自主策划、实施、落地“你好，北区”宣传推介活动，以“场景+体验+互动”形式聚焦中关村科学城北区发展，6场活动网络直播总访问量超过3000万次。跟北斗星通等空天产业领军企业联合举办中关村北斗和空间信息服务产业高峰论坛等。2020年6月30日上线“海淀融媒发布厅”，以户外为主，采取互动式的直播形式，针对全区的重要政策进行解读，改变此前发布会的形态。

三是技术驱动，推进社会治理。海淀融媒开发的海淀区“新媒体云服务平台项目”2020年全新升级为“海淀云”，面向全区各单位开放，引领区域媒体融合。跟中关村科学城城市大脑股份有限公司、中国电信、科大讯飞联合成立城市大脑、5G、AI三个融媒实验室，充分发挥融媒实验室的作用，以先进技术拓展发展空间。2020年的海淀区两会上，海淀融媒成功尝试“5G+8K”直播技术。2020年11月，在北京市开展核酸检测应急演练时，海淀融媒提供全程的视频保障。

2020年，海淀区融媒体中心在海淀区政府网、海淀网、“掌上海淀”客户端、央视频、百度、快手、抖音、微博、今日头条等多个网络平台开展直播。截至2020年年底，共开展98场网络直播，总观看量达2.9亿人次，场均观看量近300万人次。

（北京市海淀区融媒体中心　倪恒虎）

大兴区媒体融合发展情况

2020年，“北京大兴”微博共发布资讯5600条，阅读总量达2.4亿次，转赞评超84万次，粉丝量增加10.21万个。同时，“北京大兴”微博的排名也由原先的北京政务榜单的四五十名跃升到全国政务榜单的30名左右，最好排名更是登上全国政务榜单的第四名。

“这里是大兴”微信公众号平台以重点报道疫情新闻、接诉即办、扫黑除恶、优化营商环境等内容为主。截至2020年12月月底，用户数量达10.66万人。

2020年，“北京大兴”App经中心与大兴区经信局、大兴区政务服务局、建行北京支行合作，完成升级开发，承载“新闻+政务+服务”等功能，优化新版“北京大兴”App的新闻资讯、公共服务、政务服务等功能，设立新闻资讯、网络问政、接诉即办等共14个板块栏目，并接入新时代文明实践中心“点单派单”系统，实现集“看、查、办、问、评”于一身，运用智能语音导航系统的“开口办事”功能，实现7×24小时在线查询瞬时自动回复，并提供精准个性化服务的“千人千面功能”，打造智慧政务新模式。加大内容生产力度，目前App原创内容日更量约25条，转载内容日更量约30条，实现区内重大信息在新闻栏目中的首发。通过多种形式，深入全区各镇街、社区、学校等，开展媒体推广活动，截至2020年年底，App实名注册量约120余万人，日活量约5000人。

2020年，“大兴融媒”抖音官方号共发布抖音短视频900部，获赞1800万个，粉丝增长50.2万个，播放量达6.8亿次。年度最高阅读量新闻《司机：前面规定不能坐人。乘客：你凭啥坐在前面？》播放量达3529.5万次。

“北京大兴”大兴区人民政府快手官方号共发布短视频717部，粉丝111万余人，视频累计播放量达15.5亿次，获赞5360万个。2020年8月4日“北京大兴”官方快手号粉丝量突破100万。

（北京市大兴区融媒体中心）

通州区媒体融合发展情况

一、广播电视媒体融合

通州区融媒体中心与市级媒体开展良性、深度合作，打造城市副中心媒体矩阵。2020年10月19日，《通州时讯》升级改版为《北京城市副中心报》，《通州新闻》更名为《城市副中心新闻》。与此同时，北京广播电视台新闻频道全新开播《北京城市副中心新闻》专栏，北京广播电视台城市广播更名为北京广播电视台城市副中心广播。全域联动、协同作业、共同发声的城市副中心媒体矩阵全面起航。

二、坚持“移动优先”，注重新媒体建设

2020年，融汇副中心客户端实现了新时代文明实践中心、区级融媒体中心和政务服务中心的贯通，为市民提供了移动化的便捷服务。开通看报功能，满足新媒体用户对《北京城市副中心报》的阅览需求。同步直播了14场网络直播活动，其中包括7场城市副中心新闻发布会、欢乐通州欢乐购、城市副中心党员桶前值守晨夕计划等，及时准确传递权威声音，服务中心工作。

通过深入挖掘本地新闻资源，新媒体持续推出“刷屏爆款”产品。对外链接更多平台，使城市副中心宣传频率更高、流量更大。《主播说新闻》系列短视频以“亲民”方式解读重点新闻内容，“通州发布”抖音号、快手号的总浏览量达196万次，点赞6.2万余次。2020年11月，北京广播电视台组织了“走进北京网红打卡地”挑战赛活动，通州区融媒体中心制作的17个“打卡”短视频最终取得全市排名第三的好成绩，最高点击量超15万次。

2020年两会期间，“通州发布”公众号策划推出《小布帮打听》栏目，征集市民留言600余条并带至两会现场，帮助市民答疑解惑。2020年两会期间，新媒体平台充分运用短视频形式推出多款爆款作品。9条《两会日记》短视频，展现了两会现场的生动画面。网民可以随时利用碎片化时间收看两会相关报道，获取权威信息，总阅读量达131万次。“通州发布”微信公众号刊发《一图读懂区政府工作报告》，被27个区内及区外新媒体平台转载，稿件阅读量超3万次。作为城市副中心重要的官方新媒体发布平台，2020年，“通州发布”微信公众号继续保持良好态势。据清博大数据统计结果显示，2020年“通州发布”微信公众号总阅读量比2019年增加63.25%，全年点赞量增加24.27%，全年粉丝增长量达4万人。这些粉丝不仅包括通州市民，还有20%左右来自河北、天津及其他各省市。截至2020年年底，“通州发布”微信公众号已连续18个月在北京17个区的官方微信月榜中排名首位，稿件总阅读量、头条阅读量、平均阅读量等重要指标均名列前茅，充分体现了城市副中心官方新媒体平台的权威性。

三、“融媒体平台建设项目”试运行

该项目于2020年2月正式启动。截至年底，基础装修基本完成，处于试运行阶段。平台正式投入使用后，将可利用互联网技术实现节目构成元素的多样化；利用云平台，实现不同媒介资源的快速共享；利用信息技术，实现在移动环境下的快捷新闻生产和审查。通州区融媒体中心媒体融合工作将得到进一步推动。

（北京市通州区融媒体中心）

顺义区媒体融合发展情况

2020年，顺义区融媒体中心牢记职责使命，坚持守正创新，遵循“技术支撑、移动优先、内容为王、体制创新”的原则，纵深推进媒体融合改革。

一、聚焦重点，改革成果不断拓展

2020年，坚持技术支撑，“中央厨房”项目一期工程完工、二期工程试运行，顺义融媒聚合运行平台初步建成。依托该平台，顺义融媒体中心重构生产组织体系，再造采编流程，一个“统筹策划、一次采集、多种生成、多元传播、科学评价、有效应用”的全新业务模式初步形成。

坚持移动优先，“北京顺义”App进一步调整和优化。实现与北京日报客户端的有效对接，顺义融媒产品在北京日报客户端推出1800多条。顺义区第六届青少年才艺大赛等开展直播活动，以进一步提升新媒体传播力和影响力。截至年底，“北京顺义”App客户下载量达到近30万次。

二、精品纷呈，宣传水平大大提升

2020年9月，顺义区融媒体中心参加中国国际服务贸易交易会“媒体融合展区”展示，围绕“精准扶贫”“科技抗疫”“复工复产”“文化贸易”“垃圾分类”5大主题，策划5场直播活动，累计吸引1699.5万网友观看，全面展现顺义区经济社会发展成就及顺义媒体融合发展改革成果。同时，创新创优，爆款融媒产品竞相涌现。战疫原创歌曲《最想见到你》点击量突破3000万次；疫情特别栏目《我想说》，受到市委宣传部及“学习强国”北京平台相关领导表扬，被称赞栏目开得好，非常有创意。《高质量发展！北京顺义：腾飞的临空经济》在500多个全国区县级融媒体产品中脱颖而出，获评光明网优秀作品提名奖。2020年，顺义融媒在“学习强国”平台、光明网等推送2600多条各类音视频信息。

三、“四力”提升，融媒队伍得到历练

顺义区融媒体中心全体编辑记者奋力投入疫情防控宣传报道当中，用实际行动诠释新闻事业在人民需要时的使命与担当。26名党员记者获市委宣传部认可。其中，记者杨博获得北京市抗击新冠肺炎疫情先进个人表彰。全年，顺义融媒共发布疫情防控宣传报道8425条。另外，中心成立“融媒体工作室”，鼓励编辑记者跨部门、跨媒体，按项目组织生产。“融媒体工作室”的开启，激发了新闻队伍的创作热情，构建了一大批“提笔能写，对筒能讲，举机能拍”的全媒体记者。先后采制完成20篇融媒产品。累计阅读量逾700余万次，转发、评论、点赞量均达到10万余次。

（北京市顺义区融媒体中心）

北京IPTV推出《众志成城 抗击疫情》大型系列交互式电视报道

新冠肺炎疫情暴发以来，党和政府高度重视，在全国上下打响抗击疫情的阻击战。北京IPTV迅速做出反应，创新智慧广电内容生产方式，在疫情暴发的第一时间，北京IPTV“大健康”频道推出《众志成城 抗击疫情》抗击疫情专题节目特别报道，并在北京IPTV首屏首页推出《众志成城 抗击疫情》系列特别报道点播专区，“频道直播＋专区

专题专栏点播”模式使传播效果最大化。该特别报道按照内容分三个阶段：

2020 年 1 月 29 日至 4 月 30 日是报道的第一阶段。这一阶段，新冠肺炎疫情防控阻击战在全国全面展开，北京 IPTV 推出《众志成城 抗击疫情》系列特别报道。在北京 IPTV“大健康”频道每天推出《众志成城 抗击疫情》系列特别报道，全天 24 小时不间断播出；在北京 IPTV 首屏首页推出《众志成城 抗击疫情》特别报道专区，设置“政府声音”“专家解读”“防疫知识”“北京行动”“武汉直击”等各种抗疫专题专栏节目，每天 24 小时更新。系列报道迅速及时地发布有关新冠肺炎疫情和相关城市的权威资讯，传递全国上下同舟共济、并肩作战、抗击疫情的正能量；迅速整合北京市卫生局发布的权威抗疫知识，为首都市民正确抗疫提供指导；集中报道北京“白衣天使”在武汉抗疫一线的点滴英雄事迹。这一时期，前后共有 797 名北京护士驰援武汉，在当地迅速建立起发热门诊、隔离病区、重症监护病房等战斗岗位，全力守护武汉人民生命安全和身体健康，为促进患者康复、拯救患者生命做出了积极贡献，彰显了南丁格尔崇高的职业精神。与此同时，24 小时直播“火神山”“雷神山”医院建设，让北京 IPTV 百万级用户通过 IPTV 这块大屏当起“云监工”。这一阶段系列报道切实有效传达了党和中央的抗疫决策，坚定了民众抗疫胜利的信心，重拾首都百姓对美好生活的信念。该系列特别报道累计收视户数 2425541 户、收视次数 6588328 次、收视时长 9732400.9 小时。

北京 IPTV《众志成城 抗击疫情》专区页面

2020 年 5 月 1 日至 9 月 30 日是报道的第二阶段。在此阶段，武汉、北京以及全国的疫情防控已取得重大战略成果，全国疫情防控进入常态化时期，全球疫情防控情况成为公众关注热点。《众志成城 抗击疫情》系列特别报道，增加了全球抗击疫情报道以及中国对其他国家的无私援助内容；《众志成城 抗击疫情》点播专区增加全球抗击疫情相关内容，严防海外疫情输入；增加《空中课堂》点播专区及《空中课堂》初三和高三直播频道。截至 2020 年年底，《空中课堂》点播专区上线近 1.5 万余节课，近 5 万小时教学内容，满足全市中小学生线上学习的需要。这一阶段，《众志成城 抗击疫情》系列特别报道及《空中课堂》相关内容，累计收视户数 265 万户、收视次数 1658.83 万次、收视时长 9732.4 万小时。

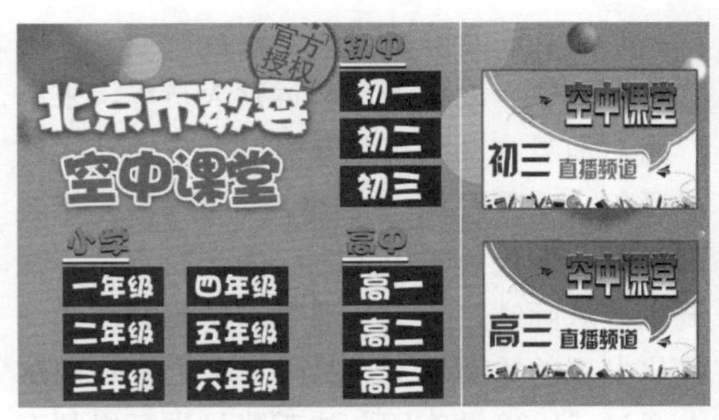

北京 IPTV“空中课堂”宣传页面

2020 年 10 月 1 日至 12 月 31 日是报道的第三阶段。这一阶段是倡导“复产复工”“促消费”工作阶段。北京 IPTV 与北京市国资办合作，共同实施惠民文化消费电子券项目，用户订购文化产品可根据文惠券使用规则进行相应费用优惠。北京 IPTV 从中秋、国庆节到“双十一”等热门时间节点，共推出 13 个线上文惠券促销活动，并利用运营商短信、网上营业厅、微信公众号、手机商城、TV 屏等多渠道进行宣传，总关注、参与人次达 923.61 万次，各类活动页面浏览量累计约 3200 万人次，参与消费人次 10.05 万次，各类活动短信触达累计 1200 万人次，平台惠民金额约 15 万元，文惠券惠民金额 75835 元。

北京 IPTV 文惠券功能宣传页面

同时，增加日常疾病预防、健康知识、运动养生等内容，引导公众树立健康生活理念，提升身体免疫力。

（北京广播电视台）

北京广播电视台推出京雄城际铁路全线开通融媒体报道

2020 年 12 月 27 日，北京到雄安新区城际铁路大兴机场到雄安段通车运营，标志着京雄城际铁路全线开通。当天，北京广播电视台交通广播中心 3 名记者乘坐京雄城际全线开通后的首趟列车——雄安站开往北京西站的 C2702 次列车进行采访报道。

1 名记者现场录制列车开行广播，采访首发车旅客、设计人员和运营人员等，采制广播短消息在当天下午 3 点的《交通新闻》栏目和“听听 FM”中播出，全面展现京雄城际铁路在智能技术应用方面的全新突破，强调京雄城际铁路全线开通对京津冀的交通一体化发展的重要意义。另外 2 名记者在列车上通过“1039 调查团”快手账号进行视频直播，全景记录京雄城际铁路全线开通的过程，以在线方式与观众进行交流。交通广播中心 2 名记者在京雄城际铁路通车后，乘坐北京西站开往雄安站的首趟列车随车采访，了解北京西站、工务、电务、供电等方面保障措施。在采访过程中，通过广播频率和视频直播发回 7 次直播连线报道，介绍京雄城际铁路全线概况、雄安站智慧车站、北京西站保障措施等内容，为受众带来现场感足、时效性强、权威性高的新消息。另外，还将现场拍摄的视频素材制作成短视频，在“北京交通广播”和“1039 调查团”的快手、抖音、微博、微信账号中发布。

截至 2020 年年底，京雄城际铁路全线开通的融媒体报道在各新媒体端内容累计阅读量已超过30万人次，获得大量转发和留言，引发社会各界广泛关注，融媒体传播收到良好效果。

（北京广播电视台）

海淀融媒：乘“云”而上 融出精彩

——“疫起同心 才聚云端”领军企业云直播节目案例

新冠疫情防控工作宣传引导，是2020年初以来宣传思想战线最重要的工作。结合疫情防控和复工复产，4月21日至5月20日，海淀区融媒体中心与海淀区人力社保局和海淀区委宣传部联合创新推出“疫起同心 才聚云端”领军企业云直播。一个月的时间，海淀区融媒体直播成为无数求职者找工作的新平台，成为中关村科学城园区和企业展现形象的新窗口。

4月22日、23日上午，海淀区委书记、中关村科学城党工委书记于军和纳通、美团、小马智行、腾讯、同方威视、科兴、北斗导航、快手、阿里文娱、便利蜂等中关村科学城的企业人力资源部门负责人，走进直播间，向广大求职者介绍企业发展进程，宣讲岗位需求，进行互动答疑。热情邀请网友加盟中关村科学城，携手创新创业创造。于军在直播中，发出一起做创新合伙人的盛情邀请。“欢迎大家到海淀来，到中关村来，我们一起做创新合伙人”，在网友中产生热烈反响。

“才聚云端”系列云招聘开展12场直播，共有300多家中关村科学城领军企业参与，4500万人次网友观看，区委书记、区长等5位区领导亲自走进直播间为企业揽才，云招聘创新模式吸引《新闻联播》《晚间新闻》《东方时空》《24小时》《第一时间》等中央及市属媒体报道，发挥了行业示范带动作用。《海淀区融媒体中心乘“云”而上 直播助力复工复产和脱贫攻坚》节目获好评。

（北京市海淀区融媒体中心 刘文婷）

丰台区融媒体中心举办中秋网络视听朗诵会

2020年9月27日晚，以“情满丰台·月下共吟”为主题的“最是人间好时节”中秋网络视听朗诵会在北京汽车博物馆举行。该朗诵活动延展了丰台区融媒体中心与央广网、北京陈铎艺术创作室共同发起“云朗读”线上公益活动内容。

“最是人间好时节”中秋网络视听朗诵会是丰台区融媒体中心联合北京陈铎艺术创作室、北京汽车博物馆共同主办的网络文化节目。以《京津冀新视听战略合作协议》签

“最是人间好时节”中秋网络视听朗诵会海报

署为契机，加强与天津市西青区融媒体中心、河北省香河县融媒体中心沟通对接，活动现场邀请京津冀三地小朗读者以及丰台区融媒体中心主持人、丰台区第五小学学生等与田华、陈铎、敬一丹等名家，以朗诵、歌唱的形式同台演出，为现场500名观众及全国各地线上观众奉献一场诗意中秋视听觉盛宴，并由爱奇艺进行网络直播。9月30日，《最是人间好时节》在“学习强国”平台播出，10月1日国庆节、中秋节晚，丰台区融媒体中心联合京津冀多家县级融媒体中心同时推送，实现京津冀一体联动，传统文化赓续弘扬，“天涯共此时，家国共祝福”的传播美景。此外，该节目先后在央广网、丰台官方App“北京丰台”、快手“丰台发布”等多平台播出，联动宣发效果显著。在北京市广播电视局举办的“2020年度北京广播电视收听收看优秀作品”评选中，该节目获得融合传播优秀作品奖。丰台区融媒体中心与北京陈铎艺术创作室、北京汽车博物馆之间的机构合作实现资源共享，新媒体矩阵之间的跨屏传播尽显融媒体创新活力。

（北京市丰台区融媒体中心）

2020年“北京昌平”App功能建设情况

2020年，昌平区融媒体中心充分发挥社会治理功能，依托“北京昌平”App功能建设，深入推动融媒体中心、政务服务中心、新时代文明实践中心“三个中心”贯通融合，构建较为完善的基层公共服务体系。

一是发挥区域媒体信息聚合处理优势，在“北京昌平”App首页开通头条、新闻、深度等11个栏目，打造“昌平号”、开通“镇街”板块，推行“PGC+UGC+GGC”多元生产模式。“头条”本地化信息报道率达100%；91家镇街单位、政府部门、驻昌企业入驻“昌平号”，并自主发布权威信息10万余条；通过UGC功能，上线“全民开播”板块和“拍客”功能，发动群众参与创作，生产优秀短视频800余部。

二是发挥政务服务及时反馈功能，对接12345接诉即办机制，率先上线网上12345平台，鼓励群众通过问政端口随时随地发布图文、视频对政府工作进行监督，完善舆情应对体系，相关职能部门接诉即办，严格按照办理时限执行，融媒体中心全程跟踪进行舆论监督，累计解决群众难题2万余件。

三是发挥基层生活服务保障功能，加快政务服务系统对接，整合完善覆盖“生老病死”到“吃住游娱购”的服务大项55类，对接政务服务事项2400余项；优化新时代文明实践平台功能，实现志愿服务活动线上点单、线下服务。完成线上点单、线下派单活动8200余次，提供志愿服务4万余人次，服务群众36万多人次。

“北京昌平”App初步搭建起“新闻+问政+服务”的综合服务型媒体功能格局，形成较为完善的基层公共服务体系，有效打通宣传群众、教育群众、关心群众、服务群众的“最后一公里”。截至2020年年底，“北京昌平”App下载量突破109万次，并被国家广电总局评为“媒体融合成长项目”。“北京昌平”App项目被评为“2020年北京市广播电视媒体融合典型案例”。

（北京市昌平区融媒体中心）

歌华有线公司智慧广电发展情况

2020年，歌华有线公司加快落实“智慧广电”建设各项任务，其中“‘歌华生活圈’电视云服务”“街乡吹哨部门报到工作平台”两个项目被国家广播电视总局评为智慧广电案例生态建设类先进案例；“街乡吹哨部门报到工作平台”“空中课堂在线教育服务平台”两个项目获评2020年北京市推动智慧广电发展专项资金奖励项目。

歌华有线公司依托北京云融媒体平台技术，开设“空中课堂”在线教育服务平台，提供“大屏+小屏”“有线+移动”的全新解决方案。截至12月底，累计发布直播、点播课程超过2.3万节，累计宣传推荐次数超过14.22亿次，学习次数超过5000万次，次均学习时长达到20分钟以上；移动端点播数量超过1000万次。

“歌华生活圈”项目不断拓展，积极开展智慧社区建设。2020年，新增歌华生活圈10个，累计上线项目应用40个，包括通州区“美丽智慧乡村”“智慧大兴新视窗”等服务各级政府的生活圈项目18个；“广电+科技”扶贫项目“大美和田”、北京交通教育平台、各区文旅局等行业应用13个。截至12月底，歌华生活圈项目总点击量1.1亿次。

不断加强优质节目的生产和超高清建设。节目总量不断增加，节目类型逐渐丰富，节目质量也在稳步提升。聚焦决胜全面小康、决战脱贫攻坚，5月上线“脱贫攻坚”专区。配合市政府政务宣传，相继上线“接诉即办”“北京城市副中心新闻”专栏。“4K视界”专区在线时长1300小时。完成电视院线专区更新约2400小时。推出“免费光影之旅”“课余时光”“暑期电影”等免费高清专区。精耕回看类节目，打造丰富立体的高清化回看服务。与优酷达成合作意向，以SDK方式接入优酷视频内容，进行平台内容融合改版。游戏专区用户数及订购量稳步提升，年内共新增用户超过38万人，累计用户数超过483万人。广场舞专区运营稳定，内容不断丰富，用户量稳步提升，累计用户数超过240万人。“看吧”栏目七大点播专区累计订购用户32万人次。

大数据建设工作继续推进。完成重点时期节目收视数据监测和EPG保障工作；持续为国家广电总局规划院、北京市广电局提供数据支撑和保障，和国家广电总局规划院合作开发大数据综合评价系统；与华数公司合作，共同开发相关大数据产品，完成收视分析、节目评价等产品的本地化系统搭建；实现向区融媒体中心提供区域性电视节目收视数据；应急字幕发布工作达到零差错。

（北京歌华有线电视网络股份有限公司）

“北京云·融媒体”为全市媒体融合发展发挥作用

在市委宣传部、市广电局、歌华传媒集团的领导下，歌华有线公司全力保障“北京云·融媒体”市级技术平台稳定运行，推进平台不断迭代升级，持续优化完善平台能力，深化各项对接服务，提升平台赋能质量。

2020年，“北京云·融媒体”市级技术平台对具备接入条件的宣传系统市属机构，全部实现宣传指挥调度、内容共享、媒体监测监管和舆情大数据服务等功能的自动化对接，为全市媒体融合发展工作营造良好生态发挥了积极作用。自2020年初，在全国上下抗击新冠肺炎疫情的重要时期，“北京云”充分发挥主平台作用，创新业务模式，提供无所不在、无时不在的高质量广播电视服务。

2020年1月底，歌华有线配合市委教育工委、市教委，通过电视端、各区融媒体移动端开设“空中课堂”点播服务，免费为全市145万中小学生、教师提供稳定、持续、安全的在线学习平台。“北京云”发挥强大的云端存储分发能力，把与市教委联合录制的“北京数字学校”和“名师驾到”课程资源，以及市教委组织录制的2020年春季学期新课程部署到云端服务器，实现“空中课堂”在线教育平台在歌华有线高清交互平台、北京市17区融媒体App、互联网平台等全媒体终端覆盖，推进为全市及全国中小学生提供有线电视网和互联网网络条件下的全媒体终端线上教学服务。

中国教育电视台4套《同上一堂课》播出歌华教育—“北京云”空中课堂课程

“北京云”空中课堂课程在西瓜（左1）、头条（左2）、抖音（左3）、快手（左4）等移动平台中的展示效果

“北京云”联合人民在线共同推出“北京新冠肺炎疫情动态”和“17区融媒抗击疫情”两大H5产品，赋能全市17区融媒抗疫宣传。

截至2020年年底，“北京云”为市委宣

传部、市广电局及系统各相关单位提供各项服务：一是实现市委宣传部、市属媒体、各区委宣传部和融媒体中心三级机构及人员的全部入驻，包括各级宣传单位和部门共计395个，开通账号约2400个，形成全市宣传系统“横到边、纵到底”的人员、任务指挥调度体系；平台平均月活人数约为1500人，建立各类工作群组770余个，成为日常宣传指挥和任务调度的重要工具和手段。二是为市委宣传部及市经信局等委办局、17个区融媒体中心提供舆情大数据服务，提供舆情报告达2000份。三是各区通过市级内容共享和版权保护平台上传新闻稿件1.5万篇，其中进行版权认证近7000篇，交叉采用和下载1600余篇，“北京云”已经成为全市各区融媒体中心优质稿件交换与共享的重要平台。四是为市广电局“融媒指数”课题研究项目提供技术支持。五是为各区200余个传播矩阵提供媒体监测监管服务。六是为丰台、平谷、门头沟等区融媒体中心提供技术支持，促进全市一体化的“1+4+17+N”全媒体融合发展格局的形成。

（北京歌华有线电视网络股份有限公司）

网络视听

北京市网络视听管理情况综述

2020年，北京市广播电视局在网络视听管理方面围绕“四个贯通”总体思路，完成疫情防控下保稳定促发展、开展网络视听主题宣传、推动网络文艺精品创作、提升备案制管理效能等重点工作。

一、多措并举，应对疫情影响

新冠肺炎疫情暴发后，北京市广播电视局第一时间联动市卫健委和市疾控中心，组织调动优酷、北京IPTV等16家平台，24小时内搭建上线“北京健康一起行动”专区，矩阵传播科普防疫信息650条，浏览量超过12亿次。在全国率先推出支持网络视听企业保经营稳发展“暖企八条”，涵盖线上提交备案审核材料、压缩节目备案审核时限、优化备案制平台服务等八项举措，帮助视听平台和影视机构回笼资金，改善运营状况。围绕防控新冠肺炎疫情，策划指导一系列频道专区和专题节目，推出战疫主题网络视听朗诵会、网络纪录片。充分发挥移动传播优势，主动设置主题，开展“战疫有我 身边暖故事”短视频展播，发起“战疫中的她”短视频活动，征集作品1347条，播放量2.8亿次。在全国率先推出视听产业园区演播室复工防控指引，根据新冠肺炎疫情状况完善更新，指导产业园区科学有效落实各项防控措施。

二、网络宣传管理

北京市广播电视局组织指导全市网络视听平台围绕决战决胜脱贫攻坚，加强视听网络首页首屏建设，特别是充分发挥短视频传播优势，指导爱奇艺、长信影视制作推出新疆和田主题短视频，播放量超过700万次。发挥北京市广播电视网络视听发展基金效能，扶持推广快手《新留守青年》《粉》，梨视频《我在扶贫一线》等“微精品”，为决战决胜脱贫攻坚营造良好舆论氛围。指导快手为新疆和田短视频账号提供流量扶持，“和田地区文旅局”官方号播放量突破2000万次，为和田提供“快手基层创作者培养计划”等电商课程资源。组织爱奇艺开展光影计划，向和田850所中小学捐赠会员卡，捐建影视教室12间，举办流动电影公益放映137场，实现和田七县一市的影视教育全覆盖。指导优酷与和田地委宣传部对接，打造和田精品视频展播专区，宣传当地特色文化，向北京市援疆和田指挥部、和田宣传文化系统捐赠“天猫精灵”220台。

三、推进网络文艺创作

一是推优评奖工作。北京广播电视局推荐的37部作品入选国家广电总局2019年度及2020年上半年优秀网络视听作品推选活动，5部作品入选总局第一、二季度重大题材网络影视剧项目库，位居全国省级广电部门首位。二是鼓励脱贫攻坚题材创作。网络电影《毛驴上树2倔驴搬家》《我来自北京》系列影片实现社会效益和经济效益双丰收，其中《我来自北京之过年好》分账过千万元。网络纪录片《追光者：脱贫攻坚人物志》以短篇幅刻画扶贫人物大情怀，在题材、内容、形式等方面进行探索创新。网络综艺《益起追光吧第二季》以真人秀形式联动电商直播，打造特色农产品品牌。三是推动网络电影题材创新。发布“中国榜样”系列网络电影片单，《中国飞侠》《我来自北京之玛尼堆的秋天》《绿皮火车》等10部作品入选，激发网络电影行业主旋律题材创作热情。爱奇艺网络电影年度票房前十项目中，京产作品占7部。其中，票房冠军《奇门遁甲》分账5638万元，古装传记题材影片《辛弃疾1162》分账1930万元。四是短剧集模式引领市场。全程把关《我是余欢水》《隐秘的角落》《沉默的真相》等网络短剧，组织专家集体研议，帮助创作团队提升品质。“京产”短剧成为2020年网络剧市场标杆，小体量创作、精品化制作的模式引领网络文艺新风尚。

四、网络视听节目审查

针对网络视听节目内容新、题材广、数量大、节奏快、门槛低等特点，不断提升审查工作效能。截至12月底，全年受理网络剧备案356部8065集（含重大题材5部122集），网络电影备案1381部（含重大题材6部），网络动画片37部999集，网络微短剧17部366集。全年上线备案网络剧82部、网络电影215部、网络动画片15部、网络综艺及专业类视听节目143档、网络直播节目2187场次。全年受理审核北京市网络视听持证服务机构报审的网上境外影视剧201部。核发发行许可证189部，其中电视剧41部653集、电影148部，通过率94%。随着新冠肺炎疫情防控进入常态化阶段，主动将应急之措转为常态之举，持续为优质项目提供“绿色通道”。有序扩大专家团队规模，根据题材模式匹配专家构成，同时进一步完善与军委、公安、国安、司法、民宗、应急等相关部门的协审机制，确保特殊题材作品审核质量。在主管部门与专家团队共同努力下，为爱奇艺“迷雾剧场”等重点项目提供优质服务，坚持内容安全合规不放松，同时保证作品的艺术品质，取得良好的播出效果，受到媒体的广泛肯定。

五、网络安全监管

一是聚焦重要节点。针对全国两会、全国性哀悼活动、国庆等重要节点，坚持重点网络视听平台工作例会制度，及时传达中央和市委市政府部署要求，组织督导全市平台完善安全内审制度。二是开展专项行动。压实平台主体责任，持续开展“清风”行动，前置拦截视频3万条，清理低俗色情等不良视频4万条，处理违规网络视听广告1.13万条，关闭违规直播间257个，督导奇秀App、爱奇艺纪录片频道、优酷音乐频道等平台和频道停播整改，提请市文化市场综合执法总队查处无证视听网站40家。三是强化应急响应。坚持网络舆情日报制度，及时监测处理热点舆情事件，第一时间查处爱奇艺、优酷擅自播出违规有害类视频、京东医疗违规直播等问题，约谈相关公司负责人。四是联动线上线下。充分发挥网络视听节目监督志愿者作用，开展网络视听普法活动进校园、进社区、进企业18次，联动爱奇艺、优酷、抖音、快手等重点平台开展线上宣传活动，浏览量1500万次。

六、新业态管理

截至12月底，将全市50家重点未持证网络视听平台纳入日常监管体系。针对未持证平台的发展特点，制定专项服务措施，为贝壳找房等新纳入管理的平台“送课上门”。指导抖音、京东、快手等平台开展节目创作，鼓励备案制平台与德云社、开心麻花等首都文艺机构合作推出线上相声、话剧、音乐会、音乐节等节目。按照国家广电总局工作部署，对备案制平台的股权结构、内容体系、安全制度等方面进行综合评估，组织北京市平台在总局“全国网络视听平台信息管理系统”中完成登记。经国家广电总局网络司审核，抖音等北京市34家平台获得节目信息库、内部通信系统、节目备案系统等操作权限。指导美团、有来医生、马蜂窝等后续申报平台建章立制，完善安全体系，第一时间向总局报送评估结果。进一步密切与市文化市场综合执法总队的沟通对接，建立备案制网络视听平台信息沟通机制，每季度向总队函告新增备案制平台情况，加强行业主管部门之间的协调联动。

七、行业自律

北京市广播电视局指导北京网络视听节目服务协会召开协会换届大会暨第二届第一次会员大会。新一届协会广泛吸纳短视频平台、直播平台、MCN 机构、重点影视制作公司、网络技术龙头企业等各类主体加入协会，推动专委会建设和行业标准研究制定工作，“技术专业委员会”“短视频、直播与 MCN 专业委员会”完成筹组，建立工作机制，并制订下一阶段的工作目标。

（北京市广播电视局网络视听节目管理处）

北京市信息网络视听节目服务单位一览表

序号	许可证号（备案号）	开办单位	网站名称	登录地址
1	0105094	北京华奥星空科技发展有限公司	华奥星空	www.sports.cn
2	0103032	中广亚广播信息网络有限公司	中广网	www.catv.net
3	0103028	北京广播电视台	北京网络广播电视台	www.brtn.cn
4	0104056	北京千龙新闻网络传播有限责任公司	千龙新闻网	www.qianlong.com
5	0104053	北京在线九州信息技术服务有限公司	天天在线	www.116.com.cn
6	0104054	北京歌华有线电视网络股份有限公司	歌华宽带	www.gehua.net
7	0105081	北京歌华文化发展集团	新视界	www.dvod.com.cn
8	0105087	北京联合网视文化传播有限公司	联合网视	www.uitv.com.cn
9	0105097	乐视网信息技术（北京）股份有限公司	乐视视频	www.le.com
10	0105093	北京雷霆万钧网络科技有限责任公司	tom网	www.tom.com
11	0108231	北京光线易视网络科技有限公司	E视网	www.ewang.com
12	0108272	网乐互联（北京）科技有限公司	听伴	www.tingban.cn
13	0107195	中共北京市委干部理论教育讲师团	“宣讲家”网站	www.71.cn
14	0108246	北京优朋普乐科技有限公司	优朋影视	www.voole.com

（续表）

序号	许可证号（备案号）	开办单位	网站名称	登录地址
15	0108296	北京网尚文化传播有限公司	网尚宽频	www.vv8.com
16	0108251	北京网罗天下生活科技有限公司	100度享乐网	www.100du.com
17	0108267	酷溜网（北京）信息技术有限公司	酷6网	www.ku6.com
18	0108275	北京青年报网际传播技术有限公司	北青网	www.ynet.com
19	0108270	北京时越网络技术有限公司	悠视网	www.uusee.com
20	0108258	迈视（北京）网络传媒技术有限公司	迈视网	www.maxtv.cn
21	京备2008015	北京市大兴区广播电视台	中华兴网	www.zhhxw.com
22	0108259	北京搜狐互联网信息服务有限公司	搜狐网	www.sohu.com
23	0108290	北京风行在线技术有限公司	风行网	www.fun.tv
24	0108283	优酷信息技术（北京）有限公司	优酷网	www.youku.com
25	0108268	北京六间房科技有限公司	六间房	www.6.cn
26	0108308	北京华艺汇龙网络科技有限公司	艺通网	www.etoote.com
27	0110536	北京偶偶网络科技有限公司	偶偶网	www.ouou.com
28	0108265	北京动艺时光网络科技有限公司	时光网	www.mtime.com
29	0108284	北京万方数据股份有限公司	万方数据	www.wanfangdata.com.cn
30	0108278	北京智汇游信息技术有限公司	17173视频	www.17173.com
31	0108271	新传在线（北京）信息技术有限公司	新传宽频	www.zhibo.tv
32	0108274	北京搜房科技发展有限公司	房天下	www.fang.com
33	0108291	北京捷报互动科技有限公司	捷报网	www.jeboo.com
34	京备2008014	顺义区广播电视台	顺广传媒	www.bjsytv.com

（续表）

序号	许可证号（备案号）	开办单位	网站名称	登录地址
35	0108298	暴风集团股份有限公司	客户端软件名称：暴风影音	播出服务器网址：http://moviebox.baofeng.net/newbox1.0/index/index_1.html
36	0108292	北京中视互动科技发展有限公司	中视互动网	www.citv.cn
37	0110516	北京百度网讯科技有限公司	百度	www.baidu.com
38	0108309	北京勤能通达科技有限公司	勤能影视圈	www.tvquan.cn
39	0108319	北京晨报社	北京晨报	www.morningpost.com.cn
40	0108330	北京三纪讯通科技股份有限公司	天使网	www.zgangel.com
41	0109404	北京和讯在线信息咨询服务有限公司	和讯网	www.hexun.com
42	0109359	北京华星互联文化传播有限公司	如意影视网	www.165tv.com
43	0109343	同方股份有限公司	清华同方学堂	www.edu−sp.com
44	0108325	北京摩苍科技发展有限公司	摩视网	www.shanlink.com
45	0110549	粉娱（北京）科技发展有限公司	粉娱网	www.fenyucn.com
46	0109388	赛尔网络有限公司	校园梦网	www.cdream.com.cn
47	0109368	北京三进宇通通信设备有限公司	三进宇通音乐网	www.rock3g.cn
48	0109360	北京互动百科网络技术有限公司	互动百科	www.baike.com
49	0109362	北京酷我科技有限公司	酷我音乐网	www.kuwo.cn
50	0109376	北京天空世纪信息技术有限公司	天空宽频	www.tvsky.tv
51	0109379	北京空中信使信息技术有限公司	空中网	www.kongzhong.com
52	0109389	北京卡酷传媒有限公司	北京卡酷动画卫视网	www.kaku.tv
53	0109377	北京文国网络技术有限责任公司	文国网	www.veduchina.com
54	0110427	掌中微视（北京）科技有限公司	微视网	www.kinpower.com.cn
55	0109380	华友世纪通讯有限公司	哈哇网	www.hawa.cn
56	0109390	中传视友（北京）传媒科技有限公司	视友网	www.cuctv.com

（续表）

序号	许可证号（备案号）	开办单位	网站名称	登录地址
57	0110515	北京汉高华网络科技有限公司	欢喜首映	www.huanxi.com
58	0110576	原上草网络信息技术（北京）有限公司	原上草	www.igroot.com
59	0109405	北京华通京信通信技术有限公司	腾空网	www.tengkong.com
60	0109500	北京飞宇电脑技术有限公司	飞宇网	www.feiyu.com.cn
61	0109406	北京网高科技股份有限公司	财界网	www.17ok.com
62	0110517	北京北纬通信科技股份有限公司	北纬30度	www.bw30.com
63	京备2009016	昌平区广播电视台	昌平广播电视网	www.cprt.com.cn
64	0110533	共青团北京市委员会	青檬网络	www.qmoon.net
65	0110525	北京中录国际文化传播有限公司	中录宽频	www.zlvod.cn
66	0110524	金银岛（北京）网络科技股份有限公司	金银岛	www.315.com.cn
67	0110542	北京中润互联信息技术有限公司	8169	www.8169.com
68	0110556	北京新媒视讯科技有限公司	新频道	www.xinpindao.com
69	0110545	北京小度互娱掌讯科技有限公司	北京掌讯	www.handinfo.cn
70	0110563	游艺星际（北京）科技有限公司	哈啪咪	www.hapame.com
71	0110538	北京小唱科技有限公司	小唱	www.xiaochang.com
72	0110534	北京比邻星空科技有限公司	颐家家居	www.e–jjj.com
73	0110551	优活联盟（北京）科技有限公司	优活联盟	www.yoholm.com
74	0110531	北京新东方迅程网络科技股份有限公司	新东方在线	www.koolearn.com
75	0110543	北京易车信息科技有限公司	易车网	www.bitauto.com
76	0110553	北京车之家信息技术有限公司	汽车之家	www.autohome.com.cn
77	0110554	北京富华创新科技发展有限责任公司	金融界投资理财网	www.jrj.com
78	0110418	北京豆网科技有限公司	豆瓣网	www.douban.com

（续表）

序号	许可证号（备案号）	开办单位	网站名称	登录地址
79	0110544	北京爱奇艺科技有限公司	爱奇艺	www.iqiyi.com
80	0110484	北京红番茄联众通信技术有限公司	蒜苔视频	www.300hu.com
81	0110552	北京智德典康电子商务有限公司	爱卡汽车网	www.xcar.com.cn
82	0110583	北京瑞奥视科技有限公司	瑞网	www.today365.com.cn
83	0111605	工控网（北京）信息技术股份有限公司	工控网	www.gongkong.com
84	0110446	北京天方金码科技发展有限公司	天方听书网	www.tingbook.com
85	0110461	北京宇晨亿荣网络科技有限公司	酷燃网	www.krcom.cn
86	0110557	北京艾斯凯国际民族文化传播有限公司	中民网视	www.maoer.com
87	0110428	北京康隆盛科技有限公司	乐看	www.lekan.com
88	0110550	北京新网视信传媒科技有限公司	橙果网	www.chengo.com.cn
89	0110569	北京赛鸽天地广告有限公司	赛鸽天地	www.rpw.com.cn
90	0110535	北京华思维泰克科技有限公司	维洱	www.v2to.com
91	0110562	北京雷盟盛通文化发展有限公司	V族网	www.vzuu.com
92	0110568	北京画娱天下科技有限公司	画娱网	www.hydiy.cn
93	0110537	北京梦之窗数码科技有限公司	糖豆网	www.tangdou.com
94	0110582	北京联想调频科技有限公司	联想阳光在线	www.lenovo.net
95	0110581	北京万企科技有限公司	北京万企科技有限公司网站	www.cew.cn
96	0110588	北京清大世纪教育投资顾问有限公司	清大学习吧	www.eee114.com
97	0110453	大地时代文化传播（北京）有限公司	大地传播	www.dadifilm.com
98	0110587	完美世界（北京）网络技术有限公司	完美世界	www.wanmei.com
99	0110416	北京库客音乐股份有限公司	库客数字音乐图书馆	www.kuke.com

（续表）

序号	许可证号（备案号）	开办单位	网站名称	登录地址
100	0110426	北京凯铭风尚网络技术有限公司	YOKA时尚网	www.yoka.com
101	0110437	北京太极国际体育发展有限责任公司	太极体育网	www.21tjsports.com
102	0110460	北京君合百纳通信技术有限公司	亮了网	www.liangle.com
103	0110413	北京宽客网络技术有限公司	音悦网	www.yinyuetai.com
104	0110475	北京天天宽广网络科技有限公司	酷米网	www.kumi.cn
105	0110438	北京世纪超星信息技术发展有限责任公司	超星图书馆	www.superlib.com
106	0110567	北京优视米网络科技有限公司	时间的朋友	www.umiwi.com
107	0110424	芝麻开门网络数字技术（北京）有限公司	芝麻开门网	www.zmkm.org.cn
108	0110448	北京德法利投资有限公司	中彩新网	www.zhcw-1.com.cn
109	0110452	北京中童联合资讯服务有限公司	中童在线	www.looklook.cn
110	0110471	北京《瑞丽》杂志社有限公司	瑞丽网	www.rayli.com.cn
111	0110594	中体彩彩票运营管理有限公司	竞彩网	www.sporttery.cn
112	0111612	华录出版传媒有限公司	东东007	www.dongdong007.com
113	0111614	新星出版社有限责任公司	声动网	www.singdoo.com
114	0111622	国家大剧院	国家大剧院官方网站	www.chncpa.org
115	0111624	北京荣信天诚科技有限公司	看视界	www.1iptv.com
116	0113658	北京卓众出版有限公司	第一工程机械网	www.d1cm.com
117	0112632	北京市可持续发展科技促进中心	北京科技视频网	www.bjscivid.net
118	京备2012012	北京市房山区广播电视台	房山广电传媒网	www.funhillmedia.com
119	0108269	京华时报社	京华网	www.jinghua.cn
120	0114665	北京广播集团有限公司	菠萝网	www.bolo.cn
121	京备2014013	北京市通州区广播电视台	大运通州网	www.dayuntongzhou.com

（续表）

序号	许可证号（备案号）	开办单位	网站名称	登录地址
122	1110559	北京中期移动传媒有限公司	都市宽频	www.361cc.com
123	京备2016018	北京市怀柔区广播电视台	怀柔电视台	www.huairtv.com
124	0105136	第一视频通信传媒有限公司	第一视频网	www.v1.cn
125	0110560	中数寰宇科技（北京）有限公司	易视腾视频	www.ysten.tv www.koomatch.com

（北京市广播电视局媒体融合发展处）

北京市网络综艺节目发展情况

2020 年初，受新冠肺炎疫情影响，网络综艺节目产出一度出现短暂“停滞”。随着疫情逐步得到控制，网民的娱乐需求持续上涨，市场逐渐恢复热度。从总量上来讲，2020 年网络综艺上线节目数基本与 2019 年持平。从品质层面来说，网络综艺内容不断革新，呈现“网综大年”的现象。北京市广播电视局组织引导爱奇艺、优酷、字节跳动、搜狐视频等重点网络视听平台和影视节目制作机构，围绕热点题材，深耕细作垂直领域，推动技术与模式创新，打造一批网络综艺精品。

一、网络综艺节目发展情况

2020 年，北京市网络综艺节目的选题和制作呈现出多元化、差异化、创意化，头部、腰部、尾部作品各有布局发力，在大众审美和垂直领域齐头并进。内容整体从圈层热款向大众爆款流动，常态化综艺和新概念综艺组合出现，平台更注重编排策略和技巧。多档“综 N 代”相继回归并持续发力。同时，网络综艺选题注入一定的人文思考，一方面响应国家广电总局“公益、文化、原创”方向和“小成本、大情怀、正能量”原则的指导，另一方面体现网络综艺市场在去焦去躁、深度思考上的自我进步。依托电商带货的“综艺+电商直播”模式逐渐发展起来。无论是“云录制”“综艺+直播+电商”形式还是各种创新选题，都是新冠肺炎疫情下的重要创举和勇敢尝试。

2020 年，从平台来看，爱奇艺聚焦青年潮流文化、创新赛道、生活方式等三大题材，在头部及中腰部重磅综艺项目上持续发力，以创新力挖掘新题材，力求突破圈层壁垒，创造多维新内容场景；优酷以“责任担当”“行业引领”“创新驱动”为布局重点，在生态、商业、技术等方面持续创新升级，探索行业高质量发展新路径，共计推出自制网络综艺节目 42 档；搜狐视频题材选择更偏向于现实的小众化领域，以极致的表达形式获得用户的认可，用目标受众的满意度为节目“以小博大”奠定热度基础；字节跳动首次尝试综艺节目的创作和发展，精品内容成功实现破圈。

二、慢网络综艺聚焦生活和现实关怀

重点网络视听平台充分发挥网络综艺节目在公益扶贫、民生生活等方面的积极作用。优酷《相信未来》《好好吃饭》等节目用网络文艺的力量凝心聚力、共抗疫情，《奋斗吧！主播》《家乡带货王》为脱贫攻坚注入视听力量。聚焦民众生活的慢综艺突出重围，抖音《很高兴认识你》节目体现对现实的关怀，紧密结合抖音平台“直播+短视频+长综艺”的生态优势，以“故事和旅行治愈现代人焦虑”，呼吁“从心发现生活”，用心打动心，用少数人的故事治愈多数人。爱奇艺亦开发“生活趣”的节目《我要这样生活》《未知的餐桌》《夏日冲浪店》引发诸多用户的情感共鸣。

三、“她综艺”展现女性积极健康精神面貌

重点网络视听平台和影视节目制作机构紧跟热点，搜狐视频推出《送一百位女孩回家4》《天呐！你真高》两档节目，均选取当下社会普遍关注的现实话题，让观众透过荧幕感受都市女性的生命力和律动，真实感和代入感让节目具有很强的情感感染力，引发女性受众共鸣。《天呐！你真高》用观察类和真人秀相结合的模式，输出大量育儿方面的知识内容，在轻松好看之余又自带温情和共鸣感。《天呐！你真高》3期直播总观看量超过154万次，点赞量超过15万次。直播单场播放峰值最高达到62.4万次，最高点赞量超过7万个，总播放量达1.4亿次。

四、垂直类综艺和“微综艺”聚焦长尾市场

2020年，优酷成功推出《这就是灌篮3》《火星情报局5》《同一屋檐下》等一批品质垂直类网络综艺；爱奇艺《登场了！敦煌》运用青春视角探索敦煌历史痕迹下的背后故事，打造聚焦千年敦煌文化的创新综艺内容。作为使用率仅次于即时通信的第二大网络应用，短视频市场相对稳定，“短视频+”的形式为网络综艺发展带来新的生机。字节跳动旗下的抖音和西瓜视频等平台更加重视“微综艺”的发展。例如，抖音的《敦煌藏画》《出逃计划》《HI电影音乐》，西瓜视频的《石榴姐陪你玩》以“短平快”的节目形式，满足当下年轻观众的观看习惯；抖音强大的用户基础为网络综艺宣发提供基础，在产业链下游深度联动综艺节目，打造多元宣发新方法。

（北京市广播电视局网络视听节目管理处）

北京市网络剧发展情况

2020年，网络剧行业健康稳步发展，整体呈现出“精品化”发展趋势，涌现出大批现象级作品；网络剧集数去水已成为大势所趋，精品短剧开始崛起；IP改编剧口碑也得到提高。各播出平台运营模式不断更新，推出新的剧场模式，开启大面积的超前点播。

一、北京市网络剧发展概况

2020年，获得规划备案号的网络剧共1083部，其中北京371部，占比34%；获得上线备案号的网络剧共212部，其中北京82

部，占比38%。全网上线网络剧230部，相比2019年的202部增长14%。其中，爱奇艺88部，与2019年持平；优酷57部，同比增加28部，搜狐视频4部，同比减少2部，北京市属平台上线的网络剧占全网比重约65%。

2020年，北京市广播电视局着力加快网络视听节目供给侧结构性改革，推动“三个关口”前移，发挥“引领扶”效能，进一步深化完善精品创作“北京模式”，激发行业内现实题材、主旋律题材作品创作热情，培育扶持《重生》《我是余欢水》《我才不要和你做朋友呢》《棋魂》等多部网络剧作品。

二、北京市网络剧发展特点

1. 现象级作品频出，精品化趋势明显

2020年，各平台上线的网络剧整体制作水平明显提高，出现许多现象级作品，特别是涌现出一大批优质的现实主义题材作品，聚焦社会话题，关注百姓生活，以小人物见大情怀，与时代共振，与大众同心。其中，有讲述悬疑破案的《重生》、现实主义励志题材的《我是余欢水》、青春励志题材的《我才不要和你做朋友呢》、女性题材悬疑剧《摩天大楼》，以及围绕围棋展开的青春剧《棋魂》等。另外，《隐秘的角落》一经播出便引发社会广泛关注，豆瓣评分高达8.9。

2. 集数去水，“小而美”短剧崛起

在政府和市场双重引导下，网络剧集数去水已成为大势所趋，短剧时代崛起。备案网络剧单剧集数持续下降，播出网络剧单剧平均集数缩减至30集以内。以12集、24集为主打的短剧品质迈上新台阶，精品短剧已进入头部市场。如12集网络短剧《我是余欢水》《唐人街探案》以及24集都市女性题材网络剧《不完美的她》等都聚焦提升品质，杜绝剧情注水，以小体量创作、精品化制作的短剧模式带来优质内容，引领市场新风尚。

3.IP 改编剧口碑提高

2020年，精品原创内容提振，头部剧中IP剧数量占比超六成，且IP剧以其多维、长线的生态联动价值更具变现力，在头部市场中仍占主流。如日本动漫IP改编剧《棋魂》，通过多维度展现围棋精神和围棋魅力，承担起影视作品传承传统文化的责任，豆瓣评分8.4，打破国外改编动画剧水土不服的魔咒，为漫改剧找到创作出路。

4. 剧场模式迭代升级

2020年，爱奇艺推出“迷雾剧场”“爱青春剧场”，优酷推出的“悬疑剧场”“宠爱剧场”等剧场模式。爱奇艺迷雾剧场深耕悬疑短剧：2020年爱奇艺以《唐人街探案》为开端，升级“奇悬疑剧场”至“迷雾剧场”，聚合推出6部12集短剧，平台内容品牌得以不断强化，《隐秘的角落》等多部短剧赢得《人民日报》《光明日报》等主流媒体点赞。2020年的剧场在剧集体量、上新节奏等方面均体现出整体性、品牌化运营的特点。

5. 超前点播大面积开启

随着视频平台供给内容的多元化及服务对象的分众化，会员分层、精细化运营成为平台深耕存量市场、提升ARPU值（单用户价值）的有效策略，各平台均在加速超前点播模式运营。2020年共上线超前点播网络剧68部，占比约30%。超前点播通行价格3元/集，部分作品提供打包购买折扣，分为“直通结局”和“多看N集”两种形式，具体形式根据特定剧集而定。伴随着超前点播的大面积铺开，“追剧日历”成为热播剧标配。网络视频平台为用户提供差异化的内容供给，初步形成多元化的会员权益组合。

三、网络剧播放平台策略

2020年，各网络视频播放平台策略各异，其中爱奇艺依旧在网络剧制作上线数量上领跑全网，爱奇艺重点打造悬疑和都市题材类型化剧集，两种类型占独播网络剧的五成。同时，爱奇艺以剧场化的运营模式进行精品化和差异化的短剧集内容布局，多部12集短剧收获口碑，“迷雾剧场”形成品牌标识。

优酷以剧场运营模式形成类型剧集聚，推出“宠爱剧场”“悬疑剧场”，对标情感和悬疑两大题材，相关作品如《人间烟火花小厨》《重生》等。此外，优酷剧集题材结构显著优化，上线的现实题材网剧占比69%，在数量及品质上均有快速提升。

2020年，搜狐视频致力于在延续“小而美”内核的基础上，开启更具针对性的新策略：“小精质”，即“短小”“精华”“高品质”，推出烧脑悬疑剧《非黑即白》及校园青春剧《我成了他的班主任》等精品网络剧。

（北京市广播电视局网络视听节目管理处）

北京市网络电影发展情况

2020年，在新冠肺炎疫情改变全球电影产业发展环境的大背景下，电影与互联网加速融合，网络电影以其不断创新的商业模式实现逆势增长。一方面展现出巨大的市场潜力，吸引更多用户进行付费观看，网络电影票房体量不断增加，头部电影数量也得到显著提升；另一方面产业生态进一步完善，专业资本与优秀人才不断入局，整个行业已经开始尝试挖掘更多的内在增长空间，即在“精品化”上更加追求内容本身的实质性提升。

一、网络电影发展概况

2020年，获得北京广播电视局规划备案号的国产网络电影有1381部，获得上线备案号的网络电影有215部。平台方面，爱奇艺共上新网络电影385部，单平台分账票房千万元的影片42部，同比增加17部，破千万元影片累计分账票房达到7亿元。优酷共上线网络电影216部，其中，独播183部，占比85%，分账千万元以上的网络电影达23部，同比2019年增加77%。

2020年，北京市广播电视局将精品创作“北京模式”进一步深化完善，发布“中国榜样”系列网络电影片单，通过《我来自北京之玛尼堆的秋天》《石头村变形记》等10部作品发挥引领示范作用，激发行业内主旋律题材创作热情。继续推出一大批聚焦重大题材、主题题材、现实题材、北京题材，以弘扬社会主义核心价值观为引领，契合时代精神和互联网传播特点的网络影视精品。如北京题材的《老大不小》表现北京市井生活风俗，突出胡同文化特色。还涌现出《功夫宗师霍元甲》《生死时刻》等一批爱国英雄主义题材的网络电影，生动诠释家国情怀，弘扬爱国主义。

二、网络电影发展特点

1. 精品性：提质减冗、产能优化

2020年共上新网络电影769部，较2019年减少13部；在“提质减量”的大趋势下，网络电影精品化成效显著，正片有效播放1000万次以下的影片共530部，同比减少103部。行业结构升级，头部影片爆发式增长，2020年正片有效播放在5000万次以上影片共26部，同比增长15部。

2. 标杆性：影片口碑、票房领跑全国

2020年，在国家广播电视总局的各类推优评选中，北京91个节目榜上有名，位列各省局之首。全年网络电影票房分账破千万元的网络电影中超半数是北京出品。其中《奇门遁甲》分账收益 5638 万元，现实题材影片《东北往事：我叫刘海柱》分账 2111 万元。北京市广播电视局培育孵化的网络电影《中国飞侠》展现大时代下普通劳动者积极创造美好生活的愿景，以 8.9 分开创爱奇艺网络电影年度最高评分。

3. 时代性：深耕脱贫攻坚等主旋律题材

2020 年是决胜全面建成小康社会、决战脱贫攻坚之年，多部网络电影陆续献礼。系列影片《我来自北京之扶兄弟一把》《我来自北京之铁锅炖大鹅》从不同角度再现扶贫工作中的感人事迹，表明各级党政机关和广大党员干部打赢脱贫攻坚战的决心、信心和恒心。古装传记题材影片《辛弃疾 1162》分账 1930 万元，创古装传记题材票房新高。《浴血无名川》张扬军人血性，成功塑造中国军人的英雄群像。抗疫题材影片《一呼百应》讲述医护工作者和志愿者们坚守在抗疫一线的感人故事，发挥记录时代面貌、弘扬时代精神的重要作用。

三、网络电影播放平台升级

网络平台注重以科技升级带动产业变革，如爱奇艺开发“线上项目评估”系统、优酷开发“观影情绪模拟”产品。从项目前期创作到影片制作、平台分发、运营分析等全流程介入，推动网络电影制片、发行、放映等环节变革，提升网络观影体验。

制作方面。网络电影已告别“低成本”时代，整体投入层级更为丰富，投资成本 300 万元以下影片由 51% 缩减至 40%，投资成本在 600 万元以上的影片占比达 34%。内容也更加多元，围绕动作、奇幻、爱情、喜剧、悬疑、冒险等类型展开，现实主义题材影片在数量及内容质量上均有较大突破。

发行方面。新冠肺炎疫情加速全球电影发行方式革新，视频平台采用 PVOD 模式提升影片发行效率，也在尝试拼播模式，求新求变。

营销方面。片方预算扩增，2020 年全网半数以上的新片均进行自主营销，部均营销成本过百万元。平台资源加持，爱奇艺对优质 S 级影片进行联合营销，专项投入百万元级资金，优酷整合阿里生态资源，2020 年累计为 16 部影片提供 1∶1 宣发资源。

（北京市广播电视局网络视听节目管理处）

北京市审核网站引进电视剧和电影情况

全年受理审核北京市网络视听持证服务机构报审的网上境外影视剧 201 部。核发发行许可证 189 部，其中电视剧 41 部 653 集 26452 分钟、电影 148 部 16040 分钟，通过率 94.0%。未通过 12 部，其中电视剧 1 部 9 集、电影 11 部，未通过率 6.0%。

2020年北京市审核网站引进境外电视剧情况一览表

序号	中文剧名	产地	集数（集）	长度（分钟）	引进单位	许可证号	发证日期
1	良医（第二季）	美国	18	45	北京爱奇艺科技有限公司	（京）剧审网字〔2020〕第0003号	2020-01-14
2	厨神小姐	泰国	13	45	北京搜狐互联网信息服务有限公司	（京）剧审网字〔2020〕第0004号	2020-01-14
3	超能后妈	泰国	26	45	北京搜狐互联网信息服务有限公司	（京）剧审网字〔2020〕第0005号	2020-01-14
4	叶卡捷琳娜大帝	英国	4	60	优酷信息技术（北京）有限公司	（京）剧审网字〔2020〕第0010号	2020-03-10
5	生活大爆炸（第十二季）	美国	24	22	北京搜狐互联网信息服务有限公司	（京）剧审网字〔2020〕第0011号	2020-03-10
6	丘比特的眼泪	泰国	12	45	优酷信息技术（北京）有限公司	（京）剧审网字〔2020〕第0012号	2020-03-10
7	开荒岛民（第三季）	美国	10	30	北京搜狐互联网信息服务有限公司	（京）剧审网字〔2020〕第0027号	2020-04-01
8	天堂的微笑	中国台湾	25	45	北京爱奇艺科技有限公司	（京）剧审网字〔2020〕第0046号	2020-05-12
9	那些我爱过的人	中国香港	25	45	优酷信息技术（北京）有限公司	（京）剧审网字〔2020〕第0049号	2020-05-27
10	我的天才女友第二季：新名字的故事	意大利	8	45	北京爱奇艺科技有限公司	（京）剧审网字〔2020〕第0056号	2020-05-29
11	星途叵测（第二季）	泰国	18	49	北京爱奇艺科技有限公司	（京）剧审网字〔2020〕第0060号	2020-06-24
12	生活大爆炸（第七季）	美国	24	20	北京搜狐互联网信息服务有限公司	（京）剧审网字〔2020〕第0061号	2020-06-24
13	小谢尔顿（第二季）	美国	22	30	北京搜狐互联网信息服务有限公司	（京）剧审网字〔2020〕第0063号	2020-06-24

（续表）

序号	中文剧名	产地	集数（集）	长度（分钟）	引进单位	许可证号	发证日期
14	穿越时空的乐队	日本	10	26	优酷信息技术（北京）有限公司	（京）剧审网字〔2020〕第0067号	2020-06-24
15	风骚律师（第五季）	美国	10	45	北京搜狐互联网信息服务有限公司	（京）剧审网字〔2020〕第0069号	2020-07-07
16	生活大爆炸（第六季）	美国	24	20	北京搜狐互联网信息服务有限公司	（京）剧审网字〔2020〕第0070号	2020-07-07
17	异星诡梦（第一季）	瑞典	4	30	北京爱奇艺科技有限公司	（京）剧审网字〔2020〕第0074号	2020-07-07
18	反黑路人甲	中国香港	30	45	优酷信息技术（北京）有限公司	（京）剧审网字〔2020〕第0111号	2020-08-25
19	我的拳霸男友	泰国	13	45	北京搜狐互联网信息服务有限公司	（京）剧审网字〔2020〕第0114号	2020-08-28
20	女孩别哭	泰国	13	60	北京搜狐互联网信息服务有限公司	（京）剧审网字〔2020〕第0120号	2020-08-28
21	试探的爱	泰国	21	45	北京风行在线技术有限公司	（京）剧审网字〔2020〕第0130号	2020-09-10
22	弓元特攻队	中国香港	20	40	优酷信息技术（北京）有限公司	（京）剧审网字〔2020〕第0135号	2020-09-21
23	少年特工亚历克斯	英国	8	60	优酷信息技术（北京）有限公司	（京）剧审网字〔2020〕第0140号	2020-09-24
24	巴比伦柏林（第三季）	德国	12	48	优酷信息技术（北京）有限公司	（京）剧审网字〔2020〕第0141号	2020-09-24
25	预支未来	中国台湾	8	45	优酷信息技术（北京）有限公司	（京）剧审网字〔2020〕第0143号	2020-10-20
26	良医（第三季）	美国	20	40	北京爱奇艺科技有限公司	（京）剧审网字〔2020〕第0144号	2020-10-20
27	白色巨塔	日本	21	53	北京风行在线技术有限公司	（京）剧审网字〔2020〕第0153号	2020-11-02

（续表）

序号	中文剧名	产地	集数（集）	长度（分钟）	引进单位	许可证号	发证日期
28	宽松世代又如何SP：纯米吟酿纯情篇	日本	2	46	北京风行在线技术有限公司	（京）剧审网字〔2020〕第0155号	2020-11-02
29	若是一个人	中国台湾	10	60	北京爱奇艺科技有限公司	（京）剧审网字〔2020〕第0157号	2020-11-10
30	黑袍纠察队（第一季）	美国	8	60	北京搜狐互联网信息服务有限公司	（京）剧审网字〔2020〕第0162号	2020-11-10
31	微微一笑很倾城	日本	10	26	优酷信息技术（北京）有限公司	（京）剧审网字〔2020〕第0163号	2020-11-10
32	埃博拉浩劫	美国	6	45	优酷信息技术（北京）有限公司	（京）剧审网字〔2020〕第0164号	2020-11-10
33	亲密姐妹	日本	10	54	优酷信息技术（北京）有限公司	（京）剧审网字〔2020〕第0165号	2020-11-10
34	老大（第一季）	日本	11	50	北京搜狐互联网信息服务有限公司	（京）剧审网字〔2020〕第0176号	2020-11-19
35	桑迪顿	英国	8	45	优酷信息技术（北京）有限公司	（京）剧审网字〔2020〕第0178号	2020-12-01
36	金装律师（第九季）	美国	10	60	优酷信息技术（北京）有限公司	（京）剧审网字〔2020〕第0182号	2020-12-01
37	新白娘子传奇	中国台湾	50	45	优酷信息技术（北京）有限公司	（京）剧审网字〔2020〕第0183号	2020-12-10
38	小谢尔顿（第三季）	美国	21	24	北京爱奇艺科技有限公司	（京）剧审网字〔2020〕第0184号	2020-12-10
39	老友记（第二季）	美国	24	23	北京风行在线技术有限公司	（京）剧审网字〔2020〕第0187号	2020-12-21
40	神探林肯（第一季）	美国	10	44	北京搜狐互联网信息服务有限公司	（京）剧审网字〔2020〕第0188号	2020-12-21
41	王牌辩护人	中国台湾	30	35	优酷信息技术（北京）有限公司	（京）剧审网字〔2020〕第0189号	2020-12-24

2020 年北京市审核网站引进境外电影情况一览表

序号	中文电影名称	产地	长度（分钟）	引进单位	许可证号	发证日期
1	红孩儿	中国香港	96	北京爱奇艺科技有限公司	（京）剧审网字〔2020〕第0001号	2020-01-14
2	88分钟	德国	108	北京风行在线技术有限公司	（京）剧审网字〔2020〕第0002号	2020-01-14
3	斯提克斯	德国	90	北京风行在线技术有限公司	（京）剧审网字〔2020〕第0006号	2020-01-14
4	共度余生	美国	99	北京风行在线技术有限公司	（京）剧审网字〔2020〕第0007号	2020-01-14
5	人生第二春	美国	100	北京爱奇艺科技有限公司	（京）剧审网字〔2020〕第0008号	2020-01-14
6	氧气	印度	156	北京搜狐互联网信息服务有限公司	（京）剧审网字〔2020〕第0009号	2020-03-10
7	吉米的舞厅	英国	109	北京搜狐互联网信息服务有限公司	（京）剧审网字〔2020〕第0013号	2020-03-10
8	埃菲尔铁塔下	美国	87	北京搜狐互联网信息服务有限公司	（京）剧审网字〔2020〕第0014号	2020-03-10
9	迷失太空	瑞典	84	北京搜狐互联网信息服务有限公司	（京）剧审网字〔2020〕第0015号	2020-03-10
10	星际之门：时空连续	加拿大	98	北京搜狐互联网信息服务有限公司	（京）剧审网字〔2020〕第0016号	2020-03-10
11	星际之门：真理之盒	加拿大	101	北京搜狐互联网信息服务有限公司	（京）剧审网字〔2020〕第0017号	2020-03-10
12	星际之门	法国	121	北京搜狐互联网信息服务有限公司	（京）剧审网字〔2020〕第0018号	2020-03-10
13	无罪的验证	英国	90	北京搜狐互联网信息服务有限公司	（京）剧审网字〔2020〕第0019号	2020-03-10

（续表）

序号	中文电影名称	产地	长度（分钟）	引进单位	许可证号	发证日期
14	火车大劫案	英国	110	北京搜狐互联网信息服务有限公司	（京）剧审网字〔2020〕第0020号	2020-03-10
15	控方证人	英国	97	北京搜狐互联网信息服务有限公司	（京）剧审网字〔2020〕第0021号	2020-03-10
16	恐怖触须	意大利	92	北京搜狐互联网信息服务有限公司	（京）剧审网字〔2020〕第0022号	2020-03-10
17	指尖	法国	103	北京搜狐互联网信息服务有限公司	（京）剧审网字〔2020〕第0023号	2020-03-10
18	地球护卫好拍档	乌克兰	100	北京搜狐互联网信息服务有限公司	（京）剧审网字〔2020〕第0024号	2020-03-10
19	最后的审判	法国	110	北京风行在线技术有限公司	（京）剧审网字〔2020〕第0025号	2020-03-10
20	小王子的世界	加拿大	90	北京搜狐互联网信息服务有限公司	（京）剧审网字〔2020〕第0026号	2020-03-10
21	假纹身	加拿大	87	北京风行在线技术有限公司	（京）剧审网字〔2020〕第0028号	2020-04-01
22	三字得分	英国	90	北京风行在线技术有限公司	（京）剧审网字〔2020〕第0029号	2020-04-01
23	四月的长久梦	日本	93	北京风行在线技术有限公司	（京）剧审网字〔2020〕第0030号	2020-04-01
24	极光大冒险	挪威	74	北京搜狐互联网信息服务有限公司	（京）剧审网字〔2020〕第0031号	2020-04-12
25	尤利塞莫纳	法国	82	北京风行在线技术有限公司	（京）剧审网字〔2020〕第0032号	2020-04-12
26	这一刻，想见你	马来西亚	103	北京爱奇艺科技有限公司	（京）剧审网字〔2020〕第0033号	2020-04-15
27	朱迪	英国	118	北京爱奇艺科技有限公司	（京）剧审网字〔2020〕第0034号	2020-04-15
28	我是你的罗密欧	印度	140	北京爱奇艺科技有限公司	（京）剧审网字〔2020〕第0035号	2020-04-20

（续表）

序号	中文电影名称	产地	长度（分钟）	引进单位	许可证号	发证日期
29	开罗时间	加拿大	90	北京风行在线技术有限公司	（京）剧审网字〔2020〕第0036号	2020–04–20
30	博士的爱情方程式	日本	117	北京风行在线技术有限公司	（京）剧审网字〔2020〕第0037号	2020–04–20
31	姐妹情	法国	100	北京风行在线技术有限公司	（京）剧审网字〔2020〕第0038号	2020–04–20
32	行过死荫之地	美国	114	北京风行在线技术有限公司	（京）剧审网字〔2020〕第0039号	2020–04–20
33	最后的普罗塞克	意大利	101	北京风行在线技术有限公司	（京）剧审网字〔2020〕第0040号	2020–05–08
34	间宫兄弟	日本	119	北京风行在线技术有限公司	（京）剧审网字〔2020〕第0041号	2020–05–08
35	大停电之夜	日本	132	北京风行在线技术有限公司	（京）剧审网字〔2020〕第0042号	2020–05–08
36	葡萄的眼泪	日本	117	北京风行在线技术有限公司	（京）剧审网字〔2020〕第0043号	2020–05–08
37	007之太空城	英国	127	北京搜狐互联网信息服务有限公司	（京）剧审网字〔2020〕第0044号	2020–05–08
38	007之金刚钻	英国	120	北京搜狐互联网信息服务有限公司	（京）剧审网字〔2020〕第0045号	2020–05–12
39	阿拉丁	印度	132	北京爱奇艺科技有限公司	（京）剧审网字〔2020〕第0047号	2020–05–12
40	拳击手之恋	印度	133	北京爱奇艺科技有限公司	（京）剧审网字〔2020〕第0048号	2020–05–12
41	与我们的心快乐	印度	140	北京爱奇艺科技有限公司	（京）剧审网字〔2020〕第0050号	2020–05–29
42	007之雷霆杀机	英国	132	北京搜狐互联网信息服务有限公司	（京）剧审网字〔2020〕第0051号	2020–05–29
43	亲爱的医生	日本	127	北京风行在线技术有限公司	（京）剧审网字〔2020〕第0052号	2020–05–29

（续表）

序号	中文电影名称	产地	长度（分钟）	引进单位	许可证号	发证日期
44	幸福的面包	日本	114	北京风行在线技术有限公司	（京）剧审网字〔2020〕第0053号	2020-05-29
45	外交秘闻	法国	84	北京风行在线技术有限公司	（京）剧审网字〔2020〕第0054号	2020-05-29
46	桑巴	法国	118	北京风行在线技术有限公司	（京）剧审网字〔2020〕第0055号	2020-05-29
47	灵犬雪莉	法国	104	北京风行在线技术有限公司	（京）剧审网字〔2020〕第0057号	2020-05-29
48	爱玛	美国	110	北京爱奇艺科技有限公司	（京）剧审网字〔2020〕第0058号	2020-06-09
49	303中队	波兰	100	北京爱奇艺科技有限公司	（京）剧审网字〔2020〕第0059号	2020-06-09
50	豹神	法国	100	北京风行在线技术有限公司	（京）剧审网字〔2020〕第0062号	2020-06-24
51	这个警察不太冷	法国	92	北京风行在线技术有限公司	（京）剧审网字〔2020〕第0064号	2020-06-24
52	不留痕迹	法国	95	北京风行在线技术有限公司	（京）剧审网字〔2020〕第0065号	2020-06-24
53	女司机	美国	100	北京爱奇艺科技有限公司	（京）剧审网字〔2020〕第0066号	2020-06-24
54	重返20岁	印度尼西亚	100	北京爱奇艺科技有限公司	（京）剧审网字〔2020〕第0068号	2020-06-24
55	007之你死我活	英国	121	北京搜狐互联网信息服务有限公司	（京）剧审网字〔2020〕第0071号	2020-07-07
56	007之金枪人	英国	125	北京搜狐互联网信息服务有限公司	（京）剧审网字〔2020〕第0072号	2020-07-07
57	007之海底城	英国	124	北京搜狐互联网信息服务有限公司	（京）剧审网字〔2020〕第0073号	2020-07-07
58	印尼饮食男女	印度尼西亚	100	北京爱奇艺科技有限公司	（京）剧审网字〔2020〕第0075号	2020-07-07

（续表）

序号	中文电影名称	产地	长度（分钟）	引进单位	许可证号	发证日期
59	007之黎明生机	英国	131	北京搜狐互联网信息服务有限公司	（京）剧审网字〔2020〕第0076号	2020-07-07
60	知更鸟的召唤	法国	85	北京在线九州信息技术服务有限公司	（京）剧审网字〔2020〕第0077号	2020-07-07
61	切·格瓦拉传：阿根廷	法国	134	北京在线九州信息技术服务有限公司	（京）剧审网字〔2020〕第0078号	2020-07-20
62	切·格瓦拉传：游击队	西班牙	135	北京在线九州信息技术服务有限公司	（京）剧审网字〔2020〕第0079号	2020-07-20
63	小淘气尼古拉的假期	法国	97	北京在线九州信息技术服务有限公司	（京）剧审网字〔2020〕第0080号	2020-07-20
64	007之杀人执照	英国	132	北京搜狐互联网信息服务有限公司	（京）剧审网字〔2020〕第0081号	2020-07-20
65	007之黑日危机	英国	128	北京搜狐互联网信息服务有限公司	（京）剧审网字〔2020〕第0082号	2020-07-20
66	史酷比狗	美国	90	北京爱奇艺科技有限公司	（京）剧审网字〔2020〕第0083号	2020-07-20
67	最美年华	法国	90	北京爱奇艺科技有限公司	（京）剧审网字〔2020〕第0084号	2020-07-20
68	拯救列宁格勒	俄罗斯	120	北京爱奇艺科技有限公司	（京）剧审网字〔2020〕第0085号	2020-08-03
69	和平密使	英国	101	北京搜狐互联网信息服务有限公司	（京）剧审网字〔2020〕第0086号	2020-08-03
70	破晓时分	英国	99	北京搜狐互联网信息服务有限公司	（京）剧审网字〔2020〕第0087号	2020-08-03
71	天涯寻子路	英国	98	北京搜狐互联网信息服务有限公司	（京）剧审网字〔2020〕第0088号	2020-08-03
72	外出偷马	挪威	122	北京搜狐互联网信息服务有限公司	（京）剧审网字〔2020〕第0089号	2020-08-03
73	变身西装	日本	115	北京风行在线技术有限公司	（京）剧审网字〔2020〕第0090号	2020-08-05

（续表）

序号	中文电影名称	产地	长度（分钟）	引进单位	许可证号	发证日期
74	审判	德国	95	北京爱奇艺科技有限公司	（京）剧审网字〔2020〕第0091号	2020-08-05
75	战神阿瑞斯	法国	80	北京风行在线技术有限公司	（京）剧审网字〔2020〕第0092号	2020-08-18
76	法姐之战	法国	89	北京风行在线技术有限公司	（京）剧审网字〔2020〕第0093号	2020-08-18
77	父亲的荣耀	法国	105	北京风行在线技术有限公司	（京）剧审网字〔2020〕第0094号	2020-08-18
78	弗罗里达	法国	110	北京风行在线技术有限公司	（京）剧审网字〔2020〕第0095号	2020-08-18
79	乡村教师	泰国	100	北京搜狐互联网信息服务有限公司	（京）剧审网字〔2020〕第0096号	2020-08-18
80	巨人之王	泰国	108	北京搜狐互联网信息服务有限公司	（京）剧审网字〔2020〕第0097号	2020-08-18
81	雪光之灾	加拿大	94	北京爱奇艺科技有限公司	（京）剧审网字〔2020〕第0098号	2020-08-21
82	天际浩劫 2	英国	106	北京爱奇艺科技有限公司	（京）剧审网字〔2020〕第0099号	2020-08-21
83	被涂污的鸟	捷克	169	北京爱奇艺科技有限公司	（京）剧审网字〔2020〕第0100号	2020-08-21
84	007之最高机密	英国	128	北京搜狐互联网信息服务有限公司	（京）剧审网字〔2020〕第0101号	2020-08-21
85	黑暗建筑	阿根廷	94	北京风行在线技术有限公司	（京）剧审网字〔2020〕第0102号	2020-08-21
86	老当益壮	卢森堡	90	北京风行在线技术有限公司	（京）剧审网字〔2020〕第0103号	2020-08-21
87	勿忘我	日本	115	北京风行在线技术有限公司	（京）剧审网字〔2020〕第0104号	2020-08-21
88	岸边之旅	日本	127	迈视（北京）网络传媒技术有限公司	（京）剧审网字〔2020〕第0105号	2020-08-21

（续表）

序号	中文电影名称	产地	长度（分钟）	引进单位	许可证号	发证日期
89	巴黎春梦	法国	103	北京风行在线技术有限公司	（京）剧审网字〔2020〕第0106号	2020-08-21
90	一袋弹子	法国	110	北京风行在线技术有限公司	（京）剧审网字〔2020〕第0107号	2020-08-21
91	纵情四海	英国	100	迈视（北京）网络传媒技术有限公司	（京）剧审网字〔2020〕第0108号	2020-08-21
92	回家之旅	意大利	103	北京风行在线技术有限公司	（京）剧审网字〔2020〕第0109号	2020-08-21
93	温蒂妮	德国	90	北京爱奇艺科技有限公司	（京）剧审网字〔2020〕第0110号	2020-08-21
94	我和我的姐妹	法国	93	迈视（北京）网络传媒技术有限公司	（京）剧审网字〔2020〕第0112号	2020-08-28
95	绝对知己	法国	100	迈视（北京）网络传媒技术有限公司	（京）剧审网字〔2020〕第0113号	2020-08-28
96	系统破坏者	德国	118	北京搜狐互联网信息服务有限公司	（京）剧审网字〔2020〕第0115号	2020-08-28
97	十字追杀令3	美国	100	北京搜狐互联网信息服务有限公司	（京）剧审网字〔2020〕第0116号	2020-08-28
98	你们见到的还不算什么	法国	115	北京风行在线技术有限公司	（京）剧审网字〔2020〕第0117号	2020-08-28
99	圣诞传说	芬兰	83	北京风行在线技术有限公司	（京）剧审网字〔2020〕第0118号	2020-08-28
100	女特工	法国	116	北京风行在线技术有限公司	（京）剧审网字〔2020〕第0119号	2020-08-28
101	福岛50死士	日本	122	北京爱奇艺科技有限公司	（京）剧审网字〔2020〕第0121号	2020-08-31
102	树	法国	100	北京风行在线技术有限公司	（京）剧审网字〔2020〕第0122号	2020-09-03
103	末路拳王	英国	96	北京风行在线技术有限公司	（京）剧审网字〔2020〕第0123号	2020-09-03

（续表）

序号	中文电影名称	产地	长度（分钟）	引进单位	许可证号	发证日期
104	欢乐颂	美国	98	北京搜狐互联网信息服务有限公司	（京）剧审网字〔2020〕第0124号	2020-09-10
105	名字之歌	加拿大	113	北京搜狐互联网信息服务有限公司	（京）剧审网字〔2020〕第0125号	2020-09-10
106	心之归属	法国	120	北京风行在线技术有限公司	（京）剧审网字〔2020〕第0126号	2020-09-10
107	303之路	德国	145	北京风行在线技术有限公司	（京）剧审网字〔2020〕第0127号	2020-09-10
108	为了爱情或金钱	英国	103	北京风行在线技术有限公司	（京）剧审网字〔2020〕第0128号	2020-09-10
109	舞力重击2	罗马尼亚	103	北京风行在线技术有限公司	（京）剧审网字〔2020〕第0129号	2020-09-10
110	歌魂	日本	120	北京在线九州信息技术服务有限公司	（京）剧审网字〔2020〕第0131号	2020-09-21
111	我想藏起来	意大利	118	北京爱奇艺科技有限公司	（京）剧审网字〔2020〕第0132号	2020-09-21
112	眼泪之盐	法国	100	北京爱奇艺科技有限公司	（京）剧审网字〔2020〕第0133号	2020-09-21
113	海绵宝宝：营救大冒险	美国	90	北京爱奇艺科技有限公司	（京）剧审网字〔2020〕第0134号	2020-09-21
114	时间中的孩子	英国	82	北京风行在线技术有限公司	（京）剧审网字〔2020〕第0136号	2020-09-21
115	正义联盟大战夺命五侠	美国	77	北京爱奇艺科技有限公司	（京）剧审网字〔2020〕第0137号	2020-09-24
116	蝙蝠侠大战忍者神龟	美国	87	北京爱奇艺科技有限公司	（京）剧审网字〔2020〕第0138号	2020-09-24
117	以恩宠之名	法国	137	北京搜狐互联网信息服务有限公司	（京）剧审网字〔2020〕第0139号	2020-09-24
118	摔角王	美国	109	北京在线九州信息技术服务有限公司	（京）剧审网字〔2020〕第0142号	2020-10-20

（续表）

序号	中文电影名称	产地	长度（分钟）	引进单位	许可证号	发证日期
119	千年之恋之源氏物语	日本	143	北京在线九州信息技术服务有限公司	（京）剧审网字〔2020〕第0145号	2020-10-20
120	罗丹	法国	119	优酷信息技术（北京）有限公司	（京）剧审网字〔2020〕第0146号	2020-11-02
121	天地大冲撞	美国	120	北京爱奇艺科技有限公司	（京）剧审网字〔2020〕第0147号	2020-11-02
122	荒岛余生	美国	143	北京爱奇艺科技有限公司	（京）剧审网字〔2020〕第0148号	2020-11-02
123	醉乡民谣	美国	105	北京爱奇艺科技有限公司	（京）剧审网字〔2020〕第0149号	2020-11-02
124	蝙蝠侠：缄默	美国	82	北京爱奇艺科技有限公司	（京）剧审网字〔2020〕第0150号	2020-11-02
125	神奇女侠：血脉	美国	82	北京爱奇艺科技有限公司	（京）剧审网字〔2020〕第0151号	2020-11-02
126	东京绿洲	日本	83	北京风行在线技术有限公司	（京）剧审网字〔2020〕第0152号	2020-11-02
127	质朴却厉害！校阅女孩 河野悦子	日本	94	北京风行在线技术有限公司	（京）剧审网字〔2020〕第0154号	2020-11-02
128	再见我们的幼儿园	日本	105	北京风行在线技术有限公司	（京）剧审网字〔2020〕第0156号	2020-11-02
129	黑暗正义联盟：天启星之战	美国	90	北京爱奇艺科技有限公司	（京）剧审网字〔2020〕第0158号	2020-11-10
130	脑中蜜	美国	127	北京爱奇艺科技有限公司	（京）剧审网字〔2020〕第0159号	2020-11-10
131	007之俄罗斯之恋	英国	115	北京搜狐互联网信息服务有限公司	（京）剧审网字〔2020〕第0160号	2020-11-10
132	007之女王密使	英国	143	北京搜狐互联网信息服务有限公司	（京）剧审网字〔2020〕第0161号	2020-11-10
133	狙击精英：绝路反击	美国	90	北京搜狐互联网信息服务有限公司	（京）剧审网字〔2020〕第0166号	2020-11-10

（续表）

序号	中文电影名称	产地	长度（分钟）	引进单位	许可证号	发证日期
134	围捕	法国	115	北京风行在线技术有限公司	（京）剧审网字〔2020〕第0167号	2020-11-19
135	欢迎来到隔离病房	日本	118	北京风行在线技术有限公司	（京）剧审网字〔2020〕第0168号	2020-11-19
136	属于我们的圣诞节	法国	150	北京风行在线技术有限公司	（京）剧审网字〔2020〕第0169号	2020-11-19
137	悲惨世界	英国	134	北京爱奇艺科技有限公司	（京）剧审网字〔2020〕第0170号	2020-11-19
138	超人之军团崛起	美国	87	北京爱奇艺科技有限公司	（京）剧审网字〔2020〕第0171号	2020-11-19
139	少年泰坦队大对决!	美国	76	北京爱奇艺科技有限公司	（京）剧审网字〔2020〕第0172号	2020-11-19
140	钻石13	法国	98	北京风行在线技术有限公司	（京）剧审网字〔2020〕第0173号	2020-11-19
141	把心打开	法国	87	北京风行在线技术有限公司	（京）剧审网字〔2020〕第0174号	2020-11-19
142	最后的清晰时刻	美国	90	北京风行在线技术有限公司	（京）剧审网字〔2020〕第0175号	2020-11-19
143	冒牌上尉	德国	118	优酷信息技术（北京）有限公司	（京）剧审网字〔2020〕第0177号	2020-12-01
144	爱与怪物	美国	90	北京爱奇艺科技有限公司	（京）剧审网字〔2020〕第0179号	2020-12-01
145	甘地传	英国	188	北京爱奇艺科技有限公司	（京）剧审网字〔2020〕第0180号	2020-12-01
146	阿拉伯的劳伦斯	英国	222	北京爱奇艺科技有限公司	（京）剧审网字〔2020〕第0181号	2020-12-01
147	反飙车行动	中国香港	74	北京爱奇艺科技有限公司	（京）剧审网字〔2020〕第0185号	2020-12-10
148	高烧	巴西	98	北京爱奇艺科技有限公司	（京）剧审网字〔2020〕第0186号	2020-12-10

（北京市广播电视局网络视听节目管理处）

2020 年度北京市重点网络视听节目介绍

一、网络剧

《我是余欢水》 12 集当代都市题材网络剧《我是余欢水》由得闲影业（北京）有限公司、东阳正午阳光影视有限公司、爱奇艺联合出品。该剧主人公余欢水是一个生活在社会底层的小人物，他懦弱怕事，在公司里业绩最差，妻子嫌他窝囊离了婚，余欢水借酒浇愁，醒来身体不适，竟查出患了癌症。万念俱灰的余欢水破罐子破摔，一夜之间成了令人畏惧的“狠角色”。阴差阳错之下，他抓住了公安部 A 级通缉要犯徐大炮，变成患病志坚的见义勇为英雄。达到人生巅峰的余欢水，复查发现自己并未患绝症。死里逃生的余欢水想要回归自我，却又一次陷入可怕的阴谋中。制片人：侯鸿亮。编剧：王三毛、磊子。导演：孙墨龙。主演：郭京飞、苗苗。该网络剧于 2020 年 4 月 6 日在爱奇艺、腾讯视频、优酷上线。

《我是余欢水》海报

《重生》 28 集悬疑题材网络剧《重生》由优酷信息技术（北京）有限公司出品。该剧讲述“714 枪案”唯一幸存者西关支队副支队长秦驰，遭遇重创后不断与失忆抗争，破解疑案的同时寻找“714 枪案”真相的故事。剧中，心思缜密、言语不多的行动派秦驰不仅要与警局同事解开错综复杂的案件背后之“谜”，同时他自身更有着重重谜题亟待解开。编剧：指纹。导演：杨冬。主演：张译、赵子琪、张昊唯、刘冠成、程小蒙、赵今麦、江柏萱、宋春丽、吕凉、高捷、潘粤明、李宗翰。该网络剧于 2020 年 3 月 7 日在优酷上线。

《重生》海报

《我才不要和你做朋友呢》 24 集爱情题材网络剧《我才不要和你做朋友呢》由北京开火文化传媒有限公司出品。该剧通过讲述一场奇幻旅行遇见自己 18 岁妈妈的故事来探讨代际话题。从小与妈妈相依为命的高中生李进步（庄达菲饰）因为一场奇幻旅行回到 20 年前，遇见妈妈李青桐（陈昊宇饰）并成为好友，两人因为时代、性格差异闹出种种笑话，也携手走过甜蜜与苦涩并存的青春时代。李进步了解到母亲隐忍、勇敢的一面，回到现实后，两人走出关系困境，也互相支撑着寻找各自人生的真谛。编剧：程小猫、程梦琰。导演：田宇。主演：陈昊宇、庄达菲、周彦辰、马思超、古子成、郭欣禹、王漪淼、宁小花、李昊霖。该网络剧于 2020 年 5 月 19 日在芒果 TV 上线。

《我才不要和你做朋友呢》海报

《棋魂》 36 集奇幻题材网络剧《棋魂》由北京爱奇艺科技有限公司出品。该剧讲述的是小学六年级的时光为了赚些零用钱，跑到爷爷家里寻宝，偶然翻出一个旧棋盘。接触棋盘的一瞬间，附身于棋盘中的棋士褚嬴的灵魂进入时光的体内。后来时光在学校围棋会所结识少年天才俞亮。从此开始，二人就成了相爱相杀的棋坛宿敌。在褚嬴的指导下，时光进步神速，也逐渐对围棋产生兴趣，最终在与棋坛名将俞晓阳的一场激战中，褚嬴下了绝妙的一局，但时光竟然看出更高的一着。时光终于在自己的努力、褚嬴的帮助和与俞亮的磨炼中，可以独立对弈，在自己心中燃起真正的棋魂。最终时光、俞亮成为中国棋坛双子新星，出征世界比赛，为国争光。总制片人：戴莹。导演：刘畅。总编剧：卓越泡沫。主演：胡先煦、张超、郝富申。该网络剧于 2020 年 10 月 27 日在爱奇艺平台上线。

《棋魂》海报

二、网络电影

《中国飞侠》 当代现实题材网络电影《中国飞侠》由北京奇树有鱼文化传媒有限公司出品。该网络电影讲述的是在城市打拼赚钱的送餐员李安全需要在两个月内攒够 10 万元手术费，让女儿的左眼重见光明，于是他开始了白天送外卖，晚上做直播的疯狂生活。在筹钱的过程中，李安全虽然生活拮据压力很大，却愿意帮助需

《中国飞侠》海报

要帮助的人，为舍友完成毕业旅行的愿望出钱赞助，帮奚落过自己的大爷搬煤气罐，救下即将坠楼的儿童等。经历了一系列揪心、感人又搞笑的故事之后，最终善良努力正能量的李安全成功筹集到了女儿的手术费，也被外卖公司录取为公司正式员工。总制片人：李思文。编剧：张五毛。导演：陈静。领衔主演：许君聪。主演：赵培琳、陈羽汐、黄鑫。特别出演：李琦。友情客串：徐春妮。该网络电影于 2020 年 12 月 10 日在爱奇艺、芒果 TV 上线。

《毛驴上树 2 倔驴搬家》 当代扶贫题材网络电影《毛驴上树 2 倔驴搬家》由北京奇树有鱼文化传媒有限公司出品。该网络电影讲的是地处沂蒙山腹地的神仙村是个交通不便、土地稀少的贫困村。第一书记余丹阳下派驻村后，为帮村民摆脱贫困，在上级领导支持下，她与村领导班子确定了搬迁下山住新居，发挥老村特色搞旅游的工作目标，并稳步实施。就在新居建好，大伙陆续搬迁下山之际，绰号“老倔驴”的村民赵大河因一头养了多年，绰号“二爷”的老驴无处安置而不愿下山，而另外两个不愿搬迁的村民“大肥驴”李有德和“小叫驴”赵三喜则为了自身利益也暗中使坏，矛盾更为激化。为实现全村脱贫致富奔小康的大目标，余丹阳顶着压力，与“三头驴”斗智斗勇，笑料频出，最终感化众人，解决矛盾，实现了神仙村村民一个不少搬迁下山的诺言，并通过老村旅游开发，村民分红加就业的方式，让大伙收入提高，从而使村民脱贫致富，真正过上了舒心富裕的小康生活。总制片人：李思文。编剧：昃文江。导演：殷悦。主演：郭达、曹颖。该片于 2020 年 9 月 17 日在爱奇艺 VIP 独家上线。

《毛驴上树 2 倔驴搬家》海报

《辛弃疾 1162》 时长 110 分钟的古代传记题材网络电影《辛弃疾 1162》由北京美视众乐影业有限公司出品。该网络电影讲述的是南宋绍兴年间，生性侠义的辛弃疾目睹北方沦陷，中原战乱，民不聊生，他立志收复中原、平定北地，效力于国家统一，于是聚两千乡众加入耿京抗金义军。但在辛弃疾一路谋攻武取、屡奏凯歌之时，主帅耿京被杀。家国牵挂与兄弟之仇，让辛弃疾热血燃起，最终他手刃敌方主将，生擒叛徒，返归宋廷，踏上报效国家之路。制片人：叶统。编剧：周枫平。导演：张哲。主演：谢苗、周逵、南笙。该网络电影于 2020 年 1 月 2 日在爱奇艺平台上线播出。

《辛弃疾 1162》海报

《老大不小》 时长 102 分钟的当代现实题材网络电影《老大不小》由北京爱奇艺科技有限公司出品。该网络电影讲述的是老北京的一户普通人家的故事。老邱带着两个儿子邱磊和邱硕一直在四合院里过着不富裕的生活。临终前他将小儿子邱硕托付给邱磊，让邱磊好好教育弟弟，使其好好学习考上大学。邱磊边打多份工边供弟弟上学，期间的酸甜苦辣咸尽数尝遍。最终邱硕努力学习了，邱磊也找到心仪的姑娘，收获了爱情。总制片人：崔蒙。编剧：季雯、高炜。导演：安佳星。主演：高炜、杨长青。该网络电影于 2020 年 7 月 7 日在爱奇艺上线。

《老大不小》海报

《我来自北京之扶兄弟一把》 时长 91 分钟的当代扶贫题材网络电影《我来自北京之扶兄弟一把》由北京爱奇艺科技有限公司出品。《我来自北京之扶兄弟一把》讲述大学毕业生王晓石主动申请从北京到黔西南扶贫，开始由于不了解情况，闹出不少笑话，后来在女友张玉娟和当地扶贫干部郑金柱的帮助下，逐渐深入群众，制订了符合实际情况的扶贫办法，靠科技的力量改变群众生活，带领当地人民脱贫致富，在扶贫工作取得成绩的同时，也收获了美好的爱情。监制：郭靖宇。总编剧：束焕。编剧：孙韶康、孙毓鸿。导演：柏杉。主演：刘智扬、赵亮、陈创。该片于 2020 年 1 月 24 日在爱奇艺上线。

《我来自北京之扶兄弟一把》海报

《生死时刻》 时长 121 分钟的近代传记题材网络电影《生死时刻》由北京美视众乐影业有限公司出品。该片讲述女革命先驱者秋瑾为拯救国家和黎民不惜英勇就义的故事。清末时期，国势衰微，外患日亟，秋瑾与徐锡麟等革命党人为拯救国家百姓于水火密谋联合起义，并在起义失败后选择英勇就义，意在以鲜血唤醒国人。总制片人：梓华。制片人：叶统 。编剧：周枫平。导演：陈静。主演：袁志博、陈劲康、郭岩。该片于 2020 年 7 月 9 日在爱奇艺平台上线。

《生死时刻》海报

《我来自北京之铁锅炖大鹅》 时长 99 分钟的当代扶贫题材网络电影《我来自北京之铁锅炖大鹅》由北京长信影视传媒有限公司出品。该片讲述的是东北某贫困村第一书记梁田促销当地养殖的大鹅的故事。来自中粮集团总部的梁田，带着精准扶贫、决胜小康的使命，成为驻村干部“第一书记”。她深入东北扶贫基层前线，逐渐成长为懂得用心、用情、用力的好书记，最终改变了农户的传统观念，结合地理环境以及民俗文化，精心谋划，走出了一条独具特色的大鹅营销之路。编剧：林孟姣。导演：巨兴茂。主演：岳丽娜、王晓龙、魏青年。该片于 2020 年 1 月 25 日在优酷平台上线。

《我来自北京之铁锅炖大鹅》海报

《石头村变形记》 时长 77 分钟的当代扶贫题材网络电影《石头村变形记》由北京映美时代文化传媒有限公司出品。该片讲述的是石头村脱贫攻坚的故事。第一书记陈天宇派驻石头村的第一天，与村里富二代赵大伟产生误会。大伟在天宇推进全省评选旅游示范村试点工作时，提出两人比赛，分别负责景区开发试点和民宿试点。旅游评选悄然而至，关键时刻，天宇动之以情，晓之以理说服大伟，两人一起攻克难关。最终天宇用科学价值观和方法论带领石头村村民排除困难，走上新时代致富之路。监制、制片人：张超。导演：杜军。主演：王小宝、李大强。该片于 2020 年 10 月 25 日在爱奇艺平台上线。

《石头村变形记》海报

三、网络综艺

《登场了！敦煌》 10 集人文探索题材网络综艺节目《登场了！敦煌》由北京爱奇艺科技有限公司出品。该纪录片从匠心、飞天、色彩等多维度聚焦敦煌，汪涵作为探索团的团长，带领3位成员从礼俗、服饰、音乐等多方面向观众展现当地的历史文化遗产，通过综艺的生动形式推广敦煌文化。总制片人：何冀兵。常驻嘉宾：汪涵、谢可寅、钱正昊、李浩源。该片于2020年11月18日在爱奇艺平台上线播出。

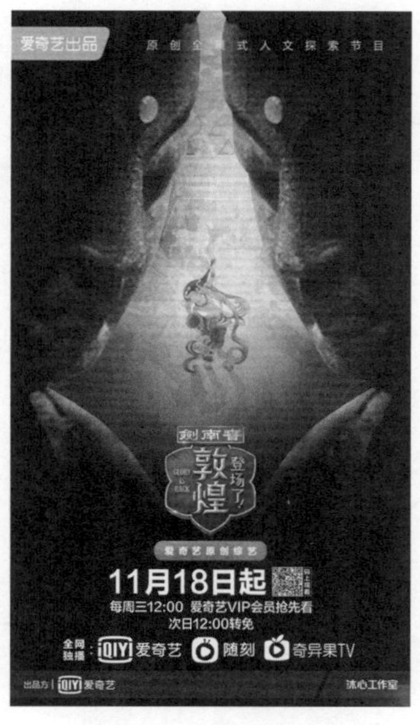

《登场了！敦煌》海报

《很高兴认识你》 14场直播，7集长视频社会人文题材网络综艺节目《很高兴认识你》由北京微播视界科技有限公司出品。《很高兴认识你》定位生活疗愈综艺，由主持人周迅、阿雅与不同的嘉宾一起，走进全国各地的生活，探访有趣的人们，展现不同地域的美好生活和文化特色，通过“故事和旅行治愈现代人焦虑”这一主题，呼吁众人“从心发现生活”，传递积极的生活态度。主持人：周迅、柳翰雅。主要嘉宾：毛不易、刘雯、姚晨、王源、欧阳娜娜、李泽锋、李沁。出品人：张楠、周迅、柳翰雅。总监制：支颖、赵琦。直播总导演：赵琦。长视频总导演：洪维志。制片人：汤晶雯、李翔。

该节目于2020年11月13日在抖音平台上线播出。

《很高兴认识你》海报

《瑜你台上见》 12集脱口秀网络综艺节目《瑜你台上见》由北京爱奇艺科技有限公司出品。该节目是由京剧名家王珮瑜担任策划人之一的首档京剧脱口秀，在节目中，王珮瑜把京剧的历史、故事、流派、表演等门道娓娓道来。该节目于2020年3月27日在爱奇艺平台上线播出。

《瑜你台上见》海报

（北京市广播电视局网络视听节目管理处）

技 术

北京市广播电视科技管理情况综述

2020年，北京市广播电视科技工作聚焦新时期广播电视和网络视听科技发展新任务、新要求，完成各项工作任务。

一、安全播出

2020年，在新冠肺炎疫情防控要求下，抓管理创新，安全播出监管工作平稳有序地进行。一是按照疫情防控要求，及时制定发布北京市安全播出防控指引（更新至第五版）、广播电视播出传输机构外包运维防控指引（更新至第三版），加强对各播出、传输、网络视听单位的精准指导。二是首次创建覆盖市属、区级、IPTV、散在网、网络视听5类70余家播出传输单位的分类管理微信群，履行每日报告制度。发挥应急广播作用，宣传推广新冠肺炎疫情防控经验。利用广电科技企业群，收集企业捐资捐物、公益服务等情况，编发信息30余条。三是首次进行远程视频安全检查，先后开展检查100余次。完成春节、两会、国庆等重大、重要时期的保障任务，全年安全播出情况总体平稳。四是结合新形势下安全播出监管需要，制定《北京市有线广播电视网安全播出监督管理细则》《北京市IPTV安全播出监督管理细则》，并组织专家进行论证。

二、科技管理

以全局为重，协调推动“全国一网”整合工作。北京市广播电视局按照国家广播电视总局关于“全国一网”整合和广电5G一体化发展工作部署及市委市政府工作要求，协调市发改委、市经信局等10个行政部门及歌华传媒集团、歌华有线公司，落实重点任务，有序推进工作。先后撰写请示、汇报等文字材料70余份，组织参与各类专题会30余次，为市领导决策部署提供重要支撑。歌华有线公司以股权出资方式参与组建中国广电网络股份有限公司，为推动“全国一网”整合和广电5G一体化发展，建设北京智慧广电网络奠定坚实基础。

编制《北京市广播电视和网络视听“十四五”时期科技发展专项规划》。聚焦首都功能定位和城市建设发展需要，认真分析广播电视和网络视听科技发展面临的新形势、新任务。围绕内容生产、传输体系、公共服务、垂直生态、产业示范、安全监管6个方面提出43项重点任务。以“坚持方向，把握导向、首都定位，首善标准、政府主导，社会参与、科技引领，创新应用、城乡均衡，惠民利民”为基本原则，编制《北京市广播电视局关于加强广播电视网络视听公共服务体系建设的实施意见（2021年—2025年）》，加快构建具有首都特色的广播电视和网络视听公共服务体系。

抓手段创新，“5G+8K”广电科技快速发展。一是与市经信局拟制《5G+8K高新视频/超高清视频产业创新应用战略合作协议》，推动工信部、广电总局、市政府在“5G+8K”产业发展方面开展部、市合作。二是研究制定8K超高清视频制作补助办法，申报财政立项。对在京注册的影视制作经营机构、广播电视播出机构等制作的8K超高清节目进行分类补助，撬动社会资本参与8K超高清节目制作，为8K试验频道建设提供支撑。三是推动完成4K/8K超高清电视创新应用实验室一期配套建设，联合开展超高清标准制定。推

11月20日，在第六届“世界电视日”中国电视大会开幕式上欧洲广播联盟（EBU）官员向大会发来致辞视频

动8K基带信号同步适配器等设备研发，编制8K超高清体育赛事转播制作规范。四是牵头北京冬奥会云转播与体育新消费示范专班工作，明确32项工作任务。其中，完成推动北京国际云转播科技有限公司于2020年10月挂牌成立和开展业务。“科技冬奥”项目及冬奥专网建设进展顺利。推动歌华有线与中国广电在三环路内开展广电5G试验部署，完成小汤山医院及门头沟龙泉小学5G网络建设。五是举办“世界电视日”中国电视大会，组织1场主旨峰会、10场专题峰会、5场“视听零距离”活动。两天的活动共汇集300余位嘉宾，吸引3000余人到场参会。大会受到央视新闻联播、人民日报、学习强国等媒体广泛关注，相关内容报道、转发数量达38.2万条。

三、公共服务

北京市广播电视局组建公共服务体系建设领导小组，梳理各部门年度工作，明确5类36项重点任务，制订发布公共服务年度任务清单。对接市文旅局，跟踪《北京市公共文化服务保障条例》立法进程，提出立法建议。推动700兆赫频率迁移、地面电视数字化，协调推进五八二台选址方案评估和技术测试。持续做好高清交互数字电视普及工作，全市高清交互数字电视用户达到560万户（其中4K用户160万），IPTV用户170万（其中4K用户150万）。

援建和田智慧广电教室，组织拍摄宣传片，《大美和田》栏目上线播出，组织和田技术人员参加“5G+超高清”系列线上培训。

［北京市广播电视局科技处（公共服务处）］

2020年北京市广播电视局科技委工作情况

2020年，北京市广播电视局科技委聚焦新时期广播电视和网络视听科技发展新任务、新要求，在危机中育新机，于变局中开新局，围绕全年重点工作，圆满完成竞赛选拔推荐、职业技能培训、政策宣讲等工作。

一、编制专项规划

北京市广播电视局科技委聚焦首都功能定位和城市建设发展需要，积极参与分析广播电视和网络视听科技发展面临的新形势、新任务。围绕媒体融合发展、智慧广电网络、广电公共服务、新业态新模式、智慧监管手段、科技创新生态6个方面，研提39项重点任务，20个重点研究方向。组织科技重点企业征求意见，对《北京市广播电视和网络视听“十四五”时期科技发展专项规划》草拟稿研提修改建议。

二、组织参加全国竞赛和参评奖项

组织参加全国广播电视技术能手竞赛。北京赛区预选赛筹备期间，正面临着严峻的新冠肺炎疫情考验，北京市广播电视局科技委克服疫情影响，创新思路、多措并举，于8月开展技术能手竞赛培训。此次培训以小班形式授课，注重实践，以“集中授课＋模拟实操”的形式进行，邀请国家广电总局、中国传媒大学及行业专家进行基础理论授课，并邀请一线技术骨干进行模拟实操指导。结合往届获奖选手提出要加强实操业务培训的建议，把实操考核作为本次竞赛选拔的重要环节，对每个专业考试前三名选手进行实操增强培训，综合考量理论成绩和实操表现后，择优选拔选手代表北京市参加全国竞赛。北京市广播电视局推荐的4名选手在全国比赛中取得优异成绩，其中二等奖两名、三等奖两名，北京市广播电视局获优秀组织奖。

支持制作播出机构、科技企业参评其他全国奖项。依托各类平台及时推送全国各类奖项评比公告，鼓励支持各单位参加比赛，展示北京市广播电视网络视听科技发展最新成果。在全国广播节目技术质量奖（金鹿奖）评选中，《归去来兮·雪山之恋》等8个广播作品获奖；在全国电视节目技术质量奖（金帆奖）评选中，《中共中央在香山》等23个电视作品分获一、二、三等奖；歌华有线参与的“广播电视节目收视综合评价大数据系统”项目获得中国电影电视技术学会科技进步奖一等奖。北京广播电视台何莹、赵涛获中国电影电视技术学会科技人才奖；歌华有线公司付保强获“全国广播电视行业技术能手”荣誉称号。北京市广电科技企业踊跃参加各类评奖，中视广信、数码视讯、中科大洋、博雅睿视、国贸科技等市属企业在各类奖项评选中均有斩获。

三、组织职业技能培训

结合新冠肺炎疫情防控要求，创办“广电科技云讲堂”。云讲堂是一种通过线上培训模式，支持直播、回看等功能的学习方式，大力推动了北京市“5G+超高清”视频产业发展，提升了广大从业人员的专业知识和业务水平。依托4K/8K超高清电视应用创新实验室平台开展两次“5G+超高清”专题线上培训，参加人员近2000人次。举办两期安全播出和网络安全专题培训，北京广播电视台、歌华传媒集团、各区融媒体中心、IPTV集成分发单位、网络视听服务平台、新疆和田地区广电系统共计2000余人次参训。

四、宣传贯彻政策标准

根据国家广播电视总局《关于推荐第九届科技委委员和专业委委员人选的通知》的精神，研提推荐人选，支持总局科技委换届工作。依托北京市广播电视局官网、微信公众号等自有平台，宣传贯彻总局各类标准，要求各单位结合实际贯彻落实。2020年，全年共传达总局各类标准政策50余份，征求意见稿10余份。组建北京市广电科技企业服务微信群，用于传达、宣贯总局、北京市各类奖励扶持政策和行业标准，应邀入群企业达到50余家。

［北京市广播电视局科技处（公共服务处）］

北京广播电视台播出系统全面高清化

按照《新闻出版广播影视“十三五”科技发展规划》和北京广播电视台“十三五”期间技术发展规划提出的“加速进行高清化升级，全面实现播出频道高清化”要求，

2017 年 11 月，北京广播电视台播出中心抽调资深专家和中青年技术骨干成立播出系统高清化整合项目小组。2019 年 11 月，全面高清化播出系统建设完成，并开始试运行。经国家广播电视总局广播电视规划院广播电视计量检测中心验收并出具验收报告，2020 年 6 月 18 日，北京广播电视台全面高清化播出系统正式启用。

北京广播电视台高清化播出系统的播控中心以四个播出岛的模式呈现，具备 12+1 个频道高标清同播能力。系统整备播出部分在原有主备通道的基础上加入异构的第三备用信号源，以避免单节点故障造成停播事故。增加素材预播模块，与文件自动技审和人工复审形成复合的素材检查机制。在视音频通道末端引入主备 4 选 1 信号比对告警及应急切换机制，提升安全播出保障能力。项目新增全链路的监控系统，可以对播出、传送信号，链路情况，设备机房的物理环境进行实时监控告警和展示，同时在每个播出岛都配置信息汇聚和声光加文字的监控报警模块及音频轮巡模块，以满足不同岗位的查看处置需求。

播出运行机制从各频道独立运转方式改为集约化方式，由传统一对一人工值守改为“人防 + 技防”播出岛模式。重新整合中心播控、节目传送、运行维护等业务环节，统一调配资源，适配新的播出岛主辅岗、集中监测岗、传输监控岗、系统运维岗，梳理各岗位工作职责及工作流程，综合提高运行保障能力和效率。

全面高清化播出系统在线搬迁工作，采用频道周转腾挪的办法逐步完成。2020 年 6 月 18 日，科教、财经、生活、青年、卡酷少儿、国际 6 个标清频道上线播出；9 月 17 日，卫视、冬奥纪实、文艺、影视、新闻 5 个高标清同播频道切割至新系统。同日，按照国家广播电视总局、北京市广播电视局批复，卡酷少儿频道高标清同播信号送入歌华有线电视网和北京 IPTV 播控平台播出；10 月 12 日卡酷少儿高清频道上行传输至中星 6A 卫星播出。根据北京广播电视台全面高清化工作要求，11 月 10 日，完成生活、财经频道对外高标清同播；11 月 18 日，完成科教、青年频道对外高标清同播。高清播出系统的全面启用标志着北京广播电视台具备全部频道高清化播出能力。

2020 年 6 月 18 日，北京广播电视台全面高清化播出系统启用

（北京广播电视台）

北京广播电视台 4K 超高清播出系统情况

北京广播电视台冬奥纪实 4K 超高清播出系统（以下简称“4K 超高清播出系统”）项目于 2020 年 6 月向北京市财政局提出立项申请，2020 年 11 月完成项目建设，并通过国

家广电总局规划院验收，于2020年12月30日正式播出。

4K超高清播出系统分为播出通道、传送、调度三部分。播出通道采用12G-SDI主备路+IP二备+垫片异构播出系统链路，完成信号切换、字幕叠加、信号监测等功能。传送系统完成冬奥纪实4K频道超高清、高清、标清节目信号分别送总局无线局上星播出，送歌华有线地面播出，送总局无线局地面无线播出。调度系统包括主、备基带12G-SDI调度矩阵和双交换机IP调度系统，实现4K演播室、4K外来信号、4K播出频道的信号调度工作。系统采用SDN管控软件，用于设备管理、SDN网络控制、业务编排与调度、设备及业务监测告警、故障追踪、系统维护等业务。系统具备独立的监控功能，该功能对整个播控系统进行信息采集，汇聚分析，最终完成信息展现，并可以对硬件、软件、流程等进行整体监控。

北京广播电视台冬奥纪实4K超高清频道是全国首个上星播出的省级4K超高清频道，也是国内唯一的超高清、高清和标清同播频道，标志着北京广播电视台正式迈入超高清时代。

与高清信号相比，4K超高清信号在各参数上都有所提升，分辨率由1920×1080提升至3840×2160；帧率从25帧/秒提升至50帧/秒；色域由BT.709提升至BT.2020；动态范围由SDR提升至HDR：HLG标准，表现出高分辨率、高帧率、宽色域、高动态范围及高码率的特性，有效提升电视节目视听效果，为观众提供高品质收视体验。北京广播电视台冬奥纪实4K超高清频道在视音频系统的设计上，以成熟稳定的12G基带信号传输为主，同时尝试启用IP技术为系统提供第二备份信源，为未来台内的全面IP化奠定基础。

2020年12月30日，冬奥纪实4K超高清频道开播。图为技术保障人员在导播间的合影

（北京广播电视台）

北京广播电视台4K超高清制作项目（一期）情况

北京广播电视台冬奥纪实4K超高清频道项目是2020年北京广播电视台重点技术项目之一，电视节目制作中心承接超高清项目一期前、后期制作域各技术系统的设计、搭建及运行等任务。其中包括超高清演播室视频、音频、灯光、摄录系统，以及超高清后期制播、高端制作、包装系统。

2020年12月28日，4K超高清一期项目——前期制作域正式投入使用。其中超高清演播室音视频及灯光系统具备完整的4K超高清演播室节目直播、延时播、录播等功能，可实现节目的立体声和5.1环绕声播出功能，支持现阶段同播相关技术要求，并且可以通过调整设置匹配同播标准的后续迭代和升级；为网络直播、融媒体制作直播等新媒体样态预留各种信号接口和通路。北京广播电视台4K超高清制作项目（一期）整体运行稳定，技术指标符合相关规范标准，功能达到预期效果。

自2020年11月起，超高清一期项目——后期制作域陆续建成并投入使用。其中超高清后期制播系统承接《天天体育》《2022》《足球100分》3档新闻条目类节目以及《健身圈》《奥运故事会》《BTV赛场》《频道宣传》等录播节目的后期制作任务，平均每日制作发播节目约420分钟；超高清高端后期制作系统已经承接《京张心连心》《我志愿》《建党百年特别节目》等多个大型项目的制作任务；超高清包装系统建成投产后，共完成生活频道、青年频道、科教频道、冬奥纪实频道包装AI修复增强合计3862秒；对包括冬奥纪实频道、建党百年在内的超过60个项目进行特效包装，时长近万秒；完成大型纪录片《紫禁城》等80余个重大项目的调色工作；完成《金环日食大直播》等6个项目的虚拟植入。系统整体运行稳定，技术指标符合相关规范标准，功能达到预期效果。

（北京广播电视台）

歌华有线公司智能家居平台建设情况

歌华有线公司完成智慧家庭云服务平台建设，推出“智能家居+家庭组网+大宽带”融合产品，于2020年12月完成全部模块验收工作并正式上线。该平台可实现室内安防、消防、灯光控制、窗帘控制等智能家居服务，打造跨品牌、跨生态，互联互通的智能家居平台，为实现具有广电特色的智慧家庭体系奠定坚实基础。

一、智能家居平台构成

歌华有线公司智能家居平台提供智能设备配网、注册、管理、控制、联动等集端、管、云、App一站式服务。平台具有融合开放性，具备与第三方智能家居平台对接的能力，具有在广电网络下与互联网智能家居平台互联互通的功能。

（一）平台功能

歌华有线智能家居平台是系统中枢，与周边系统交互共同实现智能家居功能。为上层应用系统提供标准接口，同时为各政企客户系统提供基于面向服务的功能调用，实现对智能家居应用的管控和业务数据传输。

同时，该平台和歌华运营支撑系统对接，实现资源管理和业务流程支持。提供手机端应用和网关之间的数据交互，实现智能家居App和网关的接入。

（二）平台架构

如图1所示，智能家居平台的软件架构由IaaS、智能家居PaaS和服务端应用（SaaS）组成，其中智能家居PaaS可分解为技术服务I—PaaS和业务服务A—PaaS，具体功能如下：

1.IaaS（基础设施服务）层：为智能家居平台提供存储、网络、操作系统等基本功能服务。

2.SaaS（应用）层：为智能家居业务的运营和开展提供应用功能。

3.A—PaaS（业务服务）层：为应用层

SaaS 提供智能家居相关的业务服务支撑。

4.I–PaaS（技术服务）层：为应用层提供数据存储服务、微服务框架服务、分布式服务框架、服务集群管理组件、日志服务、缓存服务等通用的技术服务组件。

（三）融合生态能力开放性

歌华有线智能家居平台采用开放的、标准的 Zigbee 协议和 WiFi 协议，具备和第三方物联平台的智能设备互联互通的能力，通过和第三方平台的对接，实现在歌华平台也能连接、使用第三方平台设备的功能，有效解决多家平台互斥的问题。

平台已经完成与京东的生态对接，通过平台提供的 API 接口或者 SDK 具备在自用终端（包括 App、Web、设备等）上快速集成京东物联生态内设备的控制能力。

同时，平台还完成与百度生态系统的对接，用户可使用广电版小度音箱控制接入歌华智能家居网关的所有智能设备，通过语音来进行设备的控制。

二、智能家居平台智能网关

智能网关在三个网络域中起网络隔离和业务桥接的作用（见图 2 所示）。家庭智能设备通过隔离的设备 LAN 接入家庭网络，使得互联网侧和家庭网络侧都不能直接访问智能设备。歌华管理侧只通过智能网关的服务接口对智能家居应用进行访问、管理和使用。

设备 LAN 对智能设备的连接进行权限管

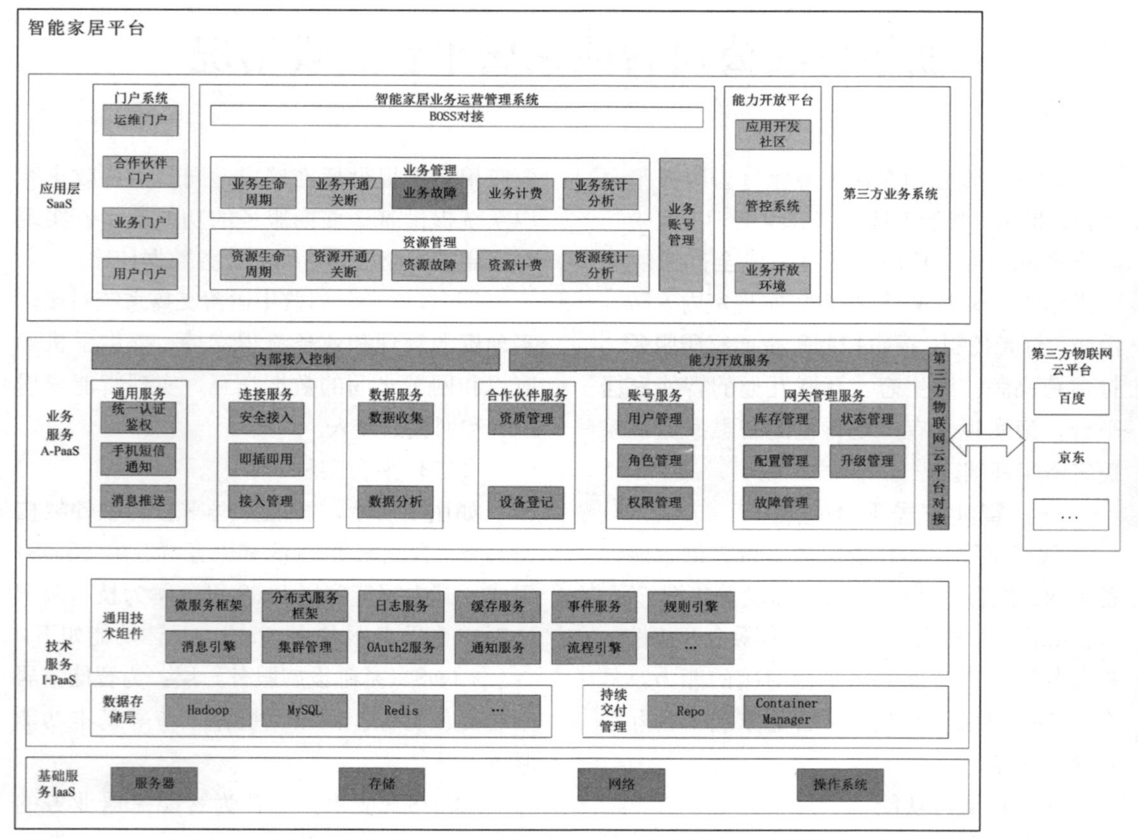

图 1　平台软件架构图

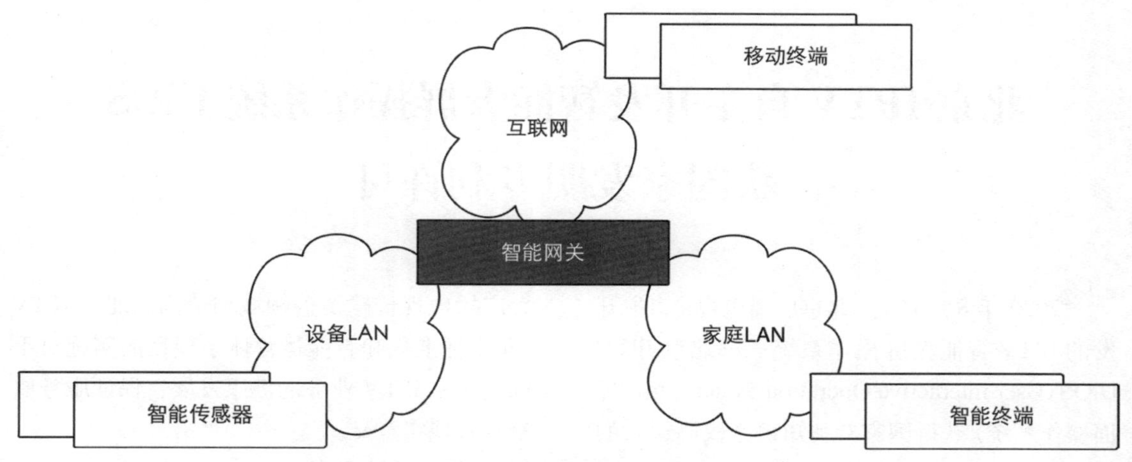

图 2　智能网关网络位置

理，使家庭内部的设备管理也可以分级、分区域进行，方便更加复杂的应用开发，例如对保护儿童的设备、涉及成年人隐私的设备进行分权限管理等。

用户的移动设备通过互联网远程接入家庭智能网关，智能网关通过与移动端建立点对点的安全通道，保证移动终端和家庭 LAN 连接的私密和安全。

三、应用效果

歌华有线建设的智能家居平台，可直接对接符合各标准的无线通讯协议，通过自主建设的平台和网关打破各自为政的物联网生态圈壁垒，融合各个生态，实现用户智能家居选品的自由。歌华有线智能家居平台专为方便生活而开发，集成安防、灯光控制、窗帘控制等功能。用户开通歌华有线宽带网络，即可享受智慧生活服务，平台可覆盖北京地区 500 万个具备歌华宽带接入条件的家庭用户。

歌华有线智能家居业务自 2020 年 12 月正式上线以来，受到前来营业厅参观用户的广泛好评，用户纷纷主动了解、积极试用以下功能：

（一）安防

歌华有线智能家居平台支持移动传感器、声光报警器、门磁等 Zigbee 协议设备的接入，用户离家时可在智能家居手机 App 上开启离家模式，当有陌生人闯入或推门时声光报警器会发出闪烁的红光和巨大的报警声示警，同时用户的智能家居手机 App 上出现弹窗提示，手机也会接到短信提示，届时用户可通过摄像头观察屋内状况，还可直接报警避免损失。

（二）灯光控制

平台已和京东物联生态做对接，用户可通过歌华有线智能家居手机 App 接入床头灯和智能台灯，并在手机上对灯光的亮度和开关进行控制，大大方便不想手动控制台灯的人。同时，也可授权广电版小度音箱，使用语音控制灯光。

（三）窗帘控制

窗帘控制电机也可接入歌华有线智能家居平台，清晨起床时可使用手机打开窗帘，或者使用语音控制窗帘的打开；下班前在手机上打开窗帘即可到家就欣赏到夕阳洒满屋子的景象。

（北京歌华有线电视网络股份有限公司）

北京 IPTV 自主开发智能大屏操作系统 UiOS 获国家发明专利许可

2020 年 8 月 14 日，北京广播电视台自主开发的 IPTV 智能大屏操作系统——北京 IPTV UiOS（User interactive Operation System，用户界面操作系统）获得国家专利知识产权局颁发的发明创造专利许可（专利号 201611072022.4）。

一、系统开发背景

该系统是自 2016 年起，北京 IPTV 通过对电视屏互联网化的探索与实践，在提升产品、内容运营思路的基础上，开发出的一套独有的且符合北京 IPTV 平台宗旨的互联网思维模式的电视交互操作系统。北京 IPTV UiOS 是全新的具有互联网思维的悬浮式电视交互操作系统，目前是这个领域唯一取得创造发明专利的人机交互操作系统。该系统将模块化、标准化的接口模式与智能消息运营系统深度融合，具有大屏端应用之间无缝切换、流量之间相互导流、用户引导能力增强等互联网化运营、操控的逻辑，实现大屏的智能服务和精细化运营。它是新一代的人机交互操作系统，UiOS 的发展成熟为电视智能化奠定基础。

二、系统功能

北京 IPTV UiOS 完全按照三网融合 IPTV 集成播控平台总体架构和功能要求进行系统架构设计，保证对 IPTV 集成播控分平台内容管理、产品管理、EPG 管理、增值业务管理、网络管理的自主权，同时与中央 IPTV 集成播控总平台进行无缝连接，并通过建设省级 IPTV 集成播控平台加强与电信运营商在用户端、计费管理方面的合作，进一步扩大广播电视传输覆盖领域和范围。北京 IPTV UiOS 标准化和智能运营体系项目的实施对于推进北京 IPTV 业务的健康发展、保证服务质量有着现实意义。

三、系统效益

新一代北京 IPTV UiOS 从硬件、系统、应用、内容全方位进行升级，深耕本地家庭的智慧大屏，为全家带来精彩的视听内容、便捷的咨询互联服务、丰富的生活学习渠道、更优质高效的使用体验，打造 5G 时代立足于客厅的多媒体互动平台，致力于构架完善的家庭电视智慧服务系统。从用户的角度来看，内容已不再是其选择观看电视平台的唯一标准，观众更希望电视平台在操作上更加简便，在互动形式上更加丰富，推荐更加智能化的操作系统，而北京 IPTV UiOS 智能操作系统，在流畅度、便捷、智能化等方面更加出色。从社会效益层面来看，该系统也成为北京 IPTV 在市场竞争中的有力武器。在经济效益层面，自北京 IPTV UiOS 在北京联通和电信侧上线后，随着新版本的操作系统和智能化运营手段的增加，北京 IPTV 增值业务收益大幅增加。2019 年度增值收益达 2000 万元，较 2018 年度增长约 90%；2020 年在新冠肺炎疫情影响经济的大环境下，年度增值收益与 2019 年收益持平。可见，自北京 IPTV UiOS 在北京 IPTV 全网推出以来，北京 IPTV 整体运营能力有大幅度提升，用户黏性及购买力逐渐增强。

（北京广播电视台）

北京IPTV智能运营管理系统情况

2020年1月，北京IPTV ISOP（Intelligent Service Operation System，智能运营管理系统）取得软件著作权登记证书。

一、北京IPTV智能运营管理系统开发背景

随着IPTV产业的发展、用户数的增长、功能的提升，北京IPTV老旧的运营管理系统已经不能承载现有业务，存在媒资的编目信息单一、EPG制作复杂、部署时间过长以及EPG服务性能较低等问题。北京IPTV进行全新的产品研发设计，将播控产品进行全面升级，针对不同运营商实现个性化运营、自动编排、统一快速制作、部署EPG，打造一个完整的全新产品链，能适应多厂商、多终端、运营丰富的全新的运营管理平台。

二、北京IPTV智能运营管理系统功能

北京IPTV智能运营管理系统可以实现针对EPG UI展示和编排的运营管理功能的智能化。采用贴近运营的全新操作UI，以运营数据为中心的操作方式，极大支撑EPG服务能力。让IPTV内容推荐的运营更加智能高效：比如编辑可以及时地更新时事要闻，可以设定内容的定时更新，使得推荐内容准时推送至用户端，可对内容分类、栏目等进行整体操作，可随时更新、补充、替换内容专题页。北京IPTV ISOP还能与智能数据分析平台配合，根据实时数据实现智能自动推荐，也为精准的运营推荐打下基础。

北京IPTV智能运营管理系统具有大数据智能分析运营的前沿技术，以大数据和人工智能为核心技术驱动力，致力于广电、运营商的大数据和人工智能前沿产品的服务支撑。在基于IP的互动多媒体技术平台的开发、研究以及业务的支撑和服务上不断进步，全力打造以大数据为基础、人工智能为核心的智能运营系统，助力视听和通信行业的创新发展。

北京IPTV智能运营管理系统是涵盖多运营商集中和分域运营、CP/SP的管理、多样融合的媒资和增值业务的接入、个性化分组和推荐管理、自定义专题工具、智能业务下发等强大的运营系统，为IPTV运营提供可管可控、便捷灵活的运营服务。

（北京广播电视台）

房山区融媒体中心技术发展情况

2020年，房山区融媒体中心强化严格管理，确保安全播出。不断加强技术系统的升级和维护，按照《广播电视安全播出管理规定》的要求，定期对广播、电视制作播出系统、媒资管理系统、转播站、发射塔等重点环节进行检查，及时排除隐患。疫情期间，中心及时对100多个村的广播设备进行维修维护，确保城乡数字广播信息平台能够稳定运行。

同时，进一步提升网络安全意识，加强对网络安全系统的监管监测，确保了春节、国庆、两会、全会、新冠疫情防控等重要时期和日常安全播出与网络安全工作。

加强组织协调，确保项目建设。按照市广电局《北京市地面数字电视覆盖网发展规划方案》的要求，中心成立项目建设小组，制订项目建设方案并进行专家论证，按要求完成项目的招标采购工作，在规定时间内完成房山区的地面数字电视项目建设和模拟无线电视的关停工作。

7月31日，房山区融媒体中心技术系统建设完成并验收。该技术项目包含“北京房山”App、指挥调度中心、大数据线索平台、采编联动平台、电台制播融合系统、融合媒资系统、网络安全系统8个部分，是集新闻制播、全媒体信息汇聚、全媒体生产、多平台发布于一身的新型融媒体平台，用融媒体的全新视角、全新方式，着力讲好房山故事，传播房山好声音，宣传房山好形象。

（北京市房山区融媒体中心　贾颖、张雨菲）

石景山区融媒体指挥运行信息系统获省部级科技创新优秀奖

按照《县级融媒体中心建设规范》，结合自身实际，石景山区融媒体中心开发建设融媒体指挥运行信息系统。

该系统是由中科大洋科技发展股份有限公司承建，依照石景山区融媒体中心的创新要求完成的。

该系统除具有线索云、选题报题、任务管理、即时通讯、移动采编、传播分析等基本功能外，还具有以下三个特点：一是打破传统媒体和新媒体之间的技术壁垒，在同一运行平台，实现传统媒体和新媒体资源共享；二是布设微运营管理模块，将区域内的微信公众号纳入融媒体中心指挥运行平台，对其运营状况实行监测监控；三是设计布设绩效考核模块，实现量化考核与效果评价相结合，强化绩效考核的科学性、合理性和客观性。

该系统在技术运用上取得一定的突破：一是技术创新。采用双中台架构、智能语音识别与文本转写、智能语义分析与智能编目、扁平化标签服务业务模式，支持不同业务流程的灵活定制和全程管控；实现跨部门覆盖融媒体中心所属各类媒体、各部门及相关机构，采用标准化设计，预留接口，满足业务模式不断变化的需要。二是业务创新。以打造政务媒体为着力点，增加新闻性内容供应数量；加强App、微信等应用的服务性和互动性功能；建设区域关注热点“雷达”，发挥媒体监督责任；同频共振，打通新闻宣传“最后一公里”，通过石景山融媒体，更广泛地宣传来自基层的鲜活内容，讲好石景山故事，传递石景山声音。

该项目被国家科学技术奖励工作办公室和中国广播电视设备工业协会评为科技创新优秀奖。

（北京市石景山区融媒体中心）

公共服务

北京市广播电视公共服务情况

2020 年，北京市广播电视局编制《北京市广播电视局关于加强广播电视网络视听公共服务体系建设的实施意见（2021 年—2025 年）》，加快构建具有首都特色的广播电视网络视听公共服务体系。实施意见以“坚持方向，把握导向；首都定位、首善标准；政府主导、社会参与；科技引领、创新应用；城乡均衡、惠民利民”为基本原则，明确了北京市广播电视网络视听公共服务体系建设的重点任务等内容。全年开展多种形式的公共服务活动。

一、广播电视公共服务体系顶层设计

北京市广播电视局成立北京市广播电视公共服务体系建设领导小组，梳理局各部门年度工作，明确 5 类 36 项重点任务，印发《2020 年北京市广播电视公共服务体系建设年度任务责任清单》；制定《北京市广播电视局关于加强广播电视网络视听公共服务体系建设的实施意见（2021 年—2025 年）》，贯彻落实国家指导意见，积极吸纳各方意见建议，推动北京市广播电视公共服务体系建设。对接北京市文化和旅游局，跟踪《北京市公共文化服务保障条例》立法进程，提出立法建议。

二、广播电视传输覆盖网络不断完善

全市有线网络数字化、双向化、高清化及地面无线覆盖工作进展顺利，IPTV 集成播控平台建设完成。首都功能广电 5G 试验部署正式启动。大力开展 4K 超高清机顶盒推广普及工作，截至 2020 年年底，北京市高清交互数字电视用户达到 563.13 万户，其中 4K 用户 170.05 万户；IPTV 用户 260 万，其中 4K 用户 150 万。推进乡村智慧广电网络建设，满足农村用户综合信息化服务需求，电视网络覆盖全市农村约 3520 个村，覆盖户数总规模约 100 万户，已实现村村通光缆，其中平原 71 万户、山区 29 万户。推进数字广播电视“村村通”建设，加快推动农村地区有线电视双向网改造，做好高清交互数字电视（含超高清电视）的推广普及。截至 2020 年年底，完成年度 19.71 万户推广任务，北京市农村地区累计完成 83.4 万户的有线电视双向网改造工作。

三、推进广电和网络视听精准扶贫

制定实施《北京市广播电视局关于全面建成小康社会宣传工作总体方案》，推出“最美扶贫路”等特别报道，开设《数说“脱贫攻坚”》等专题栏目，歌华有线高清交互平台推出“脱贫攻坚专题”，重点视听网站搭建“携手助农”等频道专区，深入宣传全面建成小康社会的伟大成就和北京援建扶贫工作的经验成果。加大脱贫攻坚主题作品规划力度，电视剧《枫叶红了》入选国家广电总局脱贫攻坚重点剧目，《月是故乡明》等 3 部电视剧在央视播出，网络电影《毛驴上树 2 倔驴搬家》《我来自北京》系列影片陆续上线播出。推广和田农产品短视频播放量超过 700 万次，《新留守青年》《我在扶贫一线》等短视频作品反响热烈。

北京市广播电视局发挥新媒体平台传播优势打造扶贫电商品牌，协助政府部门、融媒体中心入驻头条、抖音等移动 App 并提供流量等全方位支持。定向捐赠和田 22 部电视动画片、46 部电视纪录片、240 期广播电视节目共1596集版权。“北京云”与“和云”互联互通资源共享，《大美和田》栏目上线播出。利亚德智慧广电教室落地和田地区海淀学校，“爱奇艺光影计划”助力和田七县一市影视教育全覆盖。

经过北京市广播电视局、北京市扶贫支援领导小组新疆和田指挥部、和田地委宣传部、和田地区文体广电和旅游局、北京广播电视台、北京歌华有线电视网络股份有限公司等多单位通力合作，北京市广播电视和网络视听精准扶贫项目“大美和田”于9月30日在北京市高清交互数字电视网络平台主页“歌华生活圈”正式上线。《大美和田》是一款介绍新疆和田地区地域文化、风光景色和物产美食的电视服务产品，通过“歌华生活圈”首页的“大美和田”入口，即可在电视屏幕感受和欣赏以玉石之乡、丝绸之乡、地毯之都和瓜果之乡而著称的和田地区丰富的旅游资源和深厚的文化底蕴，为培育和田地区特色消费新模式，促进当地产业发展做贡献。援建和田智慧广电教室。“光影助力成长计划——2020新疆和田”由爱奇艺社会责任与中国教育发展基金会主办，北京市广播电视局联合主办，由爱奇艺公司捐建的12间影视教室已全部建成并投入使用。12月10日，新疆维吾尔自治区和田市第五小学的同学们在新落成的“光影助力成长计划”影视教室观看爱国主义题材影片《我和我的祖国》。随后，“光影助力成长计划”的志愿者、爱奇艺新疆籍员工马日娅·吾买尔、伊力亚尔·苏里堂通过视频连线的方式为孩子们上了一堂别开生面的影视品鉴课，从专业角度探索影视教育模式，品鉴经典银幕佳作。爱奇艺网站完成中小学生优秀影片展映线上专区开设工作，向和田地区中小学生捐赠850张爱奇艺黄金会员年卡。北京市广播电视局组织和田地区技术人员参加“5G+超高清”系列线上培训。

北京援助新疆和田的“光影助力成长计划”影视教育志愿课堂

四、举办“世界电视日”中国电视大会

2020年11月20日至21日，第六届“世界电视日”中国电视大会在北京国际饭店会议中心举行。本届大会组织开展1场主旨峰会、10场专题峰会、5场“视听零距离”活动。两天的活动共汇集300余位嘉宾，吸引3000余人到场参会。大会受到央视新闻联播、人民日报、学习强国等权威媒体广泛关注，相关内容报道、转发数量达38.2万条。11月15日下午，作为第六届“世界电视日”中国电视大会系列活动之一，北京市广播电视局在北京海淀区学院路街道组织开展“视听零距离”电视进社区主题活动。“视听零距离”活动旨在深入基层生活，给大众提供8K、人工智能、直播互动等电视科技体验，让市民感受最新的电视科技，亲身参与电视节目制作与表演，推动市民由“看电视”向“用电

“视听零距离”电视进社区主题活动现场，国家中影数字制作基地人员为观众讲解拟音知识

视”转变，满足人民对广电视听科技日益增长的新期待，提升对未来电视的憧憬和向往。共计200余人参加本次活动。

“视听零距离”电视进社区主题活动现场，市民参赛表演情景剧《垃圾分类》

“视听零距离”电视进社区主题活动现场，儿童参赛表演节目情景剧《烈火英雄》

（北京市广播电视局科技处）

歌华有线公司为抗击新冠肺炎疫情提供服务

2020年，面对来势汹汹的疫情，北京歌华有线电视网络股份有限公司（简称“歌华有线公司”）不忘初心，勇担责任，以多种方式为战“疫”贡献力量。

一、小汤山医院有线电视网络建设

2020年新冠肺炎疫情暴发后，北京市决定重启北京小汤山医院作为境外输入人员新冠肺炎疫情防控工作医院。2月3日，北京市政府办公厅组织召开会议，研究部署小汤山医院有线电视接入工作。会议决定歌华有线公司紧急完成为1500个临时病房安装有线电视的工作。歌华有线公司立即成立小汤山有线电视项目专班，加紧开展相关网络规划设计、物资调配等工作。歌华有线昌平分公司作为项目实施主体，临危不乱，有序高效地推进工程。

2月4日基本完成主干光缆勘察设计；2月5日完成医院外部主干光缆施工；2月9日组织30余人的施工队伍正式进场并开展项目建设；2月10日完成两个5G基站光缆施工；2月16日新建病房区域和食堂的分配网完工，开通小汤山医院广播电视5G信号；2月20日食堂区域有线电视信号开通，B区分配网完工；2月22日完成食堂电视安装，开通高清交互数字电视服务，完成B区高清交互信号接入。3月9日，歌华有线公司完成小汤山医院所有高清交互数字电视机顶盒的安装、调试工作，至此，小汤山医院有线电视工程全部完工。

二、开通市属医院视联网业务

2月2日，歌华有线公司接到紧急通知，要求为市医管局下辖医院开通视频联网业务，提高一线医疗专家相互沟通效果，为北京市治疗救治提供有力保障。集团客户部、计划建设部、规划设计部、传送部、网管中心、工程公司及昌平分公司等相关单位立即成立临时工作小组。

设计部负责逐点核查资源，计划建设部调动施工及路由资源，网管中心做好网络配置及应急方案，传送部负责布置设备及调测准备工作，工程公司负责应急调整施工力量，昌平分公司在现场指导实施，集团客户部做好内外衔接工作。在开通歌华有线公司负责的业务节点后，歌华有线公司工作人员还承担了医院内部的跳接工作。全年为11家医院开通视联网业务。

三、紧急驰援火神山、雷神山

中国广电按照国家广电总局的工作要求，在武汉“火神山”“雷神山”两座医院启动实战应用“700MHz+4.9GHz”中国广电5G，决定调用四套歌华有线储备的华为5G基站设备用于此次建设。

1月30日上午10时许，公司接到该项任务，立即调集5G基站设备。但为防范疫情，库房所在地已经采取封村措施，所有外来人员车辆一律不许进村。公司规划设计部、工程公司的同事们耐心向当地村委会说明任务的重要性，并经多方努力协调，至晚8:30，4套华为5G基站设备终于踏上支援武汉的道路。

四、视频会议系统保障疫情指挥

歌华有线公司传送部工作人员加班加点调试市委宣传部视频会议系统，在10多个机房安排工程师加强网络传输值守，完成市委宣传部视频会议保障任务。

满足招商银行北京分行抗击疫情需求，为其完成互联网专线带宽升速，由百兆变更为千兆的机房线路接入工作。

歌华有线昌平分公司按照昌平区城南街道、南邵镇政府、马池口镇政府和十三陵镇政府要求，全面启动视频会议服务保障工作，于1月24日起，组织维护力量加班加点排查106个会场的视频会议系统，及时调试解决各类故障10余次，确保各镇、街视频会议系统正常运行。

五、“村村响”保障农村疫情防控

歌华有线公司服务保障门头沟、房山、顺义、大兴、昌平、平谷、怀柔、密云、延庆等9个区132个乡镇约2000个行政村“村村响”有线应急广播资源，加强农村地区疫情报道，普及防控知识。昌平分公司积极配合区文化和旅游局执法大队进行镇级广播平台巡查，组织施工运维人员完成网络隐患排查整改及应急故障抢修工作，累计出动40余车次，150余人次，解决隐患20余处，确保全区10个镇级广播平台、212个村级广播平台及6252个广播终端安全平稳运行。

六、为中小学生搭起“北京空中课堂”

1月26日，经市委、市政府同意，北京市教委决定全市大中小学、幼儿园2020年春季学期延期开学，同时暂停全市校外培训机构线下培训活动。歌华有线公司第一时间响应，1月26日当天召开在线会议，召集在京和离京相关工作人员，策划准备“北京空中课堂”方案。1月27日，歌华有线公司积极配合市教委，指导安排学生在家学习和生活，在延期开学官宣不到24小时，正式上线“北京空中课堂”大屏点播区，并陆续开通12个年级直播频道，助力首都中小学生“停课不停学”。

北京云空中课堂歌华有线电视端效果

歌华教育—北京云空中课堂在湖北IPTV中的首页

第一时间驰援湖北，捐赠空中课堂优质课程资源，免费为学生提供在线学习平台，有力保障湖北中小学生“停课不停教、不停学”，携手打赢疫情防控阻击战。

大疫面前有大爱，为帮助全国尤其是疫区的莘莘学子，歌华有线公司将“名师驾到”系列课程等资源捐赠到湖北、重庆、河南、江西、福建、黑龙江、天津等7个省、直辖市，以及中国教育电视台等媒体，为全国中学生提供来自北京市正高级教师团队摄制的精品课程，助力全国疫情防控。

七、调度平台资源传播防疫信息

歌华有线公司利用高清交互平台宣传疫情防控，提高公共服务品质。落实总局关于做好新冠肺炎疫情宣传引导工作要求，上线“众志成城 抗击疫情”专区，为北京市疫情防控相关政策和措施的宣传引导工作提供有力支撑。疫情期间，推出“欠费不停机”服务，为欠费用户和暂停用户提供中央广播电视总台、北京广播电视台和各省卫视节目及数字电视节目180余套。推出《看吧》栏目付费专区限时免费活动，免费在线节目时长总计60万余个小时。

歌华有线高清交互平台抗击疫情开机公益广告

歌华有线公司配合北京市卫生健康委员会、北京市疾病预防控制中心、北京市疾控中心健康教育所做好疫情防控宣传工作，播出《接触疫情者，居家隔离医学观察期如何做》主题宣传片。还在高清交互平台首页开设“抗击新冠”专区，包括疫情动态、防疫行动、国家发布、权威发声、防控常识等5个子栏目，汇聚国家广电总局、中央广播电视总台、北京市疾控中心、北京广播电视台提供的各类宣传片和新闻资讯，服务首都市民。

八、持续推进“光明影院”项目

2020年，完成104部无障碍电影的制作工作；启动“100年100部”庆祝中国共产党建党100周年主题无障碍电影专题策划工作。

（北京歌华有线电视网络股份有限公司）

大兴区融媒体中心公共服务情况

2020年，在新冠肺炎疫情暴发后，大兴区融媒体中心发挥优势，助力社会防疫体系建设。

一是发挥自身优势，利用农村应急广播系统，录制疫情防控、招工招聘音频百余条，在全区400余个村、社区的大喇叭及便携音箱定时播报，打通防控宣传“最后一公里”，总时长达8万多小时。自主制作完成《主持人说防控》、《主持人说复工》、安全生产提示等多部公益作品。及时发布各类防控消息，收集汇总全区700个村、社区的电话，编写发布《扩！大兴区公布各属地联系电话请主动联系》信息，两小时阅读量超10万次，为返京人员提供精准信息服务。

二是围绕疫情防护、教育教学、复工复

产、优化营商环境等重点工作和人们实际需求，拓展“新闻＋政务＋服务”功能。加大新时代文明实践中心网络互动平台建设，推进“三个中心”贯通，发布新时代文明实践项目2167个，点单人数超8万人。疫情期间，增设“大兴防疫”专区，实现线上免费问诊、行程查询、防疫信息登记等功能；“健康大兴”实现大兴区内32家医院线上预约挂号功能，满足大兴百姓的就医需求；增设“空中课堂”，与大兴区教委共同录制《大兴教育　共同战“疫”》16期，录制编辑“大兴名优教师电视公开课”160节，满足学生居家学习需求。2020年2月14日，“北京大兴”客户端“空中课堂”板块上线，以网上授课形式，实现“停课不停学”。

围绕人们居家生活，与区商务局合作，推出《兴食记之名厨手把手》栏目17期。围绕企事业单位业务办理，与政务局合作，加大推广“网上办”“掌上办”等新型政务办理方式，拓展App政务服务范围，确保疫情期间政务服务不断档、业务办理方便快。围绕创城，开设“随手拍”板块，先后发布130余项内容。以“五进”（进公园、进社区、进农村、进剧院、进商场）活动为载体，组织开展以“网聚融媒兴能量　共筑大兴新国门”为主题的系列宣传推广活动20余场，有效提升群众对融媒体各平台的知晓率和参与率。

三是从9月21日起，在电视节目中增加手语翻译服务，方便特殊人群获取电视节目信息。

“北京大兴”客户端“空中课堂”板块上线

（大兴区融媒体中心）

丰台区融媒中心多措并举助力脱贫攻坚战

丰台区融媒体中心充分发挥首都区级融媒体中心的传播覆盖力、平台整合力和公益影响力，多措并举助力打赢脱贫攻坚战的宣传报道工作。

一是建立跨区域“1+5”北京丰台融媒扶贫矩阵。联合青海省玉树市治多县、河北省保定市涞源县、湖北省十堰市张湾区、内蒙古自治区赤峰市林西县和兴安盟扎赉特旗5个与丰台区结对扶贫帮扶的县区融媒体中心，共同打造跨区域“1+5”融媒扶贫矩阵，在央广网和“北京丰台”客户端开设“乡里乡亲　扶贫同心”扶贫平台，设置“丰台扶贫矩阵”

板块，发布当地扶贫、农业、文化、旅游、特色物产等相关信息，并为丰台区和其对口扶贫县举行的精准扶贫产销对接会、扶贫推介会等扶贫活动提供网络直播服务，扩大活动影响力。全年共发布信息1400余条，阅读量达113万次；开展14场网络直播，浏览量155.4万次，直观呈现脱贫攻坚工作进展和成果。

二是开展精准扶贫典型案例融媒体报道。《丰台报》《丰台新闻》文字、摄像记者组成的融合报道团队6次奔赴内蒙古自治区兴安盟扎赉特旗、赤峰市林西县和河北省保定市涞源县的大山腹地、田间地头、贫困家庭、施工现场，从不同侧面报道贫困户的期待，挂职干部的坚定和勤奋，扶贫攻坚的典型，及时高效地反映扶贫工作进展、成效和亮点，用心用情讲好一个个生动的脱贫故事。采写编发《丰台携手林西决战决胜脱贫攻坚》《林西岳各庄农副产品交易中心拔地而起》等融合报道30余篇，通过“北京丰台”全媒体平台多角度、多维度、多梯次进行广泛传播，取得显著成效。

三是在2020年中国国际服务贸易会上开展扶贫直播等活动。北京市丰台区融媒体中心在中国服贸会上设立展台，重点推介北京丰台“1+5”融媒扶贫矩阵亮点成果。9月7日下午，北京市丰台区融媒体中心邀请丰台区扶贫干部、河北省保定市涞源县委常委、副县长胡昊和河北省保定市涞源县6家企业代表走进中国服贸会直播间，组织开展“丰台涞源 携手同行”网络直播带货活动，和广大网友互动交流，助力涞源农副产品销售。6家企业在直播中向广大网友推介自家的野鸡蛋、蒲公英茶、蔬菜面、核桃油、石碾小米等当地农副产品，90分钟的直播大家都意犹未尽。此次直播在服贸会官方网站和“央广新闻客户端”、快手“丰台发布”、“北京丰台”App等新媒体端同步播出，吸引全国50余万网友参与互动，近3万网友点赞。

（北京市丰台区融媒中心）

产业发展

北京市广播电视、网络视听产业发展情况

2020 年，北京市广播电视和网络视听产业克服疫情影响，取得新发展。全市广播电视和网络视听产业总收入 3225.06 亿元，同比增长 36.75%，占全国行业总收入的 35%；实际创收收入 2910.07 亿元，同比增长 37.83%，高于全国平均增速 22 个百分点，北京市广播电视、网络视听产业已成为拉动全行业高质量创新性发展的“火车头”。以网络视听为代表的新动能引领作用凸显，新媒体业务创收 1699.87 亿元，同比增长 156.83%，占总收入的 58.41%。截至 12 月底，全市广播电视节目制作经营许可证持证机构共 13872 家，占全国总数的 1/3，本年新增 2944 家，注销 193 家。信息网络传输视听节目持证机构 125 家；已将 50 家重点未持证网络视听平台纳入备案制管理，经国家广电总局网络司审核，抖音等 34 家平台获得节目信息库、内部通讯系统、节目备案系统等操作权限。

一、电视剧制作发行情况

2020 年，北京市取得电视剧制作许可证（乙种）的电视剧有 59 部，其中当代题材 43 部，近代题材 11 部，古代题材 5 部，共 2084 集；取得发行许可证的电视剧有 43 部 1802 集（含总局终审 5 部 218 集），其中当代题材 29 部（当代都市题材 18 部，当代农村题材 6 部，当代涉案题材 5 部），占 67%；近代题材 7 部（近代革命题材 4 部，近代传奇题材 2 部，近代其他题材 1 部），占 16%；古代题材 7 部（古代传奇题材 3 部，古代神话题材 2 部，古代武打题材 1 部，古代其他题材 1 部），占 16%。

为了繁荣北京市电视剧创作，克服新冠肺炎疫情带来的影响，北京市有关部门和电视剧制作发行机构采取了强有力的措施：

一是行政主管部门及时为电视剧创作生产解难纾困。新冠肺炎疫情暴发以后，北京市广播电视局坚决贯彻中央和市委市政府决策部署，统筹推进疫情防控和经济社会发展，全面落实“北京文化 28 条”，先后出台网络视听暖企 8 条、电视剧复工复产 12 条等 5 个通知文件，积极为影视企业解难纾困，对促进电视剧生产起到重要作用。

二是举办电视节目交易会。第 26 届北京电视节目春季交易会于 4 月 26 日至 30 日在线上平台举办。本届春交会以“云端推介，推动电视剧平稳提质”为主题，紧紧围绕全面建成小康社会这一主线，与时代同步伐，创新办会模式，举办开幕式、京榜剧献暨新剧发布、四大主题论坛、筹备剧目评优、主题展览、专项推介等一系列重磅活动。春交会共有 1185 部项目线上参展，其中，电视剧项目 755 部，处于筹备期的电视剧项目达 260 余部。此外，还有网络剧 84 部，电影、网络大电影 19 部，纪录片、电视栏目 59 部，动画片 52 部，网络文学作品 216 部，参加线上展示。

第 27 届北京电视节目秋季交易会于 10 月 27 日至 30 日举办。本届交易会主题为“聚心 聚力 剧精彩”，即聚心谋共识，为首都广播电视网络视听抗疫、破局、发展注入助推剂；聚力促发展，加强顶层设计，着力构建有利于精品创作生产的体制机制；剧精彩出精品，以精品力作为献礼建党百年蓄势助

力。秋交会紧紧围绕全面建成小康社会、决战决胜脱贫攻坚战、庆祝中国共产党成立100周年，举办了开幕式、新剧发布、七大主题论坛、主题展览、专项推介等一系列形式多样、内容丰富的活动。参展商约370家，超1800人；累计参展项目近1100部，其中，电视剧节目630余部，网络剧90部，电影、网络大电影18部，纪录片、栏目45部，动画片40部，文学、网络文学作品290余部。

北京春秋电视节目交易会的举办，有力地促进了电视剧艺术的繁荣和发展。

三是加强精品创作生产。2020年，为了深化精品生产“北京模式”，加强精品创作生产统筹规划，提高精品创作生产组织化程度，北京市广播电视局成立了精品创作领导小组。电视剧管理处作为领导小组办公室，制定了《北京市广播电视局精品创作领导小组工作方案》，明确指导思想、工作目标、组织机构、工作职责、运行机制和工作要求。领导小组充分发挥统筹协调作用，加强顶层设计，在政策支持、资金扶持、题材规划、内容创作、审查播出、宣传推介、舆情管控、重大活动等方面加强部门联动和协调配合。

立足精品创作“北京模式”，按照“好主题、好故事，好团队、好创作，好作品、好收成”的六好标准，对标把握各重大时间节点，抓紧时间、抓牢团队、抓好创作、抓准扶持，一批深受观众喜爱的京产剧在荧屏上热播。《破局1950》《远方的山楂树》《有你才有家》《塞上风云记》《枫叶红了》《什刹海》《月是故乡明》《吉他兄弟》8部京产剧在央视一套、八套黄金时段首播，《燃烧》《幸福里的故事》在北京卫视、东方卫视首播，《冰糖炖雪梨》在浙江卫视、江苏卫视首播，《三叉戟》在浙江卫视和江苏卫视首播，《越过山丘》在江苏卫视独播，《怪你过分美丽》在爱奇艺独播，《全世界最好的你》在优酷独播。

二、动画片、纪录片制作发行情况

2020年，北京广播电视制作播出机构围绕重要宣传主题和任务，创作生产一批优秀电视纪录片、电视动画片。全年，北京市电视动画片备案共有50部2428集16638分钟，引进电视动画片1部。取得动画片发行许可证的有26部448集5544分钟。获得国家广播电视总局季度推优的动画片共5部，分别为《三国演义》《无敌鹿战队第一季（上）》《宇宙护卫队3》《叮叮咚咚毛毛镇》《幸福路上》。

加大作品规划储备。2020年初，围绕全面建成小康社会、决胜脱贫攻坚、建党百年、北京冬奥等重大主题，面向社会征集、丰富项目储备，持续更新广播电视节目、电视动画片、电视纪录片“3+2项目库”，共有252部新项目纳入“3个精品项目库”（纪录片：种子库33部、项目库34部、片单库80部。动画片：种子库66部、片单库17部。广播电视节目22部，目前不区分3个精品库），26部抗疫作品项目纳入“抗疫精品专项库”，9部区融媒体中心作品纳入“区融媒体中心精品专项库”。对入库作品采取跟踪式指导、管家式服务、台账式管理等手段，开辟绿色通道，优先考虑重点作品的基金扶持和推优评奖。发挥北京纪实影像周平台孵化作用，从征集的优秀纪录片提案中遴选出20个紧扣主题主线，多角度展示新中国站起来、富起来、强起来的光辉历程提案作品并进行现场提案，搭建创作人与投资方、播出机构的交流合作平台。组织召开纪录片《密云水库——习总书记回信一周年》座谈会、推进会，围绕密云水库专题纪录片的主题策划、创作生产、宣传推广进行深入研讨，确立创作方向、总体思路、合作机制，并纳入北京市广播电视局督办项目每月进行跟踪指导，确保项目按计划有序推进。

深耕精品创作生产。坚持以人民为中心

的创作导向，加强质量管理，着力抓好主题精品创作生产。《大运之河》《百年历程》等41部电视纪录片选题被列为2020年北京市文化精品工程重点项目影视类备选项目，《生命缘》等31部纪录片列入重大题材项目选题申报目录。建党百年题材纪录片《播“火”——马克思主义在中国的早期传播》、抗美援朝题材纪录片《英雄》获国家广电总局重大理论文献影视片创作立项，并被市委宣传部列为专项扶持项目；建党百年题材纪录片《红色记忆：365个党史瞬间》申报国家广播电视总局重大理论文献影视片立项。持续推进《一路百年》《黄河安澜》《百福记》等建党百年、脱贫攻坚题材纪录片，《好伙伴》《幸福路上》等扶贫题材动画片，《全面小康大家谈》《全面小康全面解码》等重大主题广播电视节目，《冰雪礼赞三部曲》《2022去北京》《西游记的故事之冬奥奇遇》《2022冬奥有我》等冬奥题材纪录片、动画片和广播电视节目，以及北京题材纪录片《公园·北京》《紫禁城》《大运·华夏》，动画片《北京地名故事》，广播电视节目《北京中轴线》《北京·高质量发展之路》等文艺作品的创作播出，着力打造更多思想精深、艺术精湛、制作精良的新时代精品。

精心组织推优评选。在国家广电总局2019年度优秀国产动画片及创作人才扶持项目评审中，北京5部动画片作品、1名编辑、2家机构获奖；在总局2019年度优秀国产纪录片及创作人才扶持项目评审中，北京获10大类14个奖项，均位列各省广播电视局第一。

开展北京广播电视网络视听发展基金评审。经过征集、初审、复审等环节，最终评选出优秀电视纪录片、电视动画片，其中电视纪录片24部、电视动画片11部。

三、网络剧、网络电影发展情况

2020年，北京市获得规划备案号的网络剧共371部，占全国1083部的34%；获得上线备案号的网络剧81部，占全国212部的38%。

2020年，北京市广播电视局着力加快网络视听节目供给侧结构性改革，推动“三个关口”前移，发挥“引领扶”效能，进一步深化完善精品创作“北京模式”，激发行业内现实题材、主旋律题材作品创作热情，培育扶持《重生》《我是余欢水》《我才不要和你做朋友呢》《棋魂》等多部文艺佳作。

2020年，北京市网络剧发展具有以下特点：

一是现象级作品频出，精品化趋势明显。各平台上线的网络剧整体制作水平明显提高，出现了许多现象级作品，特别是涌现了一大批优质的现实主义题材作品，聚焦社会话题，关注百姓生活，以小人物见大情怀，与时代共振，与大众同心。其中，有讲述悬疑破案的《重生》、现实主义励志题材的《我是余欢水》、青春励志题材的《我才不要和你做朋友呢》、女性题材悬疑剧《摩天大楼》，以及围绕围棋展开的热血青春剧《棋魂》等。另外，《隐秘的角落》一经播出便引发社会广泛关注，豆瓣评分高达8.9。

二是集数去水，“小而美”短剧崛起。在政府和市场双重引导下，集数去水已成为大势所趋，短剧时代崛起。备案网络剧单剧集数持续下降，播出网络剧单剧平均集数缩减至30集以内。以12集、24集为主打的短剧品质迈上新台阶，精品短剧已进入头部市场。如12集网络短剧《我是余欢水》《唐人街探案》以及24集都市女性题材网络剧《不完美的她》等都聚焦提升品质，杜绝剧情注水。以小体量创作、精品化制作的短剧模式带来优质网生内容，引领市场新风尚。

三是IP改编剧口碑提高。2020年精品原创内容提振，头部剧中IP剧数量虽有减少趋势但占比仍超六成，且IP剧以其多维、长线的生态联动价值更具变现力，在头部市场中仍占主流。如日本动漫IP改编剧《棋魂》，通过多维度展现围棋精神和围棋魅力，承担起了影视作品理应肩负的传承传统文化的责任，豆瓣评分8.4，打破了国外动漫改编水土不服的魔咒，为漫改剧找到了创作出路。

四是剧场模式迭代升级。2020年，爱奇艺推出的“迷雾剧场”“爱青春剧场”，优酷推出的“悬疑剧场”“宠爱剧场”等剧场模式开始成为网上剧集播出的重要编排形式。爱奇艺“迷雾剧场”深耕悬疑短剧，以《唐人街探案》为开端，升级“奇悬疑剧场”至“迷雾剧场”，聚合推出6部集数为12集的短剧，平台内容品牌得以不断强化，《隐秘的角落》等多部短剧赢得人民日报、光明日报等主流媒体点赞。2020年的剧场在剧集体量、上新节奏等方面均体现出整体性、品牌化运营的特点。

五是超前点播大面积开启。随着视频平台供给内容的多元化及服务对象的分众化，会员分层、精细化运营成为平台深耕存量市场、提升ARPU值的有效策略，各平台均在加速超前点播模式运营。2020年共上线超前点播网络剧68部，占比约30%。超前点播通行价格3元/集，部分作品提供打包购买折扣，分为“直通结局”和“多看N集”两种形式，具体形式根据特定剧集而定。伴随着超前点播的大面积铺开，“追剧日历”成为热剧标配。视频平台为用户提供差异化的内容供给，初步形成多元化的会员权益组合。

在网络电影方面，2020年获得北京市广播电视局规划备案号的网络电影有1383部，获得上线备案号的网络电影有203部。平台方面，爱奇艺共上线网络电影385部，单平台票房分账千万元以上的影片42部，同比增加17部，票房分账千万元以上的影片累计票房达到7亿元。优酷共上线网络电影216部，其中，独播183部，占比85%，票房分账千万元以上的网络电影达23部，比2019年增加77%，票房破千万已成常态。

2020年，北京市广播电视局将精品创作“北京模式”进一步深化完善。发布“中国榜样”系列网络电影片单，通过《我来自北京之玛尼堆的秋天》《石头村变形记》等10部作品发挥引领示范作用，激发行业内主旋律题材创作热情。继续推出一大批聚焦重大题材、主题题材、现实题材、北京题材，以弘扬社会主义核心价值观为引领，契合时代精神和互联网传播特点的网络影视精品。如北京题材的《老大不小》表现了北京市井生活风俗，突出了胡同文化特色。还涌现出《功夫宗师霍元甲》《生死时刻》等一批爱国英雄主义题材的网络电影，生动诠释了家国情怀，弘扬爱国主义精神。

2020年北京市网络电影发展有以下特点：

一是精品性——提质减冗、产能优化。2020年共上线网络电影769部，较2019年减少13部；在“提质减量”的大趋势下，网络电影精品化成效显著，正片有效播放量在1000万次以下的影片共530部，同比减少103部。行业结构升级，头部影片爆发式增长，2020年正片有效播放量在5000万次以上的影片共26部，同比增长15部。

二是标杆性——影片口碑、票房领跑全国。2020年，在国家广播电视总局的各类推优评选中，北京91个节目榜上有名，位列各省局之首。全年网络电影票房分账破千万元的网络电影中超半数是北京出品。其中《奇门遁甲》打破票房天花板，分账收益5638万元，现实题材影片《东北往事：我叫刘海柱》分账收益2111万元。北京市广播电视局培育孵化的网络电影《中国飞侠》展现大时代下普通劳动者积极创造美好生活的愿景，以豆瓣评分 8.9 分开创爱奇艺网络电影年度最高评分。

三是时代性——深耕脱贫攻坚等主旋律题材。2020 年是决胜全面建成小康社会、决战脱贫攻坚之年，多部网络电影陆续献礼。系列影片《我来自北京之扶兄弟一把》《我来自北京之铁锅炖大鹅》从不同角度再现扶贫工作中的感人事迹，表明各级党政机关和广大党员干部打赢脱贫攻坚战的决心、信心和恒心。爱国主义题材影片《辛弃疾 1162》分账收益 1930 万元，创爱国题材票房新高。《浴血无名川》张扬军人血性，成功塑造我军官兵英雄群像。抗疫题材影片《一呼百应》讲述医护工作者和志愿者们坚守在抗疫一线的感人故事。这些主旋律题材影片发挥了记录时代面貌、弘扬时代精神的重要作用。

网络电影播放平台不断升级。平台注重以科技升级带动产业变革，如爱奇艺开发“线上项目评估”系统、优酷开发“观影情绪模拟”产品。从项目前期创作到影片制作、平台分发、运营分析等全流程介入，推动网络电影制片、发行、放映等环节变革，提升网络观影体验。

制作方面，网络电影已告别“低成本”时代，整体投入层级更为丰富，投资成本 300 万元以下影片由 51% 缩减至 40%，投资成本在 600 万元以上的影片占比达 34%。内容也更加多元，围绕动作、奇幻、爱情、喜剧、悬疑、冒险等类型展开，现实主义题材影片在数量及内容质量上均有较大突破。

发行方面，疫情加速全球电影发行方式革新，视频平台采用 PVOD 模式提升影片发行效率，也在尝试拼播模式，求新求变。

营销方面，片方预算扩增，2020 年全网半数以上的新片均进行自主营销，部均营销成本过百万元。平台资源加持，爱奇艺对优质 S 级影片进行联合营销，专项投入百万元级现金，优酷整合阿里生态资源，2020 年累计为 16 部影片提供 1 : 1 宣发资源。各平台也进行科技升级，算法驱动精准曝光。

四、广告经营创收情况

2020 年面对新冠肺炎疫情暴发的严峻形势，北京广播电视台各广告经营主体坚持立足自身优势，直面危机，寻找出路，主动调结构、稳增长，积极盘活存量，开拓增量，想办法拓宽收入渠道，多层次对接资本市场，不断推动广告经营创收。通过一体化经营、节目定制生产、直播带货等措施，加强广告经营创收，稳住全台广告基本盘。京视卫星公司和北京卫视在广告市场整体下滑的情况下，实现经营创收逆势上扬，超预期完成创收目标；重点布局大型晚会，加大客户开发力度，北京广播电视台春晚、跨年冰雪盛典广告收入创历史新高；首次引进苏宁和京东两大客户，结合客户需求，拓展了晚会定制、直播带货等经营创收新形式。广告管理部与六个地面频道通力合作，加大节目经营融合力度，创新营销方式，采取灵活的广告销售策略，深入挖掘品牌优质客户，最大限度保住了广告存量。京视电广公司与生活频道深耕一体化经营，形成内容植入、线下活动、融媒宣传、产业开发为一体的整合营销体系，拓展了收入来源，降低了对广告的依赖程度；首次全面承办第八届北京惠民文化消费季，在应对疫情冲击和提振文化消费中发挥了重要作用。京视体育公司与冬奥纪实频道在线下体育活动几近停摆的情况下，经过艰苦努力，实现中超项目版权费全额收回。原北京人民广播电台广告经营中心加强与各频率的对接，通过整合广播经营资源、开发专项广告产品、下沉市场到 16 个区、密切与代理公司合作等方式，进一步挖掘市场潜在资源，打开了广告营收的新渠道。各频道、频率加大合作合拍创收力度，加强与各级政府部门沟通对接，量身定制宣传方案，提升宣传服务质量，收益良好。广告招商工作顺利完成，举办北京卫视、卡酷少儿频道、财经频道、广播端等广告资源推介会。认真做好广告客户维护工作，确定41家重点广告客户作为走访对象，上门了解情况，主动满足客户需求。各频道、频率积极试水直播带货，北京卫视联合京东举办了"'颐'起热爱"直播活动，以"电视综艺+电商直播"的方式探索媒体融合与多种经营；文艺频道打造直播账号"BTV妮选"，参与了北京消费季、中国电子商务大会等大型活动中的多场直播带货活动，特别是北京消费季中的直播活动以13.9亿元的销售额创下了主流媒体直播带货销售纪录；交通广播、新闻广播和城市广播联合推出"京鄂交响曲"等多场公益直播带货活动，新闻频道、财经频道、生活频道和青年广播也积极尝试直播带货，取得了良好效果。

五、有线电视网络建设及数字电视推广情况

（一）加强有线电视网络建设

推进有线电视用户发展。截至12月底，有线电视注册用户累计606.24万户，注册率84.12%；完成高清交互推广的用户为20万户，高清交互用户推广累计达到563万户。采取市场化方式置换4K机顶盒23.16万台，累计置换86.73万台；累计推广、置换、销售4K机顶盒共170.87万台。

促进家庭宽带业务开展。截至12月底，家庭宽带在线用户数累计68.7万户。通过营销策略的引导，用户分布继续向高带宽转型。

筹建广电特色智慧家庭产品体系。完成智能家居平台、App的研发工作，初步构建了跨品牌、跨生态，互联互通的智能家居技术平台。智能家居平台获得2020年广电物联网应用创新大赛三等奖。

（二）做优做强高清交互数字电视新媒体

积极引进高清频道，优化频道资源配置。歌华有线公司数字网内共传输187套电视节目，其中高清电视节目66套，4K超高清电视节目2套。

大数据建设工作继续推进。完成重点时期节目收视数据监测和EPG保障工作；持续为国家广电总局规划院、北京市广播电视局提供数据支撑和保障，和国家广电总局规划院合作开发大数据综合评价系统。

探索创新"北京云"融媒体运营服务工作。充分发挥"北京云"宣传舆论引导主引擎作用，积极推进融媒体平台运营运维工作。

（三）智慧城市集客业务发展取得成效

坚持以客户为中心，突出重点业务、重点产品、重点项目，不断开拓创新，努力推动公司集团客户业务发展突破，有效提升集客业务能力和客户服务水平，保持业务发展势头。

智慧城市集客业务典型项目得到肯定。歌华有线公司的"'歌华生活圈'电视云服务""街乡吹哨部门报到工作平台"两个项目被国家广播电视总局评为智慧广电案例生态建设类先进案例，"街乡吹哨部门报到工作平台""空中课堂在线教育服务平台"两个项目获评2020年北京市推动智慧广电发展专项资金奖励项目。

进一步推进新技术在智慧城市项目中的融合应用，构建智慧生态。以视联网技术为载体，搭建"5G+4K"监控试点，整合测温系统、AI视频分析、智能门禁、智慧灯杆、平安社区、垃圾分类等智能应用，服务智慧城市建设。

积极推进歌华视联网项目。疫情期间，歌华有线公司为北京市医管局、朝阳医管局、东城医管局及相关医院提供歌华视联网服务，协助完成北京市范围内疫情期间的保障工作。

歌华生活圈项目不断拓展，积极开展智

慧社区建设。年内新增歌华生活圈 10 个，累计上线项目应用 40 个。截至 12 月底，项目总点击量 1.1 亿次。

（四）稳步推进双向网络建设

推进双向网络建设。完成 19 万户网络升级改造的工作任务，累计双向网络覆盖超过 679 万户。城区小 C 网成功建设试点并开展大规模推广建设。

加强科技支撑，技术引领发展。开展总体技术系统演进规划制定工作，形成覆盖云管端运联等各个层面的技术发展规划。推进终端产品形态向软终端演进。

积极开展 5G 网络建设探索工作。(1) 完成 2 个 5G 核心网络建设，建设开通小汤山医院等 6 处 5G 基站，建设 4.9G 基站 5 座，700M 基站 4 座。(2) 在门头沟区龙泉小学搭建 5G 在线教育平台，开展 5G 通讯基站及核心网技术研究。参与制定北京三环内 700MHz 基站选址方案。(3) 开展冬奥“无线 + 有线传输”、低延时系统 5G 技术测试。(4) 配合中国广电完成“5G+8K”超清相关实验工作，于“5·17”电信日完成了北京—杭州“5G+8K”传输测试播出，完成北京男篮世界杯 8K 直播的演示环境搭建工作。联合中兴通讯公司完成中美创客大赛颁奖典礼“5G+8K”直播。

六、文化会展情况

完成多项设计服务和展陈任务，生动展示全国文化中心建设丰硕成果。

（一）服贸会（文博会）全国文化中心建设数字展示平台

2020 年，北京歌华文化发展集团在文博会主展区创新展陈内容和形式，采用 L 型大屏幕、裸眼 3D、媒体交互为主要特点的全国文化中心建设数字展示平台，全方位、立体化、数字化展示全国文化中心建设辉煌成就。以“国际性、领先性、聚焦性”为原则，精选 71 家国内外文化服务贸易领军企业参展。北京国际设计周公司圆满完成媒体融合展区、公园文创、北京礼物展区的设计统筹和展位搭建，承担文博会主视觉系统设计、会刊制作。设计公司圆满完成东城展区的设计搭建。大型活动中心公司的主打项目——国际光影艺术季在新视听展区参展，同时为 30 场服贸会组织国际专场活动，约 3370 人次提供会务服务。

（二）北京国际设计周

由文化和旅游部、北京市人民政府共同主办，北京歌华文化发展集团有限公司和北京工业设计促进中心联合承办的 2020 北京国际设计周，于 9 月 21 日至 10 月 7 日在京举行。本届设计周以“民生之维”为主题，推出 5 个单元 16 项主体活动，设立 5 个主会场 23 个分会场，举办各类活动 386 场，展览及活动面积约 89 万平方米。60 多个国家和地区的上万名专业人士参与，现场观众超过 190 万人次，约 1.54 亿人次在线上关注设计周。主题展览《民生之维——脱贫攻坚中的设计创新》包含“设计为民 精准施策”“资源活化 传统承继”“美育启智 旨在持续”“虚实互联 协同创新”“生态营造 和谐共生”五个部分，以设计师、设计机构和全国艺术设计院校师生通过设计的手段参与脱贫攻坚的典型案例为基础，本着设计惠民的主旨，从当代设计的视角，向公众展示设计在扶贫脱贫、乡村振兴、教育提升、生态建设、关注弱势群体和推动可持续发展中的重要作用，讲述设计介入脱贫攻坚、驱动乡村振兴的动人故事。

（三）北京国际摄影周

北京国际摄影周于 2020 年 9 月 27 日至 2021 年 1 月 31 日举行。摄影周学术主题是“影像：穿越现实”，以“抗疫 · 脱贫”“一带一路”为内容主题筹备并举办相关活动，以专题摄影展为内容载体，打造了一批特点鲜明、公众喜闻乐见的高质量影像艺术内容产品，进一步提升北京国际摄影周的品牌和影响力。在疫情防控常态化的背景下，活动由9个专题展板块构成，以影像艺术的方式，全面展现我国在经济建设、政治建设、文化建设、社会建设、生态文明建设方面取得的成就，尤其是精准脱贫攻坚战上取得的成绩。此外，活动还展现了抗击新冠肺炎疫情战役中的“同舟共济”之景——全国动员、全面部署、快速反应，聚焦疫情防控的有力举措，记录中国人民抗击疫情的感人瞬间。活动期间有来自39个国家和地区的高端摄影机构、影像策展人、摄影师热情参与活动。世纪坛主场共吸引到场观众近十万名，较往届提升显著。

（四）印记中国

《印记中国2020——决战脱贫奔小康大众篆刻作品展》围绕“脱贫攻坚”“抗击疫情”两大主题，以印为载体，致敬冲锋勇士，镌刻奋战印记，讴歌党和人民的历史性壮举，弘扬正能量。200余件大众篆刻作品，记录的不仅是中华民族携手抗疫、共克时艰的巨大民族合力，还汇聚了全民族团结携手、共同迈进全面小康社会的伟大历史征程。

（五）传统文化季

中华世纪坛传统文化季活动中，三国志主题展览以独特视角重现三国时期历史风貌，展示三国文物考古研究新成果，该展览是对中华优秀传统文化的基因和价值的深度解读与大力弘扬。我们的节日——传统节庆日活动，面向全市青少年开展了一系列公共文化教育活动。中华家风文化主题展，通过家训、家书、传家宝及家风故事等内容载体，贯彻落实习近平总书记关于“注重家庭、注重家教、注重家风”的讲话精神。

七、产业园区建设和发展情况

北京星光拓诚文化产业集团有限公司成立于2003年11月10日，原名北京星光拓诚投资有限公司，2020年9月28日更名。该公司投资运营的中国（北京）星光视听产业基地星光影视园始建于2005年，2006年11月一期演播室公共节目制作中心投入运营；2008年8月，参与北京奥运会转播，获体育展示突出贡献奖；2009年11月，被国家广电总局批复为中国北京星光电视节目制作基地；2019年8月，被国家广电总局批复更名为中国（北京）星光视听产业基地；2020年8月，被北京市委宣传部批复为北京市级文化产业示范园区，2020年12月被北京市版权局批复为北京市版权保护示范基地。

2020年，北京星光拓诚文化产业集团有限公司以全面提升中国（北京）星光视听产业基地核心驱动器高精尖指数和服务能力为目标，通过与中科院半导体所、华为、索尼等业内主要技术机构和厂商合作，布局“5G+4K/8K”超高清基础科研、应用研发及智慧场景解决方案研发领域：投资第三代半导体芯片材料研发，年度内取得相关技术专利12项，软件著作权9项，并开始将产品投入市场试水；投资“5G+”超高清移动载体研发，完成内外套侧拉箱结构、凹心结构半挂行走结构、声装系统结构等多项专业技术研发，并可满足4K/8K、IP、大屏幕、三维声、高亮度、广色域、高动态等移动转播载体技术的新要求；投资“5G+”超高清应用技术研发，2020年取得20项软件著作权，并完成9项专利研发，主要应用研发涉及IP系统构架下的超高清制作应用系统、云录制系统、拍摄系统及控制方法、索道飞行体平衡机构、陀螺仪VR拍摄系统等；投资“5G+4K/8K”超高清制播公共服务平台建设，项目已列入国家广播电视总局重点项目库，并于2020年度完成“4K/8K+5G”定点IP超高清视听节目制作协同系统、“4K/8K+5G+AI”移动IP超高清视听节目制作智慧协同系统建设，并应用于2020年北京春晚、2020年中国网球巡回赛职业级总决赛等项目的录制实践；投资“5G+”超高清智能应用场景解决方案研发，完成马拉松比赛“IP+5G+AI”智能短视频的制作与发布解决方案、冬奥“IP+4K+5G”远程制作（转播）解决方案研发和测试。

2020年，中国（北京）星光视听产业基地集群创新视听综合服务客户范围扩展到MCN机构、大型网购平台、长短视频平台领域，年内实现电商直播、电竞直播、会议直播等新业态内容创新制作尝试14次，包括王者荣耀冬冠总决赛、QQ飞车手游S联赛、青力扶贫直播带货等，带动网络视频和直播类视听文化产品科技含量和文化质量大幅提升。

2020年，公司面向长短视频、视频直播、直播带货、“综艺+电商”、云逛街、游戏直播等新视听创新创业企业目标客户群进行需求调研，共调研企业80余家，汇总需求涉及场地、资源、政策、平台、人才、设备、服务等约10个方面，并形成调研报告。

2020年11月中国北京国际视听大会期间，北京市广播电视局和大兴区人民政府签订关于共同推进中国（北京）星光视听产业基地发展的战略合作框架协议。根据协议，双方将在共建产业服务体系、制定优质企业政策、聚集视听产业人才、共同拓展视听产业市场等方面开展合作，加快中国（北京）星光视听产业基地建设，将基地建设成为全国高新视听示范基地。大兴区将在北京市广电局与基地共建产业综合服务中心提供包括审片监管、节目制作许可证办理、广电与网络视听政策咨询和办理等在内的多个服务模块的基础上，配套区级行政服务中心，提供工商、税务、金融等多项服务模块，全面助力基地产业公共服务平台建设。

基地出台包含三大方向14个分项的新视听产业发展优惠政策，同时在区局合作的基础上，结合市广电局、大兴区人力社保局、大兴区新媒体产业基地三方政策资源，出台基地专项扶持政策草案。主要支持内容涉及平台资源协作发展、视听领军人才发展绿色通道、最低一年期最高三年期的新视听企业免租支持、最高500万元的优质新视听企业装修和服务补贴、构建产业生态的相关交易补贴、免费4K/8K超高清技术升级服务等，政策范围覆盖技术、资源、人才、房租减免、融资、交易、创新发展等十余个方面。

2020年，基地为受疫情影响的192家企业实施租金减免241家次，减免租金总额达到1014万元。

国家新媒体产业基地管委会与星光视听产业基地预留10000平方米以上产业发展空间支持新视听产业在大兴区集聚发展，重点打造以新视听技术研发、装备制造、内容制作、网络广播电视服务及超高清视频制作与传输等领域为核心的视听产业发展集群。另一方面，完善视听产业发展配套设施建设，在基地周边，规划建设特色街区、商业步行街，完善商业、娱乐及餐饮等配套服务。同时，预留文化设施用地1.88公顷，容积率2.0，建筑总面积近6万平方米，用于承载文化类、视听类场馆项目。

北京市怀柔区文化产业发展促进中心（以下简称文促中心）是怀柔区统筹影视基地和文化及相关产业发展的正处级事业单位，成立于2007年2月，原名北京怀柔影视基地管理委员会。2009年5月，北京怀柔影视基地管理委员会更名为北京（怀柔）影视基地管理服务中心，2012年6月更名为北京市怀柔区文化产业发展促进中心，主要职责是承担全区有关文化产业项目申报、推介、招商、融资及评审等相关工作；为全区文化产业发展提供技术、信息等服务；负责中国（怀柔）影视产业示范区招商引资、产业服务、项目推进，重大项目协调联络工作；负责中国（怀柔）影视产业示范区内的规划、建设、管理等组织协调工作；完成区委、区政府交办的其他工作。

2020年，北京电影学院怀柔新校区一期工程竣工。北京电影学院新校区一期工程建筑面积为17.95万平方米，主要建筑有教学楼、图书馆、体育场、剧场、影院、摄影棚、学生公寓、教师公寓、生活福利设施及附属用房等，截至2020年年底，一期工程已达到竣工验收条件。制片人总部基地商业地块4万平方米，自2018年9月29日开工建设，截至2020年年底，地上9层地下3层已基本完工，进入竣工验收阶段，建成后将作为酒店及公寓住宿应用。中影股份拍购星美影视城。9月22日，中国电影股份有限公司拍购北京市怀柔区杨宋镇凤和一园9号（星美今晟影视城南厂）房产及土地使用权；10月24日，又拍下北京市怀柔区杨宋镇凤翔二园1号（星美今晟影视城北厂）房产及土地使用权，从而使中影基地和原星美影视城在空间上合为一体。

7月31日至9月28日，“歌华传媒杯”2020北京文化创意大赛怀柔区分赛场暨“北科建杯”第三届怀柔影视文创大赛举办，共吸引“一主三地五校”（北京市怀柔区本地、河北省丰宁满族自治县、内蒙古自治区科左后旗和四子王旗共三个帮扶地、中国科学院大学、航天工程大学、北京电影学院等五所在怀高校）41个项目参加。其中，《荒野星球第三季——外高加索深处的AI LA》项目代表怀柔区参加2020北京文化创意大赛市级决赛，获得组委会特别奖，怀柔区荣获“最具特色赛场”奖项。

11月25日，中国影都影视摄制服务论坛在国家中影数字制作基地举办。中影合拍片公司、中影基地等企业负责人以及在怀拍摄的导演、制片人、演员共同参加。本次影视摄制服务论坛围绕影视剧、综艺节目、中外合拍片三个板块的拍摄服务展开研讨。除了聚焦影视摄制服务问题外，来自各个影视产业生态链方面的从业者，还针对综艺节目筹备、中外合拍片审批等环节进行讨论。

12月23日，中国影都发展建设座谈交流会在雁栖湖会展中心举办。交流会围绕高标准规划建设中国影都，打造文化与科技融合发展示范基地主题建言献策，为擘画中国影都“十四五”壮丽新篇章贡献智慧和力量。中国电影频道、人民网、人民日报等各大媒体纷纷进行了报道。

2020年新冠肺炎疫情期间，区文促中心为服务促进企业复工复产采取一系列举措。一是举办财税奖励、房租减免等各类政策网上宣推辅导10余场，为企业复工做好准备，积蓄复产能量；二是联合北京市文创金融服务平台，共同推出北京市文化产业“投贷奖”“房租通”怀柔专场政策直播宣讲会，共有14家文化企业获得市“房租通”政策支持，获补贴资金150万元；三是积极协助企业应对疫情影响、渡过难关，减免22家中小微企业租金508万元。

北京地区广播电视节目制作经营机构运营监管分析报告

2020 年北京市广播电视服务业预计总收入为 3071.57 亿元，同比增加 713.17 亿元，同比增长 30.24%，占全国广播电视服务业总收入（亿元）的 35.06%。

经过初步分析，北京地区持证机构中重点机构 3500 余家，其中头部企业近 500 家，腰部企业 3000 余家。不以广播电视网络视听为核心业务企业 5000 余家。小微企业 4000 余家。

一、持证机构基本情况

（一）总体情况

2020 年 1—12 月北京市新增广播电视节目制作经营机构 2947 家。截至 2020 年 12 月底，北京地区广播电视节目制作经营持证机构共 13872 家，占全国持证机构总数 42080 家的 32.97%，与 2015 年（3848 家）和 2010 年（977 家）数据相比分别增长了 3.6 倍和 14 倍，领先第二名浙江省近 9600 家。其中在京中直机构 138 家占北京地区持证机构总数的 0.99%；北京市持证机构 13872 家占机构总数的 99.02%（国有或国有参股机构 247 家占 1.78%，民营机构占 98.22%）。北京地区广播电视网络视听从业人员 270067 人，占全国从业人员总数 924029 人的 29.22%，其中中直机构 20883 人占北京市从业人员的 7.73%，北京市持证机构 249184 人占 92.27%。北京地区持证机构注册资金 7385.45 亿元，占全国注册资金的 51.21%，其中中直机构 5382.87 亿元占北京市注册总资金的 72.88%，北京市持证机构 2002.58 亿元占北京市注册总资金的 27.12%，以上全部数据位居全国第一。

从持证机构空间布局来看，朝阳区、海淀区、通州区三区持证机构 8890 家，占全市持证机构总数的 64.09%。2020 年新增持证机构中，朝阳区、海淀区、通州区三区新增 1847 家，占新增机构总数的 62.67%。朝阳区、海淀区是广播电视节目制作经营机构重镇。随着北京城市副中心基础设施日趋完善，环球影城、台湖演艺小镇等项目实施，通州必将吸引更多影视投资者的目光，保持强劲增长态势。

（二）主要特点

在《关于推动北京影视业繁荣发展的实施意见》（以下简称《京十条》）等系列配套政策颁布实施后，北京地区新增机构数始终领跑全国。北京地区广播电视节目制作经营机构主要特点是：

一是机构总量全国第一，持证机构规模持续增长。北京作为全国文化中心，具有丰厚的历史文化资源，丰富的高端领军人才，活跃的市场生产要素，凝聚荟萃、辐射带动、创新引领、传播交流、服务保障等功能十分显著。近年来，市委市政府深入推进“放管服”改革，着力优化营商环境，先后围绕《京十条》、超高清产业、智慧广电等制定出台了系列配套政策，率先在全国设立北京广播电视网络视听发展基金，有效发挥了示范引领作用。近三年，因北京市的诸多利好政策和优质营商环境，北京市年新增持证机构数量连续保持在 2000 家以上且逐年增长，分别为：2018

年2651家，2019年2809家，2020年2947家。

二是产业集群初步形成。受北京市优势文化产业扶植政策的影响，近几年北京市广播电视和网络视听产业出现地理位置的聚集现象。通过对持证机构注册地址经纬度坐标大数据分析，目前，北京市持证机构在国家文化产业创新实验区、中国（怀柔）影视产业示范区、城市副中心商务服务区、中关村朝阳园、中关村软件园、北京青年创意园石景山园、中关村地区、石龙经济开发区、中国（北京）星光视听产业基地等产业园区聚集，已出现明显的初步产业集群聚集效应。随着产业集群的进一步发展，产业结构的不断调整和优化升级，协调模式和运行机制的不断完善，优势资源的不断聚集，规模经济效益和范围经济效益的不断提高，北京市广播电视和网络视听产业将形成合力，占领全国广播电视和网络视听产业的高地。（见图1）

三是产业融资渠道完善，潜能巨大。2020年，北京市广播电视局继续深化与金融机构战略合作，先后与北京文投集团、北京国际信托、北京银行建立全面战略合作，推出影视剧精品项目库，搭建北京视听产业的投融资平台，为北京市影视文化企业提供全方位、全周期的文化金融服务，促进文化金融深度融合，不断引导金融机构完善投融资孵化平台，积极培育影视企业上市，加大“投贷奖”政策扶持力度，在资本市场博弈中，北京传媒影视板块初具规模。据同花顺数据显示，截至2020年12月底，北京地区传媒影视板块上市公司已达209家，其中新三板上市公司180家，占新三板传媒影视板块公司数量的33.21%，A股上市公司29家，占A股传媒影视板块公司数量的19.73%。持证机构中已有93家上市机构，其中A股上市13家（见表1），新三板上市80家（见表2）。

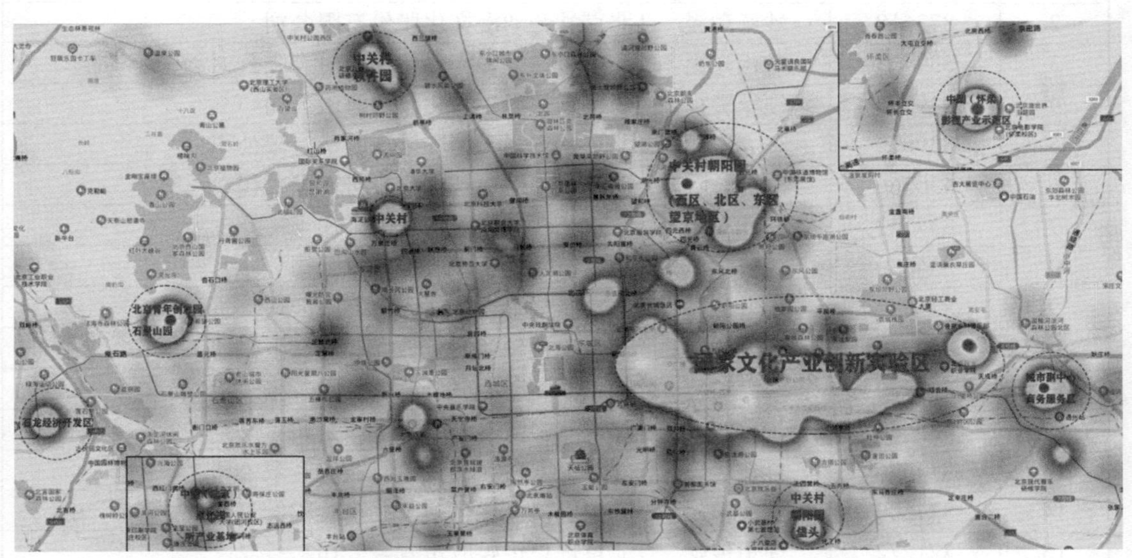

图1 北京市持证机构地理位置热力图

表 1　沪深 A 股上市机构名单

序号	证券代码	证券简称	公司中文名称
1	600037.SH	歌华有线	北京歌华有线电视网络股份有限公司
2	600977.SH	中国电影	中国电影股份有限公司
3	000802.SZ	北京文化	北京京西文化旅游股份有限公司
4	002739.SZ	万达电影	万达电影股份有限公司
5	300251.SZ	光线传媒	北京光线传媒股份有限公司
6	300291.SZ	华录百纳	北京华录百纳影视股份有限公司
7	603598.SH	引力传媒	引力传媒股份有限公司
8	300364.SZ	中文在线	中文在线数字出版集团股份有限公司
9	300079.SZ	数码视讯	北京数码视讯科技股份有限公司
10	603533.SH	掌阅科技	掌阅科技股份有限公司
11	300315.SZ	掌趣科技	北京掌趣科技股份有限公司
12	300296.SZ	利亚德	利亚德光电股份有限公司
13	300860.SZ	锋尚文化	北京锋尚世纪文化传媒股份有限公司

表 2　新三板上市企业名单

序号	证券代码	证券简称	公司中文名称
1	835454	威克传媒	北京二十一世纪威克传媒股份有限公司
2	872610	妙音动漫	北京妙音动漫文化股份有限公司
3	839463	时代光影	北京时代光影文化传媒股份有限公司
4	839197	领骥影视	北京领骥影视文化股份有限公司
5	839672	东方飞云	北京东方飞云国际影视股份有限公司
6	430366	金天地	北京金天地影视文化股份有限公司
7	837747	长江文化	北京长江文化股份有限公司
8	834630	新片场	北京新片场传媒股份有限公司
9	833482	能量传播	北京能量影视传播股份有限公司
10	833242	领航传媒	北京鲁视领航文化传媒股份有限公司
11	831940	网高科技	北京网高科技股份有限公司
12	430667	三多堂	北京三多堂传媒股份有限公司
13	834476	自在传媒	北京无限自在文化传媒股份有限公司
14	837500	方金影视	方金影视文化传播（北京）股份有限公司
15	871272	理想传媒	北京理想传媒股份有限公司
16	872819	非常时代	非常时代（北京）影视广告传媒股份公司
17	833058	触动传播	北京触动时代国际文化传播股份有限公司
18	838847	爱笑传媒	北京爱笑文化传媒股份有限公司

（续表）

序号	证券代码	证券简称	公司中文名称
19	839044	青藤文化	北京青藤文化股份有限公司
20	833658	铁血科技	北京铁血科技股份公司
21	834536	金诺佳音	北京金诺佳音国际文化传媒股份公司
22	837317	北角娱乐	北京北角娱乐股份有限公司
23	830798	中外名人	北京中外名人文化传媒集团股份有限公司
24	830888	世纪工场	北京环球世纪工场文化传媒股份有限公司
25	836846	华映星球	北京华映星球文化发展股份有限公司
26	835383	世纪中彩	北京世纪中彩视频传媒技术股份有限公司
27	839857	智博传媒	北京智博宝通传媒股份有限公司
28	833791	和道传媒	北京和道金城文化传媒股份公司
29	871896	一言一默	北京一言一默文化传播股份有限公司
30	872177	英田影视	北京英田影视文化股份有限公司
31	872509	攀高文化	北京攀高文化传媒股份有限公司
32	839474	体娱股份	体娱（北京）文化传媒股份有限公司
33	835488	唯优传媒	唯优印象（北京）国际文化传媒股份有限公司
34	430337	朗威视讯	北京朗威视讯科技股份有限公司
35	834306	神州互联	北京神州互联科技股份有限公司
36	838208	中视瑞德	北京中视瑞德文化传媒股份有限公司
37	836001	深蓝文化	北京深蓝文化传播股份有限公司
38	870228	成翼传媒	北京成翼文化传媒股份有限公司
39	834146	时代电影	北京信义时代电影股份有限公司
40	835003	龙腾影视	龙腾艺都（北京）影视传媒股份有限公司
41	837699	弘视际	北京弘视际影业股份有限公司
42	835948	杰外动漫	北京杰外动漫文化股份有限公司
43	835872	上方传媒	北京上方传媒科技股份有限公司
44	872068	五星传奇	北京五星传奇文化传媒股份有限公司
45	839797	德丰影业	德丰影业股份有限公司
46	835431	非凡传媒	北京非凡影界文化传媒股份有限公司
47	838137	太平盛世	北京太平盛世文化传播股份有限公司
48	834021	流金岁月	北京流金岁月文化传播股份有限公司
49	836653	实力文化	北京实力电传文化发展股份有限公司
50	430304	每日视界	北京每日视界影视动画股份有限公司
51	837473	创动空间	北京创动空间文化传媒股份有限公司
52	870667	成功之道	成功之道（北京）教育科技股份有限公司
53	836333	像素软件	北京像素软件科技股份有限公司

（续表）

序号	证券代码	证券简称	公司中文名称
54	835854	联创世纪	联创新世纪（北京）品牌管理股份有限公司
55	839246	大千阳光	北京大千阳光数字科技股份有限公司
56	870633	甲骨易	甲骨易（北京）翻译股份有限公司
57	870104	飞拓无限	飞拓无限信息技术（北京）股份有限公司
58	831401	信立方	北京信立方科技发展股份有限公司
59	835675	蓝色方略	北京蓝色方略整合营销顾问股份有限公司
60	835189	颐信泰通	颐信泰通（北京）信息科技股份有限公司
61	430086	爱迪科森	北京爱迪科森教育科技股份有限公司
62	834687	海唐新媒	北京海唐新媒文化科技股份有限公司
63	870368	爱尚游	爱尚游（北京）科技股份有限公司
64	834327	车讯互联	北京车讯互联网股份有限公司
65	838377	华科易汇	北京华科易汇科技股份有限公司
66	831478	天际数字	北京天际数字技术股份公司
67	833173	赢鼎教育	北京赢鼎教育科技股份有限公司
68	837526	明博教育	明博教育科技股份有限公司
69	831299	北教传媒	京版北教文化传媒股份有限公司
70	836584	六智信息	北京六智信息技术股份有限公司
71	430081	五八汽车	北京五八汽车科技股份有限公司
72	834063	卡车之家	北京卡车之家信息技术股份有限公司
73	836642	新鲜传媒	新鲜（北京）娱乐传媒股份有限公司（亏损）
74	830898	华人天地	北京华人天地影视策划股份有限公司（亏损）
75	836569	中燕传媒	北京中燕传媒股份有限公司（亏损）
76	838523	派华传媒	北京派华文化传媒股份有限公司（亏损）
77	831051	春秋鸿	北京春秋鸿文化投资股份有限公司（亏损）
78	430235	典雅天地	北京典雅天地文化传播股份有限公司（亏损）
79	400084	乐视网3	乐视网信息技术（北京）股份有限公司（A股退市）
80	—	暴风集团	暴风集团股份有限公司（A股退市，新三板待上市）

二、持证机构运营情况

（一）总体情况

2020年北京市广播电视服务业预计总收入为3071.57亿元，同比增加713.17亿元，同比增长30.24%，占全国广播电视服务业总收入（亿元）的35.06%。

2020年，通过总局备案电视剧192部，占全国备案总数的28.15%，通过发行许可电视剧38部，占全国发行总数的19%；通过备案网剧355部，占全国备案总数的32.78%，通过审查网剧67部，占全国发行总数的31.60%；通过备案网络电影1383部，占全国备案总数的30.51%，通过审查网络电影169部，占全国发行总数的22.74%。以上数据保持全国首位。

2018年1月1日至2020年12月31日，北京市共有3506家持证机构参与了广播电视网络视听内容制作，占持证机构总数的25.27%，2020年全年共有1336家持证机构参与了广播电视网络视听内容制作，占持证机构总数的9.63%。其中有157家持证机构备案电视剧192部，有34家持证机构取得电视剧发行许可38部，作品转化率为5.05 : 1，低于全国平均值3.41 : 1；重点网络剧上线播出67部，转化率为5.30 : 1，低于全国平均值4.53 : 1；重点网络电影上线播出169部，转化率为8.18 : 1，低于全国平均值5.49 : 1（见图2）。2020年未开展广播电视网络视听业务的机构12536家。

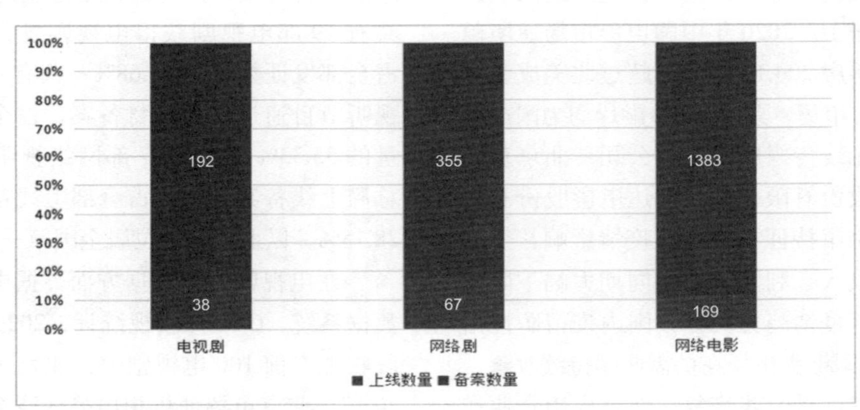

图2 作品转化率示意图

（二）主要特点

一是题材备案多样化，数量全国领先。2020年，北京市持证机构申报的192部电视剧通过总局备案，占全国备案电视剧总数的28.15%，355部备案重点网络剧通过总局备案，占全国重点网络剧备案总数的32.78%，1383部重点网络电影通过总局备案，占全国重点网络电影备案总数的30.51%，领先全国其他省市。与2019年数据比较，电视剧、重点网络剧备案数量有所下降，分别减少了25.58%和11.69%；重点网络电影备案数量较2019年大幅上升，增长了46.97%。

二是制作水平稳步提升，好剧热剧不断涌现。通过优酷、爱奇艺、腾讯、芒果等在线视频网站播放数据、微博舆情数据、百度舆情数据以及豆瓣评分数据综合计算，发现《冰糖炖雪梨》《新世界》《隐秘的角落》《沉默的真相》《棋魂》《战火熔炉》等2020年京产剧集在热度和口碑上均都取得相当不错的成绩。对比2019年、2020年剧集热度和豆瓣口碑评分数据，北京市持证机构出品的剧集口碑和热度稳步提升，豆瓣评分7.0及以上剧集数量由 24 部增长至 26 部，热播前 100 剧集数据由 66 部增长至 67 部。

三是创新收入模式，网络电影票房翻倍增长。在影院停摆，电影大盘整体下滑的趋势下，2020 年网络电影的线上播放表现逆势增长，市场占有率进一步提升。2020 年线上影片累计正片有效播放 528 亿次，其中网络电影 112 亿次，同比增长 30%，占比提升至 21%。共 79 部网络电影分账破千万元，同比增加 41 部，千万元级影片票房规模 13.9 亿元，同比增长 125%。北京市持证机构参与出品了其中 64 部，占千万元级影片数量的 81%，票房规模 11.529 亿元，占千万元级影片票房总规模的 82.94%。

四是国内电影市场逐步恢复，北京电影企业后来居上。2020 年中国电影市场逆境前行，全年票房 204.17 亿元，超过北美成为全球第一票房市场，票房前 10 影片均为国产影片。北京光线传媒股份有限公司、北京京西文化旅游股份有限公司、万达电影股份有限公司等北京市持证机构均受疫情影响，全年电影业务收入、利润较上年同期大幅下降。但随着全球疫情趋势向好，国内疫情防控渐趋平稳，中国电影市场在供需两端持续改善，全行业景气度进一步恢复，北京电影企业在 2021 年春节档期全面发力，北京京西文化旅游股份有限公司出品的《你好，李焕英》累计票房突破 50 亿元，片方预计分账 19.29 亿元；万达电影股份有限公司控股子公司万达影视传媒有限公司出品的《唐人街探案 3》累计票房 45.17 亿元，片方预计分账 16.14 亿元。

五是 IP 改编作品大幅增长，政策扶植效果明显。

（三）2020 年运营情况

2020 年一季度，北京广播电视和网络视听服务业实际创收收入为 508.31 亿元，比上年同期增加 83.97 亿元，同比增长 19.79%，占北京广播电视和网络视听服务业总收入的 85.98%。实际创收收入中，连续报送单位 490.66 亿元，占实际创收总收入的 96.53%；新增报送单位 17.64 亿元，占实际创收总收入的 3.47%。微播视界、快手一季度收入均超过 100 亿元，在全国机构收入排名中分列第二、三位；网络视听用户付费收入成为行业增长亮点，用户付费收入 75.63 亿元，同比增长 49.53%，成为拉动行业发展的新动能；短视频、直播带货等线上营销成为新趋势，一季度电商直播等其他新媒体业务收入 245.64 亿元，同比增长 76.26%，抖音、快手、火山小视频和梨视频等短视频 App 收入大幅增长。

2020 年，北京市共有 92 部电视剧通过总局题材备案，占全部备案数量的 30.56%，共有 19 部电视剧获得电视剧发行许可证，占全部发证数量的 24.68%；共有 436 部网络视听节目通过总局题材备案，占全部备案数量的 35.33%；共有 67 部网络视听节目通过总局上线备案登记，占全部上线备案数量的 28.15%。以上数据均位居全国第一。

在电视剧收视数据方面，据中国视听大数据系统（CVB）收视统计，2020 年黄金时段收视率前 100 电视剧中：北京市发证剧目 20 部，北京市持证机构出品或联合出品剧目 62 部，参与制作剧目 55 部，以上数据均位列全国第一位。在电视剧、网络剧热播数据方面，据各大在线视频网站播放数据、微博舆情数据、百度舆情数据等综合分析统计，2020 年热播前 100 剧目中：北京市发证剧目 22 部，北京市持证机构出品或联合出品剧目 67 部，参与制作剧目 61 部，以上数据均位列全国第一位。在网络电影票房收入方面，据“爱优腾”2020 年度网路电影票房数据显示，79 部票房破千万元的网络电影中，北京市持证机构参与出品了其中的 64 部。

典型经验

北京应急广播持续发力 用声音吹响战“疫”号角

2020 年，在新冠肺炎疫情阻击战中，北京应急广播系统充分发挥全天候、多方位、广覆盖的信息传播优势，筑牢群防群治防控疫情的严密网络，打通疫情防控宣传的“最后一公里”，凝聚起坚决打赢疫情防控阻击战的磅礴之力。

一、迅速反应，权威发声

新冠肺炎疫情暴发后，北京应急广播系统第一时间循环播出北京市疾控中心“关于突发公共卫生事件一级响应机制”的生活提示及抗击疫情的通知通告，播发安全使用酒精清洁用具等生活常识，应急字幕在 10 个频道全天播发 800 次以上。北京新闻、城市、交通、文艺、体育、外语、青年 7 个频率 17 档广播节目共同推出抗击疫情特别节目——“科学防疫、众志成城”，通过政策和防疫知识的宣传指导群众做好科学防护工作。这一年，北京应急广播开播“科学防疫、众志成城——北京广播电视台抗击疫情特别节目”“阻击疫情在一线”“抗击疫情、众志成城”等专栏、特别节目 34 个，累计推出相关报道 11000 余篇，滚动播出公益广告 200 余部（条）18800 余次，新媒体点击量超过 12 亿人次。

二、喇叭鸣响，防线筑起

“我们希望广大市民继续支持抗疫工作，尽量减少外出活动，避免参加聚会和集体活动，注意环境和个人卫生，共同守护我们的美好家园……”怀柔区桥梓镇村干部的大喇叭“喊话”在朋友圈热传。应急广播、村村通“大喇叭”调频广播全天候滚动播出新冠肺炎疫情防控相关政策、消息，各行政村“村村响”大喇叭每天早、中、晚播放至少 30 分钟，最大限度地宣传疫情防控信息。2 月份以来，顺义区、房山区等人民广播电台在疫情面前发挥有线广播强制收听的接收特点和广播应急直播能力，通过每天早、中、晚三个时段有线无线并机播出 3.5 小时新闻节目，无线调频每天直播 1 小时应急插播节目，全天共计 4.5 小时制作播出新冠肺炎疫情防控相关政策、消息、知识。在疫情防控关键时期，北京市 132 个乡镇 2000 多个行政村通过有线广播覆盖资源，利用广播“村村响”及时发布官方信息，采取接地气、近感情的劝诫，筑起了一道道防疫“高墙”。

三、有线覆盖，“疫”情更新

充分利用歌华有线高清交互平台播放资源发挥应急宣传作用，向北京市 550 多万户高清交互数字电视用户推送科学防疫知识和动态。高清交互平台播出《共同战“疫”》公益宣传，全力配合北京市有关部门在高清互动媒体平台宣传“严防新型冠状病毒感染的肺炎”主题广告内容、防控知识。北京 IPTV 充分发挥平台互联网优势，采用“直播＋点播”及重点推荐运营的方式，快速策划“众志成城，抗击疫情”专区以及“政府声音”“北京健康一起行动”“武汉直击”“权威解读”“致敬白衣天使”等多个子专题，24 小时动态编排，全天候、多角度精准报道，助力打赢疫情防控阻击战。截至 2 月 12 日，北京 IPTV 平台“众志成城、抗击疫情”专区及大健康频道共上线北京市疾控中心发布的抗疫宣传片及抗疫视频 34 条，其他各类抗疫视频上千条，抗击疫情相关内容总曝光量为 1820 万人次，收看总时长为 9100 万分钟。

（北京市广播电视局网站）

战疫情 北京网络视听在行动

——新浪网多项举措助力抗击疫情

北京市重点互联网视听企业新浪网积极履行主体责任，充分发挥自身优势，从传递权威声音、策划正能量短视频、创新服务产品、公益捐赠捐助等多方面着手，为疫情防控贡献力量。

一、传递权威声音，众志成城抗疫情

从2020年1月23日开始，新浪网共计编发防控疫情的相关报道18985篇，相关内容累计点击亿次，同时，新浪网新闻、财经、科技、教育、娱乐等频道联动，制作各类专题16个，点击量约3亿次，其中“聚焦武汉新型冠状病毒肺炎疫情”专题评论量超过1亿条。

全网站联动丰富专题报道。随着各地抗击疫情的信息逐渐增多，新浪新闻客户端在首页首屏突出位置设立了“抗肺炎”专区，聚焦官方消息，做好引导宣传，及时发布官方动态，梳理科普知识，及时进行辟谣。新浪网在各级管理部门的指导下，新闻、财经、科技、教育、娱乐等多个频道联动，陆续推出各自领域内防疫内容专题报道共计16个。新浪网医药频道从专业角度出发，在集纳疫情报道的同时，编发多篇疫情防护知识，将相关报道与科普内容相结合推出“新型冠状病毒感染的肺炎疫情”专题，在了解疫情发展的同时，网民可按照科普知识做好防护。

持续完善“北京健康 一起行动”专题。新浪网设立了“北京健康 一起行动”专题，在新浪新闻客户端进行重点推荐。根据北京市疾控中心提供的权威信息，利用网络优势及时准确发布抗击疫情的相关内容，持续向网民推送《抗击疫情宣传片》《居家隔离消毒怎么做？》《针对返京人员北京疾控温馨提示》《学生居家防疫攻略》等防控疫情短视频、图文资讯152条，累计点击量206.9万次。

二、聚焦一线工作者，推出系列正能量短视频

讲好抗疫故事，策划系列视频。新浪网根据抗击疫情工作中涌现出来的感人故事、先进人物，推出春节特别策划系列短视频，通过视（音）频访谈的方式，对话防疫工作一线的各行各业人士，包括医生、护士、志愿者、火神山医院建设者等，通过这些亲身经历者的讲述，让网友对防疫工作、前线工作者有更加深入的了解，增强抗击新冠肺炎疫情的信心。

自正月初一起，通过音频连线，报道了武汉第一医院护士长曹翠琴把病患放在第一位的工作热忱，及对家人不舍的温情，使网民感受到在对抗新冠肺炎疫情过程中的阵阵温暖。在连续发布24期内容中有9期内容被国家广播电视总局“共同战疫”选用，在各视听平台广泛传播，得到网友的点赞。

三、科普抗疫知识，及时辟谣倡导科学

新浪网“捉谣记”团队密切关注防控疫情期间的网上谣言，协调力量监测网上言论，及时发现谣言，及时通过权威部门求证，及时进行辟谣。对“武汉的新冠肺炎辟谣信息播报”以专栏形式进行每日更新，并广泛传播，使网民认清真相，不信谣，不传谣。这

一举措获得网友的热烈反响，网友纷纷通过微博私信向捉谣记微博提供线索及辟谣意见，据统计，日均线索及意见达到 30 条以上。

新浪新闻联合“捉谣记”团队，制作了 7×24 小时辟谣专题“新冠肺炎疫情辟谣信息播报”。累计发布单条辟谣信息 120 条，盘点辟谣策划 10 期，总计辟谣不实信息近 200 条。其中《1 月十大网络谣言榜出炉了 这次盘点有点特殊》阅读数 365 万次，网友点赞 2765 次。

四、创新服务产品，增加优质服务

制作“你也是英雄”系列海报。为引导网民关注疫情的防控并以积极乐观的态度看待疫情，提升自我防疫意识，新浪网连续策划制作了新春系列海报“你也是抗击疫情的英雄”，通过醒目的标语提示，引导网民访问疫情专题，实时了解疫情的发展，又提示网民从自身做起，做好疫情防控。

制作疫情地图，追踪疫情发展。为使公众直观地了解到全国疫情防控的情况，新浪网根据权威的信息源制作了交互式疫情地图，并实时更新。这一产品在合规的中国地图上，用颜色深浅展示全国疫情情况，并辅以“全国疫情趋势图”“武汉疫情趋势图”“中国病例”“世界疫情分布图”“境外病例”5 个图表使网民在浏览时对疫情的发展一目了然。疫情地图中还设置了“事件进展”，通过时间轴形式，按顺序梳理了自疫情暴发以来的权威报道，网民通过点击就可以浏览新闻，对疫情的发展能够有系统全面的了解。因疫情防控需要，新浪新闻同步对疫情地图进行功能更新，增加“患者求助专区”“微博求助超话”“小区疫情查询”“7×24 小时疫情快讯”等功能，实时更新疫情信息，同时为公众提供更加全面的网上疫情防控支持功能。“患者求助专区”和“微博求助超话”通过与官方部门的合作，征集新冠肺炎求助者信息并将这些信息转给相关部门，为患者提供切实帮助。

五、履行社会责任，为防疫公益捐助

设立 1 亿元基金，援助抗疫一线。针对疫情的暴发，新浪投入 1 亿元资金设立抗击疫情专项基金，为一线救援者提供直接援助。新浪还与北京感恩公益基金会联合发起“守护者后盾”公益计划，为抗击新冠肺炎疫情的工作人员提供更细致的后续保障。所有因公参加 2020 年抗击新冠肺炎疫情的工作人员，包括医务人员、检疫人员、媒体记者等，如果在救援中致病、致残甚至不幸殉职，都将获得援助。截至 2 月 21 日，已资助李文亮医生、民警尹祖川、宋英杰医生、刘大庆警官等 6 个家庭，还有 23 个家庭在实施中。此外，推出“抗疫情互助计划”，为受到疫情影响的人群提供有效的医疗费用补充，为其因救治而产生的误工等提供生活费用补助。

战“疫”打卡行动，为疫区医院捐赠救护车。自 2 月 16 日起，新浪还联合中华思源工程扶贫基金会发起“战疫打卡行动”倡议，鼓励网友每天 1 次打卡，每天 1 个承诺，勤洗手、戴口罩、宅在家、不聚会，用行动表达自己的战“疫”态度。在活动期间，每天捐赠一辆负压救护车，第一批捐赠 21 辆。

（摘自《首都广播电视》）

以《英雄》致敬英雄

——北京广播电视台卫视频道中心推出抗美援朝6集纪录片《英雄》

2020年10月21日晚，北京卫视抗美援朝6集纪录片《英雄》收官。这部为纪念中国人民志愿军抗美援朝出国作战70周年，由北京市委宣传部策划、北京广播电视台承制的系列纪录片，播出后引起强烈的社会反响。截至2020年10月21日收官当晚12点，微博话题总阅读量为5534.1万次，全网视频累计播放量达3056.7万次，覆盖粉丝数超过9100万。

一、以人物展现历程，用情感丰满血肉

“我们以人物为核心，用大量细节来讲述人物故事，呈现出英雄的伟大与平凡，引发观众共鸣。”这是《档案》制片人、纪录片《英雄》总导演吕军对该片特色的诠释。在抗美援朝战争期间，中国人民志愿军全军共涌现出302724名战斗功臣，有494人荣获英雄模范光荣称号。《英雄》里的人物，正是来自于这些人。其中有大家耳熟能详的黄继光、邱少云、杨根思，更多的则是一些鲜为人知的英雄。如：抗美援朝战场上第一个手持爆破筒、与敌人同归于尽的英雄石宝山，入朝一个月后因冻伤被截去四肢的老兵侯方仁，忍着剧痛用十天九夜爬回我军阵地的坚强战士张渭良，用自己的身体接通电话线的电话员牛保才……每一个人物都鲜活饱满、感人至深。制作团队没有将镜头停留在英雄的光辉时刻，而是深入发掘英雄故事和情感细节，大量采用第一人称的叙事手法进入英雄的内心世界。

“这次来信没有别的事，就是分别太久没有见面，但是我想你的情分没有改变，我在外经常挂念你的身体如何，照应家事怎样，希望好好爱护自己身体，家事更加注意些，我在外面不需要牵挂，见信如见面。”这是中国人民志愿军第40军第120师第360团1营3连3班班长石宝山写给怀孕妻子的一封信。作为纪录片的开篇英雄，片中的石宝山先有出征前埋下全部家当的义无反顾，后有“与妻书”字字关爱的铁汉柔情，这样一位有血有肉的英雄，在离开故土6天后，怀抱着班里仅剩的两根爆破筒冲向敌人，壮烈牺牲。对小家充满期盼与不舍的石宝山，为了国家，毫不犹豫地选择了舍生取义。制作团队一步步地铺垫与呈现，让英雄的壮举更具感染力与冲击力，令无数观众动容。

片中，像石宝山这样的英雄还有很多——在长津湖战役中被冻僵的连队，在临津江战役中用身体排雷的张财书，第四次战役期间和战友一起被掩埋在坑洞里的李江海……他们的故事串联起抗美援朝进程的时间轴；战斗英雄、后勤军人、医护人员、随军翻译、文艺兵……他们的身份勾勒出抗美援朝战争的群英像。纪录片《英雄》用个体带动全局，以人物传递精神，全面展现抗美援朝战争的历史。中央档案馆原馆长、国家档案局原局长李明华评价该片“写就了气壮山河的英雄史诗”。

二、以口述抢救历史，用亲历引出故事

口述是历史文献纪录片创作者通过对当事人，特别是历史事件的亲历者、亲见者等的采访记录，追溯历史，还原真相。纪录片《英雄》充分重视口述的力量，拍摄、采访7位健在的抗美援朝老兵，他们不仅是历史的见证者，更是片中呈现的那些英雄人物的战友。他们用真情追忆英雄，用亲历引出故事，使全片更加生动立体。

在原中国人民志愿军 39 军 116 师 2 营 4 连专门负责统计人员伤亡人数和身份记录的文化教员何宗光的随军回忆里，有离家 8 年、临行前嘱托给他 3 块银圆、请其代为尽孝老母的志愿军机枪连二排长余振祥，有与他一起出生入死、牺牲后却只能记起外号“五骡子”的五班长。原中国人民志愿军第 50 军 149 师 445 团 2 营 4 连随军翻译莫若健，90 岁高龄的他弹起牺牲在朝鲜战场上的同班同学张建华创作的《进军号》，乐声中激荡的是一个普通志愿军战士的心声和决心。原中国人民志愿军第 50 军第 150 师第 449 团步兵 5 连指导员宁殿云，忘不了在前线的坑道中收到的一封来自北京市第十一女子中学的慰问信，信中两张“红领巾女孩”的照片，他小心仔细地保存了 70 年……在纪录片《英雄》的镜头下，这些志愿军老兵，诉说着未能完成战友临终嘱托的遗憾，诉说着对战斗中每一个细节的刻骨铭心，诉说着用近 70 年的时间兑现自己和战友黄继光承诺的释怀。该片总导演吕军说：“每一期节目都有历史和今天的对话，实际上是对中国人民志愿军抗美援朝出国作战 70 周年的一种回望。那些被采访的老兵，每一位都是如此生动，充满激情，从另一个侧面说明《英雄》这部纪录片的意义所在。”

三、以视角丰富视点，用对手解读信仰

参加过长津湖战役的美国人艾德·里弗斯永远忘不了一个雪夜，“至今想起来，那一天，就像一场梦一样，一场挥之不去缠绕我几十年的梦。”树林中、雪地里，埋伏了 3 天的志愿军战士拖着僵硬的身体冲出来，向着里弗斯的部队冲锋。他把这些冲锋的志愿军战士比作原木。这些面对着炮火冲锋、不畏死亡的年轻中国军人心中都燃着一团火，那团火是对祖国的热爱，是对家乡的思念，是对未来生活的希望。为了这团火，他们向死而生。

这是纪录片《英雄》用对手视角对抗美援朝战争中一场著名战役的描述，这种独特的视角让观众对伟大的抗美援朝有了更全面更多样的了解。为最大限度突破时间与空间的限制还原真实历史，制作团队前期进行大量的深入调研，从美国、英国、俄罗斯、韩国、日本等国发掘朝鲜战争的相关档案资料及视频音频素材，收获大量对手视角的独家档案素材。在调研过程中，制作团队把国内所有翻译成中文的关于朝鲜战争的文献资料都读遍了，有一些没翻译的，也请人翻译了节选的内容，每个人至少读了 100 本书。读过之后，他们觉得很多东西是非常有价值的，在 70 周年这样的节点，以对手的视角来回望这场战争，对纪录片而言是视角上很好的补充，在呈现上也会更全面更客观。

包括里弗斯在内的所有在长津湖战役中幸存下来的美国老兵亲眼看见装备简陋、补给困难的志愿军战士，冒着枪林弹雨在冰雪严寒中铺天盖地地冲锋，他们心中产生更多的是震惊、恐惧和不解。这些美国老兵半生都想不明白的事情，纪录片《英雄》给出了答案：舍得为胜利付出代价、舍得为胜利燃烧自己生命的战士和军队，传递出强大的、无坚不摧的信仰力量，勇往直前保家卫国的必胜信念，除了胜利一无所求的英雄气概！这正是中国军人的荣耀，是中华民族的骄傲！

四、以敬业致敬先辈，用细节雕琢品质

《英雄》由北京卫视《档案》团队精心打造。早在 2014 年，他们就成功创作出纪录片《伟大的抗美援朝》。再次拍摄抗美援朝题材，摄制团队克服疫情期间的种种不便，在时间紧任务重的情况下出色地完成了全片。

佳作诞生的背后，是全组上下勇于攻坚的拼搏与付出。

2020年1月，纪录片《英雄》开始筹备，3月份正式投入拍摄。对于一部每集40分钟左右、一共6集的重大历史题材纪录片来说，半年的时间相当紧张。凭借着对抗美援朝历史的深度了解和十年积累的丰厚的纪录片创作经验，北京卫视《档案》团队勇挑重担，集结精兵强将，制片人亲自担任分集导演，誓要打赢这场硬仗。他们的足迹遍及四川、河南、辽宁、浙江等省，拍摄大量素材，最终片比达到6：1；他们创作文学本、拍摄台本、解说台本等不同作用的台本，撰写、修改三四十万字；他们用10天时间做出十几段原创音乐，尤其是贯穿全片的经典歌曲《英雄赞歌》，更是制作出交响乐版、童声版、男女声合唱版、大提琴版、口琴版等多个版本，播出后引起观众的强烈共鸣。

为了在高于30℃的天气下拍出寒冬战场的真实感，拍摄团队创造性地将北京丰台的一处冰球训练场改造成低温摄影棚。8月是北京最热的时候，创作人员裹着军大衣在冰场每天一干就是20个小时，最多的时候一天要拍17场戏。结束冰场的拍摄，《英雄》团队又转战横店，拍摄邱少云烈火焚身等英雄场景。饰演邱少云的“90后”演员因为高温，在现场呕吐三次，仍然坚持完成了拍摄。这些年轻人在塑造英雄的同时，自己也被英雄的精神深深打动。半年的拍摄，全组上下经历了一场爱国主义教育的洗礼，每个人都在尽自己最大的努力做好每一项工作。

从前期策划、中期拍摄到后期制作，甚至直到播出当晚，纪录片《英雄》都在不断雕琢，“我们给自己定了一个标准，发播前的最后一分钟都必须继续完善。”正是这样的工匠精神，让这部纪录片释放出直击心灵的强大力量，无数观众眼含热泪看了一遍又一遍，感叹志愿军战士的钢铁意志，感慨幸福生活的来之不易。

（北京广播电视台）

北京广播电视台春晚连续七年蝉联省级卫视收视第一

2020年，北京广播电视台春晚再次以高超的艺术水准、厚重的文化情怀、开阔的思想格局，再创收视佳绩。索福瑞数据显示，2020年北京广播电视台春晚全国35测量仪城市收视率为2.94%，全国59测量仪城市收视率为2.7%，连续七年蝉联省级卫视同时段收视第一。

一、创新主持形式，增强文化传播感染力

主持人是一台晚会节奏的掌控者、气氛的营造者。本届北京广播电视台春晚，摒弃传统的主持人播报、串联方式，春妮、张国立、刘涛、沈腾、悦悦、李杨薇组成的主持阵容，不再是简单地以一段主持词引出下面的节目，而是开辟特别的主持区域——“立春小馆”，既借用了张国立、春妮两位主持人的名字，又蕴含着与大家一起迎接春天到来的意思。同时话题设计和环节设置极为巧妙。比如热播剧《老酒馆》的主创陈宝国、高满堂、刘江等人做客“立春小馆”，以酒会友，说出自己的春节祝酒词，既契合该剧主题，又烘托过年的气氛。祝酒词既真诚又充满豪情，展现文艺工作者爱国敬业的精神面貌，令人动容。而这样创新的主持方式，既令主持部分更显厚重，又使得整台晚会更加流畅、自然、亲切。

二、创新视觉感受，打造沉浸式观看体验

历年北京广播电视台春晚的开场大秀都凭借喜庆热闹兼具话题的特点而让观众印象深刻。2020 年北京广播电视台春晚的开场大秀不仅延续了往年的风格，还更进一步。悬浮空中的五十六组矩阵式方柱形数控升降屏幕与三个巨型飘带 LED 屏体，背景 LED 大屏，以及 AR（视觉加强）技术完美结合，观众瞬间被带入千里冰封、万里雪飘的雪国之境。杨颖身着雪白色纱裙和同色披风，亦幻亦仙，以雪国精灵之姿打开春天之门，将春之胜景带到春晚现场。北京鼠年春晚在舞美和节目设计上，借助无人机、天眼镜头，并加大 AR 技术的使用频率和范围，以此打造了一台极具科技感以及沉浸式观看体验的春晚盛宴。

在开场大秀上，杨颖与乐华 NEXT 组合的献歌活力满满，而喜庆的节日气氛也随之展开：置办年货的青年、幸福满满的老人、可爱的孩子、过中国年的外国游客……他们都有自己的幸福。同时，一场热闹的老鼠娶亲也来凑热闹，十二生肖纷纷前来送祝福……现代与传统兼具，青春与活力萦绕，热闹与喜庆同台，开场大秀便以这种沉浸式体验诠释北京台春晚“数你最幸福”的主题。

由“天坛实习生”冯绍峰、苗苗、黄明昊三位共同演绎的《遇见》可谓 2020 年北京广播电视台春晚最美轮美奂的节目，从舞美到演员的造型化妆，再到镜头的运用剪辑都极具匠心。茫茫苍穹、浩荡寰宇，星轨千年、流转不息，冯绍峰、苗苗、黄明昊从现代装到古装的变身，让观众在观看晚会的过程中完成一次“超时空穿越”，与中国数千年灿烂文明一一遇见……这不仅仅是一首歌曲，更是一场奇遇，是一段再次感受巍巍中华之美的美好旅程。

三、创新情感点设计，起承转合饱含真情

北京广播电视台春晚历年来注重情感点的设计，而且从来不是简单地对当事人进行访谈，或邀请几位老友重聚。它总能精准地抓住最打动人心的地方，并巧妙设置环节，直击人们的心灵深处。而且北京广播电视台春晚的情感点和晚会从来不是割裂的，它总能与节目有机融合、无缝衔接。这些情感点将所有节目串联起来，进行有故事、有情绪的情节化处理。2020 年北京广播电视台春晚在“数你最幸福”的大主题下，在情感点的串联下，每个节目的编排都具有较强的黏连度，在节奏上，情感点的不断爆发将全场气氛推向一个个高潮，整台晚会呈现统一性，既起承转合，又高潮迭起，引人入胜。总之，2020 年北京广播电视台春晚的情感设计呈现鲜明特点。

注重传承。倪萍、陈佩斯、朱时茂畅聊当年合作中的趣事，有回忆、有感动、有逗趣，更重要的是有传承！1984 年，30 岁的陈佩斯、朱时茂合作的《吃面条》，将小品这种艺术形式首次搬上舞台。时隔 36 年，同样 30 岁的陈佩斯之子陈大愚、朱时茂之子朱青阳将经典之作再次呈现。当陈大愚以当年陈佩斯的造型再次端起那碗面条时，观众在笑声中仿佛穿越 36 年的时空，这碗面条不仅让人感叹时光的流逝、经典的永恒，更让我们感受到两代人在艺术上的坚守与传承。

注重亲情。宋丹丹、高亚麟、杨紫、张一山、尤浩然，当年《家有儿女》的主角在北京广播电视台春晚上全员重聚，上演“全家福”。这也是他们在春晚的首次同框。“夏雪、夏

雨、夏冰雹”，三个名字勾起观众满满的回忆。全家人更是重新化身“快乐喷泉”，快乐、回忆与感动溢满全场！随后，杨紫、张一山深情演绎歌曲《北京我的爱》，恢宏大气，动心动情。从《家有儿女》北京青少年成长故事的创作对话，延伸到“北京我的爱”，主题升华、情绪强化，从而使得话题与音乐融合成为一个整体。

小品《勿忘我》基于2019年热播电视剧《都挺好》，关注中年子女与父母的亲情关系以及原生家庭对孩子成长影响的社会热点话题。当苏大强遇到谢广坤，子女们如何对付两个“极品”父亲？父母“作”的背后其实是对孩子的依赖。同时，小品《勿忘我》也传递出整个社会对老年人阿尔兹海默症所寄予的关注及温情。

家国情怀。新冠疫情引起全国关注。晚会一开始的《我们的力量》，是导演组临时新增加的节目，其台词也是整台晚会最用心的一段文字，几位主持人真挚地表达出对奋战在一线的医护工作者的崇敬，对坚强不屈、勇敢面对病魔的每一个人的关注，而说到“北京一位患者在重症监护室吃饺子，安心静心地度过除夕”“春风不远，大地回暖，北京首例新型冠状病毒肺炎患者痊愈出院，医生目送患者离开，露出欣慰的笑脸”则表达出大家众志成城、万众一心战胜疫情的决心和满怀的希望。观众们在收看这段节目之后，都由衷感叹这才是充满人文情怀、拥有首都风范的北京春晚。

2020年的北京广播电视台春晚，把中国三代女排队员请到现场。从曾创造五连冠奇迹的曹惠英、孙晋芳、张蓉芳、杨希、梁艳、李延军，到雅典奥运会女排夺冠的主力冯坤、赵蕊蕊、杨昊，再到现役国家队的曾春蕾、刘晓彤，中国女排始终与祖国同在、与时代同行，展现着祖国至上、团结协作、顽强拼搏、永不言败的女排精神，也点燃一代代国人报效国家的激情，照亮着国人共同的梦想。

如果说中国女排代表的是最崇高的家国情怀，那么北京市民朱茂锦一家则体现的是最质朴的家国情怀。这户北京胡同里的普通人家，登上北京春晚的舞台，与大家分享2019年他们一家人的喜事，他们居住的四合院历经70多年，见证岁月的变迁和生活的改变。2019年，小院里迎来一位特殊的客人——习近平总书记，习总书记与他们一家人一起拉家常、包饺子；这一年的国庆，朱茂锦老两口又登上了国庆阅兵的观礼台。作为一家普通的北京市民，他们感受到人生最大的荣耀和幸福。他们的荣耀和幸福，与国家的发展、进步息息相关，这又何尝不是我们每个中国人的真切感受？

四、创新节目方式，引入电视剧制作思维

2020年北京广播电视台春晚，把电视剧制作思维引入节目的创作中。杨树林、宋晓峰、程野等人主演的小品《再一晚的春天》，已经是“春天养老院”的第三部，形成春晚舞台上的系列品牌产品。该系列将老年人的生活和时下最流行的元素结合，2019年几位老人在舞台上玩直播、自拍，2020年更进一步，比拼起直播带货能力，不仅展现了中国社会的快速发展、普通百姓的创新能力，更将这种社会热点与老年人生活相结合，展现了中国老年人紧跟时代步伐，老有所为、老有所乐、永远年轻的风貌。

年年在北京广播电视台春晚相亲的宋小宝，2019年与林志玲相亲，成功把林志玲嫁了出去，2020年又和吴谨言相亲，相亲的故事不断推出新意。看北京广播电视台春晚，关注春天养老院的老人们的“新花样”，看看宋小宝又和谁相亲……这些剧情的连续性，增强收视黏性，让观众对于北京广播电视台

春晚形成了一种期待。

其实不只是小品，北京广播电视台春晚在相声节目上也采取这种打造系列的模式。何沄伟、李菁、曹云金、刘云天、苗阜、王声，在2019年春晚上凭借化妆相声《向前一步》成团，作为老百姓的知心人，解决老楼装电梯的问题。2020年春晚，他们继续帮助老百姓解决民生问题。王声化身苦主，一句“人家是大年三十熬一天，我这是一天天熬到大年三十！”，在唤起无数笑声的同时，也唤起大家对噪音扰民问题的关注。嬉笑怒骂、包袱不断、笑点密集却又引人深思。这样的相声作品有助于市民在笑声中反思，能在以后自己遇到类似的社会公共问题时，多一分包容和理解，促使问题更快得到解决，从这个层面上来说，在春晚舞台上打造这样一个相声系列品牌，有着深远的社会意义。

伟大时代孕育伟大故事，精彩中国需要精彩讲述。中国不乏生动的故事，关键要有讲好故事的能力。讲好中国故事，创新表达方式至关重要。只有创新理念、内容、体裁、形式、方式、手段，才能做到既有思想的说服力、文化的感染力，也有道德的感召力、情感的穿透力，才能赢得人心、凝聚共识，让中国形象更加鲜明、更加亲切。

《光明日报》资深记者董城评价北京广播电视台春晚：“分享祖国的华彩、人民的喜悦、家的温暖，为观众奉上一场唯美与感动、喜庆与精彩并存的‘专属盛宴’，彰显大美品质。”中国人民大学新闻学院教授、视听传播研究中心主任周勇评价说：“2020年北京广播电视台春节联欢晚会选择了一种看似朴素然而大巧不工的策略：回到人本身，通过人物选择、故事结构、舞台呈现回到集体记忆的深处，寻找最广大群体的共鸣与认同。这种记忆和认同是跨越年龄、性别、文化层次、价值观等各种社会分层因素的，因而也最有可能形成最大公约数。”

（北京广播电视台　李佳）

弘扬优秀传统文化　探索艺术创新境界

——北京广播电视台卫视频道中心播出园林文化栏目《我在颐和园等你》

北京广播电视台北京卫视频道在2020年第三季度推出由北京市颐和园管理处、北京广播电视台和华传文化共同出品，春田影视制作的大型园林文化栏目《我在颐和园等你》。

颐和园是北京西山文化带的重要组成部分，是中国现存面积最大、形制最完整的皇家园林，在五千年中华文明和北京古都文化的脉络中拥有不可替代的重要地位。《我在颐和园等你》节目通过电视艺术的表达，带领观众探寻颐和园的历史文化奥秘，了解中国古代园林文化的独特魅力，体悟到人与自然和谐共生的价值理念。《我在颐和园等你》从价值传播到艺术呈现，努力从四种“境界”上实现突破与创新。

一是深入画境，感受园林艺术的造景之美。园林艺术是融合人与建筑、草木、山石、水系、天地等元素于一体的综合艺术形式，是中华优秀传统文化的集大成者。因此，懂得欣赏园林艺术同样是一门需要指导的“学问”。《我在颐和园等你》首要任务就是带领观众深入画境，感受并理解园林艺术的造景之美。

节目组结合颐和园的景观特点，创新推出“颐和盛夏”“江南风光”“秘密花园”等八条各具特点的游览线路，串联起颐和园中的数十处主要景点，通过这八条“线索”，指引观众按图索骥解开颐和园独特的园林艺术之美。例如，在第二期节目中，节目组通过一首乾隆皇帝的诗句“乔峰一窗画，积雪万林花”巧妙引出中国古典园林艺术中重要的造景技法——“框景”，即通过门廊、窗框、桥洞、树木的造型形成天然画框，把景物框在其中形成“画中画”效果的真实造景技法。通过这样的方式，《我在颐和园等你》积极发挥“艺术公开课”的社会价值，指导公众更好地欣赏颐和园的艺术之美。

二是体察心境，传递人居文化的精神之美。艺术是精神的外化，画境是心境的体现。中国古典园林的设计与建造凝结着中国人对自然的崇敬与亲近，体现着人与自然和谐共生的哲学思想，是中国人居文化的重要象征。《我在颐和园等你》在带领观众欣赏园林外在之美的同时，也努力传递出中国人居文化的精神之美。例如，在第九期节目中，嘉宾走进尚未向公众开放的乐寿堂，这是乾隆皇帝为母亲修建的纳凉居所，慈禧太后也曾在此居住，这也就奠定了乐寿堂在颐和园中的特殊地位。颐和园公园管理处的研究员向大家讲解乐寿堂中独一无二的“福荫至宝”。原来“福荫至宝”并非乐寿堂中的某件珍稀物品，而是整座乐寿堂在颐和园中所处的地理位置，坐北朝南、依山面水的建筑方位，既能够在夏季纳入湖面吹来的清凉湖风，又能在冬天阻挡住寒冷的北风，充分体现中国古典建筑的博大智慧和天人合一的人居理念。

三是构建情境，挖掘传统文化的匠心之美。伟大的文化艺术是因为有伟大的创造者。《光明日报》刊文形容《我在颐和园等你》“综艺是形，文化是魂”。节目采用综艺化的表达方式，邀请张国立等明星嘉宾以“苏州街特邀干事”的身份深度体验园林维护工作，这就是希望通过构建情境，带领观众沉浸式地体会文化之中的匠心之美。例如，在第七期节目中，嘉宾通过“我来比划你来猜”的游戏形式，引出众多工匠的故事，成为引导观众探寻宝云阁的重要线索。在这座尚未开放的全铜建筑内隐秘的角落里，镌刻着40多名工匠的名字，他们都是木匠、凿匠、铸匠等普通工匠，这是当时依规镌刻的名字，代表他们对自己工作职责的担当。在今天我们看到这一恢宏建筑的时候，也应该表达对极致匠心的铭记与致敬。

从历史回归现实，今天颐和园的管理、维护和研究工作仍然得益于履职尽责、辛勤付出的现代工匠们。节目里，明星嘉宾以任务闯关的形式，深度体验湖面清污、园林绿化、灭虫除害、造型插花等日常维护工作，让观众真切了解到文物保护和生态保护工作的不易，以此向创造了五千年中华文明无数璀璨奇迹的工匠精神致敬。

四是解读意境，传承中华文明的意象之美。作为北京卫视“国潮文化”品牌系列栏目，《我在颐和园等你》延续了“以文创赋能文娱，以文娱激活文旅”的创作思路，联手专业设计师在节目中设计开发颐和园主题的文化衍生品，并通过在苏州街——这条颐和园内标志性商业街上以“店铺升级”的方式集中展示，将苏州街打造成为国潮文化的新地标。例如，通过《我在颐和园等你》而产生的文创产品“风送荷香”系列汉服、《幻彩颐和》解谜笔记本套装、颐和福气滚滚食光宝盒、颐和仙境华服系列、颐式感·摩登时代美妆套装等，都充分融合颐和园的文化元素，体现颐和园的独特意境，通过文创产品的方式，为大众提供“颐式生活”的体验，让中华文明的意象之美在日常生活中得以传承延续。《我在颐和园等你》在电商平台开辟文创产品购物专区，同时结合电商直播等融合传播方式，推广文创产品，实现文化与文创的双向赋能、相互促进。

总之，《我在颐和园等你》通过对画境、心境、情境、意境的展示与解读，将中国古典园林的艺术精髓，将北京古都文化的独特魅力，将中华传统文化的深厚内涵，将绿色发展理念的价值内核，集中展示给观众，也自信地传递给世界。中宣部新闻局《新闻阅评》评价《我在颐和园等你》是一档围绕首都“四个中心”功能定位制作播出的、深度宣介历史文化遗产的节目，展示的是北京深厚的历史文脉，彰显的是与时俱进、包容自信的大国首都形象。中央纪委国家监委网站刊文：“《我在颐和园等你》看的是古迹，更是文化自信。”《光明日报》评价节目：“用综艺的表现形式对颐和园的秀丽风景和厚重文化进行展现和探究。”

（北京广播电视台）

北京广播电视台《垃圾分类 我们在行动》新闻报道效果好

为配合2020年5月1日新版《北京市生活垃圾管理条例》正式实施，北京广播电视台与北京市城市管理委员会联合策划推出的大型主题新闻报道《垃圾分类 我们在行动》于5月22日在北京卫视、新闻频道《北京您早》《特别关注》等重点新闻栏目中开播，至2020年年底，累计完成报道62篇。

一、建立联动机制，推进垃圾分类宣传报道

为开展《垃圾分类 我们在行动》新闻报道，北京广播电视台与北京市城市管理委宣传处、北京市城管执法局宣传处建立24小时联动工作机制，确保第一时间获取全市垃圾分类工作的实施步骤，并根据各区工作亮点难点确定选题方向，联合策划，动态部署报道计划并报送审片。市政府副秘书长韩耕、市城市管理委副主任张岩亲自主持审片会，把关每一期节目，并指导节目组分批次规划选题，突出宣传重点。

2020年6月，北京“新发地”新冠肺炎疫情暴发，报道团队重点组织拍摄《打好疫情防控、垃圾分类“组合拳”》等体现垃圾分类与疫情防控“两手抓”的新闻报道。7月—8月，根据市政府有关领导提出的“以问题为导向，提升舆论监督效能”的要求，提升曝光类选题比例。9月，针对蔡奇书记在十六区垃圾分类工作现场推进会上的重要批示，围绕重点关键字，着重落实有关“源头减量、社区动员、责任强化”等相关选题的拍摄，同时为配合指挥部“桶站设置达标时限”推出一系列相关选题。11月，围绕“新规”落地半年报，客观审视报道北京市垃圾分类实施半年来所取得的成效以及尚且存在的问题，展示全市垃圾分类“新规”实施落地的阶段性成果。

二、丰富报道选题，深耕细作强化宣传效果

《垃圾分类 我们在行动》依照不同选题强化前期策划，一题一议配置采编团队，以纪实拍摄为主要手段，多元化、大体量展现社会各个层面落实垃圾分类“新规”而付出的实践与努力，同时以极大的媒体责任感去追踪事实，曝光问题，倒逼整改。62篇报道从三个报道方向实现相关内容的全覆盖。其中，典型经验分享类占比一半，热点话题探讨类和问题曝光促整改类各占四分之一。节目样态则不拘一格，力求以多种形式表现，既有第一现场第一视角跟随城管执法局和检查组现场检查，直接曝光问题，也有新闻主播深入社区，走入街巷，设置观察点位，上岗体验垃圾分类指导员、劝导员等工作，以接地气的带入感普法宣法，更有通过街采，实录居民议事，引入正、反方观点进行交锋讨论，配合专家点评，最终得出真理或结论，解除百姓疑惑，提供解决方案。

三、记者深入采访，以社会视角帮助政府工作

北京广播电视台对《垃圾分类 我们在行动》新闻报道非常重视，选派新闻频道中心一支精锐报道团队负责节目采访制作，并责其将每一次的报道任务作为践行“四力”的生动实践，深入探访，客观报道，并以超出舆论监督的社会视角去发现问题，评价优劣，帮助政府工作。

《垃圾分类 我们在行动》每篇报道至少涉及三到四个不同场景，一个拍摄点位至少拍摄几个小时。例如，拍摄“党建红色旗帜引领垃圾绿色分类”一期，记者四天之内奔赴密云、通州、海淀、朝阳四个区进行拍摄，单日行程超过200公里。为曝光部分物业垃圾混装混运，记者每天清晨追随执法队出动前往突击检查点，而为偷拍某第三方垃圾清运公司以批发而来的烂蔬菜冲抵厨余垃圾量的劣行，记者更是连续数天午夜时分蹲点偷拍，获取实证。为调研社区居民垃圾分类参与度和精准度，记者化身垃圾分类指导员，在小区垃圾桶站值守4小时，亲手参与垃圾分拣，对话社区居民，并进行隐蔽拍摄，全程记录下小区垃圾分类的真实状况。报道基于纪实风格，实拍中大多采用移动跟拍和现场同期声收录，前期拍摄素材与后期剪辑的片比远超普通新闻报道，由此才将每一篇报道打造成高品质的新闻作品。

四、利用融媒体平台，打造立体传播矩阵

《垃圾分类 我们在行动》充分利用新媒体平台，在“北京时间”“学习强国”等播出垃圾分类宣传报道，单期平均播放量超2.5万次，总播放量超过2000万次，同期还向《北京新闻》《特别关注》《首都经济报道》等北京广播电视台重点新闻栏目新媒体客户端及北京市城市管理委官方微信公众号推送精选短视频及图文贴，在微博、头条、抖音等账号发布相关内容，新媒体稿件阅读总量破千万次，最大程度扩展垃圾分类主题宣传的覆盖面，形成融媒体传播矩阵，将垃圾分类这一“关键小事”推向全媒体舆情链的高点。

（北京广播电视台）

《京城美食地图》引导消费新体验

为进一步贯彻落实市委市政府有关“繁荣夜间经济，促进消费增长”的指导意见，自2020年10月起，北京广播电视台全新亮相的《京城美食地图》和大家见面。在30分钟的节目时间中，栏目组发布第一手的京城美食新鲜资讯和优惠信息，带领观众探寻美食背后的秘密，寻找安慰味蕾的“秘方良药”。通过多种形式助推生活消费业态升级，给观众带来一场升级的“美味盛宴”。

该栏目具有鲜明的三大特色：

特色一：寻味北京，不止有饭香。饮食，不仅是人民对于美好生活的向往，更是文化的载体，展现着一座城市的传统、创新和包容，蕴含着北京作为国际之都、文化之都、科技之都的生生气韵与日新月异的发展。为了展现北京独特的美食文化特色，《京城美食地图》的“美食侦探们”围绕北京景点、文化地标、商业街等，搜罗特色美食，既探寻京味儿小店，也驻足国际酒店，为观众们介绍最优惠的食旅线路、最流行的美食和最in的消费体验。“美食侦探”深入后厨，走进田间地头，通过主持人的视角，透过新老食客的讲述，结合大厨们的绝活手艺，讲述新时代京城美食的传承性、时代性和交互性。观众们说，《京城美食地图》贯穿古今中西，拍摄到的不光是美食美器，更是潮流风向标，跟着这样的节目去“拔草”餐厅，一不留神就能吃一个肚儿歪！

特色二：升级多维板块促消费。美食是一座城市的鲜活产业，对进一步拉动内需、提振消费信心、拉动经济增长有着积极的促进作用。为进一步推动美食相关的业态产业经济复兴，激发市民新消费需求，促进美食市场的回暖和消费回升，栏目组整合餐饮行业的优质资源，结合全市促消费文旅活动，采取“送福利”“秒杀”“打折优惠券”等方式，营造出“福利全城享、全民来互动”的热烈氛围。其中，“头条惊爆价”，为观众搜罗五折以下的优惠美食；“萧一刀砍价时间”，为观众带来3至7折的超低折扣；i生活商城App，让观众不仅一元就能秒杀一道菜，也对实体店的流量转化效果显著；助农在行动，探寻原产好物，探访北京的美丽乡村、京郊民宿等，助力京郊品牌打造。多种板块的推出，形成点状信息呈现，让观众可从电视端和移动端多个渠道获取信息，感受“美味看得到，实惠吃得到，休闲享得到”的多重体验，餐厅和商家们也收获了营业额的大幅度提升。可以说，《京城美食地图》对于拉动京城国庆假期的经济消费起到有效的促进作用。

特色三：融媒体矩阵，拉动餐饮市场。《京城美食地图》充分借助自身微信、微博平台的百万粉丝受众，既独立发展，又与电视大屏端互为补充，形成融媒矩阵。在栏目微信公众号开设“美食点亮夜京城”分栏，利用瀑布流的形式向用户推送优质餐厅，对受众形成长效吸引，加大消费时间与消费空间的双维拓展。节目中，主持人还到店“种草”那些优质并且可以营业至凌晨的餐厅，向观众推荐“深夜食堂”的特色美食和优惠信息，为观众夜间出行消费提供参考，并利用网络直播平台探访商圈，形成话题讨论，培育全民消费的新话题、打造新潮流、宣推新热点。通过一系列的融媒体活动，点燃全民热情，邀约美食行动，对餐饮市场消费进行有效拉动。

《京城美食地图》栏目还策划推出线下美食评比活动，通过网络端和电视端的直播，打造“融媒互动＋体验”的模式，实现价值用户的沉淀与消费的升级带动。此外，栏目组还推出“最爱北京味儿”、探寻“打折我最大”的特色商圈、“夜餐厅福利时刻”等内容，展现北京特色美食文化，激发用户消费热情，切实推动美食经济的增长。

（北京广播电视台　李威）

童心守护梦想 关爱凝聚力量

——卡酷少儿卫视“六一”节目有特色

2020年“六一”期间，北京广播电视台卡酷少儿卫视立足自身定位，充分发挥频道特色，围绕“童心守护梦想——卡酷伴你过六一”的主题，以“守护”为关键词，推出抗疫主题原创儿童舞台剧和多档特别节目，通过新媒体短视频、抖音直播和线下活动等融媒体传播，为少儿观众献上优质的儿童节文化大餐和视听盛宴，营造浓厚的节日氛围。

一、回顾光辉历史，厚植爱国情怀

“六一”期间，卡酷少儿卫视于每周三晚播出《穿越吧少年》特别节目“红色穿越之旅”，以主人公“小强”从历史课穿越到解放战争时期为主要线索，以辽沈战役纪念馆、淮海战役纪念馆、平津战役纪念馆、香山革命纪念馆的历史文物和革命故事为核心内容，以三个感人故事展开叙述，生动展现革命先驱为建立新中国，无私奉献、不畏牺牲的英雄气概和伟大精神。节目站位高远，主题鲜明，以艺术化的手段和观众喜闻乐见的方式对青少年进行寓教于乐的爱国主义教育。

为了提升青少年对厚重的红色主题的观看兴趣和接受度，卡酷少儿卫视采用“革命纪念馆实景拍摄＋动画演示＋情景剧”的节目形式，立足青少年视角，用“卡酷主持人演绎的动漫情景剧情＋动画小片解说”的形式普及历史知识，突破内容的时空限制和地域限制，生动再现历史场景，视觉化、场景化呈现内容，力求表达更加生动鲜活，知识讲解更加通俗易懂，降低接受门槛，提高传播效率，打动核心受众，丰富视听体验，以形式创新及制作精良来彰显节目的思想精深。

二、创新表达方式，传递非凡力量

2020年，新冠肺炎疫情成为中国乃至世界关注的焦点。卡酷少儿卫视始终坚持从孩子的视角出发，讲述宏大主题，于6月1日特别推出自主策划、编演、拍摄的全国首部抗疫主题原创儿童舞台剧《非凡守护》，以“真人＋人偶、现实＋梦境、写实＋童话”的独特表达方式，将抗疫过程中温暖动人的点滴瞬间和众志成城的团结精神融入故事中，致敬疫情逆行者，彰显民族凝聚力，让孩子们于娱乐中加深对这段不平凡的抗疫经历的理解，引导青少年树立积极向上的价值观和人生观，激发儿童家国情怀，坚定理想信念，树牢制度自信和文化自信，增强对民族和国家的认同感。

《非凡守护》原创儿童舞台剧充分贴合

儿童的审美取向，根据儿童的认知理解能力水平，从小朋友的视角切入，重构“现实”与“童话”的双重空间。角色设置上，“卡酷主持人＋卡酷 IP+ 原创角色＋知名动画 IP”的“真人＋人偶”混搭组合，既能快速拉近与儿童之间的心理距离，又能使舞台呈现和故事表达更加立体化；表达形式上，舞台剧、歌舞剧等戏剧形式的混搭使得剧情节奏张弛有度、高潮迭起，充分吸引观众的注意力；场景展现上，与剧场演出相比，动画特效、视频资料等电视端的视觉内容更烘托渲染现场的气氛，带给观众身临其境的沉浸感，帮助孩子们更快地融入剧情、更深刻地感受作品传递出的真挚情感和动人力量。

三、线上线下联动，打通传播空间

“六一”期间，卡酷少儿卫视精心编排，在黄金时段的《卡小酷剧场》和白天时段的《派派牛剧场》播出频道原创的全国首部冬奥题材定格动画《冰雪冬奥村》和全国首部运河文化主题动画《大运河奇缘》等精品动画作品，贯彻“守护”的活动理念，用兼具审美属性与教育功能的优质动画作品陪伴儿童欢度六一，守护儿童健康成长，彰显主流媒体的责任与担当。利用丰富的媒体资源优势，积极应对媒体融合下的全媒体发展态势，精心布局微博、微信、抖音等新媒体平台，推出“测一测你的守护值”互动 H5 等一系列兼具内容厚度与互动深度的融媒体产品。

除呈现优秀的线上视听作品外，卡酷少儿卫视积极拓展传播边界，不断尝试开展多样的线下活动，构建多维传播空间，提升自身服务价值。围绕立德树人的根本任务，频道联合北京建外街道组织“垃圾分分类，地球不受罪——小手拉大手”垃圾分类主题活动，在趣味问答和游戏互动中普及垃圾分类知识，培养孩子们养成勤俭节约、爱护环境的生活习惯，树立垃圾分类、绿色文明的生活理念，引导儿童从身边小事做起，从一点一滴做起，培养儿童好思想、好品行、好习惯。6 月 1 日晚，卡酷的两位主持人彩虹和瘦不了，通过北京广播电视台 96168 服务热线与小观众们实时互动，第一时间交流观看舞台剧的心得和感悟，获取观众反馈。这种双向互动的交流方式，不仅有助于盘活北京电视线上互动平台、加强与观众的沟通交流，更有利于提升品牌的亲和力和贴近性。

卡酷少儿卫视坚持故事创新、形式更新、制作精心、编排用心，用展现非凡精神与非凡力量的原创儿童舞台剧、弘扬爱国主义与奋斗精神的红色经典特别节目、彰显媒体传播能力与协调能力的融媒互动产品和多元线下活动关爱儿童成长，守护童心梦想，以“大屏＋小屏”“线上＋线下”的立体互动传播方式，汇聚关爱力量，陪伴儿童欢度“六一”。

（北京广播电视台）

把《交通新闻热线》办成政府联系群众的桥梁

《交通新闻热线》栏目于 2003 年开办，每周一到周五早上 7 点 20 分在北京广播电视台交通广播（FM103.9）播出，每期约 10 分钟。作为一档传统广播媒体的民生调查类栏目，《交通新闻热线》栏目始终坚持听民声、解民忧，坚持记者深入现场调查、客观平衡报道，坚持与政府部门建立沟通机制和督办机制，力促问题能得到及时有效的解决。同时，栏目致力于推进媒体融合报道，采用新媒体传播手段，扩大主流媒体公信力和影响力，逐步把栏目办成一个汇聚社情民意的平台、一座沟通政府决策和百姓需求的桥梁、一条联系党群关系的纽带。

一、始终把帮助听众解决难题作为第一要务，发扬一追到底的作风，力求让每一个问题都得到妥善解决

听众提出问题，记者前往现场调查，再逐个找政府部门或相关单位，探寻解决问题的方法，这是《交通新闻热线》栏目的一贯做法。2020 年，听众通过交通新闻热线电话 65150808、北京 12345 市民热线、微博和微信等渠道，反映各类问题 5000 多个，内容涉及交通交管、公交地铁、民航铁路、市政环保、旅游园林、汽车消费、快递物流等多个领域。编辑记者从中挑选出具有代表性的问题 300 多个，经过记者现场调查和采访，制作成录音报道在《交通新闻热线》栏目中播出，超过 9 成的问题都得到了解决。有些暂时无法解决的问题，也都通过采访相关部门或者业内专家等方式，分析无法解决的原因，指出今后解决的出路。

《交通新闻热线》栏目秉承“选题紧扣民生热点，调查务求客观详尽”的栏目宗旨，要求记者深入现场调查，客观平衡报道，发扬一追到底的作风，经常对一个问题或事件持续追踪几个月甚至一两年，多个老大难问题在热线记者的持续追问和不懈努力下最终得以解决。比如，2020 年 7 月 14 日，《交通新闻热线》栏目播出《上个厕所罚 200 元，厕所周边停车难司机如厕怎么办？》的调查报道，说的是出租车司机张师傅拨打交通新闻热线 65150808 反映，在海淀区蓝靛厂南路的一处公厕附近，打着双闪停车 3 分多钟去上厕所，结果出来发现车被贴条了，得交 200 元罚款。据不完全统计，北京共有出租车司机近 8 万人，而出租车专用停车位只有 1600 多个，这其中，靠近厕所的车位更是少之又少。那么如何解决出租车司机如厕停车难的问题呢？记者实地体验采访多个点位，了解多年来司机如厕停车难的困境。微信公众号“1039 调查团”同步推送了《停车如厕 3 分钟罚款 200 元？的哥：我太难了！》。这篇报道一经推出，不仅引发了北京出租车司机的共鸣，也受到众多私家车车主的关注，更是引起北京市交通管理部门的高度重视。有关部门仅用一周时间就推出相关措施，在城区公厕周边增设路侧限时停车区。

二、充分发挥桥梁和纽带作用，促进政府和市民之间的沟通和交流，建立信息共享平台和问题督办机制

听众反映的绝大多数问题，都需要相关政府部门去解决。记者在热线调查采访、与相关部门不断沟通协调、寻求解决办法的过程中，一方面反映市民的呼声，另一方面也让政府部门了解百姓的实际需求，促进政府部门和市民之间的沟通。《交通新闻热线》播出的每一条报道，既关心老百姓的冷暖，又展现政府部门的努力，使这档栏目成为政府和市民之间有效沟通的桥梁与纽带。因此，《交通新闻热线》不光赢得听众的信赖，也引起政府的重视，与相关部门搭建信息共享平台，并建立问题督办解决机制。

依托政府资源搭建信息共享平台，拓展线索来源。2017 年 11 月，《交通新闻热线》栏目和北京 12345 市民热线合作，共同搭建一个热线线索共享平台，并推出合办节目“12345，我们在行动”，旨在更好地倾听市民在交通出行中的诉求，推动解决交通和民生领域的难点问题。2020 年共收到北京 12345 市民热线线索 3500 多个，采纳并

调查 203 个，9 成以上问题得到相关部门的回复。

纳入北京市委督查室监管，设“台账”推动问题解决。从 2018 年 11 月起，北京市委督查室将《交通新闻热线》栏目报道的问题纳入督办机制，以台账的形式责成各区和委办局处理，处理结果再反馈回栏目组，持续进行后续报道。问题办理后，记者再次到现场回访，调查解决措施的实际效果以及百姓的真实反馈。2020 年，栏目组共收到市委督查室反馈意见 39 篇，在栏目开设的“热线回声”板块集中播出回访报道。通过督办机制，《交通新闻热线》栏目报道问题的解决效率大幅提升，取得良好的社会效果。

三、从社会关注的热点问题出发，加强策划，力求创新，着力提高节目质量

对本市和国内外发生的热点事件做出及时反应，加强策划，从百姓的视角去思考深层次的问题，探讨解决之道，一直是《交通新闻热线》栏目的主要着力点。如新版《北京市生活垃圾管理条例》2020 年 5 月 1 日起实行，实施一周后，北京生活垃圾分类工作落实得如何？社区垃圾分类的桶站是否配备到位？居民参与度如何？公园、景区和交通场站谁来进行垃圾分类？餐饮经营者、外卖员和旅馆酒店是否不再主动向消费者提供一次性筷子等餐具和洗漱用品呢？多路热线记者前往居民小区、公园景区、交通场站、餐馆饭店和快递企业进行体验式采访，调查垃圾分类条例实施过程中存在的问题和难点。5 月 11 日至 14 日播出 4 期“北京垃圾分类调查”系列报道。针对采访中发现的问题，采访相关部门、专家，为更好地实施垃圾分类出谋划策。

四、积极创新，利用新媒体二次传播，扩大节目影响力

互联网传播呈现出移动化、社交化、视频化的发展态势，新闻传播在内容、渠道、受众等方面都发生深刻变化。2018 年 5 月 14 日，《交通新闻热线》栏目的微信公众号“1039 调查团”正式上线，推送的内容以当天播出的热线节目为主体，采用有利于新媒体传播的版式和语态进行制作编辑。最大的特点是，以 2 分钟短视频切入新闻现场，视频内容以记者出镜、现场画面、调查采访为主，让用户直观感受新闻现场的实况。

此外，对记者采制的音频、视频和图片进行有效组合，以调查现场、调查成果、调查手记三个板块，清晰展现热线调查的全过程，为扩大热线节目的影响力推波助澜。2020 年微信公众号“1039 调查团”共发布 332 篇文章，总阅读量超过 27.5 万次。2020 年 7 月，“1039 调查团”开设头条号、企鹅号和快手号等新媒体平台。截至 2020 年 12 月，全平台粉丝量已超过 4 万人。热线调查报道的短视频在“1039 调查团”快手账号发布 167 个，总播放量高达 2399.5 万次，点赞量 23.3 万次；“1039 调查团”头条账号发文 183 篇，阅读量达到 192.1 万次。

（北京广播电视台）

北京广播电视台卫视频道中心《向前一步》栏目实现五大创新

北京卫视推出的《向前一步》是全国首档市民与公共领域对话节目，曾荣获2018年国家广电总局全国创新创优节目奖，《向前一步——八米阳光》节目还荣获第二十九届中国新闻奖一等奖。2020年，《向前一步》继续与北京市发改委合作，直面个体与公共领域的观点分歧，通过营造由普通百姓、政府人员、专家学者共同组成的“对话场”来化解难题，发挥解读公共政策、普及公共价值、构建公共情感、建立公德意识的积极作用，为创新基层治理工作搭建“试验田”和“样板间”。截至2020年11月22日，《向前一步》共完成48期节目，内容涵盖城市更新保护、生态环保、公共交通、社区共治、居民自治、文明行为养成等与居民切身利益直接相关的内容。其中，涉及拆迁、腾退、棚改的选题8期，老旧小区改造及物业的选题13期，拆违选题3期，垃圾分类和文明建设的选题6期。此外，节目还涉及公共交通如地铁13号线的建设、背街小巷治理、集体土地承包、生态环境改善、老年驿站等选题。

《向前一步》是一次发端于顶层设计、落实在百姓身边的创新尝试，是推动城市治理、加强和社会战略沟通的重要抓手。据统计，节目共推动103条街巷完成整治，让773处违法建筑得以拆除，推动1600多名棚改项目居民完成签约，帮助1525人乘坐上崭新的电梯，为4000户居民解决了停车难题，让近20万户居民的物业难题有了实质性解决的希望，直接受益者超过50万人。2020年《向前一步》从五个方面进行创新：

一是构建大宣传格局，发挥媒体参与社会治理的主体作用。《向前一步》作为媒体参与社会治理，发挥主体作用，做到“三个统筹”。即：机制统筹，市委宣传部统筹谋划，明确节目定位和宣传重点，研判选题舆情风险，每一集均由主要领导亲自审片把关，提出修改建议，组织业务研讨会提升栏目整体制作水平；各区各部门围绕重点工作，点面结合做好线索支撑；《向前一步》团队包区分片，长期跟踪挖掘线索，展现了极强的专业能力和攻坚精神。视角统筹，每期节目都要兼顾首都视角、公共视角、百姓视角；从百姓最关心、最揪心、最烦心的“身边小事”入手，探讨个体与群体、个人利益与公共利益、个体诉求与公共政策之间辩证统一的关系。内容统筹，“螺蛳壳里做道场”，围绕总规落实、减量提质，通过个案矛盾，多维度展示经济发展、城市基层社会治理等内容。

二是破除“二元”对立，构建多元互动，开创电视舆论监督类节目全新样态。以往，城市遇到治理难题，使得城市的管理者与普通百姓之间形成“二元”对立。节目的突破在于两点：首先，《向前一步》成为多元对话的参与者、组织者、实践者，三者有机结合。节目组与市政务服务局12345建立日常对接机制，直面城市难点、痛点。节目组织由普通百姓、城市管理者、专家学者等多方参与的“对话场”，形成“发现问题、研判问题、解决问题、回看问题”的一套问题办理机制。

《向前一步》的录制现场也是“各部门报到”的实践现场，参与制作的节目人也是对话的积极参与者、实践者，直面百姓诉求，直接听取居民意见，详细解答政策疑问。其次，将曝光问题与解决问题、从旁监督到直接服务相结合。《向前一步》并不是将问题推给政府，而是主动研究问题寻找破题之策，想方设法集合多方力量，化解矛盾解决问题。形成媒体全程参与、理性监督、充分调解、落实到位的全流程链条，让观众感受到这种监督是实事求是、令人信服的。比如，石景山区鲁谷街道两个小区的居民，为了一条“四米路”的归属问题15年来争执不休。接到市民热线线索后，《向前一步》记者历时一年，前后50余次前往两个小区调查研究，从“羽绒服”走到了“短袖汗衫”。在节目现场通过与相关各方连续11个小时的调解，澄清了误解，弥合了裂痕，让这个困扰双方15年的“老大难”问题得以解决。再如，2020年，栏目组接到某社区投诉物业和业委会的电话超过30次，原因是几部年久失修的电梯一直没有得到修理和更换，业主、物业、业委会三方互不信任，长年积怨，导致问题迟迟得不到解决。《向前一步》聚集三方代表进行10个小时的调解，使问题终于得到解决。

三是创造“云录制”技术，构建社会治理融媒体平台。新冠肺炎疫情的暴发，为《向前一步》节目的录制增加新的难度。但《向前一步》的脚步不能停，为继续办好节目，《向前一步》节目组大胆启用“云视频会议”技术公司，搭建全新录制平台——云录制。原有的云视频会议只能让与会人员依次交流，显然不符合《向前一步》的讨论氛围。节目组与技术公司多次沟通、讨论，一点点排除障碍和难题，在一个星期内就解决了嘉宾和当事人随时交流的问题。录制当天，除了演播室内的录制，节目组分出数个小组，分别与云端12路居民进行一对一的远程沟通和设备调试，全程指导并保证嘉宾的顺利录制。通过“云录制”，《向前一步》在节目中直面蔬菜价格、快递取件难、返京人群复工等问题，再一次让断了线的沟通重新建立起来，让广大电视观众关心的民生事能够继续在《向前一步》的对话平台上充分展现出来。

四是重构社会信任，精准施策治理创新。《向前一步》在解读主体上，将权威解读与“第三方”解读相结合，重构社会信任。为了准确传递政府的政策意图，节目组一方面邀请政策的制定者来到现场，介绍政策制定的背景和依据，对有关条文进行释义，增强解读权威性，一方面借助专家团的力量，结合每期主题，邀请不同专家，从旁观者的角度对争议内容进行解读，增强政策的可信性、透明性。在解读方式上，将政策性、专业性、实用性融为一体，以案说法、以案读策，发挥电视媒体优势，借助实景展现、动画展现等方式，让政策信息更加通俗易懂，多个维度进行剖析，提高政策法规的“能见度”。

2020年，《向前一步》在面临深水破冰、多项任务需要“拔钉子”的现实面前，发挥媒体优势，精准施策，重构社会信任。比如，在东城区望坛棚改项目中，有一处面积最大的住宅，因父亲与两个儿子拆迁房分配不均，导致拆迁进度停滞。栏目组记者50余次登门拜访、现场录制10余个小时、后续跟进长达半年之久，最终，爷仨达成和解，既解决了家事，也推动了国事。在西城区宣西北简易楼腾退项目中，一家三兄弟因分配问题僵持5年，项目启动之时老母亲还在世，直到母亲去世前，三兄弟仍旧互不相让，母亲含泪而去。栏目记者前期反复与三兄弟沟通，最终说服他们来到现场化解纷争，通过9个小时录制，最终三兄弟握手言和，现场签约，让该腾退项目实现清零。

五是以“人民为中心”，构建社会价值认同。“以人民为中心”，既要“替百姓办事”，也要“为政府说话”。当面临具体利益分歧，无法达成一致时，需要的不是用一方诉求战胜另一方，而是创造超越具体价值的语境，让参与各方都能在更高维度产生连接，形成信任与依赖，实现价值契合，达成社会价值认同。

节目聚焦基层实际工作，展示城市治理的多个切面。重点突出“红、难、暖”，红，就是党建引领，每个参与录制的基层党员都佩戴党徽；难，就是用镜头展现基层治理任务之繁、矛盾之坚；暖，就是凸显工作的温度，把基层工作者还原为“普通人”“身边人”。市委书记蔡奇曾评价《向前一步》：“节目反映了基层干部的工作情怀、韧劲和辛苦，架起了市民群众与公共政策之间沟通的桥梁，促进了城市管理者与普通百姓的平等对话与沟通。”节目播出后，很多基层工作者成为北京市民耳熟能详的“社区网红”，比如面向居民五鞠躬的朱科长、跟居民代表互敬军礼的高主任、被冤枉算错账的小赵、没空陪高三女儿过暑假的北新桥冯书记、在现场泣不成声的蒙古族汉子颉主任……他们的故事，彰显政策执行“一把尺子量到底”的刚性，体现政府“为人民服务”的情怀。

（北京广播电视台）

北京广播电视台《聚力同心抗疫情》讲好首都抗疫故事 凝聚团结战疫力量

2020年6月，北京广播电视台新闻广播与北京市委统战部联合推出《聚力同心抗疫情》特别专题节目，由北京新闻广播记者、主持人采访为抗击新冠疫情做出突出贡献的10位统战人士，讲述他们在各自专业领域抗击疫情奋战的经历和故事。专题节目优化编排，形成人物专题和人物访谈两个节目系列，分别在北京新闻广播《主播在线》和北京交通广播《行走天下》播出。

一、选取典型人物，讲好首都统战领域抗疫故事

《聚力同心抗疫情》特别节目选取的典型人物，既有抗疫一线舍生忘死的医护工作者，也有在北京社区做基层防疫工作的台湾有志青年，还有募集善款筹集防疫物资的香港企业家，以及积极配合医院处理医疗废弃物的工厂负责人。系列节目关注首都统一战线各行各业的抗击疫情优秀事迹，讲好首都统战领域抗疫故事，人物刻画立体传神，访谈深入，直击人心。6月17日，北京新闻广播《主播在线》在专题报道中聚焦北京市政协委员、中国侨联常委、中国华侨公益基金会副会长王琳达，以主人公第一人称自述和第三人称他述相结合的叙事视角，展现她在首都疫情防控中做好居民疫情防控，发起公益行动并向国内外捐赠抗疫物资的积极作为。报道讲述细致入微，开篇以播放新闻媒体报道的形式说明防疫背景，构思新颖巧妙。节目主旨突出，弘扬爱国主义精神和为民服务精神，传递社会正能量。同时，专题节目讲述细致，还原抗疫实景，回应社会关切。6月18日，《主播在线》播出的人物专题节目饱受争议，感染新冠病毒的国家专家组成员王广发，通过新闻广播首次发声，纠正部分媒体误读他曾说过新冠病毒“可防可控”的话，以正视听。

二、深化微观叙事，引起受众情感共鸣

特别专题报道《聚力同心抗疫情》特别节目采取微观叙事方式，凸显抗疫细节，贴近人民群众，增加节目内容的情感含量，引起受众情感共鸣。6月16日，北京新闻广播《主播在线》关注首都医务工作者群体，从微观视角讲述北京大学第一医院综合外科护士长王玉英参与援鄂抗疫的经历，细致生动。节目凸显平凡中的伟大，还原北京医务工作者在武汉的真实场景，扣人心弦，发挥共产党员的先锋模范带头作用，展现北京援鄂医疗队慷慨赴鄂、坚毅持守的英雄精神以及科学组织、科学施救并战胜疫情的专业能力，向首都医护人员致敬，具有极强的感染力。6月10日，北京交通广播《行走天下》聚焦抗击过2003年非典疫情的首都医科大学附属北京朝阳医院急诊科副主任唐子人，解析抗击疫情初期的危与机，传递温暖和力量，感人至深。

三、制作精良音响生动，彰显示范引领作用

《聚力同心抗疫情》特别节目制作精良，音响生动，收录大量来自受访者工作场景的现场录音，配合内容渲染气氛，以声动人，更增强广播作品的纪实性，给受众呈现出一种真实自然的听觉体验，有助于拉近与受众之间的距离。同时，每期节目在结尾处播出歌曲，鼓励公众坚定信念，携手抗击疫情，提振全社会的战疫信心，振奋人心。此外，系列专题节目彰显首都示范引领作用，让“北京模式”“北京速度”“北京经验”得到淋漓尽致的体现，社会意义显著。6月17日，北京交通广播《行走天下》聚焦北京润泰环保科技公司总经理曾建华的先进抗疫事迹，将着眼点落在医疗废物的处理上，科普医疗常识，增进受众对医废管控的认知和了解。节目通过展现他和工人们一起守护住防疫的最后一道防线，向在北京群防群控、联防联控工作一线奋战的各行业劳动者致敬，彰显首都防疫工作的示范效应，寓意深刻。

四、创新编排方式，打造融媒体传播矩阵

为了提升《聚力同心抗疫情》特别节目的传播效果，记者编辑积极创新编排，采用一次采集、多次生成、多元传播的制作模式，将北京新闻广播采访后的素材再进行深加工，音频素材制作为8分钟短版人物故事和20分钟长版人物访谈，分别在新闻广播《主播在线》和交通广播《行走天下》节目中播出。同时，北京新闻广播为每个人物制作30秒~1分钟的节目导听片花，在新闻广播、交通广播滚动播出，每天播出3~4次，充分预热，吸引受众关注收听。此外，北京广播电视台打造融媒传播矩阵，在PC端和移动端开展宣传推广，扩大传播范围，提高节目热度。其中，图文、音频、视频素材一方面随广播节目播出的同时在微信微博推送，另一方面由网络媒体中心抓取适宜网络传播的点，精剪为短视频，在视频平台推送。北京广播网和“听听FM”均建立“聚力同心抗疫情”小专题，“听听FM”在首页焦点图重点推荐，集纳节目，充分实现优质内容的整合，提高受众对节目的关注度，台网联动，同频共振，融媒体传播效果突出。

（作者：辛悦顿　摘自《北京广播影视决策参考》）

重温光辉记忆 弘扬密云水库精神

2020年9月1日，密云水库将迎来建成60周年纪念日。60年前，京津冀20万劳动者在燕山脚下，付出无比艰辛的劳动，书写无数感人事迹。1960年9月1日，密云水库建成，实现了“一年拦洪两年建成”的水利建设奇迹。为展示在水库建设、移民、保水、富民等方面典型人物事迹，进一步传承和弘扬密云水库精神，从2020年7月31日起，密云电视台、宜居密云微信公众号同步推出纪念密云水库建成60周年特别栏目《足迹》。该片采访多位水库建设者、水库移民、保水人等相关人员，展示大量珍贵的历史影视资料，追忆那段光辉历史，展示保水和发展成绩，同时立足当下，深入挖掘、准确阐释密云水库精神的深刻内涵和时代价值。

一、历史为脉，记录60年前的时代画卷

《足迹》邀请亲历者从水库建设、移民、保水、富民等方面追忆60年前的光辉历史，展示保水和发展成绩。节目组对具有年代质感的老照片进行动态化效果处理，潜心挖掘历史影像、文献档案，配合亲历者的口述、专家学者的解读以及克制内敛的解说，从不同角度展现密云水库建设、移民、保水、富民的全过程，具有历史呈现的专业性和文献价值。融史、融情的叙述风格，既让观众感受到历史的风韵，也传递出浓郁的时代气息，脍炙人口。《足迹》带着观众翻阅尘封的历史档案，聆听扣人心弦的建设故事，共同感受那段难忘的峥嵘岁月。

二、人物为线，回顾水库建设峥嵘岁月

密云水库修建成功离不开京津冀20万劳动者的辛苦付出。《足迹》对水库建设者、移民调查员等相关人员进行大量采访，通过一个个人物故事、一个个细节打动人心。修建密云水库的“英雄十姐妹”事迹曾经在20世纪50年代末被广为流传，激励数以万计的人民投身于火热的社会主义建设事业。“十姐妹突击队”队长王建华回忆往事说：“有一次我记得很清楚，我们在一个很冷的晚上干活，干着干着突然就结冰了，我一不小心脚一滑，掉进水里。绒衣外边套一个裤子，干活的时候不觉得冷。那时候我梳得是两条大辫子，结果两条辫子冻成冰棍。”移民调查员王敬魁说：“移民搬家的时候，搬家那个地方暂时没有水，所以就有人往回跑。没有房子怎么办？就在坝坎儿挖一个洞，弄点棒秧搁里头。冬天不用说冷不冷了，这都可想而知，到夏天那个坝坎儿往下流水，就这样还是坚持刨点石边地，想吃一顿饱饭。”《足迹》用鲜活生动的人物故事推动全片叙事，以小见大，呼应时代，通过他们的故事折射出在如此艰苦的环境下，密云水库能实现“一年拦洪、两年建成”的奇迹，靠的是人民群众顽强拼搏、无私奉献的精神，而这种精神在60年间一代代传承，并发扬光大。

三、精神为魂，弘扬密云水库精神

密云水库精神作为一座精神宝藏，在60年的传承发展中，不断迸发新能量。原密云区党史办副主任林振洪说：“修建水库条件非常艰苦，是现在这些年轻人不能想象的。每个民工一天要工作12个小时，冬季施工，民工就站在带有冰碴的水里面操作，其中还有很多女民工。比较突出的有一个‘九兄弟

突击队'，他们确实是创造了奇迹，在12小时里，推了大概五六百斤重的石块装土车，往返大坝和运土的地方100次，行程70公里。淮海战役的胜利是山东人民和苏北解放区的人民用小车推出来的。密云水库的建成，何尝不是京津冀地区的人民群众用小车推出来的。”不仅水库建设者做出巨大贡献，库区儿女也为修建水库挥别家园，重垒炉灶。40年间密云人民共经历三次大规模移民，累计移民近7万人，虽历经波折，但体现了密云人民舍小家、顾大家、无私奉献、自力更生的精神。现如今，密云人民为保护首都这盆净水，主动关停水库周边污染企业，并探索出一条新的生态富民之路。《足迹》不仅深刻阐释了密云人民顽强拼搏、无私奉献、自力更生的水库建设精神，还记录了密云人民深度践行“绿水青山就是金山银山”发展理念，保护和建设生态环境的生动实践，以“小体量”触及“大课题”，诠释了绿色发展理念的时代内涵。

（作者：李斌　摘自《北京广播影视决策参考》）

《我的桃花源》助力乡村振兴

由北京广播电视台与北京市文化和旅游局联合打造的大型文旅探访体验节目《我的桃花源》于2020年8月18日正式开播。节目以一起探访北京10个郊区文化旅游品质目的地为主线，直观立体地展示推介京郊10个区域美景，助力乡村振兴发展繁荣。

一、探访乡村人与自然，打造京郊文旅样板

在北京卫视《我的桃花源》中，看到的京郊旅游不再是走马观花的拍照打卡，而是新潮有趣的深度体验，从学习非遗剪纸，到制作妫川毛猴，从走访“民间故宫”爨底下村，到挖掘北京猿人头骨化石……10位区域推介官以客人的身份和观众的视角访问古朴村落，在这里游山玩水、采笋烧饭、触摸历史、感受自然，在群山间夕阳下享受晚餐，在夜幕降临后聊天畅谈，京郊文旅途中的自然、人文、历史、美食和现代化游乐一一呈现在观众眼前。

《我的桃花源》单期节目时长近40分钟，观众观看完成度过半，忠实度高达57.849%，足以证明观众对新型文旅体验类节目的喜爱。此外，每期节目的首尾还会贯穿介绍当地特色民宿，吸引游客走进来、住下去，大大促进旅游消费的提升，让各区走上一条具有首都特色的高质量乡村振兴之路。

二、创新架构重塑画面，风格呈现颇具网感

《我的桃花源》节目制作不同于传统的文旅节目，在风格和内容上采用较多的创新架构，致力于寻求传统文化的现代化、年轻化表达。风格选择上，节目大量使用自拍、航拍、延时、升格等非常规画面，呈现出宣传片、慢综艺与Vlog（视频微博）相融合的风格特色，使全片节奏自由灵动，让大家在更具网感和年轻态的节目气质中了解北京厚重的历史文化和人文民俗。内容取舍上，表现动物、植物、环境、风景的空镜画面占节目总镜头数的一半以上，节目刻意弱化主线叙事，而更多地使用空镜凸显郊外的自然风光、生态美景、古迹村落与高端民宿，加之构图精妙、意境悠长的影视化拍摄手法，使得观众仿佛置身于一部“云导览”的京郊探访纪录片，令人心驰神往。

三、整合调动各项资源，精品路线八方点赞

《我的桃花源》整合调动媒体资源、平台资源、政府推介资源与明星艺人资源，通过直播、短视频、互动投票等方式加强对郊区旅游线路的宣推，号召观众分享“打call”，助力乡村种草带货。《我的桃花源》为各区发起多场专属的网络直播节目，诚邀北京市文旅局领导和各区文旅局局长、明星艺人、带货网红一起种草带货，推介当地极具特色的非遗文创、地域文化、景点民宿、特色美食，打造各区网红品牌，立足扶贫助农增收。

同时，北京广播电视台充分利用融媒体渠道为《我的桃花源》进行宣传推广，除在微博、微信、抖音利用北京广电账号矩阵造势以外，还在自身新媒体平台“听听FM”、北京时间网站开展“十大最美桃花源”评选活动，呼吁观众为心仪的京郊旅游投票点赞，引导网友转发交互海报促成社交裂变。电视节目结合各类线上活动，造就宣传声势，扩大传播效果，为京郊旅游业实力带货，为文旅产业复苏大势赋能。

（作者：赖仕凡　摘自《北京广播影视决策参考》）

儿童视角看脱贫　扶贫故事孩子讲

——卡酷少儿《绿水青山萌游记之童心绘梦》创作体会

2020年11月28日起，北京广播电视台卡酷少儿卫视推出原创少儿节目《绿水青山萌游记之童心绘梦》。节目借助孩子的眼光和口吻观察现实世界、讲述脱贫故事，用鲜明活泼的儿童思维展现当地扶贫政策与脱贫成果，让儿童观众以体验者的身份感受当地生活变迁与文化魅力，寓教于乐，主题深刻，具有良好的教育意义和积极的社会导向作用。

一、创新脱贫叙事方式，以儿童视角聚焦宏大主题

2020年是决胜全面建成小康社会、决战脱贫攻坚之年。北京广播电视台卡酷少儿卫视紧密围绕重大主题主线，推出脱贫攻坚主题少儿节目《绿水青山萌游记之童心绘梦》，以儿童视角见证脱贫成果，以小切口聚焦大主题。节目组深入新疆和田、甘肃临夏、贵州铜仁等扶贫建设前沿阵地，在介绍当地脱贫经验的同时，展示了本土美食、美景和非遗文化风采。例如，2020年11月28日播出的首期节目聚焦北京市的扶贫对口支援城市新疆和田。主持人带领儿童嘉宾深入北京在当地援建的牧场、地毯厂、沙漠新村，逐步探寻当地重点扶贫项目，借援疆技术人员之口介绍当地发展畜牧业、手工业等特色脱贫产业实现脱贫的策略。在趣味游戏中讲述北京与和田的“双城情”，彰显北京对口扶贫模式的示范效应。节目在聚焦脱贫成果的同时还挖掘当地文化内涵与特色，科普和田地毯的悠久历史、精湛工艺与艺术风格，展示民族生活印记与蓬勃色彩，以儿童话语勾勒出决战脱贫攻坚、共创美好生活的鲜活景象。

二、立足儿童感受体验，注重价值引领与文化教育

《绿水青山萌游记之童心绘梦》由主持人以探索式、引导式的方法带领儿童深入体验村民生活，感受当地风土人情，让电视节目更具有代入感、体验感。节目紧扣主题，一方面科普历史文化知识，一方面传递勤劳进取、开拓创新的脱贫攻坚精神，将思想价值引领、文化教育培养融入体验中、置于故事中。

例如，第三期节目中，节目组走进贵州西江千户苗寨，为观众科普苗绣中皱绣、绒绣、辫绣等多种类别，以苗绣为切口反映苗族脱贫实践与生活变迁。同时传递了苗族人勇于探索创新、不怕吃苦的精神理念，潜移默化地影响儿童观众的价值观。在贵州铜仁江口县制茶基地，主持人与嘉宾亲自体验采茶、点茶、磨茶等抹茶食品制作过程，了解茶叶如何成为当地的“脱贫致富叶”。节目服务于儿童的身心成长需要，用寓教于乐的方式让儿童在体验的过程中感受当地生活特色，在游戏的过程中学习知识，了解当地非物质文化遗产内涵，充分发挥少儿节目的教育功能与价值引领作用。

三、丰富多元表达样态，贴近式讲述脱贫故事

《绿水青山萌游记之童心绘梦》以艺术化手段实现对儿童群体的主题主线教育。在叙事角度上，节目以孩童视角聚焦宏大主题，让当地典型脱贫人物讲述脱贫故事，用儿童眼睛见证祖国绿水青山的发展变化。在叙事方式上，用资料片、动画、漫画等丰富手段扩充背景资料，通过成语比拼、知识问答等竞赛、游戏形式普及科学文化知识，让节目趣味性与知识性兼备。在后期制作上，节目延续卡酷少儿系列节目的节目风格，在花字、音效的制作上突出“卡通化”“萌化”特点。节目以孩子们喜闻乐见、易于接受的叙事方式讲述扶贫故事，采取鲜明风格化创作与趣味灵动的表达，契合儿童群体观看兴趣和审美，切实提升观众的视听体验与节目传播效果。

（作者：朱润楠　摘自《北京广播影视决策参考》）

深耕精品内容生产 营造清朗网络空间

——北京区级融媒体移动客户端“首页首屏首条”建设特色鲜明

北京区级融媒体移动客户端深化拓展“首页首屏首条”建设，立足区域发展，坚持导向为魂，在新闻宣传、舆论引导、社会监督、民生服务等层面的主导引领作用进一步凸显，内容生产实现产量和质量的“双双飞跃”，凝心聚力畅通掌上宣传的“最后一公里”。

一、内容为王，唱响“主旋律”

各区融媒体移动客户端牢记主战场、主阵地、主力军的职责使命，努力打造“有声有色有气势”的内容精品，合唱“主旋律”，不断释放新时代首都“指尖”上的正能量。

围绕决胜脱贫攻坚、全面建成小康社会、党的十九届五中全会等重大主题，积极把握主基调，确保主旋律完整落地。如“北京朝阳”App在首页显著位置打造“走向我们的小康生活”专题报道，集中展现朝阳儿女共建美好家园、共享幸福生活的生动实践，持续营造决胜脱贫攻坚、喜迎全面小康的舆论氛围。“北京大兴”App、“尚亦城”App布局党的十九届五中全会、“十四五”规划等头条新闻，以图解形式重构时政热点，通过直观、可视化的解读推动主线宣传更开更广更深入。

面对突如其来的新冠肺炎疫情，“平谷融媒”App与“北京云”App扛起主流媒体责任，以服务于民为宗旨，首屏联动上线“北京新冠肺炎疫情动态”“北京云空中诊室”，权威数据、官方发布、热点关注、健康科普、在线义诊五位一体，凝聚万众一心、坚决战“疫”的强大力量。

二、功能升级，画好“同心圆”

依托资源优势和技术优势，各区融媒体移动客户端积极拓宽平台承载功能，致力建成群众诉求表达的“集散地”、便民惠民的“生活圈”，助推平台从“键对键”深入“心连心”，竞争力、传播力、影响力显著提升。

听民声、解民忧，畅通议事渠道。如“融汇副中心”App坚持以人民为中心，在首屏界面底部导航开通“12345”服务功能，与全市网上“接诉即办”体系数据共享，形成群众诉求的在线提交、回复、回访完整闭环。“北京延庆”App联系群众零距离，服务群众常态化，在首屏界面底部导航开辟多种功能——“民意汇”，有针对性地发起掌上民意问卷调查，“议事厅”集纳百姓对城市发展各方面的意见建议，“创城随手拍”发动群众力量，广泛收集问题，“曝光”线索，强化跟进采访，致力搭建政民互动的“连心桥”。

聚焦需求、整合资源，打造“指尖上的政府”。如“掌上海淀”App以群众需求为导向，将政务服务网提供的众多办事功能嵌入平台，在首屏导航栏打造“网办”专区，逐步实现“一端通办”。同时在首屏导航栏的“便民”板块接入活动抢票、便民地图、创业服务、挂号预约等生活服务功能，有效提升平台亲民性、服务性。

三、内外联动，打造“金名片”

各区融媒体移动客户端既强化融合意识，与国家级媒体联姻，又立足特色，主动作为，深耕原创精品，展现首都各区的蓬勃生机和发展建设的时代图景。借力造船，深度融合。如“北京丰台”App在中小学开学之际，借力中央广播电视总台央广网强势突围，在首页上线“云朗读”公益活动，充分运用5G和云存储技术，采取线上指导、线上参与的方式，邀请央视多位主持人作为专家评委点评、指导作品，以协同联动跃升平台影响力。因地制宜，深耕原创。各区融媒体移动客户端深挖辖区生态、旅游、历史、文化等优势资源，不断创制自有融媒体产品，充分反映首都各区的建设成就、改革实践、发展思考和历史人文风情。如立足密云水库建成六十周年，“宜居密云”App在首屏“头条”专区推出“寻找最美保水人”活动，追忆六十载峥嵘岁月，弘扬“无私奉献、艰苦拼搏”的密云水库精神。“门头沟融媒”App在首页推出《听门头沟人讲门头沟故事》，以短视频为载体，寻访历史故地，细数往昔故事，全方位展现门头沟从“京西一盆火”到“首都生态园”的美丽蝶变，品质与流量兼得。

（作者：郭意飘　摘自《北京广播影视决策参考》）

《生命缘》用纪实力量书写抗疫记忆传递生命启示

北京广播电视台开办的电视专栏《生命缘》，在新冠肺炎疫情暴发后第一时间就派出记者奔赴武汉进行采访，并于2020年3月14日推出《来自武汉的特别报道》，用纪实手法真实记录下抗疫一线的一个个感人瞬间，向生命致敬，传递温情与感动，彰显主流媒体的责任担当和影响力。

一、真实记录抗疫一线，充分满足公众知情权

疫情初期，由于公众对病毒存在诸多未知，社交媒体上各类谣言层出不穷，导致社会恐慌情绪发酵蔓延。《生命缘》记者不畏艰险，深入最为艰险的武汉抗疫隔离病房，用镜头记录下抗疫第一线的生死救援状况，把武汉医院隔离区最真实的情况传达给受众，充分满足公众的知情权。

如第一期节目《驰援》独家曝光国家医疗队ECMO抢救全过程。节目以纪实的手法拍摄了由北京医院重症医学科、呼吸科等多个科室的14名医护人员使用ECMO，经过一夜奋战将一位重症患者抢救成功的全过程。同时节目中还穿插普及关于ECMO的专业知识，用动画演示ECMO的功能，并着重介绍放置导丝连接ECMO管道的过程，不仅让观众了解ECMO在抢救新冠肺炎病人时的重要作用，更让观众看到机器背后是无数医护人员团结协作倾尽全力救治，决不放弃任何一位患者。由于节目内容的独家性和高质量，第一期节目《驰援》传播效果良好，数据显示，截至第二天12时，ECMO抢救全程首次公开的微博话题阅读量达到1.6亿次，人民日报也发文点赞北京卫视节目的使命与担当。

《来自武汉的特别报道》不仅记录了惊心动魄的抢救过程，还深入到医护人员的日常工作和患者的日常治疗过程中。如第六期《惦念》记录北京支援武汉医疗队到达武汉的120小时内做了哪些工作：第一个24小时完成了病区改造，第二个24小时开始收治病人，第三个24小时开设第二个病区，5天之

内开设第三个病区，共150张床位。记者通过长时间的跟踪拍摄，与医护人员一起在一线保持高强度的工作，捕捉到许多外界难以了解的珍贵画面与细节，让受众全方位多角度了解疫情“暴风眼”的真实情况，不断满足公众对于信息的渴求。

二、主题明确，叙事逻辑清晰

《来自武汉的特别报道》共播出11期，分别是《驰援》《重启》《温度》《成长》《想见你》《惦念》《同袍》《重逢》《永生》《信仰》《长留》。虽然每一期20多分钟并不长，但每期节目主题明确，内容丰富充实，分别从各个维度切入，呈现疫情“风暴眼”的真实情景。如第五期节目《想见你》关注疫情中的三对夫妻，紧紧围绕“想念爱人”这一主题展开故事化叙事。第一对夫妻中的丈夫因感染新冠病毒被送进医院，起初特别危险，妻子一直在病房楼下的车里等候并不断给丈夫打电话，告诉丈夫“我就在你楼下，医院没有通知我你不行了，万分之一的希望都要去争取”。第二对夫妻都是北大第一医院的医生，妻子被安排去往武汉前线，在分开两个月的日子里，夫妻俩只要有空就会互报平安。第三对夫妻是一对相伴60年的“钻石婚”夫妻，爷爷住院治疗后，奶奶也被隔离，两人无法联系。起初爷爷对于康复治疗一直不太积极，分开40天后，夫妻在医生的帮助下顺利通话。有了奶奶的支持和鼓励，爷爷情绪慢慢稳定，并且开始积极配合治疗。

《想见你》叙事逻辑清晰，选择的人物具有代表性，既有年轻夫妇、中年夫妇，也有老年夫妇，既有医生，也有患者。节目通过对三对夫妻因为疫情而分开但彼此牵挂、同心守望的故事化记录，共同表达了“想见你”的主题。

三、不止步于抗疫宣传报道，更深入探讨爱与生命

《来自武汉的特别报道》不止步于做好抗击疫情宣传报道，而是通过展现医疗工作者坚守岗位、昼夜奋战在抗疫前线，成功救治无数新冠肺炎患者，更深刻地把握情感内核，探讨爱与生命，让观众透过镜头贴近人性的温暖，感受生命的坚强。

第三期《温度》跟随唐子人医生的脚步，记录隔离病区里传递的温度。唐医生对每一位患者都精心照顾，常常陪患者聊天，为他们加油鼓劲，还为他们带去想要的护手霜、酸奶、苹果等。唐医生表示大众看到的只是新闻上的一个个数字，但医生接触的却是一个个真人，每一个患者背后都有一个苦难的故事，医生和护士会尽量陪伴他们走过人生中最艰难的这段路。

第九期《永生》从北京协和医院重症医学科的一位医生的自述开始，他说自己出征武汉前三岁多的女儿问自己“什么叫死亡”，当时并不知道怎么回答女儿。来到武汉后，当他看到ICU病区一位57岁的重症女患者不停地哀求“大夫，我不想死，这个月底是我女儿的婚礼”，那一刻他明白“死亡是当我们失去了爱和感受爱的能力，凡人不能永生，但爱可以”。

（作者：李佳咪　摘自《北京广播影视决策参考》）

创新视角诠释雷锋精神时代内涵

——北京广播电视台《雷锋追梦的初心》创作经验

《雷锋追梦的初心》是北京广播电视台《档案》栏目播出的一期纪实节目。该节目以深情庄重的讲述、真实丰富的史料、生动具体的细节，追忆雷锋人生成长的经历，揭示雷锋爱党爱国的初心，解答雷锋精神形成的源泉，阐释雷锋精神的时代价值和普世意义。

一、点题：历久弥新的雷锋精神

雷锋，一个熟悉而又陌生的名字。熟悉，是因为雷锋作为一个穿越时代而来的精神楷模，至今仍是全国人民学习的对象。经年累月的宣传报道形成的记忆惯性，使雷锋的名字家喻户晓。同时，雷锋又是一个陌生的名字。雷锋精神历经岁月的冲刷和稀释，雷锋也由一个有血有肉的英雄变成抽象的符号，新媒体的碎片化传播和解构特质甚至使雷锋形象变得矮化和戏谑化。雷锋和雷锋精神是否仅仅是政治正确下保留至今的宣传遗产，还是在新时代依然值得千万人铭刻、记忆和学习的典范人物？习近平总书记 2018 年 9 月 28 日在抚顺市雷锋纪念馆敬献花篮时给出答案：雷锋是时代的楷模，雷锋精神是永恒的。雷锋精神，历久弥新。《雷锋追梦的初心》正是对于这一时代呼声的回应，使雷锋这一形象穿过历史的烟尘再次走进大众的视野，使雷锋形象由模糊变得清晰，雷锋精神由抽象变得具体。

《雷锋追梦的初心》的开篇，定格在古稀老人易秀珍在雷锋墓前敬献的花篮。易秀珍与雷锋本是同乡，又共同从湖南北上鞍钢参加建设而成为同事，共同的经历赋予二人懵懂的情愫。而雷锋也在参军后独自体会得知易秀珍嫁人后的怅然若失。这一生活化的片段迥异于传统中对于雷锋报道的框架，凸显雷锋作为典型人物的鲜活性，避免符号化报道的刻板印象。随后的讲述则围绕雷锋同志短暂而光辉的一生展开：从七岁之前丧失至亲的悲惨遭遇，到被亲人收留后重温亲情的温暖；从成长历程中不断遇到好人的帮助，到在部队的历练中产生对党和国家无限的热爱；再到雷锋精神远渡重洋在国外受到追捧；等等。节目以清晰的讲述逻辑和时间链条还原雷锋的形象，诠释雷锋精神的内涵，说明雷锋精神的时代价值和重要意义。雷锋，真实地走进受众的心中。

二、破题：另辟蹊径的解读角度

雷锋精神代表一种爱党爱国的精神，一种甘于奉献的精神。但是，是什么原因促使雷锋形成了爱党爱国、甘于奉献的追求，媒体则很少涉猎。《雷锋追梦的初心》着重回答了雷锋精神的形成过程。

节目清晰地讲述了雷锋初心形成的三个阶段：一是童年。童年的雷锋经历亲人尽逝、颠沛流离的悲惨生活。这段生活的苦，让雷锋对于旧社会的黑暗形成深刻的体察和感受，成为激发他对于新中国无比热爱的源头。二是成长。雷锋的成长深受新中国和共产党的泽被，具体外化为成长中给予他帮助的人。如作品中提到的他的三叔和六奶奶、送他上学的乡长彭德茂、提携他成长的县委书记张兴玉、送他参军入伍的副政委余新元。雷锋从他们身上感受到新中国的温暖，感受到共产党全心全意为人民服务的气质，这一气质就内化为雷锋愿意奉献国家的自觉担当。三是践行。雷锋从湖南北上鞍钢，在南京长江大桥的停留让他意识到自己工作的价值，在天安门前与站岗战士的对话激励他成为毛主席的好学生。在鞍钢工作的岁月和参军入伍的生涯，雷锋终于得以践行其内心的价值，成长为时代的楷模。

三、解题：真实深情的内容呈现

《雷锋追梦的初心》返璞归真，用最真实的史料和最真诚的讲述，搭建对话和共鸣的空间。

丰富的史料。节目中呈现了一张张雷锋留下的老照片，其中雷锋掀起衣服展示后背伤疤的照片首次出现在媒体中。这张展示疤痕的照片就是雷锋在旧社会苦难生活的写照。节目解读了两份具有珍贵文物价值的档案。一份是雷锋给三叔雷明光的家书，诉说了雷锋作为普通人的情感。另一份则是 1962 年 4 月 17 日的雷锋日记，其中记述他对于螺丝钉精神的理解。节目中还播放了真实的雷锋演讲录音，讲述他认真学习和努力工作的心路历程。这段珍贵录音相较于静态的图文资料给予受众更直观的感受，使雷锋的形象更加鲜活真实。

真诚的讲述。节目邀请雷锋精神的研究者陶克将军作为讲述者。作为研究雷锋几十年的研究者，陶克对于雷锋的解读和他传递出的情感，为受众理解雷锋提供了人格化的角度。无论是陶克将军在雷锋家乡了解到他苦难身世时的眼眶含泪，还是他在英国演讲得到外国人认可时的自豪，均使受众能够在流动的情感和变化的情绪中走近雷锋，在与讲述者情绪的交流中达到深深的共鸣。

艺术的氛围。《雷锋追梦的初心》是一档静态的讲述节目，通过艺术化的陈设和装置艺术使受众的视觉着眼点不断移动，使静态的节目动态化，这能够使受众的注意力沉浸于讲述者的情绪当中。如留声机和老式投影机的运用，老式机器本身具有的历史意蕴赋予节目以文艺质感，其功能性价值——播放音频和视频的功能又使节目不至于呆板单调。再如道具的使用，讲述雷锋母亲受辱上吊自杀的悲惨往事时，演播室昏暗的光线中悬挂着的惨白的布匹仿佛令受众置身那个悲惨的情境中。讲述张兴玉书记从信封中掏出螺丝钉给雷锋看时，现场讲解员亦从信封中掏出一颗螺丝钉。定格的螺丝钉成为时空对话的桥梁和见证。艺术服务于主题，在深沉而又饱含情感的基调中，雷锋和雷锋精神犹如涓涓细流，再次润泽大众的心灵。

（作者：郭学文　摘自《北京广播影视决策参考》）

《医者》第三季透视医者本真 讲述生命与医学故事

北京广播电视台生活频道策划出品的大型医学人文纪录片《医者》第三季再度回归大众视野。新一季的《医者》继续讲述生命与医学的故事，用真实的记录、平实的表达、善意的理解、换位的思考还原新闻背后的医者群像，并对医者所特有的人文关怀、精诚仁心、卓越追求、医德医风进行系统化的记录与呈现，在助力全社会形成尊医重卫良好风气的同时，留给观者许多关于健康、关于生命的思考和回味。

一、透视医者本真，凝聚民族认同意识

新冠肺炎疫情暴发以来，广大医务工作者牢记党和人民重托，奋战在疫情防控第一线，为抗击疫情做出重大贡献。基于特殊背景，新一季的《医者》在人文视角下，不仅勾勒了真实医者群像，还以透视行业的大格局，阐释医疗的局限与突破、医者的坚守和奉献，在凝聚民族共同体意识上发挥积极作用，让大众对医者群体形成人格化的理解和共鸣，建立起对于医学更完整、更客观的文化认知。

作为中国首部大型医学人文纪录片，《医者》第三季结合个人叙事和直击心灵的讲述，走进逆行者们的抗疫故事，传达医护工作者在面对危险和死亡时散发出的人性光辉，生动展示真实人性。例如，前三期节目分别讲传染病、ICU、小汤山三个主题，有传染病专家蒋荣猛长途跋涉从北京到西非埃博拉再到武汉、新疆等烈性传染病发生地的追“疫”故事；有ICU医生姜利与新冠病毒近身肉搏、与重症患者共渡难关的感人事迹；还有为小汤山医院改造30天画出1415张设计图的工程师、为做到零感染每天走2万多步的院感防控主任张颖等，这些内容在片中一一呈现，展现着医者仁心。纪录片每期主题的题材都不同，一个主题大多运用多个案例以故事化讲述方式展开叙事，内容较为丰富，讲述了不同医生在面对种种突发状况努力抗争的事迹，更全面、更真实地反映了中国医疗情况和医患关系的现状，生动展现了医者的初心使命、铁的担当与家国情怀。

二、建构记忆空间，凸显影像人文内涵

《医者》第三季延续了小切口展现大主题的叙事特色，将镜头对准在抗击新冠疫情期间做出重大贡献的医生。从个人视角入手，在历史回溯中建构记忆空间，通过纪实画面和个人口述相结合的创作生产方式，平实地展现出一群坚守生命的医者群像，更凸显影像的人文内涵和特殊历史意义。例如，首期节目以时间为主线，讲述以蒋荣猛为代表的传染病学专家，在经历2003年非典疫情、2014年西非埃博拉出血热疫情到2020年初武汉新冠疫情暴发等重大公共卫生事件的过程，通过关键节点的梳理客观反映出中国医疗队经历的“追疫”故事。同时以插叙的方式回顾了蒋荣猛医生1990年考入北京医科大学从家乡到北京连站28小时的艰苦经历，叙事打破了单线的层层递进环环相扣的叙事方式，从不同角度多层次凸显出鲜活的人物形象，还原医学和生命故事。纪录片通过关键节点、关键时刻、关键之举梳理背后故事，充分彰显在抗“疫”过程中我国既对本国人民生命安全和身体健康负责，也对全球公共卫生事业尽责的态度，生动诠释了人类命运共同体理念，展现大国担当，具有显著的历史价值和社会意义。

三、思考医学本源，窥探行业发展图景

《医者》第三季在给人们带来温情和感动的同时，科普了大量医疗知识，包括ICU科室建立的根本原因、感染防控的核心措施、传染病医院建立方式等内容。不是像科教纪录片那样直接地给观众讲解这些知识，而是将医学常识和专业讲解包裹在故事中，用动画演示、历史资料等可视化方式呈现，突出节目制作者深厚的叙事功底和纪录片的人文意义。例如8月15日第三期节目借助仿真模拟动画展示出小汤山医院改造所需要的医疗资源、基础功能、规划布局等工程细节，可视化呈现出病区5G远程医疗、疫情防控影像智能诊断等功能的更新，诠释现代科技与人的完美结合。纪录片全面系统地阐释“生命与医学”科学倡导的深刻内涵，有助于观众充分了解医生的辛苦与困境。结合丰富的镜头语言和可视化呈现，力求深入窥见

现代医学的立体图景。在感性与理性的交替中，探索生命意义，思考医学本源，为观众呈现出丰富信息与内涵，也实现了节目的艺术性，有效提升了节目所承载的医学人文精神感召力。

（作者：余佳琦　摘自《北京广播影视决策参考》）

纪录片《医者2020》创作经验

北京广播电视台生活频道于2020年5月16日起每周六19:30隆重推出首部抗击新冠肺炎疫情人物影像志《医者2020》，以《向背》《问答》《生死》《安危》《呼吸》为题，将视角置于北京、武汉双城，栏目组连续走访20多家医院，为观众奉献5集225分钟的珍贵影像，还原疫情中的历史时刻，回望值得铭记的百天过往。6月13日，首部抗击新冠肺炎疫情人物影像志《医者2020》圆满收官，用拍摄记录的一帧一画渐次拉开帷幕，直击大事件、大时代的现场，营造全社会致敬医者、共克时艰的浓厚氛围。

一、人物影像志展现真实，勾勒医者群像

《医者2020》是首部抗击新冠肺炎疫情的人物影像志，用视听媒体来展现抗击疫情的过程和各位医者的见解，将书写史“翻译”成影视史。影像志在存续历史情境、呈现精神风貌等方面具有无可替代的文献价值。《医者2020》作为人物影像志展现真实人性，倾注全情表达人的力量，在真实的社会环境与历史背景下进行具有时代质感的影音文献记录，放弃“再现”“搬演”等文化景观矫饰行为，如实记录和呈现抗疫前线医护工作者的日常生活，用平实的方式向所有为了国家、为了民族、为了人类而奋战过的医者致敬。在第一集《向背》中讲述了67岁的院感专家李素英带领施工队提前完成包括汉口医院在内的7家新冠肺炎定点医院改造工程的故事，在片中李素英和老伴反复强调“这跟英雄没关系，这个是责任”，通过捕捉其语言、行为等细节，记录李素英奋斗一线的真实状态，塑造有血有肉的医护形象，讲述大无畏的精神，画面极具真实感，折射出危难当头奋战一线的医务工作者共同的精神风采和价值追求，让观众切实感受到温暖而坚定的力量，领悟医者仁心的真谛。

二、创新口述记录形式，深度还原现场

《医者2020》突破原有的记录形式，在呈现时以口述的方式表达抗击疫情过程中医护人员的真实心路。

相较于记录大事件动态、强调做出第一时间的反应和呈现，《医者2020》采取后置追溯的操作手法，放弃宏大叙事体，而采用更具有独特的观赏和留存价值的口述体，个人口述、影像记录和知识科普相结合的方式可以深度还原现场。在第五集《呼吸》中，曹彬以口述的方式讲述自己作为瑞德西韦中国临床试验负责人，在不断探索疫情特效药过程中所经历的一波三折，十分具有代入感，让观众的心情随着讲述有所起伏，产生共鸣。《医者2020》用准确聚焦的内容，当事人口述的叙事方式，凸显小人物与大背景的交相呼应，表现出更真实的人类命运整体感，用最平实的方式向所有为了国家、为了民族而

奋战过的医者致敬，传递既有痛感又有温度的真实故事，潜移默化地展现真诚勇敢的情怀，体现了主流媒体的责任担当。

三、科普专业知识，彰显媒体责任感

《医者 2020》时刻体现专业性，除了精心呈现抗疫前线医者的感人故事之外，更着力于讲述人类病毒史、记录抗疫重点环节，彰显节目制作者的专业性和知识性，展现创作者深厚的叙事功底。

纪录片所呈现的人类病毒史、所记录的抗疫重点环节、所呈现的关键动作与节点都包含大量专业知识，在片头用可视化的方式将天花病毒、埃博拉病毒、新型冠状病毒等知名病毒呈现出来，介绍其出现时间、具体样态、致死率等情况，在每一集中都对传染病学的专业知识做详尽科普。

《医者 2020》在展现一线医务人员敬业奉献精神的同时，向受众普及科学救助及防疫知识，树立受众对医护人员新的认知，拉近医患双方的距离，帮助受众探寻生命的意义和价值。

四、融媒传播，助力主流媒体讲好故事

《医者 2020》自开播以来广受好评，北京时间与电视端同步直播，独家央媒支持平台《人民日报》助力传播，腾讯新闻、腾讯视频作为独家播出平台每周定时更新，微博平台“医者”的话题阅读量达 1.4 亿次，讨论量达 35.5 万次，并且多位明星助力，进行转发评论，携手共同见证凝聚的力量。同时，许多网友表达了对这些医者的敬佩之心，发出“最伟大的人！”“向你致敬！”等真挚的感谢微博。同时得到多家中央级媒体发文点赞，实现曝光量和口碑的双丰收。节目整体热度突出，台网联动，利用新媒体平台充分宣传，传播效果较好，助力主流媒体讲好医者故事，值得肯定。

（作者：杨雅晴　摘自《北京广播影视决策参考》）

《穿越吧少年》让儿童切身体验历史

北京广播电视台卡酷少儿频道历史体验综艺秀栏目《穿越吧少年》运用孩子们喜爱的方式，将少年历史启蒙巧妙地融于综艺趣味环节，以丰富的视听语言营造历史文化氛围，让小观众们以体验者的身份感受历史时空与文化魅力，增强对中华民族的认同感。

一、深耕历史内容，唱响时代主旋律

《穿越吧少年》深耕优质内容创作，聚焦历史文化领域，着力打造一系列优质文化类节目，让小观众以体验者的身份感受历史时空魅力，并在此过程中对青少年儿童进行爱国主义熏陶和思想引领，轻松有趣，寓教于乐。如 2020 年 5 月，栏目推出系列特别节目“红色穿越之旅”，结合爱国主义题材，还原历史风貌，细腻展现英雄群像，注重青少年的历史教育与精神培育，内涵丰富，文化底蕴深厚，传承红色基因，弘扬家国情怀，唱响时代主旋律。

《穿越吧少年》秉承精品思维推出多档系列节目。节目创作精良，注重历史文化的传承，主题鲜明，内容丰富，积极传递主流核心价值观，以艺术化的手段实现少年儿童的信仰教育、文化教育与爱国主义教育，增强少年儿童对于祖国的认同和热爱。

二、丰富传播样态，强化贴近式传播

《穿越吧少年》栏目注重打造多样化的传播形态，节目以穿越为主题，结合情景剧、动画、历史资料等多种形式，实现宏大主题的立体化、贴近式传播，更加符合少年儿童群体的收视习惯。

2020年5月，新推出的“红色穿越之旅”系列节目以“革命纪念馆实景拍摄+动画演示+情景重现”的方式，带领少儿群体重温解放战争时期的那段光辉历史，生动真实还原历史样貌，沉浸感、体验感强，帮助少年儿童更好地走近历史、感悟历史。

系列节目以主人公少年“小强”从历史课穿越到解放战争时期为主要线索，采用原创动漫情景剧的表达方式，通过卡酷主持人所演绎的动漫情景剧，配合动画小片解说完成内容的视觉化呈现。剧情演绎突破了时空限制，卡酷主持人的表演细致入微、情感到位，在鲜活塑造革命英雄形象的同时，也有力展现了革命先驱为建设新中国做出牺牲的英雄气概和舍身忘我的奉献精神。

三、秉承“以童为本”理念，营造和谐成长氛围

《穿越吧少年》栏目牢牢把握节目导向，积极承担公益性传播与产业化发展的双重责任，秉持“以童为本”的节目制作理念，在契合少年儿童身心发展规律、性格特点和思维表达的基础上，摒弃成年人为主导的节目制作思路，注重价值引领、坚持童真童趣，真正满足儿童需求，守护童心乐趣、促进心灵成长。如“红色穿越之旅”，以孩子们喜闻乐见的形式和充满童趣的视觉化内容，讲述解放战争时期革命先驱为建立新中国不怕牺牲、浴血奋战的英雄事迹。通过一个个生动有趣的故事呈现，让孩子们在观看节目的过程中充分感悟奋斗的艰辛与当今幸福生活的来之不易。

四、拥抱融媒浪潮，构建少儿生态圈

《穿越吧少年》除了电视端的探索传播之外，还积极拓展融媒传播渠道，丰富移动端传播内容，为青少年儿童提供有趣的成长体验；并积极联动卡酷少儿频道新媒体矩阵，助力卡酷少儿频道的品牌化传播，有力构建卡酷少儿文化生态圈。新冠肺炎疫情期间，《穿越吧少年》节目官方微信公众号“卡酷穿越吧少年”于3月推出“博物馆公开课”，与青少年博物馆教育推广人朋朋哥哥一同与小朋友们走进博物馆、听国宝的神奇故事，为他们奉上文化大餐。此外，该内容还注重与少年朋友开展积极互动，邀请他们成为小小讲解员，让少儿在亲身的体验中学习历史文化知识，寓教于乐。《穿越吧少年》还积极做好新媒体矩阵的联动传播，与卡酷少儿频道的其他新媒体账号共同推动卡酷战“疫”公益传播，助力少年儿童的防疫指导与思想教育。《穿越吧少年》在融媒传播方面的积极尝试，拓展了少儿节目的品牌化传播路径，与电视端实现资源共享、优势互补，有助于加快构建立体化少儿生态传播圈。

（作者：韦霖璐　摘自《北京广播影视决策参考》）

海淀融媒：乘“云”而上
助力复工复产和脱贫攻坚

海淀区融媒体中心在服务保障疫情防控和经济社会发展的具体实践中，以助力复工复产和脱贫攻坚为重点，充分发挥主流舆论阵地、综合服务平台和社区信息枢纽作用，认真分析疫情期间融媒体传播新特征，创新拓展直播业务，健全区域互联网平台联动机制，积极助力辖区企业复工复产和对口帮扶地区脱贫攻坚。

一、助力百企万岗“云招聘”，为求职者和企业牵线搭桥

紧扣疫情期间企业发展需求和求职者工作需求，发挥服务平台作用，联合海淀区人社局举办中关村科学城“百企万岗”云招聘直播活动，通过新的招聘形式助力企业发展、拉动就业、增强信心。一方面，组建超强阵容招贤纳才。直播活动中，邀请海淀区委书记、中关村科学城党工委书记于军同志与网友“云见面”，诚邀和吸纳优秀人才共做海淀“创新合伙人”。邀请纳通、美团、小马智行、腾讯、同方威视、科兴、北斗导航、快手、阿里文娱等新技术、新领域领军企业和独角兽企业招聘团队负责人，走进海淀融媒直播间，与广大求职者面对面分享企业发展历程，宣讲岗位需求，进行互动答疑。另一方面，同步直播提升工作成效。“云招聘”直播活动在“掌上海淀”客户端和央视频、快手、微博一直播、今日头条、知乎等互联网平台同步进行，累计观看达1350万人次。通过直播，共有136家企业收到近6万份求职者简历，这些求职者将角逐10750个招聘岗位。“云招聘”创新模式吸引了央视《新闻联播》《晚间新闻》《东方时空》《24小时》《第一时间》等中央及市属媒体报道，发挥了行业示范带动作用。

二、服务复工复产“云体验”，为企业形象赋予新内涵

针对企业形象展示、吸引人才需求和求职者了解企业、了解行业需要，不断创新业务内容和形式，助力企业克服疫情不利影响，吸引求职者“深入”企业内部，增强双向互动。一方面，开拓企业文化展示“新窗口”。依托网络直播活动，让广大求职者跟随网络主播走进滴滴、广联达、旷视、作业帮等领军企业，切身感受企业文化，体验办公环境，邀请企业人力资源部门负责人介绍复工复产情况，发出人才“征集令”。活动中，“掌上海淀”客户端和央视频、快手、微博一直播、今日头条、知乎等互联网平台，累计有940万网友在线体验。另一方面，打造融媒服务“新云端”。聚焦疫情防控和复工复产宣传主渠道定位，创新报道形式，发力融合传播专长，坚持客户端首发原则，用喜闻乐见的

形式动员、组织、凝聚群众，打造“掌上海淀”客户端。截至目前，累计装机量达到156万，一季度平均日活率23万。通过服务复工复产系列网络直播，深化媒体融合，丰富业务形态，展示中关村科学城企业的良好形象。

三、助推脱贫攻坚“云带货”，为企业发展营造良好环境

围绕决胜全面小康、决战脱贫攻坚目标，聚焦对口支援地区帮扶任务，积极运用新技术、新形式助力农产品销售、服务企业发展。一方面，通过“直播带货”助力脱贫。结合海淀区与湖北、内蒙古、新疆等省（区）的扶贫协作和对口支援格局，发挥媒体平台优势，着力解决对口帮扶地区农产品滞销等问题。联合区属国企超市发公司，开展助农帮扶专场直播，推介对口帮扶地区农产品，吸引市民前往采购，累计300万网友在线观看。另一方面，通过政务服务促发展。发挥主流媒体作用和融合报道优势，增强舆论引导本领，畅通基层信息传播，服务疫情防控和发展大局，打好主流舆论阵地保卫战、融媒体报道攻坚战、特殊时期民生保障战、街镇社区防控服务战。联合海淀区发改委组织开展“政策解读直播月”活动，邀请区政务服务局、市场监管局、商务局等10余个政府部门走进直播间，解读各项企业支持政策措施，持续优化海淀创新创业环境。

（海淀区融媒体中心　倪恒虎）

昌平融媒体中心：深入一线打响区域疫情防控阻击战

战场在哪里，指挥队伍就到哪里。疫情防控阻击战打响后，昌平区融媒体中心迅速行动，停止所有娱乐性内容播出，及时调整人员队伍投入疫情防控宣传，第一时间成立疫情特别报道小组主动先发作战，总编辑部协同融媒矩阵联动发力，积极发挥融媒体改革成效，做强抗疫宣传、做精抗疫报道，做活抗疫互动、做新抗疫服务，有效打通权威宣传疫情，引导群众、服务群众的“最后一公里”。

一、集结融媒矩阵，迅速权威发声，做强抗“疫”宣传

充分发挥总编辑部大脑作用，依托“一主五辅”全媒体矩阵，抗疫宣传“时、度、效”整体协同发力。平均每天派出15名记者，统筹安排宣传任务千余次，共1700余人次深入抗击疫情和复工复产一线深入采访，共采制抗疫新闻信息5500余条，总阅读量突破2.5亿次。一是抢“时效”，打好“配合战”。疫情暴发后，移动端先发，“北京昌平”App和各媒体平台迅速开设“一级响应！打赢新型冠状病毒肺炎疫情防控战”融媒专题，抓住权威信息发布、普及防疫知识、及时回应群众关切问题等环节，抢“时效”，打好“配合战”。第一时间播发特别报道小组深入昌平区医院隔离病房采访拍摄的66分钟视频素材，近200张照片，记录抗疫一线最新状态。二是强“深度”，推出“疫系列”。在电台、电视台、报纸持续做好《让党旗在疫情防控一线高高飘扬》《坚决打赢疫情防控的人民战争总体战阻击战》等系列传统栏目、专题节目基础上，各平台树立用户思维，聚焦普通人的抗疫点滴，推出系列报道“我的抗疫故事”，并通过“北京昌平”App集中传播，讲述昌平人民为打赢疫情防控这场“人民战争”的所作所为、所想所感，挖掘典型事迹，全媒体滚动传播，形成强大示范引领作用。三是拓“广度”，提升影响力。双向发力“官方平台 + 流量平台”，做强抗疫平台。及时建立外宣统筹协调机制，全面打通中央电视台、北京电视台、学习强国等 24 个平台。1500 余件优秀抗疫宣传作品被北京电视台新闻栏目、北京日报客户端、北京号、学习强国客户端等媒体平台采用，有效地对外展示昌平区在抗疫过程中的努力与成绩，讲好昌平故事、塑好昌平形象。

二、聚焦人文关怀，提升防范意识，做精抗“疫”产品

昌平区融媒体中心在抗疫宣传中始终把引导、服务群众作为关键职责，注重从群众自身防控细节入手，以群众喜闻乐见的形式着力，从增强意识、日常防护、科学认识、亲情陪伴等多个角度，充分运用 H5 网页动画、快板书、微动画、微视频、宣教动画片、网页长图解等多种形式，加强科普宣传，共制作 40 个公益宣传作品，累计播出 6000 余次。针对学龄前儿童制作《看动画片 一起当抗击病毒的小战士》系列作品，围绕群众关切推出《抗击病毒齐努力、理性购物请别慌》《快板——萌娃数来宝 疫情防范我支招》《回天有我共抗疫情》等系列快板书，上班返岗节点推出《上班返岗防护指南》等动画作品。新媒体全平台发布的《昌平战疫》系列微视频，在全区各医疗机构、各镇街社区村宣传播放，有效普及健康防护知识。同时，“北京昌平”App 还启动防控新型冠状病毒肺炎创意作品征集活动，共征集歌曲、视频、诗词、文章、顺口溜等创意作品 364 个，经过专业编辑的加工再进行广泛传播，充分激发群众参与抗疫宣传的主动性。

三、线上线下协同，构建新场景，激活抗“疫”互动

线上依托“北京昌平”App，强化“昌平号”UGC 场景建设，发挥新时代文明实践中心志愿服务场景功能，构建抗疫新时期“抗疫”互动新场景。依托“昌平号”建设，提升 UGC 运营力度。全区抗疫信息上下通联渠道进一步打通，特别是上线“全民开播”号，调动广大市民参与抗疫公益宣传积极性，加强防疫公益宣传内容征集。培育、孵化一批具有影响力的昌平本土“网红号”，激活区域“自媒体”号，为昌平老百姓提供助力抗疫的展示平台，一经上线就吸引广大市民踊跃投稿，上线当天发布视频 40 余条。依托新时代文明实践中心平台，拓展抗疫志愿服务。新时代文明实践中心网上平台累计推出抗疫志愿服务项目 2595 次，参与志愿者 26431 人，服务人次 153049 人次。线下，切实履行媒体职责，从 2 月 7 日开始，昌平区融媒体中心抽调 153 人组成 14 个工作组，下沉到回龙观龙泽园 5 个社区参与执勤。同时利用线下抗疫场景，搜集素材，发挥媒体自身优势，制作 10 部 MV 和 H5 作品，特别是中心自创歌曲《用歌声谢谢你》致敬抗“疫”一线，并通过电台、新媒体等各个平台邀请受众一起合唱互动，拍摄视频参与转发互动，有效激发基层群众参与抗疫服务的热情。

四、发挥平台优势，凝聚多方资源，创新抗“疫”服务

充分发挥基层融媒综合服务平台和基层信息枢纽优势，创新功能应用，集结多方资源，构建抗疫服务群众新模式，发挥融媒体中心在重大疫情防控工作中，连接政府、社会、百姓的重要桥梁纽带作用，提升基层融媒应急状态下的反应力、行动力和服务力。打造基层防疫信息展示平台。依托“北京昌平”App 子平台“昌平号”，初步打造聚合全区 GGC 信息库。疫情期间各职能部门集中发布全区各条战线抗疫情况、抗疫服务信息，打通各部门与老百姓之间的沟通渠道，大量基层鲜活接地气的疫情信息第一时间触达市民指端，订阅数达15400人次，有效满足区域百姓对于抗疫信息的及时获取需求。解疑释惑，回应社会关切。在北京昌平微博开设“曝光台”，鼓励群众对妨碍疫情防控工作的违规、违法行为进行曝光，积极引导舆论，做好舆情监控，并通过各个新媒体平台及时向公众反馈处理结果，同时做好“北京昌平”App问政监测，收集用户反馈信息，针对疫情工作及时对接相关职能部门，积极回应百姓关切，其中《接诉即办！昌平又查获一批三无防护口罩》通过北京昌平快手号播放，播放量达1117.3万次。创新模式，丰富服务形式。积极沟通区属、市属相关资源，联合创新服务形式，为居民、企业等解决抗疫期间实际困难，高效发挥“北京昌平”App综合服务平台效能。特别是创新“一起过节吧”功能模块，按照市委市政府、区委区政府关于加强新冠肺炎疫情防控工作和清明节祭扫服务保障工作的统一部署，与昌平区委社会工委、区民政局和退役军人事务局对接合作，围绕“加强疫情防控，平安文明祭扫”工作中心，将清明节疫情防控宣传工作当成首要任务，策划推出“致敬英烈 致敬逆行英雄”清明节“一起寄语吧”线上祭扫系统，在清明节期间，引导公众通过该系统，采用网络祭扫、代为祭扫等新型祭扫方式，营造疫情期间平安、便利、文明、和谐的清明祭扫氛围。

（昌平区融媒体中心）

获奖作品

北京市广播影视协会 2019 年度优秀广播电视节目评选结果（160 件）

广播类作品

广播新闻（33 件）

短消息：京张高铁今早开通运营，成为世界首条时速 350 公里智能高铁

北京广播电视台　贾天阳、任雪娇

短消息：新首钢大桥今天通车 长安街成为“百里长街”

北京广播电视台　史喻

短消息：奥运历史首创：北京 2022 年冬奥会将实现场馆全面绿色用电

北京广播电视台　刘鲸泽

长消息：5G 技术助力国产机器人完成全球首场骨科实时远程手术

北京广播电视台　韩萌

长消息：再见南苑 你好大兴

北京广播电视台　王博、唐思萌、刘莹莹

长消息：北京世园会开园当日迎 3.5 万游客，“锦绣如意”中国馆成首日最热门景区

北京广播电视台　朱燕婷、程艳

评论：我们这一代人的赶考路

北京广播电视台　马骏、王劲清、刘佳

专题：“有证儿”的违建

北京广播电视台　李青芮、连新元

专题：夏伯渝：没有比人更高的山

北京广播电视台　于泊川

专题：百年五四 百年梦想

北京广播电视台　林俐、吴思、唐思萌、郭雅婧、刘佳

专题：如何保护“少年的你”？

北京广播电视台　澹台瑞芳、秦天

系列报道：新中国设计

北京广播电视台　吴思、唐思萌、郭兆龙

组合报道：百年京张 筑梦辉煌

北京广播电视台　林俐、宗晓畅、马骏、张博、兆龙

新闻访谈：对谈百年首钢——我是渤海湾的火，我是冬奥会的冰

北京广播电视台　史喻、武传艺、康利坡

新闻访谈：父辈的 1949——访李济深先生女儿李筱松、曾外孙朱明明

北京广播电视台　秦鲁一

现场直播：新的起点、我的期待——大兴国际机场开航直播

北京广播电视台　集体（北京新闻广播、网络媒体中心）

新闻栏目：《交通新闻热线》

北京广播电视台　集体（程艳、王敏、朱来生、王琛琛、孙媛、贾天阳、王楠、李天一、王承丙、赵明聪、苏婉、陈常松、翟瀚）

新闻编排：2019 年 9 月 26 日《交通新闻》早间版

北京广播电视台　程艳

组织策划：风云七十年——外交官眼中的世界

北京广播电视台　刘甜甜

组织策划：穿越时空的声音记忆

北京广播电视台　杨洪、江宁、路瑶、李瑞先、杨迪、王曼宁

长消息：机场建在家门口

大兴区融媒体中心　杨颖、房晓鹏、张鳌

广播专题：和平年代的真心英雄——殷博斌

房山区融媒体中心　王磊、赵晶晶、陈婷

新闻访谈：便民服务再升级　“证照通办”许可流程“多”变“一”

房山区融媒体中心　冉迪、陶枫、王维佳、赵晶晶、王辉、安艳峰

新闻评论：让文明之路成为你我身边最美的道路

昌平区融媒体中心　武红雪、吴彩彬

广播专题：明陵守望者——胡汉生

昌平区融媒体中心　吴彩彬、武红雪

短消息：冬奥小镇流行起英语热

延庆区融媒体中心　赵财、滕薇、于谨歌

长消息：三代志愿者的世园范儿

延庆区融媒体中心　刘杨、赵财、滕薇

短消息：“摆桌子、听民意”服务居民接地气

密云区融媒体中心　王耐、蔡立君、段晓稳

短消息：怀柔首个农村垃圾分类站实现农业垃圾就地处理

怀柔区融媒体中心　段峥、单昆宇、吴晶晶、任欢

系列录音报道：和新中国共同成长

怀柔区融媒体中心　冀莹、李晓红、张鹏、吴晶晶、任欢、朱军

广播专题：大兴庄镇良庄子村——最美庭院活动，扮靓美丽乡村

平谷区融媒体中心　崔俊、任虹俐

长消息：胜利街道前推“接诉即办”机制 家门口解决市民诉求

顺义区融媒体中心　张坤、丁越、路致远

长消息：市级机关挂牌后首个工作日 记者探访行政办公区

通州区融媒体中心　柴福娟、李岳、李文东、王延伟

广播境外播出（4 件）

境外专题：埃德温 · 马尔：归期未有期

北京广播电视台　吴梅红

境外专题：在中国预测宇宙的德国天文学家

北京广播电视台　刘智嘉

境外专题：麦启安：我最大的心愿是让中国更了解世界，让世界更了解中国

北京广播电视台　吴梅红、臧轶洁、Kat、刘智嘉

境外专题：莫斯科故宫珍品展——中俄人文交流的一面窗

北京广播电视台　戴蔚然

广播播音与主持（11 件）

播音作品：《主播在线》——嫦娥四号月背成功软着陆

北京广播电视台　李锐、孙畅

主持作品：法源寺的诗与远方

北京广播电视台　刘卓（米夏）

主持作品：最美法医

北京广播电视台　丹青

主持作品：解密国庆 70 年联欢晚会，编导组仿真组做客直播间

北京广播电视台　刘佳

主持作品：畅通侦探社

北京广播电视台　郭炜、嘉佳

播音作品：遇见——爱心法官马志敏

房山区融媒体中心　张佳佳

主持作品：长耳朵听故事

延庆区融媒体中心　吴佳羽

播音主持：8 月 20 日《密云新闻》

密云区融媒体中心　李优、杨洋

播音作品：王和平：让残疾人就业迈进幸福之家

平谷区融媒体中心　荆丹丹

播音作品：《诞生——共和国孕育的十个月》进京赶考

顺义区融媒体中心　张雨欣

播音作品：青青树苗 小小少年：要为祖国绿化做贡献

通州区融媒体中心　石靖楠

广播文艺（10 件）

音乐节目：前门情思大碗茶

北京广播电视台　于允

音乐节目：听见未来，让爱传递

北京广播电视台　马思萌、陈京英、赵爽

音乐节目：郑小瑛的音乐人生

北京广播电视台　张鹏飞、昊洋

文学节目：南水从我家门前过——赵学儒的南水北调纪行

北京广播电视台　张雅佼、孟庆煜、天时、酒杰、白钢

文学节目：寻找马致远

北京广播电视台　刘卓（米夏）、何劼

长篇连播：北上

北京广播电视台　殷超、吕鲁波

广播剧：3 集广播剧《中共中央在香山》

北京广播电视台　集体（李春良、窦晓东、王秋、李秀磊、杨建英、许秀玲、柳桦、徐然、邵军、吴俊全、任亚明、陈光等）

广播剧：6 集广播剧《家是玉麦 国是中国》

北京广播电视台　集体（王志伟、许秀玲、郝卫群、徐然、葛文婕、郭政建、晏积瑄、田洪涛、宋明等）

广播广告节目：麦克风的时间旅行

北京广播电视台　刘冰、黄彦

广播广告节目：人在戏中七十年

北京广播电视台　张立新、董研博、刘茵、马笑宇

电视类作品

电视新闻（54 件）

短消息：新机场轨道交通创全球最快时速

北京广播电视台　田智钢、成贵男

短消息：全球首试 5G 支持多中心远程协同手术

北京广播电视台　贾湧强、孙强华

长消息：京雄城际铁路雄安新区首个桥梁转体完成

北京广播电视台　刘旭、王岩

长消息：夺冠！北汽女排终圆梦！

北京广播电视台　李乔、赵家一

超长消息：市级行政中心正式迁入北京城市副中心

北京广播电视台　徐京玲、樊煜、张师琦、李琦、王一

电视新闻纪录片：《生命的礼物》——爱，让心跳不止

北京广播电视台　邵晶、李潇、李晓东、陈梦圆、郭洪泷

专题：《腾飞》第一集——超级工程的挑战

北京广播电视台　张洁、闫伟

专题：《大家收藏》——马首铜像归家之路

北京广播电视台　杨健、常海龙、王鑫、戴青、赵宸

专题：有一种力量叫中国粮！
她是 14 亿人的饭碗 她是让世界惊叹的中国经验！

北京广播电视台　集体

系列报道："新时代 新担当 新作为"习近平总书记 2.26 视察北京五周年

北京广播电视台　刘祺、李颖、秦亚利、曾红梅、高世勇、金昌、茂森

系列报道："爱上大运河"系列专题

北京广播电视台　集体（张庆、丁晓阳、王毅、马迟、肖宬、李苑、石雨濛、祖冲亚、王金春、吕剑魁、张新蕾、赵文龙、阎石、罗宾）

系列报道：《双奥之城》"冰火钢城"系列专题

北京广播电视台　俞恺

系列报道：《生活这一刻》——和百岁老人共度国庆

北京广播电视台　集体（刘春艳、李晥、郭笑梅、杨苗、张楠、张劲松、刘帅、周瑾、杨微斯、万臻、梁晨、张秀岩、叶海、汪悦）

系列报道：《京津冀大格局》——京津冀 新发展 新变化

北京广播电视台　宗燕红、李亚红、张晓燕、马春梅、白磊、王邦一、李杰、黄羽、王遇

系列报道："同心圆・中国梦——父辈的 1949"系列短视频

北京广播电视台　集体

新闻访谈：《新时代 新担当 新作为》——心系三峡 情注巴东

北京广播电视台　张民、吕雅堃、郭亚丽、张阳、郭毅

新闻访谈：《记忆》——毛泽东的国庆 24 小时

北京广播电视台　严崴、张宾、王未央、左博、刘薇、曾珍

新闻访谈：独家专访"现实版战狼"

北京广播电视台　张佳、张磊、翟鑫洋、田卉、林蕾、赵雪艳

现场直播：京张高铁正式投运特别报道

北京广播电视台　集体（李大功、周欣、李莎莎、翟理、陈钢、李伟、张然、尹航、梁爽、孙宇坤、张默、石雨濛、刘旭、燕兆麟、田智钢、李昂、李明、王岩、成贵男）

现场直播：《法治进行时》——决胜执行难 法治进行时全程记录

北京广播电视台　集体（陶继忠、刘井元、武治华、王振龙、黄睿明、滕伟、吴建峰、沈博、徐光、刘航、张悦、王旭东、高颂东、贾术杰、商鹏、赵英剑、庞雪、严崴、王勇、

王峥、王英博、高健、黄瑞涵、田兆威、张杉）

新闻现场直播：大兴机场首航！现场亲测登机速度 刷脸走遍“凤凰”

北京广播电视台 张佳、林蕾、李鹏毅、蒋楠、田卉

栏目：《向前一步》

北京广播电视台 集体（徐滔、邵晶、李潇、刘彧、秦晓明、刘书含、高笑冉、王任飞、刘影慧、赖一锐、王晓晖、刘径驰、刘微、苏抒、李东巍、王迪）

栏目：《北京新闻》

北京广播电视台 陈楠、李光军、李晓军、崔菲、石云、颜黎、元伟

新闻节目编排：2019 年 10 月 1 日《北京您早》

北京广播电视台 集体（马迟、刘非非、黄广、王金春、李苑、赵静、肖宬、杨蔚苠、王亦鹏、王大伟、阎石、刘亚菊）

组织策划：发现“美丽乡村风景线”主题活动——“美丽乡村 筑梦有我”大型新闻公益行动第四季

北京广播电视台 张冬林、顾崇华、王亦宁、刘翌

组织策划：新中国成立 70 周年庆祝活动宣传报道

北京广播电视台 集体（张庆、徐京玲、王毅、杨效春、张文天、翟理、周欣、田刚、李琦、王丽晓、赵煦、李莲、郭艳红、石雨濛、孙烁）

组织策划：我爱你中国

北京广播电视台 徐滔、马宏、岳月、蒋苏华、王轩、张宏亮、王一

组织策划：“2019 年北京科技周”系列直播

北京广播电视台 集体

电视专题：北京国企在行动 “接诉即办”暖人心

北京北广新新传媒有限责任公司 柳秀彬、李超毅、王溪原、杜宽、张永钱

电视专题：来自英烈家庭的使命

北京北广新新传媒有限责任公司 陈枫、柳秀彬、夏艺翀、杜宽

电视专题：董奶奶的牵挂

北京北广新新传媒有限责任公司 陈枫、柳秀彬、张维、张然

电视专题：永远的金话筒（上、下）

北京北广新新传媒有限责任公司 陈枫、柳秀彬、刘香玺、张永钱

电视专题：爱给自己“找事儿”的志愿者

北京北广新新传媒有限责任公司 陈枫、柳秀彬、祁迪、张然

电视专题：以案促改：让“吃空饷”及长期不在岗者无处遁形（上、下）

北京北广新新传媒有限责任公司 王文辉、刘潇、杜宽、张然、卫世雄、冯泰歌

电视新闻专题：处理污水的牛口峪水库变身湿地公园

北京北广传媒移动电视有限公司 隗炜、王莹、孙宇

短消息：北京大兴国际机场进行真机试飞 四架大型客机平稳落地

大兴区融媒体中心 李凯

深度报道：永定流韵醉丰台

丰台区融媒体中心　王慧平、杨秀丽、王金元

电视专题：缤纷新时代 消费新生活

房山区融媒体中心　宋晓方、郗琳、王海燕、史建聪、赵子晗、赵晗

社教专题：精工匠心

门头沟区融媒体中心　广告文艺部集体

专题：《门头沟视点》——打造精品民宿 “宿”说门头沟

门头沟区融媒体中心　孟佳、蔡森

长消息：告别堵车！北京首条自行车专用路开通啦

海淀区融媒体中心　叶林茂、周逸飞、张庆洁、任晓娟、吴艳瑛、袁刚

专题：援藏路上

海淀区融媒体中心　刘桑、刘志宇、张庆洁、任晓娟、刘悦、梁雯

栏目：《海淀风物志》

海淀区融媒体中心　范杰、尹婷、刘仁、朱家齐、曹洋锦、陈安琪、王紫

长消息：夜幕下的“回天地区”亮起来了

昌平区融媒体中心　李娜、岳禹宁、高云飞、薛鑫、任诩嘉

专题：《真情故事》——“北京妈妈”和她的天山孩子

昌平区融媒体中心　王强、王江红、王忆萱、于涛、岳禹宁、王亚琦

长消息：百姓变身浇冰师 走上冰雪就业路

延庆区融媒体中心　张彭程、赵倩女

长消息：253 种野生动物活跃在雾灵山

密云区融媒体中心　张晓娜、赵丽、杨笑哲

长消息：垃圾分类：实现垃圾减量 成为城乡居民的新风尚

怀柔区融媒体中心　贾贤、王飞、苏晓、李一鸣

新闻访谈：国庆礼桃背后的故事

平谷区融媒体中心　王瑞民、耿晓明、王平川、李莉

长消息：全国首张汽车整车制造业排污许可证落户北汽越野

顺义区融媒体中心　贾勤缘、魏亮、朱明福

新闻访谈：未呼先应 共建宜居家园

顺义区融媒体中心　李朔峥、方攀、何鑫、米傲、侯凯、张晓凯、张立丽、刘伟

电视新闻纪录片：绽放在神圣的时刻

朝阳区融媒体中心　孙帅、刘振山、李拥军、王磊、赵兴、叶君

专题：副中心建设探访——签约 100% 背后的一百分

通州区融媒体中心　赵佳琼、郑育娟、李晶、李骁

电视纪录片：携手奔小康

石景山区融媒体中心　王国强、徐晓洁、刘宇、穆慧、王哲、杨卫东、仲然、乔焱、杨国栋

电视境外播出（1 件）

专题：《中国梦 365 个故事》第二季——灭虫记

北京广播电视台　刘民、吴群、陈岳、苏畅

电视播音与主持（14 件）

电视主持：《春妮的周末时光》——垃圾分类你准备好了吗

北京广播电视台　徐春妮

电视主持：2018“最美铁路人”发布仪式

北京广播电视台　李杨薇

电视主持：《每日文娱播报》——太庙国学讲坛

北京广播电视台　王向真

电视主持：《BTV 赛场》——2019 国际冬季运动（北京）博览会现场报道特别节目

北京广播电视台　金巍

电视主持：《美丽北京 缤纷世园》——2019 年中国北京世园会开园直播

北京广播电视台　孙扬

播音主持：12 月 11 日《丰台新闻》

丰台区融媒体中心　高飞

播音主持：12 月 9 日《海淀新闻》

海淀区融媒体中心　叶林茂

播音作品：2019 年《昌平新闻》国庆节特别节目（10 月 2 日）

昌平区融媒体中心　丁丽

主持作品：看“南荒滩”变绿洲的蜕变之路

延庆区融媒体中心　滕薇

播音主持：“不忘初心 饮水思源”——纪念密云水库开工建设 60 周年

密云区融媒体中心　杨洋

播音作品：9 月 3 日《平谷新闻》

平谷区融媒体中心　谢颂扬、段文超

播音主持：美哉朝阳

朝阳区融媒体中心　杨荣

主持作品：“情暖运河 · 德耀中华”5 月中国好人榜发布仪式

通州区融媒体中心　吴小强、周思思、邹艳艳

播音作品：10 月 24 日《石景山新闻》

石景山区融媒体中心　王叶玉

电视文艺（17 件）

动画节目：绿水青山萌游记

北京广播电视台　杨钊、张广轩、王淳、张京、李卓然、帅领、张蓓、张媛媛、黄金

综艺节目：遇见天坛

北京广播电视台　郝竞波、杨李逸奕、王美、刘韵、裴尧、张明娇、张颖勉、张萃妍、沈思然、刘蜜、吴迪

综艺节目：2019 北京电视台春节联欢晚会

北京广播电视台　李春良、王珏、徐滔、潘全心、庄小红、秦峥、一弛、王杨、尹迪、张蕊、郭妍、梦帆、苗毅、吕晶、李佳、万思余、殷鹤鸣、褚旭

综艺节目：第九届北京国际电影节闭幕式暨颁奖典礼

北京广播电视台　李春良、王珏、徐滔、潘全心、庄小红、辛宁、斯蕾、张蕊、毕鲁克、褚旭

综艺节目：2020 环球跨年冰雪盛典

北京广播电视台　集体（李向远、刘垚、刘蜜、石璐娃、孙明龙、李媛媛、李依桐、杨李逸奕、姚雅琦、张苹研、王美、孙雨露、张颖勉、赤杰、武与伦、纪华、蒋苏华、赵然、贾广伟、林平、孙海峰、殷亮、赵晨）

综艺节目：《春妮的周末时光》——一生一世难得痴狂

北京广播电视台　潘全心、齐建彤、李雪萍、徐春妮、刘昕冉、吕峰、张雪、时大蕾

综艺节目：第四届“诚信北京”315 晚会

北京广播电视台　宗燕红、韦嘉、乔卫、冷凇、牛俊恒、姚舜禹、江沛、李娜、黄朝辉

纪录片：《档案》——共和国 1949· 中共中央在香山

北京广播电视台　集体（黄炜、胡杰、吴炳彦、张晶秋、游扬、廖祎蕾、杨珊、李力、于洋）

纪录片：《医者》——脊梁

北京广播电视台　韦小玉、赵彤、任友红、于菲、陈坤、魏齐

少儿节目：老师请回答

北京广播电视台　集体（邵晶、王迪、闫一可、季楠、王凯、裴尧、张明娇、李帆、王振）

文艺栏目：《档案》

北京广播电视台　黄炜、郝霖、韩飞、胡杰、杨珊、王玥、张晶秋

科普节目：养生堂：社区动员同防艾健康中国我行动——2019 世界艾滋病日主题宣传节目

北京广播电视台　集体（徐滔、马宏、邵晶、田天、刘婧、刘洪悦、黄芾一、牛俊恒、张洺瑞、周奕娇、张萌萌、李琛、李宁、邵天雷、段霁芸）

优秀原创歌曲节目：向前一步 MV

北京广播电视台　邵晶、李潇、刘琥、秦小明、刘书含、王任飞、高笑冉

电视文学节目：《书香北京》——见证初心和使命（上集）

北京广播电视台　吴玮、白钢、佟美佳、于晓琳

电视艺术片：上新了 · 故宫

北京广播电视台　马宏、程军、林斐、马远、张丹、疏娉娉、杨安晶

广告节目：小鱼的旅程

北京广播电视台　史椰森、罗丽红、薛润洁

电视文艺栏目：《演艺罗盘》

北京北广传媒城市电视有限公司　巫菁菁、张振南

媒体融合类作品

媒体融合（16 件）

新媒体品牌栏目：问北京（微信公众号）

北京广播电视台　北京新闻广播特报部集体（刘芳、李独伊、张钰、姚天宇、李青芮、郑晨、任晨光、苏宁、袁硕）

融合创新：新机场新体验——北京大兴国际机场全息交互答题

北京广播电视台　北京交通广播集体（唐琼、延安、彭菲、金盛博、赵鹏、赵阳东、薛晓明、辛疆琦、杨志梅、李懿婕、李萌、马龙）

新媒体创意互动：假如 70 年前有微信

北京广播电视台　田刚、邓力、高斯理、潘灿、曹宁、孙迪雅

短视频新闻：北京大妈反杀电信诈骗头目 你们做的培训不够

北京广播电视台　刘井元、谷军岭

融合创新：“壮丽 70 年 我们都知道”大型全媒体行动

北京广播电视台　集体（马宏、程军、王寅、疏娉娉、林斐、罗婷、白鸥、周姗姗、吴亚琦）

移动直播：紧急转院 为携带人工肺的 28 岁母亲让开生命通道

北京广播电视台　集体创作

融合创新：我们一同走过

北京北广新新传媒有限责任公司　康宁、黄栋、王艾、王石、陈寒青

移动视频专题：小社区里的大变化

北京北广传媒移动电视有限公司　孙宇、王莹、侯超

短视频新闻：阅兵情缘：国庆大阅兵夫妻共同受阅

大兴区融媒体中心　倪光辉、马宪颖、王娇、麻强、孟溢、杨奕赛、赵兴浩

长消息：新发现！北京大爷送您回家过年

丰台区融媒体中心　乔晓鹏、李悦、欧阳树辰

移动视频专题：海淀 24 小时

海淀区融媒体中心　张庆洁、范杰、刘畅、贺佳、韩金廷、肖威、鲁特、罗英西、曹洋锦、闫春蕊

新媒体创意互动：走过昌平 70 年

昌平区融媒体中心　魏妍娜、常俏、陈晨

新媒体创意互动：密云・追梦

密云区融媒体中心　杨理光、刘志伟、贾华瑞、杨皓月、田思雨、王赛、郝晓金、赵晶晶、金童、于莲梅、刘思祺、穆蕊、杨笑哲、史明月

移动视频专题：系列短视频纪录片《漫・遗忘的时光》——古堡里

系列短视频纪录片《漫・遗忘的时光》——明明山居

系列短视频纪录片《漫・遗忘的时光》——黄花城舍

怀柔区融媒体中心　尹航、王向红、贾超、张兴燕、鲁靖、于笑鹏、王鑫磊

融合创新：承夏奥十年辉煌，启冬奥冰雪梦想

朝阳区融媒体中心　陈婧、罗兰

新媒体创意互动：百万通州人集合啦！快来为祖国送祝福！请接力

通州区融媒体中心　孙华良、贾英、王璇、李艳波、杨琼、杜婧、戚缤予、李焱

（北京市广播影视协会）

注：获得"北京市广播影视协会2019年度优秀广播电视节目"作品名单不再在各单位获奖名单中体现。

2020年度北京市广播电视科技企业相关奖项获奖情况

一、获中国新闻技术工作者联合会"王选新闻科学技术奖（人才奖）"情况

序号	姓名	完成单位	奖项等级
1	鲜　虹	北京北大方正电子有限公司	杰出人才奖
2	徐建新	北京中视广信科技有限公司	特别贡献奖

二、获中国电影电视技术学会科技人才奖情况

序号	姓名	完成单位
1	李　杰	北京中视广信科技有限公司

三、获中国电影电视技术学会科技进步奖情况

序号	项目名称	完成单位	奖项等级
1	5G媒体应用实验室	中央广播电视总台，中国电信集团有限公司，中国移动通信集团有限公司，中国联合网络通信有限公司，华为技术有限公司，北京数码视讯科技股份有限公司	一等奖
2	国庆70周年天安门广场扩声系统	中央广播电视总台，中广电广播电影电视设计研究院，北京第七九七音响股份有限公司	一等奖

（续表）

序号	项目名称	完成单位	奖项等级
3	全媒体云媒资系统二期——全省新闻资源聚合分发平台建设	江西广播电视台，北京中科大洋科技发展股份有限公司	二等奖
4	新型多业务域智能一体化运营支撑平台	苏州市广播电视总台，北京中科大洋科技发展股份有限公司	二等奖
5	甘肃省全流程媒体融合飞天云平台	甘肃省广播电视总台，北京中科大洋科技发展股份有限公司	二等奖
6	中央电视台媒资云服务平台	中央广播电视总台，北京中科大洋科技发展股份有限公司	二等奖
7	基于AVS2/HEVC的8K超高清双模实时硬件编解码器	杭州当虹科技股份有限公司，国家广播电视总局广播电视科学研究院，北京博雅睿视科技有限公司	二等奖
8	AVS2视频编解码器技术标准及测试码流集的研究	国家广播电视总局广播电视规划院，中央广播电视总台，国家广播电视总局广播电视科学研究院，中关村视听产业技术创新联盟	二等奖
9	广播电视网络安全靶场与攻防演练系统	国家广播电视总局广播电视规划院，湖北省广播电视信息网络股份有限公司，北京国茂科技有限公司	三等奖
10	“时空能量均衡”——多平台分发的三维声录制工艺流程探索与创新	成都市广播电视台，北京梦方程数码科技有限公司，CRiSAP of UAL	三等奖
11	面向媒体内容生产的智能化视频处理技术	国家广播电视总局广播电视科学研究院，优酷信息技术（北京）有限公司，华数传媒网络有限公司	三等奖
12	广播电视网络安全漏洞管理与威胁分析云平台	国家广播电视总局广播电视规划院，湖北省广播电视信息网络股份有限公司，北京奇虎科技有限公司	三等奖
13	宁夏广播电视台云上内容智能分析及融合生产应用平台	宁夏广播电视台，北京中科大洋科技发展股份有限公司	三等奖

（北京市广播电视局科技处）

注：获得“中国新闻技术工作者联合会王选新闻科学技术奖”“中国电影电视技术学会科技人才奖”“中国电影电视技术学会科技进步奖”作品及单位名单不再在各单位获奖名单中体现。

2020 年度北京市广播电视系统科技类奖项获奖情况

一、2020 年获全国广播电视技术能手竞赛奖情况

2020 年，北京市广播电视局选拔推荐四名选手参加全国广播电视技术能手竞赛。北京歌华有线电视网络股份有限公司陈国栋获得有线网络专业二等奖、北京歌华有线电视网络股份有限公司刘新宇获得网络安全专业二等奖、北京歌华有线电视网络股份有限公司大兴分公司徐龙蒙获得有线网络专业三等奖、北京广播电视台李剑宇获得监测监管专业三等奖，以上四位同志均被授予“2020 年全国广播电视技术能手”称号。北京市广播电视局获得优秀组织奖。

二、获全国广播节目技术质量奖（金鹿奖）情况

（一）录制技术质量奖

序号	节目名称	申报单位	奖项等级
1	笛子与乐队《归去来兮·雪山之恋》	北京广播电视台	音乐类一等奖
2	音乐剧《永远的西柏坡》	北京广播电视台	音乐类三等奖
3	父辈的1949：孙孚凌	北京广播电视台	语言类二等奖
4	读古典文化 品百味人生	北京广播电视台	片花类二等奖
5	冬奥·这一刻	北京广播电视台	片花类二等奖
6	党在第一线	北京广播电视台	广告类三等奖
7	门德尔松《A大调第四交响曲“意大利”》第3乐章	北京广播电视台	环绕声类二等奖

（二）播出技术质量奖

序号	频率数	申报单位	奖项等级
1	第一套或AM828KHz/FM100.6MHz频率	北京广播电视台	二等奖

三、获全国电视节目技术质量奖（金帆奖）情况

（一）高清录制技术质量奖

序号	项目名称	申报单位	奖项等级
1	北京新闻	北京广播电视台	新闻类二等奖
2	特别关注	北京广播电视台	新闻类二等奖
3	中共中央在香山	北京广播电视台	专题类二等奖
4	医者	北京广播电视台	专题类三等奖
5	2020年北京广播电视台春节联欢晚会	北京广播电视台	综艺类二等奖
6	2020年BTV 环球跨年冰雪盛典	北京广播电视台	综艺类二等奖

（续表）

序号	项目名称	申报单位	奖项等级
7	《生命缘·来自武汉的报道》（六）惦念	北京广播电视台	其他类三等奖
8	“颐”起热爱就现在	北京广播电视台	其他类三等奖

（二）高清音频制作技术质量奖

序号	节目名称	申报单位	奖项等级
1	医者	北京广播电视台	专题类三等奖
2	2020年北京广播电视台春节联欢晚会	北京广播电视台	综艺类二等奖
3	2020年BTV环球跨年冰雪盛典	北京广播电视台	综艺类二等奖

（三）高清视频图形制作奖

序号	项目名称	申报单位	奖项等级
1	荣耀在我心	北京广播电视台	片头类二等奖
2	小鱼的旅程	北京广播电视台	短片类三等奖
3	怀柔	北京广播电视台	短片类三等奖
4	金环日食大直播	北京广播电视台	演播室图形设计类三等奖

（四）灯光设计制作奖

序号	节目名称	申报单位	奖项等级
1	2020年北京广播电视台春节联欢晚会	北京广播电视台	综艺类一等奖
2	2020年BTV环球跨年冰雪盛典	北京广播电视台	综艺类一等奖

（五）美术设计制作奖

序号	节目名称	申报单位	奖项等级
1	2020年BTV环球跨年冰雪盛典	北京广播电视台	综艺类一等奖
2	2020年北京广播电视台春节联欢晚会	北京广播电视台	综艺类二等奖

（六）播出技术质量奖

序号	频道	申报单位	奖项等级
1	北京卫视	北京广播电视台	一等奖
2	文艺频道	北京广播电视台	三等奖

（七）4K 超高清录制技术质量奖

序号	节目名称	申报单位	奖项等级
1	2020年北京广播电视台春节联欢晚会　4K版	北京广播电视台	综艺类二等奖
2	云端上的部落	北京广播电视台	专题类三等奖

四、获中国电影电视技术学会科技人才奖情况

序号	姓名	完成单位
1	何　莹	北京广播电视台
2	赵　涛	北京广播电视台

五、获中国电影电视技术学会科技进步奖情况

序号	项目名称	完成单位	奖项等级
1	广播电视节目收视综合评价大数据系统	国家广播电视总局广播电视规划院，北京歌华有线电视网络股份有限公司，华数数字电视传媒集团有限公司，中国传媒大学	一等奖
2	《电视台信息系统运行维护服务通用要求》标准研制及应用	北京广播电视台，国家广播电视局广播电视规划院，上海广播电视台，江苏省广播电视总台	二等奖

六、第四届全国有线广播电视机线员职业技能竞赛

（一）获“全国广播电视行业技术能手”荣誉称号名单

序号	姓名	所属单位
1	付保强	北京歌华有线电视网络股份有限公司

（二）获“优秀组织奖”单位名单

序号	获奖单位
1	北京歌华有线电视网络股份有限公司

七、2020 年北京市广播电视（监测监管、有线网络、网络安全）技术能手竞赛预选赛结果

（一）监测监管专业前三名

序号	姓名	单位	成绩排名
1	徐向辉	北京市广播电视监测中心监测科	1
2	李剑宇	北京广播电视台原电视台制作部	2
3	王　健	北京广播电视台原电视台制作部	3

（二）有线网络专业前三名

序号	姓名	单位	成绩排名
1	徐龙蒙	北京歌华有线电视网络股份有限公司大兴分公司	1
2	陈国栋	北京歌华有线电视网络股份有限公司重要客户保障部	2
3	倪　伟	北京歌华有线电视网络股份有限公司通州分公司	3

（三）网络安全专业前三名

序号	姓名	单位	成绩排名
1	刘新宇	北京歌华有线电视网络股份有限公司信息部	1
2	尹成程	北京广播电视台原电视台播出部	2
3	王　跃	北京北广传媒移动电视有限公司技术研发部	3

（北京市广播电视局科技处）

注：获得2020年度北京市广播电视科技企业相关奖项、2020年度北京市广播电视系统科技类奖项的作品名单不再在各单位获奖名单中体现。

2020年度北京市广播电视公益广告扶持项目结果

电视类

类别	机构名称	节目名称
一类	北京广播电视台	春暖花开 你回来就是春天
	北京广播电视台	逆行者
	北京广播电视台	空调调高一度
	北京广播电视台	《援鄂医疗队回家》系列
	北京中智瀚金文化传媒有限公司	致敬最美奋斗者
	北京恒友联合咨询有限公司	地球是我们的家园
	北京广播电视台	传书公益系列
二类	北京广播电视台	生态北京
	北京广播电视台	团圆有时，共克时艰
	北京广播电视台	我爱你中国
	北京五观影视传媒有限公司	《依法安全文明燃放，致敬平安幸福生活》系列
	乐免科技有限公司	脱贫先长技
	意森传媒（北京）有限公司	酒乱行迷
	北京盛世中腾文化传播有限公司	洗手七步谣

（续表）

类别	机构名称	节目名称
二类	北京艺典堂文化传播有限公司	编织幸福的生活与梦想
	同乐和（北京）文化发展中心有限公司	分类一小步 文明一大步
	北京翊明信息技术有限公司	教育扶贫助力全面建设小康社会
	优酷信息技术（北京）有限公司	冬去春来
	祎珈传媒（北京）有限公司	社工力量 佑你安然无恙
	北京广播电视台	“节约与扶贫”系列
	北京北广传媒数字电视有限公司	绿水青山就是金山银山
	北京印象天下文化传播有限公司	我们是中国共产党党员
	北京星汇拜特科技有限公司	敬党情代代相传
三类	北京广播电视台	《你好，副中心》系列
	北京广播电视台	医生手绘
	北京广播电视台	敬佑医者
	北京广播电视台	致敬守护者们
	北京广播电视台	病毒拜拜
	北京广播电视台	致敬抗疫“她”力量
	北京市税务局 北京市朝阳区税务局	“余”工移山
	北京市大兴区融媒体中心	千里江山
	北京市朝阳区融媒体中心	“工匠精神”系列 花丝镶嵌
	北京市昌平区融媒体中心	妈妈我想你
	北京市门头沟区融媒体中心	传承红色基因
	央影（北京）传媒有限公司	春节童谣
	中情有限公司	未来的遇见 远离香烟
	北京元良文化传媒有限公司	向英雄致敬
	北京阳洋新通科技发展有限公司	为梦想插上翅膀
	北京时代合鹄广告有限公司	实现展望·奔向小康
	北京字节跳动网络技术有限公司	生命平凡却生而不凡
	北京北广传媒城市电视有限公司	公勺公筷·健康分餐

（续表）

类别	机构名称	节目名称
三类	北京市石景山区融媒体中心	“走向我们的小康生活”系列
	北京众诚鼎鑫科技有限公司	智志双扶——精准脱贫
	北京超骏策划有限公司	心系人民不忘初心——建党100周年
	一品盛世文化传播（北京）有限公司	脱贫振兴奔小康
	北京时代合鹄广告有限公司	科技扶贫，创造无限未来
	博研正通（北京）信息咨询有限公司	扶贫日记
	北京罗针盘企业策划有限公司	小康路上一个民族也不能少

广播类

类别	机构名称	作品名称
一类	北京广播电视台	漂来的北京城
	北京广播电视台	寂静中的最强音
	北京广播电视台	方舱里的“电管家”
	北京恒友联合咨询有限公司	扶贫小火车
	北京中外翻译咨询有限公司	同一个世界，同一场疫
	北京水墨龙腾国际文化发展有限公司	第一次参加冬奥会的人
	北京广播电视台	革命歌曲诞生记
二类	北京广播电视台	散伙饭
	北京广播电视台	塑料的命运
	北京广播电视台	公益我先行：绿色出行
	北京广播电视台	复仇者联盟
	北京广播电视台	“一带一路”上的劳动者
	乐免科技有限公司	孤独的天使 关爱自闭症儿童
	中视锦成（北京）科技文化有限公司	庆祝建党百年 涛声中的船
	中情有限公司	忙碌的一天 扶贫
	中视锦成（北京）科技文化有限公司	逆水行舟 脱贫不返贫
	北京阳洋新通科技发展有限公司	盲童的歌 精准扶贫
	北京中外翻译咨询有限公司	富口袋 富脑袋
	北京盛世中腾文化传媒有限公司	不负时光 携手冬奥

（续表）

类别	机构名称	作品名称
二类	北京广播电视台	南湖红船开天辟地 星火燎原继往开来
	北京广播电视台	百年回声（上、下）·红星照耀中华
	北京市中诚鑫源科技有限公司	对症良方
三类	北京广播电视台	让爱回到从前
	北京广播电视台	垃圾分类顺口溜
	北京广播电视台	元宵节的丰富滋味
	北京广播电视台	元宵节：正阳门过桥摸钉篇
	北京广播电视台	别样中秋月
	北京广播电视台	运动使我快乐
	北京广播电视台	保护知识产权：西游降魔篇
	北京广播电视台	保护知识产权：水浒出奇制胜篇
	北京广播电视台	互联网50年，幸福便利在身边
	北京广播电视台	每一个他
	北京广播电视台	阅读开启听障儿童人生
	祎珈传媒（北京）有限公司	全民富裕中国梦
	北京查古文化发展有限公司	家庭应急包
	北京文峰祥康文化传媒有限公司	万众一心同抗疫
	北京翊明信息技术有限公司	脱贫攻坚不回头
	北京市税务局	年轮
	同乐和（北京）文化发展中心有限公司	用实际行动脱贫致富
	央影（北京）传媒有限公司	我爱新北京
	北京广播电视台	南峪村扶贫快板书
	北京市延庆区融媒体中心	献礼建党100周年 红心向党代代相传
	北京瑞禾金诚广告有限公司	百年建党 百年辉煌
	北京众诚鼎鑫科技有限公司	成长——建党100周年
	北京中外翻译咨询有限公司	千万人口大迁徙
	北京瑞禾金诚广告有限公司	党员在你我身边
	中视锦成（北京）文化科技有限公司	跬步千里脱贫路

机构类

类别	机构名称
一类	北京广播电视台
	北京爱奇艺科技有限公司

（续表）

类别	机构名称
二类	北京字节跳动网络技术有限公司
	北京市石景山区融媒体中心
	北京百度网讯科技有限公司
三类	北京市丰台区融媒体中心
	北京北广传媒城市电视有限公司
	优酷信息技术（北京）有限公司

（北京市广播电视局传媒机构管理处）

注：获得“2020年度广播、电视、传播机构类公益广告扶持”的作品名单不再在各单位获奖名单中体现。

2020第二届北京国际公益广告大会等级作品和优秀作品名单

序号	作品名	报送单位
年度类等级作品		
特等类		
1	十四亿分之一	中央广播电视总台总经理室
一类		
2	一个人的乐队	龙杰琦
3	垃圾吐槽大会	丛云
4	记忆是一扇扇彩色的窗——我和我的小康	肖晨
5	Baby Chat	Wunderman Thompson Tokyo
6	最好的礼物	中央广播电视总台总经理室
7	70年光辉岁月	网易传媒科技（北京）有限公司
8	家国小康生活之变迁	吴娱
9	北京最有来头的一条线，居然是它	网易传媒科技（北京）有限公司
10	超级英雄	许笑帆/池州学院
11	身后	张旋
12	手机的伤痕	维思达摩（大连）广告有限责任公司
13	Our Second Chance	World Out Of Home Organization
14	《回应·爱》公益微电影	北京万达传媒有限公司
15	新春数幸福	中央广播电视总台总经理室

（续表）

序号	作品名	报送单位
16	爱的屏障	北京广播电视台
17	COVID−19 New Normal	McCann Worldgroup Singapore
18	受控	林祝生
19	《答案在自然》	野生救援（美国）北京代表处
20	关爱残障人士	烟台广播电视台
21	《凡人英雄》	东北师范大学传媒科学学院
22	扪心自问	赵丽丽
23	Climate Crisis	孙庆华
24	重启播放键	北京电通
25	会回来的礼物	胡精华
26	路	央影（北京）传媒有限公司
27	歌唱祖国	张斌
28	梦想篇	中央广播电视总台总经理室
29	为星城关一盏灯（地球一小时特别节目）	长沙纯粹文化传播有限责任公司
30	志愿者，新时代的力量与榜样	北京新晏文化发展有限公司
31	冬季之歌（2022北京冬奥会）	郑凤平
32	汉字中国 幸福绵长	白楠
33	yes or no	北京广播电视台
34	耐心	宋玉玲
35	如果不分类	张怡帆
36	玩转垃圾分类	赵巍
37	百年坚守初心，为美好而奋斗	北京新晏文化发展有限公司
38	莫让它们随冰一起消失	铜陵职业技术学院
39	郑义门里的家国情，奋斗梦	王霞
40	垃圾回收的艺术	鄂旭睿
41	明天更美好《少年》篇，《教师》篇，《长者》篇	中国广告联合有限责任公司
42	一粒米的“前世今生”	“学习强国”学习平台
43	E往情深共奔小康	冯元章
44	沟通——从讲普通话开始	北京广播电视台
45	中国十二时辰	湖南广播电视台
46	医生手绘	北京广播电视台
47	致敬英雄	广州市广播电视台，广州市公益广告中心
48	手机	张斌
49	亲情距离	冯元章
50	五点的约定	赖仕凡

（续表）

序号	作品名	报送单位
51	大世界小世界	安利（中国）日用品有限公司北京分公司
52	你保护世界 我保护你	北京广播电视台
53	无需多言的陪伴	北京广播电视台
54	领军税种 助力小康	王雪
55	召唤穿越的穿山甲	北京广播电视台
56	战“疫”中的守护者	中国石油大学胜利学院
57	钟老说表情包设计	山东工艺美术学院
58	众志成城 共抗疫情	北京北广传媒移动电视有限公司
59	静的力量，没有一个春天不会来临	佛山人民广播电台
60	NHS Blood and Transplant – Dynamic Blood Appointme...	23red
61	构建和谐齐共享，放心消费奔小康	贾丽云
62	文化自信—我的飞天梦	兰州大方文化传媒有限公司
63	终会找到你	白楠
64	起跑线	中国扶贫基金会
65	汇聚善的力量，助力脱贫攻坚	中国扶贫基金会
66	党在第一线	北京广播电视台
67	争论早高峰	吴丽娜
68	小康路上一个都不能少	北京广播电视台
69	战“疫”下的德州	德州市广播电视台
70	预防新型冠状病毒肺炎，李光复教您健康出行礼仪	北京市疾病预防控制中心
71	分类态度 践行有责	吴丽娜
72	《视频电话》篇	中国广告联合有限责任公司
73	革命歌曲诞生记	北京广播电视台
74	一路同行不孤单	吉林省广播电视局，吉林广播电视台
75	Elder Care	c/o International Advertising Association （IAA） In...
76	依法安全文明燃放，致敬平安幸福生活	北京广播电视局
77	脱贫攻坚幸福在路上	湖南广播电视台
78	Domestic Violence against Women	c/o International Advertising Association （IAA） In...
79	为爱戒烟 共守健康	张鑫
80	与爱童行 相伴成长	中国扶贫基金会
81	爱加餐项目宣传视频	中国扶贫基金会
82	读书 新时代最美的生活方式	周雪莲
83	减税降费添动能，助力经济稳增长	丛云

（续表）

序号	作品名	报送单位
84	全民积极参与垃圾分类，创建优美环境	曾科管
85	消防员烟火中的自述	李秀清
86	拒收礼品礼金 做好廉洁自律	张春成
87	地球篇	宁波市奉化滤镜广告设计工作室
88	Campaign for Odisha Cyclone – "Fani "（May 2019）	c/o International Advertising Association （IAA） In...
89	疫情下的火车站	王子牧
90	Let's Advertise	International Advertising Association, Pakistan Ch...
91	拒绝body shame	陈蕾
92	收了你的红包之后	王雪
93	武汉十二时辰	汕头市精英广告有限公司
94	公园城市形象——麻将篇	成都天成声音传媒有限公司
95	《扫黄打非》进基层	北京今日彩条文化传媒有限公司
96	坚决打赢脱贫攻坚战，实现全面小康	北京益世广告传媒有限公司
97	对弈	北京北广传媒移动电视有限公司
98	Pledge of Positivity	c/o International Advertising Association （IAA） In...
99	Care for Elders	c/o International Advertising Association （IAA） In...
100	你多久没有拍过全家福了	北京大华国际传媒有限责任公司，北京金太阳升起文化传播有限公司
101	英雄不老 薪火相传	甘肃省广播电视总台电视综合频道
102	彩虹的约定	云南电网有限责任公司
103	APNS Covid –19	All Pakistan Newspapers Society （APNS）
104	以青春之力 助脱贫攻坚	臧振腾
105	酒精还是汽油	粤东高技
106	“文明健康 有你有我”自创公益广告	铜陵市精神文明建设指导委员会办公室
107	危难时刻，方见英雄本色	安徽金运来文化传媒有限公司
108	公筷行动系列公益广告（5条）	安徽广播电视台交通广播
109	影灯	山东工商学院
110	文明潮人·共创美好汕头	广东英信文化传播有限公司
111	正确垃圾分类 共建美丽中国系列	山东英才学院，山东财经大学

（北京市广播电视局传媒机构管理处）

注：获得“2020 第二届北京国际公益广告大会等级作品和优秀作品”名单不再在各单位获奖名单中体现。

北京广播电视网络视听发展基金 2020年度扶持项目（首批）

项目名称	申报单位	项目类别
三叉戟	北京天马映像影业有限公司	摄制宣推
为了明天	北京艺德环球投资有限公司	摄制宣推
温暖的土地	北京北广传媒影视股份有限公司	摄制宣推
北京西城故事（现已更名为《幸福里的故事》）	北京幸福影视有限公司	摄制宣推
北京以南（原剧名《长辛店》）	北京森影好时光文化传媒有限公司	摄制宣推
半路村长	北京天沐文化传媒有限公司	摄制宣推
枫叶红了	北京新家华赫文化传媒有限公司	摄制宣推
舌尖上的心跳	北京华谊兄弟娱乐投资有限公司	摄制宣推
万物生	龙虎风云（北京）影视文化传媒有限公司	摄制宣推
月是故乡明	北京华映万像文化传媒有限责任公司	摄制宣推
远方的山楂树	北京森林影画文化传媒有限公司	奖励
破局1950	北京电视艺术中心有限公司	奖励

北京广播电视网络视听发展基金 2020年度扶持项目（第二批）

一、电视纪录片扶持及奖励作品名单

项目名称	申报单位	项目类别
一路百年	北京鼓润影视文化传媒有限公司	剧本
黄河安澜	北京广播电视台	剧本
百年巨匠侯宝林	百年艺尊（北京）文化传播有限公司	剧本
世界商用飞机发展启示录	北京三多堂传媒股份有限公司	剧本
百年历程	北京广播电视台	剧本
北京榜样	北京德必邻文化传媒有限公司	剧本

（续表）

项目名称	申报单位	项目类别
唱大戏·北京曲剧	北京应昊影视有限公司	剧本
王阳明	北京伯璟文化传播有限公司	制作宣传
畅想中国	五洲传播出版社	制作宣传
我的时代和我（第二季）	北京三多堂传媒股份有限公司	制作宣传
红色记忆：365个党史瞬间	北京广播电视台	制作宣传
百年巨匠——中医篇 京城四大名医	百年艺尊（北京）文化传播有限公司	制作宣传
生命缘（第八季）	北京广播电视台	制作宣传
这里是中国（第三季）	北京中视雅韵文化传播中心	制作宣传
我在人艺学表演	北京广播电视台	制作宣传
两个人的合作社	北京三多堂传媒股份有限公司	制作宣传
世界上最大的生日庆典	五洲传播出版社	奖励
我们的动物邻居	北京五星传奇文化传媒股份有限公司	奖励
影响世界的中国植物	北京木子合成影视文化传媒有限公司	奖励
医者2020	北京广播电视台	奖励
被点亮的星球	优酷信息技术（北京）有限公司	奖励
水下中国	北京泡泡海洋文化有限公司	奖励
做客中国—遇见美好生活	五洲传播出版社	奖励
我的硬核社区	北京三多堂传媒股份有限公司	奖励

二、电视动画片扶持及奖励作品名单

项目名称	申报单位	项目类别
2022去北京	北京广播电视台	剧本
文字国奇妙冒险之智斗谜语城	北京灌木互娱文化科技有限公司	剧本
甲骨文之妇好传	北京妙音动漫文化股份有限公司	剧本
大运河奇缘	北京广播电视台	摄制宣推
宇宙护卫队2	完美鲲鹏（北京）动漫科技有限公司	摄制宣推
好伙伴	北京浩昊科技发展有限公司	摄制宣推
西游记的故事第二部	北京金丁美奇动画有限公司	摄制宣推
鹿精灵之瓷瓶山的秘密	梦东方电影有限公司	摄制宣推
三维动画故事片清明上河图	时代华艺（北京）文化传媒有限公司	摄制宣推
喵喵遇见汪1	北京百世师影视传媒有限责任公司	摄制宣推

三、广播电视作品扶持及奖励作品名单

项目名称	申报单位	项目类别
童心绘梦	北京广播电视台	扶持

（续表）

项目名称	申报单位	项目类别
大运河纪事	北京广播电视台	扶持
先驱者	北京广播电视台	扶持
“京声京视”北京优秀文艺作品推介	北京广播电视台	扶持
2022冰雪总动员	北京广播电视台	扶持
北京新视听	北京广播电视台	扶持
我们的冬奥	北京广播电视台	扶持
中轴线传奇	北京广播电视台	扶持
记忆的力量·抗美援朝	北京广播电视台	摄制宣推
书香北京	北京广播电视台	摄制宣推
致敬最美逆行者为你歌唱——2020国际护士节主题音乐会	北京广播电视台	摄制宣推
非凡守护	北京广播电视台	摄制宣推
京津冀大格局	北京广播电视台	摄制宣推
嗨，去火星吧	北京广播电视台	摄制宣推
爱上大运河	北京广播电视台	奖励
我在颐和园等你	北京广播电视台	奖励
老师请回答	北京广播电视台	奖励
上新了·故宫	北京广播电视台	奖励
2020年北京广播电视台春节联欢晚会	北京广播电视台	奖励
6集抗疫纪实广播剧：但愿人长久	北京广播电视台	奖励
音乐大师课（第四季）	北京广播电视台	奖励

四、电视剧项目扶持及奖励作品名单

项目名称	申报单位	项目类别
我们的新时代	响想时代娱乐文化传媒（北京）有限公司	剧本
青年周恩来	北京电视艺术中心有限公司	剧本
战旗如画	中视协（北京）演艺文化有限公司	剧本
冰上无双	皇氏御嘉影视集团有限公司	剧本
理想之城	北京聚海文化传媒有限公司	剧本
老邻居	寰亚耀智影视文化（北京）有限公司	剧本
生活万岁	北京爱奇艺科技有限公司	剧本
心想事成	北京青春你好文化传媒有限公司	剧本
回家吃饭	九野时代（北京）文化传媒有限公司	剧本
什刹海	维乐嘉禾（北京）影业文化有限公司	摄制宣推
八零九零	响想时代娱乐文化传媒（北京）有限公司	摄制宣推
天下娘亲	北京笨鸟高飞影视文化有限公司	摄制宣推

（续表）

项目名称	申报单位	项目类别
刘公案之海右寻踪	华语万映文化传媒（北京）有限公司	摄制宣推
大海港	北京鸿文星光文化传媒有限公司	摄制宣推
亲爱的麻洋街	光芒影业有限公司	摄制宣推
枫叶红了	北京新家华赫文化传媒有限公司	奖励
河山	北京瑞鑫盛凯影视文化传媒有限公司	奖励
奔腾年代	北京二十一世纪威克传媒股份有限公司	奖励
燃烧	北京春秋风云影视策划有限公司	奖励

五、网络视听节目（第一批）扶持及奖励作品名单

项目名称	申报单位	项目类别
约定	北京爱奇艺科技有限公司	网络剧
中国飞侠	北京奇树有鱼文化传媒有限公司	网络电影
我是余欢水	得闲影业（北京）有限公司	网络剧
不知东方既白	北京搜狐互联网信息服务有限公司	网络剧
你是我眼中的山川和海洋	优酷信息技术（北京）有限公司	网络剧
毛驴上树	北京奇树有鱼文化传媒有限公司	网络电影
辛弃疾1162	北京美视众乐影业有限公司	网络电影
老大不小	北京爱奇艺科技有限公司	网络电影
我来自北京之扶兄弟一把	北京爱奇艺科技有限公司	网络电影
功夫宗师霍元甲	北京奥创世纪网络影视发行有限公司	网络电影
生死时刻	北京美视众乐影业有限公司	网络电影
我来自北京之铁锅炖大鹅	北京长信影视传媒有限公司	网络电影
疯狂老爹	北京奇树有鱼文化传媒有限公司	网络电影
中国医生	北京乐正文化传播有限公司	网络纪录片
冬去春归·2020疫情里的中国	优酷信息技术（北京）有限公司	网络纪录片
原声中国	北京爱奇艺科技有限公司	网络纪录片
这！就是灌篮 第二季	优酷信息技术（北京）有限公司	网络综艺节目
我是唱作人2	北京爱奇艺科技有限公司	网络综艺节目
地标70年	北京字节跳动科技有限公司	网络视听专题节目
中国工夫	北京字节跳动科技有限公司	网络视听专题节目
对白·让我们和更好的你聊聊	优酷信息技术（北京）有限公司	网络视听专题节目
医者故事	北京字节跳动科技有限公司	网络视听专题节目
瑜你台上见	北京爱奇艺科技有限公司	网络视听专题节目
中国体育英雄联盟 第一季	北京天盈九州网络技术有限公司（凤凰网）	网络视听专题节目
新留守青年	北京快手科技有限公司	网络短视频系列节目

（续表）

项目名称	申报单位	项目类别
点赞可爱中国	北京快手科技有限公司	网络短视频系列节目
看见	北京快手科技有限公司	网络短视频系列节目
为了更好的你	北京快手科技有限公司	网络短视频系列节目
我们的新时代	北京新媒体（集团）有限公司	网络短视频系列节目
一部分的你	北京奇树有鱼文化传媒有限公司	网络短视频系列节目
心手相连	北京新片场传媒股份有限公司	网络短视频系列节目
粉	北京快手科技有限公司	网络短视频系列节目
70年·70岁·70人	北京讯听网络技术有限公司	网络音频节目（含广播剧）
徐凯文·心理创伤8讲	北京思维造物信息科技股份有限公司	网络音频节目（含广播剧）

六、网络视听节目（第二批）扶持及奖励作品名单

项目名称	申报单位	项目类别
绿皮火车	北京华承云智影业有限公司	网络电影
草原上的萨日朗	北京高兴文化传媒有限公司	网络电影
毛驴上树2倔驴搬家	北京奇树有鱼文化传媒有限公司	网络电影
未经安排的青春	邬氏影业（北京）有限公司	网络剧
石头村变形记	北京映美时代文化传媒有限公司	网络电影
少林寺十八罗汉	北京奇树有鱼文化传媒有限公司	网络电影
花儿照相馆	北京淘梦网络科技有限责任公司	网络电影
四海鲸骑 第二季	北京爱奇艺科技有限公司	网络动画片
大地情书	优酷信息技术（北京）有限公司	网络纪录片
春风烈	北京奇树有鱼文化传媒有限公司	网络纪录片
跨越喜马拉雅	北京意如科技文化有限公司	网络纪录片
我在中国做电影	北京动艺时光网网络科技有限公司	网络纪录片
相信未来在线义演	优酷信息技术（北京）有限公司	网络视听专题节目
北京话匣子	北京广播电视台	网络视听专题节目
优酷文化跨年 2020世界在望	优酷信息技术（北京）有限公司	网络视听专题节目
我是唐朝人	优酷信息技术（北京）有限公司	网络视听专题节目
哈拉筷子	第一视频通信传媒有限公司	网络视听专题节目
心有山海，即是远方——网络视听朗诵会	北京爱奇艺科技有限公司	网络视听专题节目
因为是少年	优酷信息技术（北京）有限公司	网络短视频系列节目
“我在扶贫一线”系列短视频	北京微然网络科技有限公司（梨视频）	网络短视频系列节目
近一点	优酷信息技术（北京）有限公司	网络短视频系列节目

（续表）

项目名称	申报单位	项目类别
“地球临界点”系列短视频	北京微然网络科技有限公司（梨视频）	网络短视频系列节目
热点话北京	北京广播电视台	网络短视频系列节目
电影是一束光	北京爱奇艺科技有限公司	网络短视频系列节目
援藏之路	北京映像天地影视文化有限公司	网络短视频系列节目
假如西游路上有民法典系列	北京千龙新闻网络传播有限责任公司	网络短视频系列节目
一往无前	北京淘梦网络科技有限责任公司	网络短视频系列节目
文化朝阳短视频系列	北京市朝阳区融媒体中心	网络短视频系列节目
弘扬中华优秀传统文化系列节目	中共北京市委干部理论教育讲师团	网络短视频系列节目
疫情下的北京生活	北京千龙新闻网络传播有限责任公司	网络短视频系列节目
小虎爱推理	北京广播电视台	网络音频节目（含广播剧）
神奇图书馆（第三部）	北京凯声文化传媒有限责任公司	网络音频节目（含广播剧）

（北京市广播电视局电视剧处）

注：获得“北京广播电视网络视听发展基金2020年度扶持项目”的不再在各单位获奖名单中体现。

获总局2020年引导扶持专项资金剧本扶持项目一览表

序号	类型	项目名称	申报机构
1	重点扶持	香山叶正红	北京北广传媒影视股份有限公司
2	重点扶持	八零九零	响想时代娱乐文化传媒（北京）有限公司
3	一般扶持	青年周恩来	北京电视艺术中心有限公司
4	一般扶持	冰上无双	皇氏御嘉影视集团有限公司

（北京市广播电视局电视剧处）

注：获得“国家广播电视总局2020年引导扶持专项资金剧本扶持项目”的名单不再在各单位获奖名单中体现。

获第九届北京市文学艺术奖项目一览表

获奖电视剧	出品单位
最美的青春	北京完美建信影视文化有限公司
启航	北京森影好时光文化传媒有限公司
破冰行动	北京爱奇艺科技有限公司
情满四合院	艺照天下（北京）影视传媒有限公司

（北京市广播电视局电视剧处）

注：获得“第九届北京市文学艺术奖”的名单不再在各单位获奖名单中体现。

2020年获“飞天奖”“金鹰奖”情况一览表

奖项名称	获奖作品	届数
优秀电视剧奖	最美的青春	第32届电视剧“飞天奖”
优秀电视剧奖	情满四合院	第32届电视剧“飞天奖”
优秀电视剧提名奖	破冰行动	第32届电视剧“飞天奖”
优秀电视剧提名奖	启航	第32届电视剧“飞天奖”
优秀电视剧提名奖	奔腾年代	第32届电视剧“飞天奖”
优秀电视剧提名奖	归去来	第32届电视剧“飞天奖”
优秀电视剧提名奖	忽而，今夏	第32届电视剧“飞天奖”
优秀电视剧提名奖	河山	第32届电视剧“飞天奖”
优秀电视剧提名奖	勿忘初心	第32届电视剧“飞天奖”
优秀电视剧奖	破冰行动	第30届中国电视金鹰奖

（北京市广播电视局电视剧处）

注：2020年获“飞天奖”“金鹰奖”电视剧的名单不再在各单位获奖名单中体现。

2020 年北京市法治动漫微视频作品征集展映活动

获奖单位	获奖作品	奖项名称及等级
北京市广播电视局		优秀组织奖
门头沟区融媒体中心	“宪”在生活	宪法主题公益广告类微视频一等奖
海淀区融媒体中心	家暴不是家丑是犯罪	动漫类一等奖
海淀区融媒体中心	直播带货你踩“雷”了吗？这些法律知识要知道	动漫类一等奖
朝阳区融媒体中心	套路贷里套路深及时报警免受骗	动漫类三等奖
朝阳区融媒体中心	严禁“黄赌毒”树文明新风	动漫类三等奖

（北京市广播电视局法规处）

注：获得“2020 年北京市法治动漫微视频作品奖”的名单不再在各单位获奖名单中体现。

入选总局 2020 年广播电视创新创优节目一栏表

奖项名称	获奖作品	类别	制作机构	实施表彰的文件名称及文号
2020年第一季度广播电视创新创优节目奖	养生堂——新型冠状病毒防控指引十八讲	电视节目	北京广播电视台	国家广电总局办公厅关于公布2020年第一季度广播电视创新创优节目的通知
2020年第二季度广播电视创新创优节目奖	与抗疫英雄做校友	广播节目	北京广播电视台	国家广电总局办公厅关于公布2020年第二季度广播电视创新创优节目的通知
2020年第三季度广播电视创新创优节目奖	北京24小时	广播节目	北京广播电视台	国家广电总局办公厅关于公布2020年第三季度广播电视创新创优节目的通知
2020年第三季度广播电视创新创优节目奖	接诉即办	电视节目	北京广播电视台	国家广电总局办公厅关于公布2020年第三季度广播电视创新创优节目的通知
2020年第四季度广播电视创新创优节目奖	凝望西山 永定长流系列	广播节目	北京广播电视台	国家广电总局办公厅关于公布2020年第四季度广播电视创新创优节目的通知
2020年第四季度广播电视创新创优节目奖	我的桃花源	电视节目	北京广播电视台	国家广电总局办公厅关于公布2020年第四季度广播电视创新创优节目的通知

（北京市广播电视局宣传管理处）

注：入选“总局 2020 年广播电视创新创优节目”的名单不再在各单位获奖名单中体现。

获总局2020年季度优秀广播电视新闻奖节目一览表

奖项名称	获奖作品	类别	制作机构
2020年第一季度优秀广播电视新闻作品奖	防疫一天“7张表”，形式主义何时了！	广播节目	北京广播电视台
2020年第一季度优秀广播电视新闻作品奖	生命缘·来自武汉的报道	电视节目	北京广播电视台
2020年第二季度优秀广播电视新闻作品奖	再战新冠——再战	电视节目	北京广播电视台
2020年第三季度优秀广播电视新闻作品奖	与时间赛跑——北京抗疫故事	广播专题	北京广播电视台新闻广播
2020年第四季度优秀广播电视新闻作品奖	承诺好的回迁安置房多年没有动静，棚改项目难推进，村民何时才能重回家园？	广播节目	北京广播电视台新闻广播
2020年第四季度优秀广播电视新闻作品奖	接过父辈的旗帜	电视节目	北京广播电视台卫视频道、新闻频道
2020年第四季度优秀广播电视新闻作品奖	看不见的生命线	电视节目	北京卫视

获总局2020年季度优秀国产电视动画片节目一览表

奖项名称	获奖作品	类别	制件机构
2020年第二季度优秀国产动画片	无敌鹿战队第一季上	动画片	北京爱奇艺科技有限公司
2020年第三季度优秀国产动画片	宇宙护卫队3	动画片	完美鲲鹏（北京）动漫科技有限公司
2020年第四季度优秀国产动画片	幸福路上	动画片	北京广播电视台 上海炫动传播有限公司 湖南金鹰卡通传媒有限公司 湖南快乐阳光互动娱乐传媒有限公司 优酷信息科技（北京）有限公司
2020年度优秀国产动画片	叮叮咚咚毛毛镇	动画片	北京空速动漫文化有限公司

（北京市广播电视局宣传管理处）

注：获得“总局2020年季度优秀广播电视新闻奖及优秀国产动画片”获奖名单不再在各单位名单中体现。

获总局 2019 年度国产纪录片及创作人才扶持项目一览表

一、优秀理论文献片（1部）			
序号	作品名称	版权单位	制作单位
1	共和·1949—中共中央在香山	北京广播电视台	北京广播电视台
二、优秀长片类（3部）			
序号	作品名称	版权单位	制作单位
1	重走来时路	北京伯璟文化传播有限公司、宁夏广电传媒有限公司	北京伯璟文化传播有限公司
2	绿水青山	北京广播电视台	北京广播电视台
3	我的时代和我	北京三多堂传媒股份有限公司	北京三多堂传媒股份有限公司
三、优秀短片类（1部）			
序号	作品名称	版权单位	制作单位
1	水下中国	北京泡泡海洋文化有限公司	北京泡泡海洋文化有限公司
四、优秀导演类（2部）			
序号	作品名称	版权单位	制作单位
1	许丁心、裔欣《科学的力量》	中央广播电视总台、中国科学院	中央广播电视总台央视纪录频道、中国科学院科学传播局、北京全景国家地理影视有限公司
2	陈怡、刘艺乐等《你好AI》	北京极目长天文化传播有限公司	北京极目长天文化传播有限公司
五、优秀撰稿类（1部）			
序号	作品名称	版权单位	制作单位
1	周叶、张帆等《影响世界的中国植物》	北京木子合成影视文化传媒有限公司	北京木子合成影视文化传媒有限公司
六、优秀摄像类（2部）			
序号	作品名称	版权单位	制作单位
1	李乃燊、杨威等《影响世界的中国植物》	北京木子合成影视文化传媒有限公司	北京木子合成影视文化传媒有限公司
2	王垚《一百年很长吗》	杭州潜影文化创意有限公司、北京自在飞翔影视文化有限责任公司	杭州潜影文化创意有限公司、北京自在飞翔影视文化有限责任公司
七、优秀栏目类（1部）			
序号	作品名称	所属播出机构	报送单位
1	档案	北京广播电视台	北京市广播电视局

（续表）

八、优秀制作机构类（1部）		
序号	机构名称	报送单位
1	北京伯璟文化传播有限公司	北京市广播电视局
九、优秀播出机构类（1部）		
序号	播出机构	报送单位
1	优酷	北京市广播电视局
十、优秀组织机构		
序号	机构名称	
1	北京市广播电视局宣传处	

（北京市广播电视局宣传管理处）

注：获得“国家广播电视总局2019年度国产纪录片及创作人才扶持项目”不再在各单位获奖名单中体现。

2020年度北京广播电视台获奖作品一览表

主办单位	作品名称	奖项等级	获奖部门及人员
第三十届中国新闻奖（2020年11月）			
中华全国新闻工作者协会	5G技术助力国产机器人完成全球首场骨科实时远程手术	一等奖	新闻广播中心 作者、编辑：韩萌
中华全国新闻工作者协会	交通新闻热线	新闻名专栏	交通广播中心 作者：集体（程艳、王敏、朱来生、王琛琛、孙媛、贾天阳、王楠、李天一、王承丙、赵明聪、苏婉、陈常松、翟瀚） 编辑：程艳、王敏、朱来生
中华全国新闻工作者协会	埃德温·马尔：归期未有期	二等奖	外语广播中心 作者、编辑：吴梅红
中华全国新闻工作者协会	《交通新闻》（2019年9月26日早间版）	三等奖	交通广播中心 作者、编辑：程艳
中华全国新闻工作者协会	爱，让心跳不止	三等奖	卫视频道中心 作者：邵晶、李潇、李晓东、陈梦圆、郭洪泷 编辑：陈梦圆、郭洪泷
中华全国新闻工作者协会	《北京您早》（2019年10月1日）	三等奖	新闻频道中心 作者集体（马迟、刘非非、黄广、王金春、李苑、赵静） 编辑集体（肖宬、杨蔚莨、王亦鹏、王大伟、阎石、刘亚菊）

（续表）

长江韬奋奖			
中华全国新闻工作者协会	第十六届长江韬奋奖韬奋系列	2020年11月	马宏
2017—2018年度中国广播电视大奖（2020年11月公布结果并颁奖）			
中国广播电视社会组织联合会	北京最后一台燃煤发电机组今天关停，本市结束百年燃煤发电史	广播节目大奖	肖佳佳（新闻广播中心）
中国广播电视社会组织联合会	穿越四十年对话高考	广播节目大奖	史喻、吴思（新闻广播中心）
中国广播电视社会组织联合会	生命暮年的幸福——带着尊严离去	电视节目大奖	戴俊艳、肖庆峰、汤军军、刘春艳（生活频道中心）
中国广播电视社会组织联合会	《天涯共此时》第二季“一带一路”新闻行动	电视节目大奖提名	新闻频道中心
中国广播电视社会组织联合会	医药分开推至全市公立医院	电视节目大奖提名	新闻频道中心
中国广播电视社会组织联合会	“动批”变身记	电视节目大奖提名	财经频道中心
中国广播电视社会组织联合会	您好！卡丹先生	电视节目大奖提名	钱丹丹、齐芳、马勇杰、高宇博（体育频道中心）
中国广播电视社会组织联合会	天坛医院完成全球罕见手术 脑瘤患者保留三种语言能力	广播节目大奖提名	韩萌（新闻广播中心）
中国广播电视社会组织联合会	公立医院医生成医托，患者权益难保障	广播节目大奖提名	杨帆（新闻广播中心）
中国广播电视社会组织联合会	无人机告别“黑飞”：监管与技术是基础，处罚办法亟待出台	广播节目大奖提名	王丹（交通广播中心）
中国广播电视社会组织联合会	醉驾不再一律入刑，需避免选择性司法	广播节目大奖提名	任雪娇（交通广播中心）
中国广播电视社会组织联合会	消失的行李	广播节目大奖提名	肖若昕（交通广播中心）
中国广播电视社会组织联合会	央企大规模违建存在多年，追踪报道近一年终拆除	广播节目大奖提名	连新元、李青芮（新闻广播中心）
中国广播电视社会组织联合会	相约北京	广播节目大奖提名	陈妹（体育广播中心）
中国广播电视社会组织联合会	新闻热线	广播节目大奖提名	新闻频道中心

（续表）

中国广播电视社会组织联合会	声音记录的大师风采——京剧老生唱片欣赏	广播节目大奖提名	尚远（文艺广播中心）
中国广播电视社会组织联合会	大运河之子——刘绍棠	广播节目大奖提名	关晓松、白钢、酒杰（故事广播中心）
中国广播电视社会组织联合会	时光里的送别	广播节目大奖提名	刘卓、何劼（文艺广播中心）
中国广播电视社会组织联合会	你是我的眼	广播节目大奖提名	文艺广播中心
中国广播电视社会组织联合会	抢救坦桑尼亚非遗的中国学者	广播节目大奖提名	戴蔚然（外语广播中心）
第26届电视文艺星光奖（2020年9月）			
国家广播电视总局	上新了·故宫	优秀电视文艺栏目奖	马宏、程军、林斐、马远、张丹、疏娉娉、杨安晶（卫视频道中心）
国家广播电视总局	我同祖国共成长——庆祝新中国成立70周年少儿晚会	优秀少儿电视节目奖	动画频道中心
国家广播电视总局	创意中国	优秀电视综艺节目奖提名	郝竞波、赵楠、王凯、杨李逸奕、李依桐、张萃研、李木子、裴尧、王美、刘韵、张颖勉、廉鸣洋、那倩、李佳、马霄霄（卫视频道中心）
国家广播电视总局	传承中国	优秀电视综艺节目奖提名	马宏、田川、程军、毛嘉、彭婉笛、刘天京、张玲、孔洁、翟娜、岳月、王轩、林斐（卫视频道中心）
第32届中国电视剧“飞天奖”（2020年9月）			
国家广播电视总局	外交风云	优秀电视剧奖	影视频道中心
第三十届中国电视金鹰奖（2020年10月）			
中国文学艺术界联合会、中国电视艺术家协会	冰雪冬奥村	最佳电视动画片提名奖	动画频道中心
第二十九届北京新闻奖（2020年11月）			
北京市新闻学会	穿越时空的声音记忆	组织策划奖	杨洪、江宁、路瑶、李瑞先、杨迪、王曼宁
北京市新闻学会	新中国成立70周年庆祝活动宣传报道	组织策划奖	新闻频道中心
北京市新闻学会	京张高铁今早开通运营，成为世界首条时速350公里智能高铁	一等奖	贾天阳、任雪娇

（续表）

北京市新闻学会	5G技术助力国产机器人完成全球首场骨科实时远程手术	一等奖	韩萌
北京市新闻学会	夏伯渝：没有比人更高的山	一等奖	于泊川
北京市新闻学会	新的起点、我的期待——大兴国际机场开航直播	一等奖	新闻广播中心、广播网络媒体中心
北京市新闻学会	2019年9月26日《交通新闻》早间版	一等奖	程艳
北京市新闻学会	新机场轨道交通创全球最快时速	一等奖	田智钢、成贵男
北京市新闻学会	市级行政中心正式迁入北京城市副中心	一等奖	徐京玲、樊煜、张师琦、李琦、王一
北京市新闻学会	“新时代 新担当 新作为”习近平总书记2.26视察北京五周年	一等奖	刘祺、李颖、秦亚利、曾红梅、高世勇、金昌、茂森
北京市新闻学会	“爱上大运河”系列专题	一等奖	新闻频道中心
北京市新闻学会	北京新闻	一等奖	陈楠、李光军、李晓军、崔菲、石云、颜黎、元伟
北京市新闻学会	北广人物‖救火英雄代晋恺发给BTV新闻记者的最后一条消息	二等奖	程戈
北京市新闻学会	我们这一代人的赶考路	二等奖	马骏、王劲清、刘佳
北京市新闻学会	“有证儿”的违建	二等奖	李青芮、连新元
北京市新闻学会	百年京张 筑梦辉煌	二等奖	林俐、宗晓畅、马骏、张博、兆龙
北京市新闻学会	埃德温·马尔：归期未有期	二等奖	吴梅红
北京市新闻学会	全球首试5G支持多中心远程协同手术	二等奖	贾湧强、孙强华
北京市新闻学会	京雄城际铁路雄安新区首个桥梁转体完成	二等奖	刘旭、王岩
北京市新闻学会	生命的礼物——爱，让心跳不止	二等奖	邵晶、李潇、李晓东、陈梦圆、郭洪泷

（续表）

北京市新闻学会	法治进行时——决胜执行难 法治进行时全程记录	二等奖	科教频道中心
北京市新闻学会	大兴机场首航！现场亲测登机速度 刷脸走遍“凤凰”	二等奖	张佳、林蕾、李鹏毅、蒋楠、田卉
北京市新闻学会	向前一步	二等奖	卫视频道中心
北京市新闻学会	问北京（微信公众号）	二等奖	新闻广播中心
北京市新闻学会	新首钢大桥今天通车 长安街成为“百里长街”	三等奖	史喻
北京市新闻学会	北京世园会开园当日迎3.5万游客，“锦绣如意”中国馆成首日最热门景区	三等奖	朱燕婷、程艳
北京市新闻学会	如何保护“少年的你”？	三等奖	澹台瑞芳、秦天
北京市新闻学会	新中国设计	三等奖	吴思、唐思萌、郭兆龙
北京市新闻学会	父辈的1949——访李济深先生女儿李筱松、曾外孙朱明明	三等奖	秦鲁一
北京市新闻学会	风云七十年——外交官眼中的世界	三等奖	刘甜甜
北京市新闻学会	麦启安：我最大的心愿是让中国更了解世界，让世界更了解中国	三等奖	吴梅红、臧轶洁、Kat、刘智嘉
北京市新闻学会	大家收藏——马首铜像归家之路	三等奖	杨健、常海龙、王鑫、戴青、赵宸
北京市新闻学会	双奥之城“冰火钢城”系列专题	三等奖	俞恺
北京市新闻学会	生活这一刻——和百岁老人共度国庆	三等奖	生活频道中心
北京市新闻学会	“同心圆·中国梦——父辈的1949”系列短视频	三等奖	融媒体中心
北京市新闻学会	《新时代 新担当 新作为》——心系三峡 情注巴东	三等奖	张民、吕雅堃、郭亚丽、张阳、郭毅

（续表）

<table>
<tr><td>北京市新闻学会</td><td>《记忆》——毛泽东的国庆24小时</td><td>三等奖</td><td colspan="3">严崴、张宾、王未央、左博、刘薇、曾珍</td></tr>
<tr><td>北京市新闻学会</td><td>京张高铁正式投运特别报道</td><td>三等奖</td><td colspan="3">新闻频道中心</td></tr>
<tr><td>北京市新闻学会</td><td>2019年10月1日《北京您早》</td><td>三等奖</td><td colspan="3">新闻频道中心</td></tr>
<tr><td>北京市新闻学会</td><td>我爱你中国</td><td>三等奖</td><td colspan="3">徐滔、马宏、岳月、蒋苏华、王轩、张宏亮、王一</td></tr>
<tr><td>北京市新闻学会</td><td>新机场新体验——北京大兴国际机场全息交互答题</td><td>三等奖</td><td colspan="3">交通广播中心</td></tr>
<tr><td>北京市新闻学会</td><td>假如70年前有微信</td><td>三等奖</td><td colspan="3">田刚、邓力、高斯理、潘灿、曹宁、孙迪雅</td></tr>
<tr><td colspan="6">第九届北京市文学艺术奖（2020年5月）</td></tr>
<tr><td>中共北京市委员会、北京市人民政府</td><td>广播剧《中共中央在香山》</td><td>获奖作品</td><td colspan="3">邵军、徐然、陈光等</td></tr>
<tr><td>中共北京市委员会、北京市人民政府</td><td>广播剧《你是我的眼》</td><td>获奖作品</td><td colspan="3">邵军、徐然等</td></tr>
<tr><td>中共北京市委员会、北京市人民政府</td><td>歌曲《不忘初心》</td><td>获奖作品</td><td colspan="3">音乐广播中心组织创作</td></tr>
<tr><td>中共北京市委员会、北京市人民政府</td><td>歌曲《我们都是追梦人》</td><td>获奖作品</td><td colspan="3">音乐广播中心组织创作</td></tr>
<tr><td>中共北京市委员会、北京市人民政府</td><td>纪录片《共和国1949——中共中央在香山》</td><td>提名作品</td><td colspan="3">黄炜、胡杰、吴炳彦、张晶秋、游扬、廖祎蕾、杨珊、李力、于洋</td></tr>
<tr><td>中共北京市委员会、北京市人民政府</td><td>动画片《冰雪冬奥村》</td><td>提名作品</td><td colspan="3">秦新春、史月光、朱业、张勐、庄盘石、史江泓</td></tr>
<tr><td>中共北京市委员会、北京市人民政府</td><td>广播剧《大中关村小咖啡馆》</td><td>提名作品</td><td colspan="3">徐然等</td></tr>
<tr><td>中共北京市委员会、北京市人民政府</td><td>广播剧《板车女孩》</td><td>提名作品</td><td colspan="3">徐然等</td></tr>
<tr><td>中共北京市委员会、北京市人民政府</td><td>歌曲《复兴的力量》</td><td>提名作品</td><td colspan="3">音乐广播组织创作</td></tr>
<tr><td colspan="6">2020年广播端获奖作品</td></tr>
<tr><td>中国电影电视技术学会</td><td></td><td>广播节目技术质量奖（金鹿奖）播出技术质量奖</td><td>2020年</td><td>二等奖</td><td>广电技术中心：姜扬、刘鹏程、周瑾莹、任海全、赵奕晴、曹漫、李倩、王志杰、胡国伟、罗志强、李忠实、李东、薛晓洁、新闻台：董研博、吴蓝</td></tr>
</table>

（续表）

中国电影电视技术学会	《冬奥·这一刻》	录制技术质量奖（金鹿奖）（片花类）	2020年	二等奖	节目制作中心：叶思成、何梦凡、孟孟
2020年广播广告公益类获奖作品					
中国广告协会	追问的声音	第二十七届中国国际广告节（黄河奖）	优秀		张红兵
中国广告协会	千里眼和顺风耳	第二十七届中国国际广告节（黄河奖）	优秀		徐超
中国广告协会	垃圾分类顺口溜	第二十七届中国国际广告节（黄河奖）	优秀		广告管理部（盛天丽音公司）
国家广播电视总局、全国老龄工作委员会	有意为之的麻烦	全国第三届敬老养老助老公益作品征集	一类		胡汀兰、左小群、刘昊洋
国家广播电视总局、全国老龄工作委员会	敬老养老助老之敬老孝当先	全国第三届敬老养老助老公益作品征集	三类		广告管理部
国家广播电视总局、全国老龄工作委员会	敬老养老助老之有温度的手篇	全国第三届敬老养老助老公益作品征集	优秀		广告管理部
国家广播电视总局、全国老龄工作委员会	敬老养老助老之特别问卷篇	全国第三届敬老养老助老公益作品征集	优秀		广告管理部
国家广播电视总局、全国老龄工作委员会	敬老养老助老之最后一次篇	全国第三届敬老养老助老公益作品征集	优秀		广告管理部
国家广播电视总局、全国老龄工作委员会	不要缺席篇	全国第三届敬老养老助老公益作品征集	优秀		徐超、胡汀兰、姚迪、左小群、刘昊洋
北京广告协会	我是哪一个	第十二届北京国际广告创意节暨第六届京津冀广告节	金奖		王雪
北京广告协会	你保护世界 我保护你	第十二届北京国际广告创意节暨第六届京津冀广告节	银奖		王雪
北京广告协会	社区志愿者战疫进行时	第十二届北京国际广告创意节暨第六届京津冀广告节	优秀奖		葛文婕
北京广告协会	保护知识产权：西游降魔篇	第十二届北京国际广告创意节暨第六届京津冀广告节	优秀奖		杨红光

（续表）

北京广告协会	党在第一线	第十二届北京国际广告创意节暨第六届京津冀广告节	优秀奖	叶思成
北京广告协会	冬奥·这一刻	第十二届北京国际广告创意节暨第六届京津冀广告节	优秀奖	叶思成
北京广告协会	关爱空巢老人	第十二届北京国际广告创意节暨第六届京津冀广告节	优秀奖	张红兵
北京广告协会	购物无止境 消费需理性	第十二届北京国际广告创意节暨第六届京津冀广告节	优秀奖	章珏莹
北京广告协会	舌尖上的野味	第十二届北京国际广告创意节暨第六届京津冀广告节	优秀奖	章珏莹
北京广告协会	小小史学家之防疫大作战（系列）	第十二届北京国际广告创意节暨第六届京津冀广告节	优秀奖	张雅佼
北京广告协会	武汉你好吗	第十二届北京国际广告创意节暨第六届京津冀广告节	优秀奖	王雪
北京广告协会	是或不是（yes or no）	第十二届北京国际广告创意节暨第六届京津冀广告节	优秀奖	姜智勇、文熹
北京广告协会	珍惜粮食 反对浪费（系列）	第十二届北京国际广告创意节暨第六届京津冀广告节	优秀奖	伍洲彤
北京广告协会	第一份工作	第十二届北京国际广告创意节暨第六届京津冀广告节	优秀奖	李湘麓
北京广告协会	并肩向前	第十二届北京国际广告创意节暨第六届京津冀广告节	优秀奖	张璐
中共深圳市委宣传部	求救电话	第十五届（2020）设计之都（中国·深圳）公益广告	最佳创意奖	邓天一

（续表）

中共深圳市委宣传部	无需多言的陪伴	第十五届（2020）设计之都（中国·深圳）公益广告	入围奖		董珂
中共深圳市委宣传部	“农产品”的对话	第十五届（2020）设计之都（中国·深圳）公益广告	入围奖		姜智勇、文熹
中共深圳市委宣传部	家庭和谐，从好好说话开始	第十五届（2020）设计之都（中国·深圳）公益广告	入围奖		章珏莹
2020年广播广告商业类获奖作品					
中国广告协会	听听FM宣传一块钱篇	第二十七届中国国际广告节（长城奖）	2020年	银奖	徐超、朱云
北京广告协会	听听FM宣传 五分钟篇	第十二届北京国际广告创意节暨第六届京津冀广告节	2020年	银奖	徐超、朱云
北京广告协会	听听FM宣传 时差篇	第十二届北京国际广告创意节暨第六届京津冀广告节	2020年	铜奖	徐超、朱云
北京广告协会	北京广播电视台宣传 守正创新篇	第十二届北京国际广告创意节暨第六届京津冀广告节	2020年	优秀奖	徐超、朱云
北京广告协会	纪录片《大国质量》推介宣传	第十二届北京国际广告创意节暨第六届京津冀广告节	2020年	优秀奖	朱云、徐超
北京广告协会	纪录片《生活万岁》推介宣传	第十二届北京国际广告创意节暨第六届京津冀广告节	2020年	优秀奖	朱云、徐超

金帆奖（国家广播电视总局电视节目技术质量奖）

奖项等级	获奖者姓名
播出技术质量奖一等奖	董秀琴、安贵江、余德骏、李维宁、易钢、程京生、特畅、苏卓涛、谢苏文、张来宝、崔雨、张宁、张胜男、宋琳、程毅
播出技术质量奖三等奖	金强、张皓、刘新同、钮唯谨、王晨、张宏斌、计凌辉、郭强、杜波、段然、万韵初、邓菲、赵涛、李萍、宋明防

（续表）

2020年度中国电影电视技术学会科技人才奖	
获奖者姓名	奖项等级
赵涛	青年科技奖
何莹	青年科技奖
王燕清	青年科技奖

2020年度北京广播电视台播音主持奖（2021年2月7日）

作品名称	奖项名称	奖项等级	获奖部门及人员
《春妮的周末时光》—仰望星空，逐梦苍穹	播音主持作品专家奖（电视组）	一等奖	徐春妮（春妮）
《北京冬奥会倒计时500天特别节目》	播音主持作品专家奖（电视组）	一等奖	李杨薇
《向前一步》—老旧小区改造以心"焕"新	播音主持作品专家奖（电视组）	一等奖	马骧（马丁）
《老师请回答》—世界艾滋病日特别节目	播音主持作品专家奖（电视组）	一等奖	刘洪悦（悦悦）
《北京新闻》—2020年7月1日	播音主持作品专家奖（电视组）	一等奖	王晓佳（王小佳）
《档案》—二锅头三百年 源自牛栏山里面	播音主持作品专家奖（电视组）	二等奖	谭江海
《论道金融街》—全球变局 把握未来机遇	播音主持作品专家奖（电视组）	二等奖	李杰
《迷尚北京》—北京老行当	播音主持作品专家奖（电视组）	二等奖	汪洋
《健康北京特别节目》—众志成城 防控疫情	播音主持作品专家奖（电视组）	二等奖	邬晔纬
《北京新闻》—2020年2月25日	播音主持作品专家奖（电视组）	二等奖	聂一菁
《北京新闻》—2020年1月24日	播音主持作品专家奖（电视组）	二等奖	王晔（王业）
《创新北京》—永远的"东方红一号"	播音主持作品专家奖（电视组）	二等奖	秦溯
《北京冬奥会倒计时500天特别节目》	播音主持作品专家奖（电视组）	二等奖	金巍（金威）
《都市晚高峰》—王建生的出租日记	播音主持作品专家奖（电视组）	二等奖	马迟
《首都晚间报道》—2020年3月20日	播音主持作品专家奖（电视组）	二等奖	马欣娜

（续表）

《来了服贸会》—遇见李稻葵	播音主持作品专家奖（电视组）	三等奖	韦嘉
《记忆》—打出一片血色天空	播音主持作品专家奖（电视组）	三等奖	孙宇
《2020年北京市中小学生开学第一课》	播音主持作品专家奖（电视组）	三等奖	孙扬
《生活这一刻》—2020年2月27日	播音主持作品专家奖（电视组）	三等奖	高燕
《京津冀大格局》—北京环球度假区打造文旅金名片	播音主持作品专家奖（电视组）	三等奖	张一萌
《养生堂》—谈湿论热话瘟疫	播音主持作品专家奖（电视组）	三等奖	陈赛
《BTV赛场》—2020年全国游泳冠军赛	播音主持作品专家奖（电视组）	三等奖	江文川
《数说北京》—我和人口普查的故事	播音主持作品专家奖（电视组）	三等奖	李海峰
《第五届诚信北京3.15特别节目》	播音主持作品专家奖（电视组）	三等奖	宁晓川
《档案》—抗美援朝英雄谱	播音主持作品专家奖（电视组）	三等奖	李宗铭
《拍宝》—2020年10月24日	播音主持作品专家奖（电视组）	三等奖	陈啸
《足球一百分》—2020年8月3日	播音主持作品专家奖（电视组）	三等奖	魏翊东
《为你守护》—关爱老年人 巧避诈骗坑	播音主持作品专家奖（电视组）	三等奖	关文平
《来了服贸会》—聚焦新三板	播音主持作品专家奖（电视组）	三等奖	张伟
《市民对话一把手》—城管委谈加强垃圾分类	播音主持作品专家奖（电视组）	三等奖	陆放
《天下财经》—限竞房里淘实惠	播音主持作品专家奖（电视组）	三等奖	张杨
《为奥运喝彩》—2020年10月4日	播音主持作品专家奖（电视组）	三等奖	毛正宇
《卡酷动物园》—绿水青山萌游记之童心绘梦	播音主持作品专家奖（电视组）	三等奖	修亚明（亚明）

（续表）

《律师请就位》—被剥夺的居住权	播音主持作品专家奖（电视组）	三等奖	李佳璇
《北京新闻》	播音主持作品专家奖（广播组）	一等奖	滕莹石（滕欢）、郭兆龙（兆龙） 新闻广播
《走进“紫禁城建成600年展”》	播音主持作品专家奖（广播组）	一等奖	刘卓（米夏）
《超级体验团：主播约您来跑步》	播音主持作品专家奖（广播组）	一等奖	宋扬 体育广播
《一路畅通》“哪些经典无法超越”	播音主持作品专家奖（广播组）	一等奖	郭炜、李嘉佳 交通广播
《一路畅通》“三八妇女节”特别节目	播音主持作品专家奖（广播组）	一等奖	顾峰、牛园园 交通广播
《教育面对面》“与抗疫英雄做校友—张定宇”	播音主持作品专家奖（广播组）	二等奖	姚迪
《行走天下》“嫦娥探月记”	播音主持作品专家奖（广播组）	二等奖	刘甜甜
《新闻天天谈》疫情下的“危”与“机”	播音主持作品专家奖（广播组）	二等奖	武传艺（传艺）
《一个军医的抗美援朝》	播音主持作品专家奖（广播组）	二等奖	于浩、成强
《新闻2020》	播音主持作品专家奖（广播组）	二等奖	王曼宁（曼宁）、江宁
《1039慧旅行》“一家样式雷，半部中国古建史”	播音主持作品专家奖（广播组）	二等奖	郑婉乔 交通广播
《一起午餐吧》“在爱的目光里”	播音主持作品专家奖（广播组）	二等奖	吴勇
《笑声中的“老戏”钩沉》	播音主持作品专家奖（广播组）	二等奖	尚远
《主播在线》	播音主持作品专家奖（广播组）	二等奖	孙畅
《首位感染新冠病毒的专家组成员王广发》	播音主持作品专家奖（广播组）	二等奖	李玲
《四位海外华人华侨的特殊春节》	播音主持作品专家奖（广播组）	二等奖	戴蔚然 外语广播
《老年之友》“老吾老以及人之老”	播音主持作品专家奖（广播组）	三等奖	于晓丹（小丹）
《北京新闻》	播音主持作品专家奖（广播组）	三等奖	刘佳、于小菲（于菲）
《体坛夜话》“足协新政解析”	播音主持作品专家奖（广播组）	三等奖	王昇

（续表）

《联e会》“被互联网和高科技遗忘的爸妈”	播音主持作品专家奖（广播组）	三等奖	金盛博、张琦
《警法时空》“四千多万买来闹市区里的坟景房”	播音主持作品专家奖（广播组）	三等奖	姚博
《评论：面对疫情反弹，紧张不必恐慌》	播音主持作品专家奖（广播组）	三等奖	李锐 新闻广播
《特别创意》“用音乐战疫，我们在一起”	播音主持作品专家奖（广播组）	三等奖	常晓航 音乐广播
《记录新起点 相约冬奥会》	播音主持作品专家奖（广播组）	三等奖	惠凡 体育广播
《梦想行动派》“百年内联升的变与不变”	播音主持作品专家奖（广播组）	三等奖	赵鹏
《2020年三八国际妇女节特别策划—致敬最美逆行者》	播音主持作品专家奖（广播组）	三等奖	孟群
《体坛夜话》“北京首钢男篮代理主教练解立彬访谈”	播音主持作品专家奖（广播组）	三等奖	张晓亮 体育广播
《教育面对面》“家长群为何变成压力群”	播音主持作品专家奖（广播组）	三等奖	秦天
《1039新闻早报》	播音主持作品专家奖（广播组）	三等奖	张楠、赵楠 交通广播
《诵读小站》莫言“回乡—品读《晚熟的人》”	播音主持作品专家奖（广播组）	三等奖	靳桥
《北京新闻》	播音主持作品专家奖（广播组）	三等奖	孙超峰、孙佳池 新闻广播
《歌飞扬》“萨日娜专访”	播音主持作品专家奖（广播组）	三等奖	吴雨桐（道道） 音乐广播
《诵读小站》“大山里的小诗人”	播音主持作品专家奖（广播组）	三等奖	左小群（小群）
《运河之上》“大运河连起的扬州与通州”	播音主持作品专家奖（广播组）	三等奖	黄彦
《1039新闻早报》	播音主持作品专家奖（广播组）	三等奖	孙刚、顾一菲 交通广播
《健康加油站》“一张影像片看新冠病毒感染肺变化”	播音主持作品专家奖（广播组）	三等奖	白琳

（续表）

《今夜私语时》“您用积极的语言和孩子说话吗”	播音主持作品专家奖（广播组）	三等奖	孙岩
《健身抗疫，增强抵抗力》	播音主持作品专家奖（新媒体组）	一等奖	邬晔纬
《1039尬问》冬季除冰霜	播音主持作品专家奖（新媒体组）	一等奖	孙潇
《主播说新闻》这个场景是否似曾相识	播音主持作品专家奖（新媒体组）	二等奖	李杨薇
《前后赤壁赋》	播音主持作品专家奖（新媒体组）	二等奖	尚远
《金环日食大直播——当夏至日遇到金环日食》	播音主持作品专家奖（新媒体组）	二等奖	秦溯
《中国小伙美国一战成名》	播音主持作品专家奖（新媒体组）	二等奖	宫昊
《最强民族摇滚乐队杭盖乐队电台现场秀》	播音主持作品专家奖（新媒体组）	二等奖	王泽华（泽华）
《亚明语言小课堂》系列	播音主持作品专家奖（新媒体组）	二等奖	修亚明（亚明）
《英文天天说》感冒看病必备短语	播音主持作品专家奖（新媒体组）	三等奖	杨若天（天天）
《拔草冰雪网红地 北京最in冰雪场 我们来了》	播音主持作品专家奖（新媒体组）	三等奖	赵文龙
《主播说新闻》全国劳模和先进工作者表彰大会召开	播音主持作品专家奖（新媒体组）	三等奖	聂一菁
《战疫！关爱青年计划在行动》	播音主持作品专家奖（新媒体组）	三等奖	张悦、王曼宁
《共建美好生活 同行幸福安康》	播音主持作品专家奖（新媒体组）	三等奖	王原渊（原依）
《宅家，开启你的荒岛人生吧》	播音主持作品专家奖（新媒体组）	三等奖	常晓航
《有声周刊》	播音主持作品专家奖（新媒体组）	三等奖	孙超峰
《夜航船》读书系列	播音主持作品专家奖（新媒体组）	三等奖	卢迪
《主播说新闻》高清电子眼来了	播音主持作品专家奖（新媒体组）	三等奖	张默
《荣耀盛夏融媒体直播》	播音主持作品专家奖（新媒体组）	三等奖	阎康乐
《战“疫”！这届病毒太狡猾》	播音主持作品专家奖（新媒体组）	三等奖	刘一男（瘦不了）

（续表）

《首都青年学生“双十一文明美食日”特别节目》	播音主持作品专家奖（新媒体组）	三等奖	张宇维
《直击“对话艺术家”第100期录制现场》	播音主持作品专家奖（新媒体组）	三等奖	陆放
《健康520》王劲院长说颈椎病	播音主持作品专家奖（新媒体组）	三等奖	陈赛
《亲子时光之萌宝成长》系列	播音主持作品专家奖（新媒体组）	三等奖	赵舒婷（彩虹姐姐）
《疫情期间的主持人私房菜之火烧云吐司》	播音主持作品专家奖（新媒体组）	三等奖	朱一静
《我想你了》	播音主持作品专家奖（新媒体组）	三等奖	马思萌（思萌）
《20年华语金曲》	播音主持作品专家奖（新媒体组）	三等奖	王静娱（静娱）、郭鹏

（北京广播电视台）

2020年度北京广播电视报社获奖作品一览表

主办单位	作品名称	奖项名称	颁奖时间	奖项等级	获奖部门及人员
中国广播影视报刊协会省级广播电视报专业委员会	莫把富矿当贫矿——论儿童影视剧的缺位	省级广播电视报第二十九届好新闻评选评论类	2020年10月20日	一等奖	《北京广播电视报》编辑部 夏茂平
中国广播影视报刊协会省级广播电视报专业委员会	凉山救火英雄代晋恺发给BTV新闻记者的最后一条消息	省级广播电视报第二十九届好新闻评选消息类	2020年10月20日	一等奖	全媒体中心 程戈
中国广播影视报刊协会省级广播电视报专业委员会	时代楷模“北京榜样”张博研“卖房救母”用温暖驱散风雨	省级广播电视报第二十九届好新闻评选通讯类	2020年10月20日	二等奖	《北广人物》编辑部 彭立昭
中国广播影视报刊协会省级广播电视报专业委员会	浅谈广播电视报刊的版面设计	省级广播电视报第二十九届好新闻评选论文类	2020年10月20日	二等奖	总编室 车丽军

（续表）

主办单位	作品名称	奖项名称	颁奖时间	奖项等级	获奖部门及人员
中国广播影视报刊协会省级广播电视报专业委员会	深情演绎香山故事	省级广播电视报第二十九届好新闻评选版面类	2020年10月20日	二等奖	总编室 车丽军
中国广播影视报刊协会省级广播电视报专业委员会	何冰 一不留神过五十 不惧挑战胆更大	省级广播电视报第二十九届好新闻奖评选专访类	2020年10月20日	二等奖	《北京广播电视报》编辑部 刘颖
中国广播影视报刊协会省级广播电视报专业委员会	《北广人物》周刊微信公众号	省级广播电视报第二十九届好新闻评选网络作品类	2020年10月20日	二等奖	
中国广播影视报刊协会省级广播电视报专业委员会	人物报道的深度	省级广播电视报第二十九届好新闻评选论文类	2020年10月20日	三等奖	《北广人物》编辑部 董岩
中国广播影视报刊协会省级广播电视报专业委员会	微型广播剧展现红色大历史	省级广播电视报第二十九届好新闻评选通讯类	2020年10月20日	三等奖	《北京广播电视报》编辑部 李雄峰
中国广播影视报刊协会省级广播电视报专业委员会	真的挺好的	省级广播电视报第二十九届好新闻评选版面类	2020年10月20日	三等奖	《北京广播电视报》编辑部 毕明
中国广播影视报刊协会省级广播电视报专业委员会	鞠萍：做一个细心的倾听者	省级广播电视报第二十九届好新闻评选专访类	2020年10月20日	三等奖	《北广人物》编辑部 李雪源
北京市新闻学会	凉山救火英雄代晋恺发给BTV新闻记者的最后一条消息	第二十九届北京专业报刊新闻奖	2020年4月13日	一等奖	全媒体中心 程戈
北京市新闻学会	时代楷模"北京榜样"张博研"卖房救母"用温暖驱散风雨	第二十九届北京专业报刊新闻奖	2020年4月13日	一等奖	《北广人物》编辑部 彭立昭
北京市新闻学会	凉山救火英雄代晋恺发给BTV新闻记者的最后一条消息	第二十九届北京新闻奖	2020年5月20日	二等奖	全媒体中心 程戈
北京市新闻学会	莫把富矿当贫矿——论儿童影视剧的缺位	第二十九届北京专业报刊新闻奖	2020年4月13日	二等奖	《北京广播电视报》编辑部 夏茂平

（北京广播电视报社）

2020年度北京新媒体（集团）有限公司获奖作品一览表

作品名称	奖项名称	届数	奖项等级
四十年四十人——我与改革开放共成长	全国政协好新闻	第23届	二等奖
大兴机场首航！现场亲测登机速度 刷脸走遍“凤凰”	北京新闻奖	第29届	二等奖
同心圆·中国梦——父辈的1949系列短视频	北京新闻奖	第29届	三等奖
“疫情防控+新高考改革”，2020北京高考有何不同？带您一起直击	中国新闻奖	第31届	媒体融合类移动直播奖
守望共和国	全国政法优秀新闻作品	2019年	三等奖
北京IPTV大数据项目	北京市推动智慧广电发展专项	2020年	重点奖励项目

[北京新媒体（集团）有限公司]

2020年度北京歌华有线电视网络股份有限公司获奖作品一览表

主办单位	奖项名称	颁奖时间	获奖部门及人员
中央精神文明建设指导委员会	第六届全国文明单位	2020年11月	歌华有线公司
人力资源社会保障部、国家广播电视总局、国家新闻出版署	全国新闻出版广播影视系统劳动模范	2021年1月	歌华有线播控部 黄美莹
中共北京市委、北京市人民政府	北京市抗击新冠肺炎疫情先进集体	2020年9月	歌华有线公司
中共北京市委、北京市人民政府	北京市抗击新冠肺炎疫情先进个人	2020年9月	歌华有线工程管理公司 金明源

（续表）

主办单位	奖项名称	颁奖时间	获奖部门及人员
国家广播电视总局	第四届全国有线广播电视机线员职业技能竞赛优秀组织奖	2020年12月	歌华有线公司
国家广播电视总局	第四届全国有线广播电视机线员职业技能竞赛个人三等奖	2020年12月	歌华有线密云分公司付保强

（北京歌华有线电视网络股份有限公司）

2020年度北京电视艺术中心有限公司获奖作品一览表

主办单位	作品名称	奖项名称	颁奖时间	奖项等级	获奖部门及人员
美国鹰龙传媒公司主办，国家广电总局等	不说再见	2020年度“金天使奖”电视剧	2020年11月		北京电视艺术中心有限公司
国家广播电视总局		2020年度电视剧剧本扶持引导项目	2020年11月	一般扶持	北京电视艺术中心有限公司
国家广播电视总局	功勋	入选“第三批2018–2022年重点电视剧规划选题”	2020年6月		北京电视艺术中心有限公司
北京市新闻出版局	早期京剧名家郭仲衡唱腔集、早期京剧名家王凤卿唱腔集、早期京剧名家罗筱宝唱腔集、早期京剧名家汪笑侬唱腔集	入选“北京典籍与经典老唱片数字化出版项目名单”	2020年9月		北京电视艺术中心音像出版社有限公司

（北京电视艺术中心有限公司）

2020年度北京北广传媒数字电视有限公司获奖作品一览表

主办单位	作品名称	奖项名称	颁奖时间	奖项等级	获奖部门及人员
中国电视购物联盟	爱家购物频道	2019年度中国电视购物行业评优	2020年5月	区域优秀节目流行美妆类铜奖	北京北广传媒数字电视有限公司爱家购物频道
中国广播电影电视社会组织数字付费频道委员会	汇柒鲜锡盟筋头巴脑	2019年数字付费频道行业调研量化排序	2020年10月	地方播出频道三等专题节目	北京北广传媒数字电视有限公司爱家购物频道
中国广播电影电视社会组织数字付费频道委员会	寰行迹	2019年数字付费频道行业调研量化排序	2020年10月	全国播出频道二等优秀栏目	北京北广传媒数字电视有限公司环球旅游频道
中国广播电影电视社会组织数字付费频道委员会	四海钓鱼频道	2019年数字付费频道行业调研量化排序	2020年10月	行业优异频道	北京北广传媒数字电视有限公司四海钓鱼频道
中国广播电影电视社会组织数字付费频道委员会	黑坑江湖之特级黑坑	2019年数字付费频道行业调研量化排序	2020年10月	全国播出频道一等优秀栏目	北京北广传媒数字电视有限公司四海钓鱼频道
中国广播电影电视社会组织数字付费频道委员会	赵南南	2019年数字付费频道行业调研量化排序	2020年10月	全国播出频道优秀编审	北京北广传媒数字电视有限公司赵南南
中国广播电影电视社会组织数字付费频道委员会	北京北广传媒数字电视有限公司	2019年数字付费频道行业调研量化排序	2020年12月	防疫宣传先进单位	北京北广传媒数字电视有限公司
北京市广播电视局	梁燚	2020年北京市广播电视和网络视听行业领军人才	2020年12月		北京北广传媒数字电视有限公司梁燚

（北京北广传媒数字电视有限公司）

2020年度北京北广传媒移动电视有限公司获奖作品一览表

主办单位	作品名称	奖项名称	颁奖时间	奖项等级	获奖部门及人员
北京市广播电视局	我在北京挺好的——匠造童心	北京市广播影视奖优秀节目	2020年3月	市级	节目部 王莹、王琛、侯超

（北京北广传媒移动电视有限公司）

2020年度北京北广传媒影视股份有限公司获奖作品一览表

主办单位	作品名称	奖项名称	颁奖时间	获奖部门及人员
北京市文学艺术界联合会	情满四合院	第九届北京市文学艺术奖	2020年5月22日	
国家广电总局	香山叶正红	国家广电总局第三批“2018—2022年重点电视剧规划选题”片单	2020年6月23日	
国家广电总局	情满四合院	第32届电视“飞天奖”	2020年9月28日	优秀电视剧奖； 何冰获优秀男演员奖； 导演刘家成、编剧王之理、主演郝蕾获“飞天奖”提名奖

（北京北广传媒影视股份有限公司）

2020 年度北京北广传媒城市电视有限公司
获奖作品一览表

奖项名称	获奖时间	颁发/主办单位	会议/活动名称
北京市诚信创建企业	2020年3月	北京诚信创建企业办公室	2019年北京市诚信创建企业
战“疫”公益媒体传播奖	2020年4月	IAI国际广告奖	第20届IAI国际广告奖
未来守护者公益平台	2020年5月	共青团北京市朝阳区委员会 北京市朝阳区城市管理委员会	#扔出你的态度# 公益环保话题活动
2020年抗疫公益广告宣传突出贡献奖	2020年8月	中国广告协会	2020中国户外广告论坛
2020户外媒体LED类优质媒体			
2020城市地标广告媒体			
战“疫”公益媒体传播奖	2020年9月	IAI国际广告奖	IAI国际创享节
优秀户外传播媒体奖			
中国品牌 最具影响力户外媒体	2020年9月	亚洲品牌集团、中国亚洲经济发展协会、《环球时报》社、一带一路总商会、中国经济新闻联播、东盟-中国工商总会和澳门工商联会联合主办	第15届亚洲品牌盛典
2020亚洲品牌 十大杰出女性奖			
2020年度媒体融合创新技术与服务应用入库及推荐项目	2020年9月	北京市广播电视局	中国广电媒体融合发展大会

（北京北广传媒城市电视有限公司）

2020年度北京市东城区融媒体中心获奖作品一览表

获奖单位/个人	所获荣誉	颁奖单位	颁发时间
北京市东城区融媒体中心	2020年事业单位脱贫攻坚专项奖励集体嘉奖	北京市人力资源和社会保障局	2021年1月
北京市东城区融媒体中心	2020“应急宣传进万家”工作优秀新闻报道单位	北京市突发事件应急委员会办公室&北京市安全生产委员会办公室	2020年12月
朱丹	2020北京市“应急宣传进万家”工作优秀新闻报道个人	北京市突发事件应急委员会办公室&北京市安全生产委员会办公室	2020年12月

（北京市东城区融媒体中心）

2020年度北京市海淀区融媒体中心获奖作品一览表

主办单位	作品名称	奖项名称	颁奖时间	奖项等级	获奖部门及人员
北京市广播电视局	咱海淀·真硬核	2020年第一季度北京市优秀广播电视新闻作品	2020年5月		张庆洁、范杰、刘仁、刘文婷、邓嘉文、贺佳、刘畅、闫子琦、金廷、王柯心、李夺、鲁特、曹洋锦、王冀蒙、石珊
北京市广播电视局	抗击疫情我们一定能赢	2020年第一季度北京市优秀广播电视优秀融媒短视频	2020年5月		范杰、贺佳、闫春蕊、罗英西、邓嘉文、任雨馨、叶林茂
北京市广播电视局	火海涅槃	2020年第二季度北京市优秀广播电视新闻作品	2020年7月		范杰、王紫、闫子琦、刘畅

（续表）

主办单位	作品名称	奖项名称	颁奖时间	奖项等级	获奖部门及人员
北京市广播电视局	我们是科技战疫中最亮的仔	2020年第二季度北京市优秀广播电视新闻作品	2020年7月		范杰、王紫、闫子琦、刘畅
中国外文局	海淀与国同梦	“讲好中国故事–2019创意传播大赛（北京分站赛）”	2020年8月	创意宣传片	张庆洁、范杰、尹婷婷、闫春蕊
中国外文局	火海涅槃	“讲好中国故事–2019创意传播大赛（北京分站赛）”	2020年8月	奇思妙想奖	范杰、王紫、闫子琦、刘畅
中国外文局	百姓故事之《为生命而歌》	“讲好中国故事–2019创意传播大赛（北京分站赛）”	2020年8月	三等奖	范杰、王紫、闫子琦、罗英西、曹洋锦
中国外文局		“讲好中国故事–2019创意传播大赛（北京分站赛）”	2020年8月	优秀组织奖	范杰、王紫、闫子琦、罗英西
北京市广播电视局	中外文化结合的典范—五塔寺	2020年第三季度北京市优秀广播电视新闻作品	2020年10月		曹洋锦、周逸飞
中共北京市委全面依法治市委员会守法普法协调小组	家暴不是家丑，是犯罪！	北京市法治动漫微视频	2020年11月	动漫类一等奖	张庆洁、范杰、王柯心、韩金廷、闫春蕊、罗英西、王冀蒙、刘仁
中共北京市委全面依法治市委员会守法普法协调小组	直播带货你“踩雷”了吗？这些法律知识要知道	北京市法治动漫微视频	2020年11月	动漫类一等奖	张庆洁、范杰、韩金廷、王柯心、闫春蕊、罗英西、王冀蒙

（北京市海淀区融媒体中心）

2020 年度北京市丰台区融媒体中心获奖作品一览表

主办单位	作品名称	奖项名称	颁奖时间	奖项等级	获奖部门及人员
北京市广播电视局	《疫情过后一定要回家看看》和《我们一定能战胜疫情》	2020年第一季度北京市优秀广播电视创新创优节目	2020年4月	创新创优节目	北京市丰台区融媒体中心
北京市广播电视局	争分夺秒 北京丰台安全有序开展核酸检测工作	2020年第二季度北京市优秀广播电视创新创优节目	2020年7月	创新创优节目	北京市丰台区融媒体中心
北京市广播电视局	首都抗疫一线有一群“新闻发声人”	2020年第二季度北京市优秀广播电视新闻作品	2020年7月	优秀广播电视新闻作品	群众工作部：乔晓鹏、李悦、芦伟
北京市人民政府新闻办公室、当代中国与世界研究院、中国互联网新闻中心	你是我的眼	“讲好中国故事-2019创意传播大赛（北京分站赛）”	2020年8月	三等奖	北京市丰台区融媒体中心
北京市广播电视局	是谁让失管14年的老旧小区大变样	2020年第三季度北京市优秀广播电视新闻作品	2020年10月	优秀广播电视新闻作品	群众工作部：乔晓鹏、卢劼、李悦、芦伟
北京市广播电视局	情满丰台 月下共吟——“最是人间好时节”中秋网络视听朗诵会	2020年第三季度北京市优秀广播电视创新创优节目	2020年10月	创新创优节目	北京市丰台区融媒体中心

（北京市丰台区融媒体中心）

2020 年度北京市石景山区融媒体中心获奖作品一览表

主办单位	作品名称	奖项名称	颁奖时间	奖项等级	获奖部门及人员
中国广播电视设备工业协会、国家科学技术奖励工作办公室	石景山融媒体技术平台	省部级科技创新优秀奖	2020年	省部级科技创新优秀奖	石景山融媒体中心

（北京市石景山区融媒体中心）

2020 年度北京市大兴区融媒体中心获奖作品一览表

主办单位	作品名称	奖项名称	颁奖时间	奖项等级	获奖部门及人员
新华社新闻信息中心	大臧村有个大臧村拉面	《小康中国，千城早餐》大型视频展映活动	2020年11月13日	最佳创意奖	新媒体部：李鹏、宋浩然

（北京市大兴区融媒体中心）

2020年度北京市昌平区融媒体中心获奖作品一览表

主办单位	作品名称	奖项名称	颁奖时间	奖项等级	获奖部门及人员
中组部	万伏高压线上的“手术师”——王月鹏	2019年第十五届全国党员教育电视片观摩交流活动微视频作品		二等奖	张易柳、孙铭阳、刘思彤
当代中国与世界研究院、中国互联网新闻中心	古今昌平——辉煌之作	“讲好中国故事–2019创意传播大赛（北京分站赛）”	2020年8月	三等奖	袁玥、薛鑫、于涛、孙铭阳、王亚琦
中宣部学习强国学习平台	北京昌平90岁老人的房模故事	“我爱我的祖国”微视频		三等奖	李娜、孙铭阳
中宣部学习强国学习平台	奥运宝宝话变迁	“我爱我的祖国”微视频		三等奖	李娜、陈泽冲、于涛
国务院妇女儿童工作委员会办公室、中华全国妇女联合会宣传部、中国电视艺术家协会	《垃圾分类我们在行动——唐莹莹》《王玉霞：社区群众的健康守门人》《被需要是一种荣誉——伊然》《我为烈士守忠魂》《北京妈妈和她的天山孩子》《“磕”出来的创意》《“夕阳花”开幸福来》《小草莓成就创业梦》	第九届女性题材优秀电视作品		优秀电视作品	昌平区融媒体中心

（北京市昌平区融媒体中心）

2020年度北京光线传媒股份有限公司获奖作品一览表

主办单位	作品名称	奖项名称	颁奖时间	奖项等级	获奖部门级人员
北京市委、市政府	哪吒之魔童降世	第九届北京市文学艺术奖	2020年5月	市级	

（北京市光线传媒股份有限公司）

2020年度海润影视制作有限公司获奖作品一览表

主办单位	作品名称	奖项名称	颁奖时间	奖项等级	获奖部门及人员
中美电视节	有你才有家	2020第16届中美电视节金天使奖金天使电视剧	2020年11月9日	金天使电视剧	海润影视制作有限公司
中美电视节	有你才有家	新晋导演奖	2020年11月9日	新晋导演	任程伟

（海润影视制作有限公司）

2020 年度大唐辉煌传媒有限公司
获奖作品一览表

主办单位	作品名称	奖项名称	颁奖时间	奖项等级	获奖部门及人员
中国文学艺术界联合会、中国电视艺术家协会	我们的四十年	第30届中国电视金鹰奖优秀电视剧提名奖	2020年10月	全国奖项	大唐辉煌传媒有限公司

（大唐辉煌传媒有限公司）

组织机构

（统计截至 2020 年 12 月 31 日）

北京市广播电视局

领导成员：

党组书记、局长：杨烁

副局长：杨培丽

党组成员、副局长：张苏

党组成员、驻局纪检监察组组长：邹立华

党组成员、副局长：王志

党组成员、副局长：孔建华

内设机构：

办公室（安全监管办公室）、政策法规处、规划发展处（产业促进处）、行政审批处、宣传管理处、电视剧管理处、传媒机构管理处、网络视听节目管理处、媒体融合发展处、科技处（公共服务处）、财务处、人事处

部门领导：

办公室（安全监管办公室）：

主任：单志忠

副主任：刘保锋、夏超

政策法规处：

处长：王东迎　副处长：卢川

规划发展处（产业促进处）：

处长：王伟　副处长：石磊、何薇

行政审批处：

处长：刘华阳　副处长：王汝通

宣传管理处：

处长：王亦君　副处长：谭素云、徐莹

电视剧管理处：

处长：韩云升　副处长：许立国

传媒机构管理处：

处长：李国新　副处长：谢杰、肖永哲

网络视听节目管理处：

处长：夏斐　副处长：崔乐

媒体融合发展处：

处长：荣学良　副处长：訾薇

科技处（公共服务处）：

处长：秦旭东　副处长：安凭、张楠

财务处：

处长：贾丁丁　副处长：孙益洁

人事处：

处长：解楠　副处长：张秋生、郎志伟

机关党委：

专职副书记：周旭民

机关纪委：

书记：孙小兵

工会副主席：姜威

驻局纪检监察组：

副组长：李其利

地址：北京市东城区朝阳门内大街 55 号

电话：010－64081079

邮编：100010

网址：http://gdj.beijing.gov.cn

北京市广播电视局离退休人员管理服务中心

领导成员：

主任：钱富奎

副主任：郑兵

地址：北京市东城区朝阳门内大街 55 号

电话：010−64081125

邮编：100010

北京市广播电视局后勤服务中心

领导成员：

主任：邵顺荣

副主任：杨子君

内设机构：

综合科、房管科、保卫科、车管科

地址：北京市东城区朝阳门内大街 55 号

电话：010−64081266

传真：010−64081878

邮编：100010

北京市广播电视局信息中心

领导成员：

主任：石东正

副主任：路梅

地址：北京市东城区朝阳门内大街 55 号

电话：010−65157503

邮编：100010

北京市广播电视监测中心

领导成员：

副主任：朱祥锋（主持工作）、吉春、刘哲

内设机构：

综合科、监测科、安播科、技术科、网管科

地址：北京市朝阳区建外大街 14 号

邮编：100022

电话：010－65155241

北京音像资料馆（北京广播电影电视研究中心）

领导成员：

馆长（中心主任）：孙峰虎（2020 年 11 月任职）

副馆长（中心副主任）：董雪梅（2020 年 11 月任职）

副馆长（中心副主任）：段燕燕

副馆长（中心副主任）：赵晨（2020 年 9 月任职）

内设机构：

办公室、资料部、制作部、研究部、史志部

地址：北京市东城区安乐林路 18 号

电话：010－87258004

邮编：100075

北京市广播影视作品审查中心

领导成员：

主任：智黎明

副主任：刘文东

内设机构：

办公室、电视剧审查科、网上境外引进影视剧审查科（筹）

地址：北京市东城区朝阳门内大街 55 号

电话：010－64081006

邮编：100010

北京电视艺术家协会

领导成员：

主席：李春良

副主席：于丹、刘家成、刘燕铭、吴刚、张光北、张国立、果静林、侯鸿亮、郝金明、贾忠华、龚宇、智黎明

驻会副主席兼秘书长：贾忠华

地址：北京市西城区前门西大街 95 号

电话：010－65158599

邮编：100031

北京广播电视台

领导成员：

党组书记、台长：余俊生（2020 年 3 月任职）

党组书记、台长：李春良（2020 年 3 月离任）

党组副书记、副台长：韦小玉

党组成员、副台长：陈祥

党组成员、副台长：李小明

党组成员、副总编辑：徐滔

党组成员、副总编辑：艾冬云

党组成员、副总编辑：边建

党组成员、副总编辑：李秀磊

副总编辑：关金（挂职，2020 年 8 月—2021 年 8 月）

副局级：王卫东（2020 年 3 月任职）

内设机构：

16 个内设机构：办公室、总编室、技术管理部、研究室、人力资源部、计划财务部、审计部、广告管理部、运营管理部、行政管理部、基建办公室、安全保卫部、机关党委（党建工作办公室）、机关纪委、工会、离退休干部办公室

34 个事业中心：融媒体中心、新闻广播中心、新闻频道中心、科教频道中心、财经频道中心、体育频道中心、卫视频道中心、文艺频道中心、影视频道中心、青年频道中心、生活频道中心、动画频道中心、纪实频道中心、北京国际电影节运行中心、交通广播中心、体育广播中心、故事广播中心、动听调频广播中心、音乐广播中心、文艺广播中心、城市广播中心、外语广播中心、青年广播中心、广播网络媒体中心、广播节目制作中心、节目研发中心、广告运营中心、广电技术中心、804 发射中心、播出中心、电视节目制作中心、转播传送中心、动力中心、信息网络管理中心

部门领导：

办公室：

主任：张常珊　副主任：吴曦（正处级）、张秋萍、王昕、徐学军

总编室：

主任：孙巍　党支部书记、副主任：史椰森（正处级）　正处级干部：张冬林　副主任：陈雪瑾、高鏑、耿雪梅、刘莹、谢先进

技术管理部：

主任：郑星　副主任：李湧、徐志军、高素萍

研究室：

主任：宗昊　副主任：石群峰、刘晓隽

人力资源部：

主任：孟庆存　副主任：刘晓辉、刘虎、马玉章、王浩洁

计划财务部：

主任：余维杰　副主任：汪红、李淼、姜春海、王京梅

审计部：

主任：陈春梅　副主任：周久兰（正处级）、王辉

广告管理部：

主任：陈晖　副主任：陆彤、姚大禹、罗燕萍

运营管理部：

主任：陈乐天　正处级干部：张帆　副

主任：刘方平、张蓉

行政管理部：

副主任：李增明、纪勇、李晗、梁磊 副处级干部：李雅涛

基建办公室：

主任：孙成刚 副主任：朱晓宇、喻琳

安全保卫部：

主任：钟强 副主任：郑海涛（正处级） 正处级干部：王晶 副主任：卢英锁

机关党委（党建工作办公室）：

机关党委专职副书记、党建工作办公室主任：杨秀英 党建工作办公室副主任：平建学、孙书明、马兴

机关纪委：

书记：侯召国 副主任：林松雪、周志豪

工会：

负责人：罗霄 正处级干部：郝洪 副主任：张苹、陈冬

离退休干部办公室：

主任：曹军 副主任：刘绍芬、游良婕、孟传妍

直属单位处级干部名单：

北京广播电视报社：

社长：李浩 总编辑：张彪 副总编辑：张震

北京广播电视台服务中心：

主任：郭长征 副主任：常斌、张业京 总工程师：于进军

地址：北京市朝阳区建国路甲 98 号

电话：010-85338899

传真：010-65157259

邮编：100022

网址：http://www.brtv.org.cn/

北京广播电视报社

领导成员：

社长：李浩

总编辑：张彪

副总编辑：张震

内设机构：

办公室、组织人事部、财务部、总编室、《北京广播电视报》编辑部、《北广人物》周刊编辑部、新媒体中心、经营中心

地址：北京市东城区安乐林路 18 号

电话：010-67117161

传真：010-67134365

邮编：100075

网址：http://www.bgtv.com.cn

北京广播电视台服务中心

领导成员：

党支部书记、主任：郭长征

副主任：常斌、张业京

总工程师、工会主席：于进军

内设机构：

办公室、人事部、财务部、房屋产权管理部、后勤服务部、维修部、设备动力部、安全保卫消防部、职工食堂部、工会

下属企业：

北京广视华融经贸中心有限公司、北京声屏苑培训中心有限公司

地址：北京市朝阳区建国门外大街14号

电话：010–85012302

传真：010–65150630

邮编：100022

北京新媒体（集团）有限公司

领导成员：

总经理、党支部书记、总编辑：金鹏（兼任北京时间有限公司法人、执行董事、总经理）

副总经理：赵志成

副总经理：程丽君

内设部门：

综合部、财务（风控）部、IPTV、事业发展中心

下设子公司名称：

北京时间有限公司

地址：北京市海淀区西三环北路3号一区1号楼8层811

电话：010–68103138

传真：010–68103137

网址及公众号：集团于2016年4月12日挂牌成立，在北京网络广播电视台基础上全面升级为“北京时间”网站。

北京时间（北京网络广播电视台）网址：http://www.btime.com（www.brtn.cn）

北京紫禁城影业有限责任公司

领导成员：

董事长、总经理：金川

副总经理：宋毅、赵跃东

内设机构：

办公室、财务部、电影部、内容运营·电视剧部、策划部

地址：北京市朝阳区郎家园6号【3–3】7幢3层303室

电话：010–62019597/62014931

传真：010–62019597/62014931

邮编：100022

北京歌华传媒集团有限责任公司

领导成员：

党委副书记、总经理：戴维

党委副书记：左亦

纪委书记：夏晗

副总经理：郭章鹏、罗晓军、余競

内设机构：

集团总部设 7 个职能部室：办公室（审计部）、党群工作部（人力资源部）、财务部、监察专员办公室、战略规划发展部、投融资部、媒体管理部（安全生产办公室）

部门领导：

运营总监：滕家富

办公室：

主任：韦向晖

党群工作部（人力资源部）：

主任：蔡廷杰

媒体管理部：

主任：刘彤

集团纪委：

副书记：刘江妹

财务部：

副主任：桂宏

投融资部：

副主任：梁燚

战略规划发展部：

副主任：高巍

集团直管下属二级企业：

北京歌华文化发展集团有限公司、北京歌华有线电视网络股份有限公司、北京北广传媒数字电视有限公司、北京瑞特影音贸易公司、鼎视传媒股份有限公司、北京北广传媒影视股份有限公司、北京电视艺术中心有限公司、北京北广传媒移动电视有限公司、北京北广传媒城市电视有限公司、北京北广传媒地铁电视有限公司、北京音像有限公司、北京北广置业有限公司、北京北广新新传媒有限责任公司

地址：北京市东城区北小街青龙胡同 1 号歌华大厦 8 层

电话：010－84187399

传真：010－84187500

邮编：100007

网址：http://www.gehua.com/

北京歌华文化发展集团有限公司

领导成员：

党委书记、总经理：李丹阳

党委副书记：苏春华

纪委书记：肖红

副总经理：陈工、黄春雷（集团党委委员）、王昱东、李斌

总经理助理：高颖、秦玉良（集团党委委员）、蒋南风（集团党委委员）

集团法务总监：戴迎春

集团宣传总监：孙树公

内设机构：

党委办公室、集团办公室、企业管理部、人力资源部、计划财务部、研究宣传部、国际部、纪检监察审计部

部门领导：

党委办公室：

主任兼集团工会主席：杨志华　副主任：周静

集团办公室：

主任：佟芳　副主任：陈平沙

安保总监：周金起

企业管理部：

主任：李雪　副主任：来欣

人力资源部：

主任：朱会东　副主任：黄月欣

总监：李文武、陈雪超

计划财务部：

主任：李峰　副主任：苏京

研究宣传部：

主任：孙树公　副主任：范颖　研究总监：邢树森　策划总监：赵楠

国际部：

主任：李丹　业务总监：李舟

纪检监察审计部：

主任：纪赢　审计总监：赵林

直属企业

北京国际设计周有限公司：

法定代表人、董事长：王昱东

总经理：安雅洁

北京歌华文化中心有限公司：

法定代表人、董事长：王昱东

总经理：安雅洁

北京歌华展览有限公司：

法定代表人、董事长：岳进

北京歌华设计有限公司：

法定代表人、董事长：李斌　总经理：姚松

北京歌华大型文化活动中心有限公司：

法定代表人、董事长：高颖

北京歌华文化科技创新中心有限公司：

法定代表人、董事长：刘冰　总经理：王利

北京和融投资有限公司：

法定代表人、执行董事长、总经理：周卫东

北京歌华文化设施管理有限公司：

法定代表人、董事长：秦玉良　总经理：朱珠

北京歌华开元大酒店有限公司：

法定代表人、董事长：马新军　总经理：邵世骏

秦皇岛歌华营地文化传播有限公司：

法定代表人、董事长：岳进　总经理：宫丽娜

北京华北酒店管理有限公司：

法定代表人、执行董事、总经理：来欣

北京文化艺术有限公司：

法定代表人、执行董事、总经理：王利

北京歌华投资中心有限公司：

法定代表人、执行董事、总经理：周卫东

北京歌华美术有限公司：

法定代表人、执行董事、总经理：高颖

地址：北京市东城区北小街青龙胡同1号歌华大厦14层

电话：010−84186060

传真：010−84186001

邮编：100007

北京歌华有线电视网络股份有限公司

领导成员：

党委书记、董事长：郭章鹏

党委副书记、副董事长、总经理：卢东涛

党委副书记、副董事长、工会主席：马健

纪委书记：纪东来

党委委员、董事、总会计师：胡志鹏

副总经理：唐文伟

总工程师：曾春

董事、副总经理、董事会秘书：韩霁凯

内设机构：

战略投资部、党群工作部、纪检监察部、办公室、行政部、人力资源部、财务部、营帐中心、规划设计部、计划建设部、维护管理部、重要用户保障部、物资管理部、传送部、网管中心、信息部、集团客户部、市场营销部、融媒体运营中心、媒资管理部、大样本数据中心、稽核管理部、总工办、播控部、法务部、安全保卫部等 26 个直属部门

另设：城中、朝阳、海淀、丰台、石景山、门头沟、房山、大兴、通州、顺义、昌平、怀柔、密云、平谷、延庆 15 个分公司；北京歌华有线工程管理有限责任公司、北京歌华有线数字媒体有限公司、北京歌华益网科技发展有限公司、涿州歌华有线电视网络有限公司、歌华有线投资管理有限公司、北京歌华视讯文化有限公司、燕华时代科技发展有限公司 7 个一级控股子公司；北京歌华益网广告有限公司、北京歌华有线客户服务信息咨询有限公司 2 个二级控股子公司

部门主任：

纪检监察部：

主任：张恒　副主任：赵为民

稽核管理部：

常务副主任：于铁静　副主任：乔晓欢

党群工作部：

主任：方丽　副主任：李洪、赵永芳、尤敏强

办公室：

主任：丁颖磊　副主任：杨云、何琦

行政部：

副主任：张为尧、郁建明

人力资源部：

副主任：张宇航、王晓芳

财务部：

主任：李铭　副主任：居冬辉、杨启薇、孙清涛

法务部：

主任：朱瑞明　副主任：李勇

营帐中心：

主任：史言　副主任：李燃、郝英

信息部：

主任：沈文　副主任：王霍南、刘立军

规划设计部：

主任：黄枫　常务副主任：黄国安　副主任：顾志强、刘光

计划建设部：

主任：满全安　常务副主任：孟宇明

维护管理部：

主任：马鑫　常务副主任：刘建平　副主任：于金生、李航

重要用户保障部：

主任：马刚

物资管理部：
副主任：白莹、杨楠
传送部：
主任：汤军　副主任：李军炜、席群、李镡
播控部：
主任：陈森　副主任：孙博
网管中心：
主任：林霖　副主任：魏柏林、周捷、樊京胜、潘铭
总工办：
主任：董原　副主任：黄超
安全保卫部：
主任：曲伟
媒资管理部：
主任：张婕　副主任：赵文、丁晓旭、李雷、李兰
大样本数据中心：
主任：张俭　副主任：吉钰丽
融媒体运营中心：
常务副主任：沈彤　副主任：胡佚
战略投资部：
主任：黄铁军　副主任：李昂
市场营销部：
主任：陈慕风　副主任：孙国维、李越、刘娜
集团客户部：
主任：庄永　副主任：时晨阳、葛原、郝建斌
基建工程办公室（临时机构）：
主任：贺磊
城中分公司：
总经理：吴建林　副总经理：贾文杰、石连成、王波
朝阳分公司：
总经理：鞠维铭　常务副总经理：邹玉华　副总经理：范雪峰、马涛
海淀分公司：
总经理：刘宇明　常务副总经理：权晓宇　副总经理：王星、李锐
丰台分公司：
总经理：王军　副总经理：孙灵芝、刁立军、徐玢
石景山分公司：
总经理：黎江　副总经理：王彬、卓志祥
通州分公司：
总经理：石江明　常务副总经理：宋宝贵　副总经理：李星梅
昌平分公司：
总经理：赵宏伟　常务副总经理：李庆江
顺义分公司：
总经理：王志亚　副总经理：王晓光、李洁
大兴分公司：
总经理：田秋　副总经理：代国平、周晓平
房山分公司：
总经理：郑林　副总经理：李国童
门头沟分公司：
总经理：王艽军　副总经理：徐长江
怀柔分公司：
总经理：张宁　副总经理：黄宇东、彭光清
密云分公司：
总经理：郭国林　副总经理：周继旺、尹强
平谷分公司：
总经理：李明生　副总经理：赵宇、代保付
延庆分公司：
总经理：王国庆　副总经理：翟立飞
涿州歌华有线电视网络有限公司：

董事长：韩霁凯（兼） 总经理：赵寿强 副总经理：孙广智、刘悦

北京歌华有线工程管理有限责任公司：

董事长：唐文伟（兼） 总经理：王琰 副总经理：沈德忠、夏鹏

北京歌华有线数字媒体有限公司：

董事长：胡志鹏（兼） 总经理：刘严 副总经理：郭伟、赵宇绯

北京歌华有线客户服务信息咨询有限公司：

董事长：康朝晖（兼） 总经理：钱正 常务副总经理：闫宝利 副总经理：杨治义、张海英

北京歌华益网广告有限公司：

董事长：姜宏志（兼）

总经理：张晓耕

北京歌华益网科技发展有限公司：

董事长：韩霁凯（兼） 常务副总经理：王芳

歌华有线投资管理有限公司：

常务副总经理：吴春燕

东方嘉影电视院线传媒股份公司：

董事长：姜宏志（兼） 副总经理：刘夫涛、李清

截至 2020 年 12 月 31 日，公司实有员工 3640 人（含分公司及主要子公司外派人员）

地址：北京市东城区北小街青龙胡同 1 号歌华大厦 7 层

电话：96196

邮编：100191

网址：http://www.bgctv.com.cn

北京电视艺术中心有限公司

领导成员：

董事长：张平

总经理：吴爱军（挂职）

副总经理：沈然

艺术总监：郑晓龙

创作总监：李晓明

内设机构：

党建工作部、总经理办公室、财务部、项目部、策划部、技术部、导演工作室、制片人工作室

下属单位：北京电视艺术中心音像出版社有限公司

地址：北京市海淀区皂君庙甲 2 号

电话：010−62127625

传真：010−62115814

邮编：100098

微信公众号：beiyi1982

北京音像有限公司

领导成员：

总经理：颜丙利

内设机构：

办公室、财务部、企划出品部、节目制作部、技术工程部。人员编制 18 人

地址：北京市东城区安乐林路 18 号

电话：010－67262518

传真：010－87268961

邮编：100075

网址：http://www.bavc.com.cn

电子邮箱：bavc@bavc.com.cn

北京瑞特影音贸易有限公司

领导成员：

执行董事：何公明

监事、市场部总监：顾炜

工程部总监：秦磊

财务部总监：孟春敏

办公室主任：赵丽艳

内设机构：

办公室、财务部、市场部、工程部

地址：北京市朝阳区建外大街 14 号一层

电话：010－65155284/65159086/65287112/65287113/65158729－620~627

传真：010－65155285

邮编：100022

网址：http://www.ruite.cn

北京北广传媒数字电视有限公司

领导成员：

董事长、总经理：何公明

副总经理：艾禾、梁燚（2020 年 12 月调离）

内设机构：

节目部、市场部、数据部、播出部、财务部、办公室

地址：北京市海淀区皂君庙甲 2 号

电话：010－56317887

传真：010－56317980

邮编：100098

网址：http://www.bjdtv.com

北京北广传媒移动电视有限公司

领导成员：

董事长、总经理：罗晓军

副总经理：牛振青（2020 年 2 月任职）、梁自珍

内设机构：

办公室、资产财务部、整合营销中心、客户服务部、节目部、技术保障中心、党群工作部

地址：北京市东城区北小街青龙胡同 1 号歌华大厦 A 座 809 室

电话：010−59260500

传真：010−59260501

邮编：100007

网址：www.bj−mobiletv.com

北京北广传媒影视股份有限公司

领导成员：

总经理：刘国华

内设机构：

办公室、财务部、文学部、制作部、发行部

地址：北京市东城区东直门北小街青龙胡同 1 号歌华大厦 B 座 821 室

电话：010−59260180

传真：010−59260181

邮编：100007

北京北广传媒城市电视有限公司

领导成员：

总经理：罗艳红

副总经理：李伟

总经理助理：崔娟娟

内设机构：

行政部、财务部、媒体运营部、媒体开发部、广告部、技术部

地址：北京市东城区东直门北小街青龙胡同 1 号歌华大厦 A801 室

电话：010−59260088−8000

传真：010−59260066

客户专线：4007000086

邮编：100007

网址：http://www.citytv.com.cn

微信服务号：bj−citytv

北京北广传媒地铁电视有限公司

领导成员：

党支部书记：赵文斌

总经理：王军

内设机构：

党群工作部、办公室、财务部、节目部、运营管理部、技术部

地址：北京市东城区北小街青龙胡同1号歌华大厦B座818室

电话：010−81486139

传真：010−84186139−8002

邮编：100007

鼎视传媒股份有限公司

领导成员：

党支部书记兼公司负责人：何拥军

常务副总经理：王健

副总经理：王厚信

副总经理：秦敏

总经理助理：马宁、柳铁

董事会秘书：王文旭

内设机构：

销售部、客户服务部、传输业务部、版权合作部、财务部、技术部、行政人力部

地址：北京市东城区东直门北小街青龙胡同1号B820室

电话：010−59260099

传真：010−59260138

邮编：100007

网址：http://www.topv.com.cn

北京北广置业有限公司

领导成员：

执行董事：周宇清（北京歌华传媒集团有限责任公司副总经理兼）

总经理：裴成虎

副总经理：张克英

内设机构：

办公室、财务部、前期部

授权管理单位：

北京现代电视艺术发展公司

北京东方艺苑物资仓储服务中心

地址：北京市朝阳区崔各庄乡南影路2号小白楼

电话：010－64325207　　　　邮箱：sr6567@163.com
传真：010－64325207

北京中广传播有限公司

领导成员：

总经理：丁文辉

副总经理：黄晓波、佟东旭

内设机构：

党务综合部、财务部、业务部、技术运维部

地址：北京市海淀区香山碧云寺门外2号平房

电话：010－63872993

邮编：100093

北京市东城区文化和旅游局

领导成员：

党委书记：李雪敏(2019年3月—2020年2月)
胡国伟（2020年2月任职）

局长：李雪敏(2019年3月—2020年12月)
向旭东（2020年12月任职）

副局长：郑亚东、骆桦、宋叙、郑芳、马庆军、贾宇恒（公安局挂职）、陈茹（湖北郧阳挂职干部）

工会主席：付东亮

内设机构：

行政办公室、党群办公室、政策法规科、公共服务科、大型活动科、行业管理科、市场促进科、安全和应急科（假日办）、文物管理科、行政审批科、演艺发展科、非物质文化遗产科、财务科、人事科

所属单位：

北京市东城区文化市场综合执法大队、北京市东城区第一文化馆、北京市东城区第二文化馆、北京市东城区第一图书馆、北京市东城区第二图书馆、北京市东城区文物管理所、北京市袁崇焕祠文物保管所、北京市文天祥祠文物保管所、北京王府井古人类文化遗址博物馆、北京市东城区旅游咨询服务中心、北京市东城区第一图书馆会议中心、北京市钟鼓楼文物保管所、北京市东城区羊市口文化站、北京燕京评剧团、北京市东城区文化馆剧场、北京市东城区花市电影院、北京市东城区天坛南里文化娱乐中心、北京东方国际文化交流中心

地址：北京市东城区崇文门外大街7号第二文化馆

电话：010－67091091/67091092

传真：010－67091090

邮编：100062

邮箱：dcqwhw@bjdch.gov.com

北京市西城区文化和旅游局

领导成员：

党组书记、局长：靳真

党组副书记、副局长（正处）：岑运东

党组成员、副局长：吕丹

党组成员、副局长：钮鑫

党组成员、副局长：汪辉

副局长：古杨利

西城区文化行政执法队队长：董伟民

内设机构：

办公室、政策法规科（研究室）、行政审批科、产业发展科（文创科）、公共服务科、非物质文化遗产科、文物科、文化建设科、对外交流与合作科、文化活动科、行业管理科、安全与应急科（假日办）、财务审计科、党群工作办公室、人事科、离退休干部科

地址：北京市西城区后广平胡同26号

电话：010－66561230

传真：010－66561231

邮编：100035

北京市朝阳区文化和旅游局

领导成员：

党委书记、局长：高春利

副局长：刘芳、张爱军、王勇刚

执法大队队长：周升华

内设机构：

办公室、法制宣传科、公共服务科、文物管理科、行政审批科、产业发展科、行业管理科、安全与应急科、财务审计科、组织人事科

所属行政执法机构：朝阳区文化市场综合执法大队（下设文管办、法制办、一分队、二分队、三分队、四分队）

下属事业单位：北京朝阳区文物管理所、北京市朝阳区图书馆、北京民俗博物馆、北京朝阳京剧文化艺术中心

地址：北京市朝阳区呼家楼北街36号

电话：010－65014855

传真：010－65086844

邮编：100026

北京市海淀区文化和旅游局

领导成员：

党组书记：孙鹏利

党组副书记、局长：陈静

副局长：王文赞、卫东、柳阑

执法大队队长：卫东

内设机构：

办公室、组织人事科（党建工作科）、公共服务科、文物管理科、行政审批科、行业管理科、产业发展科、资源开发科、法制科、宣传活动科、文化市场综合执法大队

地址：北京市海淀区颐和园路12号区政府综合楼

电话：010−82617811

传真：010−82614144

邮编：1000800

北京市丰台区文化和旅游局

领导成员：

书记：史文彬

局长：樊维

副局长：胡丽、王昊

执法大队队长：李正平

内设机构：

办公室、法制宣传科、公共服务科、文物管理科、行政审批科、行业监督管理科（安全生产科、环境保护科）、产业发展科、资源开发科、组织人事科

所属行政执法机构：文化市场综合执法大队（下设办公室、一分队、二分队、三分队）

下属事业单位：文物管理所、图书馆、文化馆、旅游服务中心

地址：北京市丰台区西四环南路64号

电话：010−83811361

传真：010−83811361

邮编：100071

北京市石景山区文化和旅游局

领导成员：

党组副书记、局长：王亚迅

党组成员、副局长：刘跃华、王振彪

副局长：李晨、杨光

党组成员、执法大队队长：郝卫华

四级调研员：郑彬、昭日格图、贾卫平

内设机构：

办公室、公共服务科、行业管理科（安全科、假日办）、文物科、发展规划科、组织人事科（主体责任办）

地址：北京市石景山区石景山路 18 号

电话：010－68607158（办公室）

传真：010－88680857

邮编：100043

北京市门头沟区文化和旅游局

领导成员：

党组书记：青华伟（2020 年 5 月 14 日任职）

党组成员、副局长：巩旭东、管瑞华、胡新宇、刘德才、马骐

二级调研员：阎保安

四级调研员：张银星

内设机构

办公室、政策法规科（行政审批科）、产业促进科、公共服务科、行业管理科、安全与应急科（假日办）、财务审计科、人事科、区文化市场综合执法大队（含信息举报中心、执法一分队、执法二分队、执法三分队）

下属事业单位：

区旅游事业发展服务中心、区文化创意产业促进中心、区文化馆、区图书馆、永定河文化博物馆、区文物事业管理所、区电影发行放映服务中心、区影剧院

地址：北京市门头沟区门头沟路 8 号

电话：010－69843315

传真：010－69860988

邮编：102300

邮箱：mtgwlj@bjmtg.gov.cn

北京市房山区文化和旅游局

领导成员：

局长：冀显江

副局长：刘开平、谭瑾、曾佼佼、高峰

执法队队长：刘开平

工会主席：马占昌

区文化活动中心主任：李清梅

内设机构（直属单位）：

办公室、综合科、产业发展协调科、公共事业管理科、资源保护利用科、行政审批科、安全与应急科、房山区文化市场综合执法大队、房山区文化活动中心、房山区文物保护所、房山区旅游信息中心、房山区旅游事务中心、房山区旅游集散中心

地址：北京市房山区良乡西潞南大街甲 12 号

电话：010－69352012

传真：010－69352106

邮编： 102488

网址：http://www.bjfsh.gov.cn

北京市大兴区文化和旅游局

领导成员：

党组书记、局长：李燕

二级巡视员：彭文、王健

二级调研员：颜淑敏

党组成员、副局长：石磊、石铭远、郝泽宏（机关党委书记）

党组成员、副调研员：周静

党组成员、行政执法队队长：周武军

工会主席：张洁

副调研员：侯志、王自丰

内设机构：

综合办公室、公共文化科、规划发展科、产业发展科、市场管理科、人教科、内审科、党建办、安全科、行政执法队

下属单位：

图书馆、文化馆、文物所、北京市大兴区文化活动服务中心（北京市大兴区电影发行放映管理中心）、新华书店

地址：北京市大兴区永华南里 16 号

电话：010－81298911

传真：010－81296721

邮编：102600

北京市通州区文化和旅游局

领导成员：

党组书记、副局长：王立生

党组副书记、局长：纪万成

副局长：杨根萌、王凤荣、林长春、马俊艳、盖畅

执法队长：彭绍常

内设机构：

办公室、公共服务科、政工科、文物保护科、规划发展科、行业管理科（行政审批科）、文化行政执法队（下设法制科、执法一队、执法二队）

直属单位：

通州区文化馆、通州区图书馆、通州区博物馆、通州区文物管理所、通州区旅游咨询服务中心、通州区新华书店

地址：北京市通州区中仓街道车站路 27 号

电话：010－80574413

传真：010－80574674

邮编：101100

北京市顺义区文化和旅游局

领导成员：

党组书记、局长、一级调研员：申志红

党组成员、文联主席、二级巡视员：姜蒙

党组成员、副局长：王辉、于伯宇、叶志建

党组成员、文化市场综合执法大队大队长、三级调研员：张永山

党组成员、文联副主席：高秀香

工会主席、三级调研员：杭志强

内设机构：

办公室、党建工作科、产业发展科、行业管理科、安全应急科、公共服务科、市场推广科、机关党委、机关纪委

所属行政执法机构：文化市场综合执法大队（下设一分队、二分队、三分队、法制科）

下属单位：

旅游产业发展服务中心、旅游市场推介中心、旅游咨询服务中心、文化馆、图书馆、博物馆、文物管理所、电影放映服务中心、焦庄户地道战遗址纪念馆、影剧院、新华书店

地址：北京市顺义区石园大街 10 号院

电话：010−69429918

传真：010−81496681

邮编：101300

北京市平谷区文化和旅游局

领导成员：

党组成员、书记、主任：孙立妹（2020 年 5 月任职）

党组成员、副局长：路大勇、徐震涛、独抒

党组成员、执法大队队长：王小彤

党组成员、三级调研员：王振红

内设机构：

办公室、公共服务科、产业发展和市场推广科、行业管理科（安全生产综合管理科）、文物管理科（行政审批科）。

直属单位：

文化市场综合执法大队、图书馆、文化馆、博物馆、文物管理所、上宅文化陈列馆、文化发展服务中心、旅游项目推进中心、民俗旅游管理服务中心、旅游咨询服务站、新华书店

地址：北京市平谷区府前西街 1 号

电话：010−69962871

邮编：101200

邮箱：whwbgs@bjpg.gov.cn

北京市怀柔区文化和旅游局

领导成员：

党组书记、副局长：周为

党组副书记、局长：夏占利

党组成员：张广春

党组成员、副局长：雷杰、田正科、郭大鹏、刘雅静

副局长：罗东

执法大队队长：张久敏

四级调研员：钟宏城

副处级待遇：武学兵

内设机构：

行政科室：办公室、公共服务科、产业发展科、行业管理科、文物保护科、政工科

文化市场综合执法大队

事业科室：演艺活动服务中心、乡村旅游管理服务中心、旅游咨询服务中心、旅游市场推广中心

直属单位：

文化馆、图书馆、博物馆、电影发行放映服务中心、文物管理所、新华书店

地址：北京市怀柔区迎宾北路 7 号

电话：010－69623483

传真：010－69633250

邮编：101400

北京市昌平区文化和旅游局

领导成员：

党组书记、局长：张海明

副局长：李万升、李爱武、张凤英、胡南、沈玉江、裴焕斌（挂职）

执法大队队长：刘庆华

工会主席：史功岐

内设机构：

办公室、政工科、公共服务科、文物管理科、产业发展科、行业管理科、消费促进科、安全管理科

机关内设科室：法制（审计）办、扶贫办、工会、创城办、回天专班

直属单位：

昌平区文化市场综合行政执法大队、昌平区文化馆、昌平区图书馆、昌平文物管理所、昌平区大运河白浮泉遗址管理服务中心（昌平区博物馆）、昌平区旅游咨询服务中心、昌平区社会旅馆管理中心、昌平区旅游执法大队、新华书店

地址：北京市昌平区府学路 10 号

电话：010－69742257

传真：010－80110182

邮编：102200

网址：http://www.bjchp.gov.cn

北京市密云区文化和旅游局

领导成员：

党组书记、局长：赵志政

党组成员、副局长：郭成德、胡书英、李志新、王征

党组成员、调研员：柴军

党组成员、执法队大队长：付海江

调研员：方铁洪、李卫革

内设机构：

办公室、财务室、政策研究中心、安全管理和审批科、产业发展科、民俗旅游发展服务中心、公共服务与宣传科、策划市场营销中心、人才发展中心、党建科、机关纪委、机关工会、文化市场综合执法大队

直属单位：

文化馆、图书馆、文物管理所、博物馆、大剧院、新华书店

地址：北京市密云区城后街20号

电话：010-69043175

传真：010-69072399

邮编：101500

北京市延庆区文化和旅游局

领导成员：

党组书记、局长：叶东

党组成员、副局长：刘满利、郑爱娟、祁明东、白兆世（挂职）

执法大队队长：胡一鸣

二级调研员：闫建利

四级调研员：节红霞、王书森、闫玲、曾小军

内设机构：

办公室、公共服务科、行业管理科、产业发展科、文物遗产科（行政审批科）、安全与应急科（假日办）、人事科、文化市场综合执法大队

直属单位：

延庆区文化旅游宣传推广中心、延庆区全域旅游发展研究中心、延庆区民俗休闲产业服务中心、延庆区文化馆、延庆区图书馆、延庆区博物馆（延庆区文物管理所）、延庆区文化旅游综合服务中心、新华书店

地址：北京市延庆区妫水北街72号

电话：010-69146491

邮编：102100

北京经济技术开发区工委宣传文化部

领导成员：

部长：赵雅娟

常务副部长：张君

副部长：石雨、王涛、王磊

融媒体中心副主任：边远松

融媒体中心总编辑：齐萱

内设机构：

综合办公室、文明宣教处、新闻宣传处、网信处、文化旅游处、文化产业处、出版广电处、媒体融合发展处

地址：北京经济技术开发区荣华中路15号博大大厦

电话：010－67880171

传真：010－67880171

邮编：100176

北京市东城区融媒体中心

领导成员：

中心主任：王继志

中心副主任：魏晓颖

内设机构：

办公室、总编室、采访科、摄影科、摄像科、平媒制作科、视频制作一科、视频制作二科、新媒体一科、新媒体二科

地址：北京市东城区东四北大街265号

电话：010－67189465

传真：010－67189465

邮编：100007

北京市西城区融媒体中心

领导成员：

党组书记、主任：周翔（区委宣传部副部长兼）

党组成员、副主任：李仲天、杜宇琛

四级调研员：刘英侠

内设机构：

党群科、办公室、总编室、采访科、外宣科、摄影科、摄像科、新媒体科、编辑科、视频编导科、网络技术科、两刊编辑部

地址：北京市西城区太平桥大街107号11—13层

电话：010－66237773

邮编：100032

邮箱：qrmtzx@bjxch.gov.cn

北京市朝阳区融媒体中心

领导成员：

中心党组书记、主任：孙帅

中心党组副书记、副主任：梁雪琴

党组成员、副主任：刘振山、任艳华

内设机构：

综合办公室、人事科、财务科、总编室、新闻外宣科、舆情数据应急科、平面管理科、视频管理科、新媒体运行管理科、安全播出科、技术保障及设备管理科、媒资档案管理科

下属事业单位：

北京朝阳传媒中心、朝阳传媒影视技术服务中心

地址：北京市朝阳区六里屯西里 3 号

电话：010-65025172

传真：010-65022498

邮编：100026

网址：http://www.chynews.cn

北京市海淀区融媒体中心

领导成员：

中心书记、主任：佟志伟

副主任：张庆洁、卫东

内设机构：

办公室、电视上载审核科、媒资室、要闻部、编辑制作部、新闻采访一部、新闻采访二部、专题部、技术播出部、播音主持部、动漫制作部、事业发展部、人事科、财务科、特刊部、新媒体事业部、政务网站运营科、网络监测指导科、全媒体指挥调度科、期刊规划科、行业协调指导科、技术服务保障科

地址：北京市海淀区西四环北路 11 号海淀区政府第二办公区

电话：010-88437116

传真：010-88487250

邮编：100195

网址：http://www.bjhdnet.com

北京市丰台区融媒体中心

领导成员：

书记、主任：乔晓鹏（区委宣传部副部长兼）

党组成员、副主任：王慧平、卢劼、李三鹏、

刘宇

内设机构：

综合办公室、党建办公室、研究培训部、财务管理部、指挥调度部、融合报道部、策划编辑部、信息发布部、群众工作部、技术保障部、融合产品部、品牌合作部

地址：北京市丰台区西四环南路 64 号

电话：010－63814361

传真：010－63814362

邮编：100071

网址：http://www.bjftrt.com.cn

北京市石景山区融媒体中心

领导成员：

书记、主任：王国强

副书记、副主任：刘长成

党组成员、副主任：徐晓洁、谭一兵

内设机构：

党群工作部、行政办公室、财务部、总编室、融媒体采编中心、新媒体制作部、视频制作部、图文制作部、时事评论部、专题节目部、客户端运营部、技术保障部

地址：北京市石景山区古城大街 61 号

电话：010－68840434

传真：010－68840434

邮编：100043

北京市门头沟区融媒体中心

领导成员：

党组书记、主任：苏燕平

党组成员、副主任：王幸国、班书臣、蓝盛斓

内设机构：

办公室、财务部、总编室、电视新闻部、电视专题部、技术保障部、广告文艺部、新媒体部、电视播出部、广播电台 、时报编辑部、时报采写部、时报美术部

地址：北京市门头沟区新桥大街 36 号

电话：010－69843348

传真：010－69843348

邮编：102300

北京市房山区融媒体中心

领导成员：

区委宣传部副部长、中心党组书记、主任：路建华

党组成员、副主任、机关党委书记：朱惠强

党组成员、副主任、工会主席：马琳

副主任：武宏

党组成员、刊播部主任：史跃鹏

党组成员、新闻部主任、机关党委副书记、机关纪委书记：王超

内设机构：

办公室、人力资源部、财务部、总编室、宣传办公室、新闻部、社会部、科教部、文艺部、刊播部、融创部、技术保障部、安全保障部、评审部、广告部

地址：北京市房山区西潞南大街6号

电话：010-69384937

传真：010-69370104

邮编：102488

网址：http://www.funhillmedia.com/

北京市大兴区融媒体中心

领导成员：

区委宣传部副部长、中心党组书记、主任：马宪颖

党组副书记、副主任：侯晨侠

党组成员、总工程师：汪俊涛

党组成员、副主任：王娇

内设机构：

办公室、后勤保障科、总编室、采访一部、采访二部、新媒体部、编发一部、编发二部、联络推广部、媒资管理部、技术发展部、制作播出部、人事教育科、内部审计科、财务管理科

地址：北京市大兴区兴政街7号

电话：010-69244977/69204416

传真：010-69244977

邮编：102600

邮箱：dxgd@bjdx.gov.cn

北京市通州区融媒体中心

领导成员：

党组书记、主任：焦善鸣

党组成员、副主任：王雪征、王小利

内设机构：

办公室、财务科、政工科、技术部、播出部、总编辑部、视频编辑部、融媒体评审部、播音主持管理部、外联合作部、音频编辑部、融媒经营部、平面媒体部、新媒体部、融媒采访部、融媒制作部

地址：北京市通州区新华东街256号

电话：010−69545860

传真：010−69545860

邮编：101149

北京市顺义区融媒体中心

领导成员：

党组书记、主任：杨进军

党组成员、副主任：杨文武、巫俊

党组成员、工会主席：王会永

内设机构：

策划调度科、信息采集一科、信息采集二科、新闻编辑一科、新闻编辑二科、产品发布科、监测评价科、成果运用科等19个科室

地址：北京市顺义区拥军路4号

电话：010−69466677

传真：010−69463670

邮编：101300

网址：http://www.bjsytv.com/

邮箱：sytv1994@yahoo.cn

北京市平谷区融媒体中心

领导成员：

党组书记、主任：张长志

党组副书记：王久武

副主任：于刚、马振水、邱胜章、贾春节

内设机构：

办公室、政工科、财务科、总编室、新闻采编科、专题科、广播文艺科、报纸编辑科、新媒体科、播音科、技术科、播出科、产业发展科

地址：北京市平谷区旧城街 8 号
电话：010－69961255
传真：010－89983716
邮编：101200
邮箱：pggdzx@bjpg.gov.cn

北京市昌平区融媒体中心

领导成员：

党组书记、主任：刘晓梅

党组成员、副主任、工会主席：刘大宾

党组成员、副主任：田东伟

党组成员、办公室主任：王晓治

内设机构：

昌平融媒体中心共设置办公室、宣传科、政工科、财务科、技术科、总编辑部 6 个机关科室，下设昌平广播电视台、平面媒体中心、新媒体中心、媒体制作中心、媒体采访中心 5 个正科级事业单位，北京市昌北音像广告中心和北京永安城影视传媒中心 2 个全资公司

地址：北京市昌平区南环东路 1 号
电话：010－69746088
传真：010－69742578
邮编：102200
网址：http://www.cprt.com.cn

北京市怀柔区融媒体中心

领导成员：

党组书记、主任：刘剑

副主任：杨桂霞、刘金凯、石金虎

内设机构：

办公室、总编室、采访部、播音主持部、新闻专题部、制作部、电台部、通联部、《怀柔报》编辑部、《怀柔报》副刊部、客户端部、策划运营部、新媒体编辑部、网络视频部、评论部、总工办、技术部、播出部、演播室运营部、信息安全部、媒资部、事业发展部、汤河口广播电视转播站、人事科［机关党委（党建工作科）］

地址：北京市怀柔区府前街 19 号
电话：010－69632646
传真：010－69644232
邮编：101400
邮箱：gdzx@bjhr.gov.cn

北京市密云区融媒体中心

领导成员：

党组书记、主任：孙明朝

党组成员、副主任：陈宝国、廖玉熊

副处级待遇：石晓访

内设机构：

办公室、财务部、人力资源部、指挥考评调度部、联合采访部、时政部、要闻部、包装制作部、广播部、纸媒部、新媒体部、专题部、播音主持部、播发部、广告部、通联部、技术部、媒体资源管理部、产品研发部、保障部、“村村响”有线广播节目播出管理部、机关党委（党建部）、机关纪委、工会、团委

地址：北京市密云区西大桥路 18 号

电话：010−89096037

传真：010−89095645

邮编：101500

邮箱：rongmtzhx@bjmy.gov.cn

北京市延庆区融媒体中心

领导成员：

党组书记、主任：胡玖梅

党组成员、副主任：孙守锴、赵晨（2020 年 8 月调离）

党组成员、保留副处级待遇：贺农林、卢书华

挂职副主任：孔宁

副处级待遇：张振龙、季晓冰

内设机构：

办公室、总编室、策划部、融合发展部、外宣通联部、融媒采访部、音视频制作部、图文制作部、新媒体部、技术保障部

地址：北京市延庆区高塔街 73 号

邮编：102100

电话：010−69103462

传真：010−69103462

邮箱：yqtv102100@sina. com

北京光线传媒股份有限公司

领导成员：

法人代表：王长田

内设机构：

总裁办、财务部、内审部、法务投资证

券部、人力行政部、品牌部、项目部、发行营销部、创意视频及网络内容部、影视技术部、光线影业、青春光线影业、小森林影业、五光十色影业、英事达、光线经纪、实景娱乐

地址：北京市东城区和平里东街11号航星科技园3号楼3层

电话：010－64516000

传真：010－84222188

邮编：100013

网址：http://www.ewang.com

北京华谊兄弟娱乐投资有限公司

领导成员：

法人：王忠磊

总经理：梁洁

内设机构：

内容策划部、项目部、制作部、总经办、财务部

地址：北京市朝阳区新源南路2号华谊兄弟大楼5层，100027

电话：010－65805895

传真：010－65881512

网站：www.huayimedia.com

海润影视制作有限公司

领导成员：

法人、董事长：刘燕铭

内设机构：

总裁办、制作部、发行部、法务部、文学部、宣传部、财务部、策划部、行政部

地址：北京市朝阳区安慧北里安园5号

电话：010－64897799

传真：010－64935440

邮编：100101

网址：http://www.hairunmedia.com

北京京都世纪文化发展有限公司

领导成员：

董事长：尤小刚

副总经理：董煊、王正华

内设机构：

经营部、宣传部、演艺经纪部、影视基地、办公室、财务部

地址：北京市东城区广渠门外广渠家园名敦道商厦4号楼1206室
电话：010−67110812
传真：010−67177299
邮编：100022
网址：http://www.zjdtv.com

北京鑫宝源影视投资有限公司

领导成员：

总经理：丁芯
副总经理：王驿
财务总监：赵雅丽
艺人总监：刘红梅
新媒体中心：焦红艳

内设机构：

总经办、财务部、广告部、发行部、演艺部、新媒体中心、编辑部、制作部、法务部、行政部

地址：北京市朝阳区北苑路86号院311号楼
电话：010−57805288
传真：010−57561288
邮编：100101

大唐辉煌传媒有限公司

领导成员：

董事长：王辉
总经理：袁春雨

内设机构：

文学策划部、制作部、电影事业部、新媒体部、发行部、娱乐营销部、艺人经纪部、宣传策划部、财务部、人力资源及行政部、法务部

地址：北京市朝阳区青年路4号和院文创园A栋4层
电话：010−82961395/82961399
传真：010−82961396
邮编：100123
网址：http://www.dthh.com.cn/

北京东王文化发展有限公司

领导成员：

董事长：张晓武

总经理：范杰

办公室主任：于莉

内设机构：

发行部、宣传部、演艺经纪部、办公室、财务部

地址：北京市朝阳区朝外大街3号山水广场B座1102

电话：010-65516017

邮编：100020

邮箱：dwwh2601@sina.com

网址：http://www.bjdwwh.cn

四达时代通讯网络技术有限公司

领导成员：

董事长兼总裁：庞新星

内设机构：

董事会办公室、总裁办、监审部、人力资源中心、财务中心、商务中心、行政事务部、法务中心、投资管理部、公共事务部、宣传部；商业智能部、产品部、软件研发中心、大视频事业部、智能终端事业部；海外拓展中心、海外拓展支持部、项目管理中心、项目融资部、媒体数字化事业部、技术中心、基建工程部、技术支持部、运维中心；销售中心、物流中心、运营中心、融合电商事业部、广告中心、品牌市场部、南非地区部、东非地区部、西非英语地区部、西非法语地区部、中非法语地区部、红酒事业部；版权经营中心、译制配音中心、传媒技术中心、制作中心、中文频道、国际影视频道、非洲本地语频道、Guide Channel、OTT内容运营部

地址：北京经济技术开发区科创十四街5号院

电话：010-53012998

传真：010-53012997

邮编：100176

网址：http://www.startimes.com.cn/

北京东方飞云国际影视股份有限公司

领导成员：

董事长：白彩云

总经理：白月飞

副总经理：白絮飞、陈振斌

综合办公室总监：柯丽芳

财务部总监：尉赟

影视后期总监：郭洋

内设机构：

财务部、行政部、后期制作部、宣传部

地址：北京市房山区拱辰街道卓秀北街绿地诺亚方舟北区1号楼12层

邮编：102445

邮箱：940745697@qq.com

网址：www.z.dongfangfeiyun.com

北京星光拓诚文化产业集团有限公司

领导成员：

集团董事长、总经理：陈洋

传媒业务总经理：郑艺

招商企服总经理：贾晓妍

内设机构：

总部行政中心、传媒业务中心、建设招商中心、物业企服中心

地址：北京大兴区西红门镇北兴路（东段）2号星光影视园A座一层

电话：010-60285000

传真：010-60299729

邮编：100162

网址：http://www.yingshiyuan.com

北京市怀柔区文化产业发展促进中心

领导成员：

党组书记、主任：于德利

党组成员、副主任：温来生、王青俊

党组成员：李洪英

内设机构：

综合部、招商部、项目部、活动部

地址：北京市怀柔区杨宋镇凤瑞一园三号院甲5号楼1层102室、103室

电话：010-69680036

邮编：101499

邮箱：wczx@bjhr.gov.cn

受众调查

2020 年北京广播市场竞争态势调查

一、北京广播市场发展情况

（一）市场整体：收听率大幅上升，家中超越车上成为第一收听场所

根据索福瑞测量仪北京地区收听数据显示，北京广播市场 2020 年整体收听率为 4.513%，较 2019 年同期上升 0.666 个百分点，涨幅达 17.31%。

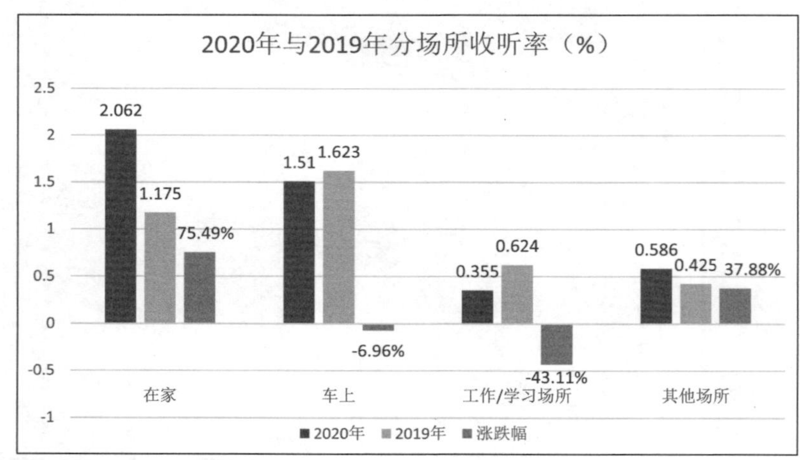

从分场所情况来看，2020 年在家收听率同比猛涨 75.49%，车上收听率小幅下降 6.96%，工作 / 学习场所收听率下降幅度超过 43%，其他场所收听率同比大幅上升 37.88%。

（二）分项数据：收听人群持续萎缩，收听时长、忠实度上升，听众黏性增加

2020 年、2019 年北京地区广播市场全天收听表现

单位	2020年	2019年	2020比2019差值	2020比2019涨跌幅
到达率（000）	4772	5216	−444	−8.51%
人均收听时长（听众）（分钟）	82.3	71.2	11.1	15.59%
忠实度	4.5	3.8	0.7	18.42%
人均收听段数	5	5	0	0
平均每段收听时长（分钟）	15.6	14.5	1.1	7.59%

2020 年北京累计 477.2 万人曾收听广播，同比减少 44.4 万人，降幅近 9%；广播日均收听人数为 382.1 万人，同比降低 25.2 万人，降幅超过 6%；人均收听时长方面，听众平均每天收听广播时长为 82.3 分钟，同比增加 11.1 分钟，增幅为 15.59%。2020 年人均收听

段数依然为5段，与同期相比保持不变，每段收听时长由14.5分钟增至15.6分钟，增幅为7.59%。听众忠实度从2019年的3.8增至4.5，增幅为18.42%。

（三）分时段收听率：全天大部分时段上涨，早高峰时段上升显著

2020年北京广播市场全天48个30分钟时段，其中36个30分钟时段收听率上升，12个30分钟时段收听率下降。

具体来看，早间7:30—10:00是全天增长净值最大的时段，30分钟同比增长净值均超过2个百分点，增长净值自中午后逐渐降低，晚间和凌晨的收听率上涨幅度远不及早间和上午时段。

（四）分月收听率：均高于2019年同期，同比涨幅在8月达到最高值

2020年分月收听率在2月降至年度收听率的最低点4.067%，随后开始一路攀升，在6月达到全年收听率单月最高值4.791%，下半年收听率整体趋稳，在4.6%左右波动。8月的同比增幅达到全年的最大值，为28.03%。

二、北京广播市场三大台竞争情况

（一）市场份额：北京台、中央台小幅上涨，国际台持续下降

2020年北京广播电视台广播端市场份额为72.858%，同比上升0.442个百分点，增幅为0.61%。创下了自2016年使用测量仪收听率数据以来的历史新高。中央台2020年的市场份额同比上升0.243个百分点，涨幅达1.1%，至22.309%。国际台市场份额同比下降0.633个百分点，降幅为11.75%，市场份额降至4.752%。

（二）分项数据：三台听众规模均有下滑，收听时长整体增加

北京台2020年累计听众为477.2万人，

2020年、2019年北京地区广播收听率、到达率、平均市场份额表

单位	频率	2020年	2019年	同比差值	同比涨跌幅
收听率%	北京台	3.288	2.786	0.502	18.02%
	中央台	1.007	0.849	0.158	18.61%
	国际台	0.214	0.207	0.007	3.38%
市场份额%	北京台	72.858	72.416	0.442	0.61%
	中央台	22.309	22.066	0.243	1.10%
	国际台	4.752	5.385	−0.633	−11.75%
到达率（000）	北京台	4772	5216	−444	−8.51%
	中央台	4657	5124	−467	−9.11%
	国际台	4222	4573	−351	−7.68%
人均收听时长（分钟）	北京台	47.4	40.1	7.3	18.20%
	中央台	14.5	12.2	2.3	18.85%
	国际台	3.1	3	0.1	3.33%

同比下降44.4万人，降幅为8.51%；中央台听众规模从2019年的512.4万人减少至2020年的465.7万人，同比下降46.7万人，降幅为9.11%；国际台2020年的听众规模为422.2万人，同比下降35.1万人，降幅为7.68%。三大台2020年总体听众规模降幅均在8%左右，较为均衡。

北京台2020年人均收听时长为47.4分钟，同比涨幅为18.2%；中央台人均收听时长同比增长2.3分钟，增幅达18.85%，增至14.5分钟，国际台人均收听时长增长0.1分钟，涨幅为3.33%，增至3.1分钟。

从整体的收听率和市场份额表现来看，在人均收听时长大幅增加的带动下，虽然收听人数有所减少，但没有牵制北京台收听率的提升趋势，收听率为3.288%，涨幅高达18.02%，同时市场份额也有0.61%的小幅上涨；在三大台中，中央台人均收听时长增幅最大，收听率涨幅达18.61%，居三大台收听率涨幅之首，市场份额也因此上涨1.10%；国际台人均收听时长增幅最小，日均听众规模降幅最大，故收听率仅有3.38%的增幅，远低于整体市场收听率涨幅，因此市场份额大幅缩减了11.75%。

（三）分场所收听：家中成为三大台最主要的收听场所，北京台领先显著

从分场所同比收听率变化情况看，三大台在家的收听率同比均有较大幅度的上涨，其中北京台、中央台同比涨幅均超过77%，国际台同比涨幅超过53%；三大台车上的收听率均有所下滑，其中国际台跌幅最大，跌幅超20%；三大台工作/学习场所的收听率同比均有超30%的下降，其中国际台跌幅最大；三大台在其他场所收听率均有明显上涨，其中北京台涨幅最大，达42.07%。

受到2020年疫情的影响，家中成为工作、休闲最主要的场所，北京台在家中这一新晋主要收听场所中保持77.11%的涨幅优势，在其他场所中也获得42.07%的涨幅，均为三大台中涨幅最高。

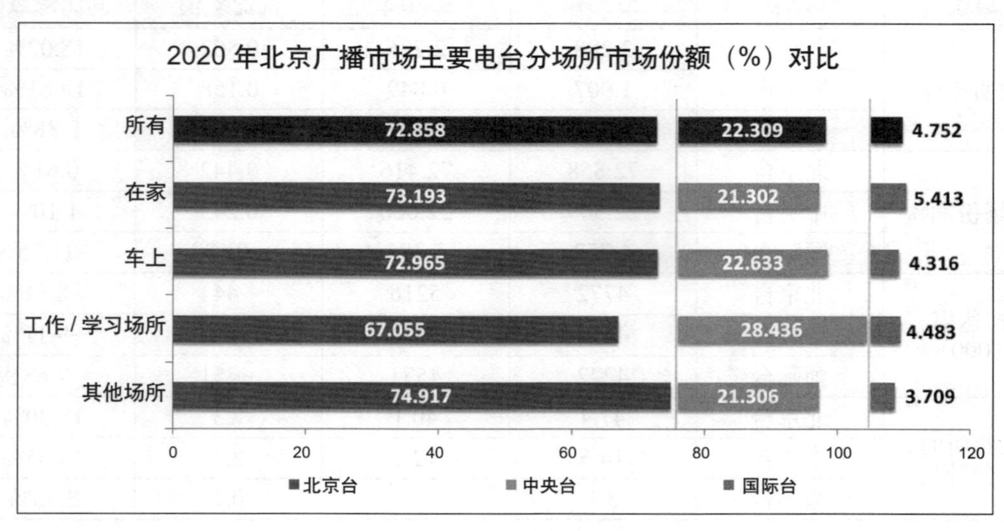

北京台在家、车上和其他场所的市场份额均高于各场景均值，除工作/学习场所外，其他场景收听的份额差值均在0.1个百分点以内。

三、北京广播市场主要电台听众构成

（一）性别：北京台、中央台男女比例较为均衡，国际台男性比例超七成

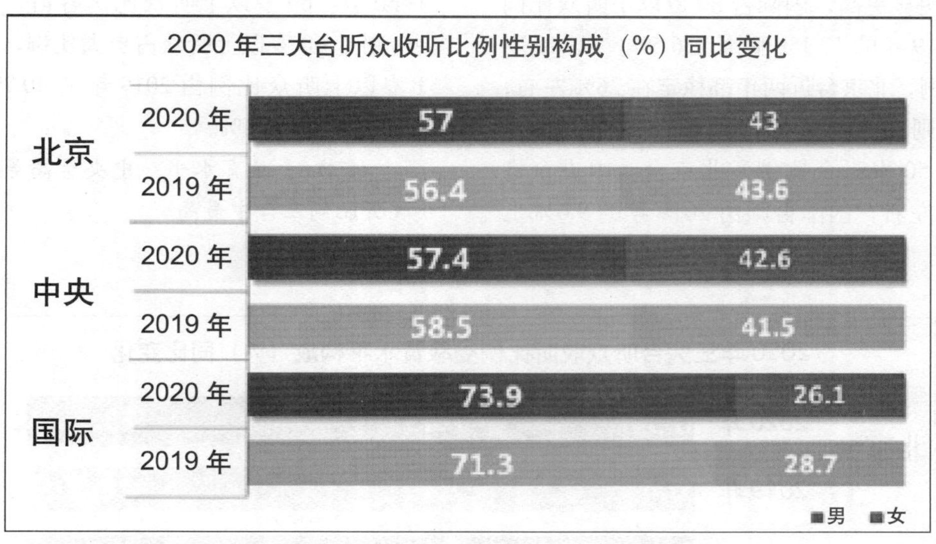

北京台 2020 年同比男女收听比例变化不大，男性比例在 57%，女性比例在 43%，男女比例是三大台中最为均衡的；中央台男女比例跟北京台相差无几，2020 年同比男性比例又有小幅下降，性别比例更趋均衡；国际台男女比例失衡最为严重，且 2020 年同比男性收听比例又有 2.6 个百分点的上升，男女听众比例愈加悬殊。

（二）年龄：北京台、中央台听众各年龄段比例较为均衡，国际台听众老龄化严重

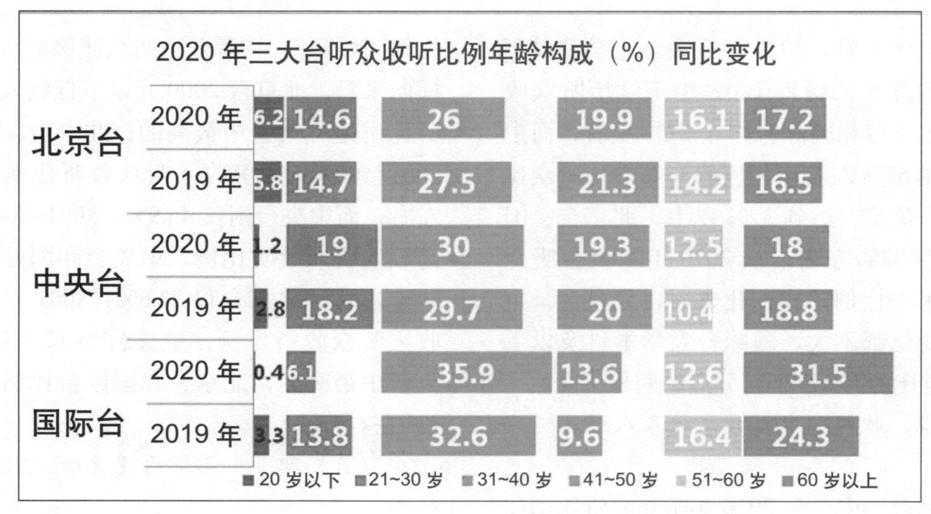

北京台、中央台30岁以下听众比例均在20%左右，但是北京台20岁以下听众比例较中央台明显更高，国际台30岁以下听众比例则由2019年的17.1%猛降至6.5%；31~40岁听众比例，北京台近两年都稳定在26%左右，中央台则在30%左右，国际台则在35%左右；41~50岁听众比例，北京台、中央台均在20%左右，国际台则由2019年的9.6%上升至2020年的13.6%；51岁以上听众比例，北京台、中央台均在30%左右，其中北京台51~60岁、60岁以上听众比例各占一半，中央台则是60岁以上听众占更大比例，国际台51岁以上听众比例由2019年的40.7%上升至2020年的44.1%。

（三）受教育水平：中央台高等学历听众收听比例三台中最高

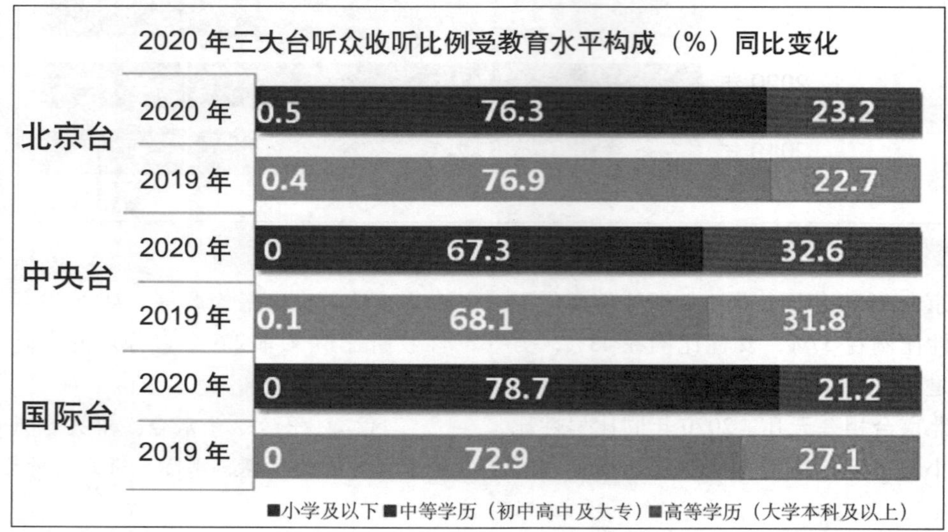

从整体来看，2020年三大台小学及以下听众比例几乎都趋近于0，中等学历听众收听比例北京台和国际台均在77%左右，而中央台则在67%左右，相应的高等学历听众比例中央台最高，达到32%以上，北京台、国际台则在22%左右。从2020年三大台听众受教育水平比例同比变化来看，北京台、中央台的变化都不大，国际台大学本科及以上听众收听比例有5.9个百分点的明显下降。

（四）收入：中央台高收入人群收听比例占优

北京台、中央台2020年听众收听比例同比变化不大，国际台500元以下低收入听众比例明显降低，中等收入听众比例有所提升。横向来看，北京台2000元以下低收入听众收听比例是三大台中最高的；北京台、国际台2001~5000元中等收入听众收听比例在55%左右，而中央台则仅45.9%；5001~8000元中高收入听众收听比例，中央台和国际台均在30%左右，北京台仅23.6%；8001元以上高收入听众收听比例，中央台为12.5%，是三大台中最高的，北京台和国际台比例则均在9%左右。

（五）职业：国际台退休听众收听比例较高

中央台公务员和白领收听比例在三大台

中最高，达 54.6%，北京台次之，达 48.3%，国际台最低，仅 41%。除此之外，北京台学生收听比例是三大台中最高的，高达 10.1%；国际台官员和管理者收听比例在三大台中最高，达 11.4%；北京台和中央台工人收听比例均在 9% 左右，国际台则为 5.2%；国际台个体和自由职业者收听比例为 8.6%，是三大台中最高的，北京台和中央台则在 4% 左右；国际台退休听众收听比例达 33.3%，是三大台中最高，北京台和中央台则仅 18% 左右；无业人员和家庭主妇比例，三大台均在 3% 以下。

四、北京广播市场各频率竞争态势

（一）市场排名：头部频率继续扩张，市场排位变化活跃

北京广播市场 22 频率收听率、市场份额同比排名

频率	收听率%				市场份额%				排名		排名变化
	2020年	2019年	差值	差幅	2020年	2019年	差值	差幅	2020年	2019年	
北京交通广播	1.686	1.393	0.293	21.03%	37.358	36.202	1.156	3.19%	1	1	→
北京新闻广播	0.668	0.423	0.245	57.92%	14.792	10.989	3.803	34.61%	2	3	↑
北京文艺广播	0.454	0.435	0.019	4.37%	10.066	11.320	−1.254	−11.08%	3	2	↓
中央台中国之声	0.393	0.342	0.051	14.91%	8.701	8.891	−0.190	−2.14%	4	4	→
北京音乐广播	0.263	0.304	−0.041	−13.49%	5.816	7.902	−2.086	−26.40%	5	5	→
中央台经济之声	0.172	0.109	0.063	57.80%	3.802	2.826	0.976	34.54%	6	9	↑
国际台环球资讯广播	0.171	0.152	0.019	12.50%	3.797	3.953	−0.156	−3.95%	7	6	↓
中央台音乐之声	0.160	0.129	0.031	24.03%	3.542	3.346	0.196	5.86%	8	7	↓
中央台中国交通广播	0.117	0.090	0.027	30.00%	2.584	2.343	0.241	10.29%	9	10	↑
中央台文艺之声	0.101	0.109	−0.008	−7.34%	2.241	2.841	−0.600	−21.12%	10	8	↓
北京体育广播	0.055	0.074	−0.019	−25.68%	1.211	1.923	−0.712	−37.03%	11	11	→
中央台经典音乐广播	0.043	0.051	−0.008	−15.69%	0.946	1.316	−0.370	−28.12%	12	13	↑
国际台劲曲调频	0.041	0.051	−0.010	−19.61%	0.903	1.317	−0.414	−31.44%	13	12	↓
北京外语广播	0.027	0.014	0.013	92.86%	0.594	0.376	0.218	57.98%	14	17	↑
北京动听调频广播	0.015	0.015	0.000	0.00%	0.339	0.396	−0.057	−14.39%	15	16	↑
北京故事广播	0.015	0.018	−0.003	−16.67%	0.322	0.467	−0.145	−31.05%	16	14	↓
北京城市广播	0.014	0.017	−0.003	−17.65%	0.311	0.432	−0.121	−28.01%	17	15	↓
中央台老年之声	0.011	0.004	0.007	175.00%	0.254	0.112	0.142	126.79%	18	21	↑
中央台阅读之声	0.008	0.007	0.001	14.29%	0.168	0.188	−0.020	−10.64%	19	19	→
北京青年广播	0.007	0.003	0.004	133.33%	0.163	0.083	0.080	96.39%	20	22	↑

（续表）

频率	收听率%				市场份额%				排名		排名变化
	2020年	2019年	差值	差幅	2020年	2019年	差值	差幅	2020年	2019年	
中央台中国乡村之声	0.003	0.008	−0.005	−62.50%	0.072	0.203	−0.131	−64.53%	21	18	↓
国际台轻松调频	0.002	0.004	−0.002	−50.00%	0.052	0.116	−0.064	−55.17%	22	20	↓

与2019年相比，2020年排名在前五位的频率不变，但位次有所变化。北京交通广播继续牢牢占据市场份额第1的位置，且市场份额创下自2016年来新高；北京新闻广播市场份额同比上涨趋势明显，自2016年以来首次超过北京文艺广播，排名跃升至第2位；北京文艺广播市场份额连续两年走低，排名降至第3位；中央台中国之声市场份额略降，排名仍列第4位；北京音乐广播市场份额同比降低，排名保持第5位不变。

2020年与2019年相比，排在第6~10位的频率构成不变，但位次均发生变化。

2020年北京广播市场22频率市场份额

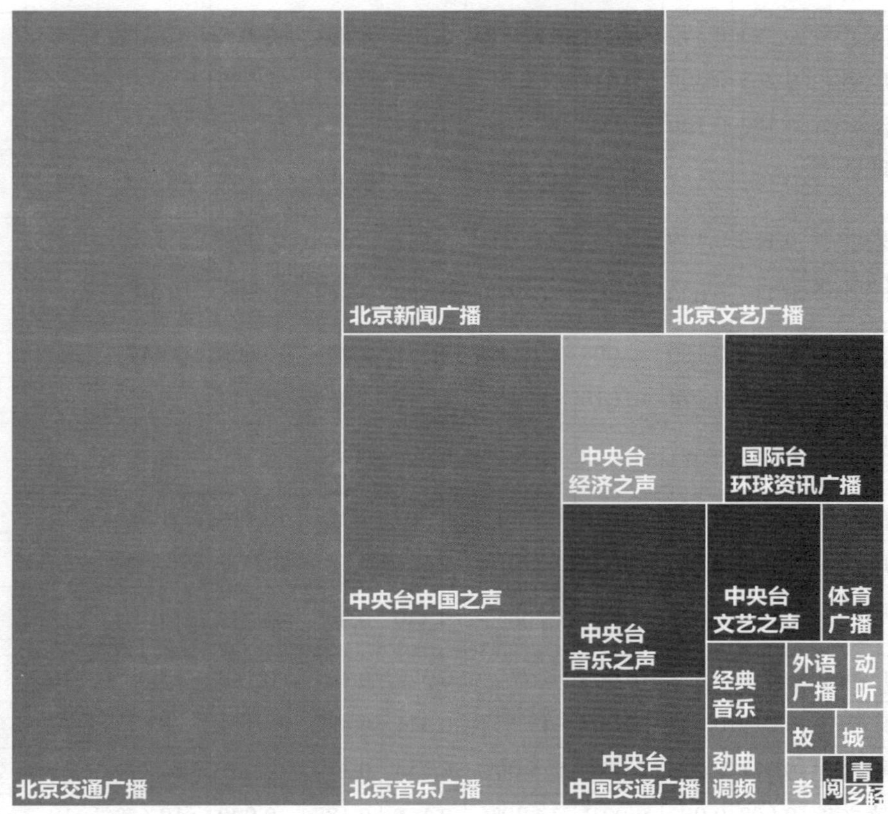

2020 年排名前五位的频率构成不变，市场份额之和由 75.304% 的高位进一步扩大至 76.733%，北京广播市场接近八成的份额由排名前五的频率占据，剩下两成的市场份额由 17 个频率瓜分，竞争愈发激烈。

（二）份额变化：少数频率份额上升，涨跌两极幅度剧烈

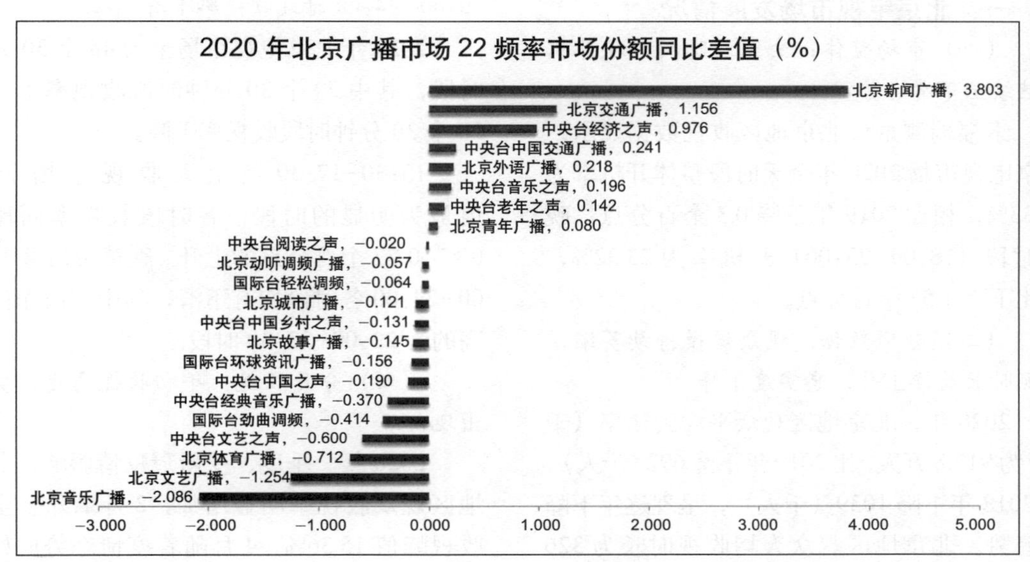

2020 年北京广播市场 22 个主要频率中，有 8 个频率市场份额同比提升。其中北京新闻广播涨势最猛，市场份额同比上涨 3.803 个百分点，差幅达到 34.61%；北京交通广播市场份额同比上涨 1.156 个百分点，达到了 2016 年以来的最高点 37.358%；中央台经济之声市场份额同比上升 0.976%。

14 个市场份额同比下降的频率中，北京音乐广播下降净值最多，为 2.086 个百分点；北京文艺广播次之，下降 1.254 个百分点；北京体育广播、中央台文艺之声分别下降 0.712 和 0.6 个百分点；另外，国际台劲曲调频、中央台经典音乐广播也有 0.4 个百分点左右的明显下降。

（文中数据来源：索福瑞测量仪北京地区广播收听数据）

（北京广播电视台）

2020 年北京电视市场竞争态势调查

一、北京电视市场发展情况

（一）市场整体：全天及晚间时段开机率继续呈下滑态势

索福瑞测量仪北京地区收视数据显示，北京电视市场 2020 年全天时段整体开机率为 10.33%，相比 2019 年下降 0.3 个百分点；晚间时段（18:00—23:00）开机率为 23.32%，同比下降 1.55 个百分点。

（二）分项数据：观众规模持续萎缩，收视时长反弹上升，忠实度下降

2020 年，北京地区观众平均到达率（千人）为 917.8 万人，比 2019 年下降 692（千人），比 2018 年下降 1039（千人），呈现逐年下降的趋势。北京地区观众人均收视时长为 326 分钟，比 2019 年增长 12 分钟，比 2018 年增长 17 分钟，呈现反弹态势。观众忠实度从 2019 年的 10.8 下降至 10.6，降幅 1.85%。

（三）分时段收视：下午时段小幅上涨，19:00—24:00 时段收视率下滑

2020 年北京电视市场全天 48 个 30 分钟时段，其中 20 个 30 分钟时段收视率上升，28 个 30 分钟时段收视率下降。

13:30—17:30 是全天收视率增长净值最为明显的时段，各时段收视率同比有 0.47~0.77 个百分点的上升。晚黄及后黄 19:00—24:00 各时段均有下滑，其中下滑净值最高的为 22:00—22:30 时段。

（四）分月收视：年初收视高走，岁末出现回落

2020 年一季度，受新冠疫情影响，北京地区观众收视率明显增加，2 月攀升至全年收视峰值 15.36%。4 月随着疫情态势向好，收视率有所回落。5 月疫情防控转入常态化后，收视率出现下滑，5—12 月收视率均低于 2019 年同期水平，其中 9 月为全年收视最低点 8.32%。

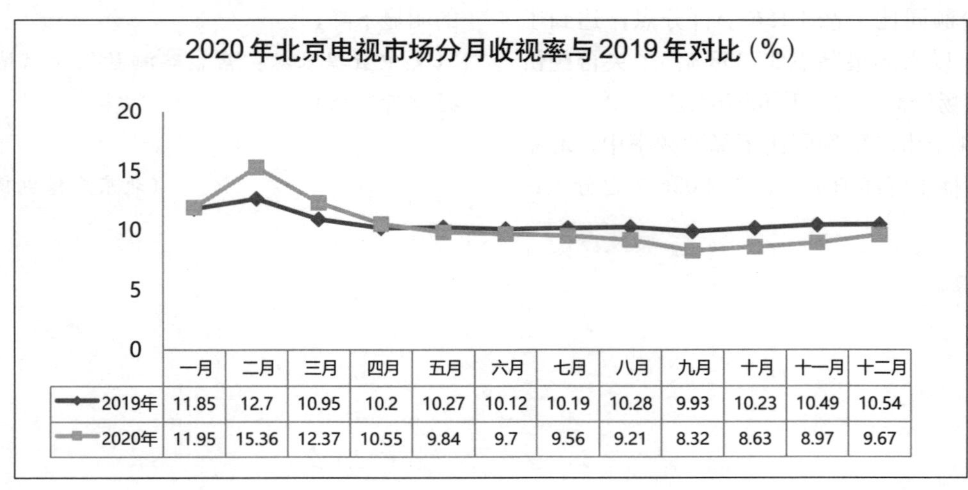

	一月	二月	三月	四月	五月	六月	七月	八月	九月	十月	十一月	十二月
2019年	11.85	12.7	10.95	10.2	10.27	10.12	10.19	10.28	9.93	10.23	10.49	10.54
2020年	11.95	15.36	12.37	10.55	9.84	9.7	9.56	9.21	8.32	8.63	8.97	9.67

二、北京电视市场三大台组竞争情况

（一）市场份额：北京台组、中央台组稳步上涨，省级卫视频道组有所下滑

2020年全天时段，北京地区三大台组中北京台组、中央台组的市场份额有所上涨，省级卫视频道组的市场份额出现下滑。2020年北京台组市场份额29.46%，同比提升1.28个百分点，涨幅为4.54%。中央台组2020年市场份额同比上涨0.5个百分点，提升至27.36%，涨幅为1.86%。省级卫视频道组市场份额同比下降2.46个百分点，降幅为11.09%，市场份额降至19.72%。此外，其他频道组市场份额23.46%，同比提升2.99%。

在晚间18:00—23:00时段，北京台组2020年市场份额37.35%，相较2019年增幅11.56%。中央台组晚间时段份额26.42%，与2019年相比提升2.96%。省级卫视频道组市场份额15.79%，同比降幅达20.61%。

整体来看，北京台组市场份额2020年大幅上升，尤其是晚间黄金时段增长显著；中央台组市场份额相较2019年稳中有升；省级卫视频道组市场份额在北京市场明显下降；其他频道组与2019年基本持平。

（二）分项数据：三大台组观众规模均有缩减，北京台组收视率逆势上扬

2020年北京电视市场整体观众规模同比下滑，三大台组观众规模均有不同程度的缩减。2020年北京台组全年累计观众为1930.5万人，同比下降34.8万人，降幅为1.77%；中央台组观众规模从2019年的1962.3万人减少到2020年的1930.5万人，同比下降31.8万人，降幅为1.62%；省级卫视频道组2020年的观众规模为1892.6万人，同比下降62.4万人，降幅为3.19%，下降的净值和幅度均为三大台组中最大。

2020年北京电视市场人均收视时长整体呈上涨态势，北京台组、中央台组人均收视时长均有不同程度上涨，省级卫视频道组有所下降。北京台组2020年人均收视时长为116分钟，同比增长10分钟，上升幅度9.43%；中央台组人均收视时长同比增长5分钟，增幅达4.63%，增至113分钟；省级卫视频道组人均收视时长减少5分钟，降幅为4.95%，降至96分钟。

从整体的收视率和市场份额表现来看，北京台组收视率涨幅为1.33%，收视率为3.04%，市场份额29.46%，涨幅4.54%；中央台组收视率同比下跌1.05%，降至2.83%，市场份额同比反增，为27.36%；省级卫视频道组人均收视下降13.56%，至2.04%，市场份额降至19.72%，近四年来首次跌至20%以下。

2020年北京电视市场三大台组收视表现

单位	频道	2020年	2019年	差值	涨跌幅
收视率（%）	北京台组	3.04	3	0.04	1.33%
	中央台组	2.83	2.86	−0.03	−1.05%
	省级上星频道组	2.04	2.36	−0.32	−13.56%
市场份额（%）	北京台组	29.46	28.18	1.28	4.54%
	中央台组	27.36	26.86	0.5	1.86%
	省级上星频道组	19.72	22.18	−2.46	−11.09%

（续表）

单位	频道	2020年	2019年	差值	涨跌幅
到达率（000）	北京台组	19305	19653	−348	−1.77%
	中央台组	19305	19623	−318	−1.62%
	省级上星频道组	18926	19550	−624	−3.19%
人均收视时长（观众）[分钟]	北京台组	116	106	10	9.43%
	中央台组	113	108	5	4.63%
	省级上星频道组	96	101	−5	−4.95%

三、北京电视市场观众构成

（一）性别：三大台组男女比例较为均衡，女性观众占比均有所增加

北京台组2020年男性观众比例为47.2%，女性比例提升1.2个百分点，至52.8%；中央台组男性观众占比较高，但2020年男性比例有小幅下降，为52.5%；省级卫视频道组2020年女性观众占比进一步上涨，达到51.7%，男女比例小幅拉开。

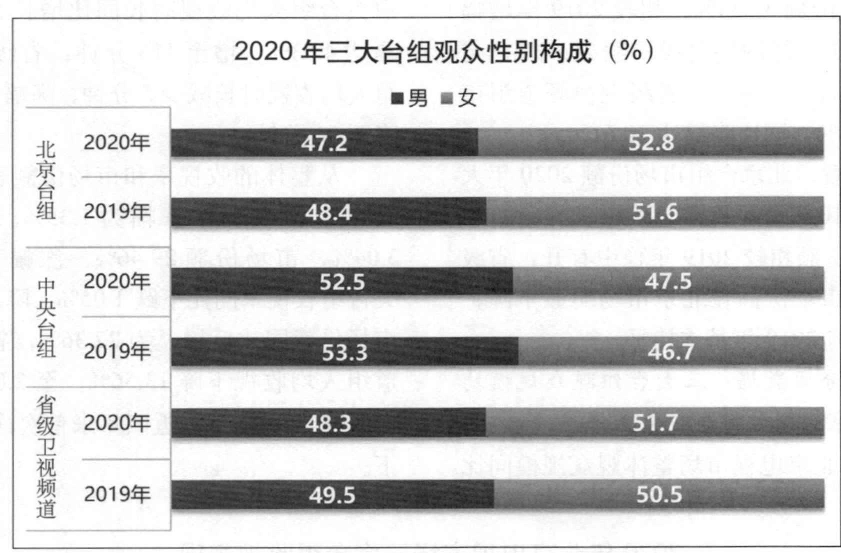

（二）年龄：北京台组、中央台组观众老龄化明显，省级卫视频道组观众相对年轻

北京台组、中央台组34岁以下观众比例均低于15%，但北京台组25~34岁观众比例高于中央台组，达到9%；省级卫视频道组34岁以下观众占比17.4%，同比有所下降。35~44岁观众比例，北京台组2020年有所提升，达到7.9%；中央台组稳定在8.9%，基本保持不变；省级卫视频道组则为13.7%。45~54岁观众比例，北京台组、中央台组均为19.6%，省级卫视频道组由2019年的24.4%下降至2020年的20.5%。55岁以上观众比例，北京台组、中央台组均超过58%，省级卫视频道组55岁以上观众比例由2019年的42.1%增长至2020年的48.2%。

（三）受教育水平：高学历观众比例均

超三成，占比变化较小

三大台组小学及以下观众比例都在10%以下，北京台组比例最低，为8.3%；中等学历观众收视比例北京台为60.5%，高于中央台组和省级卫视频道组；高等学历观众比例省级卫视频道组最高，达到33.2%，北京台组、中央台组分别为31.3%、32.3%。从2020年三大台组观众受教育水平比例同比变化来看，三大台组整体都保持稳定。

（四）收入：北京台组、中央台组中高收入人群收视比例提升

北京台组、中央台组观众收入构成继续优化，省级卫视频道组观众收入构成基本保持稳定。横向来看，北京台组2000元以下低收入观众收视比例是三大台组中最低的，为5.7%；北京台组、中央台组2001~5900元中等收入观众收视比例均超过65%，其中北京台组更高，达到69%，省级卫视频道组则仅占62.1%；5901元以上中高收入观众收视比例，省级卫视频道组最高，达到18.7%，北京台组、中央台组分别占比16.4%、17.9%，同比分别提升1.2个、0.1个百分点。

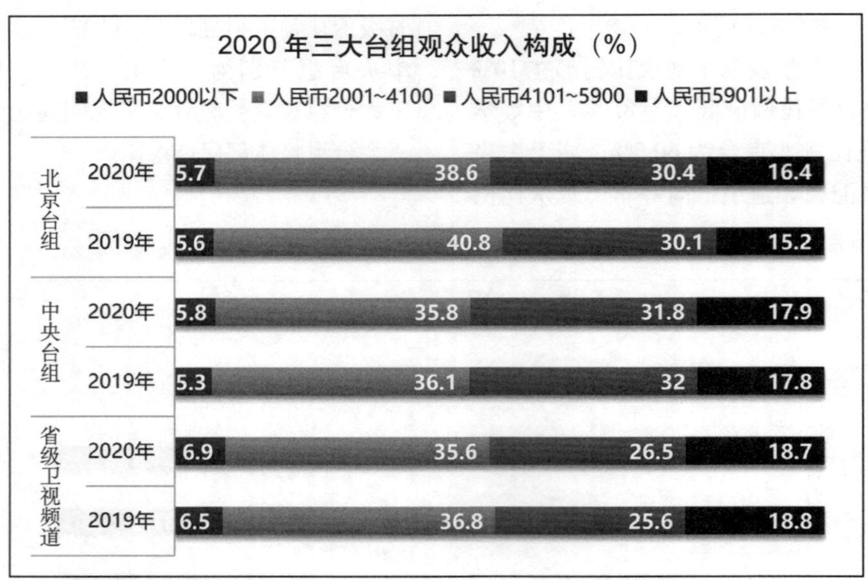

四、北京电视市场各频道竞争态势

（一）频道排名：前十排位有所变动，北京台组 7 个频道进入北京地区排名前 20

具体到频道层面，与 2019 年相比，2020 年在北京地区排名前五的频道中，北京卫视、北京台影视频道继续牢牢占据市场份额前两名的席位，且领先优势不断扩大，北京卫视市场份额从 12.803% 提升至 13.350%，影视频道份额从 4.994% 提升至 5.393%；央视四套、央视八套市场份额同比均有所上涨，分列第 3、第 4 位；央视新闻频道份额从 2.234% 提升至 3.709%，跻身前 5。

在第 6 至第 10 位中，央视综合频道市场份额同比下滑，排名降至第 6 位；北京台生活频道份额上涨至 2.619%，排名从第 14 位提升至第 7 位；央视六套排名上升 1 位至第 8 位；湖南卫视从第 6 位跌至第 9 位；北京台文艺频道保持在第 10 位；浙江卫视、央视五套均跌出前 10。

北京台科教频道排名提升至第 13 位；北京台新闻频道排名下降 1 位，至第 18 位；北京台卡酷少儿频道保持在第 19 位；北京台青年频道提升至第 22 位；北京台冬奥纪实频道排名下降 2 位，列第 37 位；北京台财经频道提升 2 位至第 38 位。

2020 年北京地区所有频道排名前 20 位

排名	频道	收视率%	市场份额%
1	北京卫视	1.379	13.35
2	北京广播电视台影视频道	0.557	5.393
3	中央台四套	0.513	4.969
4	中央台八套	0.395	3.825
5	中央电视台新闻频道	0.383	3.709

（续表）

排名	频道	收视率%	市场份额%
6	中央电视台综合频道	0.28	2.714
7	北京广播电视台生活频道	0.27	2.619
8	中央台六套	0.224	2.171
9	湖南卫视	0.217	2.106
10	北京广播电视台文艺频道	0.207	2.007
11	浙江卫视	0.202	1.954
12	江苏卫视	0.179	1.731
13	北京广播电视台科教频道	0.173	1.674
14	中央台三套	0.17	1.644
15	上海东方卫视	0.163	1.578
16	中央台五套	0.156	1.514
17	深圳卫视（新闻综合频道）	0.14	1.354
18	北京广播电视台新闻频道	0.133	1.289
19	北京广播电视台卡酷少儿频道	0.131	1.265
20	中央台二套	0.117	1.132

（二）市场份额：头部频道领先优势拉大，北京台组6个频道份额上涨

2020年北京电视市场排名前5的频道市场份额之和由28.598%扩大至31.246%，头部频道领先优势进一步拉大。在北京电视市场的97个频道中，有49个频道市场份额同比提升，14个频道份额保持稳定。其中，央视新闻频道涨势最猛，市场份额同比上涨1.475个百分点，达到3.709%。央视四套、北京台生活频道、北京卫视紧随其后，分别有0.992、0.599、0.547个百分点的提升。

共有34个频道市场份额同比下降，其中17个频道的市场份额同比出现超过0.1个百分点的明显下降。央视五套下降净值最多，为1.158个百分点；浙江卫视次之，下降0.891个百分点；湖南卫视下降0.889个百分点。此外，江苏卫视、上海东方卫视、央视三套等频道份额也都出现下滑。

北京台组2020年全天时段市场份额环比增长的频道为北京卫视、影视频道、财经频道、生活频道、青年频道、卡酷少儿六个频道。

其中，北京卫视午间《特别关注》时段、晚间品质剧场和920节目带时段相比2019年收视增长，上午重播剧场和次晚间健康养生时段较2019年略有下降，频道全天时段市场份额13.35%，增幅4.27%。影视频道上午重播剧场收视走高，晚间首都剧场比2019年收视上升，频道市场份额增至5.393%，增幅7.99%。财经频道自五月份改版以来成效渐显，在增加精编节目和热点剧目的带动下，频道上下午剧场、次晚间和后黄金时段收视有所上升，频道市场份额上升至0.404%。生活频道晚间在《欢乐二打一》《生活这一刻》带动下收视峰值进一步增长，同时《欢乐二打一》在午间和夜间的重播也带动时段收视上升，频道全天时段市场份额上升至2.619%，增幅29.65%。青年频道上午至午间的六集电视剧联播带动非黄时段收视上升，从17:00开始

的频道首播节目及晚间剧相比2019年收视增长，频道全天时段市场份额上升至0.983%，增幅55.54%。卡酷少儿频道白天时段收视提升，收视增长主要集中在8:30—16:00时段，带动频道全天时段市场份额上升至1.265%。

2020年北京台组频道全天时段市场份额及排名同比变化

频道	收视率%		市场份额%				排名		
	2020年	2019年	2020年	2019年	差值	涨跌幅	2020年	2019年	变化
北京卫视	1.379	1.362	13.35	12.803	0.547	4.27%	1	1	——
文艺频道	0.207	0.24	2.007	2.256	−0.249	−11.04%	10	10	——
科教频道	0.173	0.21	1.674	1.977	−0.303	−15.33%	13	15	上升2位
影视频道	0.557	0.531	5.393	4.994	0.399	7.99%	2	2	——
财经频道	0.042	0.039	0.404	0.369	0.035	9.49%	38	40	上升2位
生活频道	0.27	0.215	2.619	2.02	0.599	29.65%	7	14	上升7位
青年频道	0.102	0.067	0.983	0.632	0.351	55.54%	22	33	上升11位
新闻频道	0.133	0.142	1.289	1.336	−0.047	−3.52%	18	17	下降1位
卡酷少儿频道	0.131	0.129	1.265	1.21	0.055	4.55%	19	19	——
冬奥纪实频道	0.049	0.062	0.472	0.583	−0.111	−19.04%	37	35	下降2位

（北京广播电视台）

书报刊出版

2020 年北京市广播影视书报刊一览表

公开出版物

类别	报刊名称	主管单位	主办单位
周报	北京广播电视报	北京广播电视台	北京广播电视台
周刊	北广人物	北京广播电视台	北京广播电视报社

类别	书籍名称	主管单位	作者	出版单位
图书	北京广播影视年鉴（2020）	北京市广播电视局	北京广播影视年鉴编委会	北京出版集团北京出版社

内部出版物

类别	报刊名称	主管单位	主办单位
月刊	北京广播影视	北京市广播电视局	北京市广播影视协会
月刊	北京广播影视决策参考	北京市广播电视局	北京广播电影电视研究中心
季刊	金色时光	北京广播电视台	北京广播电视台
日报	北京城市副中心报	通州区委宣传部	通州区融媒体中心 北京日报社
每周二期	平谷报	平谷区委宣传部	平谷区融媒体中心
周刊	密云报	密云区委宣传部	密云区融媒体中心

2020 年北京市广播影视书报刊简介

北京广播电视报

《北京广播电视报》创刊于 1979 年 9 月，是面向家庭、以导听导视为特色的全方位生活服务型周报。2020 年《北京广播电视报》配合北京广播电视台做好“抗疫”“抗美援朝出国作战 70 周年”“脱贫攻坚”等重大主题宣传报道及日常宣传服务工作，做好京城百姓收视指南、荧屏热点等方面的报道。8 开 52 版。

北京广播电视报

本报连线北京广播电视台赴武汉采访记者

颜葵 我见证了北京医生的热血奉献

《众志成城 防控疫情》帮助百姓答疑释惑

26小时“抢”出一档“战疫”节目

——本报专访北京广播电视台相关主创

抗击疫情《养生堂》在行动

北京地区首支进驻医院隔离区采访的栏目《生命缘》

导演李晓东 医生在 胜利在

“北京市新型冠状病毒感染肺炎线上医生咨询平台”有哪些亮点

合理饮食助控糖

（北京广播电视报社）

北广人物（周刊）

《北广人物》周刊创刊于2016年4月，由原《北京电视》杂志更名而来，主要报道广播电视节目中的人物和人物中的新闻，用故事解读人生，在人生中寻觅故事，旨在用真善美的情操感染人、以奋斗进取的精神鼓舞人。2020年《北广人物》周刊策划、推出了多篇抗疫人物封面报道；报道领域多种多样，有音乐老顽童方锦龙、跨界歌王跨讲人王琳凯、老女排队员、志愿军老兵等，为报社赢得良好的社会声誉，夯实了刊物的厚重感、权威感和品牌感。8开52版。

（北京广播电视报社）

北京广播影视

2020年，北京市广播影视协会围绕中心，服务大局，配合局工作部署组织稿件，编印12期《北京广播影视》协会学刊，学刊重点突出，图文并茂，成为全市广播影视行业交流经验、开展研究的园地。2月号、3月号《北京广播影视》学刊开设“抗击疫情众志成城”专栏，及时反映北京广播电视系统防控疫情的组织措施、宣传报道、安全播出和产业扶持等内容。

（北京市广播影视协会）

2020北京广播影视年鉴

《2020北京广播影视年鉴》是由北京广播影视年鉴编辑委员会编写（市广播电视局主持，北京广播电视台、歌华传媒集团、区文旅局及融媒体中心等协编）的一部资料工具书，创刊于2005年，每年编纂一卷，2020年卷由北京出版集团北京出版社出版发行。

《北京广播影视年鉴》以马克思列宁主义、毛泽东思想、邓小平理论、“三个代表”重要思想、科学发展观、习近平新时代中国特色社会主义思想为指导，坚持实事求是的编辑方针，牢固树立政治意识、大局意识、核心意识、看齐意识。坚持实事求是的编辑方针，贯彻“贴近实际，贴近生活，贴近群众”的编纂原则，全面反映北京市广播影视的基本情况和发展变化风貌，客观记述 2019 年全市广播影视业的新情况、新发展变化，为广播影视从业人员、教学科研人员、决策管理人员以及社会各界了解和研究北京市广播影视提供可靠信息。

2020 版《北京广播影视年鉴》为第 16 卷，共有 18 个栏目：图片、特载、专项纪事、概况、大事记、频率频道、节目栏目、产业发展、新媒体、技术、电视剧、书报刊出版、受众调查、组织机构、获奖作品、典型经验、交流合作、统计。全书 88.3 万字，发行 1200 册。国内书号：ISBN 978-7-200-16403-9。

（北京市广播电视局史志办）

北京广播影视决策参考

2020 年，《北京广播影视决策参考》（月刊）共刊发 10 期（其中 1、2 月，9、10 月为合刊），主题涉及首都广播电视和网络视听

领域常态化疫情防控中推进复工复产、全国两会宣传报道、“十四五”时期广播电视和网络视听发展规划编制、广电“战疫”进行时、首场线上“春交会”、应急广播建设、首届中国媒体融合大会、第四届纪实影像周等。

（北京广播电影电视研究中心）

金色时光

《金色时光》是北京广播电视台退休职工专刊，主要反映台改革发展情况、老干部工作动态及退休职工生活。是台里与离退休职工之间互通信息、沟通感情的重要平台。

2020 年年初，面临新冠肺炎疫情冲击、三台合并等诸多变化，新组建的离退办积极探索新的工作思路和工作模式，将原电台和电视台两本刊物（《退休生活》《金色岁月》）进行资源整合，推出全新的《金色时光》，采用全新的设计装帧、栏目设置和彩色印刷，扩大容量，增加老同志编委。

杂志内容设置 6 大板块：拾金人生、多彩金秋、流光跃金、守护健康、金色信风、交流互动，分为 22 个栏目；并根据不同时期重点工作，适时开设决胜脱贫攻坚、学习十九届五中全会精神等专栏。全年发稿 70 多篇，12 万多字，书画影印图片 160 余张。

杂志交流到市委宣传部老干部处、市委老干部局以及《中国老年》《北京老干部》杂志社等单位。

（北京广播电视台）

北京城市副中心报

2020 年上半年，在通州区委宣传部的部署下，《通州时讯》与北京日报社开展深度

合作，北京日报报业集团与通州区委宣传部联合成立编辑部，签署合作协议，加大副中心宣传力度，提升新闻质量。10月19日，《通州时讯》正式升级改版为《北京城市副中心报》。改版当天，蔡奇同志做出批示，充分肯定北京城市副中心报华丽转身，提出殷切期望，给予鼓励和鞭策。

北京城市副中心报共四版，周一到周五刊发，紧扣城市副中心目标定位，进行全新的版面设置。

一版为要闻版，主要聚焦发生在北京城市副中心的重要政务活动及建设的重大成就、全市性重大新闻等，充分展示全市上下团结一心、奋发有为，全力推进城市副中心建设发展的火热场景，生动展现习近平新时代中国特色社会主义思想在城市副中心落地生根结出的丰硕成果。二版为新闻版，重点围绕加强“四个中心”功能建设、提高“四个服务”水平这个首都发展核心要义，站在首都发展全局、京津冀协同发展战略、打造世界级城市群的高度，充分展示城市副中心作为北京重要一翼，服务保障首都功能，发挥辐射带动作用，建设国际一流的和谐宜居之都示范区、新型城镇化示范区和京津冀区域协同发展示范区的生动实践。三版为综合版，主要承接通州区委机关报职能。四版为专副刊版，分设科创、文化、协同、城韵、热点、观察、人物、新思等主题版，适时或定期刊发，旨在充分挖掘和放大副中心城市特色，以特色提升城市副中心的影响力、知名度和美誉度。

北京城市副中心报
2020年10月19日 星期一 农历庚子年九月初三 今日四版
北京城市副中心生机勃发
“加减法”里的新动能
——四年“疏整促”绘出城市副中心活力新画卷
减出发展新空间
减量提质“加减法”
用心用情记录千年之城的无限魅力
《副刊·城韵》

（通州区融媒体中心）

平谷报

《平谷报》由中共北京市平谷区委宣传部主办，平谷区融媒体中心出版。《平谷报》通过购买服务方式，由北京金色普阳国际文化传媒有限公司负责《平谷报》的制版、印刷、发行投递业务。《平谷报》出版日期为每周一、周四，印刷规格为对开八版全彩印刷，每期印数17000份。

《平谷报》发行服务区域。邮寄范围：在平谷工作过的处级领导，离、退休老干部，城区以外国资系统、教育系统、卫生系统、纳税300万企业、不归口单位及个人，乡镇及行政村、社区，景区宾馆及旅游集散中心，北京日报及16区新媒体。直投范围：区内各委办局、单位、市属企业单位、临时派出机构，城区国资系统、教育系统、卫生系统、纳税300万企业、不归口单位及个人，滨河街道、兴谷街道、平谷镇及所含行政村、社区。市委、市政府通过EMS寄送。

平谷报
PING GU BAO
2021年3月 22 星期一
第22期
中国共产党为什么"能"
三月春风暖 花香引客来
平谷报 焦点 03
千里京蒙一家亲 九年结对助脱贫
平谷区助推商都县经济社会全面发展
千里京蒙一家亲 九年结对助脱贫
马铃薯变"金蛋蛋" 带动群众增收致富
千里送人才 推动多领域技术进步
心系特色产品 消费扶贫助农增收

（平谷区融媒体中心）

密云报

《密云报》创刊于 2005 年 3 月 25 日，原名《生态密云》报，2010 年更名为《密云报》。2017 年 9 月 4 日，《密云报》改版，实现手机浏览。2018 年 7 月 2 日，密云区融媒体中心挂牌成立，融合密云电视台、密云人民广播电台、《密云报》三大传统媒体，同时整合多个优质新媒体平台为一体。2020 年《密云报》共出版 52 期，免费向全区赠阅。《密云报》充分利用媒体融合优势，从电视及移动端报道中汲取素材，连续推出战“疫”特刊，刊登 161 篇文章，展现密云新冠肺炎疫情防控和促进经济社会发展举措、成效。2020 年 12 月 31 日推出《奋力打造践行习近平生态文明思想典范之区》年终特刊。

（密云区融媒体中心）

统 计

2020 年广播电视播出机构及节目开办情况一览表

项目	单位	数量
一、机构情况		
市级广播电视台	座	1
区广播电视台	座	10
区广播电视站	座	4
乡镇广播电视站	座	37
企事业广播电视站	座	9
二、开办广播电视节目情况		
公共广播节目	套	26
其中：市级	套	17
区级	套	9
付费广播节目	套	2
公共电视节目	套	25
其中：市级	套	11
区级	套	14
对外电视节目	套	1
付费电视频道	套	12

2020 年广播电视播出情况一览表

指标名称	单位	合 计	市级	区县
公共广播节目	套	26	17	9
播出时间	小时	174464	125643	48821
播出自制节目时间	小时	84745	57206	27539
付费广播节目	套	2	2	—
播出时间	小时	17520	17520	—
公共电视节目	套	25	11	14
播出时间	小时	135507	89700	45807
播出自制节目时间	小时	58092	38234	19858
电视剧播出数	部	510	395	115
	集	26597	16756	9841
付费电视节目	套	12	12	—
播出时间	小时	105120	105120	—
对外电视节目	套	1	1	—
播出时间	小时	8784	8784	—

注：1.2020 年 11 月 18 日，北京广播电视台停止播出 7 套公共广播节目，截至年底市级播出公共广播节目 10 套。

2. 北京广播电视台 BTV 体育频道和 BTV 纪实频道合并为冬奥纪实频道，于 2019 年 5 月 10 日起上星播出，公共电视节目套数 2020 年比 2019 年减少 1 套。

2020年广播电视节目制作情况一览表

项目	单位	广播节目	电视节目
制作广播电视节目时间	小时	112999	76341
新闻资讯类	小时	12097	17756
专题服务类	小时	29810	23338
综艺类	小时	32964	4269
广播（电视）剧	小时	13346	5375
广告类	小时	803	2444
其他类	小时	23979	23159
广播（电视）剧部数	部	9	43
广播（电视）剧集数	集	160	1802

2020年广播电视播出传输情况一览表

项目	单位	数量
中短波转播发射台	座	1
	千瓦	150
调频转播发射台	座	13
	千瓦	66.15
电视转播发射台	座	17
	千瓦	47.2
广播综合人口覆盖率	%	100
电视综合人口覆盖率	%	100
有线广播电视传输干线网络总长	万公里	21.74
有线广播电视用户数	万户	606.24
高清交互数字电视用户	万户	563.20
4K超高清用户数	万户	170.86
增值业务用户数	万户	84.78
农村有线广播电视用户数	万户	96.29
农村有线广播电视入户率	%	95.98%
总人口	万人	2153.6
农村总人口	万人	221.17
总户数	万户	554.41
农村总户数	万户	100.32

注：2020年电视发射功率减少，是因为模拟发射机2020年年底停播转数字发射机。

2020 年北京市广播电视主要指标在全国排位情况一览表

<table>
<tr><th>项目</th><th>单位</th><th>全国总量</th><th>北京市</th><th>排位数</th><th>北京市所占比重（%）</th></tr>
<tr><td>资产总额</td><td>亿元</td><td>24062.48</td><td>5596.97</td><td>1</td><td>23.26%</td></tr>
<tr><td>广播电视创收收入</td><td>亿元</td><td>7711.76</td><td>2910.07</td><td>1</td><td>37.74%</td></tr>
<tr><td>其中：广告收入</td><td>亿元</td><td>1940.06</td><td>703.13</td><td>1</td><td>36.24%</td></tr>
<tr><td>有线电视网络收入</td><td>亿元</td><td>756.98</td><td>27.41</td><td>10</td><td>3.62%</td></tr>
<tr><td>节目销售收入</td><td>亿元</td><td>411.82</td><td>56.18</td><td>4</td><td>13.64%</td></tr>
<tr><td>新媒体业务收入</td><td>亿元</td><td>2656.38</td><td>1699.87</td><td>1</td><td>63.99%</td></tr>
<tr><td>电视购物频道收入</td><td>亿元</td><td>135.47</td><td>8.55</td><td>6</td><td>6.31%</td></tr>
<tr><td>有线电视用户数</td><td>万户</td><td>20745.30</td><td>606.24</td><td>18</td><td>2.92%</td></tr>
<tr><td>数字电视用户数</td><td>万户</td><td>19888.74</td><td>605.08</td><td>16</td><td>3.04%</td></tr>
<tr><td>高清电视用户数</td><td>万户</td><td>10107.07</td><td>563.20</td><td>6</td><td>5.57%</td></tr>
<tr><td>增值业务用户数</td><td>万户</td><td>5871.68</td><td>84.78</td><td>21</td><td>1.44%</td></tr>
<tr><td>制作广播节目时间</td><td>万小时</td><td>821.04</td><td>11.30</td><td>25</td><td>1.38%</td></tr>
<tr><td>制作电视节目时间</td><td>万小时</td><td>328.24</td><td>7.63</td><td>20</td><td>2.32%</td></tr>
<tr><td rowspan="2">制作电视剧</td><td>部</td><td>202</td><td>43</td><td rowspan="2">1</td><td>21.29%</td></tr>
<tr><td>集</td><td>7476</td><td>1802</td><td>24.10%</td></tr>
<tr><td rowspan="2">制作电视动画片</td><td>部</td><td>374</td><td>26</td><td rowspan="2">3</td><td>6.95%</td></tr>
<tr><td>万分钟</td><td>11.67</td><td>0.55</td><td>4.71%</td></tr>
<tr><td>从业人员</td><td>万人</td><td>101.10</td><td>10.85</td><td>1</td><td>10.73%</td></tr>
</table>

注：1.2020 年北京市节目销售收入全国排位第 4，新疆维吾尔自治区、浙江省、上海市排名 1、2、3，销售额分别为 79.18 亿元、77.17 亿元和 60.19 亿元。

2.2020 年高清电视用户数北京市全国排位第 6，广东省、江苏省、山东省、湖北省和浙江省排名前 5，高清用户数分别为 868.29 万户、745.04 万户、730.51 万户、605.38 万户和 572.38 万户。

2020 年广播电视节目交易情况一览表

项目	单位	数量
全年广播电视节目销售收入	亿元	56.18
其中：电视剧销售收入	亿元	17.89
全年电视剧制作投资额	亿元	72.41
全年动画电视制作投资额	亿元	1.07
广播电视节目进口额	亿元	6.88
广播电视节目进口量	小时	5210
广播电视节目出口额	亿美元	0.07
广播电视节目出口量	小时	1486

附 录

中共北京市广播电视局党组关于印发《北京市广播电视和网络视听行业领军人才、青年创新人才遴选与培养实施办法》的通知

京广电党发〔2020〕12 号

各有关单位：

《北京市广播电视和网络视听行业领军人才、青年创新人才遴选与培养实施办法》经 2020 年 5 月 21 日北京市广播电视局党组第十次会议审议通过，现予以发布并实施，请遵照执行。

中共北京市广播电视局党组

2020 年 5 月 25 日

北京市广播电视和网络视听行业领军人才、青年创新人才遴选与培养实施办法

第一章　总则

第一条　为深入贯彻习近平新时代中国特色社会主义思想，贯彻落实党的十九大和十九届二中、三中、四中全会精神，贯彻落实《中国共产党宣传工作条例》、全国宣传思想工作会议、全国组织工作会议精神，按照中央和北京市人才工作总体要求和部署，结合北京市广播电视和网络视听行业人才工作实际，组织实施和制订本办法。

第二条　本办法所称人才遴选与培养工作，以习近平新时代中国特色社会主义思想为指导，坚持党管宣传、党管媒体、党管人才原则，牢牢把握广播电视和网络视听工作正确方向，以此为抓手，着力推动行业高质量发展，着力选拔一批德才兼备、成就突出、业界公认的高层次杰出人才和优秀青年人才队伍，为推动首都广播电视和网络视听行业高质量、创新性发展提供坚实的组织保证和人才支撑。

第三条　北京市广播电视和网络视听行业领军人才、青年创新人才遴选范围包括：在北京地区广播电视和网络视听服务机构新闻宣传、文艺创作、国际传播、经营管理、科技与工程技术、理论研究等相关岗位工作的高层次专业性人才和优秀青年人才。

第二章　资格条件

第四条　北京市广播电视和网络视听行业领军人才、青年创新人才人选应具备以下

基本条件：

（一）具有中华人民共和国国籍，全职在北京地区广播电视或网络视听以及其他相关机构工作（含北京驻外机构），认真学习贯彻习近平新时代中国特色社会主义思想，政治立场坚定，政治方向正确，切实增强“四个意识”，坚定“四个自信”，做到“两个维护”，自觉承担起举旗帜、聚民心、育新人、兴文化、展形象的使命任务，有强烈的事业心和高度的社会责任感，有良好的思想品德和职业道德，遵纪守法，学风严谨，为人端正，作风正派。

（二）领军人才应具有高超的学术水平、显著的业务成就、广泛的社会影响，有本领域公认的代表性作品及其他有影响的重要成果，在所从事的业务领域做出突出成绩；拥有自主知识产权，掌握核心技术或运用现代科技推动文化创新、产业发展作出重要贡献；在媒体融合发展方面的探索与实践取得行业公认的成绩，具有引领性、开拓性意义。青年创新人才应热爱广播电视和网络视听行业，具有较强的创新意识和创新思维，能够敏锐把握行业发展需求和态势，勇于开拓创新，发展潜力大；有一定创新成果，业绩显著、影响广泛，得到行业和社会认可，取得较好的社会效益和经济效益。

（三）入选领军人才的年龄不超过55周岁（45岁以下要占一定比例），入选青年创新人才的年龄不超过40岁，年龄计算时间截止到评选本年度1月1日。

（四）同等条件下，获得过省部级以上广播电视和网络视听及相关行业专业奖项以及其他本领域公认的重大奖项的，可在领军人才和青年创新人才推荐中优先考虑。对影响大或行业急需的青年创新人才，可适当放宽资格条件，纳入推荐范围。

（五）现职中国科学院和中国工程院院士（“两院院士”）、已纳入海外高层次人才引进计划（“千人计划”）、国家高层次人才特殊支持计划（“万人计划”）、国家有突出贡献中青年专家（“突贡专家”）、享受国务院政府特殊津贴人员（“特贴专家”）、新世纪百千万人才工程国家级人选（“百千万”）、中宣部文化名家暨“四个一批”人才工程等更高层次人才工程的人选，原则上不再纳入领军人才工程。已纳入国家青年海外高层次人才引进计划（“青千计划”）、国家“万人计划”青年拔尖人才支持计划（“青拔计划”）、中宣部宣传思想文化青年英才等更高层次人才工程的人选，原则上不再纳入青年创新人才工程。

第五条 对现职党政领导干部推荐为人选应从严掌握。

第六条 按照工作性质不同，本办法所称领军人才和青年创新人才遴选，分为新闻宣传、文艺创作、国际传播、经营管理、科技与工程技术、理论研究人才六个类别。各类别范围和条件如下：

（一）新闻宣传人才：在广播电视和网络视听行业中从事新闻宣传，具有较高水平和突出业绩，其成果在北京市经济社会发展特别是文化建设方面发挥了重要作用的新闻采访、编辑、评论、播音、主持人员。

（二）文艺创作人才：在广播电视和网络视听行业中从事文艺创作，具有较高专业素养和突出业绩，其本人主导或参与主创，获得国家级、省部级奖项或取得业界公认的较大影响力和创新性的电视剧、网络剧、网络电影、纪录片、动画片、广播电视综艺节目、网络综艺节目的制片、编导、策划、编剧、导演、表演、美术设计、摄像、制作、录音、剪辑、布景设计、灯光设计、服装设计、道具设计、化妆、音响效果等人员。

（三）国际传播人才：在广播电视和网

络视听行业中从事国际理论研究，有业界公认业绩的对外交流合作、文化交流互鉴、对外话语体系建设等人员。

（四）经营管理人才：在广播电视和网络视听行业中从事经营与管理，主持和组织省部级重点项目，有较强的企事业单位经营管理能力，有较强的市场开发经营能力，在行业建设、单位发展等方面发挥重要作用，做出突出成绩、取得显著成果的经营、品牌、广告、产品运营人员。

（五）科技与工程技术人才：在广播电视和网络视听行业中从事安全传输、广播电视技术、云计算、大数据、5G和新技术研发与运用，掌握核心技术或运用现代化科技推动文化创新、产业发展、技术运维、技术保障上做出重要业绩的安全播出、传输保障、监听监看、网络安全、大数据分析、图像识别、新技术研发等人员。

（六）理论研究人才：在广播电视和网络视听行业中从事理论研究，有较高的理论研究水平，发表过有较高水准或较大影响的学术专著、论文，主持过国家或省部级或本行业课题，担任或承担省部级理论研究和学术创新团队的政策理论研究、编辑翻译和宣传人员。

第三章　资助培养

第七条　将领军人才和青年创新人才培养纳入全市广播电视和网络视听行业人才建设规划和培养计划，采取不定期方式举办专题培训班、研修班；组织跨省、跨地开展学术交流、考察采风和业务调研；选送挂职锻炼、定点扶贫、对口援助；支持资助出国（境）培训研修，到国外高校、重要媒体进行参观考察、访问交流和合作研究，推荐参加国内外学术会议、行业峰会、艺术节、博览会，支持积极开拓国际市场，着力提升现代化经营管理水平。

第八条　对领军人才和青年创新人才在项目、资金、政策等方面给予重点支持，优先安排领军人才和青年创新人才承担全市广播电视和网络视听重点项目、重大创作和研究课题；引导领军人才和青年创新人才根据经济社会发展的需要开展基础研究、课题研究、前沿研究和核心技术研发及运用；协调领军人才和青年创新人才之间开展课题协作；鼓励其与相关行业和企业开展合作交流；鼓励入选者所在单位设立人才津贴；鼓励人才使用单位在工作、培训和生活方面给予优先优待。

第九条　重视发挥领军人才和青年创新人才专业优势，养用结合，支持参加广播电视和网络视听重大决策中的专家咨询活动和评审机构，围绕北京市广播电视、网络视听发展和研究的重点工作，集思广益，出谋划策；支持开展智力服务、智力帮扶活动；组织开展深入基层、深入高校、面向专业技能人才开展经验分享、授课活动。

第十条　大力宣传报道领军人才和青年创新人才的典型事迹和优秀成果，扩大其社会影响力，提升其知名度，逐步形成领军人才和青年创新人才的品牌效应，为领军人才和青年创新人才健康成长营造良好的社会氛围。

第四章　遴选程序

第十一条　人选推荐

（一）各相关单位应根据领军人才和青年创新人才的遴选范围和条件，在广泛征求意见基础上，研究确定推荐人选，并以适当形式在本单位进行公示。公示无异议的，按要求报送人选推荐材料。

（二）推荐工作要坚持标准，严格程序，采取民主推荐方式，充分发扬民主，不唯票数、不唯分、不唯年龄、切实做到公开、公平、公正。

（二）遴选推荐工作一般每二年开展一次。届时各单位将根据领军人才和青年创新人才遴选工作通知和要求，将推荐人选材料报送北京市广播电视局各相关业务处室，局各相关业务处室初审汇总后报局人事处。

第十二条 专家评审

北京市广播电视局成立领军人才和青年创新人才遴选工作小组，组建由相关领域专家组成的遴选评审小组，按照领军人才和青年创新人才的标准和条件，对推荐人选进行资格审查和专业成就评价，采取一定差额比例，采取无记名投票方式产生初步人选名单。

第十三条 讨论决定

北京市广播电视局党组根据人才遴选工作小组和专家评审小组意见，对初步人选进行研究讨论和审定，确定人选名单。

第十四条 公布人选

北京市广播电视局以文件形式在网站公示人选名单，公示期为7个工作日。公示无异议后，通知人选推荐单位，颁发北京市广播电视和网络视听行业领军人才或青年创新人才证书。

第五章 组织管理

第十五条 始终坚持用习近平新时代中国特色社会主义思想，坚持用党的十九大和十九届二中、三中、四中全会精神教育、培养和引领领军人才和青年创新人才思想，始终做到讲政治、有原则、有底线、有规矩。

第十六条 以领军人才和青年创新人才为依托，建立北京市广播电视和网络视听行业人才信息库，加强日常沟通与联系，及时把握思想动态，切实做好密切联系各方面人才工作。

第十七条 建立健全人才管理机制，对领军人才和青年创新人才进行跟踪考察，实行动态管理、滚动培养，每一年考评一次，每二年遴选一次，二年终评取得“优秀”档次的，经推荐单位同意并报局批准，可直接入选下一批的领军人才和青年创新人才，不占当年推荐遴选名额。

第十八条 对在遴选过程中，发现违法、违纪、违规、违反职业道德行为的，实行一票否决制；对在年度考核中，发现违法、违纪、违规、违反职业道德行为的，终止后续各项待遇，取消领军人才和青年创新人才称号，退出人才信息库；对在考核中取得“优秀”的，优先从人才信息库中向上级或有关部门推荐高层次人才，积极推荐参加全国和相关荣誉评选。

第十九条 对达到一定年龄或不再从事本行业工作的领军人才，将终止培养计划，退出领军人才信息库；对达到一定年龄或不再从事本行业工作或入选领军人才的青年创新人才，退出青年创新人才信息库。

第六章 附则

第二十条 在北京市广播电视局党组领导下，局人事处负责市广播电视、网络视听行业领军人才和青年创新人才的实施与管理，具体负责领军人才和青年创新人才的联系、协调、服务和管理工作，各相关处室和各区文化和旅游局协助做好领军人才和青年创新人才遴选培养的相关工作。

第二十一条 北京市广播电视和网络视听行业各单位，可根据本办法，结合单位实际，制定相应落实方案或措施，促进领军人才和青年创新人才遴选与资助培养工作全面落实。

第二十二条 由北京市广播电视局负责解释。

第二十三条 本办法自发布之日起施行。

北京市广播电视局关于印发《关于支持北京纪录片业高质量发展的若干政策》的通知

京广电发〔2020〕95 号

北京广播电视台、歌华传媒集团，各区融媒体中心，首都纪录片发展协会，各制作播出机构：

为深入贯彻党的十九大、十九届四中全会精神和习近平总书记关于宣传思想工作和文艺工作的重要论述，落实国家广播电视总局“记录新时代”纪录片创作传播工程，推动北京纪录片高质量发展，北京市广播电视局制定了《关于支持北京纪录片业高质量发展的若干政策》，现印发你们。望各单位认真抓好贯彻落实。

特此通知。

北京市广播电视局

2020 年 10 月 12 日

关于支持北京纪录片业高质量发展的若干政策

为认真落实《北京市推进全国文化中心建设中长期规划（2019 年—2035 年）》，深入实施“记录新时代”纪录片创作传播工程，充分发挥纪录片价值引导、精神引领、审美启迪功能，大力推进北京纪录片业高质量发展，打造北京新视听，繁荣首都文化，结合北京实际，制定以下政策。

第一条 抓好重点题材规划。围绕党和国家、北京市中心工作，紧扣全面建成小康社会、建党百年、2022 年北京冬奥会和冬残奥会、“一核一城三带二区”总体布局、京津冀协同发展等主题，彰显北京古都文化、京味文化、红色文化、创新文化，弘扬中国精神，凝聚中国力量，持续丰富北京纪录片重点选题和精品项目库，每年重点扶持制作 5 部重大主题纪录片、20 个纪录片精品项目。加强统筹协调，做好动态调整，对入库选题加强创作引导，引领电视纪录片和网络纪录片的创作方向。

第二条 构建推荐评优机制。定期组织专家评审，将列入北京纪录片重点选题和精品项目库的项目，优先推荐申报北京文化精品工程项目，支持纳入国家广播电视总局推优评优扶持、“记录新时代”精品工程，支持参评国内外重大奖项。建立“记录新时代 · 北京推荐”荣誉名单。

第三条 加大精品力作扶持奖励。北京广播电视网络视听发展基金加大对电视纪录片、网络纪录片的扶持，重点对纳入项目库的重大理论文献片和重大选题给予扶持奖励。统筹用好中央和北京市相关文艺创作专项资金，形成前期资助和后期奖励相配套的机制。探索设立“北京题材”纪录片专项资金，支持各制播机构规划打造一批具有示范性的精品力作。支持行业协会探索利用社会力量，引导社会资金参与优秀纪录片创作生产。

第四条 加强纪录片宣传推广和展映。支持北京广播电视台、区级融媒体中心和高清交互数字电视平台、重点网络视听平台加大优秀纪录片播出力度；北京卫视平均每天早上6点至次日1点之间至少播出30分钟国产纪录片。在广播电视台、网络视听平台设立专栏专区，构建优秀纪录片、优秀纪录片人、纪录片影评、纪录片节展宣传推广平台。

第五条 支持办好各类纪录片节展活动。发挥首都纪录片行业资源优势，建设北京纪录片发展基地，设立“评委会特别推荐项目”，重点打造好北京纪实影像周。积极参与国内外优秀纪录片节展，办好北京提案大会。创办“北京冰雪展映季”，每年征集评选同冰雪运动有关的纪录片，在北京冬奥会举办地集中展映。

第六条 扩大纪录片交流合作。支持首都纪录片制播机构参加国家广播电视总局举办的各类纪录片交流活动，加强京津冀纪录片业协同发展，组织行业交流合作。加强纪录片创作生产机构和市级广播电视平台、区融媒体中心对接融通，促进合作意向转化落地。全面落实国家和北京市鼓励、支持文化产品和服务出口配套政策，支持创作生产更加多元化更适合国际传播的纪实精品力作，引导“京产纪录片”走向海外，传播中国声音，展示中国形象。组织引导优秀制作机构、重点播出机构走出去，深化同国际制播机构的交流合作。鼓励中外合拍“中国题材、国际表达”的纪录片，对优秀合拍片给予扶持奖励。

第七条 切实加强对纪录片业的引导管理。完善新形势下纪录片管理措施，在规划立项、成片审查、版权采购、编播调控等方面探索开展全流程闭环管理。发挥行业协会作用，在自教自律、行业维权、学术研讨等方面，为首都纪录片业发展提供更好的服务。建立健全版权交易机制，推动研究建立科学有效的纪录片评价标准。探索建立导师制，加强对纪录片创作、生产、播出的全程指导。切实加强纪录片知识产权保护，严厉打击各类盗版盗播行为，促进纪录片行业健康有序发展。

第八条 构建赋能纪录片业发展的保障机制。加强纪录片理论研究、文艺评论。充实首都纪录片发展顾问库力量，为纪录片业健康可持续发展提供专业指导。组织文化经济政策解读和培训，帮助制作机构掌握行业动态。积极协调有关部门，支持协助纪录片制作机构取景拍摄。促进精品内容和前沿技术深度融合，支持制播机构运用5G+8K、VR+8K等新的技术表现手法，不断提升艺术性、表现力。

第九条 加强首都纪录片人才培养。把纪录片人才纳入首都传媒人才百人工程和千人计划。充实北京纪录片优秀人才库和专家库。每年组织不少于50人的纪录片创作业务、纪录片领军人才培训。发挥首都高校教学培训基地功能，启动每年不少于20人的纪录片青年导演培训计划。

本政策自2020年11月12日起施行。

北京市广播电视局关于印发《北京市广播电视媒体融合发展扶持资金管理办法（试行）》的通知

京广电发〔2020〕131 号

各有关单位：

《北京市广播电视媒体融合发展扶持资金管理办法（试行）》已经北京市广播电视局 2020 年第 18 次局长办公会审议通过，现予印发，请遵照执行。

特此通知。

北京市广播电视局

2020 年 12 月 2 日

北京市广播电视媒体融合发展扶持资金管理办法（试行）

第一章 总则

第一条 为深入贯彻落实习近平总书记关于媒体融合的重要论述精神和国家广播电视总局《关于加快推进广播电视媒体深度融合发展的意见》，按照市委市政府关于推进媒体融合的有关要求，北京市广播电视局设立广播电视媒体融合发展扶持资金，为规范资金的使用，依据北京市财政资金管理有关规定，制定本办法。

第二条 北京市广播电视媒体融合发展扶持资金（以下简称“扶持资金”）旨在大力支持北京市广播电视媒体融合向纵深发展，打造北京市具有强大影响力和竞争力的新型主流媒体，建立以内容建设为根本、先进技术为支撑、创新管理为保障的全媒体传播体系。

第三条 扶持资金来自市级财政资金。通过申请专项财政资金的方式，保障扶持资金的落实。扶持资金管理遵循“公开公正、择优选取、重在引导、注重绩效”的原则，单独核算，专款专用。扶持资金的管理和使用应当接受财政、审计等部门的监督检查。

第四条 由北京市广播电视局媒体融合发展处在局党组的领导下负责扶持资金的具体申请、使用和管理，财务处等相关部门依职权对扶持资金进行监管。

第二章 支持范围与方式

第五条 扶持资金主要用于支持北京市媒体融合领域在融合发展模式探索、技术研发应用推广、媒体融合内容制作等方面具有典型性、示范性和引领性的单位和项目。

融合发展模式探索类：媒体融合建设发展中形成的广播电视媒体融合发展模式，包括广播电视和新兴媒体在信息内容、技术应用、平台终端、管理手段上的创新，广播电视媒体融合发展的路径方法、体制机制等。

技术研发应用推广类：顺应发展需要，5G、大数据、云计算、物联网、人工智能、区块链等新技术在媒体融合发展中的成果转化和落地应用。

媒体融合内容制作类：适应媒体融合发展需要的，适合全媒体传播的，具有广泛影响力、传播力、引导力、公信力的融媒产品。

第六条 扶持对象为北京全媒体传播体系中的市级融媒体机构、区级融媒体中心，以及其他从事媒体融合发展研究、建设的单位。

第七条 按照项目性质，实行项目补助和项目奖励两种扶持方式。项目补助，即对拟开展或正在开展的项目予以资助；项目奖励，即对已完成的项目进行奖励。一个项目只能申请一种扶持方式，不得重复申报。

第八条 扶持项目分为一般项目和特别项目。一般项目是指经常规评审程序评审出的项目；特别项目是依据国家及北京媒体融合建设发展需要，配合国家和市委市政府的重大战略，直接予以重点扶持的项目。

第三章 标准与流程

第九条 为推动媒体融合模式创新，北京市广播电视局每年组织北京市媒体融合先导单位、典型案例和成长项目的评选，对评选出的北京市媒体融合先导单位、典型案例和成长项目给予不超过10万元的奖励。

第十条 为鼓励融媒体形态产品的生产，北京市广播电视局每年组织对以短视频为主的适应移动优先的融合产品创作进行评选，对评选出的优秀融媒作品给予不超过3万元的奖励。

第十一条 为促进媒体融合技术的研发和推广，北京市广播电视局每年组织媒体融合创新技术与服务应用遴选，对遴选出的创新技术和服务应用项目在北京落地推广的给予一定的引导资金补助。

第十二条 对于融合发展模式探索类和媒体融合内容制作类项目，由北京市广播电视局媒体融合发展处根据评选结果按照本办法第九条、第十条规定标准提出项目奖励资金扶持方案。项目奖励资金扶持方案上报北京市广播电视局局长办公会审议。

第十三条 对于技术研发应用推广类项目，由北京市广播电视局媒体融合发展处组织所评选出的优秀项目主体和北京市市级融媒体机构、区级融媒体中心进行对接，确定达成合作意向的，根据项目落地的成本等情况提出项目补助资金扶持方案。补助金额不超过项目落地的直接成本。项目补助资金扶持方案上报北京市广播电视局局长办公会审议。

第十四条 对特别项目可采取资格资质审查、现场答辩论证等评审方式，综合项目重要性、项目承担主体实力、项目方案可行性等因素作出是否扶持决定，由北京市广播电视局媒体融合发展处提出扶持方案并上报北京市广播电视局局长办公会审议。

第十五条 资金扶持方案由北京市广播电视局局长办公会审议通过后，在北京市广播电视局官方网站公示拟扶持项目名单，公示期为7天。公示期结束后，项目奖励资金按资金扶持方案拨付；组织获得补助的项目主体（简称“项目承担主体”）与北京市广播电视局签订《项目补助协议书》，明确各方权利义务，按约定拨付项目扶持资金。

第十六条 已获中央财政资金或其他市级财政资金扶持的项目，申报单位不得以同一项目再次申报。

第四章 实施与管理

第十七条 项目承担主体负责扶持项目的具体实施，按规定使用和管理扶持资金，并承担相关责任，不得以任何形式套取、侵占、挪用扶持资金。

第十八条 补助扶持资金核算必须纳入项目承担主体会计核算体系，专款专用，单独核算，并完整保留与扶持项目有关的会计资料。

第十九条 加强对扶持项目的管理与监督，重点审查以项目补助方式所扶持项目的工作计划、经费预算和完成情况，核准结项或组织验收等。

第二十条 因不可抗力或特殊原因，项目承担主体不能按约定实施或完成扶持项目时，应及时提交书面申请，将视实际情况延期、终止或撤销对该项目的扶持。

第二十一条 凡被终止、撤销的扶助项目，项目承担主体应在接到通知之日起一个月内清理账目，按要求填写相关材料，提交清算，并全额返还扶持资金。

第二十二条 补助扶持项目实行结项验收制度，依据本办法和《项目补助协议书》，对补助扶持项目成果进行检查、评定、验收，并出具结项验收意见。结项验收合格的项目下达结项通知。不合格的项目按照本办法第二十六条规定处理。

第二十三条 项目奖励扶持资金应用于与媒体融合相关的业务，奖励资金的使用不得违反相关法律法规的规定。

第二十四条 扶持项目完成后项目经费若有结余，应当将全部结余资金退回北京市广播电视局。

第五章 监督检查

第二十五条 北京市广播电视局媒体融合发展处应加强对项目执行过程的监督检查，做好项目的绩效管理，接受财务处的监督管理及审计检查。

第二十六条 项目承担主体违反本办法及其他有关规定，有下列情形之一者，追回已拨付扶持资金，并取消项目承担主体三年以上申报资格，涉嫌违法违纪的，移交有关部门处理。

（一）资助项目存在严重质量问题；

（二）有弄虚作假行为；

（三）与立项的扶持项目内容严重不符；

（四）多次延期项目仍不能完成；

（五）严重违反财务会计制度规定；

（六）项目申报、评审、验收工作中存在行贿行为；

（七）其他违法和严重违规行为。

第二十七条 对于预算执行过程中，不按规定管理和使用项目资金，不按规定进行会计核算，截留、挪用、侵占项目资金的项目承担主体和项目负责人，按照《预算法》、《财政违法行为处罚处分条例》等法律法规处理。涉嫌犯罪的，移送司法机关处理。

第六章 附则

第二十八条 本办法由北京市广播电视局负责解释和修订。

第二十九条 本办法自 2020 年 12 月 31 日起施行。

索　引

INDEX

汉语拼音索引

A

B

C

D

E

F

G

H

J

K

L

M

N

P

Q

R

S

T

W

X

Y

Z

数字索引

字母索引